이 책은 기독교 학자인 프랭크 튜렉이 현재 기독교 변증학 분야에서 최고 학자로 평가받는 노먼 가이슬러 박사와 함께 저술한 기독교 변증학 관련 대중서적이다. 다양한 학문 분야의 해박한 지식과 통찰력으로 기독교 세계관의 핵심을 설득력 있게 제시한다는 점에서 기독교인뿐만 아니라 "너희 속에 있는 소망에 관한 이유를 묻는 자"들인 불가지론자나 무신론자에게도 적극 추천하고 싶은 책이다.

저자들은 이 책의 마지막장을 다음과 같이 끝맺는다. "당신이 제기하는 의문들에 대해 의문을 갖기 시작해 보라. 그러면 그리스도를 받아들이게 될 것이다. 그리고 그리스도가 아닌 다른 것을 믿는 데는 더욱더 많은 신앙이 필요함을 알게 될 것이다." 창조와 관련된 과학 분야인 우주론과 생물학에서 현재의 과학적 증거들을 고찰해보면 무신론적 관점으로만 바라본 과학은 정말 많은 믿음이 필요하다는 것을 이 책은 설득력 있게 제시한다. 마찬가지로 독자들이 이 책을 읽어 본다면 역사적 존재로서 예수님이 성경에서 제시한 그리스도라는 사실을 부정하는 것이 그것을 받아들이는 것보다 더 많은 믿음이 필요한 일임을 알게 될 것이다.

이승엽 서강대학교 기계공학과·융합의생명공학과 교수, 지적설계 연구회장

복음주의 변증학의 대가인 노먼 가이슬러와 프랭크 튜렉이 함께 저술한 이 책은 우리의 기독교 신앙이 절대적이고, 유일무이한 진리임을 명쾌하고 이해하기 쉽게 확증해 준다. 다양한 실례들과 대화 방식을 활용하여 독자들이 부담없이 읽을 수 있도록 배려한 장점이 돋보인다. 또한 이 책은 21세기 지성계를 풍미하고 있는 무신론, 종교다원주의, 포스트모더니즘, 상대주의, 허무주의, 과학적 자연주의가 안고 있는 논리적, 이성적인 문제들을 예리하게 폭로하고 있다. 뿐만 아니라 기독교 진리를 거부하고 이기주의적 논리와 맘몬주의적 탐욕에 빠져 있는 현대인들에게 조금만 더 진지하게 증거들을 살펴본다면 하나님의 존재와 예수 그리스도의 유일성과 성경의 진리성을 수용하지 않을 수 없을 것이라는 사실을 거부할 수 없게 설득하는 힘이 있다. 부디 많은 독자들이 이 책을 읽고 기독교의 진리성에 대한 확신을 얻게 되기를 바라며, 특히 기독교에 대한 회의를 가지고 있는 많은 구도자들이 영적인 도움을 얻게 될 것을 확신하며 적극 추천한다.

정성욱 미국 덴버신학대학원 조직신학 교수, 한국 조나단 에드워즈 및 C. S. 루이스 컨퍼런스 공동 창립자

분명하고, 완성도가 높으며, 설득력 있는 이 무시무시한 책이야말로 그리스도인들과 구도자들이 기독교를 쉽게 이해할 수 있도록 돕는 최고의 자료이다. 내가 무신론자로 살던 시절에 이 책을 만났더라면, 정말이지 굉장한 일이 벌어졌을 것 같다. 이 책은 하나님을 향해 나아가는 나의 영적 행로에서 적잖은 시간을 아낄 수 있도록 해주었다.
리 스트로벨 저널리스트, 베스트셀러 작가, 『예수는 역사다』, 『창조 설계의 비밀』 저자

진실을 말하자면, 논리와 이성에 따른 모든 길은 예수 그리스도의 복음으로 직결되지만 무신론자들은 맹목적 신앙에만 매달리고 있을 뿐이다. 노먼 가이슬러와 그의 동료 프랭크 튜렉은 이 책을 통해 그 이유를 명명백백히 보여주고 있다.
필립 존슨 캘리포니아대학교 법학과 교수 역임, 『유신론과 무신론이 만나다』 저자

가이슬러와 튜렉은 과학과 철학, 심지어 성경 연구조차 기독교 신앙의 적으로 만들어버린 세속 이데올로기의 맹공에 휩쓸려가지 않도록, 그리스도인과 구도자들에게 필요한 모든 핵심 정보들을 제공하고 있다.
윌리엄 뎀스키 사우스웨스턴 침례신학교 철학 교수, 『기독교를 위한 변론』 저자

이 책은 상대주의 도덕론과 포스트모더니즘을 훼파하고, 나아가 어느 누구도 피할 수 없는 기독교의 진리를 향하여 체계 있게 행진해 나아가고 있다. 이 책은 진즉에 쓰였어야 할 책이며 더 많이 발행되어야 할 책이다. 굶주린 많은 영혼들이 이 책에서 탁월하게 제시된 진리의 기독교를 만날 수 있기를 기대한다.
데이비드 림보 변호사, 칼럼니스트, 작가, 『슬기로운 구약읽기』, 『법정에서 만난 예수』 저자

기독교와 성경의 진리성을 놓고 벌어지는 소위 '기독교 사건'에서 이 밝게 빛나는 책이 차지하는 비중은 실로 대단하다. 평결은 다음과 같다. 회의론자들은 그들의 눈멀고 교조적인 신앙에 기댈 바가 없는 데 반해 그리스도인들이야말로 견고한 증거 위에 서 있다는 것이다.
조시 맥도웰 복음주의 기독교 변증가, 『청춘을 위한 기독교 변증』 저자

이 책은 무신론자로 남기를 고집하는 모든 이들을 갈등하게 만들 것이다. 뿐만 아니라 그들이 마음을 돌이켜 영원하신 하나님을 찾아나서도록 만들기에 충분하다.
칼 토마스 칼럼니스트, 폭스 뉴스채널〈After Hours〉사회자

진리의 기독교

진리의
기독교

노먼 가이슬러
& 프랭크 튜렉 지음
박규태 옮김

좋은씨앗

진리의 기독교

초판 1쇄 발행	2009년 11월 25일
개정판 1쇄 발행	2023년 6월 20일

지은이	노먼 가이슬러, 프랭크 튜렉
옮긴이	박규태
펴낸이	신은철
펴낸곳	도서출판 좋은씨앗
출판등록	제4-385호(1999. 12. 21)
주소	서울시 서초구 바우뫼로 156, 402호
영업부	TEL (02)2057-3041 FAX (02)2057-3042
대표메일	good-seed21@hanmail.net
페이스북	facebook.com/goodseedbook

ISBN 978-89-5874-388-0 03230

Copyright©2004 by Norman L. Geisler and Frank Turek
Originally published in English under the title:
I Don't Have Enough Faith to Be an Atheist by Crossway Books,
a division of Good News Publishers
1300 Crescent Street, Wheaton, Illinois 60187, USA.
All rights reserved.
Korean translation Copyright©2009 by GoodSeed Publishing, Seoul, Korea
through the arrangement of rMaeng2, Seoul, Korea

이 한국어판의 저작권은 rMaeng2 Agency를 통해 Crossway Books와 독점 계약한
도서출판 좋은씨앗에 있습니다. 신저작권법에 의하여 한국 내에서 보호받는 저작물이므로
무단전재와 무단복제를 금합니다.

I Don't Have Enough Faith to be an Atheist

회의하는
그리스도인과
진리를 찾는
구도자들을
위하여

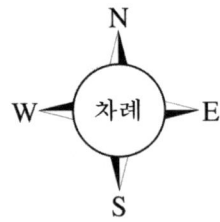

추천의 글 **11**

저자 서문 **21**

감사의 글 **25**

들어가는 글: 삶이라는 조각 그림 맞추기 상자의 큰 그림 찾기 **27**

1장___ 우리는 진리를 다룰 수 있는가? **57**

2장___ 왜 사람들은 무언가를 믿으려고 하는가? **87**

3장___ 태초에 거대한 서지(SURGE)가 있었다 **123**

4장___ 신적 설계 **165**

5장___ 최초의 생명체: 자연의 법칙 혹은 신의 경이 **195**

6장___ 새로운 생명체: 찐득이에서 동물원을 거쳐 인간으로? **235**

7장___ 테레사 수녀 vs. 히틀러 **291**

8장___ 기적: 신의 표지 혹은 속기 쉬운 표지 **335**

9장___ 예수에 대한 초기의 증거가 있는가? **373**

10장___ 예수에 대한 목격자들의 증언이 있는가? **423**

11장___ 신약 저자들의 진정성을 확신하는 열 가지 이유 **463**

12장___ 예수는 정말 죽은 자 가운데서 부활했는가? **501**

13장___ 예수는 누구인가: 하나님인가 위대한 스승일 뿐인가? **547**

14장___ 예수는 성경에 대해 무엇이라고 가르쳤는가? **593**

15장___ 결론: 재판관, 종이신 왕, 조각 그림 맞추기 상자 뚜껑 **631**

부록 1___ 신이 있다면, 왜 악이 존재하는가? **651**

부록 2___ 그건 단지 당신의 해석일 뿐이다 **673**

부록 3___ 〈예수 세미나〉가 예수를 지지하지 않는 이유 **685**

추천의 글

나는 오랜 세월 회의론자로 지내다가 그리스도께 돌아온 사람이다. 그래서인지 기독교 변증학에 남다른 애정이 있다. 기독교 변증학은 나의 최고 관심사 중 하나이다. 나의 확신에 따르면 성경이 믿을 만한 것인가에 대한 증거들은 많이 있다. 성경이 하나님의 감동으로 된 말씀이며 그 신적 권위를 입증하는 증거들도 많다. 또한 예수 그리스도의 지상 사역을 포함한 역사상의 사건들을 성경이 정확히 기술하고 있음을 보여주는 증거 역시 풍성하다. 기독교야말로 유일한 진리의 종교이며, 성경에서 자신을 계시하신 삼위일체 하나님이 곧 우주를 주관하는 유일한 신이고, 그리스도가 우리 죄를 위해 죽으심으로 우리가 생명을 얻게 되었음을 확증하는 증거들도 무수히 많다.

물론 '증거'가 있다고 해서 그 사실이 우리의 구원이나 하나님과의 연합에 필수적인 '믿음'을 대체할 수는 없다. 나아가 변증학 연구가 우리의 믿음을 무시해도 좋을 만큼 오만한 것이 되어서도 안 되며 그럴 수도 없다. 오히려 변증학 연구는 믿음을 변론하고 뒷받침하며 활력소가 되어 주는 역할을 한다. 그렇지 않다면 성경은 "너희 속에 있는 소망에 관한 이유를 묻는 자에게는 대답할 것을 항상 예비하라"(벧전 3:15)고 말하지 않았을 것이다.

이 책은 내가 지금껏 만나본 단행본 가운데, 그리스도인들로 하여금 그들의 믿음을 변론하고 나아가 진리에 문을 열어 놓은 회의론자들에게 믿음의 근거를 제시할 수 있도록 준비시키는 최고의 책이다. 이 책은 전도에 유용한 도구이며, 특별히 믿음으로 나아가는 길목에서 '지식'이 장애물로 작용하는 불신자 전도에 필수 불가결의 역할을 수행할 것이다. 지식이라는 장애물은 불신자에겐 어쩌면 (믿음을 거부하기 위한) 변명거리에 불과할 수 있다. 우리가 그 변명거리를 제거한다면, 그들은 발가벗겨진 채 자신들에게 있는 진정한 장애물, 자신들을 지배하고 있는 진짜 마귀와 마주하게 될 것이다.

그러나 나는 성경이 "대답할 것을 항상 예비하라"고 명하는 또 다른 중요한 이유가 있다고 믿는다. 기독교에 대한 변증학적 연구는 그것이 단지 우리의 복음 전파에 효과적이기 때문만은 아니다. 그것뿐만 아니라, 항상 예비해 놓음으로써, 우리가 약해질 때마다 마음을 엄습해 오는 의심들에 맞설 수 있도록 우리를 무장시키기 때문이다. 항상 예비해 놓는다면, 그것이 곧 기독교를 옹호하는 증거들을 규합해 놓는 것이므로, 우리의 믿음은 든든한 요새로 변모하게 될 것이다.

효과적인 복음 증거를 위해서든 또는 신앙의 견고함을 다지기 위해서든, 우리가 보다 많은 증거로 보다 든든히 무장해야 할 필요성은 누구도 부인하지 못할 것이다. 우리는 날마다 외부에서 날아드는 수많은 부정적인 영향력에 노출되고 있다. 현대에 들어오면서 이런 영향력은, 성경이 경고한 바와 같이, 점점 더 어둡고 게다가 강력해지기까지 한다.

지나간 시대에 불신자들은 기독교가 유일한 진리의 종교인지, 여러 종교들 가운데 어느 것이 진리인지, 또는 이 세상에 신이 존재하는지 여부를 결정해야 했다. 하지만 그들은 보통 '진리라는 것' 자체의 존재 여부를 결정해야 하는 무거운 짐을 짊어지지는 않았다.

포스트모던 시대의 우리 문화는 진리에 대한 견해에 너무 많은 영향을 미쳤다. 그 문화는 진리와 도덕이 상대적일 뿐이며, 따라서 절대 진리란 결코 존재하지 않는다고 가르친다. 설령 우리 모두가 절대 진리의 존재를 직관적으로 알고 있고, 나아가 그 점을 인식한 채 살아가고 있다고 해도, 우리의 대학들과 주요 언론 매체를 장악하고 있는 지적 엘리트들은 이런 (절대 진리란 존재하지 않는다는) 생각이야말로 미몽에서 깨어나는 것이며 진보의 발걸음을 내딛는 것으로 간주한다.

만일 "진리란 단지 힘을 소유한 자가 그 힘의 유지를 위해 규정해 놓은 틀에 불과하다"는 확신을 품은 고상한 엘리트를 만난다면, 그 이론을 위해 높은 건물에서 뛰어내릴 각오가 돼 있는지 물으라. 그러면서 그의 이론대로라면 서로 모순되는 두 가지 명제가 동시에 참이 되는 상황(이를 '비모순의 법칙'이라 부른다)이 일어날 수 있음에 대해서는 어떻게 생각하는지 물으라. 또한 "절대 진리가 존재하지 않는다"고 하면서 "그 (절대 진리가 존재하지 않는다는) 명제가 진리임을 믿는다"고 고백하는 아이러니가 발생한 것에 대해서는 어떻게 대답할지 궁금하다.

그렇다. 진리는 우리 시대 주류 문화의 희생자이다. 진리가 사라지면, 복음서의 권위는 무너지고 만다. 복음서는 우리에게 오직 진리만을 말하고 있기 때문이다. 우리는 오늘날 곳곳에서 이런 일이 벌어지고 있는 증거를 목도할 수 있다. 그중에서도 '관용'과 '다원주의'라는 현대 관념은 문화가 진리를 공격함으로써 초래된 직접적인 결과이다.

자유주의 성향의 세속주의자들은 관용이야말로 지고의 미덕이라고 주장한다. 하지만 그들은 자신들이 말하는 '관용'이 무슨 의미인지 말하지 않는다. 그들에게 관용은 단지 생각이 다른 사람들을 존중하며 예의 바르게 대하는 것만을 의미하지 않는다. 더 나아가 그것은 다른 이들의 생각이 유효함을 인정하는 것을 의미하는데, 그것은 그리스도인이 자신의 신앙을 부인하지 않고서는 일어날 수 없는 일이다. 예를 들어, 성경이 동성애를 죄로 규정하고 금지하는 것에 우리가 동의한다면, 동시에 우리는 그런 행위가 죄가 아니라고 주장할 수 없다.

포스트모더니즘을 복음으로 여기는 세속주의자들은, 절대 진리 그리고 비모순의 법칙이라는 개념 자체를 거부하므로, 이런 질문을 놓고 고뇌할 필요가 없다. 그런 점에서 그들은 모든 이에게 관용이라는 미덕을 설파하면서도 정작 자기 견해의 모순은 설명할 필요가 없는 즐거운 행로를 걸을 수 있다.

하지만 그들은 정작 자신들을 귀찮게 하는 고집 센 기독교인들을 이런 관용의 시선으로 바라보지 않는다. 자신들이 그토록 힘주어 말하는 관용을 전혀 실천에 옮기지 않는다는 점에서 이 '관용' 전문 행상들은 오히려 사기꾼에 지나지 않아 보인다. 그들은 예수 그리스도가 길이요 진리요 생명이라는 기독교의 전제에 결코 '관용'을 베풀려 하지 않는다. 기독교의 절대 진리를 인정한다면, 그것은 자신들이 주장하는 관용의 개념, 곧 모든 사상은 동등한 장점을 가지고 있다는 주장을 스스로 내버리는 결과가 될 것이기 때문이다. 유독 기독교인들에 대해서만 자신들의 보편적 관용에 예외를 두는 이 사람들이야말로 거짓말쟁이라고 할 수 있다.

그들에게, 기독교인들이 주장하는 진리의 유일성은 도가 지나치다 못해 지켜야 할 선을 넘어버린 악에 불과하며, 따라서 기독교인들은 다른 사람들의 관용을 얻을 자격이 없는 사람일 뿐이다. 예를 들면, 세속주의자인 어느 대학의 당국자는 학생들에게 특정 관점의 참고 도서를 제공했다는 이유로 보수 성향으로 알려진 해당 교수를 징계조치했다. 그 책은 동성애와 관련한 기독교적 접근법을 다루고 있었다. 교수를 징계조치한 당국자는 이렇게 천명했다. "우리는 관용을 베풀지 않는 자에게는 관용을 베풀 수 없습니다." 이런 대응방식을 통해 그들은 자신들의 변론의 여지가 없는 모순된 입장에서 아주 쉽게 빠져나가 버린다. 쉽게 말하면, 경기에서 골을 먹지 않으려고 아예 골대를 옮겨버리는 식이다.

하지만 기독교인들이 자신들의 종교만을 유일한 진리로 믿는다고 해서 다른 이들에게 관용을 베풀지 않거나 다른 이들의 종교 선택권을 존중하지 않는 것은 아니다. 우리의 현대 문화는 이 점에서 큰 혼동을 하고 있다. 단순히 기독교의 신념만을 끄집어내어, 기독교인들이 다른 신앙 체계를 가진 이들에게 관용을 베풀지 않는 편협한 이들이라고 몰아가는 일에 오용하고 있다. 이것보다 잘못된 일이 또 있겠는가. 더욱이 역사적으로 보더라도, 자신들이 유일한 참 종교라는 주장은 기독교만의 전유물이 아니다. 모든 주요 종교가 동일한 주장을 편다. 그 주요 종교들이 표방하는 핵심 사상의 상당 부분은 서로 융화될 수 없는 것이며, 이는 곧 모든 종교가 (자신들만이 유일하고 참되다는) 동일한 신념을 주장하여, 결국 이 시대를 풍미하는 다원주의의 교리가 잘못되었음을 보여 주는 것이기도 하다.

우리는 모든 사람들이, 비록 언어와 문화가 다르고 사는 곳이 다를지라도, 동일한 하나님을 예배한다는 말을 자주 듣거나 읽는다. 하지만 이것은 틀린 생각이다. 예를 들어, 이슬람교는 예수가 신이 아니라 선지자일 뿐이라고 가르친다. 그런데 그리스도가 신이 아니라면, C. S. 루이스의 주장처럼, 그는 결코 선지자도 될 수 없다. 자신이 신이 아닌데도 신이라고 주장했다면 거짓말쟁이나 미치광이일 뿐인데 그런 사람을 위대한 스승이나 선지자로 부를 수는 결코 없기 때문이다.

한 가지 더 명백한 예를 들면, 어떤 동양 종교의 신앙처럼, 신은 만물 가운데 깃들어 있으므로 창조자와 피조물 사이에 구체적인 구분이 존재하지 않는다는 말은 기독교와 결코 조화를 이룰 수 없는 주장이다. 그런 예들은 수없이 많다. 결국 핵심은 다양한 종교들이 일부 가치를 공유하고 있다 해도, 그 근본 신앙의 대부분은 결코 합일될 수 없다는 점이다. 모든 종교가 본질적으로 같은 것이라고 상정하는 것이 사람들의 마음을 홀가분하게 만들 수 있겠지만, 이런 개념은 철저히 잘못되었다.

그러나 우리 문화에서는 정치적 올바름(political correctness, 인종, 남녀 관계, 환경 등 사회적 쟁점에서 보수적 통념을 배척하고 진보적 관점을 견지하는 태도)이 보통 승리를 거둔다. 심지어 많은 교회들조차 관용과 다원주의라는 잘못된 관념들에 의해 오염되어 있다. 그들은 이 사회의 '진보적인' 윤리 사상들을 지지하느라 정작 자신들의 신학을 희석시키고 성경의 권위가 침해당하도록 방치한다. 그리하여 모든 종교는 동일한 것이라고 설교하는 기독교의 변형만이 관용과 사랑이 넘치는 것이 되었다. 성경에 뿌리를 두고 대대로 우리에게 전해진 기독교는, 관용은 용납하지도 않으며 무감각하고 배타성만 가득한 채 사랑은 눈을 씻고 봐도 찾을 수 없는 것으로 매도되고 말았다.

그렇다면, 진리 그 자체를 파괴하는 일, 이를테면 복음서의 골자는 다 빼버리는 일에 공범자가 되는 것이 정말 사랑이 넘치는 일인가? 사람들로 하여금 생명의 길을 비껴가도록 내버려두는 것이 진정으로 배려심 깊은 행동인가? 만일 하나님께 나아가는 길이 기독교가 아닌 다른 곳에도 동일하게 존재한다면, 비천한 인간의 몸으로 낮아지고, 아버지로부터 완전히 버림 받고, 인류의 모든 죄를 대신 짊어진 채 아버지의 지독한 분노를 몸소 감내하고, 십자가에서 말할 수 없는 고통과 죽음을 겪는 길을 택하신 그리스도의 결심을 그리스도인인 우리는 어떻게 설명할 수 있을까? 그리스도가 십자가 위에서 완성하신 사역을 모욕하는 것 가운데 이보다 더한 것이 있을 수 있을까? 세계 구석구석까지 복음을 전하라는 그리스도의 가르침에 이처럼 진지하게 불순종하는 경우가 또 있을까? 만일 모든 종교가 똑같은 것이라면, 우리가 복음을 전하기 위해 모든 좋은 것을 내버렸다는 점에서, 우리 스스로 그리스도를 거짓말쟁이로 만드는 것이며 그분의 지상 명령을 우스갯소리로 만드는 꼴이 될 것이기 때문이다.

그렇다고 기독교인들이 사람들을 향해 불쾌하고 무례한 모습을 보이면서까지 복음을 전해야 한다고 말하려는 것이 아니다. 우리는 모든 인생들이 하나님 앞에서 동등하며, 공정하고 정중한 대우를 받아야 하는 것과 마찬가지로 법의 동등한 보호를 받아야 한다는 원칙을 반드시 존중해야 한다. 그러나 모든 신앙 체계가 동등한 진리라는 개념은 우리가 받아들여야 하는 도덕적 명령이 아니다. 그런 것은 존재하지 않으며 오히려 우리가 그렇게 하지 말아야 할 도덕적 명령이 존재할 뿐이다.

우리의 신앙을 변론할 근거를 제시할 수 있게 항상 예비하라고 가르치는 앞의 성경 구절은 다음과 같은 권계의 말로 이어진다. "온유와 두려움으로 하고, 선한 양심을 가지라. 이는 그리스도 안에 있는 너희의 선행을 욕하는 자들로 그 비방하는 일에 부끄러움을 당하게 하려 함이라"(벧전 3:15-16).

그 다음 구절도 주목해 보자. "선을 행함으로 고난 받는 것이 하나님의 뜻일진대, 악을 행함으로 고난 받는 것보다 나으니라. 그리스도도 한 번 죄를 위하여 죽으사 의인으로서 불의한 자를 대신하셨으니, 이는 우리를 하나님 앞으로 인도하려 하심이라"(3:17-18). 우리는 진리를 전해야 한다. 비록 그것 때문에 대중의 인기를 잃어버리고, 관용을 모르며 감성이 메마른 자라는 비난을 받고, 고난이나 핍박 가운데 설지라도, 우리는 진리를 전해야 한다. 우리는 온유와 두려움으로 복음을 전해야 하겠지만 무엇보다 중요한 것은 '복음을 전하는 것'이다. 그렇기에 우리는 관용을 모른다는 딱지가 붙을 위험에도 불구하고 그것을 핑계 삼아 침묵을 지켜서는 안 된다.

나는 기독교를 믿지 않거나 믿더라도 성경이나 기독교 교리의 몇몇 부분에 심각한 의문을 품고 있는 사람들을 자주 접한다. 나는 신학 전문가가 아니다. 그렇다면 내가 이들에게 무엇을 말할 수 있을까? 성경을 처음부터 끝까지 읽게 해서 그들의 기를 꺾는 일을 제안하기보다, 내가 이렇게 늦게서야 발견한 그 진리를 그들도 발견하도록 도울 제대로 된 방도가 있을까?

도움을 줄 수 있는 뛰어난 책들이 너무 많지만, 각각의 책마다 약점을 안고 있는 것으로 보인다. 어떤 책은 너무 학문적인가 하면, 어떤 책은 너무 부족하고, 또 어떤 책은 너무 어렵다. 보다 완전한 도움을 주기 위해, 나는 늘 두 권 이상의 책을 추천해야만 했으며, 그것은 결국 내가 추천한 책들 가운데 어느 한 권이라도 읽혀질 가능성을 심각하게 줄이는 요인이 되었다.

얼마 전에 친구 한 사람이 믿지 않는 자신의 형제와 함께 읽을 수 있는 자료를 내게 문의해 왔다. 그것도 단 한 권을. 결국 우려하던 일이 벌어지고 만 것이다. 따라서 나는 말 그대로 완벽한 책을 제안해야만 했다. 고백하건대, 나는 아무런 답변을 해주지 못했다. 내가 좋아하는 서너 권의 책 가운데 어느 것도 그 한 권만으로는 충분치 않았기에, 추천을 미룰 수밖에 없었다. 내가 친구의 불평을 감수할 생각으로 한 권이 아닌 여러 권의 책을 추천하기로 마음먹을 때쯤에, 프랭크 튜렉에게서 『진리의 기독교』의 서평을 부탁하는 연락을 받았다. 이 책의 처음 몇 장을 읽으면서, 나는 이 책을 받은 것이 하나님의 뜻이라는 확신이 들었다.

쉽게 읽을 수 있는 구성을 갖추었으면서도 필요한 모든 영역을 다루고 있는 단 한 권의 책을 만난 것이다. 책을 다 읽고 나서 나는 프랭크 튜렉에게 복음 전파의 도구로서 내가 그토록 기다려 왔던 책, 곧 신학자가 아닌 내가 할 수 있는 것 이상의 방법으로 복음의 요체를 설명하고 그 진리를 드러내는 책이라고 말해 주었다. 이 책의 출판으로 말미암아, 회의론자, 기독교의 진리를 의심하는 자, 또는 몇몇 추가적인 증거를 더 찾고 있는 기독교인들에게 내가 단 한 권으로 추천할 수 있는 책이 마침내 탄생하게 되었다.

이 책은 대단한 신사이자 기독교 학자인 프랭크 튜렉이 기독교 변증학의 거목으로 평가받는 노먼 가이슬러 박사와 함께 썼다. 나는 이미 『기독교 변증(Christian Apologetics)』, 『비판론자들이 질문할 때(When Critics Ask)』, 그리고 『회의론자들이 질문할 때(When Skeptics Ask)』를 포함해, 가이슬러 박사의 다른 많은 저서들을 소장하고 있다. 내가 가이슬러 박사를 알게 된 것은 예전의 이웃이자 달라스 신학대학원의 졸업생이며 내 영혼의 스승 가운데 한 분인 스티브 존슨 박사를 통해서이다. 스티브 박사는 내게 가이슬러 박사가 청중을 사로잡는 방식으로 기독교 진리를 설명하는 내용이 담긴 비디오 테이프를 빌려 주었다(내가 그걸 돌려주었는지 기억나지 않는다). 믿을 수 없을 정도로 뛰어난 가이슬러 박사의 많은 변증학 저서들을 사서 읽기로 결심한 때가 바로 그 시점이었다.

나는 가이슬러 박사가 쓴 책이면 무엇이든 권하고 싶다. 그중에서도 이 책은 말 그대로 수많은 책을 오랫동안 참고 읽어낼 의향이 없는 이들을 위해 단번에 모든 것을 얻을 수 있는 아주 특별한 자료이다.

뿐만 아니라 이 책은, 기독교의 진리와 관련된 쟁점을 붙들고 씨름하기에 앞서, 진리라는 것 그 자체를 둘러싼 쟁점을 언급하고 절대 진리가 존재한다는 점을 광범위하게 입증하고 있다는 점에서, 나에게 큰 호소력을 발휘했다. 이 책은 상대주의 도덕론과 포스트모더니즘을 훼파하고, 나아가 어느 누구도 피할 수 없는 기독교의 진리를 향하여 체계 있게 행진해 나아가고 있다. 이 책은 진즉에 쓰였어야 할 책이며 더 많이 발행되어야 할 책이다. 굶주린 많은 영혼들이 이 책에서 탁월하게 제시된 진리의 기독교를 만날 수 있기를 기대한다.

데이비드 림보

저자 서문

종교 회의론자들은 이런 책이 특정 신앙과 신념을 가진 종교인에 의해 쓰였으므로 객관적일 수 없다고 믿는다. 회의론자들이 성경을 대하는 시각도 마찬가지다. 편향된 시각의 사람들이 저술한 편향된 서적이라는 것이다. 그들의 평가는 몇몇 종교 서적의 경우에는 참일 수 있으나, 모든 종교 서적에 타당한 주장은 아니다. 그들의 주장이 옳다면, 우리는 무신론자나 회의론자의 책을 포함해 다른 어떤 종교 서적도 신뢰하지 못할 것이다. 왜냐하면 모든 저자는 어떤 식으로든 신앙 내지는 종교관을 갖고 있기 때문이다.

그렇다면 이 사실은 독자인 우리에게 무엇을 의미하는가? 우리는 어떤 무신론자가 기독교에 대해 쓴 책을, 그가 단지 무신론자라는 이유만으로 믿지 말아야 하는가? 반드시 그렇지는 않다. 그가 진리를 말할 수도 있기 때문이다. 우리는 기독교인이 무신론에 대해 쓴 책을, 그가 단지 기독교인이라는 이유만으로 믿지 말아야 하는가? 다시 말하지만, 이 경우도 반드시 그런 것은 아니다. 그 역시 진리를 말할 수 있기 때문이다.

그렇다면 저자가 믿고 있는 신앙과 신념은 어떠한가? 저자는 자신의 신앙과 신념 때문에 책의 객관성을 잃어버리는가? 만일 그렇다면 무신론자와 회의론자의 책뿐만 아니라 다른 모든 책 가운데 객관적인 책이란 하나도 없을 것이다. 모든 저자는 책을 쓰는 특별한 이유와 나름의 신념이 있고, 나아가 모든(또는 적어도 대부분의) 저자는 자신의 글이 타당하다는 믿음을 갖고 있다! 그러나 그 사실이 곧 그들의 저술이 잘못되었거나 객관적이지 않음을 의미하지는 않는다. 저자들은 대개 그들이 다루는 주제에 대해 중립성을 띠지 않지만(저자의 개인적 관심 때문에 책을 쓰게 되었으므로), 그럼에도 불구하고 그들은 자신들이 다루는 주제를 객관성을 유지하면서 제시할 수 있기 때문이다.

예를 들어, 자신들의 체험담을 글로 쓴 유대인 대학살(홀로코스트)의 생존자들은 중립적인 구경꾼이 아니었다. 그들은 나치가 죄악을 저질렀음을 철저히 믿었으며, 온 세계가 유대인 대학살의 비극을 결코 잊지 않고 그 일이 되풀이되지 않기를 소망하며 자신들의 체험을 글로 옮겼다. 그들의 열정이나 신념이 그들로 하여금 사실을 왜곡하도록 만들었는가? 반드시 그렇지는 않다. 오히려 그 열정으로 말미암아 반대 효과가 나타났다. 열정이 때로는 몇몇 사람들에게 과장을 조장할 수 있지만, 어떤 사람들은 그 열정 때문에 메시지의 신뢰성에 금이 가지 않도록 하기 위해 누구보다 꼼꼼하게 정확성을 추구하기도 한다.

앞으로 보겠지만, 우리는 성경의 저자들이 세심하면서도 정확한 길을 걸었다고 생각한다. 그것은 또한 우리가 이 책에서 걸어가려고 노력한 길이다. 만일 회의론자가 이 책을 읽게 된다면, 우리의 종교적 신념이 아니라 우리가 제시한 증거를 가지고 이 책의 신뢰도를 평가해 주기 바란다. 이 책의 저자인 우리 두 사람 모두 지금은 기독교인이지만 예전에도 기독교인이었던 것은 아니다. 우리도 증거를 통해 예수를 믿게 되었다. 따라서 우리가 '지금' 기독교인이라는 사실은 논쟁거리가 아니다. '왜' 우리가 지금은 기독교인인지가 중요하다. 그것은 이 책의 초점이기도 하다.

노먼 가이슬러, 프랭크 튜렉

감사의 글

믿음으로 이 책을 끝까지 읽어준 좋은 사람들이 있다. 우리들의 아내인 바바라 가이슬러와 스테파니 튜렉은 그 명단의 첫 머리에 오를 사람들이다. 그들의 사랑과 격려가 없었다면, 이 책은 빛을 보지 못했을 것이다.

몇몇 학자들과 친우들이 원고의 여러 부분을 검토하고 도움말을 주었다. 웨인 프레이어는 진화 관련 논쟁을 다루는 두 단원을 감수해 주는 호의를 베풀었다. 프레드 헤렌은 빅뱅과 관련된 단원을 위해 똑같은 수고를 해주었다. 부지세프스키는 도덕법 관련 대목에서 귀한 통찰을 제공해 주었다(그는 이 주제와 관련된 최고 권위자다). 배리 레벤달은 자신의 회심 경험과 메시아 예언을 다룬 장에서 개인적 추억과 전문 식견을 제공해 주었다. 뿐만 아니라, 빌 뎀스키), 마크 퍼스테이버, 스테파니 튜렉, 그리고 랜디 하우와 루시 하우 역시 소중한 의견을 제공해 주었다. 물론 이 책의 내용에 대한 궁극적 책임은 우리에게 있다.

아낌없는 격려와 함께 우리를 크로스웨이북스의 마빈 패지트에게 소개시켜 준 〈The Ambassador Speaker Bureau〉의 웨스 요더에게 감사를 보낸다. 마빈은 이 책의 제호를 결정하는 일에 도움을 주었다. 능숙한 편집 솜씨로 우리를 도운 크로스웨이의 빌 데커드 역시 우리가 감사해야 할 사람이다. 또 기발하기 이를 데 없는 책표지로 사람들을 감탄시킨 조쉬 데니스에게 역시 감사를 드린다.

  마지막으로, 너무나 큰 열정과 통찰력으로 추천의 글을 써 준 데이비드 림보에게 심심한 사의를 표한다. 그리스도를 향한 열심과 진리를 변호하고자 하는 그의 강렬한 소원은 우리에게 커다란 영감을 주었다. 우리는 이 책이 그와 똑같은 열정을 지닌 그리스도인들을 더 많이 길러내는 데 조금이나마 기여하기를 소망한다.

들어가는 글 ─ 삶이라는 조각 그림 맞추기 상자의 큰 그림 찾기

> 특정 신앙을 믿지 않는다고 주장하는 사람은
> 다른 쪽의 신앙을 참되게 믿고 있는 사람이다.
> 필립 존슨

강의 첫날부터 대학의 종교학 교수는 기대에 부푼 학생들에게 확실한 경고를 했다. "여러분의 종교적 신념 따위는 집에 두고 오기 바랍니다." 그러면서 이렇게 덧붙였다. "구약을 공부하는 동안 여러분이 주일학교에서 배웠던 내용과 반대되는 이야기를 할 수도 있습니다만, 나의 의도는 누구를 공격하기 위함이 아니라 최대한 객관성을 유지하면서 본문을 살피는 데 있음을 기억하십시오."

그 말은 정말이지 근사하게 들렸다. 당시 나(프랭크 튜렉)는 영적으로 매우 갈급해 있던 터라 그 과목을 일부러 수강하게 되었다. 내가 바랐던 것은 특정 교파의 노선이 아니었다. 단지 하나님이 계신지 안 계신지, 그것을 알고 싶었다. '하나님과 성경에 대해 객관성이 담보된 어떤 것을 얻는데, 로체스터 대학교 같은 세속 학교보다 나은 곳이 있겠는가' 하는 것이 나의 판단이었다.

교수는 처음부터 구약성경이 의문투성이 책이라는 시각을 드러냈다. 그는 모세가 성경에 있는 첫 번째 다섯 권을 쓰지 않았으며, 나아가 성경이 언급하고 있는 선지자들의 예언도 사건이 일어난 뒤에 기록되었다는 이론을 폈다. 뿐만 아니라, 유대인들은 원래 여러 신들을 믿었으나(다신교), 구약성경의 최종 편집자들이 '유일신론 광신자'였던 까닭에 결국 하나의 하나님만 남게 된 것이라고 주장했다.

대부분의 학생들은 그의 분석에 불편함을 느끼지 않았지만, 오직 한 사람, 나보다 두어 줄 앞에 있던 젊은 친구만은 예외였다. 학기가 막바지에 다다르면서, 그 학생은 눈에 띄게 교수의 회의론에 불만스러운 모습을 드러냈다. 그러던 어느 날, 교수가 이사야서의 내용을 비평하기 시작했을 때, 그 친구는 더 이상 참지 못하고 말았다.

"그렇지 않습니다, 교수님." 그 친구가 소리를 질렀다. "이것은 하나님의 말씀이란 말입니다."

"저 친구 종교성이 엄청나게 강하구먼." 나는 옆 자리에 앉은 학생에게 나지막하게 말했다.

"좋아요"라는 말로 입을 뗀 교수는 "첫 시간에 여러분에게 종교적 신념은 집에 두고 오라는 말을 했는데요, 그렇게 하지 않는다면 우리는 객관성을 결코 유지할 수가 없습니다"라고 답했다.

"교수님이야말로 객관성을 잃고 있습니다." 그 학생은 선 채로 그의 답변에 반박했다. "교수님은 지나친 회의론자입니다."

수업을 듣고 있던 몇몇 학생들이 그 친구에게 야유를 보내기 시작했다.

"이 수업 전세 냈어? 강의 좀 듣자고!"

"우우~, 앉아!"

"이봐, 여기는 주일학교가 아니야!"

교수는 상황을 수습하려고 했으나, 다른 학생들의 반응에 당황한 학생은 자리를 박차고 나간 뒤, 다시는 돌아오지 않았다.

나는 그 친구에게 다소의 연민을 느끼면서도 한편으로는 교수가 자신만의 반(反) 종교 논리에 치우쳐 있음을 감지했지만, 또 다른 한편으로는 교수가 구약, 특히 하나님에 대해 강의하는 더 많은 내용을 듣지 못한 게 아쉬웠다. 학기가 끝났을 때, 나는 구약을 액면 그대로 받아들여서는 안 된다는 교수의 주장이 옳다는 확신을 갖기에 이르렀다. 하지만 나는 '신은 존재하는가'라는 가장 중요한 질문에 여전히 답을 찾지 못하고 있었다. 마지막 수업이 끝난 뒤에도 완전히 채워지지 못한 무언가가 남아 있었다. 나는 결론도, 해답도 찾지 못한 채 결국 그 교수를 다시 찾아갔고, 마침 그는 학생들에게 둘러싸인 채 질문을 받고 있었다.

학생들이 모두 물러갈 때까지 한참을 기다렸다가 교수에게 말을 걸었다. "교수님, 한 학기 동안 강의를 잘 들었습니다. 무언가 새로운 전망이 보이는 것 같습니다. 그래도 아직 커다란 문제가 하나 남아 있습니다."

"그런가? 말해 보게나." 교수가 말했다.

"저는 신이라는 존재가 실제로 있는지 없는지 알고 싶어서 이 과목을 신청했었습니다만, 학기가 끝나도록 확신이 서지 않더라고요. 그래서 말인데요, 음, 신은 존재하나요?"

질문이 끝나기도 전에 그가 대답했다.

"나는 모르겠네."

"모르신다고요?"

"그래, 나는 신이 있는지 없는지 모른다네."

나는 어이가 없었다. "잠깐만요. 교수님은 학기 내내 구약이 거짓투성이라고 가르치셨는데, 이제 와서 신이 있는지 없는지 모르겠다고 말씀하시니 좀 당황스럽네요. 만일 신이 실제로 존재한다면 구약은 참이 될 수도 있겠군요!" 입 안에서 뱅뱅 돌던 이 말로 나는 그의 답변에 들어 있는 모순을 지적하고 싶었다. 그러나 학기말 평가가 아직 끝나기 전이었으므로, 그 말을 꾹 참았다. 대신 내가 학기 내내 들였던 수고와 열심에 대한 실망감을 진하게 맛보면서 강의실을 빠져나왔다. 나는, "예"든 "아니요"든, 교수가 나름의 근거를 가지고 명확히 답변해 주기를 기대한 것이지 "모른다"와 같은 모호한 대답을 바란 것이 결코 아니었다. 그런 식의 대답은 길에서 마주치는 아무에게라도 얻을 수 있는 것이었다. 대학의 종교학 교수라는 사람 정도면 무언가 구체적이고 확실한 것을 제시해 주리라 기대했던 것이다.

시간이 흐른 뒤에야, 나는 내가 현대의 대학교에 지나치게 높은 기대를 품고 있었음을 깨달았다. '대학(university)'이라는 말은 사실 '통일성(unity)'과 '다양성(diversity)'의 합성어이다. 사람들은, 대학에 입학하면 다양성 안에서 통일성을 발견하는 탐구의 길을 걸어가도록, 다시 말해 모든 다양한 분야의 지식(예술, 철학, 물리학, 수학 기타 등등)을 결합하여 하나의 통일된 삶의 모습을 제시하도록 지도받을 것이라고 상상한다. 그것은 분명 매우 중요한 과업이지만, 현대의 대학은 그것을 포기했을 뿐만 아니라 거꾸로 후퇴시켰다. 이제 우리는 다양성 안에서 통일성을 추구하는 대학교(universities) 대신, 아무리 어리석은 개개의 관점이라도 다른 것들과 동등하게 가치 있는 것으로 간주하는 (그러면서도 오직 하나의 종교 또는 세계관만이 참일 것이라는 관점은 인정하지 않는) 교육 기관, 곧 다양성 안에서 다양성을 추구하고 있는 다원학교(pluraversities)를 갖고 있을 뿐이다. 오직 하나의 종교 또는 세계관만이 참일 것이라는 견해야말로, 대부분의 대학에서는 결코 받아들일 수 없는 편협한 견해로 금기시 되는 유일한 관점이다.

그러나 현대의 대학들이 견지하는 부정적 관점에도 불구하고, 우리는 다양성 안에서 통일성을 발견할 수 있는 길이 지금도 존재한다고 믿는다. 만일 누군가가 그런 통일성을 발견한다면, 그것은 조각 그림 맞추기 상자의 윗부분(뚜껑)을 보는 것과 같을 것이다. 상자 위에 그려진 그림이 없다면 조각들을 맞추기가 어려운 것처럼, 어떤 식으로든 하나로 맞춰진 큰 그림이 없다면 삶에 존재하는 많은 다양한 조각들은 아무런 의미를 갖지 못한다. 문제는, '과연 삶이라고 부르는 이 조각 그림 맞추기 상자의 큰 그림을 누가 갖고 있는가' 하는 점이다. 세계의 많은 종교들은 자신들이 그것을 갖고 있다고 주장한다. 그들의 주장이 옳은 것인가?

그림 1.1

종교와 조각 그림 맞추기 상자 뚜껑

세계의 종교들은 삶이라는 조각 그림 맞추기 놀이에서 그 많은 조각들이 어떻게 하나로 완벽히 들어맞는지 사람들이 볼 수 있도록 상자 뚜껑에 큰 그림을 제시하려고 빈번히 시도한다. 이 그림은 보통은 (몇 가지 나름의 이유로 인해) 신에 대한 주장으로 시작한다. 누군가가 신에 관하여 믿고 있는 것은 그가 믿는 다른 모든 것에 영향을 미친다. 모티머 에이들러(Mortimer Adler)는, '신(God)'이라는 부분이 그가 편집했던 〈서구 세계의 위대한 도서 시리즈(The Great Books of the Western World series)〉에서 가장 큰 비중을 차지하고 있는 이유를 질문 받았을 때, 신이라는 주제야말로 그 어떤 주제보다 더 많은 함의를 담고 있기 때문이라는 통찰을 표명한 바 있다. 사실상 삶에서 가장 중요한 질문들은 다음 다섯 가지다.

1. 기원: 우리는 어디에서 왔는가?
2. 정체: 우리는 누구인가?
3. 의미: 우리는 왜 여기에 존재하는가?
4. 도덕: 우리는 어떻게 살아야 하는가?
5. 운명: 우리는 어디로 가고 있는가?

각각의 질문은 신이 존재하는가에 따라 대답이 갈린다. 신이 존재한다면, 우리의 삶에는 궁극의 의미와 목적이 존재한다. 우리 삶에 어떤 목적이 존재한다면, 삶을 살아가는 데에도 분명 옳고 그른 길이 존재한다. 우리가 선택한 것들은 지금뿐만 아니라 영원토록 우리에게 영향을 미치게 될 것이다. 반면, 신이 존재하지 않는다면, 우리의 삶은 결국 아무 의미가 없을 것이다. 특정한 목적이 없으므로, 삶을 살아가는 데에도 옳고 그른 길이란 처음부터 존재하지 않는다. 또한 우리가 어떻게 살든 아무 상관이 없으므로, 우리의 운명이란 허무 그 자체일 것이다.

그렇다면 세계의 어떤 종교가 신에 관한 물음에 올바른 대답을 제시하는가? 모든 종교는 인생이라는 조각 그림이 온전하게 맞추어진 큰 그림을 담은 상자 윗부분을 제시하고 있는가? 인류 공통의 지혜는, 많은 이유를 들어, 그렇지 않다고 대답한다.

첫째, 많은 사람들은 오직 하나의 종교만이 참일 것이라고 믿는 것은 합리적이지 않다고 말한다. 만일 하나의 종교만이 실제로 참이라면, 그것은 곧 다른 모든 종교를 믿고 있는 수십억의 사람들이 오늘날도 잘못을 저지르고 있을 뿐만 아니라, 지나온 세월 내내 잘못을 저질렀음을 의미하는 것이 된다. (기독교가 그리스도를 믿지 않는 사람들은 지옥에 갈 것이라고 가르치고 있는 것처럼 보이기 때문에 기독교가 참이라고 한다면, 그것은 더욱 큰 문제다.) 자신들만이 유일한 진리를 갖고 있다고 생각하는 사람들이 그 진리를 받아들이려 하지 않는 사람들을 용납하지 않을 것이라는 두려움 역시 전혀 근거가 없는 것이 아니다.

만사태평인 미국인들은 그 어떤 종교도 진리가 아니라고 더 쉽게 믿는 경향이 있다. 이런 생각은 종종 많은 대학 교수들이 즐겨 쓰는 비유, 곧 여섯 명의 장님과 코끼리 비유를 통해 설명되기도 한다. 각기 다른 장님이 코끼리의 각기 다른 부분을 만지게 되면, 그들 앞에 놓인 물체가 무엇인지 서로 다른 결론을 내기에 이른다. 상아를 붙잡고 있던 이는, "이거 창이네"라고 말한다. 코끼리 코를 만지고 있던 다른 장님은, "이건 뱀이야"라고 말한다. 그런가 하면, 코끼리 다리통을 끌어안고 있던 이는, "에이, 나무로구먼"이라고 소리친다. 그러자 꼬리를 붙잡고 있던 또 다른 장님은, "아니야, 밧줄이야"라고 생각한다. 코끼리 귀를 만진 또 다른 장님은, "다 틀렸어, 이건 프라이팬이야"라고 믿는다. 코끼리 옆구리에 기대어 서있던 한 장님은, "도대체 다들 무슨 소리를 하고 있는 거야, 이건 벽인데"라고 확신한다. 이들은, 자신들이 만져서 알게 된 것을 놓고 각기 다른 결론에 이르렀다는 점에서, 세계의 여러 종교를 대변하는 사람들이라고 일컬어진다. 각각의 종교를 대변하는 장님들의 말처럼, 그 어떤 종교도 유일한 진리(The truth)를 갖고 있지 않으며, 그 어떤 종교도 완벽히 맞추어진 조각 그림을 갖고 있지 않다는 것이다. 그런 논리라면 각각의 종교는 단지 하나의 산꼭대기로 올라가는 여러 개의 등산로일 뿐이다. 물론, 이런 말은 너무나도 아량이 넓은 미국인들에게 절절한 호소력을 발휘하고 있다.

미국에서, '종교의 진리'란 하나의 모순 어법(oxymoron, '똑똑한 바보', '슬픈 행복' 등 서로 상반된 어휘를 결합시키는 수사법)으로 간주되고 있다. 어떤 진리도 종교 안에 존재하지 않는다는 것이다. 종교는 오로지 기호 또는 의견의 문제일 뿐이다. 누군가 초콜릿을 좋아한다면, 나는 바닐라를 좋아한다. 또는 누군가 기독교를 좋아하듯이, 나는 이슬람교를 좋아한다는 식이다. 만일 불교가 우리의 마음을 움직인다면, 그것이 곧 우리에게 진리가 되는 것이다. 더욱이 사람들은 우리의 신앙을 이유로 우리를 판단해서는 안 된다는 것이다.

종교의 진리와 관련해 제기되는 두 번째 큰 문제는 삶이라는 조각 그림 가운데 몇몇은 설명이 불가능하여, 각각의 종교가 제공하는 큰 그림에 도무지 들어맞지 않는 듯 보인다는 점이다. 이 조각들은 악의 존재와 그 악의 존재 앞에서 침묵하는 신이 포함되어 있다. 악이 존재한다는 것, 그리고 신이 악에 대해 침묵하고 있다는 것이야말로, 특별히 전능한 신이 존재한다는 주장에 대한 강력한 반대 주장이 된다. 많은 회의론자와 무신론자들은, 강력한 신이 실제로 존재한다는 이들의 말이 참이라면, 그 신은 모든 혼란을 말끔히 제거하기 위해 당연히 개입했을 것이라는 논리를 편다. 결국, 신이 밖으로 드러나게끔 존재한다면, 왜 그는 스스로를 감추고 있는 것처럼 보이는가? 왜 그는 딱 부러지게 자신을 드러내어 그릇된 종교들의 정체를 밝히고 모든 대립을 종식시키지 않는가? 왜 그는, 자신의 이름을 먹칠하는 종교 전쟁을 포함하여, 세상의 모든 악을 종식시키기 위해 적극 나서지 않는가? 또한 왜 그는 선량한 사람들에게 나쁜 일들이 일어나도록 허락하는 것일까? 이런 문제들이야말로, 자신들의 종교가 참이라고 주장하는 이들에겐 곤란한 질문들이다.

결국 현대의 많은 지성인들은 종교에 기반을 둔 어떤 식의 조각 그림 맞추기 상자도 완전한 큰 그림을 보여주지 못한다는 결론을 암묵적으로 주장한다. 그들은 적법한 큰 그림을 오직 과학만이 제시할 수 있다고 믿는다. 그들은 진화(evolution)가 신이라는 존재의 필요성을 제거했으며 오직 실험실에서 실험으로 입증할 수 있는 것만이 참으로 간주될 수 있다고 말한다. 그것은 곧, 오직 과학만이 사실의 문제를 다룰 뿐이며 종교는 단지 신앙의 영역에 한정됨을 말하는 것이다. 따라서 종교의 진리성을 뒷받침하는 증거나 사실들을 모으려고 애쓰는 행위는, 마치 초콜릿 아이스크림이 바닐라 아이스크림보다 더 맛있다는 것을 입증할 사실들을 모으는 것과 같은 것이므로, 아무런 의미가 없는 일에 불과하다. 우리는 (주관적인) 선호도의 문제를 굳이 사실 관계를 따져 (객관적으로) 입증하려고 하지 않는다. 그러므로 그들은 종교가 만인에게 보편성을 띠는 사실의 문제가 아닌 단지 각 사람의 취향 문제인 까닭에, 설령 완벽하게 맞추어진 큰 그림이 실린 상자 뚜껑이라 하더라도 그것이 종교에서 나온 것이라면, 우리가 찾고 있는 삶의 객관적인 큰 그림을 제시할 수 없을 것이라고 힘써 주장한다.

그렇다면 이러한 현대 지성들의 주장을 듣고 있는 우리는 어떻게 해야 하는가? 신을 향한 갈망과 인생이라는 수수께끼의 퍼즐조각 그림들이 완전히 맞추어진 큰 그림을 기대하는 것은 부질없는 짓인가? 삶은 어떤 식으로든 객관적 의미를 갖고 있지 않으며, 우리 각자가 나름대로 조각 그림을 만들어낼 뿐이라고 결론 내려야 하는가? 우리는 그 종교학 교수의 "나는 모른다네"라는 대답에 만족해야만 하는가?

그렇게 생각하지 않는다. 우리는 실제로 객관적인 답이 존재한다고 믿는다. 또한 지금까지 살펴보았던 강력한 반대 주장들—다음 장들에서도 언급할 것이다—에도 불구하고, 우리는 그 객관적인 답이 매우 타당성 있는 것이라고 믿는다. 사실, 우리는 이 답이 어떤 다른 가능한 답, 심지어 무신론자들이 내놓는 답보다 합리적이어서 더 신뢰할 만하다고 확신한다. 우리가 말하고자 하는 것을 제시해 보겠다.

몇 가지 유형의 신

논의를 전개하기에 앞서, 먼저 우리가 사용할 용어의 의미를 분명하게 밝혀 보자. 대부분의 주요 종교들은 세 가지의 종교 세계관, 곧 유신론(theism), 범신론(pantheism), 무신론(atheism) 가운데 하나를 따르고 있다.

유신론자란, 온 우주를 창조했으나 그 자신은 그 우주의 일부가 아닌 하나의 인격신을 믿는 사람을 가리킨다. 이것은 화가와 그의 그림이라는 관계로 쉽게 설명할 수 있다. 신은 화가와 같은 존재이며 그의 창조물은 그림과 같다고 할 수 있다. 신이 그 그림을 만들었고, 그의 속성(attribute)들은 그림 안에 표현되어 있지만, 신이 곧 그 그림은 아니다. 이러한 유신론을 믿는 주요 종교는 기독교, 유대교, 그리고 이슬람교가 있다.

이와 달리, 범신론자는 말 그대로 우주 전체인 비인격신을 믿는 사람이다. 범신론자는, 그 그림을 그렸다기보다 그 그림 자체인 신을 믿는다. 사실 범신론자는 신이란 세상에 존재하는 만물 그 자체라고 믿는다. 때문에 그들에겐 들판의 풀도 신이요, 하늘도 신이며, 나무나 이 책, 나아가 당신과 나, 기타 등등도 모두 신이 된다. 주요 범신론 종교로는, 동양의 힌두교, 불교의 몇몇 형태, 그리고 여러 형태의 뉴에이지를 들 수 있다.

물론 무신론자는 어떤 유형의 신도 믿지 않는 사람이다. 우리의 비유를 유추해 본다면, 무신론자는 하나의 그림처럼 보이는 것이 늘 존재하지만, 정작 누구도 그것을 그리지 않았다고 믿는 사람들이다. 종교인문주의자(religious humanism)들이 이 범주에 들어갈 것이다.

이 세 가지의 종교 세계관을 쉽게 기억할 수 있는 방법이 있다. 유신론은 신이 모든 것을 만들었고, 범신론은 모든 것이 곧 신이며, 무신론은 신은 결코 없다는 말로 기억하면 된다. 그림 1.2에서, 유신론은 세계를 떠받치고 있는 손으로, 범신론은 세계 안에 있는 손으로, 그리고 무신론은 단지 세계만으로 묘사되고 있다.

세 가지 주요 종교의 세계관

유신론	범신론	무신론
신이 모든 것을 만들었다	모든 것이 신이다	신은 결코 없다

유대교 기독교 이슬람교	선불교 힌두교 뉴에이지	종교인문주의

그림 1.2

우리가 빈번하게 사용할 또 하나의 용어는 불가지론자(agnostic)이다. 그는 신이라는 문제에 대하여 확실히 알지 못하는 사람이다.

이제 우리가 사용할 용어를 정의했으므로, 신앙과 종교라는 주제로 돌아가 보자.

신앙과 종교

종교가 단지 신앙의 문제에만 국한될 뿐이라는 주장은 일면 설득력이 있어 보이지만, 그럼에도 불구하고 그것은 이 시대가 만든 신화에 지나지 않으며 말 그대로 진실이 아니다. 종교가 분명 신앙을 요구하기는 하나, 그렇다고 종교가 오로지 신앙에만 국한되는 것은 아니다. 무신론을 포함한 모든 종교의 세계관 신봉자들은 자신들이 진리를 다루고 있음을 주장하며, 나아가 그런 진리 주장들 가운데 많은 부분이 과학적이고 역사적인 조사를 통해 평가될 수 있으므로, 허구가 아닌 '사실'을 다룬다는 부분 역시 매우 중요한 사항으로 간주한다.

예를 들어, (기독교, 이슬람, 유대교의) 유신론자들은 우주에 시작이 있다고 하는 반면, 무신론자들과 (뉴에이지, 힌두교의) 범신론자들은 우주에 시작은 없으며 다만 영원할 뿐이라고 말한다. 이것은 서로 배척하는 주장들이다. 두 주장 모두가 옳을 수 없다. 우주는 분명한 시작점이 있든지, 아니면 우주에 시작점은 존재하지 않는다는 주장 하나만이 옳다. 여기서 우리는 우주의 본질과 역사를 면밀하게 조사함으로써 두 가지 견해 중 하나는 옳으며 나머지는 그르다는 결론을 합리적으로 도출할 수 있다고 믿는다.

또 다른 예로, 이른바 그리스도가 부활했다는 주장을 들 수 있다. 기독교 신자들은 예수가 죽은 자 가운데서 부활했다고 주장하나, 이슬람 신도들은 예수가 심지어 죽지도 않았다고 말한다. 여기에서도 또 다시, 하나의 견해는 맞지만, 다른 견해는 그른 것이다. 어느 주장이 옳은 것인지 우리는 어떻게 알 수 있는가? 서로 대치되는 이들 두 주장 가운데 어느 것이 역사적 증거에 어긋나는지 조사를 통해 알 수 있을 것이다.

이러한 질문들에 대해 여러 종교들이 답하려고 할 뿐만 아니라 과학자들 역시 이들 문제에 대해 무언가 말하려 한다는 사실에 주목하자. 그것은 곧 과학과 종교가 종종 같은 문제를 다루고 있음을 의미하는 것이다. 예를 들어, 우주는 어떻게 생성되었으며, 생명은 어디에서 비롯되었고, 기적은 가능한가 등등이 그것이다. 다시 말해, 어떤 이들의 말처럼, 과학과 종교는 서로 배척하는 별개의 범주가 아닌 셈이다.

물론 종교가 내세우는 주장들이 과학이나 역사적 연구를 통해 모두 검증될 수 있는 것은 아니다. 몇 가지는 입증할 수 없는 교의(dogma)이다. 그럼에도 불구하고, 많은 종교적 신념들의 유효성은 충분히 검증 가능하다. 어떤 신념들은 매우 불합리하여 터무니없게 보이는 반면, 또 어떤 신념들은 확실한 입증이 가능할 정도로 합리성을 갖추고 있다.

기독교가 안고 있는 문제

기독교는 합리성이 있는가? 우리는 그렇다고 믿는다. 그러나 누구든지 열린 마음으로 그 증거를 면밀히 살펴보지 않는다면, 기독교 신앙은 얼핏 문제가 많은 것처럼 보인다. 우선 앞에서 언급했듯 (악의 문제라든가 다수의 과학자들의 반대와 같은) 많은 '지적(intellectual)' 저항이 존재한다.

둘째, 때때로 기독교를 받아들이지 못하게 막는 '정서적(emotional)'

장애물이 존재한다. 기독교의 배타성, 지옥 교리, 그리고 기독교인들의 위선이야말로 거의 모든 이들에게 정서적 장애물로 작용하고 있다. (어쩌면 교회 안에 존재하는 위선이야말로 사람들을 교회로부터 내쫓는 가장 큰 요인이다. 예전에 어떤 이는 기독교에서 가장 큰 골칫덩어리는 정작 기독교 신자라고 말한 바 있다!)

마지막으로, 기독교를 거부하는 '의지적인(volitional)' 이유들이 있는데, 기독교의 윤리가 삶에서 우리의 선택을 다분히 제약할 수 있다고 여기기 때문이다. 보이지 않는 신에게 우리 자유를 무조건적으로 굴복시키는 일은 천성적으로 우리 대부분이 내켜하지 않는 일이다.

그러나 이들 지적, 정서적, 그리고 의지적인 장애물에도 불구하고 우리는 기독교 신앙을 갖는 일이 무신론이나 다른 종교를 믿는 일보다 오히려 수월하다는 점을 말하고 싶다. 기독교의 진리성에 대한 증거를 보게 된다면, 기독교가 아닌 다른 종교인이 되는 일이 훨씬 더 많은 믿음이 필요할 것으로 생각한다는 뜻이다. 이것은 직관에 반하는 주장처럼 보일 수 있으나, 모든 종교적 세계관은 신앙을 필요로 한다는 사실을 미루어보면 알 수 있다.

왜 그런가? 우리는 한계가 있는 인간이어서, 신의 존재나 비존재를 입증하는 절대 증거가 될 만한 지식을 소유하고 있지 않기 때문이다. 우리는 우리의 지식 영역 바깥에서(나는 그 문제를 고민하기 위해 존재해야 한다. 고로 나는 내가 존재함을 안다), 개연성의 영역을 다룬다. 우리가 신(하나님)이라는 존재에 대해 어떤 결론을 내리든지, 그 반대의 결론이 참일 가능성도 늘 존재한다.

사실, 우리가 이 책에서 내린 결론들이 잘못일 가능성도 있다. 그러나 우리는 그것들을 뒷받침하는 좋은 증거가 있으므로 그것들이 잘못일 리가 없다고 생각한다. 오히려 우리는 우리의 결론들이 합리적 의심조차 넘어서는 진실이라고 생각한다. (이런 유형의 확실성은, 말하자면, 95퍼센트의 확실성을 갖춘 것으로서, 오류가 있고 유한한 인간이 대부분의 문제에서 얻을 수 있는 최선의 것이며, 나아가 삶에서 가장 큰 결정을 내릴 때에도 충분한 근거 이상의 확실성을 갖는 것이다.) 그럼에도 불구하고, 우리가 잘못일 가능성을 극복하려면 어떤 신앙이 요구된다.

무신론자의 신앙

우리가 내리는 결론에 신앙이 요구되는 반면, 무신론과 범신론을 포함한 다른 모든 세계관을 믿을 때에도 동일하게 신앙이 요구된다는 사실은 종종 망각되고 있다. 최근 한 세미나에서 만난 무신론자 배리를 통해서 우리는 이 사실을 다시 확인할 수 있었다. 그는 우리 모두가 잘 아는 친구인 스티브가 기독교 신자가 된 사실을 못미더워했다.

배리가 말했다. "나는 스티브가 이해가 안 돼. 그 친구, 자기는 지성인이라면서 정작 내가 기독교를 비판하는 물음에는 일체 답을 하지 않더구먼. 자기 말로는 기독교 신앙을 가진 지 얼마 되지 않고 여전히 배우는 중이라서 모든 물음에 답을 가지고 있는 건 아니라고 하더군."

나(프랭크 튜렉)는 이렇게 대답했다. "배리, 어떤 특정 주제에 대해 모든 것을 안다는 것은 사실상 불가능하네. 더욱이 그 주제가 무한한 신에 관한 거라면 확실히 불가능하지. 그러니까 비록 해결되지 않은 문제가 남았더라도, 자네가 결론을 내리는 데는 충분한 정보를 갖고 있다고 인식할 어느 시점이 있을 거네."

배리는 나의 말에 동의했지만, 정작 자신이 비판했던 스티브처럼 자신도 동일한 길을 걷고 있다는 사실을 깨닫지 못했다. 배리는 자신이 비록 무신론을 입증하는 철저한 증거를 갖고 있지 않으면서도, 자신의 무신론 견해가 옳다고 주장하던 터였다. 그는 신이란 결코 존재하지 않는다는 것을 확실히 알았을까? 신의 존재를 주장하는 모든 논증과 증거를 철저히 조사해 그에 대한 확실한 답을 얻어냈을까? 그는 무신론을 비판하는 모든 주장과 물음에 완벽하게 반박할 수 있었을까? 물론 아니다. 그렇게 하기란 사실상 불가능하다. 그렇다면 배리도 스티브처럼 절대적 확실성의 영역이 아닌 개연성의 영역에 자리한 문제를 다루고 있으므로, 신이 존재하지 않는다는 주장을 믿기 위해 분명 신앙이 필요했을 것이다.

칼 세이건은 스스로를 가리켜 불가지론자라고 했음에도 불구하고, "우주는 지금도 존재하고 이전에도 존재했으며 앞으로도 영원히 존재할 모든 것"이라는 주장을 펼침으로써 무신론적 유물론에 대한 신앙을 드러냈다.[1] 그는 그것을 어떻게 확신했을까? 그는 확신하지 못했다. 그런데도 그는 어떻게 그런 말을 할 수 있었을까? 그도 지식에 한계가 있는 유한한 인간이었다. 세이건은 기독교인들이 하나님은 존재한다고 말할 때와 동일하게, 개연성의 영역에서 그런 주장을 펼친 것이다. 문제는 '자신들의 주장을 뒷받침할 증거를 누가 더 많이 갖고 있는가'이다. 어느 쪽의 결론이 더 타당한가? 앞으로 그 증거를 살펴볼 테지만, 아마도 무신론자들은 기독교 신자들보다 더 많은 신앙이 필요하리라고 본다.

이런 생각이 들 수도 있다. "무신론자가 기독교 신자보다 더 많은 신앙이 필요할 거라니! 그게 무슨 뜻이지?" 우리가 말하고자 하는 바는,

---

[1] Carl Sagan, *Cosmos* (New York: Random House, 1980), 4.

주장을 뒷받침할 증거가 적을수록 그것을 믿기 위해 더 많은 신앙이 필요할 거라는 얘기다(그 반대 명제도 마찬가지다). 신앙은 지식에 존재하는 틈을 메워준다. 그리고 기독교 신자의 주장을 뒷받침하는 증거보다 무신론자의 주장을 옹호하는 증거가 더 적으므로, 무신론자야말로 지식 면에서 보다 큰 틈을 갖게 될 것이다. 다른 말로 하면, 경험이나 법정 변론 그리고 철학에서 제시하는 증거들은 기독교와 일치하고 오히려 무신론과 맞지 않는 결론들을 강력히 지지하고 있다. 여기 우리가 제시할 몇 가지 증거의 예들이 있다.

1. 과학적 증거들 거의 대부분은 우주가 무로부터 갑자기 탄생했다는 견해를 확인해 준다. 그렇다면 (기독교의 견해대로) 누군가가 무로부터 어떤 것을 창조했거나, 아니면 (무신론의 견해대로) 그 어느 누구도 무로부터 어느 것도 만들어 내지 않았다는 견해 중 어느 것이 더 합리성을 갖는가? 기독교의 견해. 어느 견해가 더 신앙을 필요로 할까? 무신론의 견해.

2. 가장 단순한 생명체도 1,000권의 백과사전에 달하는 정보를 갖고 있다. 기독교 신자들은 오직 지식을 갖춘 존재만이 1,000권의 백과사전에 달하는 정보량을 포함하고 있는 생명체를 창조할 수 있다고 믿는다. 무신론자들은 지식과 전혀 상관없는 자연의 힘들이 그것을 할 수 있다고 믿는다. 기독교 신자들은 자신들의 결론을 뒷받침할 증거를 갖고 있다. 무신론자들은 어떤 증거도 갖고 있지 않기에, 그들의 믿음은 더욱더 많은 신앙을 필요로 한다.

3. 오래전, 고대의 저술들은 신이 인간으로 올 것을 예언했다. 이 신인(神人)은 특정한 혈통을 따라 특정한 성읍에서 태어날 것이며, 특별

한 방식으로 고난을 당하고 특별히 정해진 때에 죽을 것이며, 세상 죄를 대속하기 위해 죽은 자 가운데서 부활할 것으로 예언되었다. 예언된 때가 다다른 직후에, 그 예언된 사건들이 실제로 일어났음을 다수의 목격자들이 선포하고 기록했다. 목격자들은 그 사건들이 실제로 일어났음을 부정했더라면 자신들의 목숨을 구할 수 있었음에도, 기꺼이 핍박을 받고 죽음을 당했다. 그 당시 예루살렘에 머물던 수천의 사람들이 그 예언된 사건들의 현시를 실제로 보거나 듣고 회개했으며, 이 믿음은 고대 세계 전체를 빠르게 휩쓸었다. 고대의 역사가들과 저술가들이 이 사건들을 언급하거나 확증했으며, 나아가 고고학도 그 사건들이 실제로 일어났음을 확증해 주었다. 창조에서 하나님이 존재하신다는 증거를 보았다면(위 1.을 보라), 기독교 신자들은 다수의 증거들을 통하여 하나님이 이들 사건에 개입하셨음을 합리적 의심을 넘어 알게 된다고 믿는다. 그러므로 무신론자들이, 그 예언과 목격자들의 증언, 기꺼이 핍박당하고 죽음마저 달게 받아들이는 목격자들의 의지, 기독교 교회의 기원, 그리고 이런 내용들을 확증하는 다른 저술가들의 증언, 고고학적 발견 및 우리가 이후에 면밀하게 살펴 볼 다른 증거들을 부인하고, 이 증거가 입증하는 사실들을 발뺌하려면, 틀림없이 더욱더 많은 신앙(신념)을 가져야만 한다.

이쯤 되면 위의 세 가지 사항들이 독자들의 마음에 의문이나 일말의 저항을 불러일으킬 수도 있다. 우리가 이 책에서 풀어 놓을 많은 세부 사항들을 여기서 빼놓았으므로, 그런 의문이나 저항이 드는 것은 당연하다. 여기서 중요한 것은 무신론을 포함한 모든 세계관이 어느 정도 신앙을 요구한다는 사실을 우리가 말하려 한다는 점을 독자들이 이해하는 것이다.

심지어 회의론자조차도 신앙 내지 신념을 갖고 있다. 그들은 회의론이 참이라는 신앙을 갖고 있다. 마찬가지로, 불가지론자도 불가지론이 참이라는 믿음을 가지고 있다. 믿음의 내용들을 놓고 볼 때, 중립성을 띠는 주장이란 결코 존재하지 않는다. 필립 존슨(Phillip Johnson)이 적절하게 지적한 바와 같이, "특정 신앙을 믿지 않는다고 주장하는 사람은 다른 쪽의 신앙을 참되게 믿고 있는 사람이다."[2] 그 말은 곧 기독교에 의문을 품고 있는 무신론자도 사실은 참된 무신론 신봉자라는 것이 자연스럽게 드러나게 된다는 점을 의미하는 것이다. 우리가 살펴보겠지만, 무신론자들이 향후 제시되는 증거들을 정직하게 대면한다면, 기독교인들이 신앙을 고수하는 데 필요한 것보다 무신론자들이 무신론에 대한 자신들의 믿음을 유지하는 데 더욱 많은 신앙이 필요하게 될 것이다.

조각 그림의 상자 뚜껑 찾기

우리는 기독교를 지지하는 강력한 증거가 존재한다고 믿는다. 우리는 1996년 이래로 "기독교가 진리임을 보여주는 열두 가지"라는 주제의 전국 세미나를 실시했다. 그 세미나에서 우리는 진리에 대한 질문으로부터 출발해 성경이 하나님의 말씀이라는 결론을 논리적으로 도출해 냈다. 이 책에서는 이와 동일한 논리를 따라 열두 가지 내용을 차근차근

---

[2] Southern Evangelical Seminary에서 열린 1998년 변증학 총회의 오디오 테이프 "Exposing Naturalistic Presuppositions of Evolution." Tape AC9814. www.impactapologetics.com을 보라.

다루어 나갈 예정이다.

1. 실체(reality)에 관한 진리는 우리가 알 수 있다.
2. 참(true)의 반대말은 거짓(false)이다.
3. 유신론에서 말하는 유일신이 존재한다는 것은 참이다. 이를 입증하는 증거로서,
   a. 우주의 시작(우주론에 따른 논증)
   b. 우주의 설계(목적론에 따른 논증/인간 원리)
   c. 생명의 설계(목적론에 따른 논증)
   d. 도덕법(도덕에 따른 논증)이 있다.
4. 신이 존재한다면, 기적은 가능하다.
5. 기적은 신의 말씀을 확증하기 위해 사용될 수 있다(가령, 신이 자신의 말씀을 확증하기 위해 직접 행한 것들처럼).
6. 신약성경은 역사에 비추어 신뢰할 수 있는 책이다. 그 증거로서,
   a. 고대의 증언
   b. 목격자의 증언
   c. 인간이 만들어낸 것이 아닌 (진정한) 증언
   d. 거짓 사실들에 속은 것이 아닌 목격자들
7. 신약성경은, 예수가 자신을 하나님으로 주장했다고 말한다.
8. 자신이 하나님이라고 주장한 예수의 말씀이 진실임을 확증하는 증거로서,
   a. 자신에 대한 많은 예언을 친히 이루었다는 것
   b. 죄 없는 그의 삶과 그가 행한 이적들
   c. 자신이 예언한 그대로 부활함

9. 따라서 예수는 곧 하나님이다.

10. (그가 곧 하나님이므로)예수가 가르친 그 어떤 것도 참이다.

11. 예수는 성경이 하나님의 말씀이라고 가르쳤다.

12. 그러므로 성경이 하나님의 말씀이라는 것은 참이다(또 이에 반대되는 어떤 주장도 거짓이다).

이런 추론의 과정을 시작하기에 앞서, 우리가 주목해야 할 다섯 가지가 있다.

첫째, 우리는 위에 적시한 내용들이 어떤 입증도 필요치 않은 자명한 진리라고 주장하지 않는다. 이 가운데 대부분은 증거를 통해 입증되어야 할 전제(premise)일 뿐이다. 예를 들어, 위의 세 번째 내용인, "유신론에서 말하는 유일신이 존재한다는 것은 참이다"라는 주장은 우리가 진리라고 해서 진리가 되지는 않는다. 오히려 그것은 설득력 있는 증거와 타당한 논증에 의해 그 진리성이 뒷받침되어야 한다. 우리는 이 책에서 필요한 시점에 이르러 그와 같은 주장이 참임을 입증할 만한 타당한 논증을 제시할 예정이다.

둘째, 우리는 철저한 회의론(또는 무신론)적 시각에서 출발한다는 점을 주목하기 바란다. 그것은 곧 진리를 진리로 받아들이지 않는 사람과 같은 출발선에 우리가 서 있음을 의미한다. 만일 우리 문화를 지배하는, 절대 진리란 존재하지 않는다는 견해가 옳다면, 신이 존재한다거나 그 신으로부터 나온 참된 말씀이 존재한다는 것은 참이 될 수 없으므로, 우리는 바로 그 (철저한 회의론) 지점부터 출발해야 할 필요가 있는 것이다. 그러나 진리가 존재하고 그 진리를 발견할 수 있다면, 우리는 계속해서 신의 존재에 대한 진리를 조사할 수 있고 나아가 그에 따르는 다른 내용들도 살펴볼 수 있다.(예를 들어, 기적은 가능하다는 주장이나 신약성경은 역사적으로도 신뢰할 수 있는 책이라는 등의 주장들이다).

셋째, 만일 이런 추론 과정이 옳다면, 그것은 성경과 다르게 말하고 있는 다른 종교들이 당연히 그릇된 것임을 반증하는 것이 된다. (이 말은 대단히 거만하게 들리겠지만, 그 점은 뒤에서 다루겠다.) 그렇다고 다른 모든 종교는 완전히 거짓이라거나 그들 종교에는 어떤 진리도 없다는 얘기를 하려는 것은 아니다. 대부분의 종교는 일부의 진리를 담고 있다. 우리는 다만, 만일 성경이 참이라면, 성경과 모순되는 특정한 주장들은 거짓일 수밖에 없음을 말하려는 것뿐이다. 예를 들어, 만일 성경이 진리이고, 그 성경에서 어떤 초월적인 신이 우주를 만들고 지탱한다고 말한다면(유신론), 유신론을 부정하는 어떤 주장(예를 들어, 무신론)은 그릇된 것임이 틀림없다. 마찬가지로, 성경이 진리이며 또한 그 성경이 예수의 죽은 자 가운데서의 부활을 주장하고 있다면, 코란이 그 사실을 부인하고 있는 대목은 분명 잘못이다.(그런데 그 반대의 경우도 역시 참일 것이다. 만일 코란이 참이라는 증거가 있다면, 코란이 말하고 있는 내용과 모순되는 성경 부분은 모두 거짓일 것이다.)

넷째, 우리가 기독교를 지지하는 증거를 제시하는 이유는, 우리가 진리에 근거해 살아가야 하는 사람들이기 때문이다. 소크라테스는 "성찰이 없는 삶이란 살 만한 가치가 없는 것"이라고 했다.[3] 더욱이 대중들이 보통 갖고 있는 견해와 달리, 기독교 신자들은 "단지 신앙만을 갖고 있는데 그치는 사람들로" 간주되어서는 안 된다. 기독교 신자들은, 그들이 무엇을 믿으며 왜 그것을 믿는지 알도록 명령받고 있다. 그들에게 물음

---

3 Plato, *Apology*, section 38에서 인용.

을 던지는 사람들에게 대답하며(벧전 3:15), 나아가 기독교 신앙에 반하는 논증들을 물리치는 것 역시, 기독교 신자들에게 주어진 명령이다. 하나님은 합리성을 갖고 계시며(사 1:18) 우리가 우리의 이성을 사용할 것을 원하시는 분이기에, 기독교 신자들은 어리석다는 얘기를 결코 들어서는 안 된다. 사실 이성을 사용하는 것이야말로 예수께서 말씀하셨던 지상 명령, 곧 "네 마음을 다하고 목숨을 다하고 뜻을 다하여 주 너의 하나님을 사랑하라"(마 22:37)는 명령의 일부인 것이다.[4]

마지막으로, 우리는 종종 "기독교가 그토록 많은 증거를 갖고 있다면 왜 더 많은 사람들이 믿지 않는가"라는 질문을 받는다. 우리의 대답은 이렇다. 우리가 이제 제시하려고 하는 증거에 따라 성경이 의심의 여지없는 진리라 하더라도 사람들로 하여금 성경의 진실성을 믿도록 강요할 수는 없다는 것이다. 믿음이란 지성이 동의하는 것뿐만 아니라, 의지에 따른 동의도 요구한다. 많은 비기독교인들이 지식의 관점에서 솔직한 의문들을 갖고 있는 반면, 더 많은 사람들은 기독교에 대해 어떤 의지에 따른 저항감을 갖고 있는 것으로 보인다는 점을 우리는 발견했다. 바꾸어 말하면, 그것은 곧 그들이 기독교를 믿을 수 있는 증거를 갖지 못했음을 의미하는 것이 아니라, 오히려 기독교를 믿는 것, 바로 그것을 원하지 않고 있다는 뜻이다. 무신론자의 거두인 프리드리히 니체는 이런 유형의 모범이 되는 인물이다. 그는 "만일 어떤 이가 기독교인들이 믿는 하나님을 우리에게 증명한다면, 우리는 오히려 그 하나님을 더 믿을 수 없게 될 것이다"[5]라고 했는가 하면, "기독교를 반대하기로 마음먹은 것은

---

4 성경을 인용하여 강조한 부분은 모두 저자들이 첨가한 것이다.
5 Friedrich Nietzsche, *The AntiChrist*, section 47, Walter Kaufmann, *The Portable Nietzsche*(New York: Viking, 1968), 627에서 인용.

우리의 선호일 따름이지, 어떤 논증이 아니다"[6]라고 기록했다. 니체의 불신앙은 분명히 그의 의지에 기반을 두고 있는 것이지, 단지 그의 지식에서 연유한 것만은 아니다.

여기에서 회의론자들은 기독교 신자야말로 지적 동의 없이 단순히 '믿고 싶어서(want)' 믿는 사람이라는 역공을 펼 수도 있다. 사실이다. 많은 기독교 신자들은 단지 그들이 원해서 믿을 따름이며, 그들의 신앙을 어떤 증거를 통해 정당한 것으로 입증하지는 못한다. 그들은 단순하게 성경이 참이라는 믿음을 갖고 있을 뿐이다. 또 어떤 것이 참이기를 바란다고 하여 그 어떤 것이 참이 되는 것도 아니다. 하지만 우리의 요점은 다른 많은 비기독교인들도 그와 똑같은 일을 행하고 있다는 사실이다. 그들 비기독교인들은 단지 자신들의 신앙이 참이기를 바라는 탓에, 그 비기독교 신앙이 참이라는 '신앙의 맹목적 비약'을 저지르고 있는 셈이다. 이어지는 장들에서, 우리는 누가 더 큰 비약을 하고 있는지 알 수 있는 증거를 심도 있게 살펴보려 한다.

여기서 회의론자는 이런 질문을 던질 수도 있겠다. "하지만 기독교가 그릇된 것이기를 도대체 누가 바란단 말인가? 값없이 주어지는 용서라는 선물을 과연 누가 무슨 이유로 싫어하겠는가?" 좋은 질문이다. 그러나 우리는 그 질문들에 대한 대답이 이미 앞에서 다루었던 기독교를 거부하는 의지적인 이유들 안에 존재한다고 생각한다. 다시 말하면, 많은 사람들은 기독교를 진리로 받아들일 경우 자신들의 생각, 친구, 우선순위, 생활방식 또는 윤리습관까지 바꿔야 하는 압력에 맞닥뜨릴 것으로 믿고 있으며, 그로 인해 삶의 통제권과 주도권을 포기해야 하는 사태를

---

6   Os Guinness, *Time for Truth*(Grand Rapids, Mich.: Baker, 2000), 114에서 인용.

결코 바라지 않는다. 그들은 그와 같은 급진적인 삶의 변화가 없어야만 자신들의 삶이 보다 편하고 유쾌할 것이라고 믿고 있다. 회의론자들은 어쩌면 기독교가 온전히 용서를 말하지만, 그와 동시에 자신을 부인하고 자기 십자가를 져야 한다고 가르친다는 것을 이미 알고 있을지 모른다. 사실 기독교의 구원은 값없이 주어졌지만, 우리는 기독교인으로 살기 위해 목숨을 대가로 지불할 수도 있는 것이다.

어떤 주장 내지 명제를 증명하는 것과 그 주장 내지 명제를 받아들이는 것은 크게 다르다. 우리는 기독교가 타당한 의심을 넘어 진리임을 증명할 수 있겠으나, 그 기독교를 받아들이는 일은 오직 각 사람의 선택에 달렸다. 그러므로 만일 당신이 아직 기독교인이 아니라면, 마음을 열어 놓고 있는지 알기 위해 다음 질문을 진지하게 다뤄보기 바란다: 만일 기독교에 관해 품고 있던 심대한 의문과 반대견해에 누군가 합리적 해답을 제시할 수 있다면 (즉 합리적인 의심을 넘어 기독교가 진리일 수 있다는 타당한 지점까지 다다른다면) 당신은 기꺼이 기독교인이 될 마음이 있는가? 이 질문에 대해 잠시만 생각해 보라. 당신의 솔직한 대답이 '아니요'라면, 당신이 기독교에 대해 갖고 있는 저항감은 지적인 데서 오는 것이 아닌 정서적이고 의지적인 것이 분명하다. 그 어떤 증거를 갖다 놓아도 당신이 기독교를 진리로 확신하지 못하는 이유는 정작 그 증거가 당신이 기독교인이 되는 것을 막는 것이 아니라 당신 스스로가 장애물이 되고 있기 때문이다. 결국 '당신이 진실로 기독교를 지지하는 증거들에 마음을 열어 놓고 있는가'라는 질문의 대답은 오직 자신만이 알고 있다.

하나님이 창조하신 것 가운데 아름다운 것 하나가 있다면 바로 이것이다: 만일 기독교를 받아들이고 싶지 않다면, 기독교를 거부하는 것도 당신 자유다. 선택할 수 있는 자유 (심지어 진리를 거부할 수 있는 자유)가 있다는 것은 우리가 도덕적인 피조물임을 말해 주는 것이며, 이 자유로 인해 우리는 우리의 최종운명까지도 선택할 수 있게 되는 셈이다. 사실 이것이야말로 "우리가 왜 존재하며 하나님은 왜 사람들이 원하는 만큼 분명하게 자신을 드러내시지 않는가"라는 질문을 무색하게 만드는 것이다. 왜냐하면, 만일 성경이 참이라면, 하나님은 우리 각 사람에게 하나님을 영접할지 거부할지에 대한 영원한 선택을 할 수 있는 기회를 허락하셨기 때문이다. 또한 우리가 진정한 자유의지에 따라 선택할 수 있도록 하기 위해, 하나님은 신의 존재에 대한 증거는 가득하지만, 반면 너무 강력한 나머지 아무도 부인할 수 없고 자유의지가 불필요한 정도의 직접적인 존재 증거는 제공되지 않는 매우 특별한 상황 가운데 우리를 놓아두셨기 때문이다. 달리 말해, 하나님께서는 누구든지 자유의지에 따라 믿고자 하면 확신할 수 있을 정도의 충분한 증거를 이 세상에 두셨으며, 그에 반해 어느 정도의 모호함을 남겨두심으로 누구든지 억지로 믿음을 강요당하지 않게 하셨다는 의미이다. 이런 방식으로 하나님은 우리에게, 우리의 자유를 훼손함이 없이, 그분을 사랑하거나 아니면 거부할 수 있는 기회를 주신 것이다. 사실, 이 땅에서 하나님의 의도는 우리가 어떤 강요도 없이 자유롭게 선택을 내리는 것이다. 왜냐하면 사랑은 말 그대로 아무 대가없이 주어진 것이기 때문이다. 그러므로 선택은 강요될 수 없다. C. S. 루이스가 다음과 같은 글을 쓴 것도 그런 이유 때문이다. "하나님 계획의 본질상 그분이 사용하실 수 없는 두 가지 무기는 '저항할 수 없음(irresistible)'과 '논란의 여지 없음(indisputable)'이다. (아주 희미하고 미약한 정도를 넘어 신의 존재를 느끼게 되는 것으로도 분명 인간의 의지는 제약당할 수 있겠지만) 어쨌든 하나님께서는 인간의 의지를 무시하는 일 따위는 쓸데없는 짓이라고 여기실 것이다. 그분은 우리를 강제하실 수 없다. 다만 설득하실 수 있을 뿐이다."[7]

우리는, 어떤 미미한 것이라 하더라도, 이 책에서 제시하는 증거가 당신으로 하여금 하나님께 나아가도록 설득하기만을 소망한다. 그 증거는 우리의 증거가 아니라, 하나님 자신이 제시하신 증거라는 점을 명심하기 바란다. 우리는 다만 그 증거를 논리의 질서대로 수집하여 편집했을 따름이다. 가능한 한 자주 실제 세상에서 일어난 이야기들과 사례들을 사용함으로써, 이 책을 읽기 쉽고 그 안에 담긴 논증에 더욱 편하게 접근할 수 있도록 만드는 것이 곧 우리의 의도이다.

요약과 결론

우리가 살펴본 것처럼, 여러 종교에서 말하는 진리에 대한 주장들은 그 신빙성을 면밀히 검토할 수 있을 뿐만 아니라 타당성 여부도 충분히 판가름할 수 있다. 하지만 그와 같은 면밀한 검토와 타당성 조사에도 불구하고 그런 주장들은 절대적 확실성을 담보할 수 없으며 오히려 개연성에 어느 정도 근거를 두고 있으므로, 진리임을 확신하려면 반드시 신앙이 개입되어야 한다. 앞으로 이어질 장들에서 모든 증거를 살펴본 뒤에, 우리는 '하나님의 실존' 및 '성경의 진리성'과 관련한 기독교의 주장이 다른 종교들에 비해 합리적 의심을 뛰어넘는 확실한 주장임을 알게 될 것이다. "따라서 기독교 신자가 되는 일보다 정작 비기독교인이 되는 일에 더 많은 신앙이 필요하게 될 것이다."

하지만, 다른 한편 우리는 오직 증거만으로 누군가를 설득하여 기독

---

7   C. S. Lewis, *The Screwtape Letters* (Westwood, N.J.: Barbour, 1961), 46.

교 신자가 되게 할 수 없다는 점도 인정한다. 몇몇 무신론자들과 비기독교인들은, 그 증거가 적절치 못하기 때문이 아니라 오히려 그 증거를 받아들이는 것을 원치 않기 때문에, 기독교를 거부하고 있을 수도 있다. 지식적인 이유가 아닌 정서적이고 의지적인 이유로 어떤 이들은 진리를 따라 사는 것보다 진리를 억누르는 길을 선택한다. "사실, 우리 인간들은, 진리에 맞추어 우리의 욕구를 조절하려고 하기보다 우리의 욕구에 들어맞도록 진리를 조정하려고 애쓰는 치명적인 경향이 있다."

그러나 기독교를 진리로 받아들이느냐 거부하느냐의 문제에서 비기독교인이 택할 수 있는 제3의 대안이 있다. 이번 장의 시작부에 등장했던 구약 교수와 같은 불가지론자로 남는 것이다. 교수는 신이 존재하는지 자신은 모른다고 대답했다. 어떤 이들은 그런 사람이야말로 (긍정도 부정도 하지 않으므로 어쩌면) 열린 마음을 갖고 있다고 생각할지 모른다. 그것이 열린 마음이라면 맞을 수도 있다. 하지만 '열린 마음'과 '텅 빈 마음'은 천양지차가 있는 말이다. 우리가 살펴본 증거에 따르면, 불가지론은 단지 텅 빈 마음을 갖기로 결심한 것에 불과하다고 생각한다. 열린 마음이란 진리를 만났을 때 그 진리를 분별하여 받아들이는 길로 걸어 나가는 것을 의미한다. 불가지론은 그 점에서 회의적이다. 그렇다면 진리로 나아가는 길을 알려주는 충분한 증거가 존재한다면, 우리는 무엇을 해야만 하는가? 예를 들어, 조지 워싱턴이 미국의 초대 대통령이었음을 의심할 만한 어떤 합리적 이유도 허용하지 않는 확정적인 증거를 보게 된다면, 무엇을 해야 하는가? 그 경우에도 우리는 여전히 '열린 마음'으로만 머물러 있어야 하는가? 아니다. 단정적인 사실들을 받아들이지 않고 단지 '열린 마음'으로 머물러 있기만 하다면 그것은 텅 빈 마음에 지나지 않는다. 그런 점에서 몇몇 질문들은 논란의 여지가 없다. 앞으로 살펴보겠지만, 기독교와 관련해 합리적이고 확실한 결론을 이끌어내기에 충분한 증거들이 존재한다.

모티머 에이들러의 관찰대로, 하나님에 대하여 우리가 내리는 결론은 우리 삶의 모든 영역에 영향을 미친다. 그것이야말로 통일성과 다양성 그리고 삶의 궁극적 의미를 발견하는 열쇠이다. 바로 그것이야말로 모든 사람들이 다루어야 할 가장 중요한 질문이다. 다행히도 우리의 논증이 옳은 것이라면, 이 여행이 끝날 때쯤, 우리는 인생이라는 조각 그림이 완전하게 맞추어진 상자 윗부분(뚜껑)을 찾게 될 것이다. 자, 그러면 이제 첫 발을 내딛도록 하자. 그 첫 걸음은 진리에 대한 질문으로 시작한다.

1-2장에서는 다음 사항을 다룰 예정이다.

1. 실체(reality)에 관한 진리는 우리가 알 수 있다.
2. 참(true)의 반대말은 거짓(false)이다.
3. 유신론에서 말하는 유일신이 존재한다는 것은 참이다. 이를 입증하는 증거로서,
　　a. 우주의 시작(우주론에 따른 논증)
　　b. 우주의 설계(목적론에 따른 논증/인간 원리)
　　c. 생명의 설계(목적론에 따른 논증)
　　d. 도덕법(도덕에 따른 논증)이 있다.
4. 신이 존재한다면, 기적은 가능하다.
5. 기적은 신의 말씀을 확증하기 위해 사용될 수 있다(가령, 신이 자신의 말씀을 확증하기 위해 직접 행한 것들처럼).
6. 신약성경은 역사에 비추어 신뢰할 수 있는 책이다. 그 증거로서,
　　a. 고대의 증언
　　b. 목격자의 증언
　　c. 인간이 만들어낸 것이 아닌 (진정한) 증언
　　d. 거짓 사실들에 속은 것이 아닌 목격자들
7. 신약성경은, 예수가 자신을 하나님으로 주장했다고 말한다.
8. 자신이 하나님이라고 주장한 예수의 말씀이 진실임을 확증하는 증거로서,
　　a. 자신에 대한 많은 예언을 친히 이루었다는 것
　　b. 죄 없는 그의 삶과 그가 행한 이적들
　　c. 자신이 예언한 그대로 부활함
9. 따라서 예수는 곧 하나님이다.
10. (그가 곧 하나님이므로) 예수가 가르친 그 어떤 것도 참이다.
11. 예수는 성경이 하나님의 말씀이라고 가르쳤다.
12. 그러므로 성경이 하나님의 말씀이라는 것은 참이다(또 이에 반대되는 어떤 주장도 거짓이다).

1장 ___ 우리는 진리를 다룰 수 있는가?

> 사람들은 때때로 진리에 걸려 넘어지기도 하지만,
> 대부분은 스스로 일어나 아무일도 없었던
> 것처럼 가던 길을 서둘러 갈 뿐이다.
> 윈스턴 처칠

영화 〈어 퓨 굿 맨(A Few Good Men)〉에는, 해군 법무관 역의 톰 크루즈가 해병대 대령 역의 잭 니콜슨을, 부하 살해 사건과 관련해 재판정에서 신문하는 장면이 나온다. 극의 막바지로 치닫는 그 장면에서 크루즈가 니콜슨을 살인의 공범으로 기소하고 곧이어 법정은 고함으로 가득한 싸움터로 변한다.

크루즈: 대령님, 바로 당신이 레드코드를 명령한 거죠!
판사: 대령, 당신은 그 질문에 대답할 필요가 없습니다!
니콜슨: 그래, 내가 대답을 하지… 내가 대답하기를 원하는 거지?
크루즈: 저는 당신의 대답을 들을 권리가 있습니다.
니콜슨: 그래, 내 대답을 원한다 이거지!
크루즈: 나는 진실만을 원할 뿐입니다.

니콜슨: 이 친구야, 자네는 진실을 다룰 수 없어!

니콜슨은 우리 시대의 많은 사람들이 진실을 다룰 수 없는 것처럼 보인다는 이유로, 크루즈가 아닌 모든 사람을 향해 고함을 치고 있었다고 보아도 좋을 것이다. 한편으로 우리는 말 그대로 우리 삶의 모든 영역에서 진리를 요구하고 있다. 예를 들면, 우리는 다음 사람들로부터 진실 내지 진리를 요구한다.

- 사랑하는 사람(자신의 배우자나 자녀로부터 거짓말을 듣기 원하는 사람은 아무도 없다)
- 의사(우리는 올바른 진료와 처방이 내려지기를 바라며 수술이 제대로 이루어지기를 바란다)
- 주식 중개인(우리는 중개인들이 자신들의 추천 종목 및 회사에 대한 진실을 숨김없이 알려줄 것을 요구한다)
- 법원(우리는 법원이 오직 죄가 있는 사람에게만 유죄 선고를 내리기 원한다)
- 고용주(우리는 그들이 우리에게 진실을 말하고 공정하게 임금을 지불하도록 바란다)
- 항공사(우리는 진실로 안전한 항공기와 정신이 또렷한 조종사들을 원한다)

우리는 참고 도서를 고르거나 신문 기사를 읽을 때, 또는 뉴스를 시청할 때에도 역시 진실만을 듣기를 기대한다. 우리는 광고주와 교사, 그리고 정치인들도 우리에게 진실만을 말해 주기를 바라며, 거리 표지판과 의약품, 그리고 먹거리 포장지에 적힌 내용들도 진실을 그대로 알려줄 것이라고 추측한다. 사실상 우리는 돈, 관계, 안전 또는 건강 등에 영향을 미치는 삶의 거의 모든 영역에서 진실을 요구하고 있다.

하지만 우리는 정작 도덕이나 종교와 관련해서는 진실 내지 진리에 별 관심을 두지 않는다. 실제로 아주 많은 사람들이 어떠한 종교도 참일 수 있다는 생각을 거부하고 있다.

여기에는 커다란 모순이 존재한다. 왜 우리는 모든 영역에서 진실을 요구하면서 정작 도덕과 종교에서는 진리를 요구하지 않는가? 왜 우리는 종교나 도덕 문제를 이야기할 때면 "그것은 당신에게나 진리이지 나에게는 진리가 아닙니다"라고 이야기하면서도, 정작 돈이나 건강 문제와 관련해서는 이와 같은 상식 밖의 이야기를 생각조차 않는 것일까?

받아들이기 어려울 테지만, 우리가 종교와 도덕의 진리를 거부하는 것은 지성에 근거하고 있기보다 종종 우리의 의지에 근거하고 있기 때문이다. 우리는 말 그대로 도덕 표준이나 종교 교리에 따른 책임을 지는 것을 원하지 않는다. 그리하여 소위 지성인이라 불리는 이들이, 진리는 존재하지 않는다거나, 모든 것은 상대적일 뿐이어서 절대적인 것은 결코 존재하지 않는다거나, 모든 것은 견해 차이가 있기 마련이므로 누구라도 심판자처럼 행동해서는 안 된다거나, 종교는 신앙을 말하고 있을 뿐이지 사실을 말하고 있지 않다는 식으로 (자기 파괴적이지만 정치적으로는 올바른) 주장을 펼칠 때마다 우리는 그것을 별 거부감 없이 받아들이는 것이 현실이다. 어쩌면 "진리가 우리를 계몽할 때에는 우리가 그 진리를 사랑하지만, 그 진리가 우리를 정죄할 때에는 증오하게 된다"고 말했던 어거스틴이 옳을지도 모른다. 정말 그렇다면 우리는 진리를 다룰 수 없는 사람들일지도 모른다.

우리 문화를 엄습한 이 정신분열증을 해결하려면, 우리는 진리에 관하여 네 가지 질문을 던질 필요가 있다.

1. 진리란 무엇인가?
2. 진리를 알 수 있는가?
3. 신에 관한 진리를 알 수 있는가?
4. 그렇더라도 누가 진리에 관심을 갖고 있는가?

이번 장과 다음 장에 걸쳐 이 문제들을 다루어 보겠다.

진리란 무엇인가? 진리에 관한 진실

진리(truth)란 무엇인가? 아주 단순하게 말해서, 진리란 "어떤 대상을 있는 그대로 기술하는 것"이다. 2천 년 전에 로마 총독 빌라도가 예수에게 "진리란 무엇인가"라고 물었을 때, 그는 정작 예수의 대답을 들으려 하지 않았다. 오히려 그는 마치 자신이 진리의 일부라도 알고 있는 듯 행동했다. 그는 예수를 가리켜 "나는 이 사람으로부터 어떤 죄도 찾지 못하노라"(요 18:38)고 선언했다. 예수에게 아무런 죄가 없음을 선언함으로써, 빌라도는 '있는 그대로를 기술하고' 있었다.

진리란 "본래의 목적에 합치하는 것" 또는 "어떤 것의 실제 상태를 그대로 기술하는 것"이라는 표현으로도 정의할 수 있을 것이다. 빌라도가 판단한 내용은 본래의 목적에 합치했다는 점에서 진리였으며, 또한 예수의 실제 상태를 그대로 기술하고 있다는 점에서도 참이었다. 예수는 사실 아무 죄가 없었다.

현재 많은 학교에서 가르치는 것과 달리, 진리는 상대성이 아닌 절대성을 갖고 있다. 어떤 것이 진리라면, 그것은 언제 어디서나 모든 사람에게 진리이다. 모든 진리 주장들은 절대성이 있으며 편협하고 배타적이다.

간단하게 "모든 것이 진리이다"라는 주장에 대해 생각해 보자. 그것은 절대성을 띠며, 편협하고 배타성을 지닌 주장이다. 그 주장은 그와 반대되는 주장을 배제한다.(예를 들어, 그 주장은 "모든 것은 진리가 아니다"라는 진술이 틀렸다고 말한다). 사실, 모든 진리는 그와 반대되는 것을 배척한다. 종교의 진리조차도 마찬가지다.

우습게도 내가(노먼 가이슬러) 여러 해 전에 한 토론장에서 종교인문주의자인 마이클 콘스탄틴 콜렌다(Michael Costantine Kolenda)와 논쟁을 벌이던 때, 이 점이 분명하게 드러났다. 나와 토론을 벌였던 많은 무신론자 가운데서도 그는 토론에 앞서 나의 『기독교 변증학(Christian Apologetics)』을 실제로 읽은 극소수의 사람 중 하나였다.

콜렌다는 자기가 대답할 차례가 되자 나의 책을 들고 이렇게 말했다. "기독교인들은 정말이지 편협하기 이를 데 없는 사람들이더군요. 얼마 전 가이슬러 박사의 책을 읽었습니다. 헌데 이 분이 무엇을 믿고 있는지 아십니까? 가이슬러 박사는 기독교야말로 진리이며 그에 반대되는 모든 것은 거짓이라는 겁니다. 이 기독교인들은 너무나 속이 좁은 인간들입니다!"

자, 그런데 나도 콜렌다의 책을 읽은 적이 있다. 그 책의 제목은 『신이 없는 종교(Religion Without God)』(그것은 마치 상대가 없는 로맨스와 비슷하다!)였다. 내 차례가 되었을 때, 나 역시 콜렌다의 책을 들고 이렇게 외쳤다. "인문주의자들은 정말이지 편협하기 이를 데 없는 사람들이더군요. 얼마 전 콜렌다 박사의 책을 읽었습니다. 헌데 이 분이 무엇을 믿고 있는지 아십니까? 콜렌다 박사는 인문주의야말로 진리이며 그에 반대되는 모든 것은 거짓이라는 겁니다. 이 인문주의자들은 너무나 속이 좁은 인간들입니다!"

핵심을 꿰뚫어본 청중들은 여기저기서 낄낄 댔다. 인문주의자들의 주장 역시 편협하다던 기독교인들과 마찬가지였기 때문이다. 만일 인문주의가 참이라면, 인문주의에 반대되는 그 어떤 것도 거짓이 된다. 마찬가지로 기독교가 참이라면, 기독교에 반대되는 그 어떤 것도 역시 거짓이 된다.

진리에 대하여 다른 많은 진실들이 있다. 그중 몇 가지를 여기에 적어 본다.

- 진리는 발견되는 것이지 발명되는 것이 아니다. 진리는 누가 그것에 대하여 지식을 갖고 있든 관계없이 항상 존재한다(중력은 뉴턴 이전에 이미 존재했다.)
- 진리는 문화의 경계를 넘어 초문화적이다. 만일 어떤 것이 진리라면, 그것은 어떤 사람, 어떤 장소, 어떤 시간에서도 진리이다(어떤 사람, 어떤 장소, 어떤 시간을 가리지 않고, 2+2=4이다).
- 진리는, 비록 그것에 대한 우리의 믿음이 변한다 해도, 결코 변하지 않는다(우리가 지구는 평평하지 않고 둥글다고 믿기 시작했을 때, 단지 지구에 대한 우리의 믿음이 변했을 뿐이지 지구는 변하지 않았다.)
- 제 아무리 강력한 믿음이라 해도 그 믿음이 특정 사실을 변화시킬 수는 없다(지구가 평평하다고 진지하게 믿을 수 있지만, 그렇다고 둥근 지구가 달라지는 것은 아니며 다만 그 사람이 실수를 저지르고 있을 뿐이다.)
- 진리란 그것을 고백하는 사람이 취하는 태도에 따라 좌우되지 않는다(아무리 거만한 사람이라도 그가 고백하는 진리를 거짓으로 만들지 않는다. 아무리 겸손한 사람이라도 그가 고백하는 거짓을 진리로 만들지 않는다.)

- 모든 진리는 절대적 진리이다. 상대성을 가지고 있는 것처럼 보이는 진리조차도 사실은 절대적 진리다.(예를 들어, "나, 프랭크 튜렉은 2003년 11월 20일에 따뜻함을 느꼈다"는 말은 상대적 진리처럼 보일 수도 있으나, 사실 프랭크 튜렉이 바로 그날 따뜻함을 느꼈다는 것은, 누구에게나 또 어느 곳에서나 절대 진리이다.)

간단히 말해, 어떤 믿음에 반대되는 믿음은 존재할 수 있지만, 어떤 진리에 반대되는 진리란 존재할 수 없다. 우리는 모든 것이 진리라고 믿을 수는 있지만, 우리가 모든 것을 진리로 만들어 버릴 수는 없다.

이것은 더 부연하지 않더라도 명백해 보인다. 하지만 진리란 존재하지 않는다는 현대의 주장들을 어떻게 다루어야 하는가? 만화에 등장하는 두 주인공들이 우리를 도울 수 있다.

로드 러너의 전술

누군가가 우리에게 "우리 문화에 침투한 거짓 주장과 사상들을 빠르고 분명하게 간파할 수 있도록 당신의 능력을 혁신시켜줄 통찰이 내게 있다"고 말한다면 귀가 솔깃해지지 않겠는가? 우리가 여기서 하려는 일이 바로 그것이다. 우리가 오랫동안 신학교와 대학원에서 배운 많은 것 가운데 단 하나의 '사고 능력'만을 가장 가치 있는 것으로 선택해야 한다면, 바로 이것이 되어야 한다: "자기 모순적 주장들을 어떻게 분별하고 논박할 것인가?" 우리가 말하는 자기 모순적 주장이 무슨 의미인지 잘 보여주는 예가 최근 한 라디오 대담 프로그램에서 드러났다.

자유분방한 성격의 프로그램 진행자 제리는 도덕이라는 주제를 놓고 전화로 대담중이었다. "어떤 도덕 명제는 진리"라고 강하게 주장하는 수많은 통화자에 뒤이어 한 통화자가 이런 말을 내뱉었다. "제리 씨! 그 따위 진리란 것은 결코 존재하지 않아요!"

나(프랭크 튜렉)는 그 말에 화가 나서 급히 전화 다이얼을 돌렸다. 통화중이었다. 다시 걸었지만 역시 통화중. 그리고 다시 통화중… 나는 이렇게 말하고 싶었다. "제리 씨! '그 따위 진리란 것은 결코 존재하지 않아요'라고 말했던 그 사람에게 그것이 진리냐고 물어봐 주겠습니까?"

나는 결국 통화에 실패했다. 그의 주장에 동의했던 제리는 그것이 진실이 아닐 수 있다는 사실을 깨닫지 못했다. 한 마디로 "진리란 결코 없다"는 주장은 자기 모순적 논리이기 때문이다.

자기 모순적 주장이란 그 주장이 참이 되기 위한 기준을 충족시키지 못하는 주장을 가리킨다. 이미 간파했겠지만, 그 통화자가 말했던 "진리란 결코 존재하지 않는다"는 명제가 진리라고 주장하는 것은, 결국 자기 스스로를 무너뜨리는 결과만 낳는다. 그것은 마치 "나는 말을 한 마디도 못합니다"라고 말하는 것과 같다. 만일 누군가 그렇게 말했다면, 우리는 이렇게 대답할 수 있을 것이다. "잠깐만! 당신의 주장은 앞뒤가 안 맞는군요. 당신이 방금 말을 못한다고 '말했거든요!'"

자기 스스로를 무너뜨리는 모순된 진술들은 우리의 포스트모던 문화 속에서 공공연히 이루어지고 있으며, 따라서 그런 주장들을 분별할 수 있는 능력을 연마한다면 우리는 결코 두려울 것 없는 진리의 수호자가 될 수 있다. "진리란 것들이 다 상대적일 뿐이야"라거나 "절대성을 가진 것은 결코 없어"라고 말하는 사람들을 만나본 적이 있을 것이다. 그런 어리석은 주장들이 그 스스로 내걸고 있는 기준조차 충족시키지 못하고 있음을 드러내는 것만으로도, 우리는 그 주장들을 논박할 수 있는 무장을 갖추게 되는 셈이다. 바꾸어 말해, 자기 스스로를 무너뜨리는 어떤 모순된 진술이 그 진술 자체에 항변하게 함으로써, 우리는 그것이야말로 상식에 어긋난 주장이라는 점을 드러낼 수 있는 것이다.

우리는 자기 스스로를 무너뜨리는 모순된 진술이 그 진술 자체에 항변하게 하는 이런 과정을 '로드 러너(Road Runner)'의 전술이라고 부르는데, 그 이유는 그것이 만화 주인공 로드 러너와 와일 코요테를 떠올리게 하기 때문이다. 토요일 아침마다 방영됐던 내용을 기억할지 모르겠는데, 코요테의 단 하나의 목표는 굉장히 빠른 로드 러너를 쫓아가서 잡은 뒤 저녁거리로 삼는 것이다. 하지만 로드 러너는 눈에 안 보일 정도로 빠른 데다가 기가 막히게 영리하다. 언제나 그렇듯, 로드 러너는 자신을 잡으려고 죽을힘을 다해 쫓아오는 코요테 앞에서 갑자기 멈추고, 속도를 이기지 못해 로드 러너를 지나친 코요테는 순간 절벽 끝 허공에 붕 떠 있게 된다. 자신의 발밑에 딛고 설 땅이 없음을 깨닫는 순간 코요테는 아래로 곤두박질치고 거대한 굉음과 함께 계곡 바닥에 처박히고 만다.

이것이 우리 시대의 상대주의자들과 포스트모던주의자들을 향해 우리가 할 수 있는 일이다. 로드 러너의 전술이야말로 그들이 펼치는 주장들이 자신들의 무게를 지탱할 수 없음을 깨닫도록 돕는 일이다. 결국 그들은 굉음과 함께 바닥에 처박힐 것이다. 그러고 나면 사람들은 우리를 대단한 천재처럼 보게 될 것이다. 이 로드 러너의 전술을 대학으로 가져가 우리가 의도하는 것이 무엇인지 보다 자세히 알아보자.

로드 러너, 대학에 가다

로드 러너의 전술은 특별히 오늘날의 대학생들에게 필요하다. 왜 그런가? 대학교의 많은 교수들은 우리에게 "진리는 결코 존재하지 않는다"고 말할 것이기 때문이다. 우리를 더욱 놀라게 하는 것은, 전 세계의 부모들이 자녀들의 매 학기 수업료로 말 그대로 엄청난 돈을 들이 붓고 있는 데 반해, 정작 학생들은 "모든 진리는 상대적일 뿐"(그렇다면 이 주장에 담긴 진리도 상대적이라는 말인데?)이라든가 "절대적인 것은 하나도 없다"(이 말도 절대적이지 않다는 얘긴데?)라든가 "그것은 자네에게나 진리이지 나에게는 아니야"(어허, 이것도 당신에게만 해당하는 진리인가, 아님 모두에게 해당하는 말인가?)라는 식의 포스트모던주의자들의 모순된 주장은 물론이고, "유일한 진리는 진리가 결코 존재하지 않는다는 진리뿐"이라는 식의 내용만 배우기 때문이다. "당신에게나 진리이지 나에게는 진리가 아니다"라는 말은 우리 시대를 휩쓰는 화두일 수도 있지만, 분명한 것은 세상이 실제로는 이런 식으로 돌아가고 있지 않다는 것이다. 은행 창구 직원, 경찰관에게 아니면 지하철에서 그런 얘기들을 해보라. 그러면 금방 피부에 와닿는 결과를 얻게 될 것이다.

물론 이런 현대의 화두는 자기 스스로를 무너뜨리는 모순을 갖고 있다는 점에서 거짓이 분명하다. 하지만 여전히 이런 주장들을 맹신하는 사람들이 있으므로, 우리는 몇 가지 질문을 해보아야 한다. 이를테면, 이런 질문들이다. 진리가 실제로 존재하지 않는다면, 왜 무언가를 배우려고 애를 쓰는가? 왜 학생은 교수가 말하는 것에 귀를 기울여야만 하는가? 어차피 그 교수는 진리를 갖고 있지도, 말하고 있지도 않다. 그렇다면 도대체 학교에 가는 목적은 무엇이며, 더군다나 수업료까지 지불하는 이유는 무엇이란 말인가? 또한 시험에 부정행위를 하지 말라거나 다른 학생의 과제물을 베끼지 말라는 것처럼, 교수들이 윤리적인 이유로 금하는 것들을 하지 말아야 할 이유는 무엇이란 말인가?

생각은 결과를 낳는다. 좋은 생각은 좋은 결과를 낳으며, 나쁜 생각은 나쁜 결과를 낳는다. 실제로 많은 학생들이 이 좋지 않은 포스트모던주의 사상이 의미하는 바를 인지하면서도, 그대로 따르고 있다. 우리가 옳은 것도 없고 그른 것도 없다고 학생들을 가르친다면, 두 학생이 자기 반 학생들에게 총을 난사하거나 10대 미혼모가 자신이 낳은 아이를 쓰레기통에 버렸다는 소식을 듣고, 우리가 깜짝 놀랄 이유가 도대체 무엇인가? '옳은 것' 따위는 결코 존재하지 않는다고 우리가 학생들에게 가르치고 있다면, 학생들이 '옳은' 행동을 해야 할 이유가 무엇이란 말인가?

C. S. 루이스는 미덕이 존재하지 않는다고 배운 사람에게 미덕을 기대한다면 그것은 어리석은 일이라는 점을 잘 보여주었다. "우리는 사람에게서 특정 기관을 제거하고 나서 그 기관이 수행하는 기능을 요구하는 일종의 지독한 어리석음을 드러낸다. 우리는 정작 가슴이 없는 사람들을 만들어 내면서도, 그들에게 미덕과 모험심을 기대한다. 우리는 명예를 비웃으면서도, 막상 우리 가운데 배반자가 있음을 알게 되면 크나큰 충격을 받는다. 우리는 가축을 거세하면서도, 그 거세당한 가축에게 새끼를 많이 낳으라고 명령한다."[1]

중요한 진리는 이것이다: 진리에 대한 그릇된 생각이야말로 삶에 대한 그릇된 생각을 낳는다는 것이다. 많은 경우 이런 잘못된 생각이 비도덕적인 행위에 그럴듯한 정당성을 부여한다. 가령 진리라는 개념을 없앨 수 있다면, 결국 진리의 종교나 참된 도덕이라는 개념도 없앨 수 있기 때문이다. 우리 문화권의 많은 이들이 이러한 일들을 시도해 왔으며, 나아가 지난 40년에 걸쳐 진행된 종교와 도덕의 쇠락은 그런 사람들의 성공

---

1   C. S. Lewis, *The Abolition of Man* (New York: Macmillan, 1947), 35.

을 축하하는 나팔 소리였다. 불행하게도, 그들의 노력이 가져온 처참한 결과는 단지 그들에게만 진리인 것이 아니라, 우리 모두에게 진리가 되고 말았다.

그러하기에 진리는 존재한다. 그것을 부인할 수 없다. 진리를 부인하는 이들은, 진리는 결코 존재하지 않는다며, 자기 자신을 무너뜨리는 모순된 주장을 펼친다. 이런 점을 보면, 그들은 문 두드리는 소리에 "집에 아무도 없습니다"라고 대답하는 곰돌이 푸를 너무나 닮았다.

이제, 로드 러너의 전술이 "진리(가 있다 해도) 결코 알 순 없다"고 주장하는 회의론자들의 진리론에 어떻게 대답할 수 있도록 돕는지 알아보자.

진리를 알 수 있는가?

복음을 따르는 기독교인들은 "모든 족속으로 제자를 삼으라"(마 28:19)는 예수의 명령에 순종해야 한다고 믿는다. 이 지상 명령을 기독교 신자들이 실천하도록 돕기 위해 제임스 케네디(Dr. James Kennedy)는 전도폭발(Evangelism Explosion: EE)이라고 부르는 가가호호 방문 전도 기법을 창안했다. 전도폭발 기법은 전도 대상자가 영적으로 어떤 상태인지 쉽게 알 수 있도록 도움을 준다. 이웃의 문을 두드렸을 때 누군가가 나온다면, 먼저 자신에 대해 소개한 뒤 아래에 제시된 유형의 질문들을 던지게 한다.

1. 제가 영적인 질문을 하나 드려도 될까요?(한국의 전도폭발에서는 이와 다른 질문으로 시작한다)
2. 만일 당신이 오늘 밤 이 세상을 떠나 천국 문 앞에 섰는데, 하나님

께서 당신에게 "내가 너를 천국에 들어오도록 해야 할 이유가 무엇이냐"고 물으신다면, 어떻게 대답하시겠습니까?

대다수의 사람들은 질문 1의 경우에는 호기심을 보이며 '물론이죠'라고 대답한다. (만일 그들이 "당신이 말씀하시는 '영적 질문'이라는 것이 뭔가요"라고 묻는다면, 계속해서 그들에게 두 번째 질문을 하면 된다.)

두 번째 질문의 경우에, 전도폭발 지침서는 비기독교인이라면 보통 '선행'이라는 답을 제시할 것이라고 예측한다. "나는 본래 착한 사람이므로 하나님은 나를 받아주실 것입니다. 나는 사람을 해친 일도 없고요, 불우한 이웃들도 종종 도왔습니다" 따위와 같은 내용들이 그들이 말하는 선행이다.

전도폭발 지침서는 앞의 두 번째 질문에 대해 복음(문자 그대로 '기쁜 소식이다')이라는 답을 제시하도록 말하고 있다. 그것은 곧 "(당신을 포함해) 모든 사람은 하나님이 요구하시는 완전한 기준에 미치지 못할 뿐만 아니라 어떠한 선행도 당신의 죄 문제를 해결할 수 없지만, 당신을 대신해 죄 값을 치른 그리스도를 믿음으로 영원한 형벌로부터 구원을 얻을 수 있다"는 내용이다.

이 기법이 성공을 거둔 것은 사실이지만, 어떤 비기독교인들은 위의 두 질문에 예상대로 대답하지 않는다. 나(노먼 가이슬러)도 언젠가 교회 성도와 함께 전도폭발 훈련에서 배운 대로 노방 전도를 한 적이 있는데 그때의 경험을 나누어 보겠다.

똑똑똑, 똑똑똑.

"누구세요?"(한 사람이 문밖으로 나왔다.)

나는 손을 내밀어 악수를 청한 뒤에, 말을 걸었다. "안녕하세요! 제 이름은 노먼 가이슬러고요, 이쪽은 제 동료 론입니다. 저희는 이 거리 끝에 있는 교회에서 왔습니다."

"저는 돈입니다." 그는 이렇게 대답하면서 우리들을 위아래로 훑어보았다.

나는 곧바로 질문 1을 던졌다. "돈, 괜찮으시다면 제가 영적인 질문을 하나 드려도 될까요?"

"물론입니다. 얘기하시죠." 돈은 담담하게 말했지만, 성경에 대해 허풍을 떨려고 하는 얼치기를 간식꺼리로 삼아보겠다는 기색이 역력했다.

이어서 나는 두 번째 질문을 그에게 던졌다. "돈, 만일 당신이 오늘 밤이 세상을 떠나 천국 문 앞에 섰는데, 하나님께서 당신에게 '내가 너를 천국에 들어오도록 해야 할 이유가 무엇이냐'고 물으신다면, 어떻게 대답하시겠습니까?"

그는 내 말이 떨어지기가 무섭게 대꾸했다. "저는 하나님한테 이렇게 되묻고 싶은데요. '하나님이 저를 천국에 들어오지 못하게 할 이유가 있나요?'"

허걱! 그는 그렇게 대답하면 안 되는 거였다. 전도폭발 지침서에 보면, 그런 식의 대답은 없었다.

한 순간 당황해 어지러움을 느꼈던 나는 재빨리 마음속으로 기도하고 나서 그에게 대답했다.

"돈, 만일 우리가 당신 집에 들어가려고 문을 두드렸는데, 당신은 우리에게 '내가 왜 당신들을 내 집에 들어오도록 해야 하죠?'라고 묻고, 이어서 우리가 '당신이 우리를 들어오지 못하게 할 이유가 뭡니까?'라고 되묻는다면, 무엇이라고 말씀하시겠어요?"

돈은 그의 손가락으로 내 가슴을 가리키며 깐깐한 말투로 대답했다. "당신이 어디로 가야 하는지 제가 알려 드리지요!"

나는 즉시 되받아쳤다. "그게 바로 하나님이 당신에게 하실 말씀입니다."

약간 당황하는 듯하던 돈은 이내 눈을 가늘게 뜨고 이렇게 대답했다. "사실을 말씀드리자면, 나는 신을 믿지 않습니다. 나는 무신론자입니다."

"무신론자라고요?"

"예, 그렇습니다!"

"그러면 당신은 신은 존재하지 않는다고 절대 확신하는 겁니까?" 나는 물었다.

그는 잠시 머뭇거리다가 대답했다. "글쎄요, 아닙니다. 그것에 대해 절대적인 확신을 갖고 있지는 않습니다. '어쩌면 신이라는 존재가 있을 수도 있다'는 생각을 가끔 합니다."

"그렇다면 당신은 무신론자가 아니라 불가지론자군요. 무신론자는 '신이란 결코 존재하지 않는다'고 말하지만 '신이라는 존재가 있는지 잘 모르겠다'고 말한다면 오히려 불가지론자라고 할 수 있으니까요." 나는 그에게 이 구분을 알려 주었다.

"예, 그런가요? 그러면 제 경우는 불가지론자가 맞겠군요." 그는 나의 말을 받아들였다.

이 대목에서 우리 대화에 실질적인 진전이 이루어졌다. 질문 하나로 그는 무신론자에서 불가지론자가 되었다. 하지만 나는 돈이 어떤 부류의 불가지론자인지 파악해야 했다.

그 때문에 나는 다시 물었다. "돈, 당신은 어떤 부류의 불가지론자입니까?"

"어떤 부류라니, 그게 무슨 뜻이지요?"라고 되물으면서, 그는 웃었다.(어쩌면 그 순간에 그는 "일 분 전까지 무신론자였는데 지금 내가 어떤 부류의 불가지론자인지 어떻게 알겠냐고?" 하고 생각했을지 모른다.)

"불가지론자에는 두 부류가 있습니다. 하나는 '모든 것을 확실히 잘 모르겠다(doesn't know)'고 말하는 보통의 불가지론자이고, 다른 하나는 '모든 것을 확실히 알 수는 없다(can't know)'고 말하는 완고한 불가지론자입니다."

돈은 나의 이 말에 확실히 수긍했다. "제 경우에는 두 번째인 것 같군요. 우리가 뭔들 확실히 알 수 있는 게 있나요?" 하고 그가 말했다.

나는 그의 주장에 자기 스스로를 무너뜨리는 모순이 있음을 감지하고, 로드 러너 전술을 펼치기 시작했다. "돈, 당신은 아무것도 확실하게 알 수 없다고 말하시는데, 그렇다면 아무것도 확실하게 알 수 없다는 그것을 어떻게 확실히 알고 있습니까?"

돈은 당황한 기색을 보이며 "그건 또 무슨 말씀입니까?" 하고 물었다.

나는 다른 방식으로 돌려서 그에게 물었다. "당신은 어떻게 그 어떤 것도 확실하게 알 수 없다는 사실을 알고 있냐는 거죠."

무언가 희미한 빛이 보이는 것 같았지만, 나는 내친김에 질문 하나를 더 던졌다. "게다가 당신은 회의론자도 될 수 없겠군요. 모든 걸 확실히 알 수 없기 때문에 회의론자라고 주장한다면, 그 회의론조차 의심해야만 할 테니까요. 하지만 회의론을 의심하면 할수록 당신은 더 확신을 갖게 될 겁니다."

그의 태도가 누그러졌다. "좋습니다. 그러면 나는 어떤 것은 확실히 알 수도 있을 거라고 생각합니다. 그런 점에서 저는 보통의 불가지론자가 되는 거네요."

단 몇 개의 질문으로 우리는 굉장한 교감을 나누었다. 돈은 무신론자였다가, 말로는 보통이라고 하지만 실은 고집만 앞세우는 불가지론자를 벗어나, 정말로 보통의 불가지론자로 옮겨갔다.

나는 질문을 계속했다. "이제 당신이 무언가 알 수 있다는 것을 받아들였다면, 신이 존재한다는 사실을 당신이 알지 못할 이유가 있을까요?"

그는 어깨를 으쓱하더니, "신이 존재한다는 증거를 아무도 나에게 보여주지 않았기 때문이겠죠"라고 말했다.

바로 그때 나는 백만 달러짜리 질문을 던졌다. "몇 가지 증거들을 한번 보실 의향이 있으십니까?"

그는 "물론이죠!"라고 대답했다.

이런 사람, 곧 여러 증거를 있는 그대로 살펴보려고 하는 사람은 대화하기 가장 좋은 유형의 대상자다. '의지'의 존재 여부가 매우 중요하기 때문이다. 아무런 의지가 없는 사람에게 증거만으로 확신을 심어주기란 불가능하다.

제시되는 증거들을 기꺼이 살펴보려는 돈에게 우리는 프랭크 모리슨(Frank Morison)의 『누가 돌을 옮겼는가?(Who Moved the Stones)』[2]라는 책을 한 권 선물했다. 회의론자였던 모리슨은 처음에는 기독교를 논박하는 책을 쓰려 했다가 오히려 기독교가 진리라는 증거들에 설복당하고 말았다(실제로 '누가 돌을 옮겼는가?'의 첫 번째 장은 '집필되지 못한 책[The Book That Refused to Be Written]'이라는 제목이 붙었다.)

우리는 얼마 뒤에 돈을 다시 방문했다. 그는 모리슨이 제시하는 증거들에 대해 '매우 확신을 주는' 것들이라고 평했다. 몇 주가 지났고, 돈은

---

[2] Frank Morison, *Who Moved the Stone?*(Grand Rapids, Mich.: Zondervan, 1977).

요한복음을 공부하면서 예수를 자신의 주와 구원자로 영접했다. 현재 돈은 미주리 주 세인트루이스 인근의 한 교회의 집사로 섬기면서, 주일 아침마다 차량을 이용해 어린이들을 교회에 데려오는 일을 수년째 하고 있다. 그의 봉사는 나(노먼 가이슬러)에게도 특별한 의미가 있는데, 다른 두 사람(코스티 선생과 스위트랜드 선생)도 돈처럼 나의 아홉 살 시절부터 열일곱 살 때까지 주일마다 차량을 이용해 나를 교회에 데려다 주었기 때문이다. 내가 열일곱 살에 그리스도를 영접하는 자리에 서게 된 것도 그 차량 봉사 덕이었다고 말할 수 있다. 비록 보잘것없어 보이는 섬김이었다 하더라도 그것이 알게 모르게 귀한 영혼들의 삶에 거대한 영향을 미쳤다는 점에서 참으로 소중하다고 믿는다.

모든 종교가 진리일 수 있을까?

그날의 전도 일화와 관련해 우리가 전하고 싶은 교훈은 철저한 불가지론이나 회의론은 자기 스스로를 무너뜨리는 모순투성이 주장에 불과하다는 것이다. 불가지론자들과 회의론자들은 "이것은 진리다"라고 주장할 수 있는 건 아무것도 없다고 하면서 동시에 자신들의 주장만큼은 참이라고 말한다. 그들 주장에 따르면 우리는 결코 진리를 알 수 없는데, 자신들의 주장이 진리인 것은 어떻게 알았을까? 결국 그들의 논리대로라면 우리는 두 가지 모순되는 주장을 동시에 인정할 수 없게 된다.

그와 달리 우리는 "진리가 있다면 우리는 그것을 알 수 있다"는 말을 확증하는 바이다. 그것은 부인할 수 없는 사실이다. 그렇다면 무엇이 또 문제가 되는가? 모든 종교가 다 진리일 수는 없는가? 불행하게도 이 질문에 혼란을 겪는 것은 단지 세상 사람들만이 아니다. 몇몇 교회의 목회자들도 이 문제로 고민을 하고 있다.

신학교 교수인 로널드 내쉬(Ronald Nash)가 이와 관련해 좋은 사례를 제공한다. 그는 2년 전에 성탄절 방학을 보내려고 고향인 켄터키 주 보울링 그린으로 돌아간 자신의 학생에 관한 일화를 들려주었다. 성경의 신뢰성에 대한 믿음을 갖고 있던 그 학생은 고향에서 한 번도 출석해본 적 없는 새로운 교회에 나갔다. 그런데 교회 목사의 설교 첫마디부터 거슬렸다. 그가 성경의 내용과 모순되는 말을 하고 있었던 것이다.

"오늘 아침 설교의 주제는 '모든 종교적 믿음은 다 진리'라는 것입니다." 그의 첫 마디가 그것이었다. 목사가 회중을 향해 모든 종교적 믿음은 '진리'임을 힘주어 말하는 동안, 학생은 바늘방석에 앉은 기분이었다. 설교가 끝나고, 학생은 그 자리를 조용히 벗어나고 싶었으나, 우람한 덩치의 성직자복을 입은 그 목사가 어느 새 문 앞을 가로막은 채 교회를 빠져나가는 사람들과 일일이 포옹을 하며 자신을 기다리고 있었다.

"형제님, 어디에서 오셨나요?" 목사는 벼락 치는 목소리로 학생을 환영했다.

"지금은 보울링 그린에 머물고 있습니다. 신학교가 방학이라 잠시 쉬러 왔습니다."

"신학교라! 훌륭합니다. 그런데 형제님은 어떤 종교적 믿음을 갖고 있나요?"

"제가 대답을 하지 않는 편이 나을 것 같습니다, 목사님."

"아니, 왜요?"

"솔직히 목사님을 공격하고 싶지 않기 때문입니다."

"오, 형제가 나를 공격한다고요? 그건 안 되죠. 형제의 종교적 신념이 어떻든 아무 문제가 안 됩니다. 그것들은 다 진리이니까요. 그런데 형제는 뭘 믿으시나요?"

"좋습니다." 학생은 태도를 누그러뜨리고 목사를 향해 몸을 기울이더니 손을 동그랗게 모아 입에 대고서 조그맣게 속삭였다. "저는 목사님이 지옥에 갈 것이라고 믿습니다!"

목사는 순간 얼굴이 붉게 달아오르면서 말을 잇지 못하고 더듬거렸다. "나는… 음… 그러니까… 내가 생각하기에… 음… 내가 실수를 했군요. 모든 종교적 믿음이 다 진리일 수는 없어요. 형제가 믿고 있는 것이야말로 확실히 진리가 아니기 때문이죠!"

사실 그 목사가 당황스럽게 깨달은 것처럼, 많은 종교들의 믿음이 서로 모순되기도 하고 반대되는 것을 가르친다는 점에서, 모든 종교적 믿음이 다 진리일 수는 없다. 예를 들어, 보수 성향의 기독교인들은 그리스도를 구주로 영접하지 않은 사람들은 그들의 최종 목적지로 지옥을 택한 사람들이라고 믿고 있다. 하지만 많은 이슬람교 신자들도 이슬람교를 믿지 않는 이들 역시 지옥을 행선지로 삼은 사람들이라고 믿고 있다는 점은 자주 간과되고 있다. 또 힌두교 신자들은 모든 사람이, 그들의 신앙과 상관없이, 현세에서 행한 일에 따라 끊임없는 윤회에 매이게 된다고 믿고 있다. 서로 모순되는 이들 신앙이 모두 다 진리일 수는 없다.

세상에 존재하는 종교들은 서로 보완하는 관계에 있다기보다 서로 배치되는 믿음을 갖고 있다. 모든 종교의 기본은 같은 것—이를테면, 우리가 서로 사랑해야 한다는 것처럼—을 가르치고 있다는 관념이야말로 세상의 종교를 심각하게 오해하고 있음을 잘 보여주고 있다. 하나님께서 우리에게 옳고 그름을 판단하는 양심을 심으셨기 때문에 대부분의 종교가 서로 유사한 도덕법을 갖고 있기는 하지만(7장에서 그것을 다룰 예정이다), 신의 본질, 인간의 본질, 죄, 구원, 천국, 지옥, 그리고 창조를 포함하여, 사실상 모든 중요한 주제에서는 그들 종교 사이에 일치점이 존재하지 않는다!

신의 본질, 인간의 본질, 죄, 구원, 천국, 지옥, 창조에 대해 생각해 보라. 그것들이야말로 여러 종교들 사이에서 드러나는 커다란 차이점이자 논란을 일으키는 문제점이기도 하다. 여기에 몇 가지 사례가 있다.

- 유대교, 기독교, 그리고 이슬람교 신자들은 각기 다른 변형의 유일신을 믿고 있지만, 힌두교와 뉴에이지 신봉자들은 이 세상에 존재하는 모든 것이 그들이 신이라고 부르는 비인격적이며 범신적인 힘의 일부라고 믿고 있다.
- 많은 힌두교인들은 악이 철저한 환상이라고 믿지만, 기독교, 이슬람교, 그리고 유대교 신자들은 악이 실재한다고 믿는다.
- 기독교인들은 인간이 은혜로 말미암아 구원을 받는다고 믿지만, 다른 모든 종교들의 경우에는, 만일 그들이 구원이라는 것을 믿는다면, 선행을 통한 구원을 가르칠 뿐이다(선의 정의와 어떤 사람이 무엇으로부터 구원을 받는 것인지에 대해서도 매우 다양한 견해 차이를 보인다).

이것은 각 종교가 보여주는 여러 본질적인 차이점 가운데 일부만을 나열한 것이다. 그럼에도 모든 종교가 근본적으로 동일한 것을 가르친다는 생각이 너무 많이 퍼져 있다.

진리 vs. 관용

대부분의 종교가 믿는 내용 가운데 일부 참인 것은 있지만, 그렇다고 모두가 진리일 수는 없다. 그것들은 서로 배척할 뿐만 아니라 서로 반대되는 내용을 가르치고 있기 때문이다. 바꾸어 말하면, 종교적 믿음의 일부 내용은 틀림없이 그릇된 것이다. 하지만 우리 시대에 (미국에서) 그런 주장을 드러내놓고 할 수 있는 분위기는 못 된다. 사람들은 오히려 모든 종교적 믿음에 대해 우리가 관용할 것을 기대한다. 또한 우리 문화 속에서 관용이란 단지 우리가 거짓이라고 믿는 것을 참아주는 것을 의미하지 않는다. (사실 우리는 동의하고 있는 내용조차 참지 못하는 사람들이 않은가?). 우리 시대에 '관용'이란 모든 종교적 믿음을 진리로 받아들이는 것을 의미한다. 이것은 종교 다원주의로 알려져 있으며, '모든 종교는 진리'라는 믿음을 지지한다. 관용에 대한 이러한 새로운 방식의 정의는 많은 문제점들을 낳고 있다.

첫째, 우리는 이 나라(미국)에서 종교의 자유를 누리고 있음에 감사하며, 나아가 어떤 종교도 법으로 강제하는 것을 지지하지 않는다는 점을 말해 둔다(우리가 쓴 책 『도덕의 법제화[Legislating Morality]』를 보라).[3] 우리는 종교적 불관용의 위험성을 잘 알고 있으며 다른 종교적 믿음을 가진 사람들을 용납하고 존중해야 한다고 믿는다. 하지만 그것이 곧 '모든 종교적 믿음은 진리'라는 불가능한 개념을 우리 각자가 받아들여야 함을 의미하는 것은 결코 아니다. 서로 모순되는 종교적 믿음은 진리일 수 없으

---

[3] Frank Turek and Norman Geisler, *Legislating Morality*(Eugene, Ore: Wipf & Stock, 2003). 이전에 Bethany(1998)에서 출판된 적이 있다.

므로, 그것을 진리처럼 받아들이는 것은 무의미한 일이다. 사실, 개인 차원에서 이렇게 하는 것은 위험할 수도 있다. 만일 기독교가 참이라면, 기독교 신자가 되지 않는 것이야말로 우리의 영원한 운명에 위협이 된다. 마찬가지로 이슬람교가 진리인데 이슬람 신자가 되지 않는다면 그것은 우리의 영원한 운명을 위험에 빠뜨리는 일이다.

둘째, "우리는 다른 사람의 종교적 믿음에 의문을 제기하지 말아야 한다"는 주장은, 그 자체가 종교 다원주의를 옹호하는 또 하나의 종교적 믿음일 뿐이다. 그렇지만 이 종교 다원주의자들의 믿음도, 기독교 신자나 이슬람교 신자의 종교적 신앙처럼, 배타성을 띠며 '관용을 보여주지 못한다.' 즉 종교 다원주의자들은 모든 비다원주의자들의 믿음이 그릇된 것이라고 생각한다. 따라서 다원주의자들 역시 공공 광장에서 자신들의 종교적 주장을 외치는 다른 사람들과 마찬가지로 도그마에 사로잡힌 채 꽉 닫힌 마음을 갖고 있을 뿐이다. 또한 그들은 자신들의 주장에 동의하지 않는 모든 이들이 다원주의 방식을 좇아 사물을 바라보도록 요구하고 있다.

셋째, 종교적 믿음에 의문을 제기하는 것을 금지하는 것 역시 배타적인 윤리적 입장을 취하는 것이나 마찬가지다. 우리가 종교적 믿음에 의문을 제기하지 말아야 할 이유는 무엇인가? 그렇게 의문을 제기하는 것이 윤리적이지 못하다는 말인가? 그렇다면 그 윤리 기준을 정한 사람은 누구인가? 종교 다원주의자들은 다른 종교의 주장에 의문을 제기하지 말아야 한다는 그들만의 믿음을 뒷받침할 타당한 근거라도 있는가? 아니면 단지 자신들만의 개인적인 의견일 뿐인가? 다원주의자들은 어째서 자신들의 주장을 우리에게 강요하려고 애쓰는가? 그것이야말로 다원주의자들이 '관용의 자세를 보여주지 못하고 있다'는 분명한 증거가 아니겠는가?

넷째, 성경은 기독교 신자들에게 종교적 믿음의 내용에 대해 의문을 제기하도록 명령하고 있다(예를 들어, 신 13:1-5, 요일 4:1, 갈 1:8, 고후 11:13). 기독교인들은 종교적 믿음에 대해 의문을 제기해야 한다는 하나의 종교적 믿음을 갖고 있기 때문에, 다원주의자들은 그들이 스스로 내걸고 있는 기준에 따르면, 이 기독교인들의 믿음도 마찬가지로 인정해야만 한다. 하지만 다원주의자들은 기독교의 믿음을 인정하지 않는다. 그런 점에서 다원주의자들이야말로 관용을 호소하지만 정작 관용의 미덕이라곤 눈곱만큼도 없는 사람들이다. 그들이 관용을 보이는 대상은 단지 그들 주장에 동조하는 사람들뿐이며, 그 사실은 진정한 관용이 아닌 거짓 관용에 불과함을 보여준다.

다섯째, 종교적 믿음에 대해 의문을 제기하지 말아야 한다는 다원주의자들의 주장은 어떠한 판단도 금지하는 잘못된 문화에서 파생된 것이다. 어떠한 판단도 하지 말아야 한다는 주장이야말로 잘못된 것인데, 그 이유는 "우리는 판단하지 말아야 한다"는 주장 자체가 이미 하나의 판단을 내리고 있다는 점에서 스스로의 기준을 충족시키지 못하고 있기 때문이다.(다원주의자들은 판단에 대한 예수의 명령(마 7:1-5)을 잘못 해석하고 있다. 예수는 단지 위선에 가득 찬 판단을 금했을 뿐이다.) 사실 (종교 다원주의자, 기독교인, 무신론자, 불가지론자)를 포함한 모든 사람은 자기 방식대로 판단을 내리고 있다. 따라서 문제가 되는 것은 정작 우리가 판단을 하고 있느냐 하고 있지 않느냐가 아니라, 도리어 우리가 바른 판단을 내리고 있느냐의 여부인 것이다.

마지막으로 묻고 싶은 것이 있다. 과연 종교 다원주의자들은 이슬람의 테러리스트들이 주장하는 종교적 믿음, 즉 종교 다원주의자를 포함해 이슬람교를 믿지 않는 모든 사람은 죽어야 한다고 말하는 그 믿음조차 참된 것으로 받아들이는가? 종교 다원주의자들은 어린이를 기꺼이 희생시킬 수 있다고 믿거나 다른 극악한 행동을 서슴지 않는 이들의 종교적 믿음마저 진리로 받아들일 텐가? 우리는 그런 것은 결코 바라지 않는다.

우리는 다른 이들이 자신들이 원하는 것을 믿을 권리를 존중해야 하지만, 다른 한편에서는 모든 종류의 종교적 믿음을 진리로 암암리에 받아들이고 있을 만큼 어리석으며 나아가 추악하기까지 하다. 이런 행태가 추악한 까닭은 무엇인가? 만일 기독교가 진리라면, 기독교에 반대하는 종교적 믿음을 갖고 있는 사람들에게 그들의 믿음 역시 진리라고 말하는 것이야말로 추악한 일이 될 것이기 때문이다. 그런 오류를 그냥 내버려둔다면, 그것은 어쩌면 (기독교에 반대하는) 그들을 영원토록 저주받은 자의 길로 내모는 일이 될 수도 있다. 만일 기독교가 진리라면, 진리가 그들을 자유케 할 것이므로 우리는 그들에게 유일한 기독교의 진리를 친절히 전해야만 한다.

전에는 소경이었으나, 이제는 본다

종교의 진리에 관해 너무나도 많은 종교들이 자신들의 주장을 어지럽게 펼치고 있다. 얼핏 보면, 허다한 모순된 믿음이 존재한다는 사실이 우리가 앞에서 언급했던 코끼리의 비유를 더 신빙성 있게 만드는 것이 아닌가 하는 생각도 든다. 즉 종교에 있어서 진리란 우리가 도무지 알 수 없는 어떤 것이라는 주장 말이다. 그러나 오히려 정확히 그 반대의 명제가 옳다.

기억을 되돌려 보면, 이 비유에서는 여섯 명의 장님이 코끼리 한 마리를 조사하고 있다. 각 사람이 코끼리의 각기 다른 부분을 만진 까닭에, 그들은 자기 앞에 있는 목적물에 대해 각각 다른 결론에 도달하고 만다. 상아를 붙잡고 있던 이는 "이거 창이네"라고 말한다. 코를 만지고 있던 다른 장님은 "이건 뱀이야"라고 말한다. 그런가 하면 코끼리 다리를 끌어안고 있던 이는 "에이, 나무로구먼"이라고 소리친다. 그러자 꼬리를 붙잡고 있던 또 다른 장님은 "아니야, 밧줄이야"라고 생각한다. 코끼리 귀를 만진 또 다른 장님은 "다 틀렸어, 이건 프라이팬이야"라고 믿는다. 코끼리 옆구리에 기대어 서 있던 장님은 "도대체 무슨 소리를 하고 있는 거야, 이건 벽인데"라고 확신한다. 이들은, 그들이 만져서 알게 된 것을 놓고 각각 다른 결론에 이르렀다는 점에서, 세계의 종교들을 대변하는 사람들이라고 일컬어진다. 각 종교를 대변하는 장님들의 말처럼, 그 어떤 종교도 유일한 진리를 갖고 있지 않다는 말이 점점 더 그럴 듯하게 우리 귀에 들어오고 있다. 이 비유에 따르면 종교의 진리는 개인들에게 상대적인 것으로 다가온다. 그것은 주관적이며, 객관적이지 않다.

이 비유는 다음과 같은 질문을 던지기 전까지는 매우 설득력 있게 보인다: "이 비유를 얘기하는 사람은 어떤 관점을 갖고 있는가?" 말하자면 이런 것이다. 이 비유를 얘기하는 사람은 장님들이 모두 실수를 저지르고 있음을 안다는 점에서 전체 그림을 볼 수 있는 객관적인 관점을 갖고 있는 것으로 보인다. 그리고 그 관점은 정확하다! 무엇이 옳은가에 대해 객관적 관점을 갖지 못했더라면, 그는 장님들이 잘못을 저지르고 있음을 알지 못했을 것이다.

그렇다면 만일 그 비유를 말해 주는 사람이 객관적 관점을 가질 수 있다면, 그 장님들도 객관적 관점을 갖지 못할 이유가 있는가? 그들도 동일한 관점을 가질 수 있다. 그리고 갑자기 볼 수 있게 된다면, 그들 역시 자신들의 실수를 깨닫게 될 것이다. 자신들 앞에 있던 것은 벽이나 프라이 팬 또는 밧줄이 아니라 코끼리라는 사실을 말이다.

마찬가지로 우리는 종교의 진리를 인식할 수 있다. 불행하게도 많은 이들이 종교 안에 진리가 있음을 부인하고 있는데, 그들은 장님이라기보다는 단지 자신들의 의지로 인해 앞을 보지 못하고 있을 따름이다. 우리는 종교 안에 존재하는 진리가 우리를 설복시킬 것을 두려워한 나머지, 그 진리의 존재 사실을 인정하고 싶지 않은 것인지도 모른다. 하지만 우리가 눈을 떠서, '진리란 우리가 알 수 없는 것'이라는 모순된 주장 속으로 숨는 것을 그만둔다면, 우리 역시 진리를 볼 수 있게 될 것이다. 금전, 관계, 건강, 법률 같은 우리가 필요로 하는 영역뿐만 아니라, 종교 안에서도 마찬가지로 진리를 볼 수 있게 될 것이다. 예수께서 앞을 볼 수 있도록 고쳐 주셨던 그 소경처럼 "이전에는 내가 소경이었으나, 이제는 뚜렷하게 보는 도다"라는 고백을 할 수 있게 될 것이다.

회의론자들은 이렇게 말할 수도 있다. "장님과 코끼리 이야기는 적절치 못한 비유일 수 있다. 그 비유는 종교 안의 진리를 우리가 알 수 있음을 입증하지는 못했기 때문이다. 비록 당신은 우리가 진리를 알 수 있음을 입증하기는 했지만, 그렇다고 종교 안에 진리가 있다고 증명한 것은 아니다. 실제로 데이비드 흄(David Hume)과 임마누엘 칸트는 종교 안에 진리가 존재한다는 생각이 오류라는 점을 증명하지 않았는가?"

물론, 이런 반론은 전혀 타당하지 않다. 그 이유는 다음 장에서 논의하게 될 것이다.

요약

1. 우리 문화로부터 확산되고 있는 상대주의에도 불구하고, 진리는 절대성과 배타성을 갖고 있을 뿐만 아니라 누구라도 알 수 있는 것이다. 절대 진리의 존재와 그 진리를 알 수 있다는 사실을 부인하는 것이야말로 스스로를 무너뜨리는 모순된 시각이다.
2. '로드 러너' 전술은 어떤 주장이 안고 있는 자체의 모순을 드러냄으로써, 우리 안에 만연해 있는 그릇된 주장의 정체를 밝혀내도록 돕는다. 스스로를 무너뜨리는 모순된 주장들은 다음과 같다. 이를테면, "진리란 결코 존재하지 않는다"(그 주장은 진리일까?)나 "모든 진리는 상대적일 뿐이다"(상대적인 진리가 있을까?), 그리고 "우리는 진리를 알 수 없다"(그런 진리를 어떻게 알았을까?)와 같은 것이다. 기본적으로, 스스로 모순된 내용을 담고 있어서 도무지 긍정할 수 없는 진술들은 그릇된 것임에 틀림없다. 상대주의자들도 스스로의 논리 때문에 무너져 내리고 만다.
3. 진리는 우리의 느낌이나 선호에 따라 결정되지 않는다. 우리가 좋아하든 싫어하든 진리는 그 자체로 진리다.
4. 많은 사람들의 견해와 달리, 세계의 주요 종교들은 모두 같은 것을 가르치고 있지 않다. 겉보기에만 같은 점이 있을 뿐이지 본질 면에서는 아주 다른 모습을 하고 있다. 게다가 많은 부분 서로 상반되는 내용을 가르치고 있어서, 모든 종교가 동시에 진리일 수는 없다.
5. 논리의 연장선에서, 모든 종교가 진리일 수 없으므로, '모든 종교의 믿음이 진리'라는 불가능한 생각을 인정하도록 요구하는 새로운 '관용' 개념에 우리는 동의할 수 없다. 우리는 다른 사람들의 믿음을

존중해야 하지만, 그것과 별개로 사랑으로 그들에게 진리를 전해야 한다. 누군가를 진심으로 사랑하고 존중한다면, 영원을 결정하는 중대한 진리를 그들에게 부담을 주지 않고 전해야 하는 것이 맞다.

2장 ___ 왜 사람들은 무언가를 믿으려고 하는가?

> 사람들이 믿음에 이르게 되는 이유는
> 언제나 그렇듯이 증거 때문이 아니라
> 거기에서 매력적인 것을 발견했기 때문이다.
> 블레이즈 파스칼

제임스 사이어(James Sire)는 전국의 대학생들을 대상으로 세미나를 열어 대단한 반향을 불러일으켰다. 그 세미나의 제목은 '왜 사람들은 무엇인가를 믿으려 하는가(Why Should Anyone Believe Anything At All)?'였다.

이처럼 흥미를 끌 만한 세미나였으므로, 강당은 수많은 청중들로 넘쳐났다. 세미나를 시작하면서 사이어는 다음과 같은 질문을 던졌다. "왜 사람들은 자신들이 믿고 있는 것을 믿는 것일까요?" 너무나도 다양한 이유들이 나왔고, 사이어는 그것들을 각각 사회학, 심리학, 종교, 그리고 철학의 네 가지 범주로 나누어 설명했다.[1]

---

[1] James Sire, "Why Should Anyone Believe Anything At All?" in D. A. Carson, ed. *Telling the Truth*(Grand Rapids, Mich.: Zondervan, 2000), 93-101을 보라. 또, James Sire, *Why Should Anyone Believe Anything At All*(Downers Grove,Ill.: InterVarsity Press, 1994)를 보라.

사회적 요인	심리적 요인	종교적 요인	철학적 요인
부모	위안	경전	일관성
친구	마음의 평안	목회자/성직자	논리정연함
사회	의미	구루	완전함
문화	목적	랍비	(모든 증거 중에서
	희망	이맘	최고의 설명)
	정체성	교회	

표 2.1

왼쪽부터 시작하여, 사이어는 학생들에게 "그것이 무언가를 믿는 타당한 이유가 될 수 있는가?"라는 질문을 던짐으로써 각 범주에 속한 요인들을 자세히 살펴보았다. 제법 똑똑한 학생들이라면 그와의 사이에 다음과 같은 대화가 오갈 것이다.

사이어: 여러분 가운데 많은 수가 믿음을 갖게 된 계기로 사회적 요인들을 들었습니다. 예를 들어, 사람들은 자신의 부모가 믿기 때문에 그 믿음을 갖기도 합니다. 하지만 그것이 여러분이 무언가를 믿게 되는 이유로 충분한 근거가 된다고 생각합니까?

학생들: 아닙니다. 부모도 때때로 잘못을 범할 수 있습니다.

사이어: 좋아요. 그러면 문화적 요인은 어떤가요? 우리 문화가 그 믿음을 수용한다는 이유로 사람들이 그것을 믿어야 한다고 생각합니까?

학생들: 반드시 그런 것은 아닙니다. 나치 치하에서는 유대인 말살 정책을 용인하는 문화가 있었습니다. 그러나 전반적인 분위기가 그렇다고 해서 나치의 만행이 정당화될 수는 없습니다.

사이어: 그렇습니다. 또한 여러분 가운데 몇몇은 마음의 위안과 같은 심리적

요인을 믿음을 갖게 되는 근거로 언급했습니다. 그것이 믿음을 갖게 되는 충분한 근거가 됩니까?

학생들: 충분하지 않습니다. 솔직히, 위로가 진리 여부를 가늠하는 잣대가 될 수 없습니다. 저기 어딘가에 우리를 지켜주는 신이 존재한다고 믿으면 위안이 되는 것은 맞습니다만, 그것으로 신의 존재를 기정사실화 할 수는 없습니다. 마약중독자에게는 마약이 큰 위안이 될 수 있겠지만, 그 마약으로 인해 목숨을 잃을 수도 있는 것이죠.

사이어: 여러분은 잘못된 선택에 따른 결과가 심각할 수 있으므로 진리냐 아니냐의 여부가 매우 중요하다고 말하는 건가요?

학생들: 예. 누군가가 약을 남용할 경우 그것 때문에 죽을 수도 있고, 마찬가지로 얼음의 두께를 잘못 판단해 그 위를 걷는다면 그로 인해 목숨을 잃을 수도 있으니까요.

사이어: 그러면 우리가 오직 참된 것만을 믿어야 하는 이유는 그와 같은 실용적 이유들 때문이군요.

학생들: 물론입니다. 진리는 우리를 보호하겠지만 잘못은 해악을 안겨줄 뿐이지요.

사이어: 좋아요. 그러면 오직 사회적 요인과 심리적 요인만이 무언가를 믿는 데 적절한 근거를 제공하는 것은 아니군요. 그렇다면 종교적 요인은 어떤가요? 어떤 사람들은 성경을 언급하고, 또 어떤 사람들은 코란을 언급합니다. 그런가 하면 또 다른 사람들은 성직자나 정신적 지도자로부터 믿음을 얻기도 합니다. 이런 요인들에서 보듯, 단지 경전이 그렇게 말하고 있다는 이유로 무언가를 믿어야 할까요?

학생들: 아닙니다. 그렇게 되면 "우리는 아무 경전이든 그것을 믿어야 하는가?"라는 의문이 생길 겁니다. 여러 경전들의 내용을 보면 서로 모

순된 것을 가르치기도 하니까요.

사이어: 예를 하나 들어볼까요?

학생들: 성경과 코란은 서로 모순된 것을 가르치고 있다는 점에서 둘이 모두 진리가 될 수는 없습니다. 성경은 예수가 십자가에서 죽은 뒤 사흘 만에 부활했다고 말하지만(고전 15:1-8), 정작 코란은 예수가 실존 인물이기는 하나 십자가에서 죽지 않았다고 말하고 있습니다(수라 4:157). 만일 하나가 옳다면, 다른 하나는 그른 것이겠죠. 또한 예수가 실존 인물이 아닐 경우, 성경과 코란 모두 잘못이라는 얘기도 됩니다.

사이어: 그렇다면 성경과 코란 사이에서 어떻게 판단할 수 있을까요?

학생들: 둘 중 어느 하나가 진리라면, 어느 것이 진리인지 알 수 있는 증거들을 경전 밖에서 찾아야겠죠.

사이어: 어디에서 그런 증거들을 끌어낼 수 있을까요?

학생들: 우리에게 남은 것이라곤 이제 철학적 범주가 전부로군요.

사이어: 하지만 어떻게 누군가의 철학이 진리를 구분하는 증거가 될 수 있죠? 그건 단지 사람의 견해에 불과한 건 아닌가요?

학생들: 아닙니다. 우리가 말하고자 하는 것은 그런 의미의 철학이 아니라, 논리와 증거, 그리고 과학적 검증을 통해 진리를 발견하는 수단으로서 고전적 의미의 철학을 말하는 겁니다.

사이어: 훌륭합니다! 그러면 그런 정의를 마음에 새기고, 철학의 범주에 속하는 똑같은 질문을 던져 봅시다. 만일 '어떤 것'이 합리적일 뿐만 아니라 증거로 뒷받침되고 있으며, 드러난 모든 자료들을 최적으로 설명할 수 있다면, 그것이야말로 믿을 만한 충분한 근거가 되지 않겠습니까?

학생들: 그거야말로 정말 옳은 것처럼 보이는군요.

어떤 종교적 믿음이 정당성을 갖추지 못했음을 드러낼 수 있다면, 진리를 찾는 구도자는 자신이 어떤 믿음을 가져야 할지 분명히 알 수 있을 것이다. 이것이 변증가들이 하는 일이다. 변증가는 적절한 근거나 증거가 어떻게 특정한 믿음을 뒷받침하거나 또는 그 믿음과 배치되는지 제시한다. 그것은 우리가 이 책에서 시도하고 있는 것이며, 사이어가 그의 세미나에서 의도했던 것이기도 하다.

사이어가 사용한 소크라테스 방식의 접근법 덕분에 학생들은 적어도 세 가지를 깨닫게 되었다. 첫째, 종교적인 것을 포함한 어떠한 가르침도 그것이 진리를 말하는 경우에만 신뢰할 만하다는 점이다. 진리에 대하여 무관심한 것이야말로 위험할 수 있다. 잘못된 것을 믿었다가 죽음에 이를 수 있는데, 그 죽음으로 끝나버리면 그만이지만 만일 여러 종교적 가르침 가운데 하나라도 진리가 있다면 그 죽음은 영원한 것이 될 수도 있기 때문이다.

둘째, 오늘날 사람들이 지지하는 많은 믿음들은 증거에 의해 뒷받침되었다기보다 단지 주관적인 선호에 의해 선택된 것일 뿐이다. 파스칼의 지적처럼 사람들은 거의 언제나 증거보다는 자신들이 발견한 대상의 매력에 근거해 믿음에 이르게 된다. 하지만 진리는 결코 주관적인 취향의 문제가 아니며, 객관적 사실의 문제이다.

마지막으로, 진리를 발견하려면, 사람들은 객관적 사실을 위해 기꺼이 개인의 주관적 선호를 포기할 준비가 되어 있어야만 한다. 또한 우리는 논리, 증거, 그리고 과학을 통해 객관적 사실들을 가장 잘 발견할 수 있다.

한편으로는 논리, 증거, 그리고 과학을 활용하는 것이 진리에 도달하는 최상의 길인 것처럼 보이기도 하지만, 또 다른 한편에서는 이에 대해 여전히 반대 견해를 갖고 있는 사람들도 있다. 그런 반대 역시 '논리'와 관련되어 있다. 이는 곧, '우리가 서구의 논리를 사용해야만 하는가 아니면 동양의 논리를 따라야 하는가'를 둘러싼 견해 차이를 반영하는 것이다. 라비 재커라이어스(Ravi Zacharias)는 그 질문에 대답이 될 만한, 해학으로 가득한 일화를 들려준다.

서구의 논리 vs. 동양의 논리

인도 출신의 기독교 변증가이자 작가인 라비 재커라이어스는 세계 각지를 다니면서 기독교를 알리고 있다. 날카로운 지성과 매력적인 개성의 소유자인 그는 특히 많은 대학교에서 선호하는 인물이기도 하다.

최근에 미국의 한 대학에서 그리스도의 유일성(uniqueness)이라는 주제로 강연을 하던 라비는, 그 대학의 교수로부터 동양의 논리를 이해하지 못했다는 비판을 받았다. 질문과 대답을 나누는 시간에, 그 교수는 다음과 같이 반박했다. "재커라이어스 박사님, 그리스도가 구원에 이르는 유일한 길이라고 주장하는 박사님의 강연 내용은 인도에 사는 사람들이 보기에는 잘못된 것입니다. 박사님은 '양자택일(either-or)'의 논리를 사용하고 있기 때문입니다. 동양에서는 '이것 아니면 저것'이라는 식의 양자택일 논리를 사용하지 않습니다. 그건 서구의 논리죠. 동양에서는 '이것뿐만 아니라 저것도' 식의 '양자병합(both-and)' 논리를 사용합니다. 따라서 구원의 문제에 있어서도 그리스도가 아니면 다른 구원의 길은 없다는 식이 아니라, 그리스도뿐만 아니라 다른 구원의 길도 존재한다는 논리가 맞는 것이죠."

인도에서 태어나 성장한 라비로서는 교수의 이런 논리가 자신에 대한 지독한 비아냥으로만 들릴 뿐이었다. 하지만 인도의 동양 논리를 이해하지 못한다고 라비를 비판했던 그 교수도 정작 서구식 논리에 의존해 자기 주장을 펼치고 있었다. 자신에 대한 비판에 흥미를 느낀 라비는 보다 심층적인 토론을 위해 그 교수의 점심 초대를 받아들였다.

교수의 동료 하나가 점심 식사에 동석했고, 교수는 통상적으로 서구와 동양이라는 두 가지 유형의 논리가 존재하고 있다는 자신의 주장을 강조하기 위해 식탁 위에 각 사람의 냅킨과 접시 받침을 따로 마련해 놓았다.

"두 가지 유형의 논리가 있습니다." 교수가 주장했다.

"설마, 진심으로 말씀하시는 건 아니죠?" 라비가 물었다.

"아니요, 진심입니다!" 교수는 자신의 말에 힘을 주며 강조했다.

이런 실랑이가 족히 30분은 계속됐다. 교수는 훈계조로 말하는가 하면 종이에 무엇을 쓰거나 그림을 그리기도 했다. 자신의 주장에 너무 몰입한 나머지 식사하는 것도 잊어버렸고, 접시에 담긴 음식은 서서히 굳어가고 있었다.

라비는 식사를 마친 뒤에, 자기 고집에서 벗어날 줄 모르는 교수를 위해 로드 러너 전술을 사용하기로 마음먹었다. 라비는 침을 튀기며 이야기하는 교수의 일장 연설에 재빨리 끼어들었다. "교수님, 딱 하나의 질문만 있으면 이 토론을 쉽게 마무리 지을 수 있을 것 같은데요?"

갑작스런 공격에 기분이 상한 교수는 얼굴을 찡그리며 라비를 올려보다가 잠시 고민하는 듯하더니 "좋습니다. 계속해 보시죠" 하고 한 발 물러섰다.

라비는 몸을 앞으로 기울이며 교수를 똑바로 응시하고서 질문을 던졌다. "교수님은 인도에서는 '양자병합' 논리가 아니면(either or) 다른 어떠한 논리도 사용해서는 안 된다고 말씀하시는 거죠?"(라비는 동양에서는 양자병합 논리만을 사용해야 한다고 주장하는 교수가 정작 자신의 주장은 서구식 양자택일의 논리를 사용함으로써 그 스스로 모순에 빠져 있음을 지적한 것이다).

순간 교수는 멍한 표정으로 라비를 바라보았고, 라비는 조금 전에 했던 질문을 재빨리 반복했다. "교수님은 지금, 인도에서는…" 라비는 효과를 더하기 위해 이 대목에서 잠시 멈췄다가 질문을 이어갔다. "…'양자병합 논리가 아니면(either or)…" 라비는 이 대목에서 또 한 번 쉬었다. "…어떠한 논리도 사용해서는 안 된다고 말씀하시는 거군요?"

이 일이 있고 나서 얼마 뒤에, 라비는 그 교수에게서 나온 대답은, 들을 가치가 없던 교수의 주장을 몇 시간 동안 인내하며 들을 가치가 있는 것이었음을 알려주었다고 말했다. 교수는 옆에 있던 동료를 풀이 죽은 표정으로 힐끗 바라보고는 접시에 담긴 굳어버린 음식을 내려다보며 중얼거렸다. "그러고 보니 제 주장이 양자택일의 논리였던 셈이 되는군요." 라비는 자신의 말을 이어나갔다. "그렇습니다. 심지어 인도에서도 우리는 길을 건너기 전에 좌우 양쪽 방향을 모두 살핍니다. 우리가 그 길을 건널 수 있든지 아니면 버스가 지나갈 수 있든지 둘 중의 하나이지, 버스가 지나가면서 동시에 우리도 길을 건널 수는 없기 때문이죠!"

맞다. 교수는 '이것 아니면 저것'의 논리로 말하고 있었다. 양자병합의 논리를 증명하기 위해 양자택일의 논리를 사용한 것이었는데, 이는 양자택일의 논리를 반박하기 위해 애쓰는 모든 이들도 동일하게 경험하는 것이기도 하다. 그들은 자신들이 앉아 있는 지지대를 스스로 잘라내 버리는 자기 모순을 범하고 있는 것이다.

그 교수가 "라비, 당신은 동양의 수학이 아니라 서구의 수학을 사용하고 있으므로, 당신의 수학 계산은 인도에서는 틀린 것입니다"라고 말했다면 어땠을지 상상해 보라. 아니면 그 교수가 "라비, 당신은 동양의 중력이 아니라 서구의 중력을 사용하고 있으므로, 당신의 물리학 계산은 인도에서는 통용될 수 없습니다"라고 주장한다면 어떨지 상상해 보라. 우리는 교수의 논증이 잘못되었음을 바로 간파할 수 있을 것이다.

사실, 상대주의자들이 믿고 있는 것과 달리, 사물들은 다른 모든 지역에서와 마찬가지 방식으로 동양에서도 작동한다. 버스가 우리를 치면 다치는 것은 인도에서나 미국에서나 동일하며, 동일하게 인도에서나 미국에서나 2 더하기 2는 4이며, 중력 또한 한결같이 작용한다. 살인이 범죄인 것도 어디에서나 마찬가지다. 이와 같이 진리는, 우리가 어디 지역에 사느냐에 관계없이, 진리이다. 또한 진리는, 우리가 그것을 무엇이라고 믿든, 진리일 뿐이다. 사람들의 신뢰 여부와 상관없이 중력이 모든 사람에게 작용하듯, 논리 또한 우리가 어디에 사느냐와 관계없이 모든 지역에서 동일하게 적용된다.

그러면 핵심은 무엇인가? 오직 한 가지 유형의 논리만이 우리가 진리를 발견하도록 돕는다는 것이다. 그것은 실체(reality)의 본질을 살펴볼 때 우리가 반드시 사용해야 하는 단 하나의 논리이다. 그럼에도 불구하고 사람들은 실체를 아는 데는 논리가 필요 없다느니, 논리를 신의 문제와 결부시켜서는 안 된다느니, 또는 전혀 다른 유형의 논리가 존재한다는 식으로 말하곤 한다.[2] 하지만 그들이 정작 또 다른 논리가 존재한다

---

[2] 물론 귀납적 논리, 연역적 논리, 상징적 논리가 있지만, 이들 모두는 사유에 관한 똑같은 근본 법칙에 그 기초를 두고 있다.

며 부정하는 그 논리를 따라 자신들의 주장을 펼치고 있다는 사실은 알지 못한다. 이것은 마치 수학이 신뢰할 수 없는 것임을 입증하려고 수학 법칙을 사용하는 것과 다르지 않다.

여기서 우리가 지금 말장난을 하고 있는 것처럼 보이겠지만, 결코 그렇지 않음을 주목해야 한다. 로드 러너 전술은 우리 사회의 문화가 진리, 종교, 그리고 도덕에 대하여 믿고 있는 많은 것들이 말 그대로 거짓임을 드러내기 위해 사용할 수 있는, 그 누구도 부인할 수 없는 논리 법칙이다. 자기 자신을 무너뜨리는 모순 투성이의 논리는 진리일 수가 없지만, 어쨌든 많은 사람들이 그 논리를 믿고 있는 것이 현실이다. 한 마디로 자기를 위험에 빠뜨리면서 자기모순을 저지르고 있는 셈이다.

불태워지느냐 불태워지지 않느냐, 그것이 문제로다

로드 러너 전술은 비모순률(Law of Noncontradiction)을 활용하고 있다는 점에서 매우 쓸모 있는 방법이다. 비모순률은 자명한 제일원리(self-evident first principle)로서, 서로 모순된 두 개의 주장이 동시에 똑같은 의미에서 참이 될 수 없다는 원칙을 밝히고 있다. 간략히 말하면, 참의 반대는 곧 거짓이라는 것이 그 법칙이 말하고 있는 내용이다. 우리 모두는 이 법칙을 직관을 통해 알고 있을 뿐만 아니라, 날마다 사용하고 있다.

어느 날 우리가 친구처럼 지내는 한 부부와 만나서, 부인의 출산일이 다 되었는지 묻는 장면을 상상해 보라. 부인이 "예"라고 대답했는데 남편은 "아니요"라고 말한다면 우리는 "정말 잘 되었네요"라고 말하지는 않는다. 우리는 아마도 부인이 남편에게 출산일을 정확히 알려주지 않았거나 우리의 질문을 잘못 이해했을 것이라고 생각한다. 여기서 한 가지 확실한 것이 있다면, 남편과 아내의 대답이 동시에 참일 수는 없다는 점이다. 비모순율 때문에 그 점은 자명해진다. 신에 관한 질문을 포함해 '사실(fact)'과 관련된 질문을 면밀히 검토할 때에도 동일한 비모순율이 적용된다. 유신론자가 옳든지, 그래서 신이 존재하든지, 아니면 무신론자가 옳든지, 그래서 신은 존재하지 않든지 둘 중 하나만이 진리다. 두 가지 명제가 동시에 참일 수는 없다. 마찬가지로, 성경의 주장처럼 예수는 죽었다가 사흘 만에 부활했든지, 아니면 코란의 주장대로 그런 일이 존재하지 않았든지, 둘 중 하나만이 참이 된다. 어느 하나가 옳다면, 다른 하나는 그릇된 것이다.

아비세나(Avicenna)라는 중세의 이슬람 철학자는 비모순율을 부인하는 사람을 교정하기 위한 확실한 한 가지 방법을 제안했다. 비모순율을 부인하는 사람은 매를 맞든지 불태워지든지 해서, 매를 맞는 것과 매를 맞지 않는 것이 결코 같은 것이 아니며, 불태워지는 것과 불태워지지 않는 것이 결코 동일한 것이 아님을 깨닫게 해야 한다고 말했다. 굉장히 극단적이긴 하나 그의 제안은 핵심을 짚어내고 있다.

합리성을 갖춘 사람들은 비모순율에서 전혀 문제점을 발견하지 못하는 반면, 영향력 있는 철학자들 중 일부는 암암리에 이 법칙을 부인했다. 그중에서도 데이비드 흄과 임마누엘 칸트가 대표적인 인물들이다. 두 사람에 대해 들은 적이 없을지는 몰라도, 그들의 가르침은 현대 지성계에 엄청난 영향을 끼쳤다. 그렇기에 이 두 사람에 대해 간략하게 살펴볼 필요가 있다. 먼저 흄부터 살펴보자.

흄의 회의론: 우리는 회의론자가 되어야만 하는가?

데이비드 흄이야말로 오늘날 우리 주변에 만연해 있는 회의론에 책임을 져야 할 사람인지도 모른다. 경험론자였던 흄은 모든 사유들은 그 자체로 참이거나 감각을 통해 경험될 때만 의미가 있다고 믿었다. 흄에 따르면, 신 개념을 포함해, 사람의 지각을 통해 감지할 수 없는 개념들과 형이상학적 주장들은 결코 믿어서는 안 된다. 그것들은 아무 의미가 없는 것이기 때문이다. 흄은 다음 두 가지 조건 가운데 하나를 충족시키는 경우에만 명제들이 비로소 의미가 있을 수 있다고 주장했다.

- 진리 주장은 수학 방정식이나 수학적 정리와 같은 추상적 추론이다(예를 들어, "2+2=4"이거나 "모든 삼각형의 변은 세 개다").
- 진리 주장은 오감 가운데 하나 또는 그 이상의 지각을 통해 경험적으로 검증될 수 있다.

그는 스스로를 회의론자로 불렀으나, 이 두 가지 조건들과 관련해서는 결코 회의론자가 아니었다. 그는 진리를 갖고 있다는 확신을 품었다. 그는 『인간 오성에 대한 탐구(Inquiry Concerning Human Understanding)』에서 다음과 같은 주장으로 결론을 맺는다. "우리 손에 책이 들려 있는데, 그 책이 신에 대해 말하거나 어느 학파의 형이상학적 주장을 담고 있다면 다음과 같은 질문을 던져보라. '그 책이 양이나 수에 대한 추상적 추론을 싣고 있는가?' 아니다. 그러면 '그 책이 사실과 존재 문제에 대한 경험적 추론을 담고 있는가?' 아니다. 그렇다면 우리 손에 들린 그 책을 불살라버리는 게 낫다. 그 책에는 궤변과 몽상 말고는 아무것도 담긴

게 없기 때문이다."³

흄이 제시한 두 개의 조건들이 암시하는 바를 간파했는가? 만일 그의 말이 옳다면, 신에 대해 언급하는 어떤 책도 아무 의미 없는 잡서에 불과하게 된다. 그렇게 되면 모든 종교 서적은 불쏘시개로 사용하는 게 나을지도 모른다.

약 200년이 흐른 뒤에, 20세기의 철학자 에이어(A. J. Ayer)는 흄이 제시한 두 가지 조건을 '경험적 검증 가능성의 원리(principle of empirical verifiability)'라는 말로 바꾸었다. 경험적 검증가능성의 원리에 따르면, 모든 명제는 오직 그 정의 자체로 참이거나 경험을 통해 검증 가능한 경우에만 의미가 있다.

1960년대 중반에 이르러, 이 견해는 내(노먼 가이슬러)가 재학중이던 디트로이트 대학교를 포함해, 미국 전역의 대학 철학부에서 맹위를 떨치고 있었다. 당시에 나도 논리 실증주의(Logical Positivism)에 관한 수업을 빠짐없이 들었는데, 사실 이 논리 실증주의는 에이어가 신봉하던 철학에 이름표만 바꾼 것에 불과하다. 그 강의를 맡았던 교수도 논리 실증주의자였는데 좀 이상한 사람이었다. 자신은 가톨릭 신자라고 주장했지만, 정작 그는 눈으로 보지 못하는 실체(예를 들면 형이상학이나 하나님 같은 존재)에 대한 토론 자체가 무의미한 것이라고 주장했다. 달리 말해, 그는 자신의 강의실 이름표를 무신론으로 바꾸고 싶었던 무신론자였던 것이다. (한 번은 그에게 이런 질문을 한 적이 있다. "교수님은 어떻게 가톨릭 신자이면서 동시에 무신론자가 될 수 있는 겁니까?" 가톨릭이 2천 년 동안 교회의 공식 가르침으로 선포해온 것들을 무시한 채, 그는 이렇게 대답했다. "가톨릭 신자가 되려고

---

3   David Hume, *An Inquiry Concerning Human Understanding*, 3.

하나님을 믿을 필요는 없네. 자네는 다만 교회가 정한 규칙들만 따르면 되네.")

강의 첫날, 교수는 학생들에게 에이어의 책, 『언어, 진리, 그리고 논리(Language, Truth and Logic)』의 각 장을 정리해 발표하는 과제를 내주었다. 나는 '경험적 검증 가능성의 원리'라는 제목의 장을 선택했다. 일단 이 원리가 논리 실증주의의 기초이며, 따라서 그 강의 전체의 출발점이기도 하다는 점을 새겨두기 바란다.

다음 수업이 시작되고, 교수는 제일 먼저 나를 가리켰다. "가이슬러 군, 자네 발표부터 듣기로 합시다. 발표는 20분이 넘지 않도록 해주세요. 그래야 우리가 나머지 시간에 충분한 토론을 나눌 수 있으니까요."

나는 정작 시간 제한 따위에 부담을 느끼지 않았다. 그날 로드 러너 전술을 사용하기로 마음먹었고 그 일은 번갯불에 콩 볶아먹는 짧은 시간으로도 충분했기 때문이다. 나는 일어서서 이렇게 말했다. "경험적 검증가능성 원리의 진술에 따르면, 오직 두 가지 종류의 명제만이 의미를 갖습니다. 첫 번째는 그 정의 자체로 참인 것과, 두 번째는 경험으로 검증할 수 있는 경우입니다. 하지만 '경험적 검증가능성의 원리' 그 자체는 정의상 당연한 진리가 아닐 뿐만 아니라 경험적으로 검증될 수 있는 것도 아니므로 의미 있는 것이 될 수 없습니다."

그게 전부였고, 나는 자리에 앉았다.

강의실은 뒤통수를 맞은 듯 조용해졌고 모두들 멍한 표정이었다. 벼랑 끝 허공에 붕 뜬 코요테가 눈앞에 그려졌다. 그들은 '경험적 검증가능성의 원리'라는 것이 그 스스로 제시하는 기준에 비추어 볼 때 무의미하다는 것을 깨달았다. 그것은 허공에 뜬 채, 자기 스스로를 파괴하고 있는 모순 덩어리였던 것이다. 고작 두 번째 수업이 끝났을 뿐인데, 그 강의 전체가 발판으로 삼고 있던 기초가 허물어져 버린 것이다. 남은 14주

동안, 교수는 무엇에 대해 이야기할 것인가?

교수는 이후에 무슨 얘기를 했을까? 그는 자신의 강의와 철학의 틀이 자기 파괴적이고 따라서 거짓이라는 점을 인정하는 대신, 진실을 억누른 채 헛기침과 말 더듬으로 일관하다가, 자신의 남은 학기가 엉망이 되어버린 이유가 나 때문이라는 의심을 거두지 않았다. 명백하고도 치명적인 오류에도 불구하고, 경험적 검증가능성의 원리에 대해 교수가 보여준 충성심은 더 이상 지성이 아닌 고집에 따른 것이었다.

흄에 대해, 특히 기적에 대한 그의 반대 논쟁에 대해 할 말이 많은데, 이는 8장에서 다룰 예정이다. 다만 여기서의 핵심은 이것이다: 흄이 고집스레 주장했던 경험론과 그의 추종자 에이어의 논리는 스스로를 무너뜨리는 모순투성이에 불과하다는 점이다. "어떤 것이 경험을 통해 검증되거나 그 정의 자체로 진리일 때에만 의미가 있다"는 주장은 도리어 그 명제 자체를 배제시켜 버리고 마는데, 이는 그 명제의 진술 자체가 정의 자체로는 진리가 아닐 뿐만 아니라 경험적으로 검증될 수 있는 것이 아니기 때문이다. 달리 말해, 흄과 에이어는 의미 있는 명제 발견을 위한 자신들의 방법론이 너무 많은 것을 배제하고 있는 탓에 너무 많은 것을 입증하려고 시도했다. 확실히 경험으로 입증할 수 있거나 그 정의 자체에 비추어 진리인 주장들은 의미가 있다. 하지만 그런 주장은 흄과 에이어의 주장처럼 '모든' 의미 있는 진술에 들어맞지는 않는다. 따라서 흄의 제안대로 신에 관련한 모든 책을 불살라버리기 보다는, 흄의 책들을 불쏘시개로 사용하는 편이 나을 것이다.

칸트의 불가지론: 우리는 불가지론자가 되어야 하는가?

임마누엘 칸트는 데이비드 흄보다 더욱 무서운 재앙을 기독교 세계관에 몰고 왔다. 그 이유는 만일 칸트의 철학이 옳다면, 실체의 세계에 대하여, 심지어 경험적으로 검증된 것이라 해도, 어느 것도 알 수 있는 길이 없기 때문이다! 왜 그런가? 칸트의 주장에 따르면, 현상과 물자체(the thing in itself)는 구분되며 우리가 알 수 있는 것은 감각과 마음을 통해 지각된 현상일 뿐이라는 것이다. 따라서 본질인 물자체는 우리가 결코 알 수 없다. 우리는 단지 우리의 마음과 감각이 대상을 형성한 뒤에 우리에게 인지된 것만을 알 수 있을 뿐이다.

이 점을 다루기 위해, 잠시 동안 창 밖에 있는 나무 한 그루를 바라보라. 칸트는 우리가 바라보고 있다고 생각하는 그 나무가, 사실은 우리가 그 나무로부터 감각을 통해 얻은 자료를 우리의 마음이 형성하고 있기 때문에 그런 모습으로 나타나는 것일 뿐이라고 말한다. 우리는 실제로는 그 나무라는 사물 자체를 아는 것이 아니다. 우리는 단지 우리의 마음이 그 나무에 대해 어떤 범주로 분류한 현상들(phenomena)을 알 수 있다. 간략히 말해, 우리는 실제 나무 그 자체를 '알 수 없으며', 다만 우리에게 보이는 모습대로 그 나무를 알 수 있을 뿐이다.

아이고! 거리에 돌아다니는 평범한 사람들은 자기의 두 눈으로 본 것을 의심치 않는데, 어쩌면 명석하기 이를 데 없는 철학자 분께서 자기 눈으로 보고 있는 것을 의심하다니, 이 무슨 까닭일까? 철학을 연구하면 할수록, 우리는 다음의 사실을 확신하게 된다. 명백한 것들을 희미하고 모호한 것들로 만들기 원하는가? 철학자들에게 보여주면 된다!

그럼에도 불구하고 우리는 철학 탐구를 그만두어서는 안 된다. C. S.

루이스의 표현처럼, "다른 이유가 아니라면, 나쁜 철학에 답변을 제시하기 위해 좋은 철학은 존재해야 하기 때문이다."[4] 칸트의 철학은 나쁜 철학이지만, 많은 사람들에게 그들과 실제 세계 사이에는 건널 수 없는 거대한 간격이 있음을 확신시켰다. 그들로서는 세상의 모습이 실제로 어떤지, 신의 모습이 실제로 어떤지에 대한 믿을 만한 지식을 얻을 수 있는 방편이 없다. 칸트의 주장이 맞는다면, 우리는 실제 세계에 대해 결코 알 수 없는 불가지론의 세계에 갇혀버린 셈이다.

고맙게도 이 모든 것에 대한 한 가지 쉬운 답변이 있는데, 바로 로드 러너 전술이다. 칸트는 흄과 똑같은 잘못을 저질렀다. 그는 비모순율을 어겼다. 칸트는 아무도 실제 세계를 알 수 없다고 말했지만, 그렇게 말함으로써 자신만은 실제 세계를 알고 있다는 주장을 해버린 셈이 되었다. 진짜를 알지 못하는데 어떤 것이 진짜가 아니라고 말한다는 것은, 자신이 주장하는 전제와 앞뒤가 맞지 않는 모순을 범하는 것이 된다. 실제로도 칸트는 실제 세계에 대한 '진리'란, 곧 실제 세계와 관련한 '어떤 진리도 존재하지 않는 것'이라고 말한다.

스스로를 무너뜨리는 모순 덩어리 주장에 의해 가장 명민한 지성들조차 걸려 넘어질 수 있으므로, 칸트가 저지른 또 하나의 잘못을 살펴보자. 칸트는 "다만 무엇에 지나지 않는다(nothing-but)" 오류라고 불리는 논리의 오류를 범하고 있다. 이것이 오류인 이유는 "다만 무엇에 지나지 않는다"는 진술이 "무엇 이상의(more than)" 지식을 갖고 있음을 암시하고 있기 때문이다. 칸트는 자신의 두뇌에 전달되는 자료가 다만 현

---

[4] C. S. Lewis, "Learning in War-Time," in C. S. Lewis, *The Weight of Glory and Other Addresses*(Grand Rapids, Mich.: Eerdmans, 1965), 50.

상에 지나지 않음을 알고 있다고 말한다. 하지만 그 자료가 현상에 지나지 않음을 알려면, 현상 이상의 것을 알 수 있어야 한다는 전제가 필요하다. 바꾸어 말하면, 한 사물을 다른 사물과 구별하기 위해 우리는 어디에서 하나가 끝을 맺고 다른 하나가 시작하는지 인식할 수 있어야 한다는 말이다. 예를 들어, 검은 색 책상 위에 하얀 색 종이를 올려놓았을 때, 그 종이가 어디에서 끝나는지 알 수 있는 유일한 방법은 그 종이에 잇닿아 있는 책상의 몇몇 부분을 보는 것이다. 마찬가지로 칸트가 실제 세계 안에 있는 사물을 그의 마음이 인식한 사물로부터 구별하려면, 그는 두 개의 사물을 모두 볼 수 있어야 한다. 그러나 이는 결코 가능하지 않은 일이라고 칸트 스스로도 말하고 있지 않은가! 그는 마음이 인식할 수 있는 것은 현상뿐이며, 진짜 세계 내지 실체(noumena)는 인식할 수 없다고 말한다.

현상과 실체를 구별하는 길이 존재하지 않는다면, 그 둘이 어떻게 다른지 우리는 알 수 없다. 또한 만일 그 둘이 어떻게 다른지 알 수 없다면, 그 둘은 똑같다고 추정하는 것이 더 이치에 맞을지 모른다. 즉 우리의 마음 안에 존재하는 그 생각이 실제 세계에 존재하는 그 사물을 정확하게 대변하고 있다는 말이다.

우리는 지금 우리가 물자체를 실제로 알고 있다고 말하는 중이다. 우리가 바라보는 나무는 우리의 감각을 통해 우리 마음에 인상을 남기고 있으므로, 우리는 그 나무를 실제로 알고 있는 것이다. 즉 칸트의 주장이 잘못되었다는 말이다. 우리의 마음이 그 나무를 빚는 것이 아니라, 그 나무가 우리의 마음을 빚는다. (밀랍 인장을 생각해 보라. 밀랍이 인장에 새겨지는 것이 아니라, 인장이 밀랍에 새겨지는 것이다.) 우리의 마음과 실제 세계 내지 본체 사이에는 어떠한 간격도 존재하지 않는다. 우리의 감각은 세계를 향해 열어 놓은 창문이다. 또한 창문을 통해 내다보듯, 우리의 감각을 통해 우리는 세상을 바라본다. 우리가 그 감각을 바라보는 것이 아니다.

나(노먼 가이슬러)는 일전에 맡았던 강의에서 칸트 철학의 오류를 이런 방식으로 지적했다. "첫째, 칸트가 자신은 실제 세계(물자체)에 대해 어떤 것도 알 수 없다고 하는데, 그러면 그 실제 세계라는 것의 존재는 어떻게 아는 걸까요? 둘째, 그의 견해가 스스로를 무너뜨리는 모순이 되는 이유는, 우리가 실제 세계에 대해 아무것도 알 수 없다고 주장하면서 한편으로는 그 실제 세계에 대해 알 수 없다는 사실을 자신은 알고 있다는 식으로 강조하고 있기 때문입니다."[5]

그때 한 학생이 불쑥 입을 열었다. "그건 그렇게 간단한 문제가 아닙니다. 가이슬러 박사님. 아무리 박사님이라 해도 지난 백 년 이상 철학계가 견지해온 중심 교의를 단지 몇 마디 말로 무너뜨려서는 안 됩니다!"

나는 애독 중인 〈리더스 다이제스트〉를 인용하며, 이렇게 대답했다.

"그게 바로 아름답기 그지없던 이론이 현실이라는 잔인한 악당을 만났을 때 일어나는 일입니다. 게다가 논증과 토론이 복잡해야만 하는 이유가 있습니까? 누군가가 실수를 저질렀다면, 그것을 지적해 약간의 교정만 해주면 되는 거 아닌가요?" 만화 속 로드 러너에게도 복잡한 건 전혀 없다. 녀석은 단지 빠르고 효과 만점일 뿐이다.

---

[5] 물론, 칸트에 따르면, 과학 명제처럼 우리의 감각으로 알 수 있는 현상계 관련 대상들은 우리가 알 수 있다. 뿐만 아니라 칸트는 우리가 실체의 세계(예: 하나님)에 대한 것은 전혀 알 수 없으나, 그럼에도 불구하고, 우리는 하나님의 존재를 주장할 수 있으며, 비록 그가 존재하는 방식은 알 수 없더라도 마치 그가 존재하는 것처럼 살아간다. 이것을 칸트는 '실천' 이성이라고 불렀다.

흄과 칸트의 잘못으로 끝인가?

비모순율을 어긴 결과로, 흄과 칸트의 모든 '종교적' 진리를 파괴하려는 시도는 실패했다. 그러나 그들의 주장이 잘못이라고 해서 그것이 신의 존재를 입증하는 충분한 증거가 되는 것은 아니다. 로드 러너 전술은 다만 어떤 명제가 잘못이라는 점만을 드러낼 수 있을 뿐이다. 그 전술이 곧, 다른 주장이 진리라는 적극적 증거를 제공하는 것은 아니다.

그렇다면 유일신 하나님이 존재한다는 말은 진리인가? 이런 방식으로든 저런 방식으로든 우리에게 합리적 확신을 줄 만한, 우리가 인식할 수 있는 증거가 존재하는가? 그런 질문에 답하기 위해, 우리가 진리 그 자체를 알려면 어떻게 해야 하는지 살펴볼 필요가 있다.

진리를 어떻게 아는가?

지금까지 살펴본 내용을 요약해 보자. 진리는 존재하며, 절대성을 지니고 있을 뿐만 아니라 부인할 수 없는 것이다. "진리는 알 수 없는 것"이라는 주장은 스스로를 무너뜨리는 모순인데, 그 주장 자체가 '이미 알려진 절대적' 진리에 속하기 때문이다. 사실상 우리가 무언가를 말할 때마다, 우리는 이미 그것에 대해 최소한의 진리라도 알고 있음을 암시하는 것이 된다. 어떤 주제에 관한 어떤 식의 입장이든 그것은 이미 일정 수준의 지식을 갖추고 있음을 의미하는 것이기 때문이다. 만일 누군가의 주장이 잘못되었다고 말하려면, 우리는 그렇게 말하기 위해 대신 무엇이 옳은지 알고 있어야 한다(반대로 우리가 무엇이 옳은지 알지 못하면, 무엇이 그른지도 알 수 없다). 심지어 우리가 "나는 모른다"고 말하는 경우에도, 우리가 무언가를 알고 있음을 인정하는 것이다. 다시 말해, 우리는 해당 주제에 대해 자신이 모르고 있다는 사실을 알고 있다는 말이며, 결국 "나는 모른다"는 말이 우리가 결코 아무것도 모름을 의미하는 것은 아니다.

하지만 진리를 알려면 어떻게 해야 하는가? 바꾸어 말해, 우리는 어떤 과정을 거쳐야 세상에 관한 진리를 발견할 수 있는가? 진리 발견 과정은 제일원리(first principles)라고 하는 자명한(self-evident) 논리 법칙과 더불어 시작한다. 그 배후에 어떤 것도 존재하지 않기에, 그 법칙들은 제일원리라고 불리며, 그것들은 다른 원리들을 통해 입증되지 않는다. 그것들은 실체의 본질 안에 원래부터 내재하고 있어서 자명하다. 따라서 우리는 이들 제일원리를 배우지 않는다. 우리는 다만 그것들을 알 뿐이다. 모든 사람은, 비록 이 원리에 대해 깊이 생각해 보지는 않았더라도, 직관을 통해 그것들을 알고 있다.

이 가운데 두 가지가 비모순률과 배중률(Law of Excluded Middle)이다. 우리는 비모순률이 어떤 것이며 어떤 가치가 있는지 이미 살펴보았다. 배중률은 어떤 명제와 그것의 부정 명제 가운데 하나는 반드시 참이라는 법칙이다. 중간이나 제3의 대안은 없다. 예를 들어, 신은 존재하거나 아니면 존재하지 않거나 둘 중 하나이다. 예수는 죽은 자 가운데서 부활했든지, 아니면 부활하지 않았다. 제3의 대안이란 존재하지 않는다.

이 제일원리들은 우리가 다른 진리를 발견하기 위해 사용하는 도구들이다. 그것들이 없다면 우리는 사실상 다른 어느 것도 배울 수 없다. 우리의 눈이 보기 위해 있듯, 제일원리는 무언가를 배우기 위해 존재한다. 무언가를 볼 수 있게 하기 위해 우리 몸에 눈이 있듯, 제일원리들도 분명 우리가 무언가를 배울 수 있게 하기 위해 우리 지성 안에 만들어졌을 것이다. 우리가 실체에 대해 배울 수 있으며 나아가 삶이라고 부르는 조각 그림 맞추기 상자의 윗부분을 발견하는 것도 이 제일원리로부터 시작하기 때문이다.

하지만 우리가 진리 발견을 돕기 위해 이 제일원리를 사용한다고 해도, 그것 자체만으로는 특정한 명제가 진리인지 아닌지를 알 수는 없다. 우리가 말하는 바를 구체적으로 알기 위해, 아래의 논증을 살펴보자.

1. 모든 사람은 죽는다.
2. 스펜서는 사람이다.
3. 따라서 스펜서는 죽는다.

자명한 논리 법칙을 통해, 우리는 스펜서가 죽는다는 결론이 유효한 것임을 알 수 있다. 달리 말해, 결론은 필연적으로 전제로부터 도출되었다. 만일 모든 사람은 반드시 죽고, 스펜서가 사람이라면, 스펜서는 죽게 되어 있다. 그러나 그런 논리 법칙에 따른 결과라 해도, 우리는 그 전제들과 전제로부터 도출된 결론이 진리인지는 알 수가 없다. 전제가 말하는 "모든 사람은 죽는다"는 주장은 진리가 아닐 수도 있다. 또한 스펜서가 사람이 아닐 수도 있다. 결국 논리 그 자체로는 진리 여부를 확인할 수 없다는 말이다.

이 점은 진리가 아니면서도 유효한 하나의 논증을 살펴봄으로써 더 쉽게 알 수 있다. 아래를 살펴보자.

1. 모든 사람은 네 발 달린 파충류이다.
2. 제이크는 사람이다.
3. 따라서 제이크도 네 발 달린 파충류이다.

논리만을 놓고 보면, 이 논증은 유효하지만, 정작 우리 모두는 그것이 진리가 아님을 알고 있다. 이 논증은, 결론이 전제들로부터 도출된 것이라는 점에서, 유효하다. 하지만 첫 번째 전제가 잘못된 것이므로 결론도 잘못일 수밖에 없다. 다시 말해, 비록 논증이 논리적으로는 하자가 없다 하더라도 논증 자체가 거짓이 되는 이유는, 그 논증의 전제가 실체와 일치하지 않기 때문이다. 이처럼 논리학은 어떤 논증이 거짓임을 말해줄 수 있으나, 논증을 풀어가는 전제가 진리인지에 대해서는 말해줄 수 없다. 제이크가 사람이라는 것을 우리가 어떻게 아는가? 우리는 사람들이 네 발 달린 파충류가 아님을 어떻게 아는가? 그런 진리들을 알려면, 우리에게 더 많은 정보가 있어야 한다.

그런 정보를 어떻게 얻는가? 우리는 주변 세계를 관찰하고 그러한 관찰로부터 합리적 결론을 도출함으로써 정보를 얻는다. 무언가를 거듭 관찰할 때, 우리는 어떤 일반 원리가 진리라는 결론에 도달할 수 있다. 가령, 사물을 탁자에서 거듭 떨어뜨리면, 우리는 그 사물이 항상 바닥으로 떨어진다는 사실을 관찰할 수 있다. 충분한 실험과 관찰로부터, 마침내 우리는 중력이라는 일반 원리가 작용한다는 사실을 깨닫는다.

특정한 사실의 관찰로부터 일반적 결론을 이끌어내는 이런 방법을 귀납법이라고 부른다(이 방법은 보통 과학적 방법이라는 말과 동일시된다). 이를 명확히 하려면, 연역법과 귀납법을 구별할 필요가 있다. 하나의 논증 안에 있는 전제들을 정렬하여 유효한 결론에 도달하는 과정을 연역법이라고 부른다. 우리가 위의 논증에서 사용했던 방법이다. 하지만 어떤 논증 안에 있는 전제가 참인지 아닌지를 발견하는 과정은 늘 귀납법을 필요로 한다.

우리가 알고 있는 많은 것들이 귀납법을 통해 얻어진다. 사실, 앞서의 논증 안의 전제들이 참인지 거짓인지를 조사하기 위해 우리는 직관적으로 귀납법을 사용했다. 즉 우리가 관찰한 바에 따르면 모든 사람은 두 발 달린 포유류이기 때문에, 제이크라는 사람이 네 발 달린 파충류가 될 수 없다는 결론을 내릴 수 있었던 것이다. 스펜서는 반드시 죽는가라는 문제에 대해서도 우리는 같은 작업을 한 셈이다. 우리가 아는 한, 모든 사람은 죽기 마련이므로, 스펜서라는 이름의 특정 인물을 포함해 모든 사람이 반드시 죽는다는 일반적 결론에 이르렀던 것이다. 이와 같은 결론들—두 발 달린 사람, 중력, 그리고 인간의 필멸성—은 모두 귀납법에 따른 결론이다.

그러나 귀납법에 근거한 대부분의 결론은 결코 100퍼센트 절대적 확실성을 장담할 수 없으며, 단지 고도의 개연성이 있는 것으로 간주될 뿐이다. 예를 들면, 우리는 모든 물체가 중력으로 인해 낙하한다고 절대 확신하는가? 아니다. 우리는 모든 물체가 낙하하는 것을 목격하지 못했다. 마찬가지로, 모든 사람은 반드시 죽는다는 절대적 확신이 있는가? 역시 그렇지 않다. 우리는 모든 사람이 죽는 것을 목격하지 못했기 때문이다. 어쩌면 누군가 죽지 않았던 사람이 있을 수도 있고, 또는 미래에 누군가는 죽지 않을 수도 있다.

그렇다면 귀납법을 통해 도출된 결론들이 절대적 확실성이 없는데도 그것들을 신뢰할 수 있는가? 물론이다. 하지만 확신의 정도는 천차만별일 것이다. 우리가 전에 말했듯이, 어떠한 인간도 무한한 지식을 갖고 있지 못하므로, 우리가 귀납법을 적용하여 내린 대부분의 결론들은 잘못된 것일 수 있다. (한 가지 중요한 예외가 있다. 그것은 '완전한 귀납법'이라고 하는데, 거기에서는 모든 특수한 경우들을 다 알 수 있다. 예를 들어, "이 페이지에 있는 모든 글자는 검은 색이다"가 그것이다. 이 완전한 귀납법은 결론에 관한 한 확실성을 제공하는데, 그 이유는 모든 글자가 실제로 검은 색임을 관찰할 수 있고 검증할 수 있기 때문이다.)

그러나 완전하고도 한 치의 어그러짐이 없는 정보를 가지지 못한 경우에도, 우리는 종종 대부분의 삶의 문제에 대해 합리적이면서 확실한 결론을 이끌어 낼 수 있는 충분한 정보를 가지고 있다. 예를 들어, 사실상 모든 사람이 죽는 것을 목격했으므로, 모든 사람은 반드시 죽는다는 우리의 결론은 어떤 합리적 의심도 배제하는—그것은 99퍼센트 이상 확실하지만, 그렇다고 어떤 의심도 용인하지 않는다는 의미는 아니다—진리로 간주되는 것이다. 그것을 믿으려면 일정부분—비록 매우 적은 양이지만—믿음이 필요하다.[6] 중력이 모든 사물에 영향을 미친다는 주장도 합리적이고 대단히 확실한 결론이지만, 몇몇의 경우에는 꼭 그렇지는 않다. 그 결론은 실제 경험에 비추어 볼 때는 틀림없지만, 100퍼센트 절대 확실한 것은 아니다. 바꾸어 말하면, 우리는 어떤 합리적 의심도 배제할 만한 확신을 가질 수는 있지만, 그것이 곧 모든 의심을 배제할 만한 확실성을 말하는 것은 아니다.

---

[6] 사실 우리는 인생에서 관찰과 귀납을 통해 대부분의 결정—무엇을 먹을 것인가로부터 시작해 어떤 친구를 사귈 것인가에 이르기까지—에 도달한다. 예를 들면, 우리는 Campbell's Soup can에 들어 있는 국물에 대하여 완전한 정보를 갖고 있지 않다.—우리는 그것이 먹을 수 있으며 우리를 중독시키지 않을 것이라고 생각한다—하지만 우리는 100퍼센트 확신하지 못한다. 우리는 Campbell's Soup가 믿을 만하다는 우리의 이전 경험에 의존하고 있으며, 그 통 안에 실제로 Campbell's Soup가 존재하며 독이 들어 있지 않다는 결론을 내리게 된다. 마찬가지로 우리는 우리가 만날 수도 있는 사람들의 성격에 관해 완전한 정보를 갖고 있지 않다. 하지만 그와 더불어 얼마 정도 시간을 보내게 되면, 우리는 그가 믿을 만한 사람이라는 결론을 내릴 수 있는 것이다. 우리는 100퍼센트 확신하는가? 아니다. 우리는 다만 한정된 수의 경험으로부터 일반론을 끌어 내고 있을 뿐이기 때문이다. 우리의 결론은 개연성이 매우 높을 수 있지만, 확실한 것은 아니다. 우리가 삶에서 내리는 많은 결정들이 이와 동일하다.

신에 관한 진리는 어떻게 아는가?

그러면 관찰과 귀납법은 신의 존재를 발견하는 것과 무슨 관련이 있는가? 모든 면에 관련이 있다. 관찰과 귀납법은 종교에 관한 궁극적 질문, 곧 '신은 존재하는가'라는 질문을 면밀히 탐구하도록 우리를 돕는다.

우리는 이렇게 말할 수 있다. "신이라는 존재가 보이지 않는데 어떻게 관찰이라는 방법을 사용할 수 있는가? 대부분의 기독교인, 유대교인, 그리고 이슬람 신자들의 주장대로, 신은 눈에 보이지 않으며 물질로 이루어진 존재가 아니라면, 우리의 감각이 신에 대한 정보를 얻도록 어떻게 도울 수 있다는 말인가?"

여기에 대한 답은 이렇다. 우리는 눈으로 볼 수 없는 다른 사물들을 조사할 때와 마찬가지의 방식(그 결과들을 관찰하는 방식)으로 신을 탐구할 때에도 귀납법을 사용한다. 예를 들어, 우리는 중력이라는 것을 직접 볼 수 없다. 우리는 다만 그 중력이 일으킨 결과(효과)만 볼 뿐이다. 마찬가지로, 우리는 인간의 마음을 직접 관찰할 수 없으며, 다만 그 마음이 낳은 결과만을 볼 수 있다. 그 결과로부터 우리는 하나의 원인(a cause)이 존재한다는 합리적 추론에 이르게 된다.

우리가 지금 읽고 있는 이 책도 적절한 사례 중 하나이다. 우리가 이 책을 인간의 지성이 낳은 결과라고 추정하는 이유는 무엇인가? 책은 선재(先在)하는 지성(예를 들면, 작가)이 낳은 결과물이라는 사실을 우리는 지금까지의 모든 관찰 경험을 통해 알고 있기 때문이다. 우리는 바람이나 비, 또는 다른 자연의 힘이 책을 만들어 내는 것을 본 적이 없다. 우리는 오직 사람들만이 책을 만드는 것을 보았다. 그러므로 비록 이 책을 쓰는 사람을 보지 못했다 하더라도, 우리는 이 책이 작가의 작품이라는 결론을 내릴 수 있는 것이다.

이 책이 작가로부터 나왔음을 추론함으로써, 우리는 자연스럽게 관찰, 귀납법 그리고 연역법을 통합시키고 있다. 만일 우리가 우리 생각을 논리적 형태로 표현한다면, 그것들은 다음과 같은 연역적 논증과 같은 모습을 띠게 될 것이다.

1. 모든 책에는 적어도 한 명의 저자가 있다(귀납적 조사에 근거한 전제).
2. '진리의 기독교'는 책이다(관찰에 근거한 전제).
3. 따라서 '진리의 기독교' 역시 적어도 한 명의 저자가 있다(결론).

연역법을 통해 우리는 이 논증이 유효할 뿐만 아니라, 그 전제들이 참이므로 논증 역시 진리임을 알게 된다(이는 우리가 관찰과 귀납법을 통해 검증한 바다).

그런데 여기서 커다란 문제가 등장한다. 책이 있으려면 선재하는 인간 지성의 존재가 필요하듯, 마찬가지로 선재하는 초자연적 지성의 존재가 필요한 것처럼 보이는 관찰 결과들이 있는가? 바꾸어 말해, 신의 존재를 생각하게 만드는, 우리가 관찰 가능한 결과들이 존재하는가? 그에 대한 대답은 '그렇다'이며, 그 첫 번째 결과는 우주이다. 우주의 기원을 탐구하는 작업은 조각 그림 맞추기 상자 뚜껑을 발견하기 위한 우리 여정의 다음 행보이기도 하다.

그러나 우주의 기원에 대한 증거를 살펴보기에 앞서, 우리는 진리에 대한 반대 의견을 하나 더 살펴 볼 필요가 있다. 그것은 바로 "그래서? 누가 진리에 관심 있는가?"라는 질문이다.

누가 진리에 관심 있는가?

학생들에게 가끔씩 묻는다. "지금 우리나라에서 가장 큰 문제가 뭐죠? 무지인가요, 아니면 무관심인가요?" 그랬더니 어떤 학생이 이렇게 대답했다. "모르겠네요. 그리고 그런 건 신경 쓰고 싶지도 않습니다!"

이것이야말로 지금 우리가 안고 있는 문제를 극명하게 보여준다. 우리 중 많은 사람들은 진리에 대해 무지할 뿐만 아니라 무관심하다. 그러다가 돈이나 의약품 또는 다른 물질적인 것들에 대한 얘기가 나오면 태도가 돌변한다. 많은 사람들이 도덕과 종교의 진리를 이야기하면 아는 것이 없거나 시큰둥할 뿐이다(물론 이 책을 손에 든 독자들은 그렇지 않다는 걸 잘 안다. 이 책을 읽기 위해 엄청난 시간을 들이고 있으므로). 주류 문화에만 관심을 두는 사람들이 옳은가, 아니면 종교와 도덕의 진리가 실제로 중요한가?

종교와 도덕의 진리는 실제로 중요하다. 그것을 어떻게 아는가? 첫째, 사람들은 도덕의 진리가 중요하지 않다고 말하면서도 정작 누군가가 자신들을 도덕에 어긋나게 예우하면 말과는 반대로 반응한다. 실제로는 도덕이 중요함을 은연중 드러내고 있는 것이다. 예를 들어, 거짓말이 잘못된 것이 아니라고 주장할 수는 있지만, 정작 그들에게 거짓말을 했을 때(특별히 그들의 돈에 관계된 경우에) 그들이 도덕이라는 이름으로 얼마나 화를 내는지 보면 쉽게 알 수 있다.

우리는 이런 말을 종종 듣는다. "문제는 경제라니까, 이 어리석은 친구야!" 하지만 모든 사람이 진리를 말한다면 경제가 얼마나 더 좋아질지 생각해 보라. 엔론(Enron, 조직적 회계부정으로 20억 달러에 이르는 거짓 흑자 재정보고를 행했고, 기업사기와 부패의 상징이 됐다)이나 타이코(Tyco, 분식회

계와 간부들의 착복 등 기업스캔들을 일으켰다) 같은 회사는 더 이상 없을 것이다. 스캔들도 더 이상 일어나지 않을 것이며, 신용 사기도 더 이상 없을 것이다. 정부의 버거운 규제도 더 이상 없을 것이다. 물론 경제는 중요하지만, 도덕이야말로 그 경제에 직접 영향을 미치고 있지 않은가! 도덕이란 것은 사실상 우리가 하는 모든 일과 긴밀히 연결되어 있다. 그것은 우리에게 경제적인 면에서 영향을 미치는 데 그치지 않고, 어떤 특별한 상황에서는, 사회학의 측면에서, 심리학의 측면에서, 영성의 측면에서, 그리고 심지어 물리학의 측면에서도 우리에게 영향을 미친다.

도덕에서 진리가 중요한 두 번째 이유는 인생의 성공이 우리의 도덕적 선택에 따라 빈번하게 좌우되기 때문이다. 여기에는 섹스, 결혼, 자녀, 약물, 돈, 사업상 거래 등에 관한 선택들이 포함되어 있다. 어떤 선택은 번창을 가져다주기도 하지만, 어떤 선택은 파멸을 낳는다.

셋째, 우리의 이전 책, 『도덕의 법제화』에서 지적했듯이,[7] 모든 법은 도덕을 법제화시킨 것이다. 단 한 가지 의문은 "누구의 도덕을 법제화하는가?"이다. 그에 대해 생각해 보자. 모든 법은 어떤 행위가 옳다고 선언하면 그 반대 행위는 옳지 않은 것이라고 선언한다. 그것이 도덕이다. 하지만 낙태나 안락사와 같은 쟁점에 대해 누구의 도덕을 법제화해야 하는가? 이는 사람들의 생명과 건강에 강력한 영향을 미칠 수 있는 문제들이다. 만일 무고한 사람을 죽이는 것이 도덕적으로 명백히 잘못이라면, 그런 진리를 법제화하는 게 마땅하지 않겠는가? 마찬가지로, 우리의 생명, 건강 또는 재정에 영향을 미칠 수 있는 공공 정책에 관련된 여러

---

[7] Frank Turek and Norman Geisler, *Legislating Morality*(Eugene, Ore: Wipf & Stock, 2003). 이전에 Bethany(1998)에서 출판된 적이 있다.

쟁점들에서는 누구의 도덕을 법제화해야 하는가? 우리가 법제화하는 그것으로 말미암아 모든 시민의 생명, 자유, 그리고 행복의 추구에 영향을 미칠 수 있다.

우리가 도덕과 관련해 진리라고 믿는 내용이 우리 삶에 직접적인 영향을 미친다는 점은 의심의 여지가 없다. (1857년의 드레드 스콧[Dred Scott] 판결에서처럼) 흑인들은 시민이 아니라 노예 주인의 소유재산이라고 판결했던 미국연방대법원의 믿음은 어떠했나? 그것이 중대한 문제가 되는가? 모든 유대인은 아리안 민족보다 열등하다고 선언한 나치의 믿음은 중대한 문제가 되는가? 우리가 다른 인종이나 다른 종교적 배경의 사람들의 도덕적 지위에 대해 고려하는 것이 오늘날에도 중대한 문제인가? 물론이다! 도덕적 문제와 관련한 진리는 매우 중요하다.

그렇다면 종교적인 영역에서 진리는 어떠한가? 그것은 도덕적 진리보다 우리에게 더 강력한 영향을 미칠 수 있다. 내(프랭크 튜렉)가 기독교 태 신자이던 1988년에 동료 해군장교가 이 사실을 깨닫게 했다.

당시에 우리는 미 해군 항공대원으로 페르시아만 국가에 배치돼 복무 중이었다. 이란-이라크 전쟁이 막바지에 치달은 때라 긴장감이 최고조에 달해 있었다. 낯선 외국의 위험 지대에 머물면서 언제라도 목숨을 잃을 수 있다는 생각을 하게 된다면 우리는 누구나 죽음에 대해 그리고 자신의 삶에 대해 진지하게 돌아보게 된다.

그러던 어느 날 우리는 바로 그 문제, 곧 신과 내세에 대해 이야기를 나누기 시작했다. 대화가 계속되는 동안 동료는 지금까지도 나를 붙잡고 있는 한 마디를 던졌다. 그는 성경을 가리키면서 "나는 성경을 믿지 않아. 그런데 만일 성경이 진리라면, 나는 커다란 곤경에 처하겠지."

물론 그의 말은 옳았다. 성경이 진리라면, 내 동료는 유쾌한 것이라곤 눈곱만큼도 없는 영원한 운명을 고른 셈이니까. 사실 성경이 진리라면, 모든 사람이 맞이할 영원한 운명은 그 책의 면면에서 읽을 수 있다. 반면 성경이 진리가 아니라면, 많은 기독교인들은 뭐가 뭔지도 모른 채 시간과 돈을 낭비하고 있는 셈이며, 심지어 어떤 경우에는 기독교에 적대적인 땅에서 기독교를 전하다가 의미 없는 죽음까지 당하고 있는 셈이 된다. 둘 중에 어느 쪽이든, 종교에서 진리는 중요하다.

마찬가지로 다른 몇몇 종교에서도 진리의 문제는 동일하게 중요하다. 예를 들어, 만일 코란이 참이라면, 기독교 신자가 아니었던 해군 복무 시절의 내 전우와 똑같은 영원한 고통을 나도 겪고 있는 것이 된다. 그런가 하면, 만일 무신론자의 신앙이 참이라면, 현세가 곧 모든 것이며 내세에 어떤 결과가 있을 리 만무하므로, 우리가 필요로 하는 것을 얻기 위해 차라리 거짓말을 하거나, 사기를 치거나, 절도를 저지르는 것이 나을지도 모른다.

하지만 '영원'이라는 것을 잠시 잊어보자. 전 세계 주요 종교들의 가르침이 현세에 대하여 암시하는 내용이 무엇인지 살펴보라. 사우디아라비아에서 일부 어린 학생들은 유대인이 돼지이며 이슬람교를 믿지 않는 사람은 죽어야 한다고 배운다. 감사하게도 대다수의 이슬람 신자들은 비이슬람 사람들이 죽임을 당해야 한다는 것을 믿지 않지만, 호전적인 이슬람 신자들은 코란에서 인용한 내용으로 그와 같은 성전(聖戰, 지하드)을 벌일 것을 가르친다.[8] 모든 비이슬람(어쩌면 우리도 포함될 것이다)이 죽기를 바라는 어떤 신이 알라라는 이름으로 일어났다는 이슬람인

---

8 코란(수라 8과 9를 스스로 읽으라) 이외에, Norman Geisler and Abdul Saleeb, *Answering Islam*, 2nd ed.(Grand Rapids, Mich.: Baker, 2002). 부록 5는 "이교도"에 대한 폭력을 명령하거나 용서하는 내용을 코란으로부터 20군데나 인용하고 있다.

들의 말이 정말 진짜일까? 이 종교적 '진리'는 중요한가? 그런 식으로 교육받은 아이들이 성장해 여객기를 납치하고 인구 밀집 지역의 고층건물로 돌진하는 때라면, 이 종교적 진리는 중요한 문제가 된다. 신은 우리의 이웃을 사랑하기 원한다는 종교적 진리를 그들에게 가르치는 편이 더 낫지 않겠는가?

사우디아라비아에서는 지금도 유대인들은 돼지라고 가르치고 있을지 모르지만, 정작 미국에서는, 한쪽으로 편향된 생물학 시간을 통해 인간과 돼지 사이에 아무 차이가 없다고 가르치는 형편이다. 우리가 아무 의미 없는 자연의 산물이라면, 만일 어떤 신도 우리를 특별하게 창조한 것이 아니라면, 정말이지 우리는 지능만 높을 뿐이지 돼지와 다를 게 하나도 없게 된다. 이런 식의 무신론적 종교의 '진리'는 중요한가? 우리의 아이들이 그러한 생각을 무의식중에 행하고 있다면 그 진리는 중요하다. 사람이 하나님의 형상으로 만들어졌음을 아는 선량한 시민이 아닌, 삶에서 아무 의미나 가치도 찾지 못하는 범죄자를 길러내는 것이 되기 때문이다. 생각이 결과를 만든다.

적극적 측면에서, 테레사 수녀는 힌두교 문화에 젖어 사는 많은 사람들의 종교적 믿음에 의문을 제기함으로써, 인도의 상황을 개선하는 데 기여했다. 업보와 환생을 믿는 힌두교 신앙으로 말미암아, 많은 힌두교 신자들은 고통당하는 자들의 절규에 귀를 닫아버린다. 왜 그럴까? 그들은 사람들이 전생에서 잘못을 저지른 대가로 고통당하며 고달픈 삶을 살고 있다고 믿기 때문이다. 그런데 우리가 고통당하는 사람들을 도울 경우 그들의 업보에 간섭하는 것이 되고 만다. 테레사 수녀는 인도에 사는 힌두교 신자들에게 가난한 자들과 고통당하는 자들을 보살펴야 한다는 기독교의 원리를 가르쳤다. 그 종교적 사상은 중요한 것인가? 테레사 수녀가 감싸고 어루만진 수백만의 사람들에게 물어보라. 업보라는 종교적 가르침이 문제가 되는가? 아직도 고통당하고 있는 수백만의 사람들에게 물어보라.

정리하자면 이렇다. 참 진리란 그것이 종교와 도덕에 관련된 것이라 하더라도 오늘날 우리 삶에 지대한 영향을 미치고 있으며 영원과 관련해서도 마찬가지다. "그래서요? 누가 도덕이나 종교적 진리 따위에 관심을 갖나요?"라고 호탕하게 말하는 사람이 있다면, 그는 실체를 외면하면서 얇은 얼음판 위에서 스케이트를 타고 있는 것과 같다. 우리는 우리뿐만 아니라 다른 이들이 진리를 찾고 그 진리를 따라 행하도록 할 책임이 있다. 그러므로 다음과 같은 질문으로 시작해 보자. "신은 존재하는가?"

요약

1. 사람들은 종종 부모, 친구, 어린 시절 믿었던 종교 또는 문화로부터 자신들의 믿음을 획득한다. 때로는 단순한 그들의 느낌을 근거로 믿음을 갖기도 한다. 그런 믿음이 진실일 수도 있지만, 진실이 아닐 수도 있다. 합리적이면서도 확실성을 담보하는 유일한 방법은 증거를 가지고 그 믿음을 검증하는 것이다. 또한 논리학과 과학에서 발견한 원리를 포함해 올바른 철학 원리를 사용함으로써 그 믿음을 심사할 수 있다.⁹

---

9 진리를 발견하는 데 논리학이 필요하다는 점에 대해 동의하지 않는 이들은 스스로를 무너뜨리면서 우리의 주장을 입증하고 있는 것이다. 왜 그런가? 그들은 논리학을 부정하기 위해 논리학을 사용하고 있기 때문이다. 이것은 마치 언어는 의사 전달에 사용될 수 없다는 점을 전달하기 위해 언어를 사용하는 것과 마찬가지다.

2. 논리학에서 서로 반대되는 것은 동시에 동일한 의미에서 진리가 될 수 없다. 논리는 실체의 일부분이며, 따라서 이 사실은 미국, 인도를 떠나 전 세계 어디에서도 마찬가지다.

3. 로드 러너 전술을 사용함으로써, 우리는 흄이 회의론에 대하여 회의를 품은 사람이 아니라는 점을 알 수 있으며, 칸트가 불가지론에 대해 불가지론자가 아니었다는 점도 알 수 있다. 그러므로 그들의 견해는 스스로를 무너뜨리는 모순투성이일 뿐이다. 신에 대한 진리를 아는 것은 가능한 일이다.

4. 신에 대한 많은 진리는 신이 창조해낸 결과들을 통해 알 수 있으며, 우리는 그 결과들을 관찰할 수 있다. 많은 관찰(귀납법)을 통해 우리는 신의 존재와 본성(다음 장에서 살펴 볼 것이다)에 대한 합리적 결론들을 이끌어 낼 수 있다(연역법).

5. 도덕과 종교에 있어서의 진리는 일시적인 것뿐만 아니라 심지어 영원한 것들에 영향을 미칠 수 있다. 그러므로 무관심과 무지는 치명적일 수 있다. 우리가 모르는 것, 또는 우리가 알려고 하지 않는 것이 우리에게 해를 입힐 수 있다.

6. 그렇다면 사람들은 왜 무언가를 믿어야만 하는가? 자신들의 믿음을 뒷받침하는 증거를 그들이 갖고 있기 때문이며, 그 믿음에는 결과가 따르기 때문이다.

3-7장에서는 다음 사항을 다룰 예정이다.

1. 실체(reality)에 관한 진리는 우리가 알 수 있다.
2. 참(true)의 반대말은 거짓(false)이다.
3. 유신론에서 말하는 유일신이 존재한다는 것은 참이다. 이를 입증하는 증거로서,
   a. 우주의 시작(우주론에 따른 논증)
   b. 우주의 설계(목적론에 따른 논증/인간 원리)
   c. 생명의 설계(목적론에 따른 논증)
   d. 도덕법(도덕에 따른 논증)이 있다.
4. 신이 존재한다면, 기적은 가능하다.
5. 기적은 신의 말씀을 확증하기 위해 사용될 수 있다(가령, 신이 자신의 말씀을 확증하기 위해 직접 행한 것들처럼)
6. 신약성경은 역사에 비추어 신뢰할 수 있는 책이다. 그 증거로서,
   a. 고대의 증언
   b. 목격자의 증언
   c. 인간이 만들어낸 것이 아닌 (진정한) 증언
   d. 거짓 사실들에 속은 것이 아닌 목격자들
7. 신약성경은, 예수가 자신을 하나님으로 주장했다고 말한다.
8. 자신이 하나님이라고 주장한 예수의 말씀이 진실임을 확증하는 증거로서,
   a. 자신에 대한 많은 예언을 친히 이루었다는 것
   b. 죄 없는 그의 삶과 그가 행한 이적들
   c. 자신이 예언한 그대로 부활함
9. 따라서 예수는 곧 하나님이다.
10. (그가 곧 하나님이므로) 예수가 가르친 그 어떤 것도 참이다.
11. 예수는 성경이 하나님의 말씀이라고 가르쳤다.
12. 그러므로 성경이 하나님의 말씀이라는 것은 참이다(또 이에 반대되는 어떤 주장도 거짓이다).

3장 ___ 태초에 거대한 서지(SURGE)가 있었다

> 종교가 없는 과학은 절름발이며,
> 과학이 없는 종교는 장님이다.
> 알버트 아인슈타인

'당황스러운' 사실들

1916년, 알버트 아인슈타인은 자신의 이론을 계산한 결과 적잖이 당황하고 말았다. 그의 상대성 이론이 진실이라면, 그것은 이 우주가 시작도 끝도 없이 영원한 게 아니라 어떤 출발점이 있음을 의미하는 것이 되기 때문이다. 아인슈타인의 계산은 모든 시간과 물질, 그리고 모든 공간에 분명한 시작점이 있음을 보여주고 있었다. 이러한 사실은 우주는 움직이지 않으며 영원할 것이라던 그의 믿음에 배치되는 것이기도 했다.

뒤에 아인슈타인은 자신의 발견을 "당황스러운 것"이라고 불렀다. 그는 이 우주가 외부 원인에 의존하지 않은 채 스스로 존재하는 것이기를 원했으나, 정작 우주는 어떤 원인이 낳은 거대한 결과물로 드러난 것이다. 실제로 아인슈타인은 일반 상대성 이론의 함의가 너무 싫은 나머지—그의 이론은 지금은 소수점 아래 다섯 자리까지 정확성이 입증되었다—우주 상수(cosmological constant, 일부에서는 이것을 가상인자[fudge factor]라고 부른다)라는 것을 그의 방정식에 도입해 버렸다. 그렇게 해서 우주는 정지돼 있으며, 절대적 출발점 같은 건 없다는 것을 보여주려고 했다.

그러나 그가 억지로 만들어낸 가상인자는 오래가지 못했다. 1919년에 영국의 천문학자 아서 에딩턴(Arthur Eddington)은 일반 상대성 이론이 참이며, 따라서 우주는 정적이지 않고 하나의 시작점이 있다는 사실을 확증하는 실험을 일식이 진행되는 동안 실시했다. 아인슈타인과 마찬가지로 에딩턴도 그 이론이 함축하고 있는 내용이 달갑지 않았다. 훗날 그는 다음과 같은 글을 남겼다. "철학적으로는, 자연의 현존 질서에 어떤 시작이 있다는 관념은 나에게 썩 유쾌하지 않다. … 나는 정말이지 빠져나갈 구멍을 찾고 싶다."[1]

1922년에 이르러, 러시아의 수학자 알렉산더 프리드만(Alexander Friedmann)은 아인슈타인이 내건 가상인자가 대수적으로(algebraic) 오류가 있음을 공식 제기했다. 믿을 수 없는 일이지만, 어떤 시작이 존재한다는 결과를 피하려다 보니, 그 위대한 아인슈타인이 0(zero)으로 나누는 일을 저지르고 말았던 것이다. 그것은 초등학생이라도 결코 하면 안 될 일이었다! 한편 화란의 천문학자 빌렘 드 지터(Willem de Sitter)는, 일반 상대성 이론에 따르면 우주는 지금도 팽창하고 있다는 결론에 이르게 된다는 것을 발견했다. 나아가 1927년에는 천문학자 에드윈 허블(Edwin

---

1 Hugh Ross, *The Creator and the Cosmos*(Colorado Springs: NavPress, 1995), 57에서 인용.

Hubble)이 우주가 팽창하고 있음을 실제로 관측했다(그의 이름을 딴 천체 망원경이 있다).

캘리포니아 윌슨 천문대의 지름 100인치 망원경을 통한 관측 결과, 허블은 관측 가능한 모든 은하로부터 나오는 빛에서 '적색편이(red shift)' 를 발견했는데, 이는 그 은하들이 우리로부터 멀어지고 있음을 의미하는 것이었다. 바꾸어 말하면, 일반 상대성 이론이 다시 한 번 검증된 것이었으며, 이는 곧 우주가 아득한 과거의 어느 때, 어느 한 점(a single point)으로부터 계속 팽창해 오고 있음을 의미하는 것이기도 했다.[2]

1929년에 아인슈타인은 자신이 직접 허블 망원경으로 우주를 관측하기 위해 윌슨 산을 찾았다. 그가 관측한 장면은 논박할 수 없는 것이었다. 그가 자신의 눈으로 관찰한 증거는, 일반 상대성 이론의 예견처럼, 이 우주가 정말로 팽창하고 있음을 보여 주었다. 자신이 제시했던 우주 상수의 오류를 입증하는 증거로 말미암아, 아인슈타인도 더 이상 시작도 끝도 없는 영원한 우주에 대한 자신의 소망을 지지할 수 없게 되었다. 뒤이어 그는 우주 상수를 "자신의 인생에서 가장 큰 실수"로 묘사했으며, 삶의 수수께끼를 풀 수 있는 조각 그림 맞추기 상자 뚜껑을 찾는 일에 다시금 노력을 기울이기 시작했다. 아인슈타인은 자신은 "신이 이 세상을 어떻게 창조했는지 알고 싶다"고 하면서 이렇게 덧붙였다. "나는

---

[2] 모든 은하들이 우리로부터 멀어져 가고 있지만, 그것이 곧 우리가 우주의 중심임을 의미하는 것은 아니다. 이것이 어떻게 그럴 수 있는지 그림으로 나타내려면, 검은 점들이 찍힌 풍선을 그려 보라. 풍선을 불면, 모든 점들은, 그것들이 중심에서 가깝든, 멀든 가리지 않고, 서로 점점 멀어진다. 풍선 반대편에 있는 점들은(서로 가장 멀리 떨어져 있는 점들은) 서로 붙어 있는 점들보다 더 빠르게 그 거리가 멀어진다. 사실, 허블은 거리와 속도 사이에 선형 관계가 있음을 발견했는데, 그것은 곧 우리로부터 두 배만큼 멀리 떨어져 있는 은하는 두 배의 속도로 멀어지고 있음을 보여 주었다. 이것이 곧 허블의 법칙으로 알려지게 되었다.

이런 저런 현상에 관심이 없다. 이런 저런 원소들의 스펙트럼에도 관심이 없다. 나는 단지 신의 생각을 알고 싶을 뿐이다. 그 나머지는 지엽에 불과하다."[3]

아인슈타인 스스로는 범신론적 신(곧 신은 이 우주라는 생각)을 믿는다고 말했지만, 그가 창조와 신의 생각을 언급한 사실은 그가 인격적인 신의 존재를 염두에 두고 있었음을 잘 말해준다. 또한 일반 상대성 이론이 '당황스러운' 것일 수도 있지만, 오늘날 그 이론은 인격적인 신의 존재를 가장 강력히 뒷받침하는 일련의 증거들 가운데 하나임이 분명하다. 실제로 이 이론은 인격적인 신의 존재를 증명하는 가장 오래된 형태의 논증—곧 우주론적 논증—가운데 하나이다.

우주론적 논증—무신론의 종언의 시작

어렵고 복잡한 전문 용어처럼 들린다고 해서 기죽지 말라. '우주론적(cosmological)'이라는 말은 '세상' 또는 '우주'를 뜻하는 그리스어 cosmos에서 유래했다. 즉 우주론에 비추어 본 논증이란 이 우주의 시작으로부터 나온 논증임을 말한다. 만일 우주에 시작이 있다면, 그 우주는 어떤 원인을 갖고 있는 셈이다. 논리의 형식으로 보면, 그 논증은 다음과 같이 이루어진다.

1. 시작이 있는 모든 것에는 원인이 있다.
2. 우주에는 시작이 있다.

---

3 Fred Heeren, *Show Me God* (Wheeling, Ill.: Daystar, 2000), 135.

3. 따라서 우주에도 어떤 원인이 있다.

앞서 제시했던 바대로, 어떤 논증이 참이 되려면, 그 논증은 논리적으로 유효해야 할 뿐만 아니라 그 논증의 전제들이 참이어야 한다. 위의 우주론적 논증은 논리적으로 유효하지만, 그 전제들이 참인지는 살펴보아야 한다.

전제 1(시작이 있는 모든 것에는 원인이 있다)은 과학의 근본 원리인 인과율(Law of Causality)이다. 인과율 없이, 과학은 불가능하다. 근대 과학의 아버지라고 불리는 프랜시스 베이컨(Francis Bacon)은 이렇게 말했다. "참 지식이란 원인에서 비롯된 지식이다."[4] 바꾸어 말하면, 과학은 원인들을 탐색하는 것이다. 그것이 과학자들이 하는 일이며, 그들은 어떤 원인이 어떤 결과를 낳았는지 발견하기 위해 애쓴다.

만일 우주에 관해 관찰한 것 한 가지만 얘기하라고 한다면, 어떤 일도 원인이 없이는 일어나지 않는다는 것이다. 차를 운전해 거리를 지나는데, 어디선가 그의 차 앞에 운전자도 없고 움직일 다른 원인도 없는 다른 차가 갑자기 나타나는 경우는 결코 없다. 많은 경찰관들이 이런 경우를 들었다고 한다지만, 그것은 결코 진실이 아니다. 그 차가 불쑥 나타난 것은, 차에 운전자가 있었든지 아니면 다른 원인이 있는 것이다. 위대한 회의론자 데이비드 흄조차도 인과율을 부인할 수 없었다. 그는 "원인도 없이 어떤 일이 일어날 수 있다는 식의 터무니없는 명제를 나는 결코 주장한 적이 없다"고 했다.[5]

---

[4] Francis Bacon, *The New Organon*(1620; reprint, Indianapolis: Bobs Merrill, 1960), 121.
[5] David Hume, in J.Y.T. Greig, ed., *The Letters of David Hume*, 2vols.(New York: Garland, 1983), 1:187.

사실 인과율을 부정하는 것은 합리성을 부정하는 것이나 마찬가지다. 합리적 사유가 가능하려면 결론(결과)를 낳은 생각(원인)을 하나로 모아야만 한다. 따라서 누군가 자신은 인과율을 믿지 않는다고 말했다면, 그에게 이렇게만 물어보면 된다. "그런 결론(conclusion)에 도달하게 된 원인(cause)이 뭔가요?"

인과율은 잘 입증됐을 뿐만 아니라 부정할 수 없는 것이므로, 전제 1은 참이다. 그러면 전제 2는 어떠한가? 우주에는 시작이 있는가? 만일 우주에 시작이라는 것이 없다면, 어떤 원인도 필요치 않다. 반대로 만일 우주에 시작이 있다면, 우주에도 분명 어떤 원인이 존재할 것이다.

아인슈타인이 등장할 무렵까지, 무신론자들은 이 우주가 시작도 끝도 없이 영원하며 따라서 어떤 원인도 필요없다는 자신들의 믿음 덕택에 마음 편히 지낼 수 있었다. 그러나 아인슈타인의 등장 이후, 이 우주에 어떤 출발점이 있었음을, 합리적 의심조차 배제하며 입증하고 있는 과학적 증거가 다섯 가지 유형이나 발견되었다. 그 출발점을 요즘의 과학자들은 '빅뱅(The Big Bang)'이라고 부른다. '빅뱅'의 증거는 머리글자를 따서 이루어진 단어 서지(SURGE, 큰 물결, 파동의 의미가 있음)를 통해 쉽게 기억할 수 있다.

태초에 거대한 서지가 있었다

〈타임〉과 〈뉴스위크〉 같은 주요 시사 잡지들은 대개 5-6년마다 한 번씩 우주의 기원과 운명을 커버스토리로 다룬다. "우주는 언제 시작되었으며 언제 종말을 맞이할 것인가?"가 그런 기사들에서 주로 다루는 두 가지 질문이다. 우주에는 시작이 있으며 결국 소멸될 것이라는 사실을 이런 잡지에서나 다루는 데서 그친다면 그것은 매우 불공평하다. 왜 그런가? 현대의 과학자들은 자연 만물의 가장 유효한 법칙 중 하나인 열역학 제2법칙에 따라 모든 것에는 시작과 끝이 있다는 사실을 알고 있기 때문이다.

S―열역학 제2법칙

열역학 제2법칙(Second Law of Thermodynamics)은 머리글자를 따서 만든 합성어 SURGE의 'S'를 가리킨다. 열역학은 물질과 에너지를 연구하는 학문이며, 그중에서도 특히 제2법칙은 우주의 가용 에너지가 고갈되고 있음을 말하고 있다. 흘러가는 매 순간마다, 우주 안에 남아 있는 한정된 가용 에너지의 총량은 점점 줄어들고 있으며, 유력한 과학자들은 언젠가는 에너지가 고갈돼 마침내 우주가 종말을 맞게 될 거라는 결론을 제시하고 있다. 마치 달리고 있는 자동차처럼, 우주도 휘발유가 다 떨어지는 날을 맞이하게 된다는 것이다.

이런 이야기를 하면 누군가는 이렇게 말할 것이다. "그래서요? 우주에 출발점이 있었다는 것을 그것이 어떻게 증명합니까?" 좋은 질문이다. 이렇게 살펴보자. 열역학 제1법칙에 따르면, 이 우주의 에너지의 총량은 일정하다.[6] 다른 말로, 이 우주는 한정된 양의 에너지를 갖고 있다는 말

---

6   이와 같은 내용의 열역학 제1법칙을 들어 보았을 것이다. "에너지는 창조될 수도 파괴될 수도 없다." 그것은 철학적 주장이지, 경험적 관찰 결과는 아니다. 에너지가 만들어질 수 없다는 것을 우리는 어떻게 알 수 있을까? 그것을 증명한 관찰자는 아무도 없다. 관찰이 가능한 한도에서, 열역학 제1법칙을 좀 더 정확하게 정의하면, 그것은 곧 "이 우주 안에 있는 에너지(즉 사용할 수 있는 에너지와 사용할 수 없는 에너지)의 총량은 불변이다." 따라서 사용할 수 있는 에너지가 사용되면, 그것은 사용할 수 없는 에너지로 전환되지만, 두 에너지의 합계는 똑같다. 단지 사용할 수 있는 에너지와 사용할 수 없는 에너지의 비율만이 변할 뿐이다.

이다(마치 자동차가 한정된 양의 휘발유만을 넣을 수 있는 것처럼). 만일 우리의 자동차가 한정된 양의 휘발유를 갖고 있다면(제1법칙), 그리고 그 차가 달릴 때마다 연료통의 휘발유가 계속 소모된다면, 무한한 과거 시점에 자동차의 시동을 걸어 줄곧 달려왔다면 지금 이 순간에도 그 차가 여전히 힘차게 달릴 수 있을까? 결코 그렇지 않다. 지금쯤 자동차 연료계기판의 바늘은 E(empty)에서 바들바들 떨고 있을 것이다. 마찬가지로 이 우주가 시작조차도 없는 무한정의 영원으로부터 계속 움직여 왔다면, 아마 지금쯤 우주의 에너지는 이미 바닥이 났을 것이다. 하지만 아직은 여전히 시동은 걸려 있다. 그런 것을 보면, 이 우주는 어느 때인지는 모르나, 영원이 아닌 어느 특정 시점에서 시작한 것이 틀림없다. 즉 이 우주는 시작도, 끝도 없이 영원한 것이 아니라, 어떤 출발점을 갖고 있는 것이다.

우주에 대해 생각해 볼 수 있는 또 하나의 방법은 손전등이다. 만일 손전등을 밤새 켜놓았다고 한다면, 아침에는 어떻게 될까? 불빛은 희미해지고 손전등의 배터리는 소진 상태가 될 것이다. 이 우주도 배터리가 소진돼 불빛이 희미한 손전등과 같다. 단지 소진되기에는 너무 많은 에너지를 이 우주가 갖고 있다는 점이 다를 뿐이다. 하지만 이 우주를 움직이는 배터리의 수명이 아직 남아 있다고 해서(그 배터리가 완전 방전된 것은 아니다), 그것이 곧 시작도 끝도 없는 영원을 의미하지는 않는다. 이 우주가 시작도 끝도 없이 영원하다면 지금쯤 우주 안의 배터리는 수명이 다했을 것이기 때문이다.

열역학 제2법칙은 엔트로피의 법칙(Law of Entropy)으로도 알려져 있는데, 이는 자연이 사물들을 무질서에 빠뜨리는 경향이 있음을 말한다. 즉 시간이 흐르면서, 사물은 자연스럽게 해체된다. 자동차도 해체되고, 집도 해체되고, 우리의 몸도 해체된다.(사실 열역학 제2법칙은, 우리 가운데 많은 사람들이 나이가 들면서 몸이 점차 망가지게 되는 이유이다.) 그러나 만일 우주가 점점 더 질서가 없는 상태가 되어 가고 있다면, 원래의 질서는 어디에서 유래한 것일까? 천문학자 로버트 재스트로(Robert Jastrow)는 이 우주를 태엽이 감겨 있는 시계에 비유한다.[7] 만일 시계의 태엽이 다 풀린다면, 누군가 그것을 다시 감아야 할 것이라는 점은 틀림없는 일이다.

열역학 제2법칙이 갖고 있는 이런 측면도 역시 이 우주가 어떤 시작점을 갖고 있었음을 우리에게 말해준다. 우리에겐 여전히 질서가 남아 있다는 점에서—즉 사용 가능한 에너지가 아직 남아 있다는 점에서—우주는 시작도 끝도 없는 영원한 것이 될 수 없다. 만일 이 우주가 시작도 없는 영원한 것이었다면, 지금쯤 우리는 완전한 무질서 상태(엔트로피)에 이르렀을 것이다.

여러 해 전에 나(노먼 가이슬러)는 아이비리그 캠퍼스의 한 기독교 단체로부터 강연 요청을 받았다. 강연 때 나는 주로 이 책의 내용을 조금 더 상세하게 풀어 전달했다. 강연이 끝나고, 나를 초대한 단체의 대표 학생이 찾아와 자기를 지도하는 물리학 교수와 점심을 같이 하자는 제안을 했다.

나는 흔쾌히 수락했고, 식사 자리에 함께 온 교수는, 열역학 제2법칙에 따르면 이 우주에 시작점이 있어야 한다는 나의 논증에 대한 자신의 회의적인 견해를 밝혔다. 그러면서 그는 자신이 오직 물질만의 존재를 믿으며 그 물질이 영원부터 존재한다고 믿는 유물론자라고 했다.

"만일 물질이 영원한 것이라면, 교수님은 열역학 제2법칙을 어떻게 설명하실 건가요?" 내가 교수에게 물었다.

---

7 Robert Jastrow, *God and the Astronomers*(New York: Norton, 1978), 48.

그는 이렇게 대답했다. "모든 법칙은 예외가 있기 마련입니다. 그리고 이것이 열역학 제2법칙의 예외에 해당하겠죠."

모든 법칙에 예외가 있다고 추정하는 것이 과연 훌륭한 과학인지 물어보는 것으로 그에게 응수할 수도 있었다. 그의 대답은 도무지 과학적이지 않은데다가 심지어 스스로를 무너뜨리는 모순 덩어리에 불과한 것으로 보였다. "그러면 '모든 법칙은 예외가 있다'는 법칙도 예외가 있겠군요?"라고 물었다면, 그것이야말로 그의 모순을 지적할 만한 질문이 되었을 것이다. 모든 법칙에 예외가 있다는 법칙에도 예외가 있다면, 열역학 제2법칙이야말로 그것에 해당할 것이다.

하지만 나는 제2법칙의 예외성에 대해 지적하기보다, 교수의 유물론 신앙에 대해 물어보기로 했다.

그리고 이렇게 질문했다. "만일 모든 것이 물질이라면, 과학 이론이라는 것은 도대체 무엇입니까? 모든 것이 물질이라고 말하는 그 이론은 정작 물질이 아니거든요. 그 이론이란 것이 분자 구성물은 아니잖아요."

조금의 주저도 없이 그가 빈정대듯이 답했다. "이론이란 곧 마법이지요."

"마법이요?" 내 귀로 들은 말이 믿기지 않아서 되물었다. "그렇게 말씀하시는 근거가 뭡니까?"

"신앙(faith)입니다." 그가 재빨리 되받았다.

"마법에 대한 신앙이라?" 나는 속으로 생각했다. "내가 들은 말을 도무지 믿을 수가 없네. 만일 마법에 대한 신앙이 유물론자가 내놓을 수 있는 최선의 대답이라면, 나는 유물론자가 될 만한 신앙을 갖고 있지 못한 셈이로군."

돌이켜 보면, 이 교수는 비록 짧은 순간이나마 자신의 속내를 가감

없이 드러냈다. 그는 자신이 열역학 제2법칙의 압도적인 증거에 대응할 수 없음을 알았기에, 아예 자신의 입장이 어떤 증거나 합리적 사유에 근거하지 않음을 시인한 것이다. 그럼으로써, 그는 '머리'로는 참이라고 알고 있는 것을 믿기를 거부하는 '의지'의 또 다른 모습을 보여주었으며, 또한 무신론자의 견해가 얼마나 얼토당토않은 신앙에 근거하고 있는지를 보여주었다.

그 교수에게 한 가지 옳은 것은 있었다. 그가 신앙을 갖고 있다는 점이다. 실제로 그는 자연계에서 가장 견고한 법칙을 과감히 무시하기 위해 신앙에 의한 비약(도약)이 필요했다. 마찬가지로 아서 에딩턴은 비슷한 이유로 80년 전에 열역학 제2법칙을 다음과 같이 규정했다.

나는 엔트로피의 증가를 언급한 열역학 제2법칙이 자연계 법칙 가운데 최고의 자리를 차지하고 있다고 본다. 만일 우리가 소중히 여기는 어떤 우주 이론에 대해 누군가가 맥스웰 방정식(Maxwell's equation, 자연계의 가장 대표적인 방정식 중 하나)과 부합한다고 지적한다면, 맥스웰 방정식이 그저 그런 이론에 지나지 않는다고 치부해도 좋다. 만일 우리의 어떤 이론이 관찰을 통해 모순임이 드러난다면, 음, 가끔은 그 관찰실험이 모든 걸 망쳐놓았거니 하고 생각해도 좋다. 그러나 우리의 이론이 열역학 제2법칙에 어긋난다는 게 발견된다면, 나는 어떤 희망도 줄 수 없다. 그때는 가장 깊은 굴욕의 나락으로 떨어져버리는 수밖에는 별다른 도리가 없다.[8]

---

8 Paul Davies, *The Cosmic Blueprint*(New York: Simon&Shuster, 1988), 20에서 인용. 강조는 저자가 추가.

식사를 함께한 그 교수가 진리를 수용하는 일에 정작 관심이 없음을 간파한 뒤라, 나는 그가 굴욕감을 느낄 수 있는 질문을 더 이상 하지 않았다. 그러나 우리의 신체에 작용하는 열역학 제2법칙의 위력만큼은 무시할 수 없었으므로, 모두들 후식을 주문했다. 우리 중 어느 누구도 방금 소진돼 버린 에너지를 보충해야 한다는 점을 부인하려 하지 않았다.

U—우주는 팽창중이다

훌륭한 과학 이론이란 아직까지 관찰되지 않은 현상을 예견할 수 있는 이론이다. 우리가 살펴본 것처럼, 일반 상대성 이론은 우주가 팽창하고 있음을 예견했다. 그러나 10년이 지나고 전설 같은 천문학자 에드윈 허블이 그의 망원경으로 우주를 관찰한 뒤에야, 과학자들은 비로소 이 우주가 팽창하고 있으며 그 팽창이 하나의 점으로부터 시작되었음을 확신하게 되었다. (일찍이 1913년부터 천문학자 베스토 멜빈 슬리퍼[Vesto Melvin Slipher]가 팽창하는 우주의 흔적을 찾는 일에 열정을 바치고 있었지만, 정작 1920년대 후반에 이르러 모든 조각들을 하나로 결합한 이는 허블이었다). 우주가 팽창하고 있다는 사실이야말로 우주가 어떤 시작점을 갖고 있다는 과학적 증거에 두 번째 획을 긋는 것이다.

그렇다면 우주가 팽창하고 있다는 사실이 어떻게 우주의 시작을 입증할 수 있는가? 이렇게 생각해 보라. 만일 우주의 역사를 담은 비디오 테이프가 있고, 그것을 거꾸로 돌려서 볼 수 있다면, 우리는 이 우주 안의 모든 물질이, 야구공 하나의 크기도 되지 않고, 골프공 하나의 크기도 되지 않으며, 심지어 바늘 머리 하나의 크기만큼도 되지 않는, 단지 수학과 논리학에서 상정하는 한 점에 불과하고, 실제로는 아무것도 아닌 점 하나로 돌아가는 것을 보게 될 것이다(즉 어떤 공간도, 어떤 시간도,

그리고 어떤 물질도 없는 것이다). 바꾸어 말하면, 원래는 아무것도 없었는데, '펑(BANG)'하고 터지더니, 무언가가 존재하게 된 것이다. 온 우주가 '펑' 하고 폭발하며 존재하게 된 것이다. 이것이 우리가 알고 있는 '빅뱅'이다.

여기서 우리가 이해해야 할 중요한 내용은 이 우주가 허공 속으로 팽창해 가는 것이 아니라 공간 그 자체가 팽창하고 있다는 점이다. 빅뱅 이전에는 어떤 공간도 존재하지 않았다. 아울러 이 우주가 이미 존재하는 어떤 물질로부터 등장한 것이 아니라, 말 그대로 '무(nothing)'에서 등장했다는 점을 이해하는 것도 중요하다. 빅뱅 이전에는 어떤 물질도 존재하지 않았다. 사실, 시간의 순서라는 관점에서 본다면, 시간이라는 것이 존재하지 않는 경우 '이전'이라는 말이 존재할 수 없을 뿐만 아니라, 나아가 빅뱅 이전에는 어떠한 시간도 존재하지 않았기 때문에, 빅뱅 '이전에'라는 말조차 성립할 수 없다.⁹ 시간, 공간, 그리고 물질은 빅뱅이 일어났을 때, 비로소 존재하게 된 것이다.

이런 사실들은, 1998년 4월의 어느 비 내리는 밤에 조지아 주에서 그랬던 것처럼, 무신론자들에게 많은 어려움을 안겨 준다. 그날 밤 나는 "신은 존재하는가?"라는 문제를 놓고서 애틀랜타에서 벌어진 한 토론회에 참석하고 있었다. 윌리엄 레인 크레이그(William Lane Craig)는 긍정하는 입장을, 피터 앳킨스(Peter Atkins)는 부정하는 입장을 피력했다. 그 토론은 아주 열띤 분위기 속에서 이루어졌으며 때때로 유머가 넘치기

---

9 "precede"와 "before" 같은 단어들은 늘 시간을 암시한다. 우리는 그것을 그런 식으로 말할 수 없는데, 빅뱅 "이전에는" 시간이란 것이 없었기 때문이다. 시간이 시작되기 전에는 시간이라는 것이 전혀 없었다. 그러면 시간 이전에는 무엇이 존재할 수 있었을까? 그 대답은, 너무나 간단하게, 영원이다. 즉 시간, 공간, 그리고 물질이 존재하게 한 것은 영원한 원인이다.

도 했는데, 일부분은 사회자인 윌리엄 버클리 2세(William F. Buckley, Jr.) 덕분이었다. (버클리는 자신이 크레이그의 입장을 지지한다는 사실을 숨기지 않았다. 크레이그와 그의 높은 신망에 대한 인상적인 소개를 마친 뒤에, 버클리는 앳킨스가 소스라칠 만한 표현으로 그를 소개했다. "마귀와 한편인 앳킨스 박사입니다!")

크레이그가 신의 존재 사실을 다섯 가지로 논증하며 내세운 것 가운데 하나가, 우리가 여기서 다룬 빅뱅의 증거로 뒷받침되는 우주론에 근거한 주장이었다. 그는 (모든 시간, 모든 물질, 모든 공간으로서의) 우주가 무로부터 폭발했다는 사실을 지적했는데, 그 부분은 정작 앳킨스가 자신의 저서에서 시인했을 뿐만 아니라 그날 밤의 토론에서도 재차 확인했던 내용이다.

먼저 발표에 나선 크레이그는, 앳킨스가 무신론 입장에서 우주의 탄생을 어떻게 설명하고 있는지 청중들에게 소개했다. "앳킨스 박사는 자신의 저서 『다시 찾아본 창조(The Creation Revisited)』에서 이 우주가 무로부터 유래하지 않고서 어떻게 존재할 수 있는지를 설명하려고 무진 애를 쓰고 있습니다. 하지만 결국은 자기 모순의 함정에 빠졌다는 것을 알게 되지요. 박사는 자신의 책에서 '우리는 창조의 순간 저 너머의 시간, 곧 시간이 존재하지 않는 때이면서 공간도 존재하지 않는 곳으로 돌아가 보자'라고 말합니다. 이 시간 이전의 시간 속에서, 그는 먼지처럼 소용돌이치는 무수한 수학적 점들이 계속해서 재결합하면서 어떤 시도와 오류를 반복하다가 마침내 지금의 공간과 시간을 가진 우주를 형성하게 되었다고 상상합니다."[10]

---

10 그 토론 전체는 www.rzim.com에서 동영상으로 볼 수 있다.

크레이그는 계속하여 앳킨스의 주장이 과학 이론이라기보다 자기 모순으로 가득찬 대중 형이상학(pop-metaphysics)에 불과하다는 점을 지적했다. 앳킨스의 주장은 조작된 설명에 불과하고 따라서 그 주장을 뒷받침할 만한 과학적 증거는 결코 존재하지 않는다. 더욱이 그의 주장은 시간과 공간이 존재하기 이전의 시간과 공간을 추정함으로써 자기 모순을 범하고 있다.

이 부분에 대해 앳킨스와 직접 대화를 나눌 기회가 없었던 크레이그는 토론의 끝 무렵에 라비 재커라이어스와 함께 그의 주장에 대한 질문자로 참여했다. 하지만 주어진 시간이 부족했고, 우리 두 사람은 부득이 행사가 끝난 뒤에 연단 뒤에서 앳킨스를 만났다.

라비가 먼저 입을 열었다. "앳킨스 박사님은 이 우주가 무로부터 폭발했다는 것을 인정하시면서도, 정작 그 시작에 대한 설명을 보면 그 '무(nothing)'라는 것이 무엇인가에 대해 애매한 입장을 취하고 계십니다. 먼지처럼 소용돌이치는 수학적 점들이란 결코 무가 아닙니다. 그것도 무언가 존재하고 있는 거지요. 박사님께서는 이것에 대해 어떻게 설명하시겠습니까?"

앳킨스 박사는 그 부분에 대해 답변하는 대신, 열역학 제2법칙에 굴복하고 말았다. 그가 말했다. "신사분들, 제가 너무 피곤합니다. 지금은 이런 저런 질문에 더 이상 답변할 기운이 없네요." 그것은 곧 열역학 제2법칙이 그의 신체 에너지와 관련해 유효하게 작동하고 있음을 증명하는 것이었다. 앳킨스는 자신의 말대로 아무것도 말할 게 없었다.

그런데 현대 우주론의 증거에 따르면, 이 우주는 문자 그대로 '아무것도' 없었다. 그러니 그로부터 무엇인가가 나올 수가 없는 것이다. 그러나 이것에 대한 무신론의 설명을 보면, 앳킨스는 무에서 시작하지 않고 수학적 점들과 시간에서 출발하고 있다. 물론 사람들은 어떻게 단순한 수학적 점들과 시간이 실제로 우주를 만들어 내는 원인이 될 수 있는지 상상할 수 없다. 그럼에도 불구하고, 우리는 앳킨스와 같은 무신론자들이 이 우주가 어떻게 절대 무로부터 시작했는지 설명할 수 있어야만 한다는 사실을 강력하게 천명하고 싶다.

무란 무엇인가? 아리스토텔레스가 멋진 정의를 내렸다. 그는 '무란 바위가 꾸는 꿈'이라고 말했다. 우주가 출현한 그 무는 앳킨스가 주장했던 것과 같은 "수학적 점들"이 아니며, 또한 같은 무신론자인 아이작 아시모프(Isaac Asimov)의 표현처럼, "양의 에너지와 음의 에너지"도 아니다.[11] 무란 말 그대로 아무것도 없는 것이다. 도대체 바위가 꿈꾸는 것이 무엇이 있겠는가?

영국의 저술가 앤서니 케니(Anthony Kenny)는 빅뱅을 뒷받침하는 증거에 비추어, 무신론자로서 자신이 처한 곤경을 솔직하게 기술했다. 그는 이렇게 썼다. "빅뱅 이론에 따르면, 이 우주의 모든 물질은 까마득히 먼 과거의 어느 한 시점부터 존재하기 시작했다. 그러므로 그 이론을 옹호하는 사람이거나, 적어도 무신론자라면, 이 우주 안에 있는 물질이 무로부터 그리고 무로 말미암아 유래했음을 믿어야만 한다."[12]

R―빅뱅으로부터 방출된 복사선

우주에는 시작이 있다는 주장에 대한 세 번째 과학적 증거는 1965년에 우연히 발견되었다. 뉴저지 주 홈델의 벨 연구소에서 아르노 펜지아스

11　Isaac Asimov, *Beginning and End*(New York: Doubleday, 1977), 148.
12　Anthony Kenny, The Five Ways: St. Thomas Aquinas' Proofs of God's Existence(New York: Schocken, 1969), 66.

(Arno Penzias)와 로버트 윌슨(Robert Wilson)이 안테나에 포착된 정체 모를 복사선(radiation)을 발견하면서부터다. 안테나를 어느 방향으로 돌리든, 이 신비한 복사선은 여전히 남아 있었다. 처음엔 뉴저지 해변에 서식하는 비둘기들의 배설물이 안테나에 떨어진 결과로 복사선이 발생한 거라고 판단해, 안테나에 묻은 배설물을 치우고 새들이 오지 못하게 했다. 하지만 그런 뒤에도 복사선은 여전히 관측됐고 나아가 특정 방향이 아닌 모든 곳에서 들어오고 있었다.

펜지아스와 윌슨이 관측한 복사선은 이후 지난 세기의 가장 믿기 어려운 발견 가운데 하나로 판명됐으며, 그 덕분에 그들은 노벨상을 수상하기에 이르렀다. 벨 연구소에 근무하던 이 두 과학자는 빅뱅이라는 대폭발의 흔적을 발견했던 것이다.

우주배경복사(cosmic background radiation)라는 전문 용어로 알려진 이 방사체는 첫 번째 폭발로부터 나온 빛과 열이다. 이 빛은 더 이상 눈에 보이지 않는데, 그 빛의 파장이, 우주의 팽창으로 말미암아, 마이크로파를 사용하는 오븐의 파장보다 짧은 파장으로 퍼져나갔기 때문이다. 그러나 열은 여전히 감지된다.

일찍이 1948년에, 세 명의 과학자들이 만일 빅뱅이 실제로 일어났다면 이와 같은 열이나 빛이 외부로 방사될 것이라고 예견한 적이 있었다. 그러나 몇 가지 이유로 인해, 거의 20년이 지나도록, 펜지아스와 윌슨이 그 열과 빛이라는 돌부리에 우연히 걸려 넘어질 때까지는, 아무도 그것을 찾으려 하지 않았다.

그들의 발견이 빅뱅에 기인한 복사선으로 확인되자, 우주는 시작도 끝도 없는 영원 속에서 안정 상태에 있다는 식의 어떤 주장도 더 이상 고개를 들지 못하게 되고 말았다. 불가지론 추종자인 천문학자 로버트 재스트로(Robert Jastrow)는 이렇게 말했다.

> 폭발에 따른 복사 현상은 빅뱅이 아닌 다른 어떤 것으로도 설명되지 않는다. 이런 주장에 대해 최후까지 저항할 누군가가 있고 그를 납득시킬 만한 확실한 근거를 얘기하자면, 펜지아스와 윌슨이 발견한 복사선은 거대한 폭발에서 나오는 빛과 열이 보이는 것과 정확히 일치하는 패턴의 파장을 갖고 있다는 점이다. 정상우주론(steady state theory, 우주는 늘 같은 상태를 유지하며 변화하지 않는다는 이론)을 지지하는 이들은 나름대로 빅뱅 이론에 맞설 대안을 찾기 위해 애썼지만 결국 실패했다. 현재로선 빅뱅 이론에 맞설 도전자는 전혀 없다.[13]

대폭발에 따른 빛과 열의 방사 현상을 발견하면서, 정상우주론에 대한 어떤 소망도 사실상 다 사라져 버렸다. 하지만 그것이 그 발견의 끝은 아니었다. 더 많은 빅뱅의 증거가 뒤따를 것이다. 만일 천문학이 미식축구 경기라면, 빅뱅 이론을 믿는 사람들은 그 다음 발견을 고대하며 '모여든 관중'이라고 부를 수 있을 것이다.

G—거대한 은하의 씨앗들

이미 예견되었던 팽창 우주와 복사 흔적의 발견 이후에, 과학자들은 빅뱅 이론을 확증하는 또 다른 지표에 관심을 돌렸다. 즉 과학자들은, 빅뱅이 실제로 일어났을 경우, 펜지아스와 윌슨이 발견한 우주배경복사의 온도에서 미세한 변화(또는 잔물결)을 감지할 수 있으리라고 믿었다. 그리

---

13 Robert Jastrow, *God and the Astronomers*, 15-16.

고 이 온도의 미세한 변화(물결)로 인해, 물질은 중력 작용을 일으켜 은하로 한데 모이게 되었다는 것이다. 이를 확인할 수만 있다면, 복사선 온도에 나타나는 미세한 변화는 우주에 시작이 있다는 주장을 뒷받침하는 네 번째 과학적 증거가 되는 셈이다.

1989년, 때마침 미 항공우주국(NASA)이 우주배경복사 탐지를 위해 2억 불짜리 인공위성 코비(COBE)를 쏘아 올리면서 미세한 물결(온도 변화)에 대한 연구가 더욱 심도 있게 진행되었다. 정밀한 장비를 탑재한 코비는 미세한 물결이 우주배경복사 안에 실제로 존재하고 있는지, 또한 있다면 그것이 얼마나 정밀한지 측정할 수 있었다.

프로젝트를 지휘했던 천문학자 조지 스무트(George Smoot)가 1992년에 코비의 발견 내용을 공표하자, 전 세계의 신문들은 일제히 그가 묘사했던 놀라운 특징들을 인용했다. 그는 "독실한 신앙인이 그것을 본다면, 아마도 마치 하나님을 보는 듯했을 것"이라고 말했다. 시카고 대학의 천체 물리학자 마이클 터너(Michael Turner)도 흥분을 감추지 못하며 다음과 같이 주장했다. "이 발견은 그 어느 것보다도 중요하다. 그들은 천문학에서 성배를 발견했다." 케임브리지 대학교의 천문학자 스티븐 호킹 역시 그 발견을 가리켜 "비록 모든 시대를 통틀어 가장 위대한 발견은 아니라고 해도, 금세기에 이루어진 가장 중요한 발견임은 틀림없다"고 공감을 표시했다. 코비가 무엇을 발견했기에 그와 같은 극찬을 받았던 것일까?[14]

코비는 단지 온도 변화를 나타내는 물결을 발견한 것이 아니었다. 과

---

14 Fred Heeren, *Show Me God*, 163-168; Hugh Ross, *The Creator and the Cosmos*, 19를 보라.

학자들은 그것의 정밀도에 매우 놀랐다. 그것을 보면 물질이 은하 형태로 모이도록 하는 데는 충분하지만, 우주가 원래의 모습으로 되돌아가기에는 충분치 않을 수준만큼만 우주의 폭발과 팽창이 정밀하게 미세조정되어 있음을 알 수 있다는 것이다. 실제로 그 물결은 너무나 정밀했고(10만분의 1 이하의 오차), 스무트는 그것을 가리켜 "우주의 창조로부터 나온 가공 흔적"이자 "조물주의 지문"이라고 불렀을 정도다.[15]

그러나 이런 온도 변화의 물결들은 단지 과학자들의 그래프 어딘가에 찍힌 점들이 아니다. 코비는 실제로 그 물결들의 적외선 촬영을 했다. 여기서 우주를 관찰한다는 것은, 우리에게서 아주 멀리 떨어진 물체로부터 나오는 빛이 우리에게 오랜 시간이 걸려 도달한다는 점에서, 실제로는 과거를 관찰하는 것임을 기억해야 한다. 때문에 코비가 촬영한 사진들은 과거의 모습을 찍은 것이다. 즉 코비의 적외선 사진은, 최종적으로는 은하와 성단을 형성하게 될 태초의 우주로부터 나온 물질의 존재를 가리키는 것이다. 스무트는 이 물질을 가리켜 오늘날 이 우주 안에 존재하는 은하의 '씨앗들'이라고 했다(이 사진들은 코비의 웹 사이트 http://Lambda.gsfc.nasa.gov에서 볼 수 있다). 이 '씨앗들'은 지금까지 발견한 것 가운데 가장 큰 구조를 갖고 있으며, 가장 큰 것은 그 폭이 알려진 우주 크기의 3분의 1에 이른다. 그것은 곧 100억 광년에 해당하는 거리이며, 60×10억×1조 마일(킬로미터로 환산하면, 96×10억×1조 킬로미터)이 되는 거리이다.[16]

이제 우리는 과학자들이 그 발견에 대해 왜 그처럼 과장하듯 기술하

---

15 Fred Heeren, *Show Me God*, 168.
16 Michael D. Lemonick, "Echoes of Big Bang," *Time*, May 4, 1992, 62.

는지 이해할 수 있을 것이다. 빅뱅에 의해 예견된 어떤 것이 다시금 발견되었을 뿐만 아니라, 그것이 너무도 크고 정밀하여 과학자들로 큰 충격을 받게 만들었으니 말이다.

E―아인슈타인의 일반 상대성 이론

SURGE의 E는 아인슈타인(Einstein)의 머리글자를 딴 것이다. 그의 일반 상대성 이론(Theory of General Relativity)이야말로 이 우주가 어떤 시작을 갖고 있다는 증거에 다섯 번째 획을 긋는 것이며, 그 발견은 곧 이 우주가 시작도 끝도 없는 영원한 것이라는 생각에 종지부를 찍는 출발점이었다. 소수점 이하 다섯 번째 자리까지 증명된 그 이론 자체는, 시간, 공간 그리고 물질에 어떤 절대적 시작점의 필요를 요구하고 있다. 그 이론에 따르면, 시간, 공간 그리고 물질은 상호 관계를 맺고 있다. 즉 그것들은 서로 의존하고 있으며, 우리는 셋 중 어느 하나만을 따로 가질 수는 없다.

일반 상대성 이론으로부터, 과학자들은 팽창하는 우주, 폭발 이후의 복사선 그리고 우주가 현재의 상태를 이루도록 정밀하게 미세조정된 거대 은하의 씨앗들을 예견했고, 그것들을 발견했다. 열역학 제2법칙에 이들 발견들을 더해 보면, 우리는 이 우주가 어떤 시작―거대한 SURGE로부터의 시작―을 갖고 있다는 다섯 가지의 강력한 과학적 증거를 확보한 셈이다.

신과 천문학자

그러므로 우주에는 시작이 있었다. 그렇다면 그것이 신의 존재에 대한 물음에 어떤 의미를 갖는가? 지금 윌슨 산 천문대의 에드윈 허블 망원경의 의자에 앉아 있는 사람이 몇 가지 할 얘기가 있다고 한다. 그의 이름은 앞서 언급한 적이 있는 로버트 재스트로이다. 그는 윌슨 산 천문관측소장으로 재직중이며, 미 항공우주국 고다드 우주 연구소의 설립자이기도 하다. 과학자로서 그가 쌓은 신망은 나무랄 데 없이 완벽하다. 그런 연유로, 그의 책『신과 천문학자들(God and the Astronomers)』은 빅뱅의 암시하는 바들을 탐구하는 이들, 즉 "빅뱅이 과연 신을 가리키는가"라는 질문을 갖는 이들에게 깊은 인상을 남겼다.

재스트로는 그의 책 1장의 서두에서 자신에게 종교적인 숨은 의도가 결코 없음을 밝힌다. 그는 이렇게 썼다. "어떤 천문학자가 신에 대해 글을 쓴다고 하면 동료들은 필시 그가 내리막길을 걷고 있거나 머리가 이상해진 인간 정도로 취급한다. 하지만 내 경우에는, 종교 문제에 관해서만큼은 불가지론자라는 점을 독자들이 처음부터 알고 시작했으면 한다."[17]

재스트로가 스스로를 불가지론자로 지칭하면서도 정작 신에 대해 언급한다는 점은 오히려 관심을 불러일으키는 대목이다. 앞서 살펴보았던 빅뱅의 증거들을 설명한 이후에, 그는 이렇게 기록했다. "이제 우리는 천문학적 증거들을 통해 세상의 기원에 대한 성경의 견해로 이끌려가게 된다. 세부적으론 다를 수 있겠으나, 세상의 기원에 대한 천문학과 성경의 설명은 본질적 내용에서 일치를 보이고 있다. 즉 인간의 탄생으로 이어지는 일련의 사건들이 시간 속 어느 특정한 순간에, 일순간의 빛과 에

---

17 Robert Jastrow, *God and the Astronomers*, 11.

너지로, 갑작스럽고도 급격하게 시작되었다."[18]

빅뱅에 대한 압도적인 증거와 그 증거가 우주의 기원에 대한 성경의 설명과 일치한다는 사실로 인해 재스트로는 어느 인터뷰에서 다음과 같이 고백하기에 이르렀다. "세상이 (우주의 모든 별과 행성과 지구의 생명체가 존재하도록 만든) 창조행위로 말미암아 갑작스럽게 시작되었다는 것을, 자신들이 몸소 고안해낸 방법을 통해, 증명해 버린 천문학자들은 이제 궁지에 몰리고 말았다. 게다가 그들은 이 모든 것들이 자신들이 결코 기대하거나 바라지 않았던 어떤 힘의 결과라는 사실도 알아버리고 말았다. … 그 힘이란 나나 다른 사람들이 초자연적이라고 부르는 것으로, 내 생각에 그것은 지금도 존재할 뿐만 아니라 과학적으로도 입증된 사실이다."[19]

초자연적(supernatural)이라는 말을 끄집어냄으로써, 재스트로는 아인슈타인과 동시대 인물인 에딩턴의 결론을 반복하고 있다. 앞서 에딩턴은 그와 같은 결론이 "결코 탐탁지 않음"에도 불구하고, "초자연적이라는 걸 솔직히 인정하지 않는다면 세상의 시작과 관련해 결코 극복할 수 없는 난관에 봉착하게 될 것 같다"고 시인한 바 있다.[20]

그렇다면 재스트로와 에딩턴은 왜 '초자연적' 힘이 지금도 존재한다고 인정한 것일까? 왜 자연력으로는 우주를 만들어낼 수 없었던 것일까? 다른 이들과 마찬가지로 이들도 자연력(사실상 자연의 모든 것)이 빅뱅이 발생할 때 창조되었음을 알기 때문이다. 바꾸어 말하면, 빅뱅이야말

---

18 Ibid., 14.
19 "A Scientist Caught Between Two Faiths:Interview with Robert Jastrow," *Christian Today*, August 6, 1982, 강조는 저자가 추가.
20 Arthur Eddington, *The Expanding Universe*(New York: Macmillan, 19330, 178.

로 물리학이 말하는 우주의 출발점이었던 것이다. 바로 그 빅뱅의 순간에 시간, 공간, 그리고 물질이 존재하게 되었다. 빅뱅 이전에는, 어떤 자연 세계 또는 자연법칙도 존재하지 않았다. 어떤 원인이 그 결과보다 나중에 등장할 수 없으므로, 자연력 내지 자연의 힘이라는 것으로 빅뱅을 설명할 수는 없다. 따라서 자연을 있게 한 무언가가 자연의 영역 바깥에 존재했던 것이 틀림없다. 그것이 바로 초자연적이라는 말의 의미일 것이다.

우주배경복사를 발견했던 로버트 윌슨과 아르노 펜지아스 가운데 어느 누구도 성경에 대한 열혈 신자는 아니었다. 처음에 두 사람은 정상우주론 신봉자였다. 그러나 증거가 쌓여가면서 그들은 점차 견해를 바꾸기 시작했고 나중에는 성경의 주장과 일치하는 사실들까지 받아들이게 되었다. 펜지아스는 이렇게 말했다. "정상우주론(은 사람들이 지지하기에는 너무 모자란 것으로 판명났다. 관찰 결과들을 가장 적은 매개 변수와 일치시키는 가장 손쉬운 방법은, 이 우주가 무로부터 어느 한 순간에 창조되었으며 그 이후 계속 팽창중이라고 이해하는 것이다."[21]

한때는 프레드 호일(Fred Hoyle, 1948년에 정상우주론을 대중화시킨 인물)의 강의를 들었던 윌슨조차 이렇게 말하는 처지가 되었다. "나는 철학적으로는 정상우주론이 마음에 들었다. 하지만 그 이론을 깨끗이 포기해야만 했다."[22] 과학 작가 프레드 히어렌(Fred Heeren)이 빅뱅의 증거가 창조자의 존재에 대한 암시가 될 수 있느냐고 물었을 때, 윌슨은 "분명히 그 모든 것을 시작하게 만든 무언가가 있었습니다. 확신하건대, 당신이 신앙인이라면, 나는 우주의 기원을 다룬 이론 가운데 창세기의 것보다

---

21 Fred Heeren, *Show Me God*, 156에서 인용.
22 Ibid., 157에서 인용.

더 나은 것을 생각할 수 없습니다"고 대답했다.[23] 조지 스무트도 윌슨과 같은 평가를 내렸다. 그는 이렇게 말했다. "빅뱅이라는 사건과 무로부터의 창조를 말하는 기독교의 개념 사이에 유사점이 존재한다는 사실은 의심의 여지가 없다."[24]

실패로 끝난 제국의 역습

무신론자들은 이에 대해 무슨 말을 해야 하는가? 우리는 앳킨스와 아이작 아시모프의 설명에 존재하는 결함들을 이미 살펴보았다. 즉 그들은 말 그대로 아무것도 없는 무로부터 출발하지 않고, 무언가가 이미 존재하는 상태로부터 출발하는 잘못을 저질렀다. 이것 말고 지지를 얻을 만한 다른 설명을 무신론자들은 제시하고 있는가? 그렇지 못했다. 대신 무신론자들은 다른 이론들을 꺼내 놓았지만, 그것들 모두가 치명적 결함을 안고 있었다.[25] 그 가운데 몇 가지를 잠시 살펴보자.

우주반동이론
이것은 우주가 팽창과 수축을 무한히 반복해 오고 있다는 이론이다. 지지자들에게 좋은 점은, 이 이론이 우주에 어떤 시작이 존재한다는 사실

---

23 Ibid에서 인용.
24 Ibid., 139에서 인용.
25 이 우주의 시작에 대한 무신론자들의 설명에 대한 더 자세한 내용과 논박은, William Lane Craig의 논문, "The Ultimate Question of Origins: God and the Beginning of the Universe"를 보라. 이 논문은 http://www.leaderu.com/offices/billcraig/docs/ultimate question.html을 보라. 또 Norman Geisler, *Baker Encyclopedia of Christian Apologetics*(Grand Rapids, Mich.: Baker, 1999), 102-106을 보라.

을 무시할 수 있게 한다는 것이다. 그럼에도 이 이론은 많은 문제점이 있으며, 그로 인해 지지를 잃고 말았다.

첫째, 그리고 무엇보다 분명한 사실은, 무한으로 반복되는 폭발의 증거가 없다는 점이다. (결국 빅뱅뱅뱅뱅뱅…이 될 수가 없는 것이다). 우주는 이미 존재하던 물질로부터 반복적으로 폭발을 일으킨 것이 아니라, 무로부터 단 한 번만 폭발을 일으킨 것으로 보인다.

둘째, 모든 것을 한데 끌어 모아 수축시킬 수 있는 충분한 물질이 이 우주 안에 존재하지 않는다. 우주는 무한대로 계속 팽창할 것처럼 보인다.[26] 이 사실은 2003년에 미 항공우주국 고다드 우주비행센터의 찰스 베넷(Charles Bennett)에 의해 확인된 바 있다. 미 항공우주국의 우주 탐사 보고서를 읽고 난 뒤에, 베넷은 이렇게 말했다. "우주는 영원히 팽창할 것이다. 그 자체로는 되돌아오거나 굉음과 함께 부서지지도 않을 것이다."[27] 천문학자들은 우주의 팽창 속도가 실제로도 점점 빨라지고 있으며, 우주가 산산조각 나는 것은 가능성이 점점 더 희박한 일이 되어가고 있음을 발견하고 있다.[28]

셋째, 가령 이 우주가 수축하여 다시 '펑' 하고 폭발하는 데 충분한 물질이 있다 하더라, 우주반동이론은, 수축과 폭발을 거듭할 때마다 전혀 에너지가 소실되지 않는다는 그릇된 추정을 하고 있다는 점에서, 열

---

26 Robert Jastrow, God and the Astronomers, 125를 보라.
27 "Baby Pic's Shows Cosmos 13 Billion Years Ago," CNN.com, February 11, 2003을 보라. 이것은 http://www.cnn.com/2003/TECH/space/02/11/cosmic.portrait/에 실려 있다.
28 Kathy Sawyer, "Cosmic Driving Force? Scientist's Work on 'Dark Energy' Mystery Could Yield a New View of the Universe," Washington Post, February 19, 2000, A1을 보라.

역학 제2법칙과 모순된다. 반복해 '폭발을 일으키는' 우주는, 낙하한 공이 더 이상 튀어 오르지 않고 바닥에 멈추듯, 끝내 사그라지게 될 것이다. 따라서 우주가 무한한 오래전부터 끊임없이 팽창과 수축을 반복해 왔다면, 우주는 이미 사그라들었을 것이다.

마지막으로, 만일 우주가 끝없이 팽창과 수축을 거듭했었다면, 오늘날 바로 여기에 도달한다는 것은 꿈도 꾸지 못할 일이다. 이루 헤아릴 수 없이 커다란 폭발을 거듭했다는 것은 실제로 불가능하다(이 문제에 대해 조금 뒤에 상세히 설명할 예정이다). 또 설령, 무한한 폭발이 아닌 한정된 폭발이라 하더라도, 우주반동이론(The Cosmic Rebound Theory)에 따르면 무엇이 맨 처음 폭발을 일으켰는지 설명할 수가 없다. 첫 번째 폭발 이전에는 '폭발을 일으킬 만한' 그 어떤 것도 존재하지 않았다.

가상 시간

이 우주가 어떻게 무로부터 폭발을 일으켜 존재하게 되었는지 무신론의 입장에서 설명하려는 몇 가지 시도가 있었으나, 역시 결함투성이다. 예를 들어, 스티븐 호킹(Stephen Hawking)은 이 우주에 절대 시작이 있었다는 설명을 피하려고 '가상 시간(Imaginary Time)'을 활용한 이론을 구성했다. 호킹 스스로 그의 이론이 실제 시간 속에서는 무슨 일이 일어났는지 설명할 수 없는 '하나의 (형이상학적) 제안'에 불과하다는 것을 시인하고 있으므로, 그의 이론을 '가상 이론'으로 부르는 것이 적절할 수도 있겠다. 그는 "실제 시간 속에서라면 우주는 어떤 시작을 갖고 있다"고 시인했다.[29] 사실 호킹 박사의 말을 보더라도 "거의 모든 사람들이 이

---

29 Stephen W. Hawking, *A Brief History of Time*(New York:Bantam, 19880, 136-139;

우주 그리고 시간이라는 것 자체가 빅뱅과 함께 시작되었다고 믿고 있다."[30] 따라서 호킹의 가상 이론은 실제 세계에 적용될 때 힘없이 수그러들고 만다. 가상의 시간은 말 그대로 가상일 뿐이다.

불확정성

이 우주에 시작이 있음을 매우 강력히 지지하는 증거들에도 불구하고, 몇몇 무신론자들은 우주론의 첫 번째 전제인 인과율(Law of Causality)에 의문을 제기한다. 이것은 무신론자들에게는 위험한 주장이며, 특히 스스로를 이성과 과학의 정복자로 자처하는 이들에게는 더욱 그렇다. 앞서 지적했듯, 인과율은 모든 과학의 기초다. 과학은 원인을 탐구하는 학문이다. 그러므로 인과율을 무너뜨린다면, 그것은 과학 자체를 무너뜨리는 것이나 마찬가지다.

무신론자들은 양자 물리학(quantum physics), 특히 하이젠베르크(Heisenberg)의 불확정성 원리(Uncertainty Principle)를 인용해 인과율에 의문을 제기하려고 한다. 이 원리는 우리가 원자구성입자(subatomic particles, 원자보다 작으며 원자를 구성하는 입자. 예를 들면, 전자)의 위치와 속도를 동시에 예견할 수 없음을 지적하고 있다. 여기서 무신론자들의 의도는 이렇다. 만일 원자보다 작은 소립자 영역에서 인과율이 불필요하다면, 어쩌면 우주 전체에서도 인과율이 소용없지 않겠냐는 것이다.

과학에는 다행스러운 일이지만, 인과율에 의문을 제기하려는 무신론

또 Norman Geisler and Peter Bocchino, *Unshakable Foundations*(Minneapolis: Bethany, 2001), 107-110을 보라.
30 Norman Geisler and Paul Hoffman, eds., *Why I Am a Christian: Leading Thinkers Explain Why They Believe*(Grand Rapids, Mich.: Baker, 2001), 66에서 인용.

자들의 시도는 실패로 끝났다. 왜 그랬을까? 무신론자들의 시도가 인과율과 예견 가능성에 혼동을 일으켰기 때문이다. 하이젠베르크의 불확정성의 원리에 따르면, 전자들의 운동에 아무 원인이 없다는 점이 입증되지 않는다. 그 원리는 다만 특정한 시간에 전자들의 위치와 속도가 어떠한지 예견할 수 없다는 점만을 서술하고 있을 뿐이다. 우리가 무언가를 예견할 수 없다는 사실이 곧, 그 무언가가 원인을 갖고 있지 않음을 의미하는 것은 아니다. 실제로 양자 이론 연구자들은, 우리가 전자를 관찰하려는 바로 그 시도가 전자의 예측 불가능한 운동을 일으키는 원인이 될 수 있으므로, 우리가 동시에 전자의 속도와 위치를 예견하지 못할 수도 있다는 점을 인정한다! 전자를 관찰하기 위해 우리는, 양봉업자가 벌통에 머리를 집어넣듯, 그것들을 휘저어 움직이게 만들어야 한다. 따라서 그렇게 휘저어 움직이게 만드는 일은 어쩌면 과학자가 현미경 안에서 자신의 속눈썹을 보게 되는 것과 같은 사례가 되지 않을까 싶다.

결국 무신론 입장의 어떠한 이론도 우주론적 논증의 전제들을 합리적으로 논박하지 못한다. 이 우주에는 어떤 시작이 있었으며, 따라서 이 우주의 시작에는 원인이 있어야 한다.

과학이라는 종교

그렇다면 어째서 모든 과학자들이 엉뚱하고 받아들일 수 없는 설명들로 위의 사실들과 그 의미들을 회피하려 하는 대신, 이 결론을 흔쾌히 받아들이지 않는 걸까? 이에 대해 재스트로가 다시 한 번 통찰을 제공한다(그가 불가지론자임을 기억하라). 그는 이렇게 말했다.

신학자들은 이 우주에 어떤 시작이 있다는 '증거'에 대체로 기뻐하지만, 천문학자들은 이상하게도 당황한다. 그들의 반응은, 과학이 밝혀낸 증거가 그들의 직업적 신조와 충돌할 때 그들의 과학적 지성(아마도 매우 객관적인 지성)이 어떻게 반응하는지에 대한 적절한 예가 된다. 그것을 보면 자신들의 믿음과 증거가 서로 충돌을 일으킬 때 행동하는 방식이 과학자나 일반인이 별로 다르지 않음을 알 수 있다. 우리는 신경질적인 반응을 보이고, 갈등이 전혀 없는 듯 가장하게 되며, 의미 없는 말로 그것을 덮으려 한다.[31]

앞서 살펴보았던, 앳킨스와 아시모프가 우주의 시작을 설명하기 위해 사용한 용어들('수학적 점'이나 '양과 음의 에너지')도 분명 우리에게는 아무 의미가 없어 보인다. 사실, 그것들이 설명하는 것은 아무것도 없다.

일반 상대성 이론과 팽창하는 우주에 대해 아인슈타인이 보였던 '신경질적인' 반응에 대해서도 재스트로는 이렇게 말했다. "'신경질적인'이라는 용어는 수학적 공식을 놓고 토론을 벌이기에는 신기할 정도로 감정적인 용어이다. 추측하건대, 시간에도 어떤 시작이 있다는 개념과 그것이 갖는 신학적 암시들이 아인슈타인을 몹시 피곤하게 만들었을 것이다."[32]

유신론자들이 신학적 믿음을 갖고 있음은 모든 사람이 주지하는 바다. 그러나 무신론과 범신론에 신뢰를 두는 과학자들도 동일하게 신학적 믿음을 소유하고 있다는 점은 종종 무시되고 있다. 재스트로는 이들의 이러한 믿음을 '직업적 신조'라고 부르면서, 이러한 믿음이 모여 '과학

---

31 Robert Jastrow, *God and the Astronomers*, 16. 강조는 저자들이 추가.
32 Ibid., 28.

의 옷을 입은 종교(religion in science)'를 이룬다고 강조한다.

> 과학이라는 옷을 입은 종교가 존재한다 … 모든 결과는 원인이 있어야 한다. 제1원인(First Cause)은 없다 … 과학자들의 이러한 믿음은 훼손당했다. 이미 알려진 물리법칙들이 전혀 유효하지 않은 조건 속에서, 그리고 우리가 발견할 수 없는 힘이나 상황의 결과로서 세상이 시작되었음을 발견하고 나서부터다. 자신들의 믿음이 훼손당한 과학자들은 통제력을 잃어버린다. 그것의 함의를 깊이 살펴본다면, 아마도 그들은 충격을 받고 정신적 상처를 입고 말 것이다. 정신적 충격이 가해질 때 늘 일어나는 일이지만, 지성은 그 함의들을 무시하거나(과학에서는 이를 '공론 거부'라고 한다), 우주가 작은 폭죽에 불과한 것처럼 빅뱅을 일컬음으로써 우주의 기원을 폄하해 버린다.[33]

정신적 충격 여부에 관계없이 과학자들은 빅뱅의 증거가 담고 있는 함의를 붙들어야 한다. 그 증거와 함의가 마음에 들지 않을 수 있지만, 그렇다고 사실이 바뀌지 않는다. 그 증거를 통해 우리는 시간과 공간과 물질이 빅뱅 때 창조되었음을 알 수 있으므로, 과학이 내릴 수 있는 가장 개연성 높은 결론은 이 우주가 시간과 공간과 물질 이외의 어떤 것(가령, 영원한 어떤 원인)으로부터 비롯되었다는 것이다. 과학자들이 '의미없는 용어'로 그 사실을 감추거나 또는 '공론을 거부한다'는 명목으로 결론 도출을 중단해 버린다면, 그것은 객관적 사실뿐만 아니라 그 사실로부터 파생한 가장 합리적인 결론을 거부하는 것처럼 보이게 될 뿐이다. 이는

---

33 Ibid., 113-114.

의지의 문제이지 결코 지성의 문제가 아니다. 증거는 객관성을 띠고 있다. 그 사실을 믿지 않는 과학자들이야말로 객관성을 잃고 있는 것이다.

만일 빅뱅 이론이 잘못되었다면?

지금까지 우리는 우주에 어떤 시작이 존재했다는 사실을 뒷받침하는 견고한 과학적 증거(SURGE)를 제시했다. 하지만 과학자들이 그들의 모든 계산이 잘못되었고, 빅뱅이란 있지도 않았다는 발견을 어느 날 갑자기 하게 된다면 어떻게 될까? 만일 그렇다 해도 워낙 많은 증거들이 있고 또한 관측 가능한 무수한 현상들을 정확히 예측하는 이론으로 인해, 빅뱅을 완전히 포기하기란 가능할 것 같지 않다.

이는 심지어 무신론자들도 받아들이고 있는 바다. 하와이 대학교의 물리학자 빅터 스텐저(Victor Stenger)는 "우주가 무의 상태(nothingness)로부터 폭발했다"고 쓴 적이 있다.[34] 최근에 스텐저는 빅뱅이 어느 것보다 더 개연성이 높은 이론임을 인정했다. "우리는 빅뱅이 잘못된 이론일 가능성도 생각해 두어야 한다"고 말하면서도, 그는 "하지만 해가 지날수록 그리고 더 많은 천문학 자료가 나타날수록, 그것들은 빅뱅의 일반적 모습과 더욱더 합치하고 있다"고 첨언한다.[35]

실제로도 2003년에 빅뱅 이론이 옳다는 것을 보여주는 더 많은 증거가 발견됐다. 미 항공우주국의 윌킨슨탐사위성(WMAP, Wilkinson Micro-

---

34 V. J. Stenger, "The Face of Chaos," *Free Inquiry* 13(Winter 1992-1993):13.
35 Cliff Walker, "An Interview with Particle Physicist Victor J. Stenger"를 보라. 그 내용은 http://www.positiveatheism.com/crt/stenger1.htm. Interview date, November 6, 1999에 실려 있다.

wave Anisotropy Probe)은 이전에 발사됐던 위성 코비가 발견했던 내용을 확인하면서, 코비가 찍었던 것보다 35배 해상도가 높은 우주배경복사 사진들을 전송해 왔다.[36] 사실상 우주 관측 결과는 점점 더 신이 존재한다는 세계관을 뒷받침하기에 이르렀으며, 그 결과 조지 윌(George Will)은 감개무량하게도 이런 말을 하기에 이르렀다. "얼마 안 있으면 미국시민자유연맹(American Civil Liberties Union)이나 미국의 길을 지지하는 사람들(People for the American Way), 아니면 다른 몇몇 소송하기 좋아하는 세속주의 단체들이 미 항공우주국을 상대로 소송을 제기하면서, 허블 망원경이 헌법을 어기면서까지 종교에 치우쳐 있다고 주장할지도 모르겠다."[37]

그럼에도 불구하고, 잠시나마 회의론자의 주장을 전개해 보자. 미래의 어느 시점에 빅뱅 이론이 잘못된 이론으로 간주되는 경우를 가정해 보자. 그것이 곧 이 우주가 시작도 끝도 없는 영원한 것임을 의미하는 것일까? 아니다. 그 이유는 아주 많다.

첫째, 열역학 제2법칙(SURGE의 S에 해당한다)은 빅뱅을 뒷받침하고 있지만, 빅뱅에 의존하고 있지는 않다. 이 우주가 사용할 수 있는 에너지가 소진되어 가고 있으며 우주가 무질서를 향해 나아가고 있다는 사실은 딱히 토론 거리가 되고 있지 않다. 에딩턴이 지적했듯, 열역학 제2법칙은 "자연 법칙들 가운데 최고의 자리를 차지하고 있다." 설사 빅뱅이 없다 하더라도 그것은 진실이다.

둘째, 아인슈타인의 일반 상대성 이론(SURGE의 E)에도 똑같은 말을

---

36 "Baby Pic's Shows Cosmos 13 Billion Years Ago"를 보라.
37 George Will, "The Gospel from Science," *Newsweek*, November 8, 1998.

할 수 있다. 관찰을 통해 잘 증명된 이 이론은, 그것이 폭발과 더불어 시작된 것이든 아니든 상관없이, 공간, 물질 그리고 시간에 어떤 시작이 있어야 함을 요구하고 있다.

셋째, 우주에 시작이 있었다는 과학적 증거가 지질학에서도 나오고 있다. 많은 사람들이 고등학교 화학 시간에 배웠겠지만, 방사성 원소들은 시간이 흐르면서 붕괴하여 다른 원소들로 변한다. 예를 들면, 우라늄 원자들은 결국 납으로 변하게 된다. 이것은, 만일 모든 우라늄 원자들이 그 끝을 알 수 없을 정도로 오래되었다면, 그것들은 지금쯤 모두 납이 되었을 것임을 의미하지만, 실제로는 모든 우라늄 원자들이 납으로 변하지는 않았다. 따라서 이 지구가 끝도 없이 오래되었다고 말할 수는 없다는 것이다.

마지막으로, 철학적 증거가 이 우주에 시작이 있음을 지지하고 있다. 이 증거는 합리성이라는 관점에서 피할 수 없는 것이기에, 어떤 이들은 이 증거를 가장 강력한 논증으로 간주한다. 칼람(Kalam, '영원한'이라는 뜻을 가진 아랍어) 우주론적 논증이라고 불리는 이것의 내용은 다음과 같다.

1. 이루 헤아릴 수 없는 날들은 끝이 없다.
2. 그러나 오늘은 역사의 마지막 날이다(역사는 모든 날들의 집합체다).
3. 따라서 오늘 이전에는 무한한 수의 날들이 존재하지 않았다(곧 시간은 어떤 시작점을 갖고 있었다).

이 논증을 이해하려면, 날들(days)로 나뉘어진 아래의 시간선(time-line)을 보라(그림 3.1). 왼쪽으로 갈수록, 역사를 거슬러 올라가는 셈이 된다. 여기서 이 시간선이 왼쪽으로 끝도 없이 뻗어나간다고 가정하면, 우리는 이 시간선에 시작이라는 것이 있는지, 있다면 어디에서 시작하는지 알 수 없게 된다. 그러나 시선을 오른쪽으로 돌리면, 그 시간선의 마지막 부분이 바로 오늘을 나타내고 있으므로, 우리는 이 시간선의 마지막을 볼 수 있게 된다. 내일은 아직 여기에 없지만, 일단 여기에 도달하고 나면, 우리는 한 부분을(예를 들어, 한 날을) 이 선의 오른쪽에 더할 수 있다.

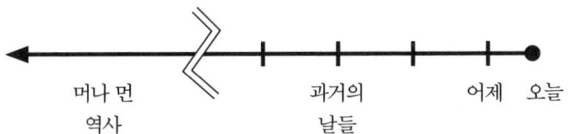

머나 먼　　　　과거의　　　어제　오늘
역사　　　　　날들

그림 3.1

이 논증이 어떻게 시간이 시작점을 갖고 있음을 증명하는지 이 부분에서 나타난다. 이 선이 오른쪽에서 확실히 끝난다는 점에서 시간선은 무한할 수가 없다. 무한하다면 끝이 있을 수가 없기 때문이다. 더욱이 우리는 무한한 어떤 것에 다른 무엇을 덧붙일 수 없는 데 반해, 우리는 내일이 되면 시간선에다가 또 하루를 덧붙일 수 있다. 따라서 우리의 시간선이 무한하지 않다는 점은 부인할 수 없는 사실이다.

다른 각도에서 이 논증을 살펴보자. 만일 오늘 이전에 무한한 수의 날들이 존재했다면, 오늘이라는 날은 도래하지 않았을 것이다. 하지만 우리는 바로 오늘 여기에 있지 않은가! 따라서 오늘 이전에도 틀림없이 다만 유한한 날들이 있었을 것이다. 바꾸어 말하면, 우리가 왼쪽을 쳐다보면, 그 선이 어디에서 시작하는지 비록 알 수 없다 하더라도, 오늘이 도래하려면 단지 어떤 한정된 만큼의 시간이 흘러왔을 것이기에, 그 시간선이 어느 지점에서 시작했음이 틀림없다는 것을 알게 된다. 우리는 무한한 수의 날들을 잴 수 없다. 따라서 시간은 어떤 시작점을 갖고 있음이 틀림없다.

어떤 이들은 무한수가 존재할 수 있는데, 왜 무한한 날이 존재할 수 없느냐고 반문할 수도 있다. 그 이유는 추상성을 갖고 있는 무한의 연속과 구체성을 갖고 있는 무한의 연속 사이에는 차이가 존재하기 때문이다. 하나는 순수하게 이론의 문제인 반면, 다른 하나는 실제 문제이다. 수학의 눈으로 본다면, 우리는 어떤 무한한 수의 날들을 인식할 수 있지만, 실제로 우리는 무한한 수의 날들을 세거나 그날들 동안 살 수가 없다. 우리는 선반 위에 꽂혀 있는 이 책과 저 책 사이에서 무한한 수의 수학적 점들을 인식할 수 있지만, 그 두 책 사이에 무한한 수의 책을 꽂을 수는 없다. 그것이 추상성을 가진 것과 구체성을 가진 것 사이에 존재하는 차이다. 숫자는 추상적이다. 날들은 구체적이다. (그런데 이것은 이 우주의 역사 속에서 무한한 수의 폭발이 왜 존재할 수 없는가에 대한, 앞에서의 우리의 대답을 부연해 준다. 실제로 사건들이 무한한 수만큼 일어나기란 불가능하다.)

우리가 여기서 말하려는 내용은, 그것이 빅뱅이든 아니든, 이 우주에 어떤 시작이 있었다는 것이다. 즉 그 논증이 내세운 두 가지 전제들(존재하는 모든 것은 원인이 있으며, 우주도 존재하게 되었다)이 모두 참이라는 점에서, 우주론에 비추어 본 논증은 참인 것이다. 이 우주에 시작점이 있으므로, 우주로 하여금 그 시작이 있게 한 존재가 있음에 틀림없다.

누가 신을 만들었는가?

공간과 시간을 가진 이 우주에 어떤 시작이 존재했음을 지지하는 모든 증거에 비추어, 그 시작이 있게 한 존재는 시공간이 있는 우주의 외부에 있는 것이 틀림없다. 신을 그 시작이 있게 한 존재로 상정한다면, 무신론자들은 재빨리 다음과 같은 해묵은 질문을 던진다. "그러면 신은 누가 만들었는가? 만일 모든 것에 원인이 있다면, 신 역시 존재하게 만든 원인이 있어야 하지 않겠는가?"

앞서 보았듯이, 인과율이야말로 과학의 가장 기본이다. 과학은 원인을 탐구하는 것이며, 그 탐구는 시작이 있는 모든 것은 원인이 있다는 우리의 한결같은 관찰에 근거하고 있다. 실제로 "누가 신을 만들었는가?"라는 질문은 우리가 인과율을 얼마나 진지하게 받아들이고 있는지를 보여준다. 사실상의 모든 것에는 원인이 있음을 당연하게 받아들인 결과다.

그렇다면 왜 신에게는 원인이 있어야 할 필요가 없는가? 그 이유는 무신론자들이 논박하는 취지가 인과율을 오해하고 있기 때문이다. 인과율은 결코 모든 것이 원인을 필요로 한다고 말하지 않는다. 인과율의 내용은, 존재하게 되는 모든 것에(everything that comes to be) 원인이 필요하다는 것이다. 하지만 신은 존재하게 된 이가 아니다. 어느 누구도 신을 만들지 않았다. 신은 만들어지지 않았다. 신은 영원한 존재로, 그에게는 시작이 없으며 따라서 원인도 필요치 않다.

이렇게 말하면, 무신론자들은 반론을 제기할 것이다. "당신이 만들어지지 않은 영원한 신을 주장한다면, 나도 그와 같은 영원한 우주가 있다고 주장할 수 있다. 우주가 영원하다면, 우주에게도 원인이란 필요치 않을 테니 말이다." 이 우주가 영원하고, 따라서 어떤 원인이란 결코 없다는 주장은 논리적으로는 타당한 말이다. 사실상 그것은 진리일 수 있는 두 가지 가능성, 즉 우주가 영원하든지 또는 우주 바깥에 있는 어떤 존재가 영원하다는 두 가지 가능성 가운데 하나일 것이다. 그러나 무신론자가 당면한 문제는 우주가 영원하다는 주장이 논리적으로는 타당할 수 있으나, 실제로는 가능성이 없다는 점이다. 과학이나 철학이 제시하는 모든 증거(SURGE, 방사성 원소의 붕괴, 그리고 칼람 우주론적 논증)에 따르면 우주가 시작도 끝도 없는 영원한 우주일 수 없기 때문이다. 따라서 두 가지 선택 가운데 하나를 제외하고 남는 것은 하나뿐이다. 이 우주의 외부에 있는 그 어떤 존재가 영원하다.

그렇다면 이제, 이 세상에 존재하는 모든 것에는 단 두 가지의 가능성이 있음을 알게 된다. 첫째, 항상 존재해 왔으므로 원인조차 없을 가능성, 둘째, 시작이 있어서 그것을 존재하게 한 무언가가 있을 가능성이다. 압도적 증거에 따르면, 이 우주에는 어떤 시작이 있었으며, 따라서 그것 이외의 다른 어떤 원인(우주 밖에 있는 어떤 것)으로 말미암아 존재하게 된 것이 틀림없다. 이 결론이 신을 인정하는 종교들과 궤를 같이하고 있긴 하지만, 그 결론이 그들 종교에 기초한 것이 아니라, 도리어 건전한 이성과 증거에 기초하고 있다는 점을 주목하라.

그렇다면 제1원인이란 무엇인가? 이 물음에 답하려면 성경이나 소위 종교적 계시 등에 의존해야 한다고 말할지 모르겠으나, 다시 한 번 말하는데, 우리는 그 질문을 풀기 위해 누군가의 경전을 끌어들일 필요가 없다. "종교가 없는 과학은 절름발이며, 과학이 없는 종교는 장님"이라던 아인슈타인의 표현은 맞는 말이다.[38] 종교는, 우주론적 논증에 의해서도 확인된 대로, 과학에 의해 알려지고 검증될 수 있다. 즉 우리는 앞서 살펴보았던 증거들로부터 제1원인의 몇 가지 특징을 발견해낼 수 있다. 그 증거들만으로도 우리는 제1원인이 다음과 같다는 사실을 알 수 있다.

- 스스로 존재하며, 시간을 초월하며, 공간의 제약도 받지 않으며, 물질도 아니다(제1원인이 시간, 공간, 물질을 창조했으므로, 제1원인은 분명 시간, 공간 그리고 물질의 외부에 있을 것이다). 바꾸어 말하면, 그는 한계가 없고, 또는 무한하다.
- 무로부터 이 모든 우주를 만들어 낼 만큼, 그의 능력은 상상할 수 없을 정도로 크다.
- 이 우주를 믿을 수 없을 정도로 정교하게 설계할 만큼, 그 지식의 탁월함은 이루 말할 수 없다.
- 무의 상태를 바꾸어 시간-공간-물질이 존재하는 우주가 되도록 결심하려면, 인격성을 갖고 있어야만 한다(인격성을 갖추지 못한 힘은 선택을 하거나 결심할 능력이 없다).

제1원인의 이런 특징들은 유신론자들이 신의 속성으로 묘사하는 특징들과 정확히 일치한다. 다시 말하지만, 이러한 특징들은 누군가의 종교적인 또는 주관적인 경험에 근거한 게 아니다. 우리가 앞서 살펴보았

---

38 Albert Einstein, *In Science, Philosophy, and Religion: A Symposium*(New York: The Conference on Science, Philosophy and Religion in Their Relation to the Democratic Way of Life, 1941). http://www.sacredtexts.com/aor/einstein/einsci.htm 을 보라.

던 과학적 증거들로부터 나온 것이며, 삶이라는 퍼즐 조각 그림 맞추기 상자 윗부분의 결정적으로 중요한 대목을 찾도록 우리를 도와준다.

결론: 신이 없다면, 왜 무언가가 존재하는가?

수 년 전에, 나(노만 가이슬러)는 마이애미 대학교에서 한 무신론자와 "신은 존재하는가?"라는 문제로 토론을 벌인 적이 있다. 우리가 여기서 살펴보았던 여러 증거들을 제시한 뒤에, 나는 상대방에게 몇 가지 질문을 던졌다.

"선생께 몇 가지 질문이 있습니다. 첫째, 만일 신이 없다면, 아무것도 존재하지 않는 대신 어째서 무언가가 존재하고 있는 걸까요?" 나는 그 뒤로도 몇 가지 질문을 던졌고, 그가 그 질문들에 차례대로 대답할 것이라고 생각했다.

우리가 누군가와 토론을 벌일 경우, 대개는 주위의 청중들을 설득하려고 시도한다. 우리는 토론 상대방이 자신의 잘못을 시인할 거라는 기대는 하지 않는다. 그는 자신의 주장이 너무 확고할 뿐만 아니라 대부분의 경우는 지나치게 자기 중심적인 나머지 오류를 인정하지 않는다. 그런데 이번에는 달랐다. 마이애미 대학교에서의 그 토론 상대자는 다음과 같은 말로 나를 놀라게 했다. "첫 번째 질문만 놓고 보면, 매우 훌륭한 질문입니다. 정말 좋은 질문이군요." 그러고 나서 그는 다른 말 없이 나의 두 번째 질문에 대한 답변을 했다.

신의 존재에 대한 증거에 대해 듣고 나서, 이 토론자는 자신의 믿음에 회의를 품게 된 것이다. 이후에 그는 후속 모임에도 참여했고, 자신이 무신론에 의심을 품고 있음을 피력했다. 무신론에 대한 그의 신앙은 시들고 있었다.

"만일 신이 존재하지 않는다면, 아무것도 존재하지 않는 대신 어째서 무언가가 존재하는 것일까?" 이것은 우리 모두가 던져야 할 질문이다. 또한 증거에 따라, 우리는 두 가지를 놓고 선택해야 한다. 즉 어느 누구도 무로부터 아무것도 창조하지 않았거나, 아니면 누군가가 무로부터 무언가를 창조했을 것이다. 어느 견해가 더 합리적인가? 존재하지 않는 것이 무언가를 창조했다고? 아니다. 줄리 앤드루스(Julie Andrews)도 "무로부터는 아무것도 나오지 않는다네. 그 어느 것도 그런 일을 할 순 없지!"라는 노래를 불렀을 때, 그 대답을 알고 있었다. 또한 만일 존재하지 않는 무로부터 어떤 것이 나온다는 것을 믿을 수 없다면, 우리는 무신론자가 되기에 충분한 신앙을 갖지 못한 셈이다!

가장 합리적인 견해는 신이다. 로버트 재스트로는 그의 책 『신과 천문학자들』을 마치면서, 다음과 같은 멋진 문구를 사용해 그 사실을 암시했다. "이성의 힘에 대한 믿음으로 살아온 과학자에게, 그것은 악몽으로 끝나는 이야기와 같다. 그는 무지라는 높은 산에 올라 이제 막 최고봉을 정복할 참이었다. 그런데 마지막 바위를 잡고 올라가는 순간, 그는 이미 오랜 세월 그곳에 앉아 있던 신학자 무리들의 환영을 받게 된 것이다."[39]

---

39 Robert Jastrow, *God and the Astronomers*, 116.

4장 ___ 신적 설계

> 과학에 대해 아는 게 없는 풋내기만이 과학은
> 신앙을 빼앗아간다고 말한다. 진실로 과학을 공부해 보면,
> 과학은 우리를 신에게로 더 가까이 이끌 것이다.
> 제임스 투어(나노 과학자)

무신론 물리학자들이 "우주는 무로부터 폭발했다"는 사실을 인정하고, 불가지론 천문학자들이 태초에 '초자연적 힘'이 작용했다고 시인함으로써 다수의 과학자들이 "이미 오랜 세월 자리를 차지하고 있던 신학자 무리"의 대열에 합류하는 모습을 보노라면 신의 존재를 지지하는 천문학적 증거가 그만큼 강력한 것임이 분명하다. 그러나 신의 존재를 지지하는 과학적 증거는 우주론적 논증으로만 끝나지 않는다. 우주가 폭발과 함께 존재할 때 나타났던 정밀함(precision)을 보면 이는 많은 이들에게 신의 존재를 지지하는 보다 설득력 있는 증거가 된다.

전문용어로 목적론적 논증(Teleological Argument)이라고도 하는 이 증거는, '설계, 구상, 목적, 의도'의 뜻을 갖고 있는 그리스어 telos에서 명칭이 유래했다. 목적론에 따른 논증은 다음과 같다.

1. 모든 설계에는 설계자가 있다.
2. 우주는 고도로 복잡하게 설계되었다.
3. 따라서 우주에도 설계자가 있다.

아이작 뉴튼(Isaac Newton)은 우리 태양계가 고도로 설계되었다는 점에 매우 놀라면서 목적론에 따른 논증이 유효함을 암묵적으로 확인해 주었다. 그는 이렇게 썼다. "태양, 행성 그리고 유성들로 이루어진 이 가장 아름다운 시스템은 지적이고 강력한 존재의 섭리와 지배가 있을 때에야 비로소 만들어질 수 있다."[1] 그러나 이 논증을 정작 유명하게 만든 이는, 모든 시계에는 지적인 시계공이 있다는 상식적 주장을 펼친 윌리엄 페일리(William Paley)다. 숲길을 걷다가 바닥에서 다이아몬드가 박힌 롤렉스 시계를 발견했다고 해보자. 그 시계가 어쩌다가 그곳에 있게 되었을까? 바람과 비 때문인가? 침식 작용 때문인가? 몇 가지 복합적인 자연의 힘에 의한 것인가? 물론 아니다! 어떤 머리 좋은 존재가 그 시계를 만들었으며, 나아가 어떤 운 없는 친구가 거기다가 시계를 떨어뜨린 것이 분명하리라는 판단이 가장 정확할 것이다.

우주가 그 시계보다 더욱 정교하게 설계되었다는 점을 빼더라도, 과학자들은 우리가 살아가는 이 우주가 다이아몬드 박힌 롤렉스 시계와 흡사하다는 점을 발견하고 있다. 실제로 이 우주는 지구에서 생명이 생존 가능하도록 고도로 미세조정되어 있다. 지구라는 행성은 별로 상관이 없어 보이면서도 서로 긴밀하게 의존적인 생명 유지 조건들로 채워져

---

[1] Isaac Newton, "General Scholium," in Mathematical Principles of Natural Philosophy(1687) in *Great Books of the Western World*, Robert Hutchins, ed.(Chicago: Encyclopedia Britannica, n.d.), 369.

있어서 거대하고 적대적인 이 우주에서 아주 작은 오아시스 구실을 하고 있다.

이처럼 고도로 정밀하면서도 상호의존적인 환경 조건들이(이를 '인간 상수[anthropic constants]'라 부른다) 소위 '인간 원리(Anthropic Principle)'를 구성하고 있다. 'Anthropic'이라는 말은 '인간' 또는 '사람'을 뜻하는 그리스어에서 유래했다. 인간 원리라는 것은 많은 과학자들로 하여금 지구에서 인류가 생존 가능하도록 우주가 고도로 미세조정(설계)되어 있음을 믿게 만드는 수많은 증거들을 통칭해 부르는 명칭이다.

이 거대하고도 인간 생존에 적대적인 우주 안에서 우리 지구인은 우주선의 협소하고도 한정된 공간에서만 생존 가능한 우주비행사와 다르지 않다. 우리의 지구는 마치 생명 없는 우주 공간을 힘겹게 헤쳐 나가는 우주선과도 같다. 그러나 수많은 요인들 가운데 어느 한 가지의 미묘한 변화나 잔고장으로도 우리의 생존에 필요한 미세 조정된 환경 조건들이 치명적으로 바뀔 수 있다는 점 또한 우주선이 처한 조건과 유사하다.

미 항공우주센터 역사상 가장 도전적인 임무를 수행했던 아폴로 13호가 이 부분에 대한 이해를 도울 수 있다. 앞으로 몇 쪽에 걸쳐 아폴로 13호 탑승과 관련한 내용을 다룰 예정이며, 우리의 생존을 가능케 하는 인간 상수에 대해서도 다루어 보겠다.

휴스턴, 문제가 발생했다

1970년 4월 13일, 선장 짐 로블(Jim Lovell)과 두 명의 다른 승무원이 아폴로 13호를 타고 지구로부터 발사된 지 이틀이 지났다. 그들은 시속 2천 마일 이상의 속도로 우주를 비행중이며 이제껏 단 몇 명만이 밟았던 그곳, 즉 달의 표면을 걷고 싶은 열망으로 가득했다. 정말이지 훌륭하게 설계된 우주선 안에서 그들이 계획한 모든 것이 완벽히 진행되고 있었다. 로블과 그의 동료들은, 로블의 표현에 따르면, 말 그대로 "둔하고 바보 같지만 행복"했다. 그러나 모든 것이 곧 달라졌다.

임무 수행 55시간 54분, 지구로의 TV방송 중계를 완료한 직후에, 전선을 정리중이던 로블의 귀에 폭발음이 들렸다. 그는 처음엔 동료 잭 스위거트(Jack Swigert)가 장난으로 밸브를 작동시켜 시끄러운 소리를 낸 것으로 생각했다. 하지만 스위거트의 어두워진 얼굴을 보는 순간(그는 자신의 잘못이 아니라는 표정으로 말하고 있었다) 장난이 아님을 직감했다.

우주비행사 로블, 스위거트, 프레드 헤이즈(Fred Haise), 그리고 휴스턴의 지상관제센터 요원 찰리 듀크(Charlie Duke) 사이에 이런 대화가 오고 갔다.

> 스위거트: 휴스턴, 문제가 발생했다.
> 듀크: 여기는 휴스턴이다. 다시 말하라.
> 로블: 휴스턴, 문제가 발생했다. 전력공급선 B가 차단됐다.
> 듀크: 알았다. 전력공급선 B의 차단을 확인했다.
> 헤이즈: 괜찮다. 휴스턴, 방금 전압이… 괜찮아 보인다. 그쪽에서 큰 폭발이 있었고 긴급 경고등이 울렸다. 그리고 기억하기로는, 전력공급선 B는 예전에도 전류량에 문제가 있었던 곳이다.
> 듀크: 알았다, 프레드.
> 헤이즈: 2번 산소탱크의 센서가 충격을 받은 것 같다. 계기판이 20에서 60퍼센트 사이를 오르내린다… 지금은 최고치를 가리킨다.

이때까지도 우주인들은 정확히 무슨 일이 일어나고 있는지 알지 못했다. 산소 탱크 센서가 오작동을 일으키는 것 정도로 보였다. 계기판이 적게는 20에서 100퍼센트 이상의 불가능한 수치까지 오르내리고 있었다. 하지만 전력에 이상이 없는 것으로 보인다던 헤이즈의 초기 관측과 달리 상황은 반대로 흘러갔고, 우주선의 전기 시스템에 큰 문제가 발생했다는 복합적인 경고가 들어왔다.

수 분 내로 심각한 문제가 드러났다. 아폴로 13호는 단지 센서 문제만 발생한 게 아니었다. 지상에서 거의 37만 킬로미터나 떨어진 채 점점 더 멀어져가던 우주선이 산소와 동력을 빠르게 잃어가고 있었다. 연료의 3분의 2가 바닥났고 그나마 남은 양도 빠르게 줄어들고 있었다. 헤이즈는 휴스턴에 동력 상태를 알렸다.

> 헤이즈: AC 2가 급격히 떨어진다… 지금은 전력공급선 A의 전압도 떨어지고 있다… 25.5를 가리킨다. 전력공급선 B는 0이다.

그 다음에 로블이 산소 문제를 보고했다.

> 로블: 그리고 2번 산소 탱크의 잔류량이 0을 가리키고 있다. 들었는가?
> 휴스턴: 알았다. 2번 산소 탱크의 잔류량이 0이다.

그리고 나서 로블이 우주선 창문을 통해, 가스가 동체 옆 부분에서 우주 공간으로 새나가고 있는 것을 목격했다.

> 로블: 우주선 해치로 내다보니, 무언가가 새나가고 있다.

4장 신적 설계

휴스턴: 알았다.

로블: 우주선에서… 우주선에서 지금 무언가가 음… 우주로, 우주로 새나가고 있다.

휴스턴: 알았다. 기체 방출을 확인했다.

로블: 분명 어떤 가스 같은 게 새고 있다.

로블이 말한 그 가스는 나중에 산소로 밝혀졌다. 승무원들은 미처 몰랐으나, 2번 산소탱크가 폭발해 1번 산소탱크에 손상을 입혔던 것이다. 로블은 자세한 상황 파악은 못한 채 단지 가스의 유출만 보았던 것이다.

인간 상수 1: 산소 수준

지구에서 산소는 대기의 21퍼센트를 차지하고 있다. 그 정확한 수치는 지구에 생명이 생존 가능하도록 만드는 인간 상수이다. 만일 산소가 25퍼센트가 되면 동시다발적으로 화재가 발생할 것이다. 그러나 산소가 15퍼센트 수준에 머물면 인간은 질식사하고 만다. 로블과 승무원들은 이제 자신들의 우주선 안에서 적정 수준의 산소량을 유지할 방법을 찾아야만 했다.

하지만 아폴로 13호의 문제는 단지 산소만이 아니었다. 지구에서와 마찬가지로 우주선에서 일정하게 유지되던 상수에 변화가 일어나면, 이는 생명 유지에 필요한 다른 상수에도 영향을 미칠 수 있다. 2번 산소탱크 폭발로 산소뿐만 아니라 전기와 물도 부족해졌다. 아폴로 13호에서는 산소를 연료실의 수소와 결합해 물과 전기를 생산하고 있었다. 산소가 없어지면 물도 그리고 동력도 만들 방법이 없어지는 것이다. 또한 그들은 진공 상태의 우주에 있었으므로, 외부에서 산소를 생산할 재료를 구하는 것은 불가능했다.

그런 상황은 상상조차 할 수 없는 것이었기에, 훗날 잭 스위거트는 이렇게 말했다. "만일 누군가가 시뮬레이터 속에서 우리를 그런 상황(연료실 1번과 3번 그리고 산소탱크 1번과 2번의 4중 고장과 같은 상황)에 빠뜨렸다면 우리는 '이봐요, 이건 너무 터무니없군요'라고 말했을 것이다."

불행하게도, 이것은 시뮬레이터가 아니라 지구에서 달까지 3분의 2나 비행한 우주선 안에서 벌어진 실제 상황이었다. 그들은 무엇을 할 수 있을까? 다행히도 구명선이 하나 있었다. 달 착륙선은 비상시에 사용 가능한 장비들을 구비하고 있다. 달 착륙선은 사령선 윗부분에 붙어 있는 비행체로 두 명의 우주인이 탑승해 달에 착륙하고, 나머지 우주인 한 명은 달 궤도를 비행하도록 되어 있었다. 물론 달 착륙은 취소되었고, 이제는 이들 우주인의 생명을 구하는 것이 아폴로 13호의 새로운 임무가 되었다.

지구 귀환시에 대기권에 재돌입할 동력을 확보하기 위해 우주인들은 사령선의 동력을 끄고 달 착륙선 안으로 올라갔다(달 착륙선은 사령선 위에 붙어 있다). 그러나 달 착륙선으로도 위험에서 완전히 벗어날 수 없었다. 지구로 돌아가기 위해 달 궤도를 돌아야만 했다. 이는 시간이 걸리는 일이었는데 그들에게는 시간이 부족했다. 달 착륙선은 두 사람이 약 40시간 동안 버틸 수 있도록 설계되었지만, 그들은 셋이었고 게다가 나흘이나 버텨야만 했다.

결과적으로 물과 산소와 전기를 아끼는 데 그들은 모든 노력을 기울였다. 난방을 포함해 불요불급한 장치의 전원을 차단했으며 하루 한 컵의 물만 마셨다. 몸의 이상 증세를 감지했던 헤이저는 이내 고열에 시달렸고, 세 사람 모두 탈수 증세를 보이기 시작했다. 이런 상황 탓에 귀환을 위해 집중하기가 더욱 힘들어졌다.

불행히도 대부분의 자동 장치들이 멈추면서 집중은 더욱더 중대한 것이 되었다. 달 궤도를 도는 것 외에 승무원들은 적절한 지구 재진입 각도를 맞추고 귀환 비행 속도를 높이기 위해 조종지침서에 실린 과정을 일부 수정해야 했다. 그렇게 하려면, 그들은 주위의 별들을 기준 삼아 수동으로 항해를 해야 했다. 하지만 폭발로 인한 파편들이 진공 상태의 우주에서 우주선 주위를 계속 감싸고 있는 탓에, 우주인들은 그 파편들이 반사하는 태양빛과 별들을 구분하기가 힘들었다. 결국 그들은 우주선 창문을 통해 지구와 태양을 정렬하고 그것으로 항해 기준점을 삼는 방법을 택했다.

이런 단순무식한 방법을 사용해야만 했던 탓에 그들은 자신들의 계산이 맞는지 거듭 확인해야 했다. 작은 실수도 용납될 수 없었다. 실제로 그들은 지구 대기권 재진입을 위해 우주선을 지평선 아래(우주선에서 보기에) 5.5도에서 7.3도 사이의 지점으로 조종해야 했다. 그 범위에서 조금이라도 벗어나면 그들의 우주선은 대기권 밖으로 튕겨 나가거나 아니면 가파른 각도로 하강하다 불타 없어지고 말 것이다.

인간 상수 2: 대기 투명도

지구 대기권 재진입을 위해 우주인들이 기준점으로 삼아야 했던 작은 창문은 이 우주가 설계된 정확한 기준을 보여준다. 사실 대기는 우주인들에게 대기권 재진입이라는 골칫거리를 제공했지만, 반면에 그것이 가지고 있는 성질은 지구의 생명체에게는 절대 없어서는 안 될 것이다. 대기의 투명도(Atmospheric Transparency) 역시 인간 상수이다. 만일 대기가 덜 투명하다면, 충분하지 못한 태양열이 지구에 도달할 것이다. 만일 대기가 지금보다 더 투명하다면, 엄청난 태양열로 말미암아 지구는 폭격을 당한 꼴이 되고 말 것이다. (대기 투명도 외에 질소, 산소, 이산화탄소, 그리고 오존이 정확한 비율로 대기를 구성하는 것 자체도 인간 상수이다.)

인간 상수 3: 달과 지구 중력의 상호 작용

우주인들이 달 궤도를 돌기 시작했을 때, 그들은 또 하나의 인간 상수를 만났다.[2] 이것은 지구와 달의 중력의 상호작용과 관련이 있다. 만일 중력끼리의 상호 작용력이 지금보다 크면, 바다 조수, 대기, 그리고 지구의 자전 주기에 심각한 결과가 초래될 것이다. 반대로 상호 작용력이 지금보다 작다면, 궤도의 변화로 말미암아 기후에 불안정성이 초래될 것이다. 어느 경우이든, 지구에 생명이 존재하기란 불가능해질 것이다.

달의 최근접 거리까지 갔던 우주인들은 마침내 고향을 향해 출발했다. 그러나 또 하나의 문제가 남아 있었다. 우주선 내의 민감한 생존 여건들이 점차 오염되고 있었던 것이다. 산소가 점점 소모되면서 우주인들이 내뱉는 호흡도 문제가 되었다. 그것은 곧 이산화탄소 수치가 위험 수위에 달한다는 의미였다. 만일 달 착륙선 내의 이산화탄소 필터를 바꿀 방법을 찾지 못한다면 그들은 자신들의 호흡으로 말미암아 중독에 이르게 될 수 있었다.

지상 관제소는 우주인들에게 사령선(이곳은 우주인들이 철수하면서 동력을 꺼버린 상태였다)에서 사용하도록 설계된 여분의 필터를 달 착륙선에서

---

2 대부분의 상수들과 마찬가지로, 이 상수 역시 다른 것에 의존하고 있다. 예를 들면, 중력의 상호 작용 역시 달의 크기의 함수이며, 그것은 대부분의 다른 달(위성)들보다는 지구(행성)에 상대적으로 크게 작용한다.

도 사용 가능한지 알아보도록 지시했다. 그러나 좋은 소식을 얻기는커녕, 사령선의 필터가 달 착륙선에는 맞지 않음을 발견했다. 당황한 비행통제관 진 크란츠(Gene Krantz)는(그는 "실패는 우리의 선택사항이 아니다"라는 말로 유명한 인물이다) 이렇게 외쳤다. "정부가 하는 일이 그 모양이지!"

해결책을 찾으려고 동분서주하면서, 지상에 있던 미 항공우주국의 기술자들은 이른바 '맥가이버식' 응용 작업을 시작했다. 그들은 우주선 안에서 구할 수 있는 재료로 사각형 모양의 사령선 필터를 달 착륙선의 동그란 구멍에 끼워 맞추는 변통 수단을 궁리했다. 마침내 기술자들은 대체품을 고안한 다음, 승무원들에게 과정을 설명해 주었다. 그들의 맥가이버식 응용법은 두꺼운 종이, 우주복의 호스, 밀봉 테이프, 내의를 넣는 봉지 등으로 필터를 변칙 사용하는 기술이었다.

인간 상수 4: 이산화탄소 농도

대기권 내에서는 자연 작용에 의해 적정 수준의 이산화탄소가 유지되므로 그와 같은 변통 수단은 지구에서는 필요치 않다. 이 이산화탄소의 농도도 또 하나의 인간 상수이다. 만일 이산화탄소의 농도가 지금보다 높으면 온실 효과가 심각해지고(우리는 결국 불타고 말 것이다), 반대로 농도가 낮아진다면 식물은 광합성에 어려움을 겪게 될 것이다(그렇게 되면 우리 모두는 질식하고 말 것이며, 이는 우주인들이 피하려 애쓰는 당면한 현실이기도 했다).

고맙게도 임시로 제작한 필터는 효과가 있어서 승무원들은 소중한 시간을 벌었다(뿐만 아니라 숨 쉴 수 있는 공기도 확보했다). 이윽고 작동불능 상태인 보조선을 분리할 시간이 됐다. 보조선이 분리되자, 승무원들은 그때서야 비로소 정확한 피해 범위를 확인할 수 있었다. 산소 탱크의 폭발로 인해 가로 3.6미터, 세로 1.8미터짜리 한쪽 패널이 보조선에서 떨어져 나갔으며, 그와 함께 연료 탱크에 구멍이 나고 안테나도 손상을 입었다. 만일 그 폭발이 사령선의 뜨거운 열 차단막 근처에서 발생했더라면, 실제 폭발의 절반 정도의 위력으로도 우주선은 참혹한 운명을 맞고 승무원들도 사망했을 것이다.

대기권 재진입이 가까워오자, 승무원들은 다시 사령선 안으로 들어갔다. 그들에겐 이것이 고향으로 돌아갈 수 있는 유일한 희망이었다(달 착륙선에는 열 차단막이 없었다). 하지만 세 개의 연료 전지가 불능이었고 배터리 동력만 사용 가능했으므로, 보통 때 실시했던 사령선의 가동 절차는 소용없었다. 게다가 배터리의 잔량이 충분치 않아 시스템 전부를 가동할 수도 없었다. 결과적으로 그들은 항공우주국 기술자들과 우주인들이 지상에서 급조해 낸 새로운 가동 절차에 의지해야 했다.

문제가 복잡해진 것은, 응축수가 사령선 패널에서 조금씩 떨어지면서 그곳의 온도가 영하 38도까지 떨어졌다는 점이다. 패널에 합선이 생기지는 않을까? 필요한 시스템이 제대로 작동될까? 이는 전력을 가동하는 데 매우 위험한 조건이었지만, 선택의 여지가 없었다.

위험에도 불구하고, 새로운 가동 절차는 제대로 작동했으며 우주인들은 재진입을 위해 벨트를 맸다. 지구에서는 세 우주인의 운명이 어떻게 될 것인지에 촉각을 세우고 있었다. 새로운 소식이 들어올 때마다 즉각 기자 회견과 발표가 이어졌다. 미 의회는 모든 국민이 우주인들의 무사 귀환을 위해 기도할 것을 촉구하는 결의안을 통과시켰으며, 교황청도 손상된 우주선 안에 갇힌 세 명의 용감한 우주인들이 엄청난 속도로 대기권을 통과할 때 온 세계가 함께 기도해줄 것을 당부했다. 잠시 후면, 우주인들은 지구의 중력으로 인해 최대 시속 4만 킬로미터로 끌어당겨질 것이었다. 이는 1초에 약 11킬로미터를 날아가는 속도다.

인간 상수 5: 중력

아폴로 13호의 우주인들을 끌어당기는 중력은 또 하나의 인간 상수이다. 중력의 힘은 가공할 정도이지만, 생명체가 지구에서 존속하기 위해서는 다른 것과 별반 다르지 않다. 다른 인간 상수와 마찬가지로, 만일 중력이 0.00000000000000000000000000000001퍼센트라도 변하면 태양은 존속하지 못할 것이며, 나아가 같은 이유로 우리 역시 살아남지 못할 것이다.[3] 그 정밀함에 대해 얘기해 보자.

작동 불능상태의 우주선을 타고 우주인들이 지구로 수직 낙하할 때, 그들이 맹렬하고 지독하게 뜨거운 대기권 재진입 과정에서 살아남을지는 누구도 장담하지 못한다. 해결되지 않은 많은 문제점들이 남아 있었기 때문이다: 열 차단막이 제대로 막아줄 것인가? 우주선은 필요한 정확한 각도로 진입할 것인가? 진입에 필요한 동력을 사령선의 배터리가 제대로 공급할 것인가? 착륙을 위한 낙하산은 제대로 펴질 것인가? 더욱이 문제를 어렵게 만든 것은, 귀환 우주선 회수 지역에 태풍 경보가 내려졌다는 점이다.

모든 것이 불확실한 상황에서, 우주인들은 대기권 진입 과정에 따른 3분간의 교신 단절에 앞서 지상관제소에 마지막이 될지도 모를 인사를 전했다.

스위거트: 이봐, 자네들이 정말 대단한 일을 하고 있다고 말하고 싶네.

---

3 UCLA의 연구 물리학자인 Jeffrey A. Zweerink와 주고 받은 편지, 2003년 10월 23일자.

휴스턴: 자네도 마찬가질세, 잭.

스위거트: 여기 있는 우리들 모두 거기 아래 있는 친구들한테 고맙다는 말을 전하고 싶어하네.

로블: 진심일세, 조.

휴스턴: 우리끼리 이야기지만, 우리 모두는 이 일을 하며 정말 행복했다네.

로블: 자넨 정말 대단해. 말 한 마디로 사람을 이렇게 감동시키다니.

휴스턴: 지금 자네의 칭찬이야 말로 내가 들어본 최고의 아부일세!

휴스턴: 좋아. 1분 뒤면 신호가 끊어질 거야… 무사히 돌아오게.

스위거트: 고마워.

재진입이 이루어지는 동안, 한 대의 C-135 항공기가 지상관제소에 필요한 통신 연결을 위해 우주선 회수 지역을 선회했다. 그러나 3분이 지난 후에도 우주선과의 교신은 이루어지지 않았다. 긴장이 고조되었다:

휴스턴: 아폴로 13호, 이 시각이면 통신 재개가 가능하다. 우리는 ARIA(아폴로 우주선 통신 중계 항공기)의 교신 보고를 기다리며 대기중이다.

항공기: 네트워크, 아직 ARIA와 교신이 되지 않나?

네트워크: 이 시각 현재 교신이 되지 않는다, 항공기. (긴 침묵)

재진입 후 4분이 흘렀는데도 아무 교신이 없었다. 다른 재진입 사례에서는 이렇게 오래 걸린 적이 없었다.

휴스턴: 교신을 기다리며 대기중이다. (침묵)

마침내 C-135가 사령선에서 보내는 신호를 받았다:

휴스턴: ARIA 4 항공기가 신호를 포착했다는 보고를 받았다.

그러나 승무원들이 살아 있다는 확인은 없었다.

휴스턴: 오디세이(Odyssey), 여기는 휴스턴이다. 들리는가? 오버.

모든 이들의 기다림 끝에, 스위거트의 목소리가 들려왔다.

스위거트: 우리는 무사하다, 조(Joe).
휴스턴: 알았다, 수고했다. 잭!

우주인들의 생존은 확인됐지만, 마지막 장애물이 남아 있었다. 우선 저항 낙하산 그리고 주 낙하산으로 이루어진 2단계 낙하산이 제대로 펴져야 했으며, 작동에 실패할 경우 승무원들은 목숨을 잃게 될 것이었다. 낙하산이 펴지지 않는다면 사령선은 시간당 480킬로미터 속도로 바다와 충돌해 흔적도 없이 사라져버릴 수도 있었다.

휴스턴: 저항 낙하산이 펴지기까지 2분도 안 남았다.

대기 상태…

휴스턴: 두 개의 저항 낙하산이 잘 전개되었다는 보고가 들어왔다. 이제 주

낙하산이 나올 차례다. (침묵) 주 낙하산이 펼쳐졌는지 확인 보고 바란다.

설계대로 주 낙하산이 펼쳐지고, 휴스턴과 화상 교신이 이루어졌다.

휴스턴: 오디세이, 여기는 휴스턴. 주 낙하산을 펼친 자네들이 보인다. 정말 환상적인 장면이다!

극도로 긴장된 나흘이 흐른 뒤, 우주인들과 지상관제소 그리고 온 세계인은 안도의 한숨을 내쉴 수 있었다:

휴스턴: 여기 지상관제소는 환호성이 가득하다. 주 낙하산에 달린 아폴로 13호가 텔레비전 화면을 통해 크고 선명하게 잘 보인다. 귀환을 환영한다.

1970년 4월 17일, 미국 동부 시간으로 오후 1시 7분에, 아폴로 13호는 지구의 바다 위에 무사히 착륙했다.

인간 원리: 세밀한 설계

지상 관제소의 일부 요원들 사이에서 우주인의 무사 귀환에 대한 회의적 시각이 생길 무렵, 비행 통제관 진 크란츠는 "감히 말하는데, 우리의 최고의 순간이 될 것"이라는 말로 그들의 비관주의를 반박했다. 정말 그랬다. 아폴로 13호는 '성공적인 실패작'으로 불렸다. 우주인들은 달 착륙에는 실패했지만 목숨이 위태로운 최악의 조건에서 지구로의 무사 귀환에 성공했다.

그처럼 위급한 상황에서 모든 난관을 뚫고 승무원들이 살아남은 것처럼, 우리 역시 지구라는 작은 행성에서 무수한 난관을 극복하며 생존해 가고 있다. 아폴로 우주선은, 우리의 지구처럼, 매우 적대적인 우주 안에서 인간이 생존 가능하도록 설계되었다. 매우 비좁은 공간에서 인간이 살아남아야 하므로, 우주선은 믿을 수 없을 만큼 정교하게 수만 개의 부품으로 설계되어야만 한다. 만일 그중에 하나라도 잘못된다면, 인간의 생명은 위험에 직면하고 만다.

아폴로 13호의 경우, 처음에는 승무원들을 위험에 빠뜨릴 것으로 보이지 않을 만큼 사소한 문제에서 시작됐다. 2번 산소 탱크에서 약 5센티미터 정도의 패널이 떨어져 나간 것에 불과했다. 고작 그 5센티미터가 떨어져 나가면서 산소탱크의 패널에 손상을 입히고 마침내 탱크 폭발과 연이은 사고로 이어진 것이다.[4] 우주선의 많은 부품들이 상호 의존성을 갖고 있었기에, 산소 공급 체계에 이상이 오면 다른 체계에도 이상을 초래할 뿐만 아니라, 우주선과 승무원들까지 위태로워진다. 생각해 보라. 작은 부품 하나의 이탈로 인해, 우주인들이 생존을 위해 극복해야만 했던 그 모든 문제들이 발생한 것이다. 그 작은 부품 하나 때문에, 산소와 물 그리고 전력 공급 문제가 일어났고, 이산화탄소 중독에 따른 비행착

---

4 그 사고에 대한 기록 전부와 더 많은 정보를 보려면, 미 항공우주국 웹사이트에 실려 있는 the report of the Apollo 13 Review Board를 보라. http://spacelink.msfc.nasa.gov/NASA.Projects/Human. Exploration.and.Development.of.Space/Human. Space. Flight/Apollo.Missions/Apollo.Lunar/Apollo.13.Reiew.Board.Report/Apollo.13.Reiew. Board.Report.txt; 또, http://solarviews.com/eng/apo13.htm#bang을 보라. 그 임무에 대해 설명을 곁들인 해설을 받아 보려면, 다음 주소를 보라. http://209.145.176.7/~090/awh/as13.html.

오 문제가 대두됐다.

우주선 안에서 일어난 작은 변화가 그랬듯, 우주 안에서 일어나는 작은 변화 역시 우리에게 심각한 문제를 야기할 수 있다. 우리가 앞서 살펴보았듯이, 과학자들은 이 우주가, 마치 우주선처럼, 지구 위 생명체의 생존을 유지하는 조건들을 끊임없이 생산해 내도록 정밀하게 설계되었다는 사실을 발견했다. 그 많은 환경적, 물리적 요인들(우리가 '상수'라고 부르는 것들) 가운데 어느 것 하나라도 미세한 변화가 일어나면, 우리의 존재 그 자체가 불가능해질 수 있다. 또 아폴로 13호의 부속품들처럼, 이 상수들 역시 상호의존적이어서 어느 하나에 변화가 일어나면 다른 상수들이 영향을 받고 생존 조건이 악화되거나 파괴될 수도 있다.

이 우주가 정밀하게 조정되어 있는 정도로 볼 때, 인간 원리야말로 어쩌면 신의 존재를 드러내는 가장 강력한 논증이 될 것이다. 우연히 만들어진 몇 개의 뭉뚱그린 인간 상수를 말하는 게 아니다. 조건이 매우 까다로운 100개 이상의 상수들이 존재하기에 이를 근거로 지적인 설계자의 존재를 주장할 수 있는 것이다.[5] 우리는 이미 그 가운데 다섯 가지를 살펴보았다. 그리고 여기 열 가지가 더 있다:

1. 만일 움직이는 행성의 원심력이 중력과 정확하게 균형을 이루지 못

---

5 상수들을 더 보려면, Hugh Ross, "Why I Believe in Divine Creation," in Norman Geisler and Paul Hoffman, eds., *Why I Am a Christian: Leading Thinkers Explain Why They Believe*(Grand Rapids, Mich.: Baker, 2001), chapter 8을 보라. 이 상수들에 관한 더 많은 것들이 지금도 발견되고 있으므로, Ross는 매 분기마다 그 목록을 최신의 것으로 바꾸려고 하고 있다. 그의 웹사이트인 www.reasons.org를 보라. 이 우주에 동물이 희귀한 이유에 대해 더 많은 내용을 알고 싶으면, 다음 책을 보라. Peter Ward and Donald Brownlee, *Rare Earth: Why Complex Life is Uncommon in the Universe*(New York:Copernicus, 2000).

하면, 태양 주위의 궤도에는 어느 것도 남아 있지 못하게 된다.

2. 만일 우주가 실제 팽창 속도보다 100만분의 1만큼 더 느리게 팽창했다면, 팽창은 멈추었을 것이며, 우주는 별이 생성되기도 전에 붕괴하고 말았을 것이다. 반대로 우주가 더 빠른 속도로 팽창했다면, 그때는 어떠한 은하도 형성되지 못했을 것이다.

3. 그 어떤 물리학 법칙도 광속(1초에 299,792,458미터의 속도로 정의된다)의 함수로 표현될 수 있다. 이 빛의 속도에 미세한 변화만 있어도 다른 상수들에 변화가 뒤따르며, 지구 위에 생명체가 존속할 수 없게 된다.

4. 공기 중의 수증기 수준이 지금보다 더 높으면, 온실 효과의 가속화로 인해 인간 생존이 불가능한 정도로 기온이 치솟을 것이다. 수증기 수준이 지금보다 더 낮으면, 오히려 온실 효과가 부족해져 지구는 지독히 추운 곳이 되고 인간 생존이 불가능해질 것이다.

5. 만일 목성이 현재의 궤도 위에 있지 않다면, 지구는 우주에서 날아온 물질들로 말미암아 폭격을 당하게 될 것이다. 목성의 중력장이 우주 진공청소기처럼 작용해, 지구를 공격했을 수도 있는 많은 소행성과 유성을 빨아들인다.

6. 지구 지각의 두께가 지금보다 더 두꺼우면, 생명 유지에 필요한 많은 산소가 지각으로 전이됐을 것이다(지각의 45퍼센트가 산소로 구성됨). 지각이 지금보다 더 얇다면 화산 활동과 지각 운동을 견디지 못해 생명의 존속이 불가능해질 것이다.

7. 만일 지구의 자전에 걸리는 시간이 24시간보다 길다면, 밤과 낮 사이의 온도차는 극심하게 커질 것이다. 반대로 자전 주기가 더 짧아진다면, 대기 중의 풍속이 굉장히 빨라질 것이다.

8. 지구의 자전축이 23도 기울어진 것은 너무나 다행스럽다. 만일 기울기가 약간이라도 달라지면, 지표면의 온도는 극에서 극을 오가게 될 것이다.

9. 만일 대기의 발산(번개) 비율이 더 커진다면, 너무 많은 화재가 일어나게 될 것이다. 만일 더 작아진다면, 식물 생장에 중요한 토양 속 질소의 양이 지나치게 줄어들 것이다.

10. 만일 지금보다 더 많은 지진 활동이 있게 된다면, 더욱더 많은 생명들이 희생될 것이다. 만일 지진 활동이 지금보다 적게 된다면, 대양과 하천의 영양분이 지각 융기를 통해 대륙으로 환원되지 못할 것이다(그렇다. 지진조차 생명 유지에 필요하다!).

천체물리학자 휴 로스(Hugh Ross)는 이 상수들을 포함해 122개에 달하는 모든 상수들이 우주의 한 행성을 위해 우연히, 즉 신의 설계 없이 존재할 가능성을 계산해 보았다. 어림잡아 10의 22제곱 개(1 다음에 0이 22개나 붙는 어마어마한 수이다)의 행성들이 이 우주 안에 있다고 추정할 때, 그가 내놓은 답은 충격 그 자체이다. 그 상수들이 그중 어떤 행성을 위해 우연히 존재할 가능성은 10의 138제곱분의 1(1/10의 138제곱)이다. 1 다음에 0이 138개가 붙어 있는 것 중에 하나만큼의 확률이다![6] 우주 안에는 10의 70제곱 개의 원자들이 있다. 충만한 지식의 소유자가 배후에 존재하지 않는다면, 이 우주에 있는 어떤 행성이 우리가 갖고 있는 생존 조건들을 동일하게 가질 확률은 사실상 0이다.

우주배경복사의 발견 공로로 노벨상을 수상한 아르노 펜지아스는 이

---

[6] Hugh Ross, "Why I Believe in Divine Creation," 138-141.

렇게 말했다. "천문학을 통해 우리는 매우 독특한 단일의 사건을 접하게 되는데, 그것은 무로부터 창조되어 생명 유지에 필요한 조건들을 정확하게 공급하도록 정교하게 균형 잡힌 우주이다. 터무니없으며 발생 불가능한 사건은 일어나지 않는다고 할 때, 현대 과학의 관찰 결과는 소위 드러나지 않은 초자연적 계획에 무게를 실어주고 있다."[7]

우주론자 에드 해리슨(Ed Harrison)은 신의 존재와 관련한 논의에서 나온 '인간 원리'의 함의를 탐색하면서 '증거(proof)'라는 단어를 사용한다. 그는 이렇게 말한다. "여기 신의 존재에 대한 우주론적 증거가 있다. 페일리의 설계 논증에서 나온 최신의 내용이다. 우주가 미세 조정되어 있다는 사실은 신적 설계에 대한 명백한(prima facie) 증거이다."[8]

신 존재의 증거와 무신론자의 대답

무신론자들은 이 "신의 존재에 대한 증거"를 놓고 어떻게 반응하는가? 몇몇 무신론자는 일종의 설계자가 외부에 존재한다고 시인한다. 천문학자 프레드 호일은 인간 원리라는 것과 그리고 그가 생명체에서 목격한 복잡성(다음 두 장에서 다룰 예정이다)으로 인해 자신의 무신론이 흔들렸다고 고백한다. 그는 이렇게 결론지었다. "그 사실들을 상식에 비추어 해석한 결과, 나는 어떤 초지성적 존재가 화학 및 생물학뿐만 아니라 물리학마저도 웃음거리로 만들었으며, 자연 내에서는 언급할 만한 맹목적인 힘

---

[7] Walter Bradley, "The 'Just-so' Universe: The Fine-Tuning of Constants and Conditions in the Cosmos," in William Dembski and James Kushiner, eds., *Signs of Intelligence*(Grand Rapids, Mich.: Baker, 2001), 168.

[8] Norman Geisler and Paul Hoffman, eds., *Why I Am a Christian*, 142에서 인용.

이 존재하지 않는다는 판단을 내렸다."⁹ 호일은 이 '초지성'이 정확히 누구인지에 대해서는 모호하게 넘어갔으나, 그러면서도 미세 조정된 우주와 관련해서는 지성의 필요성을 인정했다.

다른 무신론자들은 설계는 인정해도 설계자는 존재하지 않는다고 주장한다. 그들은 이 모든 것이 우연이라고 말한다. 그러나 지성을 가진 존재가 없는 조건에서 지금처럼 100가지가 넘는 상수가 존재할 가능성이 사실상 0(zero)임에도 불구하고 어떻게 우연이라는 말을 진지하게 내뱉을 수 있을까? 그것은 결코 쉬운 일이 아니다. 무신론자들은 우연이라는 것에 우연 이상의 의미를 부여하는 엉뚱한 생각에 의지할 수밖에 없었다. 그렇게 해서 만들어진 것이 다중 우주론이다.

다중 우주론에 따르면, 무한 수의 우주가 존재하며 우리는 단지 생존에 적합한 조건이 갖추어진 이 우주 안에 우연히 살게 되는 행운을 누리고 있을 뿐이다. 무신론자들의 주장처럼 무한 수의 우주가 존재한다면 생명체에 필요한 조건을 갖춘 우리 우주뿐만 아니라 여러 조건의 우주가 존재할 수 있다.

다중 우주론은 복수의 문제점을 안고 있다. 첫째, 가장 심각한 문제는 그 이론을 뒷받침하는 증거가 없다는 것이다. 현존하는 증거는 빅뱅과 함께 모든 유한한 실체들이 나타났다는 것이다. 유한한 실체란 우리가 '우주'라고 부르는 것이다. 만일 다른 유한한 실체가 존재한다면, 그것은 우리의 감지 능력 밖에 자리잡고 있을 것이다. 그리고 그와 같은 우주들이 존재한다는 어떠한 증거도 아직까지 관측된 바가 없다. 다중 우

---

9 Fred Hoyle, "The Universe:Past and Present Reflections," *Engineering and Science*(November 1981):12.

주라는 개념은 스티븐 호킹의 '가상 시간'처럼 현실과 유리된 것으로서 형이상학적 조합물이자 맹목적 신앙 위에 쓰여진 동화에 불과하다.

둘째, 앞 장에서 논의한 바대로, 유한한 사물들(날[days], 책, 폭발, 또는 우주 등)이 무한수로 존재하기란 실제로 불가능하다. 끝이 있는 우주가 끝이 없는 수로 존재한다는 건 있을 수 없다. 셋째, 비록 다른 우주들이 존재할 수는 있더라도, 우리의 우주처럼 시작되려면 미세한 조정이 있어야 한다(앞장에서 얘기한 대로, 빅뱅이 극도의 정밀함을 갖추고 있었다는 점을 생각해 보라). 따라서 복수의 우주를 주장한다고 해서 그것이 곧 설계자의 존재 필요성까지 없애지는 못한다. 오히려 그 이론은 설계자의 필요성을 더욱 가중시킨다.

넷째, 다중 우주론은 너무 광범위해서, 그 이론만 있으면 어떤 사건도 설명이 가능해진다. 예를 들어, 우리가 "항공기들이 왜 세계무역센터와 미국 펜타곤에 충돌했는가?"라고 물을 때, 우리는 이슬람 테러리스트들을 비난할 필요가 없다. 그 이론에 따르면, 비록 계획적인 충돌로 보임에도 불구하고, 항공기들이 건물에 우연히 충돌하는 '그런' 우주 안에 우리가 있었기 때문이라고 설명하면 그만이다.

다중 우주론만 있으면, 히틀러도 아무 책임이 없게 된다. 홀로코스트가 살인으로 보이는 '그런' 우주 안에 우리가 우연히 있게 되었기 때문이며, 실제로는 유대인들이 독일인들과 은밀하게 공모해 자신들을 가스실로 보냈노라고 설명하면 되는 것이다. 다중 우주론이 얼마나 광범위하냐면, 심지어 그 이론을 창시한 무신론자들을 변호하는 데 사용할 수도 있다. 그처럼 말도 안 되는 주장을 진리라고 주장할 만큼, 사람들이 합리성을 갖고 있지 못한 이 우주 안에 우리가 존재하는 것도 단지 우연일 수 있다!

결국, 다중 우주론은 그저 설계의 존재 가능성을 무시하려는 필사적 몸부림일 뿐이다. 그렇다고 해서 그것은 '우연'에 의해 우주가 존재할 가능성을 배가시키지 않으며, 단지 어리석음만을 증가시켰다. 그것은 마치 아폴로 13호의 우주인들이 자신들은 생명 유지 조건을 우연히 갖춘 우주선에 우연히 탑승하는 행운을 누렸을 뿐이며, 항공우주국이 아폴로 13호를 설계 제작한 것이 아니라 우주에는 사람의 손을 거치지 않고 자연적으로 형성된 무한한 수의 우주선이 존재한다고 주장하는 것이나 다를 바 없다. 말할 나위 없이, 다중 우주론은 허구이며 그 이론의 불합리성은 오히려 우주의 설계론을 뒷받침하는 보다 강력한 증거로 작용할 뿐이다. 우주 설계론이 워낙 극단적인 증거이기에, 이것을 빠져나가기 위해 극단적인 이론이 필요했던 것이다.

하나님? "하늘을 보라"

2003년 2월 1일, 조지 부시 대통령은 엄숙한 표정으로 TV 카메라를 응시하며 미국민들에게 연설을 시작했다. "친애하는 국민 여러분, 오늘 우리는 비극적인 소식을 접하고 커다란 슬픔에 잠겼습니다. 오늘 아침 9시, 휴스턴의 지상 관제소와 우주 왕복선 콜럼비아호 사이에 교신이 두절되었습니다. 잠시 후에 텍사스 상공에서 추락하는 파편들이 목격되었습니다. 우리는 콜럼비아호를 잃었습니다. 생존자는 없습니다."[10]

시속 12,500마일(약 20,000킬로미터)로 비행하던 콜럼비아호는 지구 대

---

10 대통령이 말한 내용 전부를 보려면, 다음 주소를 찾아보라. http://www.whitehouse.gov/news/releases/2003/02/20030201-2.html.

기권 재진입을 시도하다가 공중 분해되고 말았다. 두 번째로 일어난 우주 왕복선 참사는 온 국민들을 경악하게 했지만, 단념시키지는 못했다. 대통령은 "그들의 희생으로 이어진 이 도전은 결코 멈추지 않을 것입니다. 인류는 새로운 발견과 미지의 세계를 향한 갈망을 품고 이 세계를 넘어 암흑 속으로 나아갈 것입니다. 우주를 향한 우리의 여정은 계속될 것입니다"라고 다짐했다.

그러나 인류의 우주 여행은 거대한 우주의 아주 작은 영역에만 국한될 것이다. 우리의 은하만 하더라도 대략 1천억 개의 별이 존재하며, 그 별들 사이의 평균 거리는 30조 마일(약 48조 킬로미터)에 달한다. (그런데 이 거리 역시 또 하나의 인간 상수이다. 만일 그 별들이 지금보다 더 가깝게 모여 있거나 더 멀리 떨어져 있다면, 행성들의 궤도에 영향을 줄 것이다.)

30조 마일이라면 얼마나 먼 거리인가? 그것을 이렇게 써 보자. 우주 왕복선이 궤도 비행을 하고 있다면, 시속 약 1만7천 마일(약 2만7천 킬로미터)로 항해하게 된다. 초속이 거의 5마일(8킬로미터)에 이른다. 우리가 그 우주 왕복선을 타고 초속 5마일의 속도로 우주비행을 한다면 30조 마일을 항해하는 데는 201,450년이 걸릴 것이다! 바꾸어 말하면, 우리가 예수 그리스도가 이 땅에 생존하던 때 태양으로부터 평균 거리만큼 떨어져 있는 또 하나의 별로 여행을 시작했다면, 지금쯤은 그 여정의 고작 100분의 1을 날아온 셈이다. 믿기 어려운 일이다.

하지만 잊지 말아야 할 것은, 그것이 우리 은하에 있는 1천억 개의 별 가운데 겨우 두 별 사이의 거리일 뿐이라는 점이다. 온 우주에는 도대체 얼마나 많은 별들이 있는가? 이 우주 안에 있는 별들의 수는 대략 지구의 모든 해변에 있는 모래 알갱이 수와 같다. 그러니까 초속 5마일의 속도로 한 모래 알갱이에서 다른 알갱이로 가는 데 20만 년이 걸리는 것이다! 하늘은 두렵기 이를 데 없다.

성경은, 만일 우리가 하나님이 어떤 분인지 알고 싶다면, "하늘을 보라"고 우리에게 말하고 있다. 뉴튼과 팰리가 등장하기 오래전, 다윗은 시편 19편에서 목적론적 논증을 펼치며 이렇게 썼다. "하늘이 하나님의 영광을 선포하고, 궁창이 그 손으로 하신 일을 나타내는도다"(시 19:1). 두 세기가 흐른 뒤에 이사야 선지자는 하나님이 던진 물음을 기록하고 있다. "거룩하신 이가 이르시되 '그런즉 너희가 나를 누구에게 비교하여 나를 그와 동등하게 하겠느냐' 하시니라"(사 40:25). 답은 그 다음 구절에 실려 있다. "너희는 눈을 높이 들어 하늘을 보라"(사 40:26). 이사야는, 하늘에 있는 모든 별들의 이름도 하나님이 안다고 계속해서 말하고 있다.

무슨 이유로 하나님은 우리에게 당신을 하늘과 비교하라고 말씀하는 것일까? 그 이유는 하나님은 한계가 없는 존재인데, 우리 눈으로 보면 하늘도 한계가 없는 것이기 때문이다. 하나님은 한계가 없으면서도 만물에 한계를 정한 분, 곧 창조되지 않았으면서도 만물을 창조한 존재이다. 그는 스스로 존재하며 무한한 능력자로서, 이 광대하고 아름다운 우주를 무로부터 창조하고 오늘도 그 모든 것을 보존하는 분이다. 우리의 경험 속에서, 하나님의 무한성을 유추할 수 있는 단서를 제공해 주는 단 하나의 실재(entity)가 있다. 하나님을 묘사하려는 어떤 이미지도 하나님을 그려내지 못한다.[11] 그 이미지는 단지 그의 장엄함을 제한할 뿐이다. 오직 하늘만이 하나님의 무한성을 소리 높여 외치고 있다.

권능, 지식, 의, 그리고 사랑을 포함하여 하나님의 속성 하나하나를

---

[11] 어쩌면 바로 이런 이유로 제2계명이 "새긴 형상들"을 금하는 것일 수도 있다. 형상들은 하나님의 엄위를 제약할 수 있다. 그것이 금속이든 아니면 마음에 있는 것이든 우상은 우상이다.

묘사하고 있는 것이 바로 무한성이다. 이것이 바로 성경이 하나님 사랑의 높이의 무한성을 설명하기 위해 하늘을 가리키고 있는 이유이다. 시편 103편 11절은 "이는 하늘이 땅에서 높음 같이 그를 경외하는 자에게 그의 인자하심이 크심이로다"라고 말한다. 하늘은 땅에서 얼마나 높은가? 바닷가의 모래알만큼이나 많은 별들 사이의 거리가 30조 마일이나 된다는 점을 깊이 생각한다면, "하늘은 끝도 없이 높다"고 말하는 것이 당연한 일인지도 모른다. 사실, 또 그것이 바로 하나님의 사랑이 가진 높이이기도 하다.

부시 대통령이 콜럼비아호 승무원들을 기리는 연설에서 이사야 선지자의 글을 인용한 이유도 어쩌면 하나님의 무한하신 사랑을 생각했기 때문일 것이다. "오늘 하늘에서 우리는 파괴와 비극을 보았습니다. 그러나 우리가 볼 수 있었던 것 이상으로 거기에는 위안과 소망이 있습니다. 이사야서에 '너희는 눈을 높이 들어 누가 이 모든 것을 창조하였나 보라 주께서는 수효대로 만상을 이끌어 내시고 그들의 모든 이름을 부르시나니 그의 권세가 크고 그의 능력이 강하므로 하나도 빠짐이 없느니라'(사 40:26)는 말씀이 있습니다. 그 별들에게 이름을 붙이신 같은 창조주께서는 역시 마찬가지로 우리가 오늘 추도하는 일곱 영혼들의 이름도 알고 계십니다. 콜럼비아호의 승무원들은 안전하게 지구로 돌아오지 못했습니다. 그러나 우리는 모든 사람이 안전하게 집으로 돌아오도록 기도할 수 있습니다."[12]

---

12 http://www.whitehouse.gov/news/releases/2003/02/20030201-2.html을 보라.

결론

약 2천 년 전, 바울은 로마서 첫머리에서 "창세로부터 그의 보이지 아니하는 것들 곧 그의 영원하신 능력과 신성이 그가 만드신 만물에 분명히 보여 알려졌나니 그러므로 그들이 핑계하지 못할지니라"(롬 1:20)고 기록했다. 한 설계자가 존재한다는 증거는 창조 세계 안에서 명백하게 나타나고 있지만, 우리는 자주 그것을 너무 당연한 것으로 넘겨버린다.

C. S. 루이스는 이제는 고전이 된 그의 책, 『스크루테이프의 편지(The Screwtape Letters)』에서, 우리 주변의 모든 놀라운 세계를 당연한 것으로 여기는 우리의 이런 경향을 꿰뚫는 비범한 통찰을 제시하고 있다. 경험 많고 노회한 악마 스크루테이프는 그의 조카이자 풋내기 악마인 웜우드에게, 어떻게 해야 사람들이 기독교인이 되지 못하게 할 수 있는지 몇 가지 충고를 글로 적어 보내고 있다. 스크루테이프는 이렇게 쓰고 있다. "수세기 동안 우리가 쉬지 않고 공작해 온 덕분에, 이제 사람들은 눈앞에 펼쳐지는 친숙한 일상에 눈이 팔려, 생소하기만 한 미지의 존재는 믿지 못하게 되어버렸다. 그러니 계속해서 사물의 일상성을 환자한테 주입해야 해. 꼭 한 가지만 명심해 두거라. 기독교에 대해 방어를 하겠답시고 과학(그러니까 진짜 과학)을 활용하려 들면 절대 안 된다는 사실 말이다. 과학은 결국 네 환자를 부추겨 손으로 만질 수 없고 눈으로 볼 수 없는 것들을 사색하게 만들고 말 게다. 현대 물리학자들 가운데 그런 애석한 사례가 많이 있었지."[13] 그 '애석한 사례'란 물론 자신들이 밝혀낸 증거들을 정직하게 받아들이고 기독교인이 된 물리학자들을 말한다.

---

13 C. S. Lewis, *The Screwtape Letters* (Westwood, N.J.: Barbour, 1961), 14.

C. S. 루이스는 우리 가운데 많은 사람들이 보이는 경향에 일침을 가하고 있다. 우리는 빠르게 흘러가는 삶 속에서 잠시 멈추어 서서 주변 세계를 둘러볼 여유조차 갖지 않으며, 그런 까닭에 이 아름다운 우주의 모든 경이로운 면면들을 그저 평범한 것으로 여기곤 한다. 그러나 우주는 결코 평범하지 않다. 역사상 그 어느 때와도 다르게, 지금의 과학은 우리에게 이곳이 믿을 수 없는 설계와 복잡성을 지닌 우주라는 점을 보여주고 있다. 과학은 우리가 너무나 자주 당연하게 여기고 있던 세계에 대한 새로운 전망을 우리에게 제시해 주고 있는 것이다.

우주인들은 그들이 타고 있는 우주선에서 내다본 새로운 전망을 통해 이 우주가 결코 범상한 것이 아님을 깨달았다. 첫 번째 우주인들이 달의 표면을 가로질러 걷다가 지평선 위로 떠오르는 지구를 보았을 때—그것은 이제껏 그 누구도 보지 못했던 광경이었다—그들은 경외감으로 가득차서 창세기의 말씀을 떠올렸다. "태초에 하나님이 천지를 창조하시니라"(창 1:1). 그 밖의 다른 무엇이 그 순간에 어울릴 수 있었을까? 다중 우주론을 떠올린들, 그들이 경험하고 있던 경외감을 제대로 반영하지 못했을 것이다. 그들은 이제껏 세상 어느 누구도 경험해 보지 못한 전혀 다른 각도에서 지구를 바라보며 우주 설계의 존재를 목도했으며, 그 경이로운 창조물을 바라보노라면 놀라운 창조주를 결코 배제할 수 없음도 깊이 깨달았다. 우주왕복선 디스커버리호의 창문을 통해 우주를 내다보던 일흔일곱 살의 존 글렌(John Glenn)은 첫 우주인들(아폴로 11호의 우주인들)이 품었던 동일한 확신을 되새기면서 이렇게 말했다. "이런 창조세계를 보면서도 하나님을 믿지 않는다는 것은 내게는 불가능한 일이다."

그들의 체험이 안겨다 준 생생한 충격은 목적론적 논증의 직관적 성질을 보여주고 있다. 우리는 아름답게 설계된 어떤 것을 보면서도 그것의 설계자를 배제하기란 불가능하다. 굳이 누가 말해 주지 않아도 된다. 그것은 자명하다. 그럼에도 불구하고, 우리가 이번 장에서 발견한 내용들을 강조하면서, 그 논증을 다시 한 번 제시하고자 한다.

1. 모든 설계에는 설계자가 있다.
2. 인간 원리에 의해 검증되었듯, 우리는 이 우주가 설계되었다는 것을 '합리적 의심을 넘어'(이는 법률적 용어이다) 알고 있다.
3. 따라서 이 우주에는 설계자가 있다.

인간 원리를 설명하는 데 있어 우주 설계자를 언급하는 것보다 더 나은 설명은 없다. 이토록 명백한 것을 부인하려면 무신론자들은 극단적 조치를 취해야만 할 것이다. 그들이 어떤 증거로도 뒷받침되지 않는 가설들을 가공해 낸다면—이는 사실상 불가능할 테지만—그들은 이성과 합리성의 영역을 벗어나 맹목적 신앙의 영역으로 들어가고 말 것이다. 물리학자 폴 데이비스(Paul Davis)는 이렇게 썼다. "어떤 사람은 신적 존재를 믿기보다 차라리 끝없이 배열된 다중의 우주를 믿는 게 더 쉽다고 할 테지만, 그런 믿음은 관찰보다는 신앙에 기대고 있을 뿐이다."[14]

관찰 없이 믿는다는 것은 무신론자들이 '종교적인' 인간들이나 하는 짓이라고 비난하는 바로 그런 일이다. 그러나 역설적이게도 그 무신론자들이 맹목적 신앙에 따른 종교를 밀어 붙이고 있다. 기독교인들은 자신들의 믿음에 대해 관찰에 근거한 (빅뱅이나 인간 원리 같은) 타당한 이유들

---

14 Fred Heeren, *Show Me God*, vol. 1(Wheeling, Ill.: Daystar, 2000), 239에서 인용.

을 제시할 수 있다. 무신론자들은 그렇지 않다. 그것이 바로 우리가 무신론자가 되기에 충분한 믿음을 갖지 못하는 이유이다.

무신론자의 이러한 맹목적 신앙은, 설계자의 존재를 부인하는 이유가 '지식'과 관련한 것이 아님을 보여준다. 그들이 설계자의 존재를 부인하는 이유는 우리에게 증거가 없어서도 아니고 설계자에 대한 지적인 변론이 부족해서도 아니다. 오히려 설계자의 존재를 입증하는 증거는 매우 인상적이기까지 하다. 여기서의 문제는 '의지'와 관련돼 있다. 증거가 있음에도 불구하고 어떤 이들은 단지 설계자의 존재를 인정하려 하지 않는다는 데 있다. 실제로 인간 원리를 비판했던 한 인물은 〈뉴욕타임즈〉에 기고한 글에서 "자신은 매우 감정적인 이유로 설계자의 존재를 거부했으며, 설계자의 존재를 주장하는 이들에게서 종교와 지적 설계 냄새가 너무 나기 때문"이라고 시인했다.[15] 그렇다. 과학적 객관성을 뒷받침하는 증거들은 너무 많다.

6장에서는, 신의 존재를 지지하는 강력한 증거들을 부인하려는 이러한 동기들을 보다 자세히 다룰 예정이다. 그에 앞서 5장에서 우리는 설계자의 존재를 뒷받침하는 보다 설득력 있는 증거들, 특별히 생명체 안에서 발견되는 증거들을 탐구해 보겠다.

---

15 Dennis Overbye, "Zillions of Universe? Or Did Ours Get Lucky?" *The New York Times*, October 28, 2003, F1.

5장 ___ 최초의 생명체: 자연의 법칙 혹은 신의 경이

> 하나님이 무신론자를 납득시키시려고 특별한 기적을 행하시지 않는 이유는 그분이 보통 행하시는 일만으로도 증거가 충분하기 때문이다.
> 에이리얼 롯

쓰레기 좀 치우렴—엄마가

침대에서 빠져나와 자신이 좋아하는 시리얼 알파 비츠(Alpha-Bits)를 먹기 위해 주방으로 비틀거리며 들어가던 열여섯 살 조니는 식탁 위에 시리얼 상자가 뒤집어진 채 알파 비츠 조각으로 "쓰레기 좀 치우렴—엄마가(TAKE OUT THE GARBAGE-MOM)"라는 글씨가 그려져 있는 걸 보고는 깜짝 놀랐다.

조니는 최근 고등학교 생물 수업시간에 배운 내용을 떠올리며 그 글이 엄마의 작품이라는 생각을 애써 지우려 했다. 생물 수업 시간의 가르침에 따르면, 생명체는 지성의 산물이 아니며 자연 법칙의 산물일 뿐이었다. 그렇다면 "쓰레기 좀 치우렴—엄마가"라는 문구 역시 지성이 개입하지 않은 자연 법칙의 단순 소산이 되지 못할 이유가 어디 있겠는가.

어쩌면 고양이가 그 시리얼 상자를 넘어뜨렸거나, 자신이 잠들어 있는 동안 지진이 일어났을 수도 있다. 어느 쪽으로든 결론을 내린다는 것 자체가 무의미하다. 어쨌든 조니는 쓰레기를 치울 생각이 없었다. 그는 집 안의 허드렛일에 허비할 시간이 없었다. 지금은 여름 방학이었고, 그는 해변에 가고 싶었다. 메어리는 아마 거기 있을 것이다.

메어리는 자신의 경쟁 상대 스코트로부터도 은근한 추파를 받는 매력적인 소녀였으므로, 조니는 일찌감치 해변에 나가서 스코트에게 한방 먹이고 싶었다. 그러나 조니가 해변에 도착했을 때, 스코트는 이미 메어리와 손을 잡은 채 다정하게 해변을 걷고 있었다. 거리를 두고 두 사람을 뒤따르던 조니는 무심코 아래를 내려다보다가, "메어리는 스코트를 사랑해"라는 글씨와 커다란 하트가 그려진 것을 보았다. 순간 조니는 가슴이 내려앉는 것 같았다. 하지만 그가 생물 수업을 통해 터득한 방법이 그를 깊은 절망으로부터 구해 주었다. "그렇지. 이것도 단지 자연법칙이 작용한 또 다른 사례일 뿐이야. 어쩌면 모래톱에 사는 작은 게들이나 특이한 파도가 이런 표시를 만들어냈을 거야." 별로 마음에 들지 않는 결론을 굳이 내릴 이유가 없었다. 아무 의미 없는 것이므로. 그렇게 조니는 손으로 정성껏 그린 인공의 흔적들을 애써 외면하고 말았다.

생물 시간에 배운 원리들이 탐탁지 않은 결론을 회피할 수 있도록 돕는다는 점에 위안을 얻은 조니는, 일광욕을 위해 잠시 누워 있기로 했다. 두툼하게 접은 수건을 베고 누워 있는 동안, 구름 속에서 글씨가 나타났다. "마시자 코크(Drink Coke)." 뭉게구름이 떠 있는 푸른 하늘 사이로 글씨가 나타나 자신에게 분명 그렇게 말하고 있었다. "희한한 구름이네. 바람이 불어서 저런 모양이 됐나?"

아니다. 조니는 더 이상 외면 게임을 지속할 수가 없었다. 그는 코카

콜라를 마시고 말았다. 그와 같은 메시지는 자연력의 소산이 될 수 없었다. 그런 식의 메시지를 만들어내는 자연력은 한 번도 관찰된 적이 없기 때문이다. 그것은 분명 지적 존재의 소행이었다. 비록 비행체를 보지는 못했지만, 최근에 무언가가 그 하늘에 글을 쓴 것이 틀림없음을 그는 알고 있었다. 그것 외에도, 그는 그 메시지를 믿고 싶었다. 태양은 찌는 듯하고 목이 말라 콜라를 찾지 않을 수 없었기 때문이다.

더 이상 분해할 수 없는 생명체? 그런 것은 없다!

"쓰레기 좀 치우렴—엄마가"와 "메어리는 스코트를 사랑해"와 같은 메시지를 자연 법칙의 산물로 주장하려면 카드 절반만 가지고 카드놀이를 하거나 장님이 되어야 한다. 그럼에도 불구하고 이런 결론은 오늘날 대부분의 고등학교와 대학 생물학 시간의 가르침과 완벽히 일치한다. 그곳에서 자연 생물학자들은 위의 메시지보다 훨씬 복잡한 것들도 지적 존재의 개입 없이 자연법칙에 의해 만들어진 결과임을 마치 교리처럼 주장하고 있다. 그들은 생명체의 기원을 설명할 때도 이런 주장을 펼친다.

자연 생물학자들은, 어떠한 지성도 개입하지 않은 채, 자연 법칙으로 말미암아 생명이 없는 화학물질들로부터 생명체가 자연 발생했다고 주장한다. 그런 이론은 세포에 대한 면밀한 조사를 통해 그것이 가진 고도의 복잡성을 확인할 기술을 갖추지 못했던 19세기 과학자들에겐 그럴듯한 이론처럼 보였다. 그러나 오늘날에 이르러 자연 법칙과 생물학 체계에 관한 많은 지식을 쌓은 우리 앞에서 이 자연 발생론은 더 이상 설자리가 없다.

1950년대 이후로, 과학자들은 진보한 과학 기술을 통해 경이로운 설계와 고도의 복잡성을 지닌 미세한 세계를 발견하게 되었다. 망원경을 통해 보다 먼 우주를 관측함과 동시에 다른 한편에서는 현미경을 통해 생명체의 구성 단위를 보다 미세하게 들여다보는 일이 동시에 일어나고 있다. 우주 관측이 물리학에서 인간 원리를 찾아냈다면(이 부분은 앞장에서 다뤘다), 현미경을 통한 생명체 관찰을 통해서도 매우 인상적인 생물학적 인간 원리를 찾아내고 있다.

독자들의 이해를 돕기 위해, 이른바 '더 이상 분해할 수 없는' 생명체, 즉 아메바로 알려진 단세포 생물을 생각해 보자. 자연 진화론자들은 이 단세포 아메바가(또는 이와 비슷한 어떤 것이) 태초의 지구 어딘가의 작고 따뜻한 연못에서 (지적 존재의 개입 없이) 자연발생적으로 나타났다고 주장한다. 그 이론에 따르면, 모든 생물학적 생명체는 어떤 식으로든 지적인 개입을 배제한 상태에서 그 최초의 아메바로부터 진화했다. 이것은 물론 원시생물로부터 파충류를 거쳐 오늘날의 우리에 이르기까지 진화 과정을 거치는 대(大)진화론을 말한다.

이 기원 이론을 믿는 사람들을 우리는 여러 명칭으로 부르고 있다. 자연 진화론자, 유물론자, 인문주의자, 무신론자, 그리고 다원주의자—이 장의 남은 부분과 다음 장에서, 우리는 다원주의자나 무신론자처럼 이 무신론적 진화론을 믿는 사람들을 언급하게 될 것이다. 여기서 유신론적 진화론자, 곧 진화가 하나님의 인도에 의해 이루어졌다고 믿는 사람들은 포함하지 않는다—등이 그것이다. 이들을 무어라고 부르든 상관없이, 우리가 던져야 할 질문은 이것이다: "그들의 이론은 참인가?" 그렇지 않아 보인다.

사람들이 원숭이로부터 유래했다거나 새들이 파충류로부터 유래했다고 말하는 다원주의자들의 주장은 잊어버리라. 다원주의자들의 주장에서 가장 부각되는 문제는 모든 생명 형태들이 어떻게 연관되어 있는지 설명하고 있지 않다는 점이다. 다윈주의자들이 풀어야 할 주요 화두 중 하나는 최초 생명체의 기원을 설명하는 것이다. 지적 존재의 개입 없이 자연발생적으로 이루어진 대진화가 참이라면, 그 최초의 생명체는 생명이 없는 화학 물질로부터 우연히 발생했어야 한다. 다윈주의자들에게는 불행한 일이지만, 그 최초의 생명체는—사실 어떤 형태의 생명체도 마찬가지이지만—결코 "더 이상 분해할 수 없는 것"이 아니었다. 이는 1953년에 제임스 왓슨(James Watson)과 프랜시스 크릭(Francis Crick)이 모든 생명체의 형성과 복제가 가능한 암호화 된 화학 요소인 DNA(디옥시리보핵산, deoxyribonucleic acid)를 발견하면서부터 너무나 분명한 것이 되었다.

DNA는 꼬인 사다리처럼 보이는 나선형 구조로 이루어져 있다. 그 사다리의 세로 부분은 번갈아 존재하는 디옥시리보스(deoxyribose)와 인산염 분자(phosphate molecules)로 이루어져 있으며, 사다리의 가로 부분은 특별한 순서를 이루고 있는 네 개의 질소 염기들(nitrogen bases)로 구성되어 있다. 이 질소 염기들은 아데닌(adenine), 티민(thymine), 시토신(cytosine), 구아닌(guanine)이며, 보통 A, T, C, G라는 글자로 표기된다. 보통은 메시지를 전달하기 위해 26개의 알파벳이 필요하지만, 유전학에서는 이 네 개만으로도 충분하다는 점에서 이 글자들은 유전학의 알파벳으로도 알려져 있다.[1] 문장 속에 있는 알파벳들의 순서가 각기 다른 메

---

[1] UC Berkeley의 정보 과학자 Hubert Yocky는 영어 알파벳과 유전자 알파벳 사이의 이런 비교가 유추가 아니라 수학적 특성을 가진 것임을 분명히 하고 있다. 그는 이렇게 쓰고 있다. "우리가 유추를 통하여 추론하고 있지 않음을 이해하는 것이 중요하다. 연속 가설(sequence hypothesis)은 글로 쓰인 언어뿐만 아니라 단백질과 유전자 텍스트에 직접 적용되며, 따라서 그것을 다루는 것은 수학의 차원과 동일한 것이다." 다음을 보라.

시지를 전달하듯, 살아 있는 세포 안에 담긴 A, T, C, G의 특별한 순서는 모든 생명체의 독특한 유전적 성질을 결정한다. 문장 안에 있든 또는 DNA 안에 있든, 알파벳의 순서에 의해 전달된 의미 또는 정보가 만들어내는 또 다른 이름은 '특정화된 복잡성(specified complexity)'이다. 바꾸어 말하면, 그것은 복잡할 뿐만 아니라, 특정화된 메시지를 담고 있다.

생명체가 갖고 있는 이 믿을 수 없을 만큼 특정화된 복잡성은, 단세포 아메바의 DNA 속에서 발견되는 메시지를 고려할 때, 보다 명백해진다. 옥스퍼드 대학교 동물학 교수이자 철저한 다윈주의자인 리처드 도킨스(Richard Dawkins)는 아메바의 세포핵 하나에서 발견되는 정보가 브리태니커 백과사전 30권 분량보다 많으며, 아메바 한 마리는 자신의 DNA 안에 브리태니커 백과사전 1,000질(그러니까, 30권짜리 1질이 1,000개 있는 것이다)과 맞먹는 양의 정보를 갖고 있다는 점을 시인했다![2] 바꾸어 말해, 만일 우리가 "부당하게도 '원시적'이라고 불리는 아메바"(도킨스의 표현이다) 안에 들어 있는 모든 A, T, C, G를 하나하나 읽게 된다면, 그 글자들의 양은 보통의 백과사전 1,000질에 해당한다는 것이다!

여기서 우리는 이 1,000질의 백과사전에 달하는 글자들이 뒤죽박죽으로 구성되어 있지 않고 매우 특정하고도 명확한 순서에 따라(진짜 백과사전처럼) 구성되어 있음을 강조해야만 한다. 그러므로 여기서 도킨스와 같은 다윈주의자들에게 다음과 같은 질문을 던질 수 있다. 만일 "쓰레기 좀 치우렴—엄마가", "메어리는 스코트를 사랑해" 그리고 "마시자 코크" 같은 간단한 메시지도 지적 존재의 필요성이 따른다면, 백과사전

Hubert Yocky, "Self-Organization, Origin-of-life Scenarios and Information Theory," Journal of Theoretical Biology 91(1981):16.

2 Richard Dawkins, *The Blind Watchmaker*(New York: Norton, 1987), 17-18, 116.

1,000질에 달하는 메시지와 관련해서는 어떻게 지적 존재의 필요성을 무시할 수 있다는 말인가?

다윈주의자들은 자연의 법칙으로 어떻게 그 일이 가능할 수 있는지 보여주는 방식으로는 그 질문에 대답하지 못할 것이다. 대신에 그들은 과학의 규칙을 매우 협소하게 규정함으로써, 지성은 사전에 제거해 버리고, 오직 자연법칙만 남도록 하는 방식을 사용한다. 다윈주의자들이 이 일을 어떤 방법으로 그리고 왜 하고 있는지 서술하기에 앞서, 최초의 생명체가 어떻게 시작되었는지 알아내는 데 사용할 수 있는 과학 원리들을 살펴보자.

최초 생명체의 기원을 조사하기

창조론자뿐만 아니라 진화론자 가운데 많은 이들이 최초 생명체의 기원에 대해 자신들은 의문의 여지없는 정답을 알고 있다는 듯이 말한다. 물론 둘 다 옳을 수는 없다. 하나가 옳으면, 다른 하나는 틀린 것이다. 그렇다면 누가 옳은지 우리는 어떻게 알 수 있을까?

명백하지만 자주 간과되고 있는 사실이 있다. 이 땅의 어느 누구도 생명체의 기원을 목격하지 못했다. 지구 위에 첫 번째 생명체가 등장한 것은 어느 한 순간이었으며, 되풀이될 수 없는 역사의 사건이었다. 누구도 현장에서 그것을 목격하지 못했다. 진화론자도 창조론자도 그 자리에 없었으며, 아울러 우리가 시간을 거슬러 그 최초의 생명체가 어떤 지적 존재로 말미암아 창조되었는지, 아니면 생명이 없는 물질로부터 자연 법칙으로 말미암아 발생했는지 직접 관찰할 수 없다는 점도 확실하다.

그 때문에 한 가지 중요한 질문이 생긴다. 즉 과거를 직접 목격할 수 없다면, 우리는 어떤 과학 원리들을 사용해 무엇이 최초의 생명체를 존재하게 했는지 알 수 있을까? 우리는 범죄 수사 현장에서 활용되는 것과 동일한 원리를 사용할 수 있다. 다시 말해, 수사관이 살인 현장에서 증거 조각들을 모으듯 생명체의 기원을 파악할 수 있는 증거 조각들을 모아보는 것이다. 이것은 범죄 사건을 수사하는 것과 같다. 만일 탐정이 있다면, 그는 시간을 거슬러 살인 현장을 목격할 수 없지만, 그리고 피해자를 되살리거나 사건 현장을 재현할 수 있지도 않지만, 당시 실제로 어떤 일이 일어났는지 밝혀내기 위해 범죄 수사를 위한 과학 원리들을 사용할 수 있다.

범죄를 해결하기 위한 과학 수사에서 중심이 되는 것은 일치의 원리(Principle of Uniformity)인데, 이것은 과거에 존재했던 원인들이 현재 우리가 관찰할 수 있는 원인들과 유사하다는 주장이다. 바꾸어 말하면, 일치의 원리에 비추어볼 때, 우리는 과거에 작동했던 세계가 지금도 유사하며, 특별히 원인의 문제에 있어서는 더욱 그렇다고 주장할 수 있다. 만일 "쓰레기 좀 치우렴—엄마가"라는 글의 생성이 오늘날 어떤 지적 존재의 원인을 필요로 하고 있다면, 과거부터 존재해 왔던 비슷한 글도 역시 지적 원인을 필요로 할 것이란 점은 분명하다. 반대로 만일 자연의 법칙에 의해 오늘날에도 그 글을 만들어낼 수 있다면, 일치의 원리에 따라 우리는 과거에도 자연 법칙으로 말미암아 그 글이 생성되었을 것이라는 결론을 내릴 수 있다.

그랜드 캐니언을 생각해 보라. 그것은 어떻게 생성될 수 있었는가? 그것의 생성을 목격한 사람이 있는가? 없다. 하지만 일치의 원리에 비추어, 우리는 자연적 시간의 경과, 특별히 물의 침식 작용에 의해 그랜드 캐니언이 형성되었다는 결론에 이를 수 있다. 비록 우리가 그랜드 캐니언의 형성 과정을 직접 볼 수는 없었다 하더라도 이렇듯 확신에 찬 결론을 낼 수 있는 것은, 자연적 시간의 경과에 따라 계곡들이 형성되는 것을 지금도 목격할 수 있기 때문이다. 자연 상태에서 물이 지반에 미치는 효과를 살펴보면 이것을 알 수 있으며, 실험실에서 흙에 물을 부어보아도 이런 동일한 현상을 이끌어낼 수 있다.

러시모어 산도 살펴보자. 그것은 어떻게 그런 모양을 갖출 수 있었을까? 상식적으로 생각해도, 거대한 바위산에 새겨진 전직 대통령들의 얼굴이 자연 법칙의 결과물이라는 주장은 결코 펼 수 없을 것이다. 침식 작용이라는 주장도 설득력이 없다. 우리의 '상식'이 사실상 일치의 원리인 것이다. 바위산에 대통령의 얼굴을 정교하게 조각하는 현상이 자연적으로 오늘날 우리 주변에서 일어날 수 없으므로, 과거에도 자연 법칙에 의해 그런 일이 일어날 수 없으리라는 타당한 결론을 내릴 수 있게 된다. 결과적으로 우리는 과거에 어떤 지적 존재(조각가)가 러시모어 산에 그런 형상을 창조해 냈다고 말할 수 있다.

마찬가지 방식으로, 우리가 최초의 단세포 생물을 본다면, 일치의 원리에 따라 우리는 오직 지적 원인만이 1,000질의 백과사전에 달하는 정보를 단세포 생물 안에 집적시킬 수 있다고 말할 수 있다. 자연 법칙에 의해 "마시자 코크" 같은 단순 메시지가 만들어지는 장면을 보지도 못했거니와, 하물며 백과사전 1,000질에 달하는 정보량만큼이나 많은 메시지가 자연법칙에 의해 생성된다는 주장은 결코 받아들일 수 없는 것이다.

그렇다면 왜 다윈주의자들은 최초의 생명체가 지적 존재의 개입 없이 생명이 없는 화학물질로부터 자연발생했다는 결론을 내리게 되었을까? 생명체의 자연 발생은 관찰된 일이 없다. 파스퇴르가 그의 플라스크를 소독한 이래, 모든 과학에서 가장 기본이 되는 관찰 결과 가운데 하나는 생명체가 오직 이미 존재하고 있는 유사한 생명체로부터 발생할 뿐이라는 것이다. 과학자들은 시험관 속에서 화학 물질들을 결합하여 단 하나의 DNA 입자도 만들어 내지 못했는데, 하물며 생명체를 만들어 낼 수 있다는 것은 어불성설이다.[3] 사실 생명체를 자연 발생시키기 위해 고안된 모든 (지금은 불신을 받고 있는 유리-밀러 실험[Urey-Miller experiment]을 포함하여) 실험은 실패했을 뿐만 아니라, 정보의 부정한 사용으로 말미암아 고통을 겪고 있는 지경이다.[4] 바꾸어 말하면, 과학자들은 지식을 짜내어 온갖 실험들을 강구하고 있지만, 그럼에도 지성의 개입 없이 자연법칙에 의해 생명체가 존재하게 되었다는 주장을 입증하지 못하고 있다. 그토록 명석한 과학자들조차 해내지 못한 일을 우리가 우연한 결과물로 믿어야 하는 이유가 있는가? 또 어쩌다가 마침내 과학자들이 실험실 안에서 생명체를 만들어 낸다 하더라도, 그것은 오히려 창조를 입증하는 증거가 돼버릴 것이다. 왜 그런가? 온갖 노력을 기울여 마침내 생명체를 탄생시키려면 그 전까지 엄청난 지식이 필요하다는 사실을 드러낸 것에 불과하기 때문이다.

다윈주의자들은 자신들이 지적 설계자의 존재를 뒷받침하는 증거를 보지 못했다는 이유만으로 자연 발생론을 고집하고 있는가? 결코 아니

---

3 생명체가 자연 법칙의 산물임을 주장하는 진화론자들의 어려움과 관련한 토론 내용에 대해서는, 다음을 보라. Peter Ward and Donald Brownlee, *Rare Earth: Why Complex Life is Uncommon in the Universe*(New York: Copernicus, 2000), chapter 4.
4 Urey-Miller 실험과 신뢰하기 곤란한 다른 아홉 가지 진화의 '증거들'이 갖고 있는 문제점에 관하여 더 많은 것을 보려면, 다음을 보라. Jonathan Wells, *Icons of Evolution: Science or Myth? Why Much of What We Teach About Evolution Is Wrong* (Washington, D.C.: Regnery, 2000).

다. 진실은 그 반대다. 그들은 증거를 똑똑히 보고 있다. 예를 들어, 리처드 도킨스는 우리가 앞장에서 인용했던 윌리엄 페일리의 설계 논증에 대한 답변으로, 자신의 책에 눈먼 시계공(Blind Watchmaker)이라는 이름을 붙였다. 생명체 안에 설계 개념이 필요하다는 점을 그는 자신의 책 첫 페이지부터 인정하고 있는 셈이다. 도킨스는 이렇게 쓰고 있다. "생물학이란 어떤 목적에 따라 설계된 외형을 갖춘 복잡한 대상들을 연구하는 학문이다."[5] 몇 페이지 뒤에서 인간이라는 생명체와 그 신체에 존재하는 몇 조 개의 세포들 안에 '복잡한 구조와 정밀한 가공'이 존재함을 인정하면서도, 도킨스는 인간이라는 생명체 또는 다른 생명체가 설계되었다는 것을 철저하게 부인해 버린다. 그는 자신의 결론을 방해하는 객관적 관찰 결과들을 허용하려 하지 않는다. 이것은 관찰에 근거하는 과학의 우월성을 신봉하는 사람으로서는 너무나 기이한 태도이다.

DNA의 공동 발견자이자 열렬한 다윈주의자이기도 한 프란시스 크릭은 설계된 외형에 대해 도킨스와 견해를 같이 한다. 사실, 설계된 외형은 너무나 분명해서, 크릭은 "생물학자들은 자신들이 보고 있는 것이 설계된 것이 아니라 오히려 진화된 것이라는 점을 늘 되새겨야 한다"고 경고했을 정도다.[6] 크릭이 생물학자들에게 보내는 이러한 외침에 대해, 작가이자 지적 설계론의 선두주자인 필립 존슨(Phillip Johnson)은 "다윈주의를 추종하는 생물학자들은 계속해서 자신들의 주의를 환기시켜야 한다. 그러지 않는다면 자신들의 면전에서 뚜렷하게 부각되는 지적 존재의 실

---

5 Richard Dawkins, *The Blind Watchmaker*, 1.
6 Phillip E. Johnson, *The Wedge of Truth*(Downers Grove, Ill.: InterVarsity Press, 2000), 153.

체를 인정하고 말 것이기 때문"이라고 말했다.[7]

다윈주의자들에게는 DNA가 갖고 있는 복잡성만이 문제가 되는 것은 아니다. DNA의 기원 역시 문제다. DNA가 단백질로부터 형성되었다고 하지만, 그 단백질 역시 DNA로부터 형성되기 때문이다. 이는 '닭이 먼저냐—달걀이 먼저냐'라는 골치 아픈 딜레마에 속한다. 그러면 DNA와 단백질 중 어느 것이 먼저인가? 하나가 생성되려면, 다른 하나는 이미 존재하고 있어야 한다.

그러면 크릭, 도킨스 및 그들 진영의 사람들은 어째서 그들 면전에 뚜렷하게 나타나는 증거들을 외면하고 있는 것일까? 그 이유는 그들이 신봉하는 자연주의(naturalism) 이데올로기가 지적 존재의 고려 자체를 가로막고 있기 때문이다. 우리가 곧 살펴보겠지만, 이것은 나쁜 과학이며, 그릇된 결론으로 이끌어갈 뿐이다.

좋은 과학 vs. 나쁜 과학

사람들은 이른바 창조-진화 논쟁(요즘은 지적 설계 대 자연주의 논쟁으로 자주 부른다)이 필연적으로 종교와 과학, 성경과 과학, 또는 신앙과 이성 사이의 전쟁을 수반한다고 믿는 경향이 있다. 이런 인식은 1925년의 '원숭이 재판'을 바탕으로 한 1960년의 영화 〈신의 법정(Inherit the Wind)〉의 관점에서 줄곧 이 문제를 바라보는 언론 매체에 의해 굳어지고 있다. 기억할 것이다. 이쪽의 시각은 이랬다: "여기 정신 나간 종교 근본주의자들이 나타났네. 이자들은 자신들의 교조주의적 종교를 고집하면서 객관적

---

7 Ibid.

두 가지 유형의 원인

지적　　　　　　　　자연적

러시모어 산

그랜드 캐니언

그림 5.1

인 과학은 무시하고 싶어하지."

정말 그럴까? 진실은 이렇다. 창조-진화 논쟁은 종교 대 과학 또는 성경 대 과학의 논쟁이 아니라 좋은 과학 대 나쁜 과학 사이의 논쟁이라고 말이다. 마찬가지로, 그것은 신앙 대 이성의 논쟁도 아니다. 오히려 합리적 신앙 대 비합리적 신앙 사이의 논쟁인 것이다. 둘 사이에 누가 나쁜 과학을 행하고 있는지, 그리고 누가 비합리적 신앙을 갖고 있는지 알게 된다면 모두들 크게 놀랄 것이다.

앞서 언급했듯, 과학은 원인을 탐구하는 것이다. 논리적으로 볼 때, 오직 두 가지 유형의 원인만이 존재한다. 곧 지적(intelligent) 원인과 비지적(nonintelligent, 자연적) 원인이 그것이다. 그랜드 캐니언은 자연적 원인에 의해 형성된 반면, 러시모어 산은 지적 원인으로 말미암아 이루어졌다(그림 5.1을 보라). 불행하게도, 첫 번째 생명체와 관련한 질문에 대해 도킨스나 크릭 같은 다윈주의자들은 지적 원인을 뒷받침하는 증거들을 전혀 살펴보지도 않고서 제외시켜 버린다. 바꾸어 말해, 그들의 결론은 자신들의 추론에 전적으로 의지하고 있는 셈이다. 그러므로 자연 법칙에 따른 자연발생은, 그들이 다른 대안은 전혀 고려하지 않고 있으므로, 생명체를 탄생시킨 원인이 될 수밖에 없는 것이다.

진화론 비판자들은 자연 발생론을 가리켜 '그럴듯한' 이야기라고 부른다. 진화론자들은 자연 발생을 뒷받침할 만한 증거를 제시하지 못한다. 게다가 경험적 관찰이나 과학수사 원리에 의해 지지받기도 힘들다. 그럼에도 생명체의 기원을 가능케 하는 다른 원인으로 지적 존재의 가능성을 처음부터 배제시킨 탓에 진화론 이외의 다른 가능성은 철저히 차단돼 버렸고, 그래서 '그럴듯한' 이론이라고 부르는 것이다.

다윈주의자들에게 그것은 중대한 문제이다. 생화학자 클라우스 도저(Klaus Dose)는, "30년 넘게 생명체의 기원에 대한 연구가 이루어졌지만, 문제가 해결되기는커녕 오히려 그것이 너무 거대한 것임을 여실히 깨닫게 되었을 뿐이며, 현재 그 분야의 주요 이론과 실험은 막다른 곳에 부딪히거나 도무지 알 수 없다는 푸념만 남긴 채 종언을 고하고 있다"고 시인했다.[8] 프란시스 크릭은 이렇게 탄식했다. "나는 생명체의 기원에 대한 논문을 쓸 때마다 다시는 이런 걸 쓰지 않으리라고 다짐한다. 드러난 사실은 거의 없고 온갖 추측만 난무하기 때문이다."[9]

지적 존재는 수긍하면서 자연주의는 부인하는 증거가 워낙 강력한 까닭에, 유명 진화론자들은 외계인들이 지구에 최초의 생명체를 옮겨놓

---

8 Klaus Dose, "The Origin of Life:More Questions than Answers," *Interdisciplinary Science Review* 13(1998):348; Lee Strobel, *The Case for Faith*(Grand Rapids, Mich.: Zondervan, 2000), 107에서 인용.
9 Lee Strobel, *The Case for Faith*(Grand Rapids, Mich.: Zondervan, 2000), 107에서 인용.

앉을 것이라는 주장을 펼치고 있는 실정이다. 정상우주론을 대중화시킨 프레드 호일은 생명체가 자연 발생적으로 생겼을 가능성이 사실상 0(zero)임을 깨달은 뒤에 현실과 동떨어진 이 이론을 고안해 냈다. (이것을 외계생명체 유입설 또는 편종설[panspermia]이라고도 하는데 그렇다고 이 이론으로 문제가 해결된 것이 아니라 단지 해결을 몇 걸음 미루었을 뿐이다. 그 외계의 지적 존재는 어떻게 탄생했는가 하는 문제가 새롭게 대두되기 때문이다.)

그 이론이 터무니없이 들리기는 하지만, 적어도 그 이론의 지지자들은 우리가 생명체라고 부르는 놀라운 경이의 배후에 지적 존재가 있어야 한다는 점은 시인하고 있는 셈이다. 최고의 진화론자들이 가장 단순한 생명체의 기원을 설명하기 위해 외계인에게 의존해야만 한다는 것을 볼 때, 우리는 가장 단순한 생명체조차 믿을 수 없을 만큼 복잡하다는 사실을 새삼 깨닫게 된다.

외계생명체 유입설의 또 다른 지지자인 찬드라 위크라마싱(Chandra Wickramasinghe)은 자연 발생론 문제만 놓고 보면 다윈주의자들이 맹목적 신앙에 근거해 행동하고 있다는 점을 시인한다. 그는 이렇게 말한다. "지구의 원시 수프(primordial soup, 지구상에 생명체를 발생시킨 유기물의 혼합 용액)에서 생명체가 출현했다는 것은 그저 과학자들이 포기하기 아까워하는 신앙일 뿐이다. 이것을 뒷받침할 경험적 증거는 전혀 존재하지 않는다. 실제로 파스퇴르 때부터 시작된, 비생명체로부터 생명체를 창조해내려는 모든 시도는 실패로 끝났다."[10] 미생물학자 마이클 덴튼(Michael Denton)은 무신론자임에도 불구하고 이렇게 첨언했다. "가장 단순하다

---

10 Chandra Wickramasinghe, 2000년 10월 27일 Roy Britt가 인터뷰한 내용. 다음 웹사이트에 실려 있다. http://www.space.com/searchforlife/chandra_sidebar_001027.html(강조는 저자가 추가).

고 알려진 세포조차 너무 복잡해서, 그런 것이 여태껏 없던 아주 특별한 사건에 의해 느닷없이 튀어나왔을 가능성을 받아들이기란 불가능하다. 그런 일이 실제로 일어났다면 기적으로 불러야 할 것이다."[11]

자연 발생론이나 외계생명체 유입설과 같은 '그럴듯한' 설명들로 미루어볼 때, '종교적'이라는 비난을 받고 있는 사람들(유신론자/창조론자)과 실제로는 '종교적인' 사람들 못지않게 종교적인 '배운' 사람들(무신론자/다원주의자) 가운데 누가 나쁜 과학을 하고 있다고 생각하는가? 물리학자이자 정보 과학자인 허버트 요키(Herbert Yockey)는 다원주의자들이야말로 나쁜 과학을 하고 있다고 주장한다. 그는 이렇게 말했다. "지구의 생명체가 생명이 없는 물질로부터 자연 발생했다는 믿음은 그저 엄격한 환원론(reductionism, 모든 생명 현상이 물리와 화학의 눈을 통해 설명될 수 있다고 믿는 것)에 따른 신앙일 뿐이며 순전히 이데올로기적이다."[12]

요키의 말이 옳다. 다원주의자들은 자신들이 생명체를 생명이 없는 화학 성분들로 환원시킬 수 있다는 그릇된 믿음을 갖고 있다. 그것이 바로 환원론이라는 이데올로기다. 오직 물질만이 존재한다는 것(그러기에 물질이 아닌 것은 존재하지 않는다는 것)을 믿고 싶어하는 도킨스나 크릭 같은 다원주의자들에게, 생명체는 단지 화학 물질에 불과할 따름이다. 그러나 생명체는 분명히 화학 물질 이상의 존재다. 생명체는 화학 물질 안에 특정한 메시지(DNA)를 담고 있지만, 잉크와 종이 안에 들어 있는 화학 물질이 이 종이 위에 적힌 문장을 만들지 못하는 것처럼, 그 화학 물

11　Michael Denton, *Evolution: A Theory in Crisis*(Bethesda, Md.: Adler& Adler, 1985), 264.
12　Hubert Yocky, *Information Theory and Molecular Biology*(Cambridge, New York: Cambridge University Press, 1992), 284. 강조는 저자가 추가.

질은 DNA라는 메시지를 만들어낼 수 없다. 즉 메시지는 화학 물질 이상의 어떤 것이다. 지금 이 책의 페이지마다 기록된 메시지처럼, 생명체 안에 담긴 메시지는 그 생명체를 구성하는 화학 성분을 넘어서는 어떤 지적 존재를 암시하고 있다. (우리는 생명체란 메시지를 담고 있는 화학 물질 이상의 존재임을 알지만, 여기서 핵심은 생명체가 확실히 화학 물질 이하의 어떤 것은 아니라는 사실이다.)

따라서 다윈주의자들은 자연주의를 추종하는 환원론자들의 이데올로기에 맹목적 충성을 바침으로써, 생명이 없는 화학 성분에서 생명체가 자연 발생했다는 내용을 무슨 교리처럼 주장하고 있는 것이다. 그런데 바로 이런 행위야말로 다윈주의자들이 오랫동안 창조론자들을 비난하면서 지적했던 사항—창조론자들이 이데올로기에 매여 객관적 관찰과 이성을 억눌렀다는 주장—이라는 점은 매우 역설적이다. 진실을 말하는데, 자기들만의 신앙으로 객관적 관찰과 이성을 억누르고 있는 이들은 바로 다윈주의자들이다. 창조론자들과 지적 설계의 옹호자들은 단지 증거로부터 합리적 추론을 이끌어내려고 한다. 그들은 시간을 거슬러서 어떤 지적 존재가 되는 원인에 도달하기까지 인도해줄 증거들을 따라가고 있을 뿐이다.

지적 존재를 거부하는 다윈주의자들의 철학적 편향성을 지적하는 사람 중에 요키가 유일한 인물은 아니다. 필립 존슨은 과학계에서 딱딱하게 굳어버린 자연주의의 나무를 쪼개는 강철 쐐기와 같은 역할을 하고 있다. 그는 "다윈주의는 철학적으로 증거에 입각한 중립적 평가에 기초를 두지 않고, 유물론에 대한 선험적 추종에 근거하고 있다. 과학적 증거에 기초하지 않는 철학은 제아무리 든든한 탑이라 해도 곧 무너지고 말

것"임을 바르게 지적하고 있다.[13]

진화론 비판자들만 이들의 편향성을 지적하는 것은 아니다. 유명 다원론자들도 그 점을 시인한다. 실제로 도킨스 자신도 필립 존슨의 이메일에 답변하는 과정에서 그런 편향성을 시인했다. 그는 이렇게 썼다. "(우리가) 철학적으로 유물론과 환원론을 추종하는 것은 사실이다. 하지만 나는 그것이 당신네들의 완전한 엉터리식 설명과 대조할 때 철학적으로는 진실한 설명이라고 규정하고 싶다."[14] (도킨스는 자신들의 견해에 대해 그것이 진실한 설명이라고 생각할지 모르지만, 우리가 살펴보았듯이, 그의 주장이야말로 적절하고 객관적인 증거에 모두 반하는 내용이다.)

리처드 도킨스가 마지못해 자신들의 편향성을 인정했다면, 하버드의 다원주의자 리처드 르원틴(Richard Lewontin)은 철저히 마음으로부터 나오는 고백을 쏟아냈다. 유물론에 대한 선험적 추종으로 인해 다원주의자들이 비상식적인 '그럴듯한' 이야기를 받아들이고 있다는 사실을 르원틴이 어떻게 인정하고 있는지 읽어보라.

과학과 초자연 사이에 진짜 싸움이 벌어지는 이유는 상식에 반하는 과학적 주장들을 기꺼이 받아들이려는 우리에게 있다. 과학이 그 구조상 명백한 불합리함을 일부 가지고 있음에도 불구하고, 건강과 생명에 관련해 과학이 내놓았던 많은 과장된 약속들이 실패로 돌아갔음에도 불구하고, 그리고 입증되지 않은 '그럴듯한' 이야기들에 대해 과학계가 힘들게 인내하고

13　Phillip E. Johnson, "The Unraveling of Scientific Materialism," First Things(November 1997):22-25.
14　이메일로 2001년 7월 10일에 받은 것이다. 그 주간에 주고 받은 모든 내용은 다음 웹사이트에서 볼 수 있다. http://www.arn.org/docs/pjweekly/pj_weekly._010813.htm.

있음에도 불구하고 우리가 굳이 과학의 편에 서려는 이유는 유물론에 대한 우리의 선험적 추종 때문이다. 현상 세계에 대한 유물론적 설명을 우리가 억지로 받아들이려는 이유는 과학적 방법이나 체계 때문이 아니라 오히려 우리가 유물론적 원인들에 매달리기 때문이다. 그것을 통해 우리는, 아무리 직관에 반하거나 초보자들을 어리둥절하게 만드는 유물론적 설명이라 해도, 그 유물론적 설명을 만들어낼 조사 기구와 개념들을 창조해 내려 하기 때문이다. 더욱이 우리는 신이라는 존재가 문 안에 발을 들여놓는 것을 결코 허용할 수 없으므로 그 유물론은 절대적일 수밖에 없다.[15]

이제 진실이 밝혀졌다. 과학적 증거들은 다원주의를 지지하지 않는다. 르원틴과 우리의 상식에 따르면 다원주의자들의 설명은 '반직관적'이다. 다원주의자들은 유일한 대답이 다원주의로 나올 수밖에 없는 방식으로 과학을 규정하고 말았다. 다른 것을 허용한다면, 그것은 결코 일어나서는 안 되는 일로, 곧 신이 문 앞에 발을 들여놓는 일이 생기고 말 것이기 때문이다.

다음 장에서 우리는 신이 발을 들여놓지 못하게 하려는 동기에 대해 살펴볼 예정이다. 여기서의 결론은 이렇다: 우리가 자연발생에 의한 최초 생명체의 탄생 사건을 믿어버림으로써 대진화라는 무신론적 이론의 성립을 허용한 이유는, 자연발생을 지지하는 적법한 과학적 증거가 있기 때문이 아니라 과학이라는 이름으로 위장한 잘못된 철학적 추론에 의해 오도되었기 때문이다. 잘못된 과학은 나쁜 과학이며, 그 나쁜 과학

15　Richard Lewontin, "Billions and Billions of Demons," *The New York Review of Books*, January 9, 1997, 31.

을 실천하고 있는 이들이 바로 다윈주의자들이다. 자연 발생에 대한 그들의 믿음은 자연주의에 대한 그들의 맹목적 신앙에서 비롯된 것이다. 첫 번째 단세포 생물이 자연 법칙으로 말미암아 출현했다는 것을 믿으려면 굉장한 신앙이 요구되는데, 그 이유는 그것이 마치 1,000질의 백과사전이 어떤 인쇄소에서 일어난 폭발에서 비롯되었다고 믿는 것과 같기 때문이다! 무신론자들은 그 인쇄소의 기원조차 설명할 수도 없는데, 하물며 1,000질의 백과사전의 기원이야 어떻게 설명할 수 있겠는가? 그러므로 우리는 무신론자가 되기에는 믿음이 부족하다.

시간과 우연에게 기회를 준다면

"너무 성급한 결론은 내지 마시죠." 다윈주의자들은 이렇게 말한다. "당신들은 생명체가 어떻게 자연발생했는지 그럴듯하게 설명해줄 수 있는 요소인 시간과 우연을 간과해왔습니다."

시간에게 더 많은 시간이 허락된다면

다윈주의자들은 자연 법칙에 더 많은 시간만 허락된다면 최초 생명체의 출현에 지적 존재가 굳이 필요치 않으리라는 결론을 내놓는다. 수십억 년이 주어진다면, 결국 생명체가 탄생한다는 것이다. 이것이 타당한 주장일까?

잠시 러시모아 산으로 돌아가 보자. 다윈주의자들은 과학이 관찰과 반복에 기초하고 있다고 주장한다. 좋다. 다음 10년 동안 자연 법칙이 바위에 영향을 미치도록 만들어 놓은 곳에서 한 가지 실험을 반복하면서 관찰을 계속한다고 가정해 보자. 그러면 러시모아 산의 그 얼굴들을 얻을 수 있을까? 결코 그렇지 않다.

만일 수십억 년이 허락된다면, 자연법칙에 의해 바위에 사람 얼굴이 새겨질 수도 있다고 말할지 모르겠다. 하지만 그런 일은 결코 일어나지 않는다. 왜냐하면 자연은 시간이 흐를수록 혼란을 일으킬 뿐이지, 사물을 체계 있게 조직하지는 못하기 때문이다(시간이 흐를수록 자연은 무질서해진다는 사실은 열역학 제2법칙의 또 다른 내용이기도 하다). 그러므로 더 많은 시간이 주어진다 하더라도 다윈주의자들의 사정은 더욱 안 좋아질지언정, 좋아지지는 않을 것이다. 어떻게 그런가?

300미터 상공의 비행기에서 빨간색, 흰색, 그리고 파란색 종이 조각을 뿌린다고 해보자. 그 색종이 조각들이 우리의 집 앞 잔디에 국기를 그려낼 가능성은 얼마나 될까? 매우 낮다. 왜 그럴까? 자연 법칙에 따라 그 색종이 조각들은 뒤죽박죽 섞이거나 되는 대로 모양을 만들어버릴 것이기 때문이다. 다윈주의자들은 "시간이 더 필요하다"고 말할 것이다. 좋다. 이번에는 비행기를 3천 미터까지 상승시켜 자연 법칙에 의해 그 색종이 조각들이 보다 오래 영향을 받을 수 있게 해보자. 그러면 우리의 집 앞 잔디에 국기가 그려질 가능성은 더 커질까? 천만에. 더 많은 시간이 주어지면 국기 모양은 더 어려워진다. 자연 법칙이 오히려 만사를 어지럽히고 혼란스럽게 만들 시간만 늘어나기 때문이다.

최초 생명체의 기원과 관련해 앞의 예화와 다른 점은 무엇인가? 다윈주의자들은 열역학 제2법칙이 생명체에는 지속적으로 적용되지 않는다고 말할지 모르겠다. 그러면 생명을 지닌 것들은 성장하면서 보다 체계화하고 질서를 갖출 수 있다. 그렇다. 생명체는 자라면서 보다 질서를 갖추게 된다. 하지만 생명체는 성장하는 과정에서 계속 에너지를 잃어버린다. 생명 체계 안으로 들어간 음식물도 100퍼센트 효율의 처리 과정을 거치는 것이 아니다. 따라서 열역학 제2법칙도 살아있는 생명체에 적용된다. 그러나 그것이 핵심은 아니다. 핵심은 우리가 지금 생명체가 존재하고 난 다음에 무슨 일이 벌어지는가에 대해서가 아니라, 최초의 생명체가 어떻게 탄생했느냐에 대해 논의하고 있다는 점이다. 생명이 없는 화학 성분들이 열역학 제2법칙에 큰 영향을 받는다고 한다면, 지적 존재의 간섭이 없는데, 어떻게 생명체가 생명이 없는 화학 물질들로부터 생겨났을까? 다윈주의자들은 이에 대해 어떤 대답도 내놓고 있지 못하며, 다만 신앙에 매달리고 있을 뿐이다.

우연에게 우연한 기회가 한 번 더 허락된다면

생명체 안의 믿을 수 없을 만큼 특정화된 복잡성을 우연이라는 것으로 설명할 수 있을까? 그것은 결코 우연이 아니다! 생명체가 생명이 없는 화학 물질들로부터 우연히 발생할 가능성을 무신론자와 유신론자가 함께 계산했다. 그 결과로 얻은 수치는 너무 작아서 사실상 0이나 다름없었다. 예를 들어 마이클 베히(Michael Behe)는, (약 100개의 아미노산을 갖고 있는) 단백질 입자 하나를 우연히 얻을 가능성은, 사하라 사막의 세 배에 달하는 모래 알갱이를 한 줄로 늘어놓고 눈가리개를 쓴 채 그중에 특정 표시를 해둔 알갱이 하나를 찾아내는 경우와 비슷하다고 말한 바 있다. 더욱이 단백질 입자 하나는 생명체가 아니다. 생명체를 얻으려면 그런 단백질 입자 약 200개가 필요하다![16]

가능성은 거의 0이다. 그러나 우리는 가능성이 실제로 0이라고 믿는다. 왜 그런가? '우연'은 생명체의 존재 원인이 될 수 없기 때문이다. 우연

---

[16] Lee Strobel, *The Case for Faith* (Grand Rapids, Mich.: Zondervan, 2000), 99-101.

이란 수학적 가능성을 표시하기 위해 사용하는 용어일 뿐이다. 우연은 자기 고유의 능력이 전혀 없다. 그것은 아무것도 아니다. 그것은 바위가 꾸는 꿈이다.

동전을 던져 앞뒷면 중 어느 한 면이 나올 가능성은 얼마나 될까? 50퍼센트라고 말할 수 있다. 그러면 무엇이 그 동전의 앞면이 나오게 할까? 우연인가? 아니다. 동전의 앞면이 나오게 하는 첫 번째 원인은 동전을 던지기로 결심하고 힘을 사용해 동전을 던진 어떤 지적 존재이다. 두 번째의 원인도 있다. 예를 들어 바람의 물리적 힘과 중력도 동전 던지기 결과에 영향을 미친다. 우리가 그 변수들을 다 안다면, 동전 던지기의 결과가 어떻게 나올지 예측할 수 있을 것이다. 그러나 그 변수들을 알지 못하는 까닭에, 우리는 우리의 무지를 감추기 위해 '우연'이라는 표현을 사용하는 것이다.

우리는 무신론자들이 '우연'이라는 말로 자신들의 무지를 덮어버리게 허락해서는 안 된다. 최초의 생명체가 존재하도록 만든 어떤 작동 체계를 알지 못한다면, 그들은 마땅히 자신들의 무지를 인정해야 하며, 생명 존재의 원인이 될 수 없는 '우연'이라는 의미 없는 용어를 내밀어서는 안 된다. 그런 점에서 '우연'은 다윈주의자들이 행하고 있는 나쁜 과학의 또 다른 예에 불과하다.

과학은 철학의 노예

불행히도, 다윈주의자들은 유일한 나쁜 과학이란 다윈주의와 뜻을 같이 하지 않는 과학—그들은 그것은 실제로는 과학이 아니며 과학을 가장한 종교일 뿐이라고 주장한다—이라는 확신을 대중에게 심는 데 성공했다. 사실은, 정확히 그 반대다. 다윈주의자들이야말로 나쁜 과학을 행하고 있으며, 그것은 그들의 과학이 잘못된 철학 위에 세워져 있기 때문이다. 실제로, 경험을 통해 알 수 있는 지적 설계의 존재를 지지하는 과학적 증거들을 다윈주의자들이 무시하는 이유는 그들이 자연주의라는 세속 종교에 빠져 있기 때문이다.

우리는 다윈주의라는 나쁜 과학으로부터 무슨 교훈을 배울 수 있을까? 그 문제에 답하기 위해, 3장에서 언급했던, 기독교 신자 윌리엄 레인 크레이그와 다윈주의자 피터 앳킨스 사이에 벌어진 토론을 좀 더 살펴보자.[17] 그 토론이 신의 존재와 관련한 것이었음을 기억하라. 그 자리에서 앳킨스는 모든 것은 과학으로 설명할 수 있으므로 신은 필요하지 않다고 주장했었다. 앳킨스는 이렇게 천명했다. "신은 필요치 않습니다. 이 세상의 모든 것은 굳이 신이라는 존재를 끌어들이지 않고서도 이해할 수 있습니다. 당신도 이것이 세상과 관련해 우리가 취할 수 있는 가능성 있는 하나의 견해라는 점을 인정해야 할 겁니다."

크레이그는 그 점에 동의했다. "그럼요. 가능합니다. 하지만…"

앳킨스가 불쑥 가로막으며 물었다. "당신은 과학으로 모든 걸 설명할 수 있다는 것을 부인합니까?"

"예, 저는 과학으로 모든 걸 설명할 수 있다는 견해에 동의하지 않습니다." 크레이그가 대답했다.

앳킨스가 물었다. "그러면 과학이 설명하지 못하는 게 무엇입니까?"

많은 토론 현장을 누볐던 노련한 크레이그는 그 질문에 대답할 준비

---

17 토론 전체는 비디오로 녹화되었으며, 다음 웹사이트에서 볼 수 있다. http://www.leaderu.com/offices/billcraig/docs/craig-atkins.html.

가 되어 있었다. "제 생각에는 과학으로 입증할 수는 없지만 매우 합리적이어서 우리가 받아들이는 데 아무 문제 없는 것들이 많습니다"라고 크레이그가 말했다. 그러면서 그는 과학으로 입증할 수는 없지만 합리적인 믿음 사례 다섯 가지를 언급했다.

1. 수학과 논리학(과학은 그것들을 전제하기 때문에 그것들을 증명할 수 없다)
2. 형이상학적 진리(이를테면, 나 자신 이외에 또 다른 지성들이 존재하고 있다는 것)
3. 윤리적 판단(우리는 나치가 악한 집단임을 과학적으로 입증할 수 없는데, 도덕은 과학적 방법을 필요로 하지 않기 때문이다)
4. 미학적 판단(좋은 것으로도 표현되는 아름다움은 과학으로 입증할 수 없다). 또한 역설적이게도
5. 과학 자체(과학적 방법이 진리를 발견한다는 믿음은 과학적 방법 그 자체를 통하여 증명될 수 없다. 그 밖에도 아래에 더 있다)

앳킨스의 견해를 반박하며 연달아 사례를 제시하는 크레이그를 지켜보던, 중간자 입장의 윌리엄 버클리 2세는 기쁨을 감추지 못했다.

크레이그가 옳았다. 관찰과 반복을 통해 원인을 궁구하는 과학적 방법은 단지 진리를 찾는 여러 가지 방편 중 하나일 뿐이다. 그것이 진리를 발견하는 유일한 수단은 아니다. 1장에서 살펴보았듯, 비과학적(철학적) 법칙을 통해서도, 논리 법칙과 동일하게, 우리는 진리를 발견할 수 있다. 실제로 그와 같은 법칙들은 과학적 방법에서도 공히 사용되고 있다.

더욱이, 과학으로 모든 걸 설명할 수 있다는 앳킨스의 주장은 크레이그가 지적한 다섯 가지 반증 사례들 때문에 비로소 거짓이 아닌 게 된

다. 또한 그것은 자기 모순이라는 점에서 거짓이기도 하다. 사실 앳킨스는 이렇게 말하고 있었다. "과학은 진리의 유일한 객관적 원천입니다." 만일 우리가 1장에서 다루었던 로드 러너 전술로 그 말을 평가한다면, 그것이 스스로를 무너뜨리는 모순덩어리이며, 따라서 거짓임을 알게 된다. "과학은 진리의 유일한 객관적 원천"이라는 말은 스스로가 객관적 진리임을 내세우지만, 그 말은 과학적 진리가 아니다. 오히려 그 말은 본질면에서 철학적이며, 과학으로 입증될 수 없다. 따라서 그 말은 자기 모순인 것이다.

여기서 우리는 다윈주의자들의 나쁜 과학으로부터 배울 수 있는 가장 큰 교훈에 도달하게 된다. 즉 "과학은 철학 위에 세워진 것이다. 진실로 과학은 철학의 노예이다." 나쁜 철학은 나쁜 과학을 낳으며, 좋은 과학은 좋은 철학을 필요로 한다. 왜 그런가? 그 이유는 이렇다.

1. 과학은 철학 없이 존립할 수 없다.

철학적 가설들은 원인을 궁구하는 과정에서 사용되고 있으며, 따라서 그 원인의 결과가 될 수 없다. 예를 들면, 과학자들은 이성과 과학적 방법이 우리들로 하여금 주변 세계를 정확히 이해하도록 해줄 것이라고 (믿음으로) 가정한다. 그 가정은 과학 그 자체를 통해 증명될 수 없다. 논리학 법칙, 인과율, 일치의 원리, 또한 관찰 결과의 신빙성 등과 같은 과학의 도구들은 실험을 통해서는 입증할 수 없다. 오히려 실험을 하기 위해 우리는 그런 도구들이 진리임을 상정해야 한다. 그러므로 과학은 철학을 기반으로 하고 있다. 불행하게도, 과학자라는 이름으로 불리는 많은 이들이 매우 형편없는 철학자이다.

2. 철학적 가정은 과학의 결론에 극적인 영향을 미칠 수 있다.

만일 어떤 과학자가 (지적 원인이 아닌) 오직 자연적 원인만이 있을 수 있다고 사전에 단정해 버리면, 비록 지적 원인에 의한 결과라는 무수한 증거가 있더라도, 최초의 단세포 생명체인 아메바나 다른 설계된 개체들이 지적 존재에 의해 창조되었다는 확신을 갖지 못할 것이다. 다윈주의자들이 지적 원인은 존재 불가능하다는 전제를 미리 깔아버리면, 세상에는 오직 자연 법칙만 살아남을 것이다. 마찬가지로 어떤 창조론자가 처음부터 자연적 원인을 배제시켜 버린다면, 그 역시 바른 대답을 놓칠 위험에 빠질 수 있다. 그러나 자연적 원인과 지적 원인 모두에 마음을 열어 놓고 있는 과학자는 증거를 따라 어디든 갈 수 있다.

3. 과학은 실제로는 아무 말도 하지 않는다—과학자들이 말한다.

데이터는 늘 과학자들이 해석한다. 그 과학자들이 자신들의 개인적 선호나 증명되지 않은 철학적 가설을 바탕으로 증거를 해석하고 결론을 주장한다면, 정작 이데올로기에 심취해 결론을 내린다고 비난하던 종교인들과 동일한 일을 저지르는 것이 된다. 만일 그렇다면, 그들의 결론은 의심스러울 수밖에 없으며, 과학적 사실과 동떨어진 철학적 전제에 지나지 않을 것이기 때문이다.

유물론에서는 이성이 존재할 수 없다

문제의 근원을 파보면, 다윈주의자들이 자행하는 나쁜 과학은 그들의 세계관에 자리한 자연주의 또는 유물론이라는 잘못된 철학에서 비롯된 것임을 알 수 있다. 어째서 유물론이 잘못되었다고 하는가? 유물론이 합리적이지 않은 다섯 가지 이유가 여기 있다.

첫째, 이미 지적했듯이, 생명체 안에는 물질적으로 설명될 수 없으며 특정화된 복잡성이라는 전문용어로 불리는 메시지가 내재해 있다. 이 메시지는 지적이지 않은 자연 법칙에 의해 설명될 수 없다. 그것은 이 책의 내용이 잉크와 종이라는 비지성적 법칙에 의해 설명될 수 없는 것과 마찬가지 이유에서다.

둘째, 인간의 생각과 이론은 오직 물질로만 이루어져 있지 않다. 인간의 사유 과정에 화학 물질이 개입하는 것은 분명하지만, 그것으로 인간의 모든 생각을 설명할 수는 없다. 유물론이라는 이론도 입자들로 구성되어 있지 않다. 마찬가지로, 사람의 생각도, 그것이 사랑에 대한 것이든 아니면 증오에 대한 것이든, 화학 물질은 아닌 것이다. 사랑의 무게는 얼마나 될까? 증오의 화학적 구성은 어떻게 되어 있을까? 이와 같은 질문은, 생각, 확신, 그리고 감정이라는 것이 온전히 물질에만 기초를 두고 있는 것이 아니란 점에서 터무니없다. 이처럼 우리가 인식하고 있는 많은 것들이 온전히 물질에 기반을 두고 있는 것이 아니므로, 유물론은 그릇된 것이다.

셋째, 만일 생명체가 물질에 지나지 않는다면, 우리도 생명체의 모든 물질을 취합해—이는 흙에서 찾을 수 있는 것과 같은 물질들이다—생명체를 만들 수 있을 것이다. 그러나 우리는 불가능하다. 생명체 안에는 분명 물질 이외의 다른 무언가가 있다. 같은 물질인데도 어떤 신체는 살아 있고 다른 신체는 죽어버리는 이유를 유물론자들은 어떻게 설명할까? 둘 다 동일한 화학물질의 집합체 아닌가? 우리의 신체가 어느 때는 살아 있다가 다음에 죽어버리는 이유는 무엇인가? 물질의 어떤 조합으로 인간의 의식(consciousness)을 설명할 수 있을까? 크레이그와 논쟁을 벌였던 앳킨스조차 의식이라는 것을 설명하기가 무신론자에게는 너무나도 어려운 문제임을 시인했다.

넷째, 만일 유물론이 진리라면, 지나온 인류 역사 속에서 어떤 식으로든 영적인 체험을 했던 사람들 모두가 철저히 실수를 저지른 셈이 된다. 가능성이 없는 것은 아니지만, 영적 체험을 했던 이들의 수가 어마어마한 점을 감안하면 그들 모두가 실수를 저질렀다는 것은 오히려 현실성이 떨어진다. (가장 합리적이고 과학적이며 또한 가장 비판적이었던 일부 지성인들을 포함해) 인류사의 모든 위대한 영적 지도자들과 사상가들이 영적인 경험을 했다는 점에서, 그들 모두가 완전히 잘못을 범했다고 믿는 것은 곤란하다. 이들 중에는 아브라함, 모세, 이사야, 케플러, 뉴턴, 파스칼, 그리고 예수 그리스도가 포함된다. 만일 이 많은 이들의 영적 체험 가운데 굳이 단 하나만 진짜라고 하더라도, 유물론은 그릇된 것이다.

마지막으로, 만일 유물론이 참이라면, 이성의 존재는 불가능하다. 정신 작용이 단지 뇌 속에서 일어나는 화학 반응에 불과하다면, (유물론이라는 이론을 포함해) 무엇이 참이라고 믿을 이성이라는 실체가 존재하지 않기 때문이다. 화학물질로는 어떤 이론이 참이고 거짓인지 평가할 수 없다. 화학 물질은 이성에 기초한 논리를 전개하는 것이 아니라, 단지 반응할 뿐이다.

이것은 최고의 진리와 이성을 소유했다고 자평하는 다윈주의자들이 유물론이라는 자신들의 이론으로 진리와 이성을 생존 불가능한 것으로 만들어 버렸다는 점에서, 너무나 역설적이다. 따라서 다윈주의자들이 어떤 것에 관하여 옳은 말을 한다 하더라도, 이성 그 자체가 오직 화학적 힘과 물리적 힘만이 다스리는 세계에서는 존재 불가능한 것이 되어 버린 이상, 다윈주의자들의 세계관은 우리에게 믿어야 할 근거를 제공해 주지 못한다.

다윈주의자의 세계에서는 이성의 존재가 불가능할 뿐만 아니라, 우리는 오직 이성에 의지해야만 한다는 그들의 주장도 정당성을 얻을 수 없다. 왜 그런가? 그 이유는 이성이 실제로는 신앙을 필요로 하기 때문이다. 부지세프스키는 이렇게 지적하고 있다. "'오직 이성으로'라는 구호는 말도 되지 않는 소리다. 이성 그 자체는 신앙을 전제로 한다. 왜 그런가? 이성으로 이성을 방어하는 것은 순환론에 불과하며, 따라서 아무런 가치가 없다. 인간에게 어떻게 이성이 존재할 수 있는가에 대한 유일한 설명은 신 밖에 없다. 신이 이성을 만들었기 때문이다."[18]

이성의 원천을 고찰함으로써 부지세프스키가 지적하는 요점을 설명해 보자. 인간에게 이성이 있다면, 그 원천은 오직 두 가지 중 하나다. 즉 우리의 이성은 이미 실존하고 있는 지적 존재로부터 나왔거나, 아니면 지성이 없는 물질로부터 연유했다. 무신론자/다윈주의자/유물론자들은 우리의 지성이 지적 존재의 개입 없이 지성이 없는 물질로부터 발생했다고 믿고(by faith) 있다. 이제까지의 모든 과학적 관찰 결과에 따르면 결과는 그보다 앞선 원인보다 클 수 없다.

우리는 우리가 갖고 있지 않은 것을 결코 줄 수 없다. 그런데 이들은 지성이 없는 물질로부터 지성이 발생했다고 보는 것이다. 그런 점에서 과학적 관찰 결과에 모순되는 그들의 주장은 믿음(by faith)이라고 밖에 표현할 수 없다. 이들은 또한 지성이 없는 물질이 지성을 가진 생명을 만들어 냈다고 믿는다. 이것은 마치 국립 중앙도서관이 어떤 인쇄소의 폭

---

[18] J. Budziszewski, *Written on the Heart: The Case for Natural Law*(Downers Grove, Ill.: InterVarsity Press, 1997), 54.

발로 말미암아 생겼다고 믿는 것과 비슷하다.

그렇다면 인간의 지성이 가장 위대한 지성, 곧 신의 형상으로 만들어졌다고 믿는 것이야말로 보다 사리에 맞는다고 할 수 있다. 바꾸어 말해, 우리의 지성은, 진리, 실체, 그리고 이성 그 자체인 창조자에 의해 만들어졌으므로, 진리를 분별할 수 있고, 실체에 대해 확신할 수 있으며, 이성적 사유를 행할 수 있는 것이다. 유물론은 이성이라는 것을 설명할 수 없을 뿐만 아니라, 생명체를 설명할 수도 없다. 유물론은 말 그대로 합리성과 거리가 멀다. 따라서 우리는 유물론자가 되기에는 믿음이 너무 부족하다!

무신론자 vs. 비판적 사고 상담자

다윈주의자들이 자신들은 이성에 합치하는 이유가 있어서 무신론자가 되었다고 생각하는 바로 그 사실이야말로 사실상 신의 존재를 전제하는 것이 된다. 어떻게 그런가? 이성이 존재하려면 이 우주가 질서, 논리, 설계, 진리와 같은 것들이 전제되는 합리적인 우주가 되어야 하기 때문이다. 그러나 질서, 논리, 설계, 진리 같은 것들은 불변의 객관적 원천과 표준이 존재할 때만 존재 가능하고 비로소 알려질 수 있다. 어떤 것이 비합리적이라고 말하려면, 다윈주의자들은 무엇이 합리적인지 알고 있어야만 한다. 어떤 것이 설계된 것이 아니라고 말하려면, 다윈주의자들은 무엇이 설계된 것인지 알아야만 한다. 어떤 것이 진리가 아니라고 말하려면, 다윈주의자들은 무엇이 진리인지 알고 있어야 하며, 기타의 경우에도 마찬가지다. 신의 존재를 인정하지 않는 모든 세계관처럼, 다윈주의는 자신들의 세계관을 이해시키기 위해 신의 존재를 인정하는 세계관을 차용하고 있다.

무신론자들이 자신들도 알지 못하는 사이에 신의 존재를 인정하는 세계관을 차용하는 이런 경향은, 조지아 주 교육부의 교육 과정 토론회에서 작가 피트 보치노(Pete Bocchino)를 통해 멋지게 드러난 바 있다.[19] 당시 국제 기독교 봉사 단체에서 활동하던 피트는 공립학교에서 실시하는 미국 정부, 법률, 윤리, 그리고 인성 훈련 등의 교육 과정을 검토하고 개선할 소위원회 참석자였다.

일주일 내내 이어진 모임 중 대회의실에서 열린 첫 번째 회의에서 소위원회 소속 위원들이 자신을 소개하는 시간이 있었다. 그러나 교통 체증에 걸려 뒤늦게 도착한 피트는 자기 소개 시간이 지나서야 입장할 수 있었다. 그의 뒤늦은 출현에 위원장은 모두들 자기 소개를 했다며 그의 이름과 출신 그리고 직업을 말해 달라고 요청했다. 피트는 자신의 이름을 밝히고 나서 기계 공학 분야의 학위를 받았노라고 말했다. 그러면서 피트는 기독교 봉사 단체에 일하고 있음을 굳이 알리고 싶지 않아서 애매한 표현으로 자신의 직업을 소개했다. "지금은 비영리단체에서 비판적 사고 상담자(critical thinking consultant)로 활동하고 있습니다."

위원장이 물었다. "무슨 일을 하신다고요?"

"비판적 사고 상담자입니다." 피트가 다시 대답했다.

"비판적 사고 상담자가 하는 일이 정확히 무엇입니까?" 위원장은 끈질기게 물었다.

"글쎄요, 이미 시간도 많이 지체되었는데, 위원회의 시간을 제가 뺏고

---

19 Norman Geisler and Peter Bocchino, *Unshakable Foundations*(Minneapolis: Bethany, 2001)을 보라. Peter Bocchino와 2003년 4월 3일 나눈 대화에서 나온 일화이다.

싶지 않군요. 하지만 이번 소모임 기간 내에는 아시게 될 겁니다"라고 피트는 이야기했다.

며칠 동안 위원회는 다양성, 관용, 인권 그리고 다른 쟁점들을 포함한 다양한 주제들에 대해 토론을 벌였다. 그들이 심리학의 표준을 놓고 토론을 벌이고 있을 때, 피트는 그 표준이 인간성(personhood)에 대한 정의를 포함하고 있지 않다는 것을 알았다. 이것은 심리학 교과 과정에서 그가 발견한 구멍이었다. 때문에 피트는 모티머 에이들러(Motimer Adler)의 책 『Haves Without Have-Nots』에 기초해 다음과 같은 정의를 제출했다.[20]

> 과정: 심리학(Psychology)/ 주제: 독특함(Uniqueness)
> 표준: 인간 본성의 독특함과 인간성이라는 개념을 평가해 본다.
> 1. 지성(intellect)/ 개념적 사고(conceptual thought)
> 2. 선택의 자유(freedom to choose)/ 자유 의지(free will)
> 3. 윤리적 책임(표준)(ethical resposibility(standards))
> 4. 도덕적 책무(의무)(moral accountability(obligations))
> 5. 타인에게 양도할 수 없는 인격권(inalienable rights of personhood)

이 표준이 탁자 위에 놓이자마자, 피트의 맞은편에 앉아 있던, 자신이 무신론자임을 천명한 여성 교육자가 이의를 제기하려고 했다. 그러자 피트가 그녀를 제지하며 이렇게 말했다.

---

20 Mortimer Adler, *Haves Without Have-Nots*(New York: Macmillan, 1991).

이 표준에 동의하지 않는 사람이 있다면, 그는 다음과 같은 일을 하고 있는 것입니다.

1. 그 사람은 내가 개념적 사고에 몰두하도록 만들고 있습니다(위 1의 경우처럼).
2. 그 사람은 그런 일을 할 수 있는 자신의 자유를 행사하고 있습니다(위 2의 경우처럼).
3. 그 사람은 무엇이 옳으며 무엇이 진리인지에 대해 가르쳐야 할 윤리적 책임이 존재한다고 생각하는 것이 틀림없습니다(위 3의 경우처럼).
4. 그 사람은 나에게 진리를 가르칠 도덕적 책무를 지우려 하고 있습니다(위 4의 경우처럼).
5. 그 사람은 나의 입장에 동의하지 않을 권리가 있습니다(위 5의 경우처럼).

따라서 누군가 이 표준에 동의하지 않는다면, 그는 각각의 이 표준들이 유효함을 사실상 확증하는 것이 됩니다.

소회의장에 침묵이 흘렀다. 잠시 후에 위원장이 입을 열었다. "이제 우리는 비판적 사고 상담자가 무엇을 하는 사람인지 알게 되었습니다!" 그 말과 함께 그는 위원회 서기에게 그 표준을 위원회 보고서에 포함시키도록 했다.

약간의 비판적 사고만 있다면, 우리는 다원주의 세계관이 증거 면에서도 흠결이 있을 뿐만 아니라 자신들의 정당성을 옹호하기 위해 신의 존재를 인정하는 세계관을 차용할 수밖에 없다는 점에서 스스로 무너지고 있음을 알게 된다. 이성, 논리, 설계, 그리고 진리뿐만 아니라 지성, 자유 의지, 객관적 도덕, 그리고 인권도 오직 신이 존재하는 경우에만 존재할 수 있는 것이다. 그런데 다윈주의자들은 신의 존재를 인정하지 않는 자신들의 세계관을 주장하면서 정작 이와 같은 것들의 일부 또는 전부를 내세운다는 것이다. 어떤 식으로든 그들은 실패할 수밖에 없다.

다윈주의자들의 잘못된 조각 그림 맞추기 상자 뚜껑

이 책의 도입부에서, 우리는 세계관이란 삶이라는 수수께끼의 퍼즐 조각들을 완전히 맞출 수 있도록 안내하는 뚜껑의 큰 그림과 같다고 말했다. 우리에게 제대로 된 상자 뚜껑이 있다면, 수많은 조각들은 하나의 완전한 그림으로 바르게 맞추어질 수 있다.

그런데 상자 뚜껑의 큰 그림에 맞지 않는 조각들이 자꾸 발견된다면 어떻게 될까? 상식적으로 생각한다면, 우리의 큰 그림은 잘못되었으며 제대로 된 상자 뚜껑을 찾아야 한다는 결론에 이르게 될 것이다. 불행하게도, 다윈주의자들은 제대로 된 상자 뚜껑을 찾으려고 하지 않는다. 증거에 의하면, 다윈주의자들이 잘못된 큰 그림을 갖고 있다고 강력히 지적하지만 그들은 (제대로 된 상자 뚜껑을 찾는 노력은커녕) 그런 것을 찾는 일이 가능하다는 사실조차 생각하려 들지 않는다. 그들은 상자 뚜껑이 지적 존재로부터의 원인이 없는 그림만을 보여줄 것이라고 미리 단정한다. 그러나 그들은 자신들이 갖고 있는 퍼즐 조각들 가운데 상당수가 지적 설계의 흔적을 명백히 드러내고 있음을 발견하고 있으며, 이는 그들 스스로도 인정하고 있는 사실이다. 실제로 그들은 신의 존재를 긍정하는 조각들을 놓고 자신들의 무신론/유물론 퍼즐에 맞춰보려고 애를 쓰고 있다. 어떤 식으로 이런 일을 하고 있을까?

잘못된 상자 뚜껑을 버리고 올바른 상자 뚜껑을 찾는 대신에, 다윈주의자들은 단지 그 그림 조각들이 실제로는 눈에 보이는 모양과 다르다는 식으로 고집을 부리고 있다. 그들은 정교하게 설계된 이 우주뿐만 아니라 엄청난 정보를 담고 있는 단세포에 이르기까지, 그와 같은 신적 설계의 흔적을 담고 있는 조각들을 그것과 전혀 관련 없는 퍼즐에 끼워 맞추려고 한다. 그러면서 그들은 자신들이 대가라고 자부하는 경험 과학의 핵심인 관찰 결과들을 모조리 무시해 버린다. 자신들도 인정하듯, 다윈주의자들은 퍼즐 조각이 어떻게 보이느냐에 관계없이 자신들의 상자 뚜껑에 철학적으로 매달리고 있다.

  그렇다면 우리는 삶이라는 조각 그림 맞추기 상자의 올바른 뚜껑을 어떻게 찾는가? 제대로 된 상자 뚜껑을 찾으려면 (나는 무신론, 너는 유신론처럼) 무엇을 좋아하느냐의 선호도 문제로 풀 것이 아니라 객관적 사실을 가지고 나서야 한다. 우리는 논리학의 자명한 제일원리들과 과학 탐구의 올바른 원리들을 사용함으로써, 이곳이 신의 존재를 인식할 수 있는 우주라는 것을 3장과 4장에서 확인했다. 이곳이 신의 존재를 긍정하는 우주가 맞는다면, 자연주의는 그릇된 것이다. 자연주의가 그릇된 것이라면, 다윈주의자들은 주어진 증거를 잘못 해석하고 있는 것이 된다.

  올바른 상자 뚜껑을 확보하는 일이 중요한 이유는 그 뚜껑이 주어진 증거를 해석하는 데 필요한 올바른 정황을 제공해 주기 때문이다. 정황이란 증거가 나타나는 보다 큰 환경을 의미한다. 만일 잘못된 정황을 갖는다면, 우리가 관찰하는 증거에 관해 잘못된 결론을 내릴 수 있다. 예를 들면, 내가 방금 한 여성의 배를 칼로 긋는 남자를 보았다고 말한다면, 사람들은 그 남자가 무언가 나쁜 일을 저질렀다고 생각할 것이다. 하지만 이 사건이 발생한 정황(환경), 즉 우리가 병원 분만실에 있었으며 칼을 든 남자는 의사이고 아기의 심장이 뛰지 않았다는 사실을 알려준다면, 어떤 결론이 내려지겠는가? 정황을 제대로 알고 나면, 주어진 증거에 대한 해석과 견해는 달라지고 만다. 이제 사람들은 그 남자가 아기의 생명을 구하기 위해 최선을 다하고 있음을 인식하고 그에게 격려를 보낼 것이다.

마찬가지로, 생물학으로부터 획득한 증거도 보다 광범위한 정황에 비추어 해석되어야만 한다. 우리가 이미 발견했듯이, 보다 광범위한 정황이란 곧 이곳이 신의 존재를 긍정하고 있는 우주라는 점이다. 이곳에는 자연계를 초월해 존재하면서, 지구 위에 생명체가 생존 가능하도록 우주를 정교하게 창조하고 설계한, 비물질적이며 전능한 지적 존재가 실제로 있다. 바꾸어 말하면, 우리는 이미 합리적 의심을 넘어 그 설계자가 조각 그림 맞추기 상자 뚜껑의 일부라는 점을 알고 있는데, 그 이유는 우리가 얻은 증거를 통해 그 신적 존재가 놀라운 복잡성과 정교함을 갖춘 이 경이로운 우주를 설계했다는 것을 알 수 있기 때문이다.

설계자가 존재한다는 사실을 감안해 보면, 리처드 도킨스와 같은 다원주의자들조차 "어떤 목적을 위해 설계된 형태를 갖추고 있다"고 인정한 생물학적 체계를 볼 때마다, 우리는 그것이 실제로 분명한 목적을 위해 설계되었다는 결론을 내려야 할지도 모른다. 윌리엄 뎀스키(William Dembski)의 지적처럼, "만일 어떤 생명체가 개의 외양을 갖추고, 개처럼 냄새를 맡으며, 개처럼 짖고, 개처럼 느끼며, 나아가 개처럼 헐떡이는데도, 그 생물체가 개가 아니라고 고집하는 사람이 있다면 그것을 입증할 책임은 전적으로 그에게 있다."[21] 이 우주가 창조되었고 설계되었다면,

---

21 William Dembski, *The Design Revolution: Answering the Toughest Questions About Intelligent Design*(Downers Grove, Ill.: InterVarsity Press, 2004).

우리는 생명체 역시 창조되고 설계되었다고 예측해야만 한다. (적어도 생명체가 지적 존재로 말미암아 창조되었을 가능성은 충분하다. 그런데 그 가능성을 사전에 제거해 버리는 것은 명백한 잘못이다.)

따라서 생명체는 지적 설계자의 작품이라는 결론은 그것이 동떨어진 단일의 증거가 아니므로 타당성을 갖는다. 이러한 결론은 과학이 발견한 다른 내용들과 부합한다. 또한 우리가 줄곧 사용해온 조각 그림 맞추기 비유의 연장선상에서 표현하자면, 이러한 결론은 다른 퍼즐 조각들과 완벽히 들어맞는 조각이 되는 셈이다.

요약과 결론

이 장에서 많은 내용을 다루었으므로, 아주 간략히 요점 정리를 해보자.

1. 생명체는 단순히 화학 물질로만 이루어져 있지 않다. 만일 생명체가 화학 물질로만 이루어져 있다는 말이 맞는다면, 시험관 속에서 화학 물질들을 합성해 생명체를 만들어 낼 수 있을 것이다. 생명체는 분명히 화학 물질 그 이상의 것으로 이루어져 있을 뿐만 아니라, (어떤 지적 존재로부터 유래한) 특정화된 복잡성(specified complexity)을 포함하고 있다. 따라서 유물론은 거짓이다. (물질로만 이루어진 우주로부터 이성이 나올 수 없다는 사실을 포함해, 유물론이 거짓이라는 추가적인 근거들은 수없이 많다.)

2. 특정화된 복잡성(정보)을 만들어내는 자연 법칙은 알려진 바가 없다(즉 존재하지 않는다). 오직 지적 존재만이 특정화된 복잡성을 창조하는 장면이 관찰되었을 따름이다(예를 들어, "쓰레기 좀 치우렴―엄마

가," "마시자 코크," 러시모어 산 등).

3. 가장 단순한 생명체조차 놀라울 정도로 특정화된 복잡성을 지니고 있다. 그 정보량은 브리태니커 백과사전 1,000질에 해당한다. 아인슈타인은 이렇게 말했다. "신은 주사위 놀이를 하지 않는다."(주사위 놀이를 하다가 우연히 이 우주가 탄생한 게 아니라는 의미)[22] 그의 말이 옳다. 필립 골드(Phillip Gold)의 표현처럼 "신은 스크래블 놀이를 하고 있다!"(단어 만들기 게임의 일종)[23]

4. 과학은 원인들을 탐구하는 것으로서, 철학을 기반으로 세워졌다. 오직 두 가지 유형의 원인, 곧 지적 원인과 자연적 원인이 있지만, 다윈주의자들은 증거를 살펴보기도 전에 철학적으로 처음부터 지적 원인을 배제시킨다. 1,000질이나 되는 백과사전 분량의 정보를 관찰하고 명백한 설계의 가능성을 인정함에도 불구하고 다윈주의자들이 자연적 원인만을 고집할 수밖에 없는 이유이다. 그러나 만일 "쓰레기 좀 치우렴—엄마가"라는 글이 만들어지기 위해 지적 원인을 필요로 하는 게 맞는다면, 백과사전 1,000질 분량의 정보 역시 마찬가지일 것이다.

5. 다윈주의 이론의 출발점인 생명체의 자연발생은 이제껏 관찰된 적이 없다. 그것은 단지 신앙에 의해(by faith) 믿어지고 있을 뿐이다. 그리고 이곳이 신에 의한 우주임을 보여주는 강력한 우주론적, 목적론적 증거를 비추어볼 때(그밖에도 많은 증거를 고려할 때), 다윈주

22　Albert Einstein, 1926년 12월 4일, Max Born에게 보낸 편지에서; Elizabeth Knowles, ed., *The Oxford Dictionary of Quotations*(Oxford:Oxford University Press, 1999), 290에서 인용.
23　William Dembski and James Kushiner, eds., *Signs of Intelligence*(Grand Rapids, Mich.: Baker, 2001), 102에서 인용.

의자들의 자연주의(또는 유물론) 신앙은 그저 하나의 신조에 불과할 따름이다. 따라서 다윈주의는 과학으로 변장한 세속 종교에 지나지 않는다.

회의론자들은 이렇게 말할지 모르겠다. "잠시만요, 너무 성급한 결론을 내리시네요. 지적 설계라는 게 과학적이라고 생각하시는 겁니까? 당신이 얘기하는 그 신적 설계라는 건 자연적 원인을 아직 발견하지 못해서 그 간극을 메우기 위해 서둘러 땜빵용으로 끌어들인 신 개념이 아닌가요? 우리는 자연적 원인의 탐색을 결코 멈추어서는 안 됩니다. 그럴 이유가 없지 않습니까? 지적 설계라는 개념도 6일 동안 신이 우주를 창조했다는 성경의 허풍을 이름만 살짝 바꿔 공론화시킨 것에 불과해 보입니다. 여러분이 아직 언급하지 않았지만, 새로운 생물종으로의 진화에 대해서는 어떻게 하실 겁니까?"

이 회의론자의 질문과 다윈주의자들의 다른 주장에 대한 답변들은 다음 장에서 다룰 예정이다. 그것들에 대해 다룰 뿐만 아니라, 우리는 지적 설계의 지지자들이야말로 제대로 된 조각 그림 맞추기 상자 뚜껑을 가지고 있음을 확증하는 보다 많은 퍼즐 조각들을 제시할 계획이다.

6장 ___ 새로운 생명체: 찐득이에서 동물원을 거쳐 인간으로?

> 중학교에선 왕자가 된 개구리 이야기가 동화에
> 불과하다고 가르쳤는데, 대학교에선 왕자가 된
> 개구리 이야기가 사실이라고 가르쳤다!
> 론 칼슨

영화 〈컨택트(Contact)〉에서 조디 포스터는 외계의 지적생명체 탐사팀 세티(SETI)의 일원인 과학자로 나온다. 실제로도 존재하는 세티는 지적 존재의 명백한 징후를 찾고자 우주를 탐사하는 과학자들로 구성되어 있다. 지적 존재의 명백한 징후란 무엇인가? 메시지다. 맞다, "쓰레기 좀 치우렴—엄마가"와 같은 게 그런 경우다.

영화에서 포스터는 지적 패턴을 갖춘 것으로 보이는 전파가 안테나에 잡히자 흥분하면서 "1, 2, 3, 5, 7, 11… 숫자들이 모두 소수야!"라고 소리친다. "이건 자연적 현상일 수가 없어!"

사실, 아무 의미 없는 전파라면 자연적으로 생성될 수도 있겠지만, 메시지를 담고 있는 전파라면 분명 지적 원천이 존재할 것이다. 순서대로 1부터 101까지 존재하는 소수들은 오직 지적 존재로부터 나올 수 있는 메시지가 될 수 있다.

포스터는 외계인(ET)을 찾았다고 확신하며 자신의 발견을 공개했다. 그러나 정부와 군 당국은 그녀를 우습게 보았다. "이것이 정말 지적 존재의 결과물이라면 왜 그들은 영어로 말하지 않습니까?" 관리 하나가 조롱하는 투로 말하자 포스터가 쏘아붙였다. "그것은 수학이 유일한 우주 언어이기 때문입니다!"

물론 조디 포스터가 옳다. 알파벳, 나아가 언어 그 자체는 숫자로 환원될 수 있다. 이것이 바로, 영어 알파벳이, 수학의 눈으로 보면, DNA가 갖고 있는 유전자 알파벳과 같은 까닭이며, 세포에 들어 있는 정보를 백과사전에 비유하는 것이 단순한 유추를 넘어 정확한 표현이 되는 이유이다.

이후에 포스터와 그의 동료들은 그 전파에 담긴 보다 복잡한 메시지를 발견하는데, 그들은 오직 소수만이 그 메시지가 지적 생명체로부터 온 것임을 입증할 수 있다고 확신했다. 그들이 이런 확신을 갖게 된 이유는 무엇일까? 우리는 오직 지적인 존재만이 메시지를 창조하며 자연 법칙은 결코 그렇게 하지 못한다는 걸 반복 관찰을 통해 알고 있기 때문이다. "쓰레기 좀 치우렴—엄마가"와 "메어리는 스코트를 사랑해"의 경우처럼, 소수들이 계속 이어지는 것을 보면서 우리는 거기에 분명 지적인 원인이 존재한다는 사실을 알 수 있는 것이다.

역설이지만, 영화〈컨택트〉는 자연 발생론을 신봉하는 열렬한 진화론자이자 실제로 세티(SETI) 계획 실행에 기여했던 칼 세이건의 소설을 바탕으로 제작되었다. 그럼에도 여기서 지적해야 할 또 하나의 역설이 있는데, 세이건이 연속되는 소수들을 가리켜 외계의 지적 존재에 대한 증거라고 확신하면서도 정작 최초의 단세포 생물 안에 백과사전 1,000질 분량의 정보가 들어 있다는 사실을 놓고 그것이 지적 존재의 실존에 대한 증거가 아니라고 확신한다는 점이다. 신을 믿지 않으려면 대단한 신앙이 필요하다. 우리가 갖고 있는 것보다 더 큰 신앙 말이다.

더구나 세이건은 인간의 두뇌에 대해 언급하며 이런 이야기까지 썼다.

> 인간 두뇌의 정보 용량을 비트(bit)로 나타내면, 신경 세포들 사이의 연결 줄기들을 모두 합친 것에 필적할 것이다. 그러면 약 100조 비트가 된다. 그 정보의 양을 영어로 기록하면, 세계에서 가장 큰 도서관의 장서량에 맞먹는 약 2천만 권의 책을 채울 수 있다. 2천만 권에 달하는 정보가 우리 각 사람의 머리에 들어 있는 것이다. 뇌는 매우 협소한 공간에 자리잡은 엄청난 크기의 저장소다… 뇌의 신경화학작용(neurochemistry)은 놀라울 정도로 분주하다. 인간이 고안해 낸 그 어떤 기계보다도 더 놀라운 회로를 갖춘 기계인 것이다.[1]

세이건이 말한 2천만 권도 실제로는 인간 두뇌의 정보를 과소평가한 것이다. 그럼에도 그 숫자는 너무 아득하다. 얼마나 많은 건지 또렷하게 이해하려면, 농구 경기가 열리는 매디슨 스퀘어 가든 실내 체육관의 코트 중앙에 자신이 서 있다고 생각해 보면 된다. 체육관에 홀로 서 있고, 주변에는 약 2만 개의 빈 좌석이 있다. 그 체육관 안에 2천만 권의 책을 채워 넣으려면, 각 좌석마다 얼마나 많은 책을 쌓아올려야 할까?

매디슨 스퀘어 가든 안에 2천만 권의 책을 채워 넣으려면 각각의 모든 좌석마다 1,000권의 책을 쌓아 올려야만 한다. 그 장면을 떠올려 보라. 체육관 지붕은 그 많은 책들을 수용할 수 있을 만큼 높지 않다. 지붕

---

1 Carl Sagan, *Cosmos* (New York: Random House, 1980), 278.

을 뜯어내고 계속해서 책을 쌓아올려야 한다. 일일이 그 기능이 특정된 복잡한 많은 정보들이 그와 같은 방식으로 우리의 두 귀 사이에 자리잡고 있는 것이다. 인간의 두뇌가 매우 협소한 공간에 자리잡은 엄청난 크기의 저장소이며, 이제까지 인간이 만들었던 그 어떤 것보다 더 정교하다고 했던 세이건의 표현은 정말 맞는 말이다.

이제 그 사실들을 검토해 보자. 세이건은 인간의 두뇌가 2천만 권의 책에 달하는 정보 용량을 갖고 있음을 알았다. 또한 그는 인간의 두뇌가 소수의 나열보다 훨씬 복잡하고 특정되어 있음도 알았다. 그런데도 그는 소수로 구성된 단순 메시지는 지적 존재로부터 왔다고 보면서도, 정작 2천만 권 분량의 메시지는 지적 존재와 아무 관련 없는 것으로 간주하는 걸까? 우리는 또한 세이건과 그의 동료 다윈주의자들에게 다음과 같은 심중한 질문을 던질 수 있다. 즉 지적 존재인 인간도 인간 두뇌와 비슷한 것을 만들어낼 수 없는데, 생명이 없는 자연 법칙에 의해 어떻게 인간과 그의 두뇌가 만들어질 수 있으리라고 우리가 확신해야 한다는 말인가?

다윈주의자들은 늘 자연 선택을 얘기한다. 이것이 새로운 생물종의 출현을 설명하기에 충분한가? 그것으로 다 이해하기에는 단세포로부터 인간의 뇌에 이르는 노정이 너무 길고 험난하지 않은가?

새로운 생물종은 어떠한가?

새로운 생물종의 기원을 논의하기 전에, 최초 생명체의 기원에 대해 한 번 더 생각해 보자. 단세포로부터 인간의 두뇌에 이르는 노정은 길고 험하다지만, 생명이 없는 화학 물질로부터 그 최초의 생명체에 이르는 노정은 그보다 더 길고 험난할 수 있다. 이것이야말로 다윈주의자들에겐 가장 곤란한 문제이다. 그 최초의 생명체는 어디에서 비롯되었을까?

다윈주의자들에게 이것이 얼마나 중대한 문제인지 이해되는가? 다윈주의자들이 최초 생명체의 등장을 설명할 수 없음에도, 새로운 생물종의 출현에 대해 언급하려는 이유는 무엇인가? 대진화의 과정은, 그것이 일말의 가능성이 존재한다고 해도, 그보다 앞서 다른 생명체가 존재하지 않는다면 시작조차 될 수 없는 것이기 때문이다.

그러나, 우리가 이미 살펴보았지만, 이것 때문에 다윈주의자들은 포기하지 않는다. 모든 경험적 증거와 범죄수사 원리에 따라 도출된 증거에도 불구하고, 다윈주의자들은 마치 마술처럼 최초 생명체의 기원을 설명해 주는 자신들만의 그럴 듯한 이야기(자연발생설 또는 외계생명체 유입설)를 만들어낸다. 이것은 과학이 아니며, 한낱 우스갯소리에 불과하다. 그러고 보니 또 다른 우스갯소리가 생각난다. 스티브 마틴(Steve Martin)은 이런 말을 하곤 했다. "내게는 백만장자가 되고 나서도 세금을 한 푼도 내지 않을 비법이 있습니다. 그걸 알고 싶으세요? 그럼 먼저 백만 달러를 버세요. 그러면 내가…".

다윈주의자들의 주장을 살펴보면, 그들은 생명의 기원에 대한 설명은 고사하고 생명 없는 화학물질들의 원천조차 설명할 근거가 없다는 점에서 더욱 심각한 문제를 안고 있다. 3장에서 살펴보았듯이, 우리가 던져야 할 가장 심대한 질문이 있다면 "신이 존재하지 않는다면, 왜 무언가가 존재하는가"이다. 우리는 무신론자들이 이 질문에 납득할 만한 대답을 내놓지 못한다는 것을 보았다. 단지 가능성을 제시하는 것만으로는 불충분하다. 자신들의 견해가 과학적이기 원한다면 명백한 증거를 제시해야만 한다. 우주가 어디에서 유래했는지 그들이 알지 못하고 있음은 분명하다. 그들이 내놓은 설명이 조각 그림 맞추기 상자의 올바른 큰 그림(세계관)이 되려면 모든 자료들에 대한 설득력 있는 설명이 가능해야 할 것이다. 세계의 기원 또는 생명의 기원이라는 근본 문제에 대답할 수 없다면, 그것은 결코 유효한 상자 뚜껑 그림이 될 수 없다. 다른 상자 그림을 찾아야만 한다.

다윈주의자들의 상자 뚜껑이 근본적인 결함이 있음에도 불구하고, 우리는 새로운 생물종의 출현에 대한 그들의 몇 가지 주장에 대해 살펴볼 필요가 있다. 그들의 이론은 대大진화이다.

소진화 vs. 대진화

찐득거리는 단세포 생물에서 각종 동물을 거쳐 인간으로까지 이어지는 대진화(macroevolution)를 기억하는가? 대진화는 모든 생물종들이 단일의 공통 조상—최초의 단세포 생명체—로부터 유래했으며 이 모든 과정이 지적 존재의 개입 없이 순수한 자연적 과정을 거쳐 이루어졌다는 주장이다. 여기에 신은 관련되지 않았다. 그것은 철저하게 (지적 존재의 의도나 목적이 개입하지 않은) 맹목적인 과정이었다.

다윈주의자들은 이것이 자연 선택으로 말미암아 일어났다고 말한다. 그러나 '자연 선택'이라는 용어는 잘못이다. 진화 과정은 그 정의에 비추어볼 때, 지적 존재를 배제하고 있으므로 선택(selection)이라는 것이 계속될 수가 없기 때문이다. 그것은 그저 아무 목적 없는 과정일 뿐이다. '자연 선택'이라는 말은 단지 적자생존을 의미한다. 변화하는 환경 조건에 맞도록 유전자나 구조가 가장 잘 갖추어진 생물체가 살아남는다는 것이다.

'자연 선택'의 한 사례로서, 항생 물질(antibiotics, 일반 미생물로부터 생성되는 화학물질로 다른 미생물에 해가 된다)에 의해 공격을 받은 박테리아에 무슨 일이 일어나는지 살펴보자. 박테리아가 항생 물질과 벌인 한판 승부에서 살아남아 증식하게 되면, 살아남은 박테리아 무리는 그 항생 물질에 내성을 갖게 될 수도 있다. 살아남은 박테리아는, 그 부모 박테리아가 그 항생 물질에 저항할 수 있는 유전적 능력을 소유하게 됨에 따라, 역시 그 항생 물질에 내성을 갖게 되거나, 아니면 희귀한 생화학적 돌연변이가 일어나 생명체의 생존을 돕는다(여기서 '희귀하다'고 표현한 이유는 돌연변이는 거의 언제나 생명체의 생존에 해가 되기 때문이다). 항생 물질에 민감한 박테리아는 죽기 때문에, 살아남은 박테리아가 증식하게 되고 끝내 우위를 차지하게 되는 것이다.

다윈주의자들은 살아남은 박테리아가 진화했다고 말한다. 환경에 적응해 생존한 그 생존 박테리아는 우리에게 진화의 한 보기를 제공해 준다. 충분히 그럴 듯한 이야기이다. 하지만 대체 어떤 종류의 진화인가? 우리가 제시하려는 대답은 정말 중대하다. 사실, 우리가 제시해 온 철학의 전제들 바깥에서 '진화'를 규정하는 것이야말로, 어쩌면 창조-진화 논쟁에서 가장 큰 혼란이 나타나는 지점일 수 있다. 관찰이야말로 과학에서 가장 중요하다고 믿는 사람들로부터 견제를 받지 않을 경우, 이곳이 바로 다윈주의자들의 오류와 잘못된 주장이 박테리아처럼 증식할 수 있는 지점이다. 관찰을 통해 우리가 얻어낸 사실이 있다. 즉 살아남은 박테리아도 항상 박테리아로 존재할 뿐이다. 그것들은 다른 종류의 유기체로 진화하지 않는다. 그런 일이 벌어진다면 대진화일 것이다. 자연 선택을 통해 새로운 생물종이 만들어지는 경우는 관찰된 적이 결코 없다.

그러나 대진화는 정확히 다윈주의자들이 주장하는 내용이다. 그들은 관찰 가능한 미세한(micro) 변화로 볼 때 관찰되지 않는 대진화의 실제를 추정해볼 수 있다고 주장한다. 그들은 소진화와 대진화를 구별하고 있지 않으며, 그 결과 소진화를 지지하는 증거를 대진화를 증명하는 데 함부로 사용하고 있다. 대진화와 소진화를 엄격하게 구별하지 않음으로써, 다윈주의자들은 보통 사람들을 속여 특정 유기체 안에서 일어나는 관찰 가능한 변화가 모든 생명체가 첫 번째 단세포 생물로부터 진화했음을 보여주는 증거라고 생각하게 만들 수 있다는 것이다.

그러므로 창조-진화 논쟁에 대해 이야기할 때는 소진화와 대진화 사이의 분명한 차이뿐만 아니라 감추어진 모든 전제들을 다 드러내는 게 필수적이다. 만일 누군가 우리에게 "당신은 진화를 믿습니까?"라고 묻는다면, 우리는 "당신이 질문하는 진화란 것이 소진화를 말하나요, 아니면 대진화를 말하나요?"라고 물어보아야 한다. 소진화는 우리가 관찰 가능하다. 하지만 그것이 이제껏 관찰된 적이 없는 대진화의 실제를 입증하는 증거로 사용될 수는 없다.

다윈주의자들은 '진화'라는 용어를 지나치게 폭넓게 정의한 나머지, 특정 상황에 적용된 증거가 다른 상황에서도 아무렇지 않게 적용될 수 있을 정도이다. 그들에게는 불행한 일이지만, 사람들은 그들의 이러한 전술을 간파하기 시작했으며, 캘리포니아 주 버클리대학교의 법학 교수 필립 존슨이 이 일에 기여한 바가 크다. 그는 자신의 책, 『심판대의 다윈(Darwin on Trial)』을 통해 다윈주의자들의 이런 속임수를 처음으로 폭로했다. 바로 그 책에서 그는 이렇게 지적하고 있다. "(자연 선택을 지지한다는) '증거들' 가운데 그 어떤 것도, 자연 선택이 새로운 종(species), 새로운 기관(organs), 또는 다른 큰 변화, 아니면 심지어 영속하는 작은 변화라도 만들어낼 수 있음을 믿게 하는 어떤 설득력 있는 이유를 전혀 제시하지 않고 있다."² 생물학자 조나단 웰스(Jonathan Wells)도 다음과 같은 말로 동감을 표시했다. "생화학적 돌연변이로는 우리가 생물의 역사에서 보고 있는 유기체들 내부의 대규모 변화를 설명할 수 없다."³

왜 자연 선택은 그런 일을 할 수 없는가? 다섯 가지 이유가 있다.

1. 유전학적 한계

다윈주의자들은 특정 생물종 안에서 일어난 소진화가 곧 대진화의 발생을 입증한다고 말한다. 만일 이 작은 변화들이 단기간에 반복해서 일어날 수 있을 때, 자연 선택에 의해 오랜 시간에 걸쳐 일어날 수 있는 일들을 생각해 보라.

다윈주의자들에겐 미안한 일이지만, 모든 생물의 기본종 안에는 유전학적 한계가 확실하게 설정된 것처럼 보인다. 예를 들면, 개 브리더(dog breeders, 전문적으로 개를 번식시키는 사람)는 자신들의 지식을 총동원해 새로운 견종을 만들어내려고 시도할 때마다 항상 유전학적 한계에 부닥친다. 개들은 가장 작은 크기의 치와와에서부터 그레이트 데인에 이르기까지 다양한 크기로 분포하지만, 지식이 출중한 브리더의 탁월한 시도에도 불구하고, 개는 항상 개로 남는다. 마찬가지로, 지식이 풍부한 과학자들이 초파리 실험에 진력했음에도, 아무런 수확 없이 무수한 초파리들만 남기고 말았다(또한 항상 그 경우에는 기형이었다).⁴ 특별히 이 실험

---

2   Phillip E. Johnson, *Darwin on Trial*(Downers Grove, Ill.: InterVarsity Press, 1993), 27.
3   Jonathan Wells, *Icons of Evolution: Science or Myth? Why Much of What We Teach About Evolution Is Wrong*(Washington, D.C.: Regnery, 2000), 178.
4   Norman Geisler and Peter Bocchino, *Unshakable Foundations*(Minneapolis: Bethany, 2001), 149-150을 보라. 또 Jonathan Wells, *Icons of Evolution*, chapter 9, 211을 보라; 그리고, Lane P. Lester and Raymond G. Bohlin, *The Natural Limits of*

동일 생물종 안에서의 소진화	생물종을 뛰어넘는 대진화
존재함	존재하지 않음

그림 6.1

은 초파리의 수명이 매우 짧은 탓에 단기간에 수많은 유전학적 변형을 일으킬 수 있었다는 점에서 의미가 깊다.

가장 중요한 사실은 자연 선택과 브리더들이 시도하는 인공 선택 간의 비교가, 표 6.1에서 보듯, 전적으로 무의미하다는 것이다. 그중에서도 둘 사이의 가장 큰 차이는 인공 선택이 지적 존재의 인도를 받는 반면에 자연 선택은 전혀 그렇지 않다는 점이다.

지적 존재가 개입한 과정을 지적 존재의 개입이 없는 과정과 혼동하는 것이야말로 다윈주의자들이 널리 저지르는 실수이다. 1986년에 진화를 주제로 내(노먼 가이슬러)가 인문주의자 폴 커츠(Paul Kurtz)와 토론을 벌이던 때에 이런 일이 있었다. TV에서 활동하는 변증가 존 앵커버그(John Ankerberg)의 사회로 진행된 그 토론회에서 대진화에 관한 다음과 같은 의견 교환이 이루어졌다.

Biological Change(Grand Rapids, Mich.: Zondervan, 1984), 88-89.

결정적 차이	자연적 선택	인위적 선택
목적	의도하는 목표가 없다.	의도하는 목표가 있다.
과정	지적 존재의 개입이 없는 맹목적 과정이다.	지적 존재가 인도하는 과정이다.
선택	지적 존재가 품종을 선택하는 법이 없다.	지적 존재가 품종을 선택한다.
보호	파괴를 일으키는 과정으로부터 품종이 보호되지 않는다.	파괴를 일으키는 과정으로부터 품종이 보호된다.
변종	대부분의 변종은 제거한다.	원하는 변종은 보존한다.
방해	의도한 목표에 이르는 데 계속적인 방해가 존재하지 않는다.	의도한 목표에 이르는 데 방해가 계속된다.
생존	선택적 생존이란 없다.	선택적 생존이 가능하다.

표 6.1

가이슬러: (무신론자인 찬드라) 위크라마싱이 "생명체가 우연히 발생했다고 믿는 것은 토네이도가 고물상을 통과하다가 보잉 747 여객기가 생겨났다고 믿는 것과 같다"고 얘기했더군요. 커츠 씨도 그것을 믿으려면 큰 신앙이 필요하겠습니다!

커츠: 글쎄요. 보잉 747도 진화했습니다. 거슬러 올라가면 라이트 형제가 창조한 첫 번째 비행기가 나오지 않겠습니까?

가이슬러: 창조했다고요?

커츠: 그렇습니다. 하지만…

앵커버그: 지적 존재가 창조한 겁니까 아니면 우연히 창조된 겁니까? (웃음)

커츠: 이런 형태로 변하기까지는 일정한 시간이 걸렸겠죠.

앵커버그: 그렇지만 커츠 씨가 말씀하시는 진화에 따르면, 지적 존재가 그

비행기를 창조한 건 아니지 않습니까?

커츠: 가이슬러 박사께서 그 비유를 말씀하시기에 저도 같은 비유를 들었을 뿐입니다.

가이슬러: 그러면 커츠 씨가 제 논증을 돕는 거 밖에는 안 될 텐데요. (웃음) 그런 비유 말고 다른 비유를 드셔야 하는 거 아닌가요?

커츠: 아니요, 제가 말하려는 요점은 잘못된 게 아닙니다. 가장 단순한 비행기에서 최근의 복잡한 비행기에 이르기까지는 많은 변화들이 있었으니까요.

가이슬러: 물론입니다. 하지만 그런 변화들은 지적 존재의 개입으로 일어난 것이잖아요?

지적 존재로 말미암아 항공기들에서 일어난 방향 변화는 지적 존재 없이 생명체 안에서 방향 변화가 일어날 가능성에 대해 아무것도 입증하지 않는다. 다음 단락에서 살펴보겠지만, 자연 선택으로 말미암아 생명체 안에 방향 변화가 일어나는 것은 관찰된 적이 없다. 또한 지적 존재의 개입으로 생명체 안에 방향 변화가 일어난다는 것은 유전학적 한계와 마주치는 것이다. 따라서 그 방향 변화를 지적 존재가 이끈다 하더라도, 진화는 벽에 부딪히고 만다. 바꾸어 말하면, 과학자들이 지식을 동원해 특정한 목적을 품고 생물체를 조작하는 경우에도(이것은 다윈주의자들의 맹목적 과정과는 정반대다) 대진화는 일어나지 않는다! 만일 지식이 출중한 과학자들이 유전적 장벽을 부수지 못한다면, 지적 요소라곤 전혀 없는 자연 선택이 대진화와 같은 일들을 할 것이라고 우리가 기대해야 할 이유가 도대체 무엇이란 말인가?

2. 주기적 변화

생물종 안에서 일어나는 변화는 유전학적 한계가 있을 뿐만 아니라 종 안에서의 변화조차 일정한 주기를 따른다. 다른 말로 하면, 변화는, 대진화론의 주장처럼 새로운 생물종으로 발전해 가는 방향성이 있는 것이 아니라, 단지 한정된 범위 내에서 오르내리기를 반복할 뿐이다. 예를 들면, 다윈의 방울새(finch)는 다양한 부리 크기를 가지고 있는데, 그것은 날씨와 상호 연관성이 있었다.[5] 가뭄 동안에는 크고 딱딱한 씨를 까는 데 도움이 되는 큰 부리가 되고, 비가 내려 습기가 많아져 작고 부드러운 씨가 풍부해질 때는 작은 부리가 더 효용성이 있다. 날이 건조해질수록, 큰 부리를 가진 방울새 비율이 작은 부리 방울새보다 훨씬 높았다. 습기가 많은 날이 지속되는 기간에 따라 큰 부리와 작은 부리의 비율은 역전된다.

여기서는 결코 새로운 생물종이 등장한 것이 아님을 주목하라. 그것들은 언제나 방울새였다. 단지 부리의 크기에 따른 숫자가 주기적인 변화를 보일 뿐이다. 또한 자연 선택에 의해 방울새가 맨 처음 어떻게 존재하게 되었는지에 대해서는 설명할 수 없다는 점을 주목하라. 바꾸어 말해, 자연 선택은 생물종의 생존을 설명할 수 있으나, 생물종의 출현은 설명할 수 없다.

3. 환원 불가능한 복잡성

1859년에 다윈은 이런 글을 썼다. "만일 수없이 계속된 미미한 변화에

---

5 Darwin이 말한 피리새(finch)에 대하여 더 많은 것을 보려면, Jonathan Wells, *Icons of Evolution*, 159-175를 보라.

의해서도 형성되었을 것 같지 않은 어떤 복잡한 기관의 존재를 보여줄 수 있다면, 내 이론은 무조건 실패할 것이다."[6] 우리는 이제 그의 진술에 부합하는 많은 기관과 조직 그리고 작용과정이 생명체 안에 존재하고 있음을 알고 있다.

그 가운데 하나가 세포다. 다윈의 시대에 세포는 일종의 '블랙박스'처럼, 누구도 그 안을 들여다보지 못하는 신비롭고 작은 생명체의 한 구성요소였다. 그러나 이제 우리는 그 안을 엿볼 수 있는 능력이 있고, 입자 수준의 생명체가 다윈이 상상한 것보다 훨씬 더 복잡하다는 것을 알고 있다. 환원 불가능할 정도로 복잡한 시스템은 "조화로이 상호작용함으로써 기초 작용에 기여하는 몇 가지의 부분들로 구성되어 있는데, 그 가운데 어느 하나라도 제거하면 시스템의 기능 일부가 아닌 전체를 효과적으로 중단시킬 수 있다."[7]

이는 리하이대학교의 생화학 교수로 재직하며 『다윈의 블랙박스(Darwin's Black Box: The Biochemical Challenge to Evolution)』를 저술한 마이클 베히의 말이다. 베히의 연구는 생명체가 말 그대로 생명체의 수많은 기능을 수행하는 입자 기계들로 채워져 있음을 입증하고 있다. 이 작은 기계들은 환원 불가능한 복잡성(irreducible complexity, 수많은 부분으로 구성된 시스템에서 어느 하나가 빠지면 원래의 기능 일부가 아닌 전체를 잃어버린다는 의미)을 지니고 있는데, 이는 곧 각 기계를 구성하는 모든 부분들이 한 치의 흐트러짐도 없는 제 위치에, 알맞은 크기로, 정확한 순서에 따라 완벽하게 그리고 동시에 제 기능을 수행하고 있음을 의미한다.

---

6 Charles Darwin, *On the Origins of Species* (New York: Penguin, 1958), 171.
7 Michael Behe, *Darwin's Black Box: The Biochemical Challenge to Evolution* (New York: Touchstone, 1996), 39.

자동차 엔진은 다시 환원할 수 없을 정도로 복잡한 시스템을 잘 보여주는 한 예이다. 만일 피스톤의 크기에 변화가 생긴다면, 이로 말미암아 캠축, 실린더 블록, 냉각 장치, 엔진실, 그리고 다른 계통들도 동시에 바뀌어야 하며, 그렇지 않을 경우에는 새 엔진이라 하더라도 작동하지 않는다.

베히는 생명체들이, 마치 자동차 엔진처럼, 환원 불가능한 복잡성을 지니고 있음을 보여준다. 그는 신체 내의 무수한 기능(혈액 응고, 섬모, 시각 기능 등)이 다윈주의의 점진적 양태로는 결코 발전될 수 없는 환원 불가능한 복잡성이 있어야 한다는 점을 상세히 끈기 있게 설명한다. 왜 그런가? 채 완성되지 않은 중간 생성물(intermediates)은 아무런 기능을 갖고 있지 않기 때문이다. 자동차 엔진의 경우가 그렇듯이, 어떤 기능이 작동하려면 모든 부품들이 적절한 크기로 적절한 위치에서 동시에 적절하게 움직여야 한다. 우리가 엔진 부품을 제작할 수는 있지만(그것도 우리에게 지식이 있어야 한다), 그 가운데 엔진 부품 일부만 가지고서는 자동차를 움직이게 할 수 없다. 모든 부품이 완벽하게 조합된 엔진 전체가 있어야 한다. 뿐만 아니라 엔진 부품 가운데 하나가 변형되었다면, 비록 다른 부품들은 제 기능을 다한다 하더라도 자동차는 움직일 수가 없다. 마찬가지로, 생명체의 시스템에서 일부가 변형된다면 전체 시스템의 기능이 상실되고 말 것이다.

생명체 안에 존재하는 환원 불가능한 복잡성의 정도는 믿기지 않을 정도다. DNA의 유전자 알파벳은 A, T, C, G라는 네 글자들로 이루어져 있다. 그런데 인간의 세포 하나마다 그런 글자들로 이루어진 쌍이 약 30

억 개나 존재하고 있다.[8] 우리의 몸에는 몇 조 개의 세포가 있으며 1초마다 몇 백만 개의 세포를 만들어내고 있다. 또한 각각의 세포는 일단 분해하면 돌이킬 수 없을 정도로 복잡할 뿐만 아니라, 역시 돌이킬 수 없을 정도로 복잡한 하부 조직들을 함유하고 있다!

베히의 발견은 다윈주의자들에게는 치명적이었다. 일단 분해하면 환원할 수 없는(돌이킬 수 없는) 복잡성이란 곧, 오랜 시간에 걸쳐 미미하지만 끊임없이 변화한다는 다윈주의자들의 방법으로는 어떤 새로운 생물 종류도 존재할 수 없음을 의미한다. 다윈주의는, 지적 존재의 도움도 받지 않은 채, 달리는 자동차 엔진(아메바)을 만들어 내는 자연력과 유사하며, 따라서 그 자연력이 종국에는 우주 왕복선(인간)을 만들어 낼 때까지, 그 환원할 수 없는 복잡한 엔진들을 계속하여 중간 단계의 엔진들로 변형시킨다. 다윈주의자들은 엔진을 만들 수 있는 재료들의 원천을 설명할 수 없을 뿐만 아니라, 나아가 환원 불가능한 복잡성을 지닌 엔진이 맨 처음 어떻게 등장했는지에 대한 의문은 더더욱 설명하지 못한다. 또한 다윈주의자들은 지적 존재의 개입 없이 어떤 엔진이 각 중간 단계마다 추진력을 얻어서 우주 왕복선으로 진화한 과정을 예증할 수도 없다. 이 점은, 일단 분해하면 다시 환원할 수 없는 복잡한 조직들이 어떻게 점진적으로 발생할 수 있었는지 다윈주의자들이 완전한 설명을 하지 못하고 있는 점을 보더라도 명백하다. 베히는 이런 글로 다윈주의자들의 주장의 허구성을 폭로했다.

다윈주의자들이 주장하는 분자 진화(molecular evolution, 생체의 정보를 지닌 DNA 분자의 염기 배열이 장기간에 걸친 돌연변이의 축적에 의하여 변화해

---

8 Ariel Roth, *Origins* (Hagerstown, Md.: Herald, 1998), 66.

가는 일. 생물 진화를 화학적 분자 수준에서 파악하며, 돌연변이 유전자의 축적이 진화의 요인이라고 함)는 과학에 근거한 개념이 아니다. 환원 불가능할 정도로 복잡한 생화학적 시스템을 갖춘 분자 진화의 실제 발생 또는 발생 가능성을 진술하는 과학 문헌은 잡지든 단행본이든 전혀 간행된 적이 없다. 그런 진화가 일어났다는 주장이 있기는 하지만, 그 어느 것도 적절한 실험이나 계산에 의해 지지를 받지 못했다. 권위를 갖춘 지식적 기초가 없는 탓에, 다윈주의자들의 분자 진화 주장은 괜한 허세에 불과하다고 말할 수 있다.⁹

환원 불가능한 복잡성을 해결해 보려는 다윈주의자들의 힘겨운 시도는 그들의 이론에서 그 문제가 얼마나 중대한 것인지 잘 보여준다. 다윈주의자 켄 밀러(Ken Miller)는, 베히가 환원 불가능한 복잡성의 예로 들고 있는 것(쥐덫)이 실제로는 환원 불가능할 만큼 복잡하지 않다는 점에서, 환원 불가능한 복잡성은 진리가 아니라고 주장했다. 베히에 따르면, 통상적인 쥐덫은 그것을 구성하고 있는 다섯 가지의 부품이 동시에 모두 제 위치에서 제 기능을 발휘해야만 본래의 목적에 맞게 사용될 수 있다고 한다. 예를 들면, 플랫폼과 용수철만으로는 쥐를 잡을 수 없다. 그러나 밀러는 쥐덫의 네 부분만으로 비슷한 쥐덫을 만들어 냄으로써 베히의 주장이 오류임을 입증할 수 있다고 했다. (밀러는 실제로 1990년대 후반에 PBS에서 중계한 TV 토론회에서 이런 의견을 내놓은 바 있다.)

그러나 밀러의 비판은 핵심을 놓치고 있었다. 첫째, 다른 다윈주의자처럼 밀러도 자신만의 쥐덫이 만들어지려면 지적 존재가 필요하다는 사

---

9 Michael Behe, "Intelligent Design Theory as a Tool for Analyzing Biochemical Systems," William Dembski, ed., *Mere Creation: Science, Faith, and Intelligent Design*(Downers Grove, Ill.: InterVarsity Press, 1998), 183. 강조는 저자 추가.

실을 무시했다. 둘째, 베히는 모든 형태의 쥐덫에 다섯 가지의 부품이 필요하다고 말한 게 아니라 단지 전통적 형태의 쥐덫을 언급했을 뿐이다. 밀러의 쥐덫이 베히의 전통적 쥐덫에 대한 물리적 전구체(precursor, 일련의 생화학 반응에서 A에서 B로, B에서 C로 변화할 때, C라는 물질에서 본 A나 B라는 물질)가 아니라는 점이 드러나고 있다. 바꾸어 말해, 밀러의 쥐덫을 베히의 쥐덫으로 변형하려면 하나 이상의 임의의(random, 다원주의에서 말하는 우연한) 단계가 필요해진다. 그렇게 변형하려면 또 다른 전혀 별개의 부품을 추가하고 거기에다 몇 번의 특별한 수정을 가해야만 한다(그러려면 지적 존재가 필요하다). 셋째, 설령 그런 변화들이 지성의 개입 없는 과정을 통해 이루어질 수 있다 하더라도, 그 쥐덫은 그 변화 기간 동안에는 기능을 발휘하지 못할 것이다. 그러나 다원주의자들이 피할 수 없는 진리는, 만일 다원주의자들의 방식대로 매우 오랜 시간에 걸쳐 시행착오를 반복하면서 서서히 변화가 진행될지라도 생명체의 기능은 계속 유지되어야 한다는 점이다. 생명 유지에 필요한 기관들이 제 기능을 수행하지 않는다면 말 그대로 생명체는 존립 자체가 불가능하기 때문이다.[10] 결국 쥐덫은 하나의 사례일 뿐이다. 생명체의 시스템은 쥐덫과 비교할 수 없을 정도로 복잡하다. 그런 까닭에 밀러는 베히의 주장의 핵심을 명확

---

10 Miller는 자연 선택이 기능을 잃어버린 시스템은 진화하지 못한다는 Behe의 견해에 동의하고 있다. 그러나, 쥐덫의 모양 변화가—비록 쥐를 잡을 수 없다 할지라도—하나의 핵심 사슬의 역할을 할 수도 있다고 주장함으로써 그 논증을 비껴가고 있다(http://www.millerand.levine.com/km/evol/DI/Mousetrap.html을 보라). 이것은 물론 핵심을 벗어난 것이다. 복잡한 생물일수록 하나의 기능을 다른 기능으로 함부로 대체한 다음에도 여전히 생명을 유지할 수는 없다. 만일 한 생물의 생명을 좌우하는 시스템 가운데 하나가 주요 기능을 수행하지 못한다면, 그 생물은 죽게 될 것이며, 비록 다윈이 말하는 변화가 이루어지는 동안에 그 시스템이 다른 기능을 수행한다 하더라도 이는 마찬가지다. 바꾸어 말하면, 중요한 것은 생명 유지에 필수적인 기능의 상실이지, 하나에서 다른 것으로 진화 중인 중간 단계의 시스템이 그 동안에 무언가 다른 것을 할 수 있다는 점은 아니다.

히 반박하지 않았으며 다른 다원주의자들도 마찬가지였다.[11]

2002년 7월에 열린 지적 설계 컨퍼런스에서 베히와 나(프랭크 튜렉)는 강사로 참여했다. 강연 끝에 어느 다원주의자가 다소 호전적인 태도로 문답 시간에 참여했고, 나는 그와 이야기를 나누고 싶어 점심시간에 일부러 그의 옆자리에 앉았다.

"베히가 말한 환원 불가능한 복잡성에 대해 어떻게 생각하십니까?" 나는 조각 낸 피자를 앞에 놓고 이렇게 물었다.

그는 눈동자를 굴리며 말했다. "그건 별로 큰 문제가 안 됩니다. 생명체의 시스템 주위에는 점진적으로 진화할 수 있도록 세워진 생화학적 비계(건설현장에서 사용하는 가설 발판 구조체)가 있으니까요."

그날의 대화 이후 베히를 만났을 때 나는 그 다원주의자의 이야기를 들려주었다. 그는 다음과 같은 사항을 곧바로 지적했다. 첫째, 그런 '비계'가 존재한다는 증거가 없으며, 둘째, 그것은 다원주의자들의 문제를 더 복잡하게 만들 뿐이라는 것이다. 만일 이 비계들이 존재한다면 누가 그것을 정확한 위치에 계속 세우고 있다는 말인가? 그것 역시 지적 존재가 필요하지 않겠는가?

다른 이들은 다원주의를 따르면서도 환원 불가능한 복잡성을 우회할 수 있는 길을 찾으려고 애썼지만 모두 실패했다. 베히는 "현재로서는 자연 선택이 환원 불가능한 복잡성을 용케 피해갈 수 있음을 보여주는 경험적 증거는 전혀 없다"[12]고 단언할 정도로 굳은 신념을 갖고 있다.

---

11 Behe가 그의 비판에 대하여 제시한 몇 가지 답변들은 다음 웹사이트에서 볼 수 있다. http://www.trueorigin.org/behe08.asp.
12 Michael Behe, "A Mousetrap Defended," 2000, http://www.trueorigin.org/behe05.asp.

베히는 환원 불가능한 복잡성이 암시하는 바와 생명체의 복잡성과 관련한 다른 발견들을 결코 작게 보지 않는다. 그는 이렇게 쓰고 있다. "세포를 조사하기 위한(생명체를 분자 수준에서 조사하기 위한) 계속된 노력의 결과는 크고 분명하며 날카로운 외침이 되어 나타났다. 그것은 바로 '설계'다. 이러한 결과는 결코 모호하지도 않고 지극히 의미심장하여 과학 역사상 가장 뛰어난 업적들과 어깨를 나란히 할 정도여서, 뉴턴과 아인슈타인의 발견에 필적한다."[13]

4. 중간 전이 형태 생물의 생존불가능성

새로운 생물종을 만들어 낸다는 자연 선택을 수긍하기 어렵게 만드는 또 하나의 문제는 한 종에서 다른 종으로 전이 과정에 있는 중간 형태의 생명체는 생존이 불가능할 것(nonviability of transitional forms)이라는 사실이다. 예를 들어, 조류가 오랜 시간에 걸쳐 파충류로부터 점차 진화했다는 다윈주의자들의 주장을 고려해 보자. 이것은 비늘에서 깃털로 전이되는 단계를 반드시 수반한다. 더 이상 비늘이 없으면서도, 그렇다고 깃털도 완전히 갖추지 못한 생물이 어떻게 생존할 수 있을까? 깃털은 환원 불가능할 정도로 복잡하다. 절반만 깃털로 덮인 구조를 가진 생물은 날 수 있는 능력이 없다. 그런 동물은 땅에서나, 물속에서나, 그리고 공중에서나 손쉬운 먹잇감이 될 것이다.

또한 파충류와 조류 사이에 끼어 있는 일종의 중간 시설(halfway house, 치료와 회복을 도와 사회로의 복귀를 준비케 하는 시설)과 같다면, 그런

---

13 Michael Behe, *Darwin's Black Box: The Biochemical Challenge to Evolution*(New York: Touchstone, 1996), 232-233.

그림 6.2

생물은 자신에게 맞는 먹잇감을 찾는 데 능숙하지 못할 것이다. 그런 점에서 그 문제는 다윈주의자들에게 이중의 골칫거리다. 즉 첫째, 다윈주의자들은 파충류로부터 조류에 이르는 동안 그 사이의 실현 가능한 메커니즘을 갖고 있지 않으며, 둘째, 그런 실현 가능한 메커니즘이 발견된다 하더라도, 어쨌든 중간 전이 형태의 생물은 살아남지 못할 것이다.

5. 분자적 고립

다윈주의자들은 모든 생물들이 공통의 조상으로부터 나왔다는 주장에 대한 증거로 모든 생명체가 DNA를 갖고 있다는 사실을 제시한다. 예를 들어, 리처드 도킨스는 이렇게 말한다. "박테리아를 포함해 우리 모두가 친척 관계임을 확신하는 이유는 유전적 암호 및 다른 생화학적 기본 구성에 있어서 공통성을 보인다는 데 있다."[14] 다윈주의자들은, 85퍼센트

---

14 Phillip Johnson에게 2001년 7월 10일에 보낸 이메일이다. 모든 내용은 다음 웹사이트에서 볼 수 있다. http://www.arn.org/docs/pjweekly/pj_weekly_010813.htm.

에서 95퍼센트가 넘는 것으로 말하고 있는,[15] 원숭이와 인간 사이에 존재하는 DNA의 유사성이야말로 둘 사이의 조상이 친척 관계에 있음을 강력하게 암시한다고 생각한다.

그러나 이것이 공통의 조상을 갖는다는 증거인가 아니면 동일한 창조주를 갖는다는 증거인가? 양쪽 모두 가능한 해석이다. 어쩌면 다윈주의자들이 옳을 수도 있다. 우리 모두가 하나의 공통 조상으로부터 유래했기 때문에 공통되는 유전 암호를 갖고 있을 수 있다. 하지만 그럴 가능성만큼 오류일 가능성도 높다. 어쩌면 공통의 한 창조자가 우리를 설계하고 같은 생물권 안에 살게 했기 때문에 공통되는 유전 암호를 갖고 있을 수도 있는 것이다. 결국, 모든 생명체를 생화학적으로 구분한다면, 먹이사슬이란 존재하지 않을지도 모른다. 어쩌면 다른 생화학 구조를 가진 생명체는 존재 불가능할지도 모른다. 또한 그것이 가능하다 하더라도, 아마도 그런 생명체는 이 생물권 안에서는 생존이 불가능할 것이다.

그림 6.3을 잘 살펴보라. 유전적 유사성과 형태의 발전이 국솥이 찻숟가락으로부터 진화했다는 주장을 입증하는가? 아니다. 유사성과 발전이 공통 조상의 존재를 저절로 암시하지는 않는다. 오히려 이 경우에 우리는 공통의 창조자 내지는 설계자가 있음을 알게 된다. 마찬가지로 생명체와 관련해서라면 우리는, 진화보다는 창조에 의한 것이라는, 동일한 결론을 내릴 수도 있다.

앞서 말했듯이, 영어 알파벳이 메시지를 담고 있는 것처럼 DNA의 유전자 알파벳도 메시지를 담고 있다(차이가 있다면, DNA 알파벳은 오직 네 개

---

15 "Riken Finds Bigger Gap in Chimp, Human Genes," *Japan Times*, 2003년 7월 12일자. http://www.japantimes.co.jp/cgi-bin/getarticle.pl5?nn20030712b6.htm를 보라.

유사성과 형태의 발전

설계의 유사성은 공통 조상의 존재를 입증하는가?
아니면 공통 설계자의 존재를 입증하는가?
국솥은 찻숟가락으로부터 진화했는가?

그림 6.3

인 반면 영어의 알파벳은 26개라는 점이다). 모든 생명체는 질소를 함유한 네 개의 염기(A, T, C, G라는 글자로 표시된다)의 DNA를 갖고 있는 까닭에, 공통 조상인가 아닌가와 상관없이, 우리는 모든 생물체의 유전 정보 사이에서 매우 높은 수준의 유사성을 예측하게 된다.

쉬운 이해를 위해 영어 문장을 가지고 이야기해 보자. 여기 똑같은 글자를 가진 두 개의 문장이 있다.

Charles Darwin is a scientific god.
Charles Darwin is a scientific dog.

두 문장 안에 동일한 글자가 들어 있고 그 순서 역시 사실상 같음에도 불구하고(90퍼센트 이상 일치한다), 마지막 몇 글자의 순서가 살짝 달라지면서 전혀 다른 의미가 만들어진다. 마찬가지로, 생명체 안에 들어 있는 글자들(A, T, C, G)의 순서가 단지 조금 달라지는 것만으로도, 가설로 그려볼 수 있는 진화 계통도에서 서로 멀리 떨어져 있는 생물들을 낳을 수 있다. 예를 들어, 어떤 연구는 인간 및 인간과 가장 비슷한 원숭이의 DNA 유사성이 약 90퍼센트에 이른다는 점을 보여주고 있는가 하면, 다른 연구 결과는 인간과 쥐의 DNA 유사성 역시 약 90퍼센트에 이른다는 점을 보여주고 있다.[16] 그런 비교들은 논쟁의 소지가 있으며, 완전히 이해된 것도 아니어서, 이 분야의 연구가 더 많이 이루어져야 한다. 그러나 유전학의 관점에서 볼 때, 쥐가 원숭이 못지않게 인간에 가깝다면, 이것은 다윈주의자들이 내놓는 어떤 설명이라도 아주 복잡하게 만들어 버릴 수 있다.

하지만 연구가 보다 진행되어 어느 날엔가 원숭이의 DNA가 실제로 그 어떤 생물의 DNA보다 인간에 더 가깝다는 점이 드러났다고 해보자. 그러나 이런 사실이 드러났다고 하여 사람과 원숭이의 조상 사이에 친척 관계가 존재했다는 다윈주의자들의 결론이 입증되는 것은 아니다. 오히려 그런 유사성의 존재 이유가 공통 조상보다는 공통의 창조주 때문일 수도 있다. 우리는 공통된 유전 암호가 공통 조상을 가리키는 증거인지 아니면 공통된 창조주를 지지하는 증거인지 알 수 있도록 도와주는 다른 증거들을 분자 수준에서 찾아내야만 한다.

그 다른 증거가 단백질 배열 순서를 비교함으로써 밝혀졌다. 단백질은 생명체라는 건물의 블록재이다. 그 단백질은 아미노산(amino acids)으로 불리는 화학 단위들의 기다란 사슬 구조로 되어 있다. 대부분의 단백질은 그 안에 100개가 넘는 사슬 구조의 아미노산이 있으며, 이 아미노

---

16 Mouse Genome Sequencing Consortium, "Initial Sequencing and Comparative Analysis of the Mouse Genome," *Nature* 420(2002년 12월 5일):520-562.

산은 매우 독특한 순서로 배열돼 있다. 단백질 안에 있는 아미노산의 순서를 정하는 지침이 바로 DNA 안에 담겨 있는데, 그 순서에 약간의 변화만 있어도 단백질에 역기능을 일으킨다는 점에서 아미노산의 배열 순서는 매우 중요한 의미를 갖는다.

여기에 다윈주의자들이 풀어야 할 문제가 있다. 만일 모든 종들이 하나의 공통 조상에서 비롯되었다면, 우리는 어류에서 양서류로, 또는 파충류에서 포유류로 변화해 가는, 중간 전이 형태의 단백질 배열 순서를 발견할 수 있으리라는 예측을 당연히 할 수 있다. 그러나 우리가 발견한 것은 그것과 전혀 다르다. 오히려 우리는 기본 종들이 서로 분자적 고립성(molecular isolation)을 띠고 있음을 발견했다. 즉 각각의 조상들 사이에 어떤 친척 관계도 존재하지 않는 것으로 보인다는 말이다. 마이클 덴튼은 이렇게 말한다.

> 작은 분자 수준에서 보면, 진화로 말미암아 어류→양서류→파충류→포유류로 변화해 간 흔적은 전혀 존재하지 않는다. 따라서 어류와 육상 척추동물 사이의 중간 생물로 늘 여겨지곤 했던 양서류도, 작은 분자의 관점에서 본다면, 어떤 부류의 파충류 또는 포유류만큼이나 어류로부터도 멀리 떨어져 있다! 척추동물의 진화라는 전통적 모습에 매우 익숙해 있는 사람들에게 그 결과는 정말 깜짝 놀랄 만한 것이다.[17]

따라서 비록 모든 유기체가 다양한 정도의 친밀성을 느낄 만큼 공통

---

17 Michael Denton, Evolution: A Theory in Crisis(Bethesda, Md.: Adler& Adler, 1985), 285.

된 유전 암호를 공유하고 있을지라도, 그 암호는 단백질 안의 아미노산으로 하여금 기본 종들의 작은 분자들이 서로 고립되도록 명령을 내렸다. 그런 측면에서 다윈주의자들이 말하는 (진화로 대변되는) 변화는 전혀 존재하지 않으며, 단지 분자적 고립성만이 뚜렷하게 존재할 뿐이다. 다윈주의자들은 이 분자들 사이의 간격이 존재하고 있다는 점을 자연 선택 이론을 빌어 설명할 수 없을 뿐만 아니라, (우리가 다음에 이야기할) 화석 기록(fossil record) 안에 존재하는 거대한 간격 역시 설명하지 못한다.

화석 기록은 어떻게 판단하는가?

지금까지의 내용을 잠시 되짚어보자. 이것들은 자연 선택이 새로운 생물종을 생산해 낼 수 없음을 보여주는 다섯 가지 증거이다.

1. 유전학적 한계
2. 주기적인 변화
3. 환원 불가능한 복잡성
4. 중간 전이 형태 생물의 생존불가능성
5. 분자적 고립

하지만 화석의 기록은 다윈주의자의 이론을 지지하고 있지 않은가? 잠시 살펴보자.

오늘날의 과학 기술 혜택이 없었던 탓에, 찰스 다윈은 세포의 수준에서 자신의 이론이 직면한 문제점을 인식하지 못했다. 그러나 그는 화석의 기록이 점진적 진화(또는 점진주의)를 보여주지 않는다는 점에서, 그것이 자신의 이론에 큰 문제점을 던지고 있다는 사실은 인지하고 있었다. 그래서 그는 이런 글을 썼다. "그러면 왜 모든 지질학적 구조와 모든 지층은 그런 중간 단계의 연결 고리들(links)로 채워져 있지 않을까? 지질학은 확실히 정교하게 눈금이 매겨진 유기적 사슬(chain)과 같은 것을 보여주지 않으며, 어쩌면 이것은 나의 이론에 맞서서 주장될 수 있는 가장 명확하고 중대한 반론일 것이다."[18]

그러나 다윈은 더 많은 화석이 발견되면 자기 이론의 진실성이 밝혀질 것이라고 생각했다. 하지만 시간은 그가 틀렸다는 것을 증명해 주었다. 일반 대중 매체에서 우리가 듣고 있는 내용과는 달리, 화석의 기록은 다윈주의자들에게 철저히 혼란만을 안겨다 주는 것임이 드러났다. 만일 다윈주의가 진리라면, 몇백만 개는 아니더라도 지금쯤 그들이 말하는 중간 전이 단계의 변화를 보여주는 수천 개의 화석들이 발견됐을 것이다. 진화론자이자 하버드의 고생물학 교수였던 스티븐 제이 굴드(Stephen Jay Gould)는 다음과 같이 말했다.

> 대부분의 화석 종류에서 드러나는 역사는 특별히 점진적 진화와 부합하지 않는 두 가지 특징을 보여준다. 첫째, 정지(Stasis). 대부분의 종들은 지상에 존재하는 동안 어떤 쪽으로의 변화도 보여주지 않는다. 그것들은 지상에서 멸종하기까지 거의 동일한 모습으로 화석 기록에 등장한다. 형태학적 변화(morphological change)는 늘 제한적이고 특정 방향이 없다. 둘째, 급작스러운 출현(sudden appearance). 어느 지역에서건, 어떤 종이 그 조상의 지속적 변화를 통해 점진성을 띠면서 등장하지 않는다. 그 종은 말

---

18 Charles Darwin, *On the Origins of Species*(New York: Penguin, 1958), 280.

그대로 단번에 그리고 '온전한 형태를 갖춘 채' 출현하고 있다.[19]

바꾸어 말하면, 굴드는 화석의 유형들이 급작스럽게, 온전한 형태를 갖춘 채로, 특정 방향의 변화 없이 멸종 때까지 동일 형태로 남아 있음을 인정하고 있다. 이것은 만일 창조가 진리일 경우 우리가 기대할 수 있는 방식과 정확히 일치한다.

그러나 굴드는 창조론을 수용하는 대신 다원주의의 점진적 진화를 거부하고 대신 '단속평형설(Punctuated Equilibria, 어떤 종이 진화 과정에서 오랫동안 안정된 형태를 유지하다가 갑자기 그 기간이 단속되면서 중간 단계 없이 다른 종으로 빠른 속도로 진화한다는 진화론 가설)'이라고 명명한 이론을 공식 제기했다. 단속평형설은 생물종들이 짧은 기간에 걸쳐 빠르게 진화했다는 주장이므로, 이를 통해 화석에 존재하는 커다란 간격들을 설명하려고 시도한다. 굴드는 이런 진화가 일어날 가능성이 있는 메카니즘을 제시하지는 않았으나, 그 자신이 무신론자였던 까닭에 화석의 기록을 창조론이 아닌 다른 것으로 설명해야만 했다. 이것이야말로 우리의 선입견에 의해 우리의 관찰들이 오염되는 전형적인 사례이다.

자, 요점에서 너무 벗어나고 있다. 여기서 우리가 말하려고 하는 요점은 그 화석 기록이 실제로는 대진화보다 초자연적 창조와 더 잘 조화를 이룬다는 점이다. 실제로, 잃어버린 중간 고리(links)란 존재할 수 없으며, 잃어버린 사슬(chain)만이 있을 뿐이다!

---

19 Stephen J. Gould, "Evolution's Erratic Pace," *Natural History* 86(1977):13-14. 더 최근에 캐나다 McGill 대학교의 Redpath 박물관에서 척추 고생물 전시 기획자로 일하고 있는 Robert B. Carroll은 이런 말로 Gould의 평가 내용을 확인했다. "지금 빠져 있는 것은 다윈이 가정한 많은 중간 단계의 형태들이다"("Towards a New Evolutionary Synthesis," *Trends in Ecolgy and Evolution* 15[2000]:27-32).

지상에 존재한 것으로 알려진 거의 모든 주요 동물군이 캄브리아기(Cambrian Period, 많은 과학자들은 6억 년 전에서 5억 년 전 사이에 나타난 것으로 추정하고 있다)로부터 이어진 지층 내 화석의 기록 안에서 급작스럽게 그리고 온전한 형태로 등장하고 있으므로, 사슬은 없다. 조나단 웰스는 이렇게 쓰고 있다. "그 화석의 증거가 너무나 강력하고 또한 극적이어서 그것은 '캄브리아기의 대폭발' 또는 '생물학의 빅뱅'으로 알려지게 되었다."[20]

물론 이 증거는 철저하게 다윈주의와 부합하지 않는다. 모든 동물군은 각기 단절된 채, 온전한 형태를 갖추어, 그리고 동시에 나타나고 있다. 이것은 점진적 진화의 증거가 아니라, 순간에 일어나는 창조의 증거이다. 따라서 우리가 알고 있는 다윈주의자의 계통도는 실제 화석의 기록을 적절하게 설명하지 않는다. 사실 웰스의 말처럼, "식물을 빗대어 말한다면, 다윈주의자의 계통도는 한 그루의 나무라기보다 잔디밭에 가깝다고 할 수 있다."[21] 게다가 그 잔디밭은 여러 구획으로 나뉘어진 서로 다른 종류의 잔디밭이거나 아니면 넓은 맨땅을 사이에 두고 갈라져 있는 채소밭일 것이다.

이 시점에서 우리는 이렇게 생각할 수도 있다. "하지만 우리가 익히 보아온 두개골의 발달은 어떻게 판단해야 하는가? 그것은 사람이 원숭이로부터 진화했음을 보여주는 증거가 아닌가?"

여러 해 전에 나(노먼 가이슬러)는 진화가 실제로 일어난 일임을 설명하기 위해 탁자 위에 여러 개의 두개골을 한 줄로 늘어놓았던 한 다윈주의

---

20 Jonathan Wells, *Icons of Evolution: Science or Myth? Why Much of What We Teach About Evolution Is Wrong*(Washington, D.C.: Regnery, 2000), 37.
21 Ibid., 42.

자와 토론을 벌인 적이 있었다. "신사 숙녀 여러분, 바로 여기에 진화의 증거가 있습니다"라고 그는 선언했다.

아이고, 이런! 우리가 어떻게 그 화석들을 무시할 수 있을까? 그 두개골들은 마치 진화의 과정을 밟은 것처럼 보인다. 그 두개골의 조상들이 서로 친척 관계에 있는 것처럼 보일 수도 있다. 이것은 다원주의를 지지하는 좋은 증거인가? 아니다. 그것 역시 커다란 국솥이 찻숟가락에서 진화했다는 식의 주장과 다를 바 없다.

다원주의자들에게 문제가 되는 것은 그 화석 기록으로는 생물 조상들의 친척 관계를 확증할 수 없다는 점이다. 왜 그런가? 마이클 덴튼에 따르면, "어떤 유기체와 관련된 99퍼센트의 생물 특성은 그 유기체가 갖고 있는 부드러운 해부학적 구조에 귀속되는데, 화석으로는 그 해부학적 구조에 접근할 수 없기 때문이다."[22] 바꾸어 말하면, 어떤 생물의 생물학적 구조를 그 생물의 화석을 관찰함으로써 알아낸다는 것은 지극히 곤란한 일이다. 조나단 웰스는 이렇게 말한다. "화석이라는 증거는, 개개의 표본들이 다양한 방식으로 재구성될 수 있다는 점에서, 또한 그 화석의 기록이 조상—자손 사이의 친척 관계를 확증해 줄 수 없다는 점에서, 모든 해석에 가능성을 열어 놓고 있다."[23]

그러나 이 사실이 다원주의자들을 제지하지는 못했다. 다원주의는 그 신봉자들이 선험적 전제로 추종하고 있는 철학 때문에 진리여야만 하므로, 다원주의자들은 다원주의를 뒷받침할 수 있는 증거를 어떻게든

---

22 Michael Denton, *Evolution: A Theory in Crisis*(Bethesda, Md.: Adler& Adler, 1985), 286.
23 Jonathan Wells, *Icons of Evolution: Science or Myth? Why Much of What We Teach About Evolution Is Wrong*(Washington, D.C.: Regnery, 2000), 219.

찾아내야만 한다. 그런 이유로 그들은 화석이 조상들 사이에 존재하는 친척 관계를 확증할 수 없다는 점을 인정하는 대신, 화석이 자신들에게 말하고 있는 단 1퍼센트를 취한 다음, 화석이 어떤 간격이라도 메울 수 있는 것임을 설명하기 위해 나머지 99퍼센트의 여지를 가공하고 있다. 화석 기록에 근거한 사실들이 자신들을 속박하지 않는다는 이유로 함부로 자유를 사용하면서, 다윈주의자들은 달랑 한 개뿐인 치아와 같이 사소한 화석들을 가지고 마치 창조자가 된 듯이 모든 '잃어버린 연결 고리'를 만들어 냈다. 이것이 바로 그 수많았던 소위 '잃어버린 연결 고리들'이 나중에 사기 또는 실수로 판명나게 된 까닭이다.[24]

과학 잡지 〈네이처〉의 기고가인 헨리 지(Henry Gee)는 이렇게 쓰고 있다. "한 줄의 화석을 취해 그것들이 어떤 계통을 대변하고 있다고 주장하는 것은 실험될 수 있는 과학 가설이 아니라, 도리어 아이들이 잠잘 때 들려주는 옛날이야기—재미있고 교훈적이긴 해도 과학적인 것과 별로 상관없는—정도의 의미만 있는 주장일 뿐이다."[25]

화석의 기록은 조상들이 친척 관계에 있음을 확증하는 데 적절치 못할 뿐만 아니라, 우리가 환원 불가능한 복잡성을 지닌 생물계의 본질에 대해 알고 있는 사실에 비추어볼 때, 조상들의 친척 관계 문제와는 아무런 관련성이 없다. 생물종 사이에 구조 내지 해부학적 유사성—때때로 이것을 상동성(homology)이라고 부른다—이 존재한다는 것 역시 우리에게 공통 조상에 대해서는 아무것도 말해 주지 않는다.

---

24 Norman Geisler, *Baker Encyclopedia of Christian Apologetics*(Grand Rapids, Mich.: Baker, 1999), 489를 보라. 또 Jonathan Wells, *Icons of Evolution*, 209-228을 보라.
25 Jonathan Wells, *Icons of Evolution: Science or Myth? Why Much of What We Teach About Evolution Is Wrong*(Washington, D.C.: Regnery, 2000), 221에서 인용.

마이클 베히는 이렇게 쓰고 있다.

간단히 말해, 해부학적 구조는 진화가 작은 분자 수준에서 일어날 수 있었는가라는 문제를 판단하는 것과는 아무 관련성이 없다. 화석의 기록도 마찬가지다. 화석 기록 안에 거대한 간격이 있는지 아니면 그 기록이 미국 대통령 계보처럼 연속성이 있는지의 여부는 하등의 문제가 되지 않는다. 또한 만일 간격이 존재한다 하더라도, 그것이 합리적으로 설명될 수 있는지 여부는 아무 문제가 안 된다. 화석의 기록을 가지고서는, 11-시스 레티날 분자와 로돕신 단백질(11-cts-retinal with rhodopsin), 트랜스듀신 단백질(transducin), 그리고 포스포디스테라제 효소(phosphodiesterase)(환원 불가능할 정도로 복잡한 구조들임) 사이의 상호작용이 점진적으로 발전할 수 있는지 여부에 대해서는 아무것도 알아낼 수 없다.[26]

따라서, 베히에 따르면, 생물학적 구조는 대진화의 타당성 문제에서 해부학적 구조보다 중요하다. 어떤 책의 내용이 그 표지보다 더욱더 많은 정보를 제공하는 것처럼, 한 생물의 생물학적 구조는 그 두개골 구조보다 훨씬 더 많은 정보를 제공한다. 그럼에도 불구하고, 다윈주의자들은 가령 원숭이와 사람 사이의 해부학적 구조가 유사하다는 것을 가지고 곧 그들이 공통 조상으로부터 진화했음을 나타내는 증거라고 오랫동안 주장해 왔다. 구조의 유사성이 하나의 공통된 조상을 입증하는 증거라기보다 하나의 공통된 설계자를 입증하는 증거일 수도 있다는 점이

---

26 Michael Behe, *Darwin's Black Box: The Biochemical Challenge to Evolution*(New York: Touchstone, 1996), 22.

언제쯤 다윈주의자들에게도 점점 분명해질까?[27] 결국, 특정 물리학 및 화학 법칙이 지배하고 있는 세상에서는, 일정 범위에 한정된 해부학적 구조가 두 발로 걷도록 설계된 동물들에게 도움이 될 것이다. 우리는 모두 같은 생물권 안에서 살아야 하기 때문에, 당연히 몇몇 생물들이 유사한 설계를 갖고 있으리라고 기대할 수 있다.

더욱이 원숭이가 인간과 유사한 구조를 갖고 있음에도 불구하고, 자주 간과되는 사실은 원숭이와 인간이 뱀, 버섯, 그리고 나무와 닮은 점이 거의 없다는 점이다. 하지만, 다윈주의에 따르면, 모든 살아 있는 생물은 같은 조상으로부터 진화했다. 다윈주의가 옳다고 단정하려면, 생명체들 사이에 존재하는 엄청난 비유사성을 설명할 수 있어야 한다. 예를 들어, 야자수, 공작새, 문어, 메뚜기, 박쥐, 하마, 호저, 해마, 파리지옥풀, 인간, 그리고 곰팡이가 모두 지적 존재의 개입 없이 환원할 수 없을 정도로 복잡한 첫 번째 생명체로부터 어떻게 유래했는지를 설명해야만 한다. 마찬가지로 그 첫 번째 생명체와 이 우주가 어떻게 존재하게 되었는지에 대해서도 설명해야만 한다. 다윈주의자들은 합리적인 설명을 제시하는 데 실패했지만, 영구히 설득력을 가지는 이론이 제시되지 않을 경우, 다윈주의자가 되려면 너무나 많은 신앙이 필요하게 된다. 그리고 바로 그런 점이 우리가 다윈주의자들이 될 만큼 충분한 신앙을 갖고 있지 않은 이유이기도 하다.

---

27 우리가 보았듯이, DNA의 유사성에 대해서도 같은 말을 할 수 있다. 그것은 같은 조상에서 유래한 결과라기보다 같은 설계자에서 비롯된 결과일 것이다.

지적 설계는 지적인 대안인가?

대진화에 대해 더 많은 내용을 다루고 싶지만, 지면의 한계상 더 이상은 어려울 것 같다. 그럼에도 우리는 이번 장에서 자세히 살펴보았던 자료들을 가지고 합리적인 결론을 끌어낼 수 있다. 화석 기록, 분자적 고립, 중간 전이 형태 생물의 생존의 어려움, 환원 불가능한 복잡성, 주기적인 변화, 그리고 유전학적 한계(그리고 이런 것들이 우주의 기원 내지 최초 생명체의 기원을 설명할 수 없다는 사실)에 비추어 볼 때, 우리는 다원주의자들이 결국 자신들의 이론이 관찰 가능한 증거에 부합하지 않는다는 사실을 인정하게 될 것이라고 생각할지도 모르겠다. 하지만 다원주의자들은 오히려 과학적 관찰 결과들과 모순되면서 실증되지도 않은 '그럴듯한' 이야기들을 여전히 내놓고 있다. 그들은 계속해서 진화가 사실이라는 주장을 포기하지 않고 있다.

우리는 진화가 사실이라는 점은 동의하지만, 다원주의자들이 말하고 있는 의미에서 동의하는 것은 아니다. 만일 누군가가 진화를 '변화'라고 정의한다고 해도, 생명체의 진화는 틀림없이 일어났다. 그러나 이 진화는 소진화의 수준에서 일어난 것이지 대진화를 의미하지는 않는다. 이미 살펴보았듯, 대진화를 지지하는 증거가 없을 뿐만 아니라, 오히려 그것이 일어나지 않았음을 보여주는 적극적 증거들이 존재하고 있다.

만일 대진화가 진실이 아니라면, 무엇이 진실인가? 자, 만일 새로운 생물종의 기원에 대한 자연주의의 설명이 없다면, 지적 존재를 언급하지 않고서는 다른 설명이란 불가능하다. 그것이 유일한 대안이다. 지적 존재와 지적 존재가 아닌 것 사이에 중간 지역은 결코 존재하지 않는다. 지적 존재가 개입되었거나 아니면 전혀 개입하지 않았거나, 둘 중에 하나이다. 하지만 다원주의자들은 이런 선택 옵션을 달가워하지 않는다. 그런 이유로 그들은 편향되지 않은 과학적 증거로 자신들의 주장을 적절히 방어할 수 있는 능력을 소진시키고 나면, 그래서 더 이상 자신들의 주장을 합리적으로 방어할 수 없게 되면(이런 상황은 매우 빨리 닥친다), 다원주의자들은 이내 총구를 지적 설계의 지지자들(우주와 생명체의 존재 배후에 지적 존재가 있다고 믿는 사람들)에게 겨누곤 한다. 여기에 그들이 으레 내거는 반대 주장들과 그에 대한 우리의 답변들이 있다.[28]

반대 주장: 지적 설계는 과학이 아니다

우리의 대답: 앞서 보았듯, 과학은 원인들을 궁구하는 것이며, 나아가 그 원인들에는 오직 두 가지 유형만이 존재하고 있다. 곧 지적 원인과 지적 원인이 아닌 것(자연적 원인)이 그것이다. 지적 설계는 과학이 아니라는 다원주의자들의 주장은 과학에 대한 그들의 편향된 정의에 근거하고 있다. 하지만 그들의 주장은 순환론에 불과하다. 지적 원인을 사전에 배제한 채 과학을 정의한다면, 지적 설계가 개입된 과학은 처음부터 고려대상이 될 수 없을 것이다.

여기서 다원주의자들이 부닥치는 아이러니가 있다. 만일 지적 설계가 과학이 아니라면, 다윈주의 역시 과학이 될 수 없다. 왜 그런가? 다윈주의자들과 지적 설계 과학자들 모두 과거에 무슨 일이 일어났는지에 대해 알아내려고 애쓰고 있기 때문이다. 기원과 관련한 물음들은 법의학(또는 법정 과학)적인 것이므로, 우리가 이미 논의했던 법의학 원리들이

---

28 지적 존재의 설계를 철저하게 옹호하는 견해를 보려면, William Dembski, *The Design Revolution:Answering the Toughest Questions About Intelligent Design*(Downers Grove, Ill.: InterVarsity Press, 2004)를 보라.

필요하다. 사실 지적 설계를 과학의 영역에서 제외하는 다원주의자들은, 자기 자신들을 제외하는 것뿐만 아니라 고고학, 암호학, 형사 사건과 과실 사건의 법의학적 조사, 그리고 외계의 지적 생명체 탐사 팀(SETI)도 마찬가지로 제외해야만 할 것이다. 이것들은 모두 지적 존재라는 원인을 찾아내기 위해 과거를 조사하는 정당한 법정 과학이다. 과학에 대한 다원주의자들의 정의는 무언가 잘못된 것이 틀림없다.

표 6.2는 경험 과학과 법정 과학의 차이점을 보여 주고 있다.

경험(작용) 과학	법의학(기원) 과학
현재를 연구한다.	과거를 연구한다.
규칙성을 연구한다.	독특성을 연구한다.
반복될 수 있는 것을 연구한다.	반복될 수 없는 것을 연구한다.
재창조가 가능하다.	재창조가 불가능하다.
사물이 어떻게 작용하는지 연구한다.	사물이 어떻게 시작되었는지 연구한다.
반복될 수 있는 실험을 통해 검증한다.	일치의 원리에 따라서 검증한다.
어떤 것이 어떻게 작동하는지 질문한다.	그 기원이 무엇인지 질문한다.
예: 물은 어떻게 떨어지는가? 바위는 어떻게 침식되는가? 엔진은 어떻게 작동되는가? 잉크는 어떻게 종이에 점착되는가? 생명체는 어떻게 기능하는가? 이 우주는 어떻게 작동되는가?	예: 수력 발전의 기원은 무엇인가? 러시모어 산의 기원은 무엇인가? 엔진의 기원은 무엇인가? 이 책의 기원은 무엇인가? 생명체의 기원은 무엇인가? 우주의 기원은 무엇인가?

표 6.2

반대 주장: 지적 설계는 '틈새의 신' 오류를 범한다

우리의 대답: 밝혀지지 않은 자연 현상으로 발생한 사건에 대해 신의 개입이라는 잘못된 믿음을 갖게 될 때 '틈새의 신(God-of-the-Gaps fallacy)' 오류가 일어난다. 예를 들면, 사람들은 번개를 신이 직접 일으키는 것으로 생각하곤 했다. 자연에 대한 우리의 지식은 틈새가 있었고, 우리는 그 틈새를 신적 존재의 행위로 메우려 했다. 다윈주의자들은 신의 존재를 주장하는 자들이 신에 의한 우주 및 생명체의 창조를 주장함으로써 똑같은 잘못을 저지르고 있다고 말한다. 그들의 말은 옳은가? 아니다. 그 이유는 많이 있다.

첫째, 지적 존재가 최초의 단세포 또는 인간의 두뇌를 창조했다고 우리가 결론 내리는 이유는, 그것을 자연적 원인으로 설명할 증거가 없기 때문이기도 하지만, 지적 원인에 의한 것이라는 적극적이면서도 경험적인 증거가 있기 때문이다. (특정화된 복잡성을 갖춘) 메시지는 경험으로 그 출처를 찾아낼 수 있다. "쓰레기 좀 치우렴―엄마가" 내지는 1,000질 분량의 백과사전에 맞먹는 메시지를 발견하게 되면 우리는 그것이 지적 존재로부터 연유한 것이 틀림없음을 알게 되는데, 그 이유는 우리가 관찰한 증거에 따르면 그와 같은 모든 메시지는 오직 지적 존재로부터 나올 수 있기 때문이다. 우리가 관찰하는 모든 메시지는 지적 존재로부터 나왔다. 이러한 자료를 우리가 자연 법칙에 의해 메시지가 만들어지는 것을 결코 관찰한 적이 없다는 사실과 연계시킬 때, 우리는 지적 존재만이 메시지의 원인으로 인정될 수 있음을 알게 된다. 그것은 관찰과 반복에 기초를 둔 유효한 과학적 결론이다. 그것은 무지에서 연유한 논증도 아니며, 우리 지식 안에 있는 어떤 '틈새'에 기인한 것도 아니다.

둘째, 지적 설계를 지지하는 과학자들은 자연적 원인과 지적 원인에 모두 열린 자세를 갖고 있다. 그들은 최초 생명체의 (지적 설계가 배제된) 자연적 탄생을 설명하기 위한 계속적인 연구를 반대하지 않는다. 그들은 다만 알려져 있는 모든 자연적 설명들이 실패하고 있으며 경험을 통해 찾아낼 수 있는 모든 증거들이 지적 존재의 설계를 가리키고 있다는 점을 말하고 있을 뿐이다.

그렇다면 우리는 자연적 원인에 의한 생명체의 존재 증거 탐구를 계속하는 것이 지혜로운 일인지 의문을 제기할 수 있다. 지적 설계의 심층 탐구를 다룬 책을 출간한 윌리엄 뎀스키는 이렇게 묻고 있다. "(자연적 원인을 찾으려는) 결심은 언제쯤 고집으로 드러날까?… 얼마나 오랫동안 연구를 해야 비로소 우리는 그 연구를 포기하고 더 이상의 수고는 헛될 뿐 아니라 그 연구의 목표 자체가 존재하지 않음을 선언할 권리를 얻게 될까?"[29]

뎀스키가 던진 질문의 함의를 고려해 보라. 우리는 러시모어 산 같은 현상이나 "쓰레기 좀 치우렴—엄마가"와 같은 메시지를 존재케 한 자연적 원인을 앞으로도 계속 찾아야만 하는가? 이 사건은 언제나 종결될 것인가?

『생명 기원의 신비(The Mystery of Life's Origin)』의 공동 저자 월터 브래들리(Walter Bradley)는 생명체의 기원을 밝혀 줄 "자연적 설명을 찾아낼 가능성은 없어 보인다"고 믿는다. 그는 이렇게 첨언한다. "나는 생명체가 자연 발생했다고 믿는 사람들은 지적 설계자에 대한 합리적 추론을 하는 사람들보다 훨씬 큰 믿음을 가지지 않으면 안 된다고 생각한다."[30]

---

[29] William Dembski, *Intelligent Design: The Bridge Between Science and Theology* (Downers Grove, Ill.: InterVarsity Press, 1999), 244.
[30] Walter Bradley, interview by Lee Strobel, *The Case for Faith*(Grand Rapids, Mich.:

우리가 계속해서 자연적 설명을 찾아야 한다고 생각하느냐 마느냐와 상관없이, 중요한 사실은 지적 설계를 지지하는 과학자들이 자연적 원인과 지적 원인 모두에 열려 있다는 점이다. 그리고 지적 원인이 지금까지 드러난 증거에 가장 잘 부합한다는 걸 확인했을 뿐이다.

셋째, 지적 설계라는 결론은 반증 가능하다. 바꾸어 말하면, 어느 날 자연 법칙이 특정화된 복잡성을 창조해 냈음이 밝혀진다면 지적 설계는 허구임이 드러날 것이다. 그러나 다윈주의자들의 주장은 반증 가능하지가 않다. 다윈주의자들은 자신들의 자연적 원인에 의한 생명 탄생 이외의 어떤 탄생 가능성도 전혀 고려하고 있지 않으므로 반증이라는 것 자체가 허락되지 않는다. 그들의 '과학'은 잠정적인 게 아니며 수정에 대해서도 결코 열려 있지 않다. 그런 점에서 다윈주의자들의 주장은 그들이 그토록 비난하는 가장 독선적인 교회 교리보다 더 닫혀 있다.

마지막으로, 틈새의 신 오류를 저지르고 있는 사람들은 실제로는 다윈주의자들이라는 점이다. 다윈 자신도 일찍이 자연 선택을 '살아 있는 힘 또는 신성'으로 간주했다가 비판을 당한 일이 있다(『종의 기원』 4장을 보라). 하지만 자연 선택은 실제로 오늘날 다윈주의자들에게 신 또는 '틈새를 메워 주는 신'처럼 보인다. 환원할 수 없을 정도로 복잡하면서도 풍부한 정보를 담고 있는 생물계가 어떻게 존재하게 되었는지 알지 못한 채 당황하던 그들은 자연 선택, 시간, 그리고 우연이 그 일을 가능케 했다고 주장함으로써 자신들의 지식에 있는 틈새를 메워버린다.

그런 메커니즘이 정보 가득한 생물계를 창조했다고 하는 것은 관찰을 통해 얻어진 증거들과 완전히 배치된다. 우리가 5장에서 설명했지만,

---

Zondervan, 2000), 108.

돌연변이는 거의 항상 해로운 결과만을 낳으며, 시간과 우연 역시 다윈주의자들에게 어떤 이로움도 안겨주지 않는다. 자연 선택은 기껏해야 살아 있는 종 안에서 일어나는 작은 변화들을 설명할 수는 있겠지만, 생명체의 기초 형태의 기원을 설명할 수는 없다. 자연 선택이 일어나려면 살아 있는 개체가 있어야 한다. 그러나 다윈주의자들은 자신들의 메카니즘이, 비록 명백한 문제점이 있음에도 불구하고, 그들의 지식에 존재하는 어떤 틈새도 충분히 메워준다고 주장한다. 더욱이 그들은 지적 존재의 실존을 지지하는 적극적이고도 경험적인 증거를 의도적으로 무시한다. 이것은 과학이 아니다. 세속 신앙의 교리일 뿐이다. 갈릴레오의 대적자들과 마찬가지로, 다윈주의자들은 자신들의 신앙으로 과학적 관찰 결과들을 억누르고 있는 셈이다.

반대 주장: 지적 설계는 종교적 동기에서 비롯되었다

우리의 대답: 이런 반대 주장에는 두 가지 양상이 있다. 그 첫 번째가 지적 설계의 주창자들 가운데 일부는 종교적인 동기가 있을 것이라는 주장이다. 그게 뭐 어떻다는 말인가? 종교적 동기가 있으면 지적 설계 주장이 거짓이 되는가? 몇몇 다윈주의자들이 종교적 동기를 갖고 있다고 해서 그것이 다윈주의를 거짓으로 만드는가? 아니다. 진리는 과학자들의 동기에 좌우되는 것이 아니라 증거의 질에 달렸다. 어떤 과학자에게 동기 또는 편향성이 있다고 해서 그것이 그의 오류를 반드시 의미하지는 않는다. 그에게 편향성이 있을 수 있지만, 그러면서도 여전히 옳을 수 있다. 편향성 내지 동기는 중대한 문제가 아니다. 진짜 문제는 그것이 진리인가 아닌가에 있다.

그와 같은 반대 주장은 때때로 다음과 같은 식으로 표현된다. "그가 기원에 대해 하는 말들은 믿을 수 없습니다. 그는 창조론자거든요!" 좋다. 그러면 우리도 이렇게 말할 수 있다. "그가 기원에 대해 하는 말들은 믿을 수 없습니다. 그는 진화론자거든요!"

어떤 이유로 창조론자들이 내리는 결론은 보나마나 편향된 것으로 간주되어야 하는 데 반해, 다윈주의자들의 결론은 따지지도 않고 객관적인 것으로 간주되어야 하는가? 그것은 대부분의 사람들이 무신론자도 창조론자처럼 특정한 세계관을 갖고 있음을 깨닫지 못하기 때문이다. 우리가 지금 살펴보고 있듯이, 무신론자들의 세계관은 중립적이지 않으며 실제로는 창조론자들의 세계관보다 더 많은 신앙을 필요로 한다.

이제, 우리가 앞서 말했듯이, 만일 철학적 또는 종교적 편견 때문에 지적 설계를 지지하는 증거들을 바로 해석하지 못하게 된다면, 우리는 그 사람의 결론에 의문을 제기할 근거가 충분하다고 하겠다. 이 책의 주제와 관련해서, 바로 그 문제가 다른 누구보다 다윈주의자들을 괴롭히고 있는 것으로 보인다. 그러나 중요한 사실은, 설령 누군가가 종교 또는 철학에서 비롯된 동기를 갖고 있다 하더라도, 그의 결론은 증거를 정직하게 관찰함으로써 교정될 수 있다는 점이다. 양편에 위치한 과학자들 모두 중립을 유지하기가 어렵겠지만, 그래도 정직하고 성실할 수 있다면 이 문제에서 객관성을 유지할 수 있다.

반대 주장의 두 번째 양상은, 지적 설계의 주창자들이 자신들의 견해를 뒷받침하는 증거 없이 단지 성경의 주장을 앵무새처럼 되풀이할 뿐이라는 비판이다. 이 반대 주장 역시 타당성이 없다. 지적 설계에 대한 믿음이 성경의 내용과 일치할 수는 있지만, 그 믿음이 성경에 근거하고 있지는 않기 때문이다. 우리가 보았지만, 지적 설계는 경험적으로 찾아낼 수 있는 증거에 근거한 결론이지 결코 성경 본문에 근거한 것이 아니다. 마이클 베히의 말처럼 "가장 기초 단계의, 가장 결정적 구성 요소로서의 지구 생명체는 지적 행위의 산물이다. 지적 설계의 결론은 경전이나 특정 교파의 신념이 아닌 증거 그 자체로부터 자연스럽게 흘러나온 것이다."[31]

지적 설계는 '창조 과학'도 아니다. 지적 설계 과학자들은 이른바 '창조 과학자들'의 주장을 되뇌지 않는다. 그들은 관련 자료들이 명백히 하루 24시간에 해당하는 6일 동안에 천지가 창조되었다거나 홍수가 전 세계를 뒤덮었다는 식의 주장을 펼치지 않는다. 대신에 그들은 지적 설계를 지지하는 자료가 지구상의 특정 연대 또는 지질 역사에 근거하고 있지 않음을 인정한다. 지적 설계 과학자들은 다윈주의자들과 그 본질 면에서 같은 대상(생명체와 우주)을 연구하지만, 그 대상의 존재 원인에 있어서는 보다 합리적인 결론에 도달하고 있다. 간단히 말해, 성경이 그 주제에 대해 어떻게 말하고 있느냐와 상관없이, 다윈주의는 과학적 자료에 부합하지 않기 때문에 거부되는 것이며, 지적 설계를 주장하는 견해는 과학적 자료에 부합하기 때문에 받아들여지는 것이다.

반대 주장: 지적 설계는, 이른바 설계라는 것이 완전하지 않기 때문에 거짓이다.
우리의 대답: 다윈주의자들은 만일 어떤 설계자가 실제로 존재한다면 그가 창조물들을 지금보다 더 낫게 설계했어야만 했다고 주장한다. 스티븐 제이 굴드도 그의 책, 『판다의 엄지(The Panda's Thumb)』에서 이 점을 언급했는데, 그는 판다가 엄지발가락 대용으로 가지고 있는 뼈 돌기를 보면 그것이 신의 설계라고 하기에는 차선에 불과한, 명백하게 불완

---

[31] Michael Behe, *Darwin's Black Box*, 193.

전한 설계라는 점을 지적했다.

그런데 이런 주장이 오히려 다원주의자들에게 문제가 되고 말았다. 이 반대 주장이 실제로는 설계자의 존재를 부인하는 데 필요한 논증이 아니고 오히려 그 반대의 경우를 위한 논증으로 드러난다는 데 있다. 첫째, 굴드가 어떤 것을 가리켜 차선의 설계라고 말한다는 사실은 그가 무엇이 최적의 설계인지 알고 있음을 암시한다. 무엇이 완전한 건지 알지 못하는데 어떻게 불완전한 걸 알 수 있다는 말인가? 따라서 비록 차선의 것일지라도 굴드가 설계라는 요소를 실체로 관찰했다는 것은, 판다의 엄지에서 설계의 흔적을 발견할 수 있다는 사실을 그가 인정하고 있음을 암시하는 것이다. (그런데 이것은 지적 설계가 과학이 아니라고 주장하는 다원주의자들이 잘못되었음을 드러내는 또 다른 이유이다. 무언가가 제대로 설계되지 않았다고 주장한다면, 그것은 제대로 된 설계가 무엇인지 분별할 수 있음을 암시하는 것이다. 이것은 지적 설계 과학자들이 줄곧 주장해 왔던 내용이다. 지적 설계는, 설계가 경험을 통해 발견될 수 있다는 점에서, 과학인 것이다.)

둘째, 차선의 설계는 어떤 설계도 존재하지 않는다는 것을 의미하지 않는다. 바꾸어 말하면, 어떤 것이 최적의 설계가 아님을 인정한다 하더라도, 그것이 곧 설계가 결코 없었음을 의미하는 것은 아니다. 우리가 사용하는 자동차가 최적의 설계는 아니더라도 설계된 사실만큼은 분명하다. 자동차는 자연 법칙의 산물이 아니지 않은가?

셋째, 어떤 것이 차선임을 말할 수 있으려면, 우리는 설계자의 목표 내지 목적이 무엇인지 알아야만 한다. 굴드가 설계자의 의도를 정확히 알지 못한다면, 설계가 설계자의 의도에 미치지 못한다고 말할 수가 없다. 굴드는 판다의 엄지가 판다 설계자의 심중에 있던 내용과 정확히 일치하지 않는다는 점을 어떻게 아는 걸까? 굴드는 판다가 인간처럼 서로 마주볼 수 있는 형태의 엄지를 가져야 한다고 추정한다. 그러나 어쩌면 설계자는 판다의 엄지가 지금과 같은 형태이기를 애초부터 의도했을지도 모르는 일이다. 실제로 판다의 엄지 돌기는 대나무 껍질을 벗기고 부드러운 안쪽을 먹는 데 정말 뛰어난 역할을 한다. 아마도 판다는 굴드처럼 책을 쓸 필요가 없었으므로 마주보는 엄지가 굳이 필요치 않았을 것이다. 엄지는 그저 대나무 껍질을 벗길 때만 필요할 뿐이다. 만일 판다의 엄지가 대나무 껍질 벗기는 것 이상을 염두에 두고 만들어진 것이 아니라면, 굴드는 그 엄지를 두고서 설계자를 비판할 수는 없을 것이다.

마지막으로, 여러 가지로 제한된 현실 세계에서, 모든 설계는 이것을 위해 저것을 포기해야 하는 경우가 발생한다. 휴대용 컴퓨터는 크기, 무게, 성능 사이에서 균형을 맞추어야 한다. 자동차는 크면 클수록 안전하고 안락하지만, 한편으로는 운전이 힘들어지고 연료 소모도 많아진다. 천정이 높으면 방이 더 근사해지겠지만, 냉난방을 위한 에너지가 더 많이 필요해진다.

이 세상에서 균형을 맞추는 것은 피할 수 없는 사항이므로, 기술자들은 본래의 의도에 가장 잘 맞는 지점에서 절충안을 찾아야만 한다. 예를 들면, 소형차 한 대에 15명이 타지 못한다고 해서 그 차의 설계를 비판할 수는 없다. 그 차의 목표는 15명이 아니라 4명을 실어 나르는 데 있다. 자동차 제조사는 자동차 크기를 연료의 경제성과 맞바꾼 것이며, 그럼으로써 의도한 목표를 성취한 것이다. 마찬가지로 판다의 엄지 설계도 포기할 것은 포기하고 취할 것은 취해 균형을 이룬 하나의 예로서, 의도한 목적을 성취한 것일 수 있다. 대나무 껍질을 벗기는 데 딱 들어맞으니 말이다. 만일 그 엄지가 다른 방식으로 설계되었더라면, 아마도 몇몇 다른 지역 판다의 생존을 위협했을지도 모른다.

우리는 말 그대로 설계자의 의도를 알지 못하고서는 안다고 할 수 없다. 우리가 확실히 알고 있는 사실은, 설계자의 의도를 모르는 굴드의 비판은 적절치 못하다는 점이다.

그러면 다윈주의자들은 왜 아직도 존재하는가?

지적 설계를 지지하는 증거가 그렇게 강력하다면, 왜 아직도 다윈주의자들이 존재하는가? 이들은 멍청이가 아니지 않은가? 그들의 이름에는 늘 박사라는 꼬리표가 달려 있으니 말이다.

첫 번째로 주목해야 할 점은, 이것은 다윈주의자들이 증거를 냉철하게 들여다본 뒤에 합리적 결론을 도출하는 지적 이슈가 아니기 때문이다. 리처드 도킨스의 유명한 말이 있다. "만일 진화를 믿지 않는다고 주장하는 누군가를 만난다면, 그는 아는 게 없거나, 어리석은 인간이거나, 정신 나간 친구—아니면 사악한 친구라고 해야겠지만 그렇게까지는 하고 싶지 않다—라고 말하는 것이 절대 안전하다."[32] 물론 도킨스의 말은 완전히 잘못이다. 지적 설계를 믿고 있는 명석한 박사들이 있다. 그러나 진짜 문제는 다른 데 있다. 왜 비평이 아닌 독설이 난무하는가? 왜 감정이 개입되는가? 왜 적대감이 드러나는가? 나는 이것이 과학이라고 생각했다. 그러나 여기에는 분명 다른 무언가가 존재한다.

무언가가 있다. 앞장에서 리처드 르원틴이 했던 얘기를 되살려보자. 그는 다윈주의자들이 구태여 불합리한 자신들의 주장을 붙들려는 이유

---

[32] 원래 *New York Times*가 1989년에 서평으로 실은 것 가운데 하나이다. 온라인 주소는 http://members.tripod.com/doggo/doggdawkins.html.

를 "유물론은 절대적이어서, 신이라는 존재가 문 안에 발을 들여놓는 것을 결코 허용할 수 없기 때문"이라고 천명한 바 있다. 이것이 진짜 이슈다. 신을 배제하는 것. 하지만 다윈주의자들은 왜 신이 문 안에 발을 들여놓는 것을 원하지 않는 걸까? 여기에는 네 가지 주된 이유가 있다.

첫째, 신을 인정함으로써, 다윈주의자들은 진리에 관한 한 자신들이 최고 권위자가 아님을 인정하는 것이 된다. 요즘처럼 고도로 발전한 과학 기술 세상에서 과학자들은 사람들의 존경을 한 몸에 받는 인물들이다. 즉 더 나은 삶을 가능케 하고 객관적 진리의 유일한 원천을 소유한 새로운 성직자 정도로 부각되는 것이다. 그런데 신의 존재 가능성을 허용하는 순간 자신들은 최고 권위자로서의 위치를 상실하고 만다.

둘째, 신을 인정함으로 말미암아, 다윈주의자들은 생명체 탄생 원인을 설명할 때 자신들이 절대 권위를 갖고 있지 않음을 인정하는 것이 된다. 바꾸어 말해, 만일 신이 존재한다면, 그들은 모든 것을 예측 가능한 자연 법칙에 의해 만들어진 결과로 설명할 수 없게 된다. 리처드 르원틴은 그것을 이렇게 표현했다. "전능한 신을 찾는다는 것은 어느 때라도 자연 법칙이 파괴될 수 있음을 용인하는 것이며, 그럴 경우 기적도 일어날 수 있음을 인정하는 것이다."[33] 재스트로의 언급처럼, 그런 일이 일어나게 되면, "과학자들은 통제력을 잃게 될 것"이고, 그 통제력은 틀림없이 신에게로 그리고 신학자들에게로 넘어가게 될 것이다.[34]

셋째, 신을 인정함으로써, 다윈주의자들은 재정의 안정과 전문직 종사자로서의 신망을 잃게 되는 위험에 직면하게 될 것이다. 어떻게 그런

33　Richard Lewontin, "Billions and Billions of Demons," *The New York Review of Books*, January 9, 1997, 150.
34　Robert Jastrow, *God and the Astronomers*(New York: Norton, 1978), 114.

일이 가능할까? 그 이유는 진화를 지지하는 학문 공동체 안에 엄청난 압력이 존재하기 때문이다. 가령 중요한 자료를 찾아낸다면, 〈내셔널 지오그래픽〉의 표지 인물로 실릴 수 있으며, PBS 방송 특집 프로그램의 주인공이 될 수도 있다. 반대로 아무것도 찾지 못할 경우, 직장에서 쫓겨날 수도 있고, 지원금 혜택도 얻지 못하며, 적어도 동료 유물론자들 사이에서 인기를 잃어버리는 처지가 될 수도 있다. 이렇게 돈, 안정된 직장, 그리고 특혜는 다윈주의 세계관을 지지하는 동기로 작용하고 있다.

마지막으로, 그리고 어쩌면 가장 중요한 것일 수도 있는 이유가 존재한다. 신을 인정함으로써, 다윈주의자들은 그들 스스로 옳고 그름을 규정할 권위를 갖고 있지 않음을 자인하는 것이 된다. 초자연적 존재를 제외함으로써, 다윈주의자들은 무엇이든 도덕적으로 금지될 가능성을 피할 수 있다. 신이 존재하지 않는다면, 도스토예프스키의 소설 속 인물의 고백처럼, 모든 것이 적법할 것이기 때문이다.[35] (우리는 다음 장에서 신과 도덕의 관계에 대해 상세히 다룰 예정이다.)

실제로, 한때 다윈주의자들의 지도자였던 고(故) 줄리언 헉슬리(Julian Huxley)는 진화론 도그마의 배후에 숨어 있는 성의 자유가 진화론 추종의 동기로 작용한다고 시인한 바 있다. 토크 쇼 사회자 머브 그리핀(Merv Griffin)으로부터 "왜 사람들이 진화론을 신봉하는 겁니까?"라는 질문을 받았을 때, 헉슬리는 솔직하게 대답했다. "증거가 없음에도 우리가 굳이 진화론을 받아들이는 이유는, 우리의 성적 관습에 신이 간섭하는 걸 원하지 않기 때문입니다."[36] 그가 자연 발생론을 뒷받침하는 증거나 화석

---

35 Fyodor Dostoevsky, *The Brothers Karamazov* (New York: Norton, 1976), 72.
36 D. James Kennedy, *Skeptics Answered* (Sisters, Ore.: Multnomah, 1997), 154.

의 기록으로부터 나온 증거를 인용하지 않았음을 주목하라. 그가 진화론자들 사이에 널리 퍼져 있다고 진술한 동기는 도덕적 선호에 근거한 것이지, 과학적 증거에 기초한 것이 아니다.

한때 무신론자였던 리 스트로벨(Lee Strobel)은 그가 다윈주의를 믿던 시절에도 같은 동기를 갖고 있었다고 했다. 그는 이렇게 쓰고 있다. "나는 신에 대한 관념을 내버릴 수 있는 구실로 다윈주의라는 걸 손에 넣고 나서 너무 행복했으며, 그것으로 인해 도덕에 얽매이지 않은 채 내가 만든 신조에 따라 자유롭게 살 수 있었다."[37]

작가이자 강사인 론 칼슨(Ron Carlson)이 어느 다윈주의자와 나눈 식사 자리의 대화가 있다. 대학에서 지적 설계의 증거와 다윈주의라는 문제로 강의를 마치고 나서, 그의 강의에 참석했던 생물학 교수와 저녁 식사를 같이 하게 되었다.

"그런데 자네는 나의 강연 내용을 어떻게 생각하나?" 칼슨이 물었다.

"글쎄, 론, 자네가 말한 것은 진리이고 백번 타당한 이야기지. 하지만 어쨌든 나는 계속 다윈주의를 가르치겠네." 교수가 대답했다.

칼슨은 당황했다. "아니, 자네, 그렇게 하겠다는 이유가 뭔가?" 그가 물었다.

"음, 솔직히 자네니까 이야기하네만, 론, 다윈주의가 도덕적인 면에서 편하기 때문이야."

"도덕적인 면에서 편하다고? 그건 또 무슨 소린가?" 칼슨이 다그쳤다.

"내가 말하는 것은, 만일 다윈주의가 참이라면, 그러니까 신도 없고 우리 모두가 끈끈한 녹조류에서 진화했다면, 나는 내가 원하는 사람이

---

37 Lee Strobel, *The Case for Faith*(Grand Rapids, Mich.: Zondervan, 2000), 91.

면 누구든 가리지 않고 함께 잘 수 있다는 말이지." 그 교수의 대답이었다. "다원주의에는 도덕적 책임이란 게 없으니까."[38]

이 순간이야말로 철저하게 정직한 순간이었다. 물론 이것이 곧, 모든 다원주의자가 이런 식으로 생각한다거나 모든 다원주의자가 도덕과 담을 쌓은 인간임을 말하는 것은 아니다. 오히려 몇몇 다원주의자들은 의심할 여지없이 수많은 소위 기독교인들보다 도덕적인 면에서 더 훌륭한 삶을 살고 있다. 이 대화는 다만 몇몇 다원주의자들이 증거에 기반하지 않고 단지 신 개념이 들어옴으로 해서 강제되는 도덕적 한계로부터 자유롭고 싶은 욕망에 근거해 다원주의를 추종하는 동기를 갖게 되었음을 드러내고 있을 뿐이다. 이 동기는 그들로 하여금 창조주의 존재를 입증하는 증거들을 억누르도록 할 수도 있으며, 따라서 그들은 그들이 살고 싶은 방식대로 계속 살아갈 수 있는 것이다. (이렇듯 다원주의는 비도덕적 행동에서 비롯되는 죄책을 모면할 방도를 제공한다는 점에서, 세상의 많은 종교들과 다를 바가 없다. 차이점이 있다면, 몇몇 다원주의자들은, 유죄를 인정하고 그것을 보상할 길을 제시하거나 그것을 피할 규정들을 제시하는 대신, 비도덕적 행위와 같은 것에 죄의식을 갖거나 책임을 질 필요가 없다고 주장함으로써 도덕적 의무를 피하려고 시도한다는 점이다!)

우리가 제시한 이 네 가지 동기들에 놀랄 필요는 없다. 성과 권력은 낙태와 동성애처럼 가장 뜨거운 문화적 논란의 뒷면에 자리하고 있는 동기이기 때문이다. 사람들은 그런 토론 자리에서 증거를 고려하기보다 단순히 자신들의 욕망에 따른 주장을 펼치는 예가 너무나 빈번하다.

---

[38] Southern Evangelical Seminary에서 열린 2001년 변증학 총회의 오디오테이프 "Reaching Evolutionists"에 실린 내용이다. Tape AC0108. 온라인 주소는 www.impactapologetics.com.

마찬가지로, 다윈주의의 믿음은 종종 지성의 문제이기보다 의지의 문제인 것으로 드러난다. 때때로 사람들은 자신들이 진리라고 알고 있는 것도 수용하기를 거부하는데, 그 이유는 그런 수용이 자신들의 삶에 미칠 영향 때문이다. 이것은 왜 몇몇 다윈주의자들이 그런 터무니없는 '직관에 반하는' 설명들, 곧 '상식에 어긋나는' 설명들을 제시하는지 해명해준다. 지적 설계를 지지하는 분명한 증거에도 불구하고, 정작 다윈주의자들은 자신들의 과학적 결론이 잘못되었을 것에 대한 두려움보다는 오히려 자신들의 삶에 신이 개입하는 것에 대한 두려움이 더 크다.

그렇다고 모든 다윈주의자들이 그런 동기 때문에 다윈주의를 신봉하게 되었다고 말하는 것은 아니다. 어떤 사람들은 학적 증거들이 자신들의 이론을 뒷받침하고 있다고 진심으로 믿을 수 있다. 우리는, 대부분의 다윈주의자들이 다른 분야에서 연구를 거의 수행하지 않은 까닭에 이런 오해를 갖게 되었다고 생각한다. 그 결과 아주 극소수만이 큰 그림을 가지고 있다.

이것은 특별히 생물학자들의 경우에 해당하는 말이다. 분자 생물학자이자 세포 생물학자인 조나단 웰스는 이렇게 말한다. "대부분의 생물학자는 정확한 증거 제시를 위해 정직하게 애쓰는 과학자이지만, 자신의 고유 영역 바깥에서 모험을 감행하는 경우는 거의 없다."[39] 바꾸어 말하면, 그들은 정직하게 연구 활동을 함에도 불구하고, 조각 그림 맞추기 놀이에서 그저 자신들이 갖고 있는 조각만을 들여다볼 뿐이다.

다윈주의자들이 갖고 있는 조각 그림 맞추기 놀이의 상자 뚜껑이 대

---

39 Jonathan Wells, *Icons of Evolution: Science or Myth? Why Much of What We Teach About Evolution Is Wrong*(Washington, D.C.: Regnery, 2000), 230.

체로 진리라고 배워온 탓에, 대부분의 생물학자들은 자신들이 갖고 있는 퍼즐 조각들을 자신들이 염두에 두고 있는 상자 뚜껑으로 해석하고, 다윈주의에 대한 의문에는 아량을 베풀며, 나아가 다윈주의를 지지하는 진짜 강력한 증거는 생물학이라는 또 다른 분야에 존재하고 있다고 추정한다. 따라서 그들이 자연 발생론이나 대진화를 뒷받침하는 증거를 자신들이 갖고 있는 조각 그림 맞추기 퍼즐 조각에서 볼 수 없다 하더라도, 다윈주의가 제시하는 상자 뚜껑은 자연 발생론이나 대진화 같은 사건들이 진리임을 당연시하기 때문에, 아직 찾지 못한 증거는 틀림없이 생물학의 다른 영역에 존재하고 있을 것이라는 게 그들의 믿음이다. 이런 상황으로 말미암아 진화론이 내건 패러다임은 대다수 생물학자들로부터 아무런 도전을 받지 않은 채 남아 있다.

우주의 나이는 얼마나 중요한가?

우주의 나이를 언급하지 않은 채, 진화와 창조에 대한 토론을 멈출 수는 없을 것 같다. 이 주제와 관련해 기독교계의 몇 가지 견해들이 있지만, 여기서는 그것들을 모두 다룰 여유가 없다(상세한 토론 내용은 Baker Encyclopedia of Christian Apologetics and Systematic Theology, Vol. 2에 실려 있다).[40]

우주의 나이가 흥미로운 신학적 주제임은 분명하지만 보다 중요한 사실은 우주의 창조 시점이 아니라 우주가 창조되었다는 점이다. 앞서 보

---

40 Norman Geisler, *Baker Encyclopedia of Christian Apologetics*(Grand Rapids, Mich.: Baker, 1999); Norman Geisler, *Systematic Theology*, vol. 2(Minneapolis: Bethany, 2003)

았듯이, 우주는 무로부터 폭발을 일으켜 존재하기 시작했으며, 지구에 생명체가 존속할 수 있도록 정교하게 미세조정되어 있다. (시공간을 포함하는) 우주에 시작이 존재한다는 사실은, 그것이 얼마나 오래전이냐 하는 것과 상관없이 설계자의 존재를 상정해야만 한다. 마찬가지로 이 우주가 설계되었다는 사실은, 그것이 얼마나 오래전에 설계되었느냐 하는 것과 상관없이 설계자의 존재를 상정해야만 한다.

우리는 창세기에 기록된 천지창조의 '하루'가 얼마나 긴지 토론할 수 있으며, 또는 연대 측정 기술로 성립된 가설들이 정확한지 토론을 벌일 수 있다. 그러나 그런 토론 와중에도 우리는 이 우주가 창조자에 의한 것이라는 핵심을 흐트러뜨려서는 안 된다.[41]

요약과 결론

이제 결론을 내릴 때가 되었다. 실제로 단지 두 개의 가능성만이 존재한다. 즉 신이 우리를 창조했든지, 아니면 우리가 신을 만들었든지, 둘 중 하나다. 신은 실제로 존재하거나 또는 우리의 지성이 만들어 낸 산물에 불과하다. 다원주의는 인간 지성이 만들어낸 창작물이다. 그런 점에서 우리는 다원주의자가 되려면 대단한 신앙이 필요하다. 다원주의자가 되기 위해 우리는 지적 존재의 개입 없이 다음과 같은 내용들이 이루어진 것으로 믿어야만 한다.

---

[41] 몇몇 기독교인들은 오랜 시간을 허용하면 대진화 이론이 그럴듯한 이론으로 인정받을 가능성이 더 높아지지 않을까 두려워한다. 하지만 우리가 5장에서 보았듯이, 이런 일은 벌어지지 않는다.

1. 무로부터 무언가가 발생했다(우주의 기원)
2. 혼돈(chaos)으로부터 질서가 발생했다(우주의 설계)
3. 비생명체로부터 생명체가 발생했다(그것은 곧 비지적 존재로부터 지적 존재가 발생했음을 의미하며, 비인격으로부터 인격이 발생했음을 의미한다).
4. 새로운 생물종이, 다음에 열거할 정반대의 증거에도 불구하고, 이미 존재하는 생명체로부터 발생했다.
   (1) 유전학적 한계
   (2) 주기에 따른 변화
   (3) 환원 불가능한 복잡성
   (4) 분자적 고립
   (5) 중간 전이 형태 생물의 생존불가능성, 그리고
   (6) 화석 기록

그렇다. 이런 이유들 때문에 그 증거는 대진화에 부합하지 않는다. 그렇다면 신의 존재를 인정하는 대진화는 어떠한가? 신을 개입시키면, 자연적 원인으로 설명될 수 없는 것들도 적절히 설명될 수 있을 것이다.

신 존재의 증거뿐만 아니라 대진화의 증거가 동시에 나온다 해도, 그 둘을 조합시킬 근거는 있을 것이다. 하지만, 우리가 여태껏 살펴본 것처럼, 대진화의 증거는 존재하지 않는다. 이는 우리가 (어떤 증거는 대진화를 지지하고, 다른 증거는 대진화를 지지하지 않는 식의) 서로 모순되는 증거를 갖고 있는 것과는 다르다. 만일 한 손에는 중간 변이 과정에 있는 수백만 개의 생물종 화석이 있고 다른 한 손에는 환원 불가능한 복잡성을 갖춘 생물이 있을 경우, 우리는 서로 메울 수 없는 틈새를 통해 신이 진화를 이끌었다고 주장할 수도 있을 것이다. 그러나 그것은 분명 잘못되었으므로, 대진화의 증거가 없다는 이유만으로 대진화를 가능케 만드는 신의 존재가 필요한 것은 아니다.

마지막으로, 또 다른 질문을 품고서 주어진 증거들을 살펴보자. 즉 창조(지적 설계)가 진리가 되려면, 그 증거는 어떤 것들이어야 하는가? 이런 것들은 어떨까?

1. 무로부터 폭발하여 존재하게 된 우주
2. 이 작고 멀리 떨어진 지구라는 행성에서 생명체가 존재할 수 있도록 미세 조정된 100개가 넘는 상수를 가진 우주
3. 생명체는
- 오직 이미 존재하는 생명체로부터 발생하는 것으로 관찰되었다(자연 발생이 관찰된 적이 없다)
- 경험을 통해 발견할 수 있는 수천 개 내지는 수백만 개에 이르는 특정화된 복잡성을 갖추고 있다(따라서 생명체는 그 속에 담긴 생명이 없는 화학물질의 결합체 그 이상이다)
- 주기적인 변화를 겪되 그 범위는 제한적이다.
- 점진적으로 형성되거나 변형될 수 없다(즉 환원 불가능한 복잡성을 지니고 있다)
- 기본 생물종 사이에서 분자적 고립성을 띠고 있다(분자 수준에서 볼 때, 공통 조상으로부터 진보한 일이 없다)
- 화석 기록을 남기지만, 그 기록에는 완전한 형태의 생물들이 갑자기 출현해 변하지 않은 채 존속하다가 갑자기 사라진 내용이 담겨 있다.

위의 사실들을 정직하게 살펴볼 때, 우리는 대진화가 아닌 창조가 진리라고 말하게 된다. 무신론자들은 그 명백한 진리를 결론으로 끌어내지 않기 위해 부단히 애써야만 한다. 그것이 바로, 그들이 우리보다 더 많은 믿음을 가져야만 하는 이유이다.

끝으로, 창조 및 진화와 관련해 공립학교에서 무엇을 가르쳐야 하는가라는 문제를 놓고 이 나라(미국)에서 벌어지고 있는 토론이 결론이 날 수 있도록 우리는 한 가지 제안을 하는 바다. 우리가 방금 3장부터 6장에서 다루었던 것들을 학생들에게 가르치는 데 무슨 잘못이 있는가? 우리의 논지를 납득시키기 위해 굳이 성경 구절을 인용하지 않고 있음을 주목하라. 우리는 과학이 말하는 증거들을 인용했다. 따라서 이것은 과학 대 종교의 싸움이 아니다. 좋은 과학 대 나쁜 과학의 싸움인 것이다. 바로 지금, 대부분의 우리 자녀들은 오직 진화론만을 교육받고 있다. 나쁜 과학을 배우고 있는 셈이다. 그렇게 되어서는 안 된다. 서지(SURGE) 증거를 가르치고, 우리의 자녀인 학생들에게 가장 단순한 생물조차도 복잡성을 갖추고 있음을 가르치며, 대진화와 소진화 사이에 또한 법의학과 경험 과학 사이에 구분이 있음을 밝히고, 대진화가 갖고 있는 문제점을 폭로하는 것이 미국 연방 헌법에 어긋나는 일일까? 그런 일은 전혀 없다.

그렇다면, 우리는 왜 계속하여 우리의 자녀들에게 과학적 관찰 결과보다는 철학적 전제들에 더 많은 근거를 둔 흠집투성이이자 허망하게 무너지고 있는 한 이론을 마치 교리라도 되는 것처럼 주입시키고 있는가? 왜 우리는 우리의 자녀들에게 모든 과학적 증거를 제시하여 그들로 하여금 스스로 결정 내리도록 하고 있지 않은가? 요컨대, 우리는 우리의 자녀들인 그 학생들에게 그들 스스로 비판적으로 사고하는 법을 가르쳐야만 하는 것이 아닐까?

물론 우리는 그렇게 해야만 한다. 그러나 다윈주의자들은 그런 일이 일어나지 않도록 하기 위해 어떤 짓도 서슴지 않을 것이다. 다윈주의자들은 지적 존재의 설계를 지지하는 증거들이 공정하게 제시되도록 허용하기보다는 그 증거들을 오히려 억누르려고 할 것이다. 왜 그런가? 이곳이 바로 다윈주의자들에게는 신앙이 부족한 영역이기 때문이다. 그들은 우리의 자녀들이 모든 증거를 살펴본 뒤에도 자신들의 이론을 여전히 믿을 것이라는 믿음을 갖고 있지 못하다.

7장 ― 테레사 수녀 vs. 히틀러

> 우리는 다음과 같은 것들이 자명한 진리라고 믿는다.
> 모든 사람은 평등하게 태어났고, 창조주는
> 그들에게 양도할 수 없는 권리를 부여했으며,
> 그 권리 중에는 생명과 자유와 행복의 추구가 있다
> 미국 독립 선언서

표준이 존재하는가?

친구 데이브와 함께 메인 주 포틀랜드의 부둣가 식당에서 저녁 식사를 마칠 즈음, 우리의 대화 주제는 종교로 옮겨갔다. "나는 오직 하나의 종교만 진리일 수 있다고는 생각하지 않네." 데이브가 말했다. "프랭크 자네는 뭔가 중심을 발견한 듯하군. 자네에게 진리가 되는 무언가를 찾았어. 정말 대단하네."

어떤 것이 한 사람에게는 진리더라도 다른 사람에게는 진리가 아닐 수 있다는 그의 전제에 보조를 맞추어, 나는 그에게 물었다. "데이브, 자네한테는 무엇이 진리인가? 무엇이 자네 인생을 의미 있게 만드는가?"

그가 대답했다. "돈 버는 것과 사람들을 돕는 것일세!" 데이브는 꽤 성공한 사업가였고, 나는 그에게 조금 더 다그쳐 묻고 싶었다.

그래서 이렇게 말했다. "데이브, 내가 사업으로 최고의 성공 가도를 걷고 있는 최고 경영자 몇 사람을 알고 있네만, 그들은 사업에서는 위대한 일들을 계획하고 성취했는지 모르지만, 개인적인 삶에서는 아무것도 계획한 바가 없고 성취한 것도 별로 없다네. 그들은 이제 은퇴를 앞두고 있고, 또 스스로에게 이렇게 묻고 있지. '이제 어떡하지?'"

데이브는 동의하면서 말을 되받았다. "그래, 대부분의 최고 경영자들이 불미스러운 이혼을 경험하고 있고, 또한 그 이혼의 대부분이 한 푼이라도 더 벌답시고 가정을 내버린 결과라는 것쯤은 나도 알아. 하지만 나는 그렇지 않을 걸세. 돈 때문에 내 가정을 희생시키지도 않을 거고, 사업을 하면서도 사람들을 돕기를 원해."

나는 가정과 남을 돕는 일에 마음을 쏟는 그에게 격려를 보냈지만, 의문점은 여전히 남아 있다. 왜 우리는 가정에 충실해야만 하는가? 왜 사람들은 우리가 '남을 도와야 한다'고 말하는가? '남을 돕는 것'이 누구에게나 당연한 도덕적 의무인가? 아니면 다른 사람에게는 진리여도 나에게는 그렇지 않은, 흔한 외침인가? 그리고 어느 정도까지 우리는 남을 도와야 하는가? 재정적으로? 정서적으로? 물리적으로? 영적으로?

내가 말했다. "데이브, 만일 어떤 객관적 표준이 없다면, 인생은 단지 환상적인 모노폴리 게임(보드게임의 일종)에 불과할 걸세. 자네는 돈도 많이 벌고, 재산도 많이 일굴 수 있겠지. 하지만 게임이 끝나면, 모든 것이 상자 속으로 들어가고 말지. 그런 게 바로 인생인가?"

대화가 불편하게 흘러가는 걸 감지한 데이브는 재빨리 화제를 돌렸다. 그러나 그가 '남을 도와야 한다'고 느낀 것은 옳은 일이다. 단지 그는 그것이 왜 옳은지 설명하지 못했다. 그는 왜 남을 도와야 한다고 생각했을까? 그런 생각을 어디에서 얻게 되었을까? 그리고 나뿐만 아니라 우리들은 왜 그의 생각에 마음 깊이 동의하는 걸까?

잠시 그 점에 대해 생각해 보자. 우리도 데이브와 같지 않은가? 우리도 남을 돕는 게 마땅하다는 의무감이 조금이라도 있지 않은가? 왜 그런가? 그리고 왜 대부분의 사람들은 자신이 선을 행하고 악은 피해야 한다는 것과 같은 본능적 의식을 갖고 있는 듯이 보일까?

그런 질문들에 대한 답변 이면에는 유신론에서 말하는 신의 존재를 입증하는 더 많은 증거가 있다. 이 증거는 그 본질 면에서, 우리가 앞에서 보았듯이, 과학적이지 않고 도덕적이다. 논리학과 수학의 법칙들처럼, 이 증거는 물질은 아니지만 실재한다. 남을 도와야 한다고 믿는 데이브처럼 우리가 악이 아니라 선을 행해야만 한다고 믿는 이유는 우리 마음에 새겨진 도덕법 때문이다. 다른 말로 하면, 모든 인류에게 선을 행하도록 주어진 '명령(prescription)'이 우리 안에 존재하기 때문이다.

어떤 이들은 이 도덕 명령을 '양심(conscience)'이라고 부르고, 어떤 이들은 '자연법(Natural Law)'으로 부르기도 하며, 다른 이들은 (미국 건국의 아버지들처럼) '자연의 법칙(Nature's Law)'으로 부르기도 한다. 우리는 그것을 '도덕법'으로 부른다. 그러나 그것을 무엇으로 부르든, 도덕적 표준이 모든 인류의 마음속에 규정되어 있다는 사실은 그런 도덕법의 입법자가 있음을 가리키는 것이다. 모든 명령에는 명령자가 있다. 도덕법도 다르지 않다. 누군가가 틀림없이 우리에게 이 도덕 의무들을 부여했다.

이 도덕법은 (우주론적 논증과 목적론적 논증에 뒤이어) 신의 존재를 보여 주는 우리의 세 번째 논증이다. 도덕적 논증은 이렇게 전개된다.

1. 모든 법은 입법자가 있다.
2. 도덕법이 존재한다.

3. 따라서 도덕법의 입법자가 존재한다.

만일 첫째와 둘째 전제가 참이라면, 그 결론은 당연히 참일 것이다. 물론, 모든 법은 입법자가 있다. 입법 기관이 없이는 입법 작용이 있을 수가 없다. 나아가 도덕 의무가 존재한다면, 당연히 그 의무를 부과하는 누군가가 존재하기 마련이다.

그런데 도덕법이 존재한다는 것이 정말 참인가? 미국 건국의 아버지들은 그렇게 생각했다. 토머스 제퍼슨(Thomas Jefferson)이 미국 독립선언서에 썼듯이, '자연법'은 '자명한 것'이다. 그것을 알아내기 위해 이성을 사용할 필요가 없으며, 그냥 알고 있는 어떤 것이다. 어쩌면 그것이 바로 내 친구 데이브가 곤란에 처한 이유일 것이다. 그는 남을 돕는 것이 옳은 일임을 알고 있었지만, 자기 내면에 있는 어떤 기준으로는 그것을 설명하지 못했다. 의미와 도덕에 대한 객관적 표준이 없다면, 삶은 무의미해지고 옳고 그름의 절대기준도 있을 수 없다. 모든 건 그저 선택하기 나름인 것에 불과해진다.

도덕법이 존재한다고 우리가 말할 때, 그것은 모든 사람에게 옳고 그름에 대한 근본 인식이 각인되어 있음을 뜻하는 것이다. 예를 들면, 모든 사람은 사랑이 증오보다 우월하며 용기가 비겁함보다 우월함을 알고 있다. 텍사스 주립대 교수인 부지세프스키는 이렇게 쓰고 있다. "모든 사람은 특정한 원리들을 알고 있다. 그래서 살인이 덕이며 감사가 악이라고 말하는 곳은 하나도 없다."[1] C. S. 루이스는 그의 고전,『순전한 기독

---

[1] J. Budziszewski, *Written on the Heart: The Case for Natural Law*(Downers Grove, Ill.: InterVarsity Press, 1997), 208-209.

교(Mere Christianity)』에서 이 주제에 대해 심도 있는 글을 썼다. "전장에서 도망쳤다는 이유로 사람들이 찬양받는 나라가 있다고 상상해 보라. 아니면 어떤 사람이 자신에게 친절을 베푼 모든 사람들을 감쪽같이 배신한 것에 자부심을 느끼는 나라가 있다고 상상해 보라. 그런 나라보다는 차라리 둘 더하기 둘이 다섯이 되는 나라를 상상하는 게 더 나을 것이다."[2]

바꾸어 말하면, 모든 사람은 절대적 도덕 의무가 존재한다는 것을 알고 있다. 절대적 도덕 의무는 모든 시대, 모든 곳에 있는 모든 사람들을 구속하는 어떤 것이다. 또한 절대적인 도덕법이 있다는 것은 절대적인 도덕법 입법자가 있음을 암시한다.

그렇다고 해서 이런 사실이 곧 모든 도덕 문제가 쉽게 알 수 있는 대답을 갖고 있다거나 절대 도덕의 존재를 누구도 부인하지 않음을 의미하는 것은 아니다. 도덕의 난제는 언제나 존재하며, 사람들이 도덕법을 억누르고 부인하는 일도 날마다 일어나고 있다. 도덕법 및 그 입법자의 존재는 단지 모든 사람이 알고 있는, '옳고 그름의 기본 원칙'이 존재한다는 걸 의미할 뿐이지, 그 원칙을 사람들이 인정하고 받아들일지 말지는 전혀 별개의 문제이다. 부지세프스키는 이 옳고 그름에 대한 기본 지식을 "우리가 알지 못할 수 없는 것(what we can't not know)"이라고 부르면서, 자신의 책에도 그 제목을 붙였다.[3]

예를 들어, 우리는 아무 이유 없이 무고한 사람을 죽이는 것이 그릇된 것임을 알지 못할 수 없다. 어떤 사람은 그것을 부인할 수도 있고 심

---

[2] C. S. Lewis, *Mere Christianity* (New York: Macmillan, 1952), 19.
[3] J. Budziszewski, *What We Can't Not Know* (Dallas: Spence, 2003), 39를 보라.

지어 그렇게 사람을 죽일 수도 있겠지만, 그러나 그들 마음 깊은 곳에서는 살인이 잘못임을 알고 있다. 심지어 연쇄 살인범조차도 살인이 잘못임을 안다. 그들은 단지 양심의 가책을 '느끼지 못할' 뿐이다.[4] 또한 모든 절대적 도덕법처럼, 살인은 모든 곳에 있는 모든 사람에게 잘못된 일이다. 미국에서도, 인도에서도, 짐바브웨에서도, 그 밖의 다른 모든 나라에서도, 지금뿐만 아니라 앞으로도 영원히 살인은 잘못이다. 그것이 바로 도덕법이 모든 사람의 마음속에 말하고 있는 내용이다.

우리는 도덕법의 존재를 어떻게 아는가?

도덕법의 존재를 우리가 알고 있는 많은 이유들 가운데 여덟 가지를 제시하고 논의해 보려고 한다. 이 가운데서도 몇몇은 서로 겹치지만, 다음의 순서를 따라 논의해 보자.

1. 도덕법은 부인할 수 없는 것이다.
2. 우리의 반응에 의해 알게 된다.
3. 도덕법은 인권의 기초이다.
4. 도덕법은 정의의 변하지 않는 기준이다.
5. 도덕법은 도덕적 입장들 사이의 실제 차이를 규정한다(예를 들어, 테레사 수녀와 히틀러의 주장 사이에 어떤 차이가 있는지 밝혀준다).
6. 우리는 무엇이 절대 그른 것인지 알고 있으므로, 틀림없이 옳음에 대한 절대 기준도 존재한다.

---

4 Ibid.

7. 도덕법은 정치적, 사회적 견해 차이의 근거가 된다.
8. 도덕법이 없다면, 우리는 그것을 어겼다는 이유로 변명할 필요가 없다.

1. 도덕법은 부인할 수 없는 것이다

상대주의자들은 두 가지 주요 진리를 주장한다. 첫째, 절대 진리란 존재하지 않으며, 둘째, 절대적 도덕 가치 또한 존재하지 않는다는 것이다. 로드 러너 전술이 그들 주장의 뇌관을 제거하는 데 도움이 된다. 만일 실제로 절대 진리가 존재하지 않는다면, "절대 진리란 존재하지 않는다"는 그들의 절대 주장은 참이 될 수 없다. 상대주의자들의 주장은 오히려 자신들이 부인하려는 것을 오히려 정확히 인정하고 만다는 점에서 불합리하다고 말할 수 있다.

심지어 근대 상황 윤리학의 아버지인 조셉 플레처(Joseph Fletcher)조차 이 덫에 빠졌다. 그의 책 『상황윤리학(Situation Ethics)』에서, 플레처는 이렇게 주장했다. "상황주의자들은 '결코' '완전히' '항상'과 같은 용어 사용을 기피한다. 마치 역병에서 피해가려는 듯 그들은 '절대로'라는 말을 피하려고 한다."[5] 이 말의 의미를 살펴보면, "우리는 결코 '결코'라는 말을 사용해서는 안 돼"라거나 "우리는 '언제나'라는 말을 사용하지 않도록 '언제나' 노력해야 한다"는 식의 외침과 동일하다. 그러나 바로 그런 진술들이야말로 그들이 반드시 피해야 한다고 하는 용어를 피해가지 못하고 있다는 점에서 실패하고 만다. 상대주의자들은 절대적인 것은 존

---

5 Joseph Fletcher, *Situation Ethics: The New Morality* (Philadelphia: Westminster, 1966), 43-44.

재하지 않는다고 '절대적으로' 확신하고 있다.

절대 진리와 마찬가지로, 절대 가치도 부인할 수 없는 것이다. "절대 가치란 결코 존재하지 않는다"는 주장은 자기 모순된 진술은 아니지만, 실제로 절대 가치가 존재한다는 것은 부인할 수 없다. 모든 가치를 부인하는 사람에게는, 모든 가치를 부인할 그 자신의 권리는 가치 있는 것이다. 나아가 자신은 비록 모든 사람을 위한 가치의 존재를 부인하면서도, 정작 그 자신은 모든 사람이 자신을 가치 있는 존재로 대해 주기를 소망한다.

이 점은 몇 년 전 내(노먼 가이슬러)가 시카고 외곽의 어느 부유한 식자층을 대상으로 강의하던 때 극명하게 드러났다. 우리 모두가 의무감을 갖는 객관적 도덕 가치가 존재한다고 내가 말하자, 한 부인이 일어나 큰 소리로 이의를 제기했다. "그런 가치는 존재하지 않아요. 그것은 모두 기호 아니면 견해 차이의 문제일 뿐이에요!" 나는 "입 다물고 앉으세요, 고상한 사모님. 누가 댁의 견해를 듣고 싶다고 했나요?"라고 소리치고 싶었으나 겨우 참았다. 내가 진짜 그런 식으로 말했다면, 그 여자가 자신의 견해를 표명할 권리를 내가 빼앗았노라고 불평했을 것이다. 그러면 나는 이렇게 대답할 수 있었다. "댁한테는 그런 권리가 없습니다. 당신은 방금 그런 권리 따위는 존재하지 않는다고 말씀하셨잖아요?"

그녀의 불평은 그녀가 실제로는 절대 가치의 존재를 믿고 있음을 드러내는 증거가 되었을 것이다. 그녀는 절대 가치는 결코 존재하지 않는다고 말할 자신의 권리를 가치 있게 여겼다. 달리 말해, 모든 '가치'를 부인하는 사람이라 하더라도 자신이 그것을 부인할 권리만큼은 '가치 있게' 여긴다는 것이다. 바로 여기에 그녀 주장의 모순이 드러난다. 도덕 가치는 실제로 부인할 수 없는 것이다.

2. 우리의 반응을 보면 도덕법(선과 악)의 발견에 도움이 된다

앞서 나의 강의에 이의를 제기한 부인은 자신의 격한 반응을 보면서 오히려 절대적 도덕 가치의 존재를 떠올리게 되었을 것이다. 얼마 전, 인디애나 주의 어느 대학 교수도 상대주의를 신봉하는 학생에게 동일한 경험을 하게 한 일이 있다. 윤리학 과목을 가르치고 있던 교수는 학생들에게 학기말 과제를 내주었다. 교수는 학생들이 윤리학의 어떤 주제든 하나를 정해 과제를 제출하도록 하면서, 각자의 논지를 뒷받침하는 근거와 참고 문헌을 함께 제시하도록 요구했다.

무신론자인 한 학생이 도덕적 상대주의라는 주제로 능숙한 문장의 과제물을 제출했다. 그의 논지는 이랬다. "모든 도덕은 상대적이다. 정의 또는 의와 같은 절대 기준은 결코 존재하지 않는다. 그것은 모두 견해 차이의 문제일 뿐이다. 당신은 초콜릿을 좋아하고 나는 바닐라를 좋아하는 식이다." 그의 보고서는 나름의 근거와 참고 문헌도 갖추고 있었다. 분량도 적절했고, 제출 기한도 지켰으며, 깔끔하고 멋진 파란색 겉표지까지 있었다.

교수는 과제물을 읽고 나서 겉표지에 이렇게 썼다. "F, 나는 파란색 표지를 좋아하지 않네!" 과제물을 돌려받은 학생은 분을 참지 못하고 교수를 찾아가 항의했다. "파란색 표지가 싫어 낙제점을 주신 건 공정하지 않습니다. 옳지 않다고요. 교수님은 이 과제물의 내용에 대해서는 전혀 평가를 하지 않으셨습니다!"

폭발 직전의 학생을 진정시킨 교수는 차분한 말로 입을 열었다. "잠시만 생각해 보게나. 자네는 과제물을 제출하면서 이 세상엔 공정함이나 옳음, 또는 정의 따위는 결코 존재하지 않는다고 하지 않았는가?"

"그렇습니다." 학생이 대답했다.

"그러면 지금 자네가 나한테 공정하지 못하다느니, 옳지 않다느니 불평하는 건 도대체 뭔가?" 교수가 물었다. "자네 보고서는 모든 것이 기호의 문제라고 논증하지 않았는가? 누구는 초콜릿을 좋아하지만 나는 바닐라를 좋아하는 것과 마찬가지라고 주장했지?"

학생이 대답했다. "예, 그게 제 견해입니다."

"좋아, 그러면, 나는 파란색을 좋아하지 않네. 자넨 F야!" 교수가 대답했다.

그때 학생은 뒤통수를 커다란 망치로 얻어맞은 듯했을 것이다. 그는 자신이 사실은 도덕적 절대 가치를 믿고 있음을 깨달았다. 적어도 그는 정의는 믿고 있었다. 표지 색깔 때문에 낙제점을 매긴 교수를 공정치 못하다는 이유로 비난했기 때문이다. 이 단순한 사건이 상대주의에 대한 그의 생각을 한꺼번에 무너뜨리고 말았다.

이 일화에서 얻는 교훈은 절대적인 도덕 가치가 존재한다는 것이다. 만일 주변에 있는 상대주의자들을 무너뜨리고 싶다면, 그들을 부당하게 다루는 것만으로 모든 것이 족하다. 그들의 반응이 곧, 그들의 마음과 지성에 새겨진 도덕법을 드러낼 것이다. 앞의 이야기에서도 학생은 자신에 대한 교수의 평가에 어떻게 '반응'했는가를 통해 옳음 내지 의라는 객관적 기준이 존재한다는 것을 깨달았다. 마찬가지 방식으로, 내가 누군가의 물건을 훔치면서 그런 도둑질이 잘못이 아니라고 생각할 수도 있다. 하지만 누군가가 나의 물건을 훔쳤을 때, 내가 도덕적으로 얼마나 화를 내는지 지켜보라.

우리의 '반응'조차도 상대주의가 발 붙일 수 없게 만든다는 사실을 보여준다. 사람들은 자신이 상대주의자라고 주장할 수 있겠지만, 그렇더라도 자신의 배우자가 성적으로 상대주의자처럼 살기를 바라지는 않는다. 오히려 그들은 자신의 배우자가 남들에 비해 상대적으로 신의를 지킬 것을 바란다. 거의 모든 남성 상대주의자들은 자신의 배우자가 간음이라는 행위를 절대적으로 잘못된 것으로 인지하고 살아가기를 바라며, 만일 배우자가 간음을 저질러 상대주의자로 살아간다면 매우 부정적으로 '반응'할 것이다. 또한 간음을 반대하지 않는 일부 상대주의자들이 있다 하더라도, 누군가가 그들을 죽이거나 강간한다면, 그런 때에도 살인과 강간이 도덕적이라고 인정할 수 있을까? 그렇지 않다. 그런 점에서 보면 상대주의는 우리의 반응과도 모순되고 우리의 상식과도 모순된다.

우리의 반응은 한 국민으로서 옳고 그름에 대한 인식을 드러내는 데도 일조한다. 이슬람 테러리스트들이 우리의 비행기로 우리의 건물에 돌진해 우리의 무고한 사랑하는 이들을 죽게 했을 때 우리의 감정적 반응은 그 범죄의 규모만큼이나 대단했다. 우리의 그런 반응은 그 행위가 절대적으로 잘못되었다는 진리를 확인시켰다. 어떤 이는 이렇게 말할지 모르겠다. "하지만 빈 라덴과 그의 수하들은 그것이 도덕적으로 정당한 행동이라고 생각했을 겁니다." 그런 면도 일부 있긴 하다. 그러나 그것은 그들이 범죄를 당하는 편에 있지 않았던 데 기인하는 측면이 크다. 만일 우리가 그들의 비행기로 그들의 건물에 돌진해 그들의 무고한 사랑하는 이들을 죽게 했다면 빈 라덴은 어떻게 반응했을까? 그는 그런 행위가 부인할 수 없는 잘못이라는 것을 즉각 인지했을 것이다.

이처럼 도덕법은, 사람들이 다른 이들에게 저지르는 끔찍한 일들에 의해서도 입증될 수 있지만, 우리의 행동으로부터 언제나 명백하게 드러나지는 않는다. 그러나 우리의 '반응'을 보면 명확히 드러난다. 우리가 부당한 대우를 받을 때 어떻게 반응하는지를 생각해 보라. 다시 말해, 우리는 다른 사람을 대우할 때 항상 도덕법의 기준을 따르는 것은 아니지만, 다른 사람이 우리를 대할 때만큼은 항상 도덕법의 기준에 따를 것을 기대한다. 도덕법은 우리가 '실제로' 어떻게 행동하는지를 기술한다기보다는, 우리가 어떻게 행동해야 '하는지'를 기술하고 있다.

3. 도덕법이 없다면, 인권도 존재할 수 없다

미국은 도덕법과 신이 부여한 인권에 대한 신념에 따라 세워졌다. 토머스 제퍼슨은 독립 선언서에서 이렇게 썼다.

> 우리는 다음과 같은 것들이 자명한 진리라고 생각한다. 즉 모든 사람은 평등하게 태어났고, 창조주는 그들에게 '양도할 수 없는 권리'를 부여했으며, 그 권리 중에는 생명과 자유와 행복의 추구가 있다. '이러한 권리'를 확보하기 위해 인류는 정부를 조직했으며, 이 정부의 '정당한 권력'은 국민의 동의로부터 나온다.

모든 사람은 창조주로부터 양도할 수 없는 권리를 부여받았다는 대목을 보자. 다른 말로, 미국 건국의 아버지들은, 인권이란 신으로부터 나오며, 따라서 그 인권은 본질적으로 보편성과 절대성을 갖는다고 믿었다. 즉 인권은 언제 어디서든, 사람들의 국적과 종교에 관계없이 모든 사람이 향유하는 권리라는 것이다.

제퍼슨과 다른 건국 시조들은, 자신들의 독립을 지지해 줄 객관적 도덕 기반을 마련하기 위해 자신들이 기댈 수 있는 가장 높은 권위, 곧 창조주가 있음을 인정했다. 만일 그들이 독립선언서를 작성하면서 '자명한 진리'라는 표현은 놔두고 '우리의 견해'라는 표현을 사용했더라면, 그들은 자신들의 독립선언이 객관적 도덕에 비추어 정당하다는 점을 부각시키지 못했을 것이다. 그것은 단순히 조지 왕(King George)에 반대하는 사람들의 견해 표명에 불과했을 것이다. 그래서 건국 시조들은 창조주가 제정한 도덕법이야말로 자신들의 명분의 정당성을 담보해줄 유일의 기준임을 믿고서 그 '창조주'를 언급했던 것이다. 그들이 내건 명분은 아메리카 식민지에서 조지 왕의 통치를 끝내는 것이었다. 그들은 조지 왕이 식민지 주민의 기본 인권을 침해했으므로, 그의 통치가 종식되어야 한다고 확신했다.

어떤 의미에서, 건국의 아버지들은 2차 세계대전 이후의 연합국과 같은 입장이었다. 나치 전범들이 뉘른베르크 재판에 붙여졌을 때, 그 전범들은 (국제법에서 천명되고 있던) 도덕법이 규정한 기본 인권을 침해한 죄로 기소됐다. 이 도덕법은 모든 사람들이 태어날 때부터 이해하고 있으며, 모든 국가들이 거기에 기속(羈屬)되는 법이다. 세속의 독일 정부가 만든 법을 초월하는 그런 국제 도덕이 존재하지 않는다면, 연합국은 나치를 비난할 어떤 근거도 갖지 못했을 것이다. 달리 말하면, 만일 우리가 무엇이 절대적으로 옳은지 알지 못한다면, 나치가 절대적으로 잘못했다고 말할 수 없었을 것이다. 그러나 우리는 그들이 단연코 잘못을 저질렀음을 알고 있으며, 그러기에 도덕법은 틀림없이 존재해야만 한다.

4. 도덕법이 없다면, 우리는 정의 또는 불의를 알 수 없다

신의 존재를 부정하는 가장 알려진 반대는 아마도 이 세상에 악이 현존하며 끈질기게 영속하고 있다는 주장일 것이다. 실제로 선하고 정의로운 신이 존재한다면, 왜 선한 사람들에게 나쁜 일이 일어나도록 허락하는 것일까? 무신론자들은 악과 신이 어떻게 공존할 수 있는지 설명하는 것보다 차라리 신이 존재하지 않는다고 믿는 편이 보다 논리적이라고 오랫동안 주장해 왔다.

C. S. 루이스도 그런 무신론자 가운데 한 사람이었다. 그는 이 세상에 존재하는 모든 불의가 자신의 무신론을 확증해 준다고 믿었다. 즉 이 세상이 정의롭지 못하다는 것을 그가 어떻게 알게 되었는지 스스로 생각하게 될 때까지, 그는 무신론자였다. 그는 이렇게 썼다. "(무신론자로서) 신의 존재를 부정하는 나의 논증은 세상이 너무나 잔인하고 정의롭지 못하다는 데 있었다. 그런데 나는 정의니 불의니 하는 개념을 어떻게 갖게 되었을까? 만일 인간에게 직선에 대한 개념이 일부라도 없었다면, 휘어진 선을 곡선이라고 부르지 않는다. 그렇다면 세상이 정의롭지 못하다고 말할 때, 나는 과연 무엇과 비교했던 것일까?"[6] 이런 깨달음을 시작으로, C. S. 루이스는 무신론을 떠나서 마침내 기독교를 믿게 되었다.

C. S. 루이스도 우리처럼 마음속에 정의에 대한 불변의 기준이 새겨져 있기에 마침내 불의를 찾아낼 수 있었던 것이다. 실제로 우리는 선이 무엇인지 알지 못한다면, 무엇이 악인지도 알지 못한다. 또한 우리 외부에 선에 대한 불변의 기준이 있지 않다면 우리는 무엇이 선인지 알 수 없다. 그런 객관적 기준이 없다면, 악에 대한 어떤 반대 주장도 단지 개인의 견해에 불과할 뿐이다.

나(노먼 가이슬러)는 유대인 무신론자와의 토론을 좋아한다. 나치의 유대인 학살 사건을 단지 견해 차이의 문제로 믿고 있는 유대인을 한 사람도 만난 적이 없기 때문이다. 다른 사람들이야 어떻게 생각하든, 그들은 모두 그 홀로코스트 사건이 참으로 잘못된 일이었다고 믿는다. 어느 유대인 무신론자와의 토론 자리에서, 나는 이렇게 물었다. "당신은 어떤 근

---

6 C. S. Lewis, *Mere Christianity* (New York: Macmillan, 1952), 45.

거로 유대인 대학살이 잘못이었다고 말씀하시는 겁니까?" 그가 이렇게 대답했다. "저의 온유한 도덕 감정에 따른 것입니다."

그가 다른 어떤 말을 할 수 있었겠는가? 그가 객관적인 도덕법의 존재를 인정하지―그 말은 곧 신의 존재를 인정한다는 의미다―않는 한, 홀로코스트 사건을 반박할 어떠한 객관적 근거도 내놓지 못할 것이다. 그의 반대 의견은 단지 그 자신의 사견에 불과한 셈이었다.

그러나 우리 모두는 홀로코스트 사건이 차지하는 도덕적 위치가 결코 개인의 견해에 따라 좌우되지 않음을 알고 있다. 홀로코스트 사건을 대하는 사람들의 평가에 대한 우리의 반응은 무고한 사람들을 살해하는 일이 정말 잘못이라는 점을 우리에게 일깨워 준다. 요컨대, 우리는 누군가가 "오늘 식사가 정말 좋았습니다"라고 말할 때와 "홀로코스트는 정말 좋았습니다"라고 말할 때 동일한 반응을 보이지 않는다. 우리는 음식에 대한 사람들의 취향이 악을 바라보는 사람들의 취향과 동일하지 않음을 직관적으로 알고 있다. 한 끼의 식사와 대학살 사이에는 실제로도 도덕적 차이가 존재한다. 하나는 단지 선호의 문제이지만 다른 하나는 진짜 불의다. 그렇기에 그런 사건들에 대한 사람들의 언급을 접한 우리의 반응은 바로 그 점을 깨닫는 데 도움이 된다.

우리는 부록 1에서 악과 신의 공존 문제에 관해 보다 많은 토론을 벌일 예정이다. 지금 중요한 것은 이것이다: 만일 도덕법이 없다면, 우리는 어떤 종류의 악이나 불의도 감지할 수 없다. 마찬가지로 선이라는 불변의 기준이 없다면, 객관적인 악과 같은 것은 존재하지 않는다. 하지만 우리 모두는 악의 존재를 알고 있으므로, 도덕법 역시 존재하고 있음을 알게 된다.

5. 도덕법이 없다면, 도덕적 차이를 측정할 방법이 없다

그림 7.1에 있는 두 개의 스코틀랜드 지도를 보라. 어느 것이 더 나은 지도인가? 어느 것이 더 나은 지도라는 것을 우리는 어떻게 아는가? 그것을 아는 유일한 방법은 진짜 스코틀랜드가 어떤 모양인지 아는 것이다. 바꾸어 말하면, 우리는 실제 스코틀랜드라고 불리는 지역과 두 개의 지도를 비교해 보아야 한다. 만일 스코틀랜드가 존재하지 않는다면, 그 지도들은 아무 의미가 없다. 그러나 스코틀랜드가 존재하고 있으므로, 우리는 지도 A가 불변의 표준인 진짜 스코틀랜드에 더 가깝다는 점에서, 그것이 더 나은 지도임을 알 수 있다.

스코틀랜드 지도

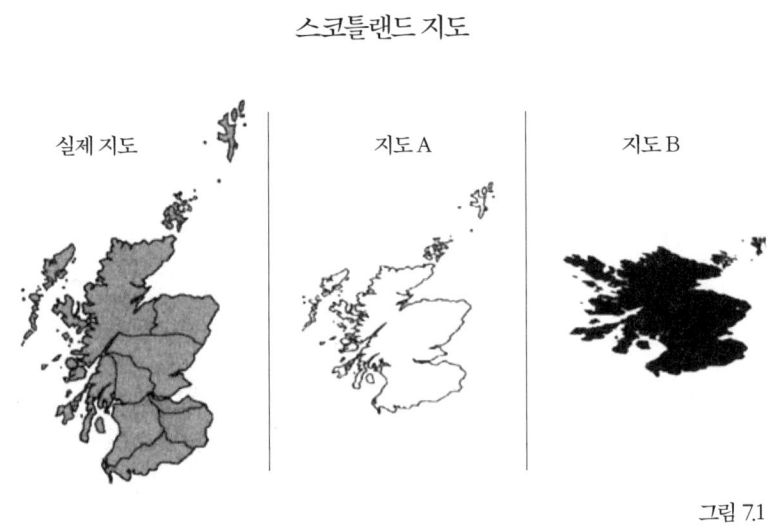

그림 7.1

이것은 우리가 테레사 수녀의 행위와 히틀러의 행위를 대비시켜 평가할 때 정확히 하는 일이다. 우리는 그 두 사람을 초월하여 존재하는 절대 불변의 기준과 비교한다. 그 기준은 도덕법이다. C. S. 루이스는 이렇게 말했다.

> 어떤 도덕이 다른 도덕보다 더 좋다고 말하는 순간, 우리는 사실상 어떤 기준에 견주어 그 두 도덕을 판단한 것이다. 즉 그중에 어느 것이 그 기준에 더 가까운가를 견준 것이다. 그때 두 도덕을 견준 기준은 그 두 도덕과 다른 제3의 것일 수밖에 없다. 실제로 우리는 그 두 도덕을 '참' 도덕이라 할 만한 것과 비교함으로써, 사람의 생각에 좌우되지 않는 진정한 '옳음'이라는 것이 존재하며, 어떤 도덕관은 다른 것보다 그 진정한 '옳음'에 가깝다는 사실을 인정한 셈이다. 이 점을 달리 표현해 보자. 만일 우리의 도덕이 더 참되며 나치의 도덕이 덜 참되다면, 거기에는 반드시 그렇게 판단할 수 있게 만드는 그 무엇, '참 도덕'이라 할 만한 것이 존재한다.[7]

만일 도덕법이 존재하지 않는다면, 테레사 수녀의 행위와 히틀러의 행위 사이에 아무런 도덕적 차이가 존재하지 않을 것이다. 마찬가지로, "살인은 악이다," "인종 차별은 그릇된 것이다," 또는 "우리는 아동을 학대해서는 안 된다"와 같은 말은 객관적 의미가 전혀 없는 말이 돼버린다. 그것은 단지 누군가의 견해에 불과할 뿐이며, "초콜릿이 바닐라보다 더 맛있다"는 말과 같은 것이다. 도덕법이 없다면, "좋다," "나쁘다," "더 낫다," 그리고 "더 안 좋다"와 같이 단순히 가치를 표현하는 말들은, 도덕적 의미로 쓰일 때, 더 이상 어떤 객관적 의미도 갖지 않게 될 것이다. 그러나 우리는 그런 말들이 의미를 갖고 있음을 알고 있다. 예를 들어 "사

---

7 Ibid., 25.

회는 점점 좋아지고 있다" 또는 "사회는 점점 나빠지고 있다"고 말할 때, 우리는 사회를 우리 자신을 초월하여 존재하는 어떤 도덕적 기준과 비교하고 있는 것이다. 그 기준이 바로 우리 마음에 새겨진 도덕법이다.

요컨대, 도덕적 상대주의를 신봉하는 것은 테레사 수녀와 히틀러 사이에, 자유와 노예 상태 사이에, 평등과 차별 사이에, 보호와 학대 사이에, 사랑과 증오 사이에, 또는 생명과 살인 사이에 실제 도덕적 차이가 전혀 없다고 논증하는 것과 같다. 우리는 모두 그런 결론이 터무니없는 것임을 알고 있다. 따라서 도덕적 상대주의는 틀림없는 거짓이다. 만일 도덕적 상대주의가 거짓이라면, 객관적 도덕법은 분명히 존재한다.

6. 도덕법이 없다면, 우리는 무엇이 옳고 그른지 알 수 없다

2009년 9월, 자신을 불가지론자로 불렀던 앨런 더쇼비츠(Alan Dershowitz)가 종교를 주제로 열린 공개 토론회에서 로마가톨릭 신자 앨런 케이즈(Alan Keyes)와 토론을 벌일 때, 한 방청객으로부터 이런 질문을 받았다. "무엇이 어떤 것을 옳은 것으로 만들죠?"

더쇼비츠는 좋은 질문이라고 칭찬하고 나서 이렇게 말했다. "우리는 무엇이 악인지 알고 있습니다. 이미 그런 것들을 보아왔으니까요." 그러면서 그는 홀로코스트와 십자군 전쟁처럼 명확한 악의 예들을 열거했다. 그런 다음 더쇼비츠는 청중을 흘낏 보면서 목소리를 높여 강조하듯 또박또박 선언했다. "나는 무엇이 옳은지 모르겠습니다. 다만 무엇이 그른지는 압니다."

그러고 나서 그는 청중들을 꾸짖듯 말을 내뱉기 시작했다. "여러분에게 꼭 해야 할 말이 있습니다. '여러분은(이 부분을 강조했다)' 무엇이 옳은지 알 수 없습니다. 여러분이 무엇이 옳은지 안다고 생각하는 순간, 여러분이 무엇이 옳은지에 대한 정답을 갖고 있다고 생각하는 순간, 여러분은 성장과 발전이라는 소중한 기회를 놓치게 될 것입니다. 저는 무엇이 옳은지에 대해 아주 정확히 알려고 기대하지 않습니다. 하지만 그것을 알고자 노력하는 데 저의 남은 삶을 다 바칠 생각입니다."[8] 그의 말이 끝나기 무섭게 청중들 사이에서 박수가 터져 나왔다.

케이즈는 더쇼비츠에게 반박할 기회를 갖지 못했다. 만일 그럴 기회가 있었다면, 그는 로드 러너 전술로 더쇼비츠의 자기 모순된 논증을 무너뜨릴 수 있었을 것이다. 즉 더쇼비츠에게 "무엇이 옳은지 알 수 없다면, 어떻게 무엇이 그른지는 알 수 있습니까?"라고 질문했을 것이다. 실제로도 무엇이 정답인지 알 수 없다면, 5가 2 더하기 2의 잘못된 답인지도 알 수 없다. 마찬가지로, 더쇼비츠가 도덕적으로 무엇이 옳은지 알지 못한다면, 도덕적으로 무엇이 잘못인지도 알 수 없는 게 마땅하다.

토론이 진행되는 동안, 더쇼비츠는 자신이 도덕적으로 잘못되었다고 생각하는 것들—즉 동성애 반대 법률, 낙태 반대 법률, 인종차별, 노예제, 보이스카웃의 규범, 교회와 국가의 혼합 등—을 비난하는 것에는 별 문제가 없었다. 그러나 특정한 것들이 그릇된 것임을 주장하면서, 그는 특정한 것들이 옳은 것임을 암묵적으로 주장하고 있었다. 모든 부정은 하나의 긍정을 암시한다. 낙태 금지가 잘못이라고 말하려면(부정), 더쇼비츠는 여성들이 낙태할 수 있는 도덕적 권리를 갖고 있음을 알아야만 한다(긍정). 그러나 도덕법이 없다면, 더쇼비츠는 그것 또는 다른 어떤 도덕적 주장의 정당성을 입증할 수가 없다. 그것은 옳고 그름의 문제가 될

---

[8] 그 토론은 http://www.renewamerica.us/archives/speeches/00_09_27debate.htm에 실려 있다.

수 없는, 말 그대로 개인의 견해에 불과하다.

토론장에 참석했던 청중 가운데 어느 누구도 무엇이 옳은지 알지 못한다는 주장 역시 착오와 오만의 극치다. 기독교인들은 자신들이 '유일한 진리를 갖고 있다'고 말한다는 이유로 종종 비난을 받는데, 어느 누구도 '진리를 갖고 있지 않다'고 주장하는 더쇼비츠가 바로 여기에 해당한다. 그 어느 누구도 진리를 갖고 있지 않다는 것을 알려면, 더쇼비츠 자신만은 진리를 알고 있어야 한다.

몇몇 상대주의자들은 스스로를 무너뜨리는 자기 모순의 오만함으로 이름이 높다. 그들은 어떤 진리도 존재하지 않는다고 주장하면서, 정작 자기 자신들의 말은 진리로 만들어 버린다. 그들은 무엇이 옳은지 자신들이 알지 못한다고 주장하면서도, 자신들이 내건 정치적 명분은 옳다고 주장한다. 그들은 한 문장에서는 도덕법을 부인하면서, 다음 문장에서는 그 도덕법을 추정한다.

7. 도덕법이 없다면, 정치 또는 과학 분야에서 반대 의사를 개진할 도덕적 근거가 없다

앨런 더쇼비츠 및 할리우드의 많은 이들을 포함한 정치적 자유주의자들은 전쟁, 낙태 반대 법률, 동성애 반대 법률, 감세, 그리고 '종교적인' 이유로 지지되는 것들에 대해 도덕을 명분 삼아 반대하는 것으로 유명하다. 그들에게 있어서 문제는, 자신들의 주장을 뒷받침할 객관적 도덕의 근거를 갖고 있지 않은 무신론자들이라는 점이다. 이것이 문제가 될 수밖에 없는 이유는, 만일 도덕법이 존재하지 않는다면, 무신론자들의 주장을 포함한 모든 도덕적 쟁점에서 객관적으로 옳거나 그른 것이 있을 수 없기 때문이다.

도덕법이 존재하지 않는다면, 자신들의 종교를 무신론자들에게 억지로 강요하는 기독교인들이나 이슬람인들이 객관적으로 잘못되었다고 말할 근거가 어디에도 없다. 무신론을 법으로 금지한다거나 무신론자들의 재산을 몰수하는 일, 그리고 그 재산을 팻 로버트슨(Pat Robertson, 목사이자 보주주의 인물)과 제리 폴웰(Jerry Falwell, 목사이자 보수주의 인물)에게 준다 한들 잘못될 게 하나도 없다. 동성애자를 두들겨 패거나, 민족주의 또는 제국주의에서 비롯된 전쟁도 옳지 않다고 말할 근거가 전혀 없다. 그런가 하면 낙태 금지, 산아 제한, 무절제한 성관계조차 허물이 될 이유가 없다. 달리 말하면, 도덕법이 없을 경우에는, 무신론자들도 자신들이 애지중지하는 정치적 명분을 주창할 어떤 도덕적 근거를 갖지 못한다는 말이다. 신이 없는 세계에서는 어떤 권리도 존재하지 않으므로, 낙태할 권리, 동성애의 권리, 또는 무신론에서 비롯된 여러 정치적 권리들이 전혀 존재하지 않는다. 만일 무신론자들이 '신이 존재하며 나아가 신이 명령한 도덕법이 이런 행위를 용납하거나 명령한다'는 식의 주장을 펼치지 않는 한, 그들의 입장은 단지 주관적 선호에 불과할 뿐이다. 나아가 어느 누구도 단순 선호의 문제에 대해 도덕적 의무를 질 이유가 없으며, 무신론자들이 우리에게 주관적 선호를 강요하도록 할 만한 어떤 도덕적 의무도 부담하지 않는다.[9]

그러기에 도덕법에 맞서 반기를 듦으로써, 역설 같지만, 무신론자들은 어떤 것에 반대할 자신들의 명분을 기초부터 허물어뜨리고 말았다. 사실, 도덕법이 없다면, 어느 누구도 어떤 것에 찬성 혹은 반대 입장을

---

9 일반의 견해와 달리, 무신론자들도, 다른 모든 정치인들처럼, 도덕을 법으로 만들려고 시도하고 있다. 우리가 쓴 책인 Legislating Morality는 이 주제를 상세하게 다루고 있다. Frank Turek and Norman Geisler, *Legislating Morality*(Eugene, Ore: Wipf & Stock, 2003). 이전에 Bethany(1998)에서 출판된 적이 있다.

취할 어떤 객관적 근거도 갖지 못한다. 그러나 우리는 모두 생명 그리고 자유를 포함한 쟁점들이 단순한 선호 이상의 것임을 알고 있기에, 또한 그 쟁점들이 진정한 도덕적 권리를 갖고 있음을 알고 있기에, 그러므로 도덕법은 존재한다.

8. 도덕법이 존재하지 않는다면, 그것을 어겼다는 이유로 변명할 필요가 없다

사람들이 비도덕적인 행동에 대해 변명하는 것을 본 적이 있는가? 변명을 한다는 것은 도덕법이 존재한다는 암묵적 동의다. 만일 어떤 행위가 실제로 전혀 도덕에 어긋난 것이 아니라면 변명을 할 까닭이 어디 있겠는가?

전반적으로 비도덕적인 우리의 문화에서 가장 중요하게 여기는 미덕이 관용인데 그것 역시 도덕법의 존재를 드러낸다. 관용이라는 것 자체가 하나의 도덕 원리이기 때문이다. 만일 도덕법이 없다면, 사람들이 관용의 미덕을 베풀어야 하는 이유가 어디에 있겠는가? 실제로 도덕법은 우리에게 관용을 넘어 사랑할 것을 요구한다. 관용은 너무나 약하다. 관용은 우리에게 코를 막고 상대방을 참으라고 한다. 하지만 사랑은 우리에게 손을 내밀어 그들을 도우라고 한다. 그러나 악에게 관용을 베푸는 것은 결코 사랑이 아니다. 그런데도 정작 우리의 문화는 사람들에게 그 일을 하라고 요구한다.

더욱이 관용을 베풀라는 호소는, 관용의 대상이 되어야 할 행동이 잘못이라는 암묵적 시인이다. 왜 그런가? 우리는 선한 행동이 아닌 오직 나쁜 행동에만 관용을 요구하기 때문이다. 어느 누구도 테레사 수녀의 행위에 관용을 베풀라고 말하지 않는다. 단지 일부 상대주의자들의 행위에 대해 그런 말을 할 수 있을 뿐이다. 마찬가지로, 테레사 수녀의 행위를 놓고 용서를 구하는 사람은 없다. 우리는 단지 도덕법에 어긋나는 경우에만 용서를 말한다. 하지만 만일 도덕법이 존재하지 않는다면, 우리는 굳이 그런 일을 할 이유가 없을 것이다.

절대적인 것과 상대적인 것: 왜 혼동이 존재하는가?

지금까지 논의한 대로 절대적인 도덕법이 실제로 존재한다면, 정작 그토록 많은 사람들이 도덕은 상대적이라고 믿는 이유는 무엇인가? 나아가 그토록 많은 사람들이 서로 다른 가치관을 갖고 있는 듯이 보이는 이유는 무엇인가? 자세히 살펴보면, 적절한 구분을 하지 못한 데 그 원인이 있다. 혼동의 여지를 없애기 위해 분명한 구분을 해보자.

혼동 1: 절대적 도덕과 변화하는 행위

상대주의자들이 보통 범하는 실수는 행위와 가치를 혼동한다는 점이다. 즉 그들은 현상과 당위를 혼동한다. 사람들의 현재 행위는 변하기 쉽지만, 사람들이 당연히 해야 할 것은 변하지 않는다. 이것이 사회학과 도덕의 차이점이다. 사회학은 드러난 행위를 다루지만, 도덕은 규범에 따른 행위를 다룬다.

바꾸어 말하면, 상대주의자들은 상황에 따라 자주 변하는 행위와 변하지 않는 도덕 의무를 혼동한다. 예를 들어, 혼전 성관계 또는 혼전 동거와 같은 도덕적 주제를 논할 때, 우리는 사람들이 그것을 지지하면서 "그런 소리 집어 치워요. 지금은 21세기란 말이에요!"와 같은 말을 하는 것을 종종 듣게 된다. 그들은 시류에 만연한 행위야말로 옳고 그름의 시금석이라고 생각하는 듯하다. 상대주의자들의 추론이 얼마나 터무니없는지 예증하려면, 50년 전에 비해 폭발적으로 늘어난 살인과 같은 끔찍한 범죄들을 언급할 필요가 있다. 상대주의자들은 이런 경우에도 "그런 소리 집어 치워요. 지금은 21세기란 말이에요!"라고 외치며 살인을 옹호할 수 있을까? 상대주의자들이 현상과 당위를 혼동할 때, 그들의 주장은 오히려 자신들의 발목을 붙잡고 말 것이다.

현상-당위 오류가 가진 또 하나의 측면은, 사람들이 도덕법에 순종하지 않기 때문에 도덕법이 존재하지 않는다고 주장할 때 드러난다. 물론 모든 사람은 어느 정도는 도덕법을 따르지 않는다. 선의의 거짓말에서 살인에 이르기까지 도덕법에 어긋나는 행위를 한다. 그러나 그것이 곧 불변의 도덕법이 존재하지 않는다는 의미는 아니다. 단지 우리가 그 도덕법을 어기고 있음을 의미할 뿐이다. 마찬가지로, 모든 사람이 수학적 실수를 저지르지만, 그렇다고 불변의 수학 규칙이 존재하지 않는 것은 결코 아니다.

혼동 2: 절대적 도덕과 사실에 대한 인식의 변화

또 하나의 혼동은 절대적 도덕 가치 그 자체와 그 가치를 적용할 때 인용된 사실들의 이해 사이에서 발생한다. 예를 들면, C. S. 루이스의 언급대로, 1700년대 후반에는 마녀들이 살인 죄목으로 사형당하는 일이 벌어졌지만, 지금은 그렇지 않다.[10] 상대주의자라면 이렇게 주장할 수 있다. "보세요! 우리가 더 이상 마녀를 죽이려 하지 않는다는 점을 보더라도 우리의 도덕 가치는 변했습니다. 도덕은 시간과 문화에 따라 상대적입니다."

---

10 C. S. Lewis, *Mere Christianity*(New York: Macmillan, 1952), 26을 보라.

그러나 그의 주장은 옳지 않다. 변한 것은 살인은 잘못이라는 도덕 원리가 아니라, '마녀'가 실제로 저주를 걸어 사람들을 해코지할 수 있느냐는 인식 또는 사실의 이해이다. 사람들은 마녀가 사람들을 죽일 수 있다고 더 이상 믿지 않는다. 그렇기에 사람들은 마녀를 더 이상 살인자로 여기지 않는다. 바꾸어 말하면, 도덕적 상황에 대한 인식은 상대적이지만(마녀가 정말 살인자인가), 그 상황에 개입된 도덕 가치는 그렇지 않다(살인은 늘 잘못이고 앞으로도 그렇다).

이런 구분에서 혼동을 겪는 탓에, 사람들은 문화적 차이가 핵심 도덕 가치의 근본적 차이를 드러낸다는 잘못된 믿음을 갖게 되었다. 예를 들어, 어떤 이들은 힌두교도는 소를 숭배하고 미국민은 소를 먹으므로, 힌두교도와 미국민 사이에 핵심 도덕 가치의 근본적 차이가 존재한다고 믿는다. 그러나 인도인들이 소를 숭배하는 이유는 핵심 도덕 가치와는 관련이 없다. 오히려 환생에 대한 힌두교도의 믿음과 관련이 있다. 인도인들은 소에게 죽은 인간의 영혼이 깃들어 있다고 믿기 때문에 소를 먹지 않는다. 미국에서는 죽은 친척의 영혼이 소 안에 깃들 수 있음을 믿지 않기 때문에 소를 거리낌 없이 먹는다. 최종 분석을 해보면, 도덕적으로 차이가 있는 것처럼 보이나 실제로는 서로 일치한다. 우리 모두는 할머니를 먹는 것이 잘못이라는 데 동일한 믿음을 갖고 있다. 할머니를 먹는 것은 잘못이라는 핵심 도덕 가치는 미국과 인도 두 문화권 안의 사람들 사이에서 절대적 가치로 여겨지고 있다. 그들 사이에 불일치하는 대목은 오직 할머니의 영혼이 소 안에 있느냐 아니냐의 문제뿐이다![11] 그

---

11   이 사례에 대해 우리 친구인 Francis Beckwith에게 고마움을 표한다. 그의 책 *Relativism: Feet Firmly Planted in Mid-Air*은 Greg Koukl과 함께 쓴 것(Grand Rapids, Mich.: Baker, 1998)인데, 상대주의에 대해 탁월한 비판을 가하고 있다.

들은 도덕 가치와 관련된 사실의 인식에 있어 서로 차이를 보이지만, 도덕 가치가 준수되어야 한다는 점에 대해서는 철저히 의견의 일치를 보이고 있다.

혼동 3: 절대적 도덕과 특수 상황에의 적용

우리가 보았듯이, 사람들은 자신의 행동보다는 자신의 반응을 통해 옳고 그름을 가장 잘 분별한다. 사람들은 자신이 나쁜 행위의 희생물이 될 때, 그 행위가 절대 그릇된 것임을 이해하는 데 어려움이 없다. 그러나 두 희생자들이 특정 행위의 도덕성을 놓고 의견다툼이 있다 하더라도, 이것이 곧 도덕이 상대적임을 의미하는 것은 아니다. 비록 사람들이 특정 상황에서 해야 할 옳은 일을 알지 못한다 하더라도, 절대적인 도덕법은 존재할 수 있다.

대학 교수들이 학생들에게 상대주의를 믿게 하려고 자주 사용하는 도덕적 딜레마를 생각해 보자. 다섯 명의 생존자가 있는데 구명정에는 오직 네 명만이 탈 수 있다. 한 사람이 탈락하지 않는다면 다섯 명 모두 생존이 불가능하다. 이런 문제 앞에서 학생들은 고민하다가 서로 다른 결론을 내게 되고, 나아가 자신들이 도출한 서로 다른 결론을 보면 도덕은 분명 상대적임을 증명한다는 결론에 이르게 된다.

그러나 그 딜레마는 사실은 그 반대 사실, 즉 도덕은 절대적이라는 것을 입증한다. 어떻게 그런가? 만일 도덕이 상대적이면 어떤 난제도 존재하지 않을 것이기 때문이다! 만일 도덕이 상대적이며 절대적 생명권이란 존재하지 않는다면, 우리는 이렇게 말할 수 있다. "무슨 일이 벌어지든 아무 문제도 안 돼! 모두 다 배 밖으로 집어 던진들 무슨 상관이겠어?" 우리가 그 딜레마를 놓고 심각히 고민하는 이유는 인간 생명의 가치를 알기 때문이다.

얼기설기 얽힌 상황 속에서는 사람들이 도덕을 잘못 이해할 수도 있지만, 그 근본에서는 그런 일이 없다. 예를 들면, 모든 사람은 살인이 잘못된 것임을 알고 있다. 히틀러도 그것을 알았다. 그런 까닭에 히틀러는 유대인 학살의 정당성을 확보하기 위해 그들의 인간성을 박탈해야 했던 것이다. 식인종조차도 무고한 사람을 죽이는 것은 잘못임을 알고 있는 것처럼 보인다. 그들이 혹시라도 다른 부족민은 인간이 아닌 것으로 생각할 수 있지 않느냐고 말할 수 있겠지만, 그렇지는 않아 보인다. 그렇지 않다면, 부지세프스키의 표현처럼, 식인종들이 "그들을 죽이기 전에 정성들여 속죄 의식을 거행하는"[12] 이유가 뭘까? 그들이 자신들의 행위에 잘못된 것이 있다고 생각하지 않는다면, 굳이 이런 의식을 행하지는 않을 것이다.

그러므로 비록 몇 가지 난제들은 모호한 면이 있다 하더라도, 근본에 있어서는 분명하다. 더욱이, 도덕적 난제가 존재한다고 해서 그것이 객관적 도덕법의 존재의 허구성을 입증하는 것이 아닐 뿐만 아니라, 과학적 난제의 존재 사실 역시 객관적 자연법칙의 존재를 부정하는 것이 아니다. 과학자들은 자연계에서 풀기 어려운 난제와 마주쳤을 때(가령 해답을 찾는 데 곤란을 겪고 있을 때) 그것 때문에 객관적 세계의 존재를 부인하지는 않는다. 나아가 우리는 몇몇 어려운 상황 속에서 해답을 찾는 데 어려움을 겪는다고 해서 그것 때문에 도덕의 존재를 부인해서는 안 된다.

과학의 경우처럼, 도덕에서도 쉬운 문제가 있는가 하면 어려운 문제들이 있다. "왜 물체들이 땅으로 떨어지는가?"와 같이 단순한 과학 문제에

---

[12] J. Budziszewski, *What We Can't Not Know* (Dallas: Spence, 2003), 114.

대답하는 것은 적어도 하나의 자연 법칙 또는 자연의 힘—곧, 중력—이 존재하고 있음을 증명하는 것이다. 마찬가지로 "살인이 정당한 일이 되는가?"와 같은 단순한 도덕 문제에 진리를 좇아 대답하는 것은 곧, 적어도 하나의 도덕 법칙—곧, 살인하지 말라—이 존재한다는 것을 증명한다. 만일 단 하나의 도덕 의무만이 존재한다 하더라도(이를테면, 살인하지 말라, 또는 강간하지 말라, 또는 아기를 학대하지 말라), 도덕법은 존재한다. 도덕법이 존재한다면, 도덕법을 만든 이도 존재한다.

혼동 4: 절대 명령(무엇을)과 상대적인 문화(어떻게)

도덕적 상대주의자들이 자주 간과하고 있는 또 하나의 중요한 차이는 도덕 명령의 절대성과 그 명령이 여러 문화권 안에서 제각기 다르게 천명되고 있는 방식 사이에 자리하고 있다. 예를 들면, 모든 문화는 사랑과 존경의 표시로 저마다의 인사법이 있다. 어떻게 인사하는가에 있어서는 문화적으로 많은 차이가 있다. 어떤 문화에서 인사는 키스다. 다른 문화에서는 포옹이 인사다. 또 다른 문화에서는 악수나 절이 곧 인사다. 당연히 해야 할 무엇(인사)은 모든 문화에 공통되지만, 그것을 표현하는 방법은 서로 다르다. 사람들은 이러한 구분을 하지 못하고, 단지 저마다 다른 형태의 인사를 한다는 점을 들어 서로 가치가 다르다고 믿는 결과가 초래된 것이다. 도덕 가치는 절대적이지만, 그 가치가 실천되는 방법은 상대적이다.

혼동 5: 절대 도덕과 도덕적 불일치

상대주의자들은 도덕의 상대성을 입증하기 위해 낙태 문제를 자주 언급한다. 어떤 이는 낙태를 허용할 수 있다고 생각하는 반면, 다른 이는 낙태가 살인이라고 생각한다. 그러나 단지 낙태에 대한 입장이 다르다고 해서, 그것이 도덕의 상대성을 의미한다고 볼 수는 없다.

사실 이 문제는 도덕의 상대성을 보여주는 한 예라기보다, 각 진영마다 자신들의 견해가 절대적 도덕 가치라고 판단하기 때문에 벌어지는 논쟁이라고 할 수 있다. 그들은 생명을 보호하는 것과 자유를 허용하는 것—즉 여성이 자기의 몸을 통제하도록 허용하는 것—이 각각 절대적이라고 판단한다. 따라서 이 논쟁은 낙태 문제에서 어떤 가치를 적용할 것인가—즉 어떤 가치에 우선순위를 부여하느냐—에 관한 것이다.[13] 만일 아직 태어나지 않은 존재를 인간으로 보지 않는다면, 자유를 옹호하는 가치가 법 제정에 적용되어야 한다. 그러나 아직 태어나지 않은 존재도 인간이며, 인간의 생명권은 다른 개인의 자유권보다 우선한다면, 생명을 옹호하는 가치가 법 제정에 적용되어야 한다. (태아는 여성 신체의 일부가 아니다. 태아도 자기 고유의 유전자와 고유 혈액형과 자신만의 성을 가지고 있다.) 비록 생명의 시작점에 대해서는 의문이 있기는 하지만, 그런 의문은 생명을 보호하는 방향으로 해결되어야 한다. 가령 합리적인 사람은, 무고한 사람을 해칠 가능성이 없다는 절대적 확신이 없을 때는 총을 쏘지 않는다.

특정 행위에 대한 우리의 반응이 도덕에 대한 우리의 생각을 드러낸다는 점을 되새겨 보라. 로널드 레이건(Ronald Reagan)은 이렇게 냉소를 보낸 적이 있다. "나는 낙태를 지지하는 모든 사람들이 이미 태어난 사람들이라는 걸 안다." 사실 낙태 찬성론자도, 자궁 안으로 다시 들어가

---

13 도덕의 절대 가치들 사이에 일어나고 있는 충돌을 해결하기 위한 토론 전체를 보려면, *Norman Geisler's Christian Ethics: Options and Issues*(Grand Rapids, Mich.: Baker, 1989)을 보라. 특히 7장을 보라.

게 된다면 두말할 것도 없이 생명 옹호론자가 되고 말 것이다. 살해당할 가능성에 대한 그들의 반응은 낙태가 잘못임을 상기시킬 것이다. 대부분의 사람들은 태어나지 않은 아이도 인간임을 마음속 깊이 알고 있으며, 따라서 낙태가 잘못임도 알고 있다. 심지어 일부 낙태 찬성론 행동주의자들도 그 점을 시인한다.[14] 그러므로 결국, 이 도덕적 불일치는 도덕이 상대적이거나 도덕법이 분명하지 않아서가 아니다. 이 도덕적 불일치는, 몇몇 사람들이 자신들이 원하는 것을 정당한 것으로 만들기 위해 도덕법을 억압하고 있기 때문에 발생하는 것이다. 바꾸어 말하면, 낙태를 지지하는 것은 지성의 문제라기보다 의지의 문제다. (이것을 포함한 여러 도덕적 주제들에 관해 보다 자세한 내용을 원하면, 우리의 책 『도덕의 법제화』를 보라.)[15]

혼동 6—절대적인 목적(가치)과 상대적인 수단

도덕적 상대주의자들은 목적(가치)과 그 목적을 이루는 수단을 종종 혼동한다. 몇몇 정치적 논란들도 이와 비슷하다. (확실히 전부는 아닌) 몇몇 쟁점들에서, 자유주의자와 보수주의자는 동일한 '목적'을 가지고 있다. 다만 그 목적에 도달하는 최선의 수단에 관하여 의견의 불일치를 보일 뿐이다.

---

14 여성 운동가 Naomi Wolf는 두드러진 예다. 그는 모든 사람이 아직 태어나지 않은 태아도 인간임을 알고 있다는 점, 따라서 낙태는 속죄를 요구하는 실질적 죄라는 점을 인정하고 있다. 그러나 낙태를 종식시키기보다, Wolf는 낙태를 하는 여성들이 그들의 슬픔을 표시하기 위해 낙태 시설에서 촛불을 켜고 밤을 샐 것을 제안한다. 이것은 마치 식인종의 속죄 의식—이렇게 비유한 것을 용서하기 바란다—과 비슷하게 들린다.

15 Frank Turek and Norman Geisler, *Legislating Morality* (Eugene, Ore: Wipf & Stock, 2003). 이전에 Bethany(1998)에서 출판된 적이 있다.

예를 들면, 빈민 정책의 경우에, 자유주의자는 이 문제를 해결하는 최선의 길이 정부의 지원이라고 믿는다. 그러나 보수주의자는 그런 지원은 오히려 의존성만 높이므로 차라리 경제적 기회를 제고시켜 빈민들이 스스로 자립하게 하자고 한다. 목적은 같으나(빈민들을 돕는 것), 그 수단은 다르다. 마찬가지로, 군국주의자와 평화주의자는 모두 평화(목적)를 원한다. 그들은 다만 강력한 군사력이 평화를 얻는 최선의 수단인가 하는 문제에서 의견의 일치를 보지 못하고 있을 뿐이다. 두 다 절대성을 지닌 목적에 동의한다. 다만 그 목적 성취를 위한 상대적인 수단에 대해 동의하지 않을 뿐이다.

도덕법: 다윈주의자들은 무엇이라고 이야기하는가?

그러므로 도덕법을 지지하는 증거는 견고하며, 그에 대한 반대는 실패한다. 그렇다면 다윈주의자들은 도덕의 문제를 어떻게 다루고 있는가? 대부분의 다윈주의자들은 그 주제를 철저히 회피하고 있다. 왜 그런가? 만일 도덕법을 부여한 이가 존재하지 않는다면, 객관성을 가진 옳음과 그름이 어떻게 있을 수 있는지 설명하기란 쉽지 않기 때문이다(그것은 심지어 다윈주의자들도 마음속 깊이 알고 있다).

다윈주의자 에드워드 윌슨(Edward O. Wilson)은 주목할 만한 예외다. 그는 우리의 도덕 의식이 우리 자신이 진화해 온 것과 같은 방식(자연 선택)으로 진화했다고 주장한다. 그는 "생물학을 통한 도덕 감정의 연구가 거의 진전을 이루지 못했다"는 점을 인정하면서도, 사람들이 자신들의 유전자를 그 자손에게 전하는 생물학적 과정이 "수천 세대를 거치는 동안 불가피하게 도덕 감정을 갖게 되었다"고 주장한다.[16] 달리 표현하면, 도덕은 물질과 유전자로 결정된다. 도덕은 물려받은 감정 또는 본능에 근거를 두고 있는 것이지 옳고 그름이라는 어떤 객관적 기준에 근거를 두고 있는 것이 아니다. 우리는 이미 자연 선택론이 새로운 생명체의 탄생을 설명하는 데 적절치 않음을 보았다(6장). 앞으로 살펴보겠지만, 자연 선택론은 그 새로운 생명체 안에 있는 '도덕 감정'을 설명하는 경우에도 역시 적합하지 않다.

첫째, 다윈주의자는 오직 물질만이 존재한다고 주장하나, 물질은 도덕을 갖고 있지 않다. 증오는 무게가 얼마인가? 사랑에 해당하는 원자가 있는가? 살인이라는 분자를 구성하는 화학 성분은 무엇인가? 물리적 입자들은 도덕의 원인이 아니라는 점에서, 이런 질문들은 무의미하다. 만일 물질만이 오직 도덕의 원인이 된다면, 히틀러도 그가 저지른 일에 대해 도덕적 책임을 질 이유가 없다. 그는 단지 나쁜 화학 분자를 가지고 있던 것뿐이기 때문이다. 이것이 말도 안 되는 소리라는 것은 모두들 알고 있다. 인간의 생각과 초월적 도덕법이 물질이 아닌 것처럼, 논리학과 수학의 법칙 역시 물질이 아니다. 그것은 무게를 잴 수도 없고 물리학 영역에서 측정될 수도 없는, 물질이 아닌 실재다. 결과적으로 그것은 자연 선택론이나 무신론에 기초한 다른 어떤 수단을 통해 물질의 관점에서 설명될 수 없는 것이다.

둘째, 도덕은, 윌슨이 주장한 것처럼, 단순한 본능일 수가 없다. 그 이유는 우리의 본능이 서로 싸운다는 점, 그리고 때로는 보다 고귀한 일을

---

16 Edward O. Wilson, "The Biological Basis of Morality," *The Atlantic Monthly*, April 1998. 온라인 주소는 http://www.theatlantic.com/issues/98apr/biomoral.htm.

위해 우리의 강한 본능을 무시하도록 무언가가 말한다는 점 때문이다. 예를 들면, 만일 우리가 길에서 강도를 만나 위험에 처한 사람의 소리를 듣는다면, 우리의 강한 본능은 안전을 위해 끼어들지 말라고 말할 것이다. 그리고 그보다 약한 본능은 그 사람을 도우라고 말할 것이다. C. S. 루이스는 이에 대해 이렇게 말했다.

> 그러나 우리는 이 두 가지 충동 외에 '도망치는 충동을 억누르고 도우려는 충동을 따르라'고 말하는 제3의 무언가를 내면에서 발견하게 된다. 이처럼 그 두 본능 사이에서 판단을 내리며 그 가운데 어느 본능을 따라야 할지 결정하는 이것이 곧 그 두 본능 가운데 하나일 수는 없다. 언제 어떤 키를 눌러야 하는지 지시하는 악보가 곧 피아노 건반 키 가운데 하나일 수 없는 것과 마찬가지다. 도덕법이 우리가 연주해야 할 곡이라면, 본능은 단지 건반 키들에 불과하다.[17]

셋째, 윌슨은 '서로 협동하는' 특징을 지닌 도덕들이 인류가 함께 생존할 수 있도록 도움을 주었기 때문에, 사회 도덕이 진화했다고 말한다. 그러나 다윈주의의 정의에서 보듯 진화란 본래 맹목적 과정이어서 어떤 목적이 없음에도, 앞의 주장은 도덕이 서로 협동하며 어떤 목적(생존)을 위해 진화했음을 추정하는 것이다. 게다가 그것이 설령 생존을 위한 목적이었다 하더라도, 다윈주의자들은 사람들이 자기 파괴적인 행동임을 알면서도 흡연, 마약, 음주, 자살 등에 빠지는 이유를 설명할 수 없다. 또한 사람들이 다른 사람을 돕기 위해, 경우에 따라서는 자신의 목숨이

---

17 C. S. Lewis, *Mere Christianity* (New York: Macmillan, 1952), 22.

위태로워짐에도 불구하고, 자신의 생존 본능을 기꺼이 버리는 이유가 무엇인지 다윈주의자들은 설명하지 못한다.[18] 우리 모두는 단순한 생존보다 더 고귀한 목적들이 있음을 알고 있다. 군인은 나라를 위해 자신을 희생하고, 부모는 자녀를 위해 자기를 헌신하며, 그리고 만일 기독교가 진리라면, 하나님은 우리를 위해 당신의 독생자를 희생 제물로 내놓았다.

넷째, 윌슨과 다른 다윈주의자들은 생존은 '좋은' 것이라고 추정한다. 그러나 객관적 도덕법이 존재하지 않는다면 진정으로 좋은 것 역시 존재하지 않는다. 사실 이것은 실용주의와 공리주의의 윤리 체계가 안고 있는 문제점이기도 하다. 그들은 "효과적인 것을 하라"거나 "가장 좋은 것이면 무엇이든 하라"고 말한다. 하지만 누구의 목적을 위한 효과를 말하는가? 테레사 수녀인가, 히틀러인가? 그리고 가장 좋은 것이라고 말하지만 진정으로 '좋은' 것이란 무엇인지 어떻게 알 수 있는가? 이런 문제점을 해결하려면 그들은 도덕법을 슬그머니 갖고 들어와야만 한다.

다섯째, 다윈주의자들은 사람이 도덕법을 어떻게 '알게' 되는가 하는 사실과 도덕법이 '존재'한다는 사실을 혼동한다. 우리가 유전적 그리고/또는 환경적 요인으로 말미암아 '도덕 감정'의 일부를 알게 된다 하더라도, 그것이 곧 우리의 외부에 객관적 도덕법이 존재하지 않음을 의미하는 것은 아니다.

---

18 생태학과 진화 생물학을 전공한 철학 박사 Jeffrey Schloss는, 비록 타인을 위해 자기를 희생하는 행위가 비록 다윈주의 관점에서 설명될 수 있다 하더라도, 그렇게 설명될 수 없는 다른 것들이 존재한다는 점을 논증하고 있다; Schloss는 특별히 유대인 대학살의 희생자들을 도와 주고 숨겨 주었던 사람들에 초점을 맞추고 있다. Jeffrey Schloss, "Evolutionary Account of Altruism and the Problem of Goodness by Design," William Dembski, ed., *Mere Creation* (Downers Grove, Ill.: InterVarsity Press, 1998), 236-261.

이 점은 피터 앳킨스와 윌리엄 레인 크레이그 사이의 토론에서도 등장했다. 앳킨스는 도덕이 유전적 특질과 "우리의 용량이 큰 두뇌" 덕분에 진화했다고 주장했다. 크레이그가 적절하게 답변했다. "그것은 기껏해야 도덕적 가치들이 어떻게 '발견'되는지 보여줄 뿐이지요. 하지만 그것만으로는 도덕 가치가 '만들어졌다는' 것을 보여주지는 못합니다." 나는 어머니로부터 수학적 능력을 물려받을 수도 있고 또 구구단을 학습할 수도 있지만, 내가 그것들을 어떻게 알게 되었느냐와 상관없이 수학법칙은 존재한다. 마찬가지로, 도덕은 우리가 그것을 어떻게 알게 되었느냐와 별개로 존재하고 있다.

마지막으로, 다윈주의자들은 생물학 차원에서 진화한 '도덕 감정'에 우리가 복종해야만 하는 이유를 설명하지 못한다. 만일 이 세계를 초월하는 어떤 것이 없다면 사람들이 살인하지 말아야 하며, 강간하지 말아야 하며, 원하는 것을 얻기 위해 도적질하지 말아야 할 이유가 무엇이란 말인가? 강자가 약자를 탈취하면 생존에 더 유리함에도, 강자가 약자와 굳이 '협력해야' 할 이유가 무엇인가? 실제로도 우리의 역사는 반대자를 억압하고 제거하는 등 모든 '도덕 감정'에 '불순종한' 결과로, 자신들의 생존을 연장했던 범죄자들과 독재자들로 가득하지 않은가?

생각은 결과를 낳는다

도덕이 어떤 자연적 원인에서 비롯됐다는 다윈주의자들의 말이 옳다면, 도덕은 객관적이거나 절대적인 것이 아니다. 만일 신이 존재하지 않고 인간이 끈적한 점액질로부터 진화했다면 우리를 초월하는 존재나 우리에게 객관적 도덕과 존엄성을 각인시킬 그 어떤 것도 존재하지 않으므로, 우리는 끈적한 점액질보다 도덕적으로 더 우월하지 못하다.

이러한 생각의 함의는 다윈주의자들과 그 추종자들 사이에서 결코 사라진 적이 없다. 실제로 아돌프 히틀러는 유대인 대학살을 정당화하는 철학으로 다윈의 이론을 들고 나왔다. 그는 1924년에 쓴 『나의 투쟁(Mein Kampf)』에서 이렇게 말하고 있다.

> 만일 자연이 더 약한 개체들이 더 강한 개체들과 짝이 되는 것을 원하지 않는다면, 우월한 한 민족이 열등한 한 민족과 뒤섞이는 것은 더더욱 원하지 않는다. 그런 식으로 뒤섞이게 되면 수십만 년에 걸친, 고등 단계로 진화된 존재를 형성시키려는 자연의 모든 수고는 허사가 될 수 있기 때문이다. 그러나 그런 우월성의 보존은 냉혹한 법과 손을 잡을 때에 가능해진다. 즉 가장 강한 자와 최고만이 승리하며 그런 자들만이 생존 권리가 있다는 것이다. 살고자 하는 자는 싸워야 한다. 영원한 투쟁이 생존의 법칙으로 자리 잡고 있는 이 세계에서 싸우기를 바라지 않는 자는 존재할 권리가 없다.[19]

다른 다윈주의자들처럼, 히틀러도 자연에 의지를 귀속시킴으로써 부당하게 자연을 사람에 비유하고 있다(즉 "자연이 원하지 않는다"). 그러나 그가 말하는 요점은 우월한 민족과 열등한 민족이 있으며, 열등한 민족인 유대인들은, 투쟁하기를 바라지 않는다면, 존재할 권리가 없다는 것이다. 바꾸어 말하면, 인종 차별주의와 그에 따른 대학살은 다윈주의의 논리가 빚어낸 작품인 것이다. 반면 사랑과 자기 희생은 기독교가 빚어

---

19 Adolf Hitler, *Mein Kampf*, 4th printing(London: Hurst&Blackett, 1939), 239-240, 242.

낸 작품이다. 생각이 결과를 낳는다.

진화론과 결부된 인종 차별주의는 그 유명한 1925년의 스콥스 재판(Scopes Trial, 원숭이 재판)에서 표출되었다. 그 재판을 야기한 고등학교 생물 교과서는 다섯 인종에 대해 언급하면서, 그 가운데 백인이 가장 우월한 인종이라는 결론을 내리고 있었다.[20] 이것은 성경의 가르침(창 1:27; 행 17:26, 29; 갈 3:28)에 직접 배치될 뿐만 아니라, 미국 독립 선언서의 신념—모든 인간은 평등하게 창조되었다—에도 어긋난다.

보다 최근에 프린스턴의 교수이자 다윈주의자인 피터 싱어(Peter Singer)는 "신생아의 생명이 돼지, 개, 침팬지의 생명보다 가치가 떨어진다"는 주장을 펴면서 다윈주의를 사용했다.[21] 그렇다, 우리가 읽은 그대로다.

우리를 분노하게 하는 싱어의 다윈주의 사상이 낳은 결과는 무엇인가? 그는 부모들이 신생아가 생후 28일이 될 때까지는 그들을 살해하는 것이 허용되어야만 한다고 믿는다. 이런 믿음은 다윈주의에 철저하게 부

---

20 여기에 전문을 인용한다. "인종—현재 지구상에는 다섯 인종이 존재하고 있으며, 각각의 인종은 본능, 사회 관습, 그리고 어느 정도는 체격면에서도 서로 큰 차이를 보인다. 아프리카에서 유래한 이디오피아 혹은 니그로 인종이 있다. 또한 말레이 인종 또는 갈색 인종이 태평양 제도에 살고 있으며, 아메리카 인디언, 중국인, 일본인, 기르고 에스키모를 포함한 몽골 인종, 곧 황인종이 있으며, 마지막으로 가장 뛰어난 인종인 코커서스 인종이 있는데, 이들을 대표하는 이들이 문명의 혜택을 누리며 유럽과 아메리카에 살고 있는 백인들이다"(George William Hunter, *Essentials of Biology: Presented in Problems*[New York, Cincinnati, Chicago: American Book,1911], 320, 강조는 저자가 추가).

21 Peter Singer, *Practical Ethics*, 1st ed.(Cambridge: Cambridge University Press, 1979), 122-123; Scott Klusendorf, "Death with a Happy Face:Peter Singer's Bold Defense of Infanticide," *Christian Research Journal* 23, no.192001):25에서 인용. 또 Helga Kuhse and Peter Singer, *Should the Baby Live?*(Brookfield, Vt.: Ashgate, 1994), 194-197을 보라.

합한다. 만일 우리가 끈적끈적한 것으로부터 나왔다면, 우리는 도덕 면에서 인간이 다른 생물종보다 더 낫다고 말할 수 있는 근거를 전혀 갖지 못하게 된다. 유일한 의문은 이것이다. 즉 영아 살해를 생후 28일까지 한정해 허용한 이유는 무엇인가? 그렇지 않을 경우, 28개월 또는 28년을 허용 한도로 하면 문제가 되었기 때문인가? 만일 도덕법을 부여한 이가 존재하지 않는다면, 사람이 어느 연령에 있든지, 그를 살해하는 것에 잘못이 전혀 없다! 물론 싱어와 같은 다윈주의자들은 이런 결론을 거부할 수도 있지만, 만일 그들이 자신을 초월하는 어떤 기준(도덕법을 제정한 존재)에 호소할 수 없다면, 그들은 반대 의견을 제시할 객관적 근거를 갖지 못한다. 『동물로부터 창조되다(Created from Animals: The Moral Implications of Darwinism)』의 저자인 제임스 레이첼스(James Rachels)는 인류가 다른 어떤 종보다 나을 것 없는 가치를 지니고 있다는 다윈주의자의 주장을 옹호한다. 정신 지체를 겪고 있는 사람들에 대해 이야기하면서, 레이첼스는 이렇게 쓰고 있다.

> 우리는 그들에 대하여 무엇을 말할 수 있을까? 우리가 고찰하고 있는 원칙(다윈주의)에 따라 자연스럽게 나오는 결론은 그들의 위치가 단순 동물들의 그것과 매한가지일 것이라는 점이다. 더 나아가 우리는 그들이 실험 대상이나 식량으로 사용되는 동물처럼 사용될 수도 있으리라는 결론을 내릴 수 있다.[22]

22　James Rachels, *Created from Animals: The Moral Implications of Darwinism*(New York: Oxford University Press, 1990), 186.

그것—정신 지체자를 실험용 대상이나 식량으로 사용하는 것—이 끔찍한 것이라 해도, 다윈주의자들은 우리가 어느 누구도 그렇게 다루어서는 안 되는 도덕적 근거를 제시할 수 없다. 그들은 나치가 자행한 것과 같은 실험들도 비난할 수 없는데, 다윈주의 세계에서는 객관적 도덕 기준이란 존재하지 않기 때문이다.

최근에 두 명의 다윈주의자들이 강간을 진화의 자연적 산물로 주장하는 책을 펴냈다.[23] 저자인 랜디 손힐(Randy Thornhill)과 크레이그 파머(Craig Palmer)에 따르면, 강간은 흡사 '표범의 얼룩 무늬와 기린의 기다란 목'처럼, "인간 진화의 유산이 낳은 산물이자 자연적인 생물학적 현상"이다.[24]

그 주장이 충격적임에도 불구하고, 살인과 강간에 대한 이들의 결론은 다윈주의 도덕의 함의를 이해하고 있는 사람에게는 결코 놀랄 일이 아니다. 왜 그런가? 다윈주의자들의 주장인즉, 모든 행동은 유전 법칙을 따라 결정되기 때문이다. 살인과 강간이 잘못된 행동이 아니라는 함의에 몇몇 다윈주의자들은 동의하지 않을 수도 있겠지만(정확히 도덕법이 그들의 양심을 통해 그들에게 말하고 있기 때문이다), 사실 그런 결론은 다윈주의의 세계관이 가져온 냉혹한 결과이다. 왜냐하면 만일 물질로 이루어진 것만이 존재한다면, 살인과 강간은 자연 선택이 범인의 뇌 안에서 일으킨 화학 반응의 결과에 불과하다. 더욱이 살인과 강간은, 단지 화학 물질만이 존재한다면 법은 존재하지 않을 것이란 점에서, 객관적 시각에서 보더라도 잘못된 것일 수가 없다(즉 도덕법에 어긋난 것이 될 수가 없다).

---

23 Randy Thornhill and Craig Palmer, *A Natural History of Rape: Biological Bases of Sexual Coercion*(Cambridge, Mass.: MIT Press, 2001).
24 Nancy Pearcey, "Darwin's Dirty Secret," *World Magazine*, 2000년 3월 25일자.

객관적 도덕법은 초월해 있는 어떤 입법 주체를 요구하지만, 다원주의자의 세계관은 그 입법 주체를 사전에 제거해 버린다. 따라서 일관성을 견지하는 다원주의자라면 단지 살인과 강간을 개인적으로 혐오하는 일 정도로 여길 뿐이지, 진정한 도덕적 잘못으로 간주하지 않는다.

다원주의자들의 도덕에 대한 설명 배후에 자리하고 있는 것을 이해하려면, 우리는 주장(assertion)과 논증(argument)을 구분해야만 한다. 주장은 단지 결론만을 이야기할 뿐이다. 반면 논증은 결론을 말하면서 아울러 증거를 가지고 그 결론을 뒷받침한다. 다원주의자들은 주장을 할 뿐 논증을 하지 않는다. 자연 선택이 새로운 생물종의 출현을 설명할 수 있는 경험적 증거나 법의학 원리를 따른 증거가 전혀 없는데, 하물며 도덕을 설명할 증거를 기대한다는 것은 어불성설이다. 다원주의자들은 인간이 단지 자연이 이끄는 대로 진화했다고 믿고 있는 까닭에, 도덕도 마찬가지로 자연이 이끄는 대로 진화했다고 주장한다. 나아가 그들은, 자신들이 그런 믿음을 뒷받침할 증거를 갖고 있기 때문이 아니라 지적 존재가 개입한 원인을 사전에 제거해 버렸기 때문에, 인간이 자연이 이끄는 대로 진화했다고 믿고 있는 것이다. 따라서 도덕에 대한 다원주의의 설명은 단지 순환론과 그릇된 철학의 전제들에 기초하고 있는 또 하나의 '그럴듯한' 이야기일 뿐이라는 사실이 드러나고 있다.

요약과 결론

〈기독교가 진리임을 보여주는 열두 가지(The Twelve Points That Show Christianity Is True)〉 세미나를 진행하던 때, 도덕에 대한 다음 두 개의 진술이 청중의 관심을 사로잡았다.

"신이 존재하지 않는다면, 히틀러의 행위는 단지 견해에 따른 문제가 된다."

"아동 학대나, 비행기를 건물에 충돌시켜 무고한 사람을 죽이는 일 등 적어도 어느 한 가지가 도덕적인 잘못으로 인정된다면, 신은 존재한다."

사람들은 이런 진술들을 통해 만일 도덕의 객관적 근원이 존재하지 않는다면 모든 도덕적 이슈들은 단지 개인의 선호에 따른 문제에 불과한 것임을 깨닫게 된다. 히틀러는 살인을 좋아했을 뿐이고 테레사 수녀는 사람을 돕는 일을 좋아한 것에 지나지 않는다. 만일 히틀러와 테레사 수녀 위에 존재하는 어떤 기준이 없다면, 어느 누구도 진실로 옳거나 잘못하는 일은 없다. 단지 이 사람의 견해가 다른 사람과 다르다는 것만을 의미할 뿐이다.

다행인 것은, 우리가 보았듯이, 인간 위에 진정한 도덕 기준이 존재한다는 점이다. C. S. 루이스는 이렇게 썼다. "지구 위의 모든 사람은 자신들이 일정한 방식으로 행동해야 한다는 기묘한 생각을 갖고 있으며, 그 생각을 떨쳐버리지 못한다. 둘째, 그럼에도 불구하고 사람들은 실제로는 그런 방식으로 행동하지 않는다. 그들은 자연법을 알고 있다. 그러나 그것을 어기고 있다. 이 두 가지 사실이야말로 우리 자신과 우리가 살고 있는 이 우주에 대해 명확하게 생각할 수 있게 해주는 토대다."[25]

다행스럽게도 우리는 이번 장에서 이것에 관해 몇 가지를 분명히 했다. 여기 우리가 다루었던 내용을 요약해 보았다.

---

25 C. S. Lewis, *Mere Christianity* (New York: Macmillan, 1952), 21.

1. 모든 사람의 마음에는 옳고 그름에 대한 절대적 기준이 새겨져 있다. 사람에 따라 그것을 부인할 수는 있다. 그들은 그것을 억누르거나, 행동으로 그것을 어길 수도 있다. 하지만 도덕적으로 정당한 대우를 받지 못했을 때 보이는 그들의 반응은 자신들이 그 기준을 알고 있음을 여실히 드러낸다.
2. 상대주의는 거짓이다. 인간이 옳고 그름을 '결정'하는 것이 아니다. 우리는 옳고 그름을 '발견'할 뿐이다. 만일 인간이 옳고 그름을 결정한다면, 강간, 살인, 유대인 대학살, 또는 다른 악한 행위가 실제 그른 것이 아니라고 어떤 이가 단언한다 하더라도, 그는 '옳을' 수 있다. 그러나 우리는 그런 행동들의 그릇됨을 도덕법을 표명하고 있는 우리 양심을 통해 직관으로 안다.
3. 이 도덕법은, 모든 사람의 마음에 새겨진 규범이라는 점에서, 분명 우리보다 더 높은 원천에서 나왔다. 모든 규범은 언제나 그 입법자가 있다. 규범은 허공에서 저절로 생겨나지 않는다. 도덕법 입법자, 곧 신은 틀림없이 존재한다.
4. 이 도덕법은 의에 대한 신적 기준이며, 사람들의 다양한 도덕적 견해 사이에서 어느 것이 옳은지 판결을 내릴 수 있도록 돕는다. 신적 기준이 없다면, 우리는 각자의 견해를 따를 뿐이다. 도덕법은 모든 것을 가늠할 수 있는 최후의 기준이다. (기독교 신학에서 도덕법은 신의 본질 그 자체이다. 달리 말해, 도덕은 전횡이 아니다. 신이 신이라는 이유로 제 뜻대로 우리를 향해 이건 하고 저건 말라고 명령하는 식이 아니다. 신은 우리가 느끼기에 변덕스러운 기준을 세우지 않는다. 의의 기준은 신의 본질 그 자체이며, 그것은 무한한 정의와 무한한 사랑이다).
5. 사람들이 모든 도덕은 상대적일 뿐이라는 믿음을 갖고 있음에도,

핵심적인 도덕 가치는 절대성을 가지며, 문화의 경계를 초월한다. 이에 대한 혼동은 절대적 도덕 가치를 잘못 이해하거나 잘못 적용함에서 비롯된 것이지, 그 도덕 가치를 진정으로 거부한 데서 비롯된 것은 아니다. 즉 가령 도덕적 가치 또는 그 가치가 적용되어야 할 상황에 대한 우리의 이해가 절대성을 갖고 있지 않다 하더라도, 도덕적 가치 그 자체는 절대성을 가진다.

6. 무신론자들은 옳고 그름을 객관적으로 판단할 진정한 근거를 갖고 있지 않다. 이것은 무신론자들이 도덕적이지 않다거나 옳고 그름을 이해할 수 없다는 말이 아니다. 반대로, 무신론자들은 도덕법이 (모든 사람의 마음에 새겨진 것처럼) 그들 마음에도 새겨져 있으므로 옳고 그름을 이해할 수 있을 뿐만 아니라 실제로도 이해하고 있다. 그러나 객관적인 옳음과 그름의 존재를 '믿는다' 해도, 그들은 그 믿음의 정당성을 '입증'할 방도가 없다(도덕법의 입법자를 인정하는 순간, 그들은 그때부터 더 이상 무신론자일 수가 없기 때문이다).

결국, 무신론은 어떤 것이 왜 도덕에 비추어 옳거나 그른지 입증할 수 없다. 무신론에서 인간의 권리나 궁극적 정의는 존재가 불가능하다. 일관성을 견지하는 무신론자가 되려면, 우리는 살인, 강간, 대량 학살, 고문 또는 다른 극악한 행위조차 진실로 잘못된 것이 아니라는 믿음을 가져야만 한다. 살인자와 선교사, 교사와 테러리스트, 테레사 수녀와 히틀러 사이에 어떤 도덕적 차이도 존재하지 않음을 신앙으로 받아들일 수 있어야 한다. 또는 진정한 도덕 원리가 무로부터 발생했다는 믿음이 있어야 한다. 그런 믿음은 명백히 합리적이지 못하므로, 우리는 무신론자가 되기에는 믿음이 충분치 않다.

8장에서는 다음 사항을 다룰 예정이다.

1. 실체(reality)에 관한 진리는 우리가 알 수 있다.
2. 참(true)의 반대말은 거짓(false)이다.
3. 유신론에서 말하는 유일신이 존재한다는 것은 참이다. 이를 입증하는 증거로서,
    a. 우주의 시작(우주론에 따른 논증)
    b. 우주의 설계(목적론에 따른 논증/인간 원리)
    c. 생명의 설계(목적론에 따른 논증)
    d. 도덕법(도덕에 따른 논증)이 있다.
4. <u>신이 존재한다면, 기적은 가능하다.</u>
5. <u>기적은 신의 말씀을 확증하기 위해 사용될 수 있다</u>(가령, 신이 자신의 말씀을 확증하기 위해 직접 행한 것들처럼)
6. 신약성경은 역사에 비추어 신뢰할 수 있는 책이다. 그 증거로서,
    a. 고대의 증언
    b. 목격자의 증언
    c. 인간이 만들어낸 것이 아닌 (진정한) 증언
    d. 거짓 사실들에 속은 것이 아닌 목격자들
7. 신약성경은, 예수가 자신을 하나님으로 주장했다고 말한다.
8. 자신이 하나님이라고 주장한 예수의 말씀이 진실임을 확증하는 증거로서,
    a. 자신에 대한 많은 예언을 친히 이루었다는 것
    b. 죄 없는 그의 삶과 그가 행한 이적들
    c. 자신이 예언한 그대로 부활함
9. 따라서 예수는 곧 하나님이다.
10. (그가 곧 하나님이므로) 예수가 가르친 그 어떤 것도 참이다.
11. 예수는 성경이 하나님의 말씀이라고 가르쳤다.
12. 그러므로 성경이 하나님의 말씀이라는 것은 참이다(또 이에 반대되는 어떤 주장도 거짓이다).

8장 ___ 기적: 신의 표지 혹은 속기 쉬운 표지

> 우리가 신을 인정한다면, 기적도 인정해야 하는가?
> 정말, 정말이지 그것을 피할 방도가 없다.
> 그것은 이미 결판이 난 문제다.
> C. S. 루이스

누가 지름길을 만들었는가?

여기서 우리는 잠시 멈춰, 지금까지 찾아낸 퍼즐 조각들을 맞추어볼 필요가 있다. 기억해야 할 것은, 우리가 다양성 안에 존재하는 통일성을 찾고 있다는 점이다. 겉으로 보면 다양하기 이를 데 없는 삶의 조각들을 조합해, 하나의 통일된 그림을 완성하려고 노력 중이다. 지금까지 우리가 일관성 있게 짜 맞춘 그림은, 진리가 존재하며 그 진리가 알려질 수 있다는 것을 우리에게 보여주고 있다. 진리를 부인하는 어떤 견해도 진리를 전제하고 있으므로, 진리의 존재는 피할 수 없다. 나아가 우리는 인간으로서 갖는 한계들로 말미암아 모든 진리를 완벽하게 알 수 없음에도 불구하고, 적지 않은 진리를 상당히 확실하게—즉 합리적 의심을 배제할 수 있을 정도로—알 수 있다. 이런 진리들 중 하나가 신의 존재와 본질이다. 우리가 살펴보았던 일련의 증거—우주론적, 목적론적, 그리고 도덕적 논증—로부터, 우리는 특정한 속성을 지닌 신이라는 존재가 있음을 합리적 의심을 넘어 알 수 있다.

우주론적 논증으로부터 우리가 알게 된 신은,
1. 스스로 존재하며, 시간과 공간의 제약을 받지 않으며, 비물질적 존재다. (그는 시간과 공간 그리고 물질을 창조했으므로, 자신이 창조한 시간과 공간 그리고 물질의 바깥에 존재하고 있음이 분명하다)[1] 달리 말하면, 그에게 한계란 없다. 즉 그는 무한하다.
2. 무로부터 온 우주를 만들었으므로, 상상할 수 없는 능력이 있다.
3. 무의 상태를 시간-공간-물질이 존재하는 우주로 바꾸기로 결정했으므로, 인격이 있다. (인격이 없는 힘은 무언가를 결정할 능력이 없다).

목적론적 논증으로부터 우리가 알게 된 신은,
1. 생명체와 이 우주를 믿을 수 없을 정도로 복잡하고 정확하게 설계했으므로, 최고의 지성을 갖추었다.
2. 많은 생명체가 이 특별하고도 질서 잡힌 환경 가운데 살아가도록 설계했으므로, 목적을 갖고 있다.

도덕적 논증으로부터 우리가 알게 된 신은,
도덕적인 면에서 절대 순수하다(그는 도덕의 변함없는 기준이 되며, 우리의

---

[1] 이 존재는 인격체이며 사물이 아니다. 우리는 이 존재가, 오로지 인간이 행할 수 있는 일을 했다는 점에서, 인격체라는 것을 안다—그는 선택을 했다. 곧 창조라는 선택을 했다.

모든 행위는 그 기준에 따라 판단을 받는다. 이 기준은 무한한 정의와 무한한 사랑을 포함하고 있다).

유신론이라는 말은 그런 신을 기술하기에 적절한 용어이다. 이제 우리가 지금까지 발견해낸 것들에 관한 놀라운 진리가 여기 있다: 우리가 발견한 유신론의 하나님(theistic God)은 성경의 하나님과 일치한다. 그러나 우리는 성경 없이도 그를 찾아냈다. 우리는 선한 이성, 과학, 그리고 철학으로 성경의 하나님에 대해 많은 것을 알 수 있음을 보여 주었다. 사실, 이 점은 성경이 말하고 있는 내용이다(예를 들면, 시편 19편, 로마서 1:18-20, 2:14-15).

신학자들은 이러한 하나님의 계시를 자연 계시 또는 일반 계시라고 부른다. 성경의 계시는 특별 계시라고 부른다.

따라서 우리는 자연 계시를 통해 유신론이 참이라는 것을 알고 있다. 이 발견을 통해, 우리는 진짜 조각 그림 맞추기 상자 뚜껑이 어떻게 생겼는지 알 수 있을 뿐만 아니라, 어떤 모양이 아닌지도 알 수 있다. 참의 반대는 거짓이므로(2장), 우리는 신의 존재를 인정하지 않는 어떤 세계관도 거짓일 수밖에 없음을 알고 있다. 또는, 그것을 다른 식으로 이야기한다면, 세계의 주요 종교들 가운데 신의 존재를 인정하는 종교(유대교, 기독교, 이슬람교) 중 오직 하나만이 참일 수 있다. 세계의 다른 모든 주요 종교들은, 신의 존재를 인정하지 않는다는 점에서, 참이 될 수가 없다.

이 단계에서 '세계의 많은 종교들이 진리를 부인하고 있다'는 주장은 다소 과장되게 보일 수도 있다. 그러나 단지 논리적으로만 보더라도(비모순율을 사용하면), 서로 배척하는 종교들이 모두 다 참일 수는 없다. 스포츠 경기에서 능력이 모자란 선수는 후보 명단에서조차 제외되는 것이

참이 될 수 있다 (신의 존재를 인정한다)	참이 될 수 없다 (신의 존재를 인정하지 않는다)
1. 유대교	1. 힌두교(범신론과 다신론을 내세움)
2. 기독교	2. 불교(범신론 또는 무신론을 내세움)
3. 이슬람교	3. 뉴에이지(범신론을 내세움)
	4. 세속적 인문주의(문신론을 표방함)
	5. 몰몬교(다신론을 천명함)
	6. 마법 신앙(범신론 또는 다신론을 내세움)
	7. 도교(범신론 또는 무신론을 내세움)
	8. 유교(무신론을 표방함)
	9. 신도(다신론을 따른다)

표 8.1

당연한 것처럼, 비록 종교라 하더라도 진리로 인정받기 위해 필요한 조건 내지 자격을 갖추지 못한 경우에는 진리의 종교 후보 명단에서 제외되는 것이 당연하다.

따라서 논리적으로 볼 때, 만일 유신론이 참이라면, 신의 존재를 부인하는 모든 종교나 주장은 거짓이다. 물론 이 말이 신의 존재를 인정하지 않는 종교의 가르침은 모조리 거짓이라거나 그 종교 안에 도무지 선한 것이 없다는 취지는 아니다. 세계의 대부분의 종교 안에는 어떤 식으로든 진리와 선이 내재해 있기 때문이다. 유신론이 참일 때 신의 존재를 부인하는 종교가 거짓이라는 말의 의미는, 세상을 바라보는 방식(세계관)으로서, 신의 존재를 인정하지 않는 모든 종교는 거짓 기초 위에 세워져 있다는 말이다. 일부 내용에서 진리가 발견될 수 있겠지만, 모든 무신론 종교 체계의 핵심은 거짓이다.

예를 들면, 비록 (모든 것은 브라만이라 불리는 구분되지 않는 실재의 일부이므로, '나'는 실제로는 존재하지 않는다는) 힌두교의 세계관은 거짓이더라도, '심은 대로 거둔다'는 식의 참인 내용은 가르치고 있다. 그리고 설령 (악을 판단할 수 있는 객관적 기준의 존재를 부인하는) 인문주의자의 세계관이 거짓이라 하더라도, 세속적 인문주의에서 악의 실체를 인정하는 대목은 올바르다. 많은 신들이 존재한다는 몰몬교의 세계관이 거짓이라 해도,[2] 몰몬교는 우리가 순종해야 할 도덕 기준이 존재한다는 것을 가르치고 있다는 점에서는 적절하다.

몰몬교에 대해 언급한 마지막 사례는 다소 의문점이 있다. 즉 유신론적 신의 존재가 어떻게 다신론의 그릇됨을 입증하는가? 신은 무한한데, 그 무한한 존재보다 더 큰 존재가 있을 수 없으므로, 다신론의 그릇됨이 입증되는 것이다. 한 존재가 다른 존재와 구별되려면, 그들은 몇 가지 면에서 서로 달라야만 한다. 만일 그들이 몇 가지 면에서 서로 다르다면, 한 존재는 다른 존재가 갖고 있는 어떤 것을 갖고 있지 않게 된다. 만일 한 존재가 다른 존재가 갖고 있는 어떤 것을 갖고 있지 않다면, 그 정의에 비추어 무한한 존재는 흠결된 것이 아무것도 없을 것이므로, 무언가 가지고 있지 않은 존재는 무한하지 않다. 따라서 무한한 존재는 단 하나만이 있을 수 있다.

여기서 사람들은 인간보다 더 힘이 있는 유한한 존재들(또는 여러 신[gods])이 존재한다고 주장할 수 있다. 실제로도 유대교, 기독교, 그리고

---

2 Francis Beckwith, Norman Geisler, Ron Rhodes, Jerald Tanner, and Sandra Tanner, *The Counterfeit Gospel of Mormonism*(Eugene, Ore.: Harvest, 1998), 2장.

이슬람교 모두 천사들과 마귀들의 존재를 가르친다. 그러나 그것이 곧, 모든 생물의 존재 원인이자 모든 피조물을 탄생시킨, 가장 존귀하고 무한하며 영원한 하나의 존재가 있음을 부인하는 다신교는 아니다. 유신론이 참이므로, 다신교는 무신론, 범신론, 그리고 신의 존재를 부인하는 다른 모든 세계관과 마찬가지로 거짓이다.

그러나 정말 중요한 대목은 따로 있다. 이 우주에 맞는 상자 뚜껑은 유신론적 신을 증거하고 있다는 점이다. 그것은 곧, 세계 주요 종교 셋(유대교, 기독교 또는 이슬람교) 가운데 오직 하나만 진리로 향하는 지름길을 만들 수 있음을 의미한다. 논리적으로 보면, 신의 존재를 인정하는 이 세 개의 주요 종교 모두가 진리일 수는 없다. 그들이 서로 배척하는 주장을 하고 있기 때문이다. 더욱이, 이 주요 종교 가운데 어느 것도 완전한 진리가 아니라는 주장도 가능할 수 있다. 어쩌면 이 종교들은 신의 존재를 인정한다는 점에서는 옳지만, 다른 부분에서는 진리인 내용이 거의 없을 수도 있다. 가능한 이야기다. 그러나 우리는 합리적 의심을 넘어 신의 존재를 알고 있으며 그 신이 우리가 위에서 열거한 설계, 목적, 정의, 사랑 등을 포함하는 특성을 지닌 신이라는 사실을 알고 있으므로, 우리는 그가 자신에 대해 더 많은 것을 계시하고 우리 삶을 향한 그의 목적을 드러낼 것을 기대해야 한다. 그러려면 그가 우리에게 자신을 알리는 의사소통이 있어야만 한다. 그리고 세 개의 주요 유신론적 신앙 가운데 하나만이 그러한 의사소통이 가능하리라고 본다.

신은 어떻게 자신을 알리는가?

앞서 살펴보았듯이, 신은 이미 창조와 양심―자연 계시 또는 일반 계시—을 통해 우리에게 자신을 알렸으며, 그것으로 우리에게 그의 존재, 능력 그리고 도덕적 요구사항에 관한 기본 개념을 전달하고 있다. 그러나 우리를 향한 그의 최종 목적을 보다 자세히 알 수 있게 하려면 신은 어떻게 자신을 계시할 수 있을까?

신은 우리 각 사람에게 직접 나타날 수는 없는 것일까? 그럴 수 있다. 그러나 그것은 우리의 자유 의지를 간섭하는 일이 될 수 있다. C. S. 루이스는 이 문제에 대해 탁월한 통찰력을 보여준다. 『스크루테이프의 편지』에서 노련한 악마 스크루테이프는 그의 조카 웜우드에게 이렇게 편지를 쓴다.

원수(신)는 아무 때나 자신이 원하는 수준에서 인간의 영혼이 감지할 수 있도록 능력을 발휘할 수 있는데도 불구하고 왜 그걸 활용하지 않는지 너도 궁금했겠지. 그러나 '불가항력(irresistible)'과 '논의의 여지 없음(indisputable)'은 원수가 세워 놓은 계획의 본질상 사용할 수 없는 무기임을 이젠 알겠느냐. 단순히 인간의 의지를 제압(원수가 최고로 미약하고 가벼운 정도로만 그 존재를 드러내도 인간의 의지는 간단히 제압당하고 말걸)하는 건 원수의 계획에 도움이 안 돼. 그는 강간은 못한다. 사랑을 호소할 뿐이지.[3]

만일 신이 지구 위의 모든 사람을 일대일로 만나 강제로 자신을 드러내는 방법을 선택하지 않는다면, 아마도 그는 보다 미세한 방법으로 의사소통을 시도할 것이다. (실제로 성경은 하나님이 우리가 기대하는 것만큼 분명하게 자신을 드러내지는 않는다고 말한다[사 45:15].) 아마도 신은 자신이 선택한 무리의 사람들에게만 여러 세기에 걸쳐 자신을 계시하면서 그들

---

3   C. S. Lewis, *The Screwtape Letters*(Westwood, N.J.: Barbour, 1961), 46.

에게 자신들이 목격하고 들은 것을 기록하도록 영감을 불어넣었을 것이다. 글로 표현된 언어는 쉽게 복제되어 후세까지 전달될 수 있는 정확한 의사 전달의 매개체이지만, 다른 한편으로는 신의 간섭을 원치 않고 자유롭기를 바라는 이들로부터 쉽게 무시당할 수도 있다.

따라서 책은 신의 뜻을 전달하는 유효한 수단이면서도 거부될 수 있는 매체로서의 역할을 한 것이다. 하지만 누구의 책이 신의 뜻을 전하고 있는가? 신은 유대교의 책, 기독교의 책, 아니면 이슬람교의 책을 통해 자신의 뜻을 알렸을까? 만일 그런 책이 존재한다면, 우리는 누구의 책이 진정 신의 뜻을 담고 있다고 판단할 수 있을까?

왕의 인장

대중 매체가 등장하기 전, 멀리 떨어진 이에게 모든 전갈이 손으로만 이루어지던 때, 왕은 자신의 메시지에 인장을 찍곤 했다. 이 인장은 수신자로 하여금 그 메시지가 진짜임—그 메시지는 왕이 보냈으며 왕을 가장한 누군가가 보낸 것이 아님—을 확인해 주는 표식이었다. 물론 이런 체계가 효과 있게 작동하려면, 그 인장은 평범하지 않은 것, 즉 독특한 것이면서도 누구나 쉽게 인식할 수 있는 것이어야만 했으며, 오직 왕만이 소유할 수 있는 그런 것이어야 했다.

신도 자신의 메시지의 진정성을 담보하기 위해 비슷한 방식을 사용할 수 있을 것이다. 그중에서도 특별히 기적을 들 수 있다. 기적은 비일상적이고 독특하며, 쉽게 인지할 수 있을 뿐만 아니라, 오직 신만이 일으킬 수 있다. 심지어 회의론자들도 신으로부터 나오는 표적을 요구함으로써, 기적이 신의 존재를 입증한다는 사실에 암묵적 동의를 표하고 있다.

기적이란 무엇인가? 기적은 사건의 정상적인 과정을 방해하는 신의 특별한 행위다. 무신론자 앤터니 플루(Antony Flew)는 그것을 잘 표현하고 있다. "기적은, 말하자면, 자연이 그 자신의 의지만을 따랐다면 결코 일어나지 않았을 어떤 것이다."[4] 따라서 우리는 이렇게 말할 수 있다. 자연 법칙은 자연적 원인에 의해 정상적으로 일어나는 일을 말하는 반면, 기적은 초자연적 원인에 의해 드물게 일어나는 일을 말한다.

신은 어느 책 또는 어느 사람이 자신을 대변하고 있는지 기적을 통해 세상에 말할 수 있었다. 만일 신이 모세, 엘리야, 예수, 바울, 모하메드 아니면 어느 누구를 통해서든 메시지를 전하기 원했다면, 그를 통해 기적을 행할 수도 있었다.

신이 실제로 이런 방식으로 행한다면, 기적은 그 메시지를 확증하고 표적은 설교를 확증한다. 또는, 다른 방식으로 표현해 본다면, 기적은 신의 사자使者를 통해 전달된 신의 말씀을 확증하는 신의 행위다.

문제는 이것이다. 신이 그런 식으로 일하는가? 온 우주의 왕이 그런 표지들을 사용하는가? 기적은 여전히 가능한가? 우리가 사는 세속 세계는 불가능하다고 말한다. 곧 보겠지만, 그렇게 답하는 이들은 심각한 잘못을 저지르고 있다.

상자는 열려 있는가 아니면 닫혀 있는가?

최근 러시아 교육자들을 대상으로 강연 차 러시아를 방문했던 신학교

---

[4] Antony Flew, "Miracles," in *The Encyclopedia of Philosophy*, Paul Edwards, ed., vol. 5(New York: Macmillan and the Free Press, 1967), 346.

교수 로널드 내쉬는 큰 도전에 직면했다. 그들에게 신에 대해 말하려고 했으나, 그들이 오랫동안 견지해온 반-유신론적 편견을 극복하지 못하면 그들과 어디에서도 의견의 일치를 볼 수 없다는 사실을 알게 되었기 때문이다. 그들은 신을 철저히 배제시킨 세계관을 70년 넘게 교육 받아 왔다. 러시아의 공식 국교는 무신론이며, 나아가 무신론적 세계관에 따르면 세상에는 자연 세계 곧, 물질세계만 존재한다. 또한 무신론에 따르면 초자연적 영역은 존재하지 않으므로, 기적은 불가능하다. 기적을 믿는 것은 요정을 믿는 것이나 마찬가지다.

내쉬는 강연을 시작하면서 두 개의 작은 마분지 상자를 보여주었다. 하나는 열려 있고, 하나는 닫혀 있었다.

"여기에 여러분의 세계관과 저의 세계관 사이의 다른 점이 있습니다." 닫혀 있는 상자를 가리키면서, 그는 이렇게 말했다. "여러분은 물질로 이루어진 우주가 닫혀 있다고 믿고 있습니다. 곧 세상에는 물질로 이루어진 우주만 존재할 뿐, 그 바깥에는 아무것도 존재하지 않는다고 믿고 있습니다."

열려 있는 상자로 옮겨 가면서 그는 말을 이어갔다. "저도 여러분처럼 물질로 이루어진 우주가 존재한다고 믿습니다. 하지만, 그에 더하여 이 우주가 열려 있으며, 이 우주 바깥에 우리가 신이라고 부르는 어떤 존재가 있다고 믿습니다." 내쉬는 잠시 멈추었다가 말을 이었다. "그리고 신이 이 상자를 창조했습니다!"

그런 다음 자신의 손을 열려 있는 상자 안으로 밀어 넣으며 이렇게 말했다. "상자 안의 내용물을 다루기 위해 제가 손을 이 상자 안으로 밀어 넣을 수 있는 것처럼, 신도 우리가 사는 우주 안에 들어와서 우리가

기적이라고 부르는 것을 행할 수 있습니다."⁵

몇 가지 이유로, 그의 설명은 러시아 사람들에게 심오한 예시가 되었다. 강연에 참석한 교육자들의 마음에 불이 켜지기 시작했다. 이들은 그때까지 자신들의 자연주의 세계관이 옳다고 믿으며 다른 대안은 고려하지 않고 있었다. 내쉬는 유신론이 보다 설득력 있는 대안이 될 수 있음을 그들이 수긍하도록 도와주었다.

우리가 3장과 7장에서 보았지만, 유신론은 보다 설득력 있는 증거를 제시하고 있다. 우리는 합리적 의심을 넘어 유신론적 신의 존재를 알고 있다. 신이 존재하므로, 닫혀 있는 상자로 대변되는 우주는 거짓된 것이다. 그 상자는 열려 있으며 신이 그것을 창조했다. 따라서 신이 기적을 행함으로 자연계에 간섭하는 일은 지금도 가능하다. 기적은 단지 가능성만 있는 게 아니라 이미 현실화되었다. 무에서 우주가 창조된 사실이야말로 세상에서 가장 위대한 기적이기 때문이다. 따라서 성경 창세기 첫 부분에 등장하는 "태초에 하나님이 천지를 창조하시니라"는 구절이 진리라면, 성경에 기록된 다른 모든 기적도 쉽게 믿을 수 있다.

무로부터 우주를 창조한 신은 홍해도 갈라지게 할 수 있을까? 하늘로부터 불을 내릴 수 있을까? 큰 물고기 뱃속에서 사람을 안전하게 사흘 동안 지켜낼 수 있을까?⁶ 미래의 일들을 정확히 예견할 수 있을까? 물

---

5 Southern Evangelical Seminary에서 열린 2002년 변증학 총회의 오디오테이프 "Worldviews in Conflict"에 실린 내용이다. Tape AC0213. 온라인 주소는 www.impactapologetics.com.

6 우리는 종종 기독교인들이 요나의 기적 이야기를 설명할 때, 마치 얼마 동안 고래 뱃속에 있다가 살아나온 어부의 진짜 이야기를 들려주듯 하는 경우를 본다. 하지만 그런 사건들이 설령 사실이라고 하더라도, 요나의 이야기와는 관련이 없다. 요나의 이야기는 기적으로 언급되고 있다. 곧 하나님만이 하실 수 있는 일이다. 분명 만일 그것이 하나님의 행사가 아니라면 사람이 큰 물고기 뱃속에서 사흘이나 살아 있다가 땅 위로 토해내질 수는 없다. 만

을 포도주로 바꿀 수 있을까? 병자들을 즉시 고칠 수 있을까? 죽은 자를 다시 살릴 수 있을까? 물론이다. 그 모든 기적들은 무한한 권능을 소유한 존재이면서 태초에 이 우주를 창조했던 이에게는 간단한 일들이기 때문이다.

이것은 신이, 성경에 기록된 대로, 지난 날 기적을 행했다는 의미가 아니다. 그것은 지금도 눈에 보이는 형태로 현존하고 있다. 다시 말해 신이 기적을 행할 수 있으며, 곧 지금도 가능함을 의미한다. 우리가 유신론적 우주 안에 살고 있다는 사실을 고려할 때, (많은 무신론자들처럼) 기적을 사전에 제거해 버리는 것은 명백히 온당치 않다. C. S. 루이스는 이렇게 말한다. "우리가 신을 인정한다면, 기적도 인정해야 하는가? 정말, 정말이지 그것을 피할 방도가 없다. 그것은 이미 결판이 난 문제이다."[7]

그렇다면 왜 지금도 그처럼 많은 사람들이 기적은 불가능하다거나 기적을 믿어서는 안 된다고 말하는가? 우주 자체가 하나의 놀라운 기적임이 드러나고 있는 마당에 회의주의자들은 어떻게 기적을 믿지 않을 수 있는가? 우리는 신이 기적을 통해 유대교, 기독교, 이슬람교의 진리성을 확증하고 있는가의 여부를 탐구하기에 앞서, 그런 문제들을 먼저 짚어봐야 하겠다.

일 그런 일이 믿겨지지 않는다면 세상이 그렇게 만든 게 아니라, 그 이야기 자체가 그런 식으로 보이도록 의도되었기 때문이다. 기적이라면 자연적 방식으로는 설명될 수 없어야 하는 게 맞다. 요컨대, 그 어느 것보다도 위대한 창조 기적을 행한 하나님이라면 요나의 기적 또한 쉽게 행할 수 있으리라는 것이 여기서 주목해야 하는 내용이다.

7 C. S. Lewis, *Miracles*(New York: Macmillan, 1947), 106.

기적에 대한 반대

1600년대 후반 이래, 우리가 탐구해 볼 가치가 있는 (기적을 부인하는) 두 가지의 주요 견해가 등장했다. 첫 번째는 베네딕트 스피노자(Benedict Spinoza)의 주장이고, 두 번째는 데이비드 흄의 주장이다. 스피노자의 견해부터 살펴보자.

자연 법칙은 변하지 않는다

이 논증은 유대인 범신론자 베네딕트 스피노자가 1670년대에 처음으로 발표했다. 기적을 부인하는 스피노자의 논증은 다음과 같다.

1. 기적은 자연 법칙에 어긋나는 것이다.
2. 자연 법칙은 변하지 않는다.
3. 변하지 않는 법칙을 어기는 것은 불가능하다.
4. 그러므로 기적은 불가능하다.

만일 스피노자가 옳다면, 그래서 자연 법칙을 압도하거나 제지하거나 또는 간섭할 방도가 전혀 없다면 기적은 불가능하다.

이 반대 주장이 안고 있는 문제는 증명되지 않은 명제를 사실로 전제한다는 점이다. 자연법칙이 변하지 않는 것이라고 정의한다면, 물론 기적은 불가능하다. 그러나 여기에 문제가 있다. 도대체 누가 자연법칙은 변하지 않는다고 했는가? 스피노자는 그의 범신론적 세계관에 의지해, 유신론적 신을 사전에 배제시켰고, 결과적으로 기적 또한 미리 제외시켜 버렸다. 그러나 만일 신이 존재한다면, 기적도 가능하다. 나아가 우리가 이미 살펴본 것처럼, 가장 위대한 기적인 무로부터의 우주 창조 사건은 이미 일어났다.

창조 그 자체도 자연 법칙이 불변의 것이 아님을 잘 보여준다. 어떤 것도 무로부터 자연발생하지 않았다. 그런데 우리는 지금 여기 존재하고 있지 않은가.

우리는 또한 자연법칙이 변하지 않는 것이 아님을 알고 있다. 왜냐하면 자연 법칙은 무엇이 일어나는지에 대한 서술(descriptions)이지, 무엇이 일어나야 하는지에 대한 당위(prescriptions)가 아니기 때문이다. 자연 '법칙'은 실제로 무엇이 일어나도록 유발하는 것이 아니라, 자연 속에서 규칙적으로 일어나는 일들을 서술한 것일 뿐이다. 자연 법칙은 알려진 네 가지 자연'력'(중력, 자기력, 그리고 강한 원자력과 약한 원자력)의 효과를 서술한다. 그리고 지적 존재가 개입하게 되면, 자연력은 이겨낼 수 있다. 우리가 자연력을 이겨낼 수 있음을 아는 이유는, 실제로 날마다 그런 일을 행하고 있기 때문이다.

예를 들어, 야구 선수가 위에서 떨어지는 야구공을 잡을 때, 그는 중력을 이겨낸 것이다. 비행기를 타거나 로켓을 우주로 발사할 때도 똑같이 중력을 이겨낸다. 그런 경우에 중력에는 변화가 없으며 단지 중력을 극복한 것이다. 우리와 같은 유한한 존재도 자연력을 이겨낼 수 있다면, 그런 자연력을 창조한 무한한 존재라면 당연히 그것들을 극복할 수 있다.[8]

---

8 도덕법과 달리, 자연 법칙은 하나님의 본질에 근거를 두고 있지 않으며, 따라서 바뀔 수 있다. 하나님은 도덕법은 침해할 수 없는 반면—왜냐하면 그가 곧 도덕의 변하지 않는 표준이기 때문이다—그는 자기 의지에 따라 자연 법칙을 바꾸거나 간섭할 수 있다. 실제로 하나님은 지금 우리와는 완전히 다른 특성을 지닌 물리적 실체—자연 법칙, 자연 환경, 그리고 생명체를 포함해—를 창조할 수 있었다.

기적은 신뢰할 수 없다

여러 해 전에, 나(노먼 가이슬러)는 미국에서 자유주의 성향이 강한 하버드 대학교 신학대학원에 강사로 초빙된 적이 있다. 나의 강연 주제는 '복음주의와 너무 일찍 결별한 하버드'였다. 믿거나 말거나, 초창기의 하버드도 당시 대부분의 학교들처럼, 학생들을 훈련시켜 예수 그리스도를 알게 할 목적에서 복음주의 기독교인들에 의해 설립됐다. 하버드 대학교의 1646년도 설립 헌장은 대학 설립 목적을 분명하게 선언하고 있다.

> 하나님과 영생이신 예수 그리스도를 아는 것이 모든 학생의 삶과 학문의 주 목적임을 가르칩시다(요 17:3). 그래서 학생들이 모든 건전한 지식과 배움의 유일한 기초에 그리스도를 놓도록 열심을 다합시다. 또한 주님을 아는 자가 지혜를 얻기에, 모든 학생이 진지하게 기도로 주님을 찾게 하도록 합시다(잠 2:3).[9]

하버드가 어쩌다가 그 헌장으로부터 그토록 멀리 벗어나고 말았을까? 그 이유는 이전에 회자되던, 기적을 부인하는 가장 강력한 논증 가운데 하나를 받아들였기 때문이다. 그것은 스피노자의 논증이 아니었다. 과학의 발전과 자연계에 대한 우리의 이해가 깊어짐에 따라, 오늘날에는 자연 법칙의 불변성을 믿는 사람들이 그리 많지 않게 되었다. 오히려 기적을 부인하는 논증을 사람들이 받아들이게 된(그리고 하버드에 의해서도 받아들여진) 계기는 스피노자보다 1세기 뒤에 등장한 위대한 회의론자 데이비드 흄의 영향이 크다.

---

9 온라인 주소는 http://hcs.harvard.edu/~gsascf/shield.html.

2장에서 언급한 흄을 기억할 것이다. 그는 신에 대한 어떤 언급도, 그것이 경험적 관찰이나 자명한 진리를 담고 있지 않으므로 아무 의미가 없다고 주장했던 사람이다. 그의 주장이 스스로를 무너뜨리는 모순 그 자체임을 우리는 보았다.

그러나 흄이 기적을 부인하면서 내놓은 논증은 보다 정교해서, 신에 대한 그의 다른 논증처럼 쉽게 반박하기가 어렵다. 어쩌면 그것은 그의 논증이 오늘날에도 신뢰받는 이유 가운데 하나일 것이다. 흄이 기적을 부인하면서 내놓은 논증은 이른바 계몽주의를 지지하는 기둥 가운데 하나다(이 대목에서 어쩌면 많은 이들이 기적을 믿는 미신을 버리고 이성과 과학적 방법에 의해 발견된 경험적 진리만을 믿게 된다). 흄의 논증은 자연주의적 세계관이 발전하는 데 기여했으며, 나중에 다윈의 진화론으로 옮겨갔다.

아래 내용이 하버드에서 강연하던 날, 내가 청중에게 제시한 기본 내용이다. 나는 기적을 부인하는 흄의 논증을 하나하나 언급한 뒤에 그것을 비판해 갔다. 여기 추론 형태로 제시된 흄의 논증이 있다.

1. 자연 법칙은, 정의상, 다반사로 일어나는 것에 대한 서술이다.
2. 기적은, 정의상, 드물게 일어난다.
3. 다반사로 일어나는 것을 지지하는 증거는 드물게 일어나는 것을 지지하는 증거보다 언제나 크다.
4. 현명한 사람은 그의 믿음을 언제나 더 큰 증거에 둔다.
5. 그러므로 현명한 사람은 기적을 결코 믿어선 안 된다.

만일 네 개의 전제가 참이라면, 그 결론이 나오는 것은 당연하다. 현명한 사람이라면 결코 기적을 믿지 않을 것이다. 불행하게도, 흄과 오랜 세월 그를 믿어온 사람들은 잘못된 전제를 갖고 있었다. 전제 3은 반드시 참인 것은 아니다. 일상에서 다반사로 일어나는 일을 지지하는 증거가 드물게 일어나는 일을 지지하는 증거보다 언제나 더 큰 것은 아니다.

얼핏 보면 이것이 잘못인 듯 보이지는 않는다. 요즘처럼 즉석에서 재생이 가능한 시대에는, 전제 3이 타당한 것처럼 보인다. 예를 들어, 축구 경기에서 심판은 실제 속도에서 그것도 한 각도에서 한 번의 동작을 볼 뿐이지만, 우리는 그 동작을 여러 각도에서 느린 속도로 볼 수 있다. 우리는 어느 동작을 거듭 반복해서(다반사로) 보기 때문에 단 한 번만(드물게) 볼 수 있는 심판보다 더 많은 증거를 얻게 된다.

그러나 비디오테이프에 녹화된 축구 경기 장면의 경우에는 참일 수도 있는 것이, 삶에서 벌어지는 모든 경우의 사건에 적용되지는 않는다. 전제 3이 그릇된 것임을 증명하려면, 우리는 그저 반대 사례 하나만 제시하면 된다. 실제 몇 가지 사례가 있으며, 그것들은 흄의 자연주의적 세계관에서 나왔다.

1. 우주의 시작은 오직 한 번만 일어난 사건이다. 그것은 너무나 드물고 반복될 수 없는 사건이지만, 사실상 모든 자연주의자들은 빅뱅이라는 사건이 우주의 폭발로 인한 탄생을 입증하는 증거로 믿고 있다.
2. 생명체의 시작은 단 한 번 일어난 사건이다. 그것 역시 너무나 드물고 반복될 수 없는 사건이지만, 모든 자연주의자는 생명체가 이 지구의 어떤 곳에서 아니면 이 우주의 다른 곳에서 자연 발생한 것으로 믿고 있다.
3. 새로운 생물종의 시작 역시 오직 한 번 일어난 사건이다. 그럼에도 불구하고, 너무나 드물고 반복될 수 없는 그 사건들을 자연주의자들은 교리처럼 신봉하고 있는데, 그들은 그 모든 것이 관찰되지 않은(드문) 대진화

과정을 통해 일어났다고 말하고 있다.

4. 실제로 세계의 모든 역사는 너무나 드물고 반복될 수 없는 사건들로 이루어져 있다. 예를 들면, 데이비드 흄 자신의 출생도 오직 한 번 일어난 사건이지만, 그는 자신의 출생이라는 사건이 발생했음을 믿는 데 곤란을 겪지 않았다.

흄의 자연주의적 세계관으로부터 유래한 이 각각의 반대 사례들을 보면, 그가 내세운 세 번째 전제는 무시되거나 거짓으로 간주될 수밖에 없다. 만일 흄이 진정 그 전제를 믿고 있었다면, 그는 자신의 출생을 믿지 않았거나 아니면 자기가 내세운 자연주의적 세계관을 믿지 않고 있었을 것이다!

따라서 우리는 이들 몇몇 반대 사례들을 통해 흄의 세 번째 전제, 나아가 그의 논증 전체가 진리일 수 없음을 알게 된다. 그런데 이와 같은 자연주의적 사고가 갖는 특수한 문제점은 무엇인가?

첫째, 그것은 가신성(believability)과 가능성(possibility)을 혼동하고 있다. 전제 3이 설령 참이라 하더라도, 그 논증이 기적이 일어날 '가능성'이 없음을 입증하는 것은 아니다. 그것은 단지 기적을 믿을 수 있느냐는 '가신성'에 의문을 제기한 것에 불과하다. 따라서, 예를 들어, 우리가 예수 그리스도의 부활을 목격했다 해도(우리가 무덤 안에 들어가서, 예수의 죽은 몸을 확인하고, 그런 다음 그가 살아나 무덤에서 걸어나오는 것을 보았다 하더라도), 흄의 논증은 (현명한) 우리라면 그것을 믿지 말라고 말하는 것이다. 우리가 참이라고 확인한 것을 믿지 말라고 말하는 것은 무언가 잘못된 논증이다.

둘째, 흄은 개연성(probability)과 증거를 혼동하고 있다. 그는 아주 드물게 일어나는 개개의 사건을 입증하는 증거에 '무게'를 두지 않는다. 오히려 일상에서 규칙을 좇아 다반사로 일어나는 모든 사건들의 증거를 합쳐놓음으로써, 드물게 일어나는 모든 사건은 믿을 가치가 없다고 말한다. 그러나 이것 역시 흠집투성이의 추론일 뿐이다. 삶에는 너무나 드물고 희귀한 일들이 많으며, 우리는 그 사건들을 입증하는 우수한 증거만 있다면 그것을 믿게 된다. 예를 들어, 골프의 홀인원은 매우 드문 사건이지만, 우리가 그것을 한 번 보게 되면 어려움 없이 믿을 수 있다. 그리고 골퍼에게 다음과 같은 얘기는 하지 않는다. "다반사로 일어나는 사건들의 증거는 드물게 일어나는 사건의 증거보다 언제나 큽니다. 그러므로 당신이 공을 쳐서 한 번에 연속해서 다섯 번을 하기 전에는 결코 믿을 수 없습니다."

마찬가지로 우리는 7천6백만분의 1의 확률을 적중시킨 복권 당첨자에게, 그가 연이어 다섯 번 당첨될 때까지는 당첨금을 받아선 안 된다고 말하지 않는다. 이런 경우에서 보면, 드문 사건을 입증하는 증거가 다반사로 일어나는 사건을 입증하는 증거보다 훨씬 크다. 골퍼가 과거에 얼마나 엉터리로 공을 쳤든 관계없이, 멀쩡한 정신의 관객들이 그 드문 홀인원을 목격했다면 그것이야말로 가장 큰 증거가 된다. 마찬가지로 과거에 수백 번 당첨되지 못한 사람이었더라도, 한 장의 당첨된 복권만으로 드문 사건의 주인공임을 입증하는 데에 아무 문제가 없다.[10]

---

10 대부분의 사람들은 과거에 복권을 많이 사면 샀을수록 지금 복권 당첨 확률이 더 높을 것이라고 잘못 믿고 있다. 복권을 과거에 얼마나 자주 샀는가는 중요하지 않다. 각각의 복권은 이전에 샀던 복권들에 전혀 영향을 받지 않는 독특한 사건이다. 그것은 매회 추첨마다 7천6백만분의 1(또는 거의 일어날 것 같지 않은 당첨 확률이 얼마가 되든)의 확률을 갖고 있다. Hume이라면, 복권을 구매해 과거에 연거푸 돈을 잃었던 경험이 있으므로, 실제로 복권에 당첨된다 하더라도, 당첨 사실을 믿지 못한다고 주장한다. 그러나 우리가

그러므로 요지는 그 사건이 일상적인 것이냐 드문 것이냐가 아니라, 그 사건을 입증할 우수한 증거가 있느냐가 중요하다. 우리는 문제가 되는 사건을 입증할 만한 증거에 무게를 두어야 하지, 예전에 일어났던 사건들의 증거를 합쳐서는 안 된다.

셋째, 흄은 사실상 순환론을 전개하고 있다. 그는 각각의 기적들이 주장하는 증거의 진실성(veracity)을 평가하는 대신, 기적을 부정하는 일관된 경험이 있다는 믿음 때문에, 기적에 대한 믿음을 미리 배제해 버린다. 늘 그랬지만, 이에 대해 C. S. 루이스는 탁월한 통찰을 보여준다.

> 기적을 부인하는 절대적인 '일관된 경험'이 존재한다면, 달리 말해 기적이 일어난 적이 결코 없다면, 그런 연고로 기적이 일어나지 않는다면, 우리는 흄에게 동의해야만 한다. 불행하게도 기적이 일어났다는 모든 보고가 거짓임을 우리가 알게 되면 비로소 기적을 부인하는 경험이 통일된 것임을 알게 된다. 또 기적이 전혀 일어난 적이 없다는 것을 우리가 이미 알고 있는 경우에 그 모든 보고들이 거짓임을 알 수 있다. 사실상 우리는 순환론을 전개하고 있을 뿐이다.[11]

그러기에 흄은 다윈주의자들과 똑같은 잘못을 저지르고 있는 셈이다. 그는 거짓된 철학적 전제를 사용하는 방식으로 그의 논증의 전제 안에 자신의 결론을 숨기고 있다. 그의 그릇된 전제는 모든 인간의 경험이

복권에 당첨된다면, 과거에 수천 번 헛물을 켰더라도, 우리는 실제로 당첨금을 받을 수 있다. 마찬가지로, 기적은 과거에 얼마나 그런 일이 일어나지 않았느냐에 상관없이, 일어날 수 있는 것이다.

11 C. S. Lewis, *Miracles*(New York: Macmillan, 1947), 105.

기적을 지지하지 않는다는 것이다. 어떻게 그는 그것을 알 수 있을까? 그는 알 수 없으며, 그러기에 그는 그것을 전제하는 것이다. 우리가 본 것처럼, 기적이란 신이 존재하기에 가능하다. 따라서 인간은 진짜 기적을 체험할 수도 있다. 확실하게 알 수 있는 유일한 방도는 기적임을 말하는 개개의 주장들을 뒷받침하는 증거들을 꼼꼼하게 조사하는 것이다. 흄의 경우처럼, 각각의 모든 기적 주장이 거짓이라고 추정하는 것은 분명 온당치 않다.

마지막으로, 흄이 기적을 좀처럼 볼 수 없는 사건으로 옳게 정의했으면서도, 막상 바로 그 좀처럼 보기 드문 사건이라는 이유로 기적을 평가절하하고 있다! 그것은 마치 "만일 기적이 더 자주 일어난다면, 우리는 그것을 믿을 수 있다"고 말하는 것과 같다. 그러나 만일 기적이 더 자주, 그러니까 (흄의 용어를 사용해) 다반사처럼 일어난다면, 그것은 기적—아주 드물게 일어나는 사건—임을 포기한 것이 되며, 우리는 그것을 자연 법칙 또는 설명되지 않는 자연 현상의 일부로 여길 수도 있다. 그러나 우리가 기적의 기원을 자연적인 것으로 여긴다면, 그것은 그 즉시 더 이상 신의 특별한 행위로서 우리의 주목을 받지 못할 것이다. 그 희귀성이야말로 기적을 다른 모든 것과 구별시키는 특질 가운데 하나이다. 달리 말하면, 기적이 우리의 주목을 끄는 이유는 그런 일이 자연 법칙으로 말미암아 일어날 수 없을 것이란 점을 우리가 알고 있기 때문이다.

따라서, 흄의 논리에 따르면, 설령 기적을 행하는 신이라는 존재가 있다 하더라도, 그 기적은 일상에서 다반사로 일어나는 것이 아니므로, 우리는 그가 행하는 기적을 믿어서는 안 된다. 다시 말하지만, 우리에게 실제로 일어난 일을 믿지 말라고 하는 논증은 무언가 잘못이 있다. 나아가 그런 기적이 기적이라는 것을 믿지 말라고 요구하는 논증도 무언가 잘못된 점이 있다.

결국, 흄은, 자신의 논증을 입증하지 못한 채, 유일하게 믿을 수 있는 사건은 일상에서 다반사로 일어나는 일들이며, 기적은 그런 일상의 다반사가 아니므로 이 인위적 기준을 만족시키지 못한다는 점을 단순히 천명하고 있을 뿐이다. 우리가 위에서 언급한 것처럼, 만일 우리가 매우 드물게 일어나는 사건을 믿을 수 없다면, 역사는 잇달아 일어난 매우 드물고 반복될 수 없는 사건들로 구성되어 있다는 점에서, 역사로부터 나오는 그 어떤 것도 믿을 수 없다.

하버드 대학교에서 이 강연을 마친 뒤에, 나는 흄에 대한 나의 비판에 대해 어떤 질문이나 이의 제기도 받지 않았으며, 모두들 어안이 벙벙해 말을 하지 못했다. 비슷한 시기에 나는 프린스턴 대학교의 한 교수로부터 이의 제기를 받아, 이 쟁점을 놓고 토론을 벌이게 되었다. 그 교수는 토론에 앞서 나의 강연 원고를 한 부 복사해 줄 것을 요청했는데, 그런 일은 매우 이례적이었다. 그러나 흄에 대한 나의 비판이 옳다는 것을 확신했으므로 강연 원고를 교수에게 미리 보냈다. 흄에 대한 나의 비판 내용을 받아 본 교수는 나에게 전화를 걸어, 자신과 내가 토론을 벌이는 것보다 자기 학생들에게 강연하는 편이 낫겠다는 판단이 들었노라며 자신도 강연장에 나와 질문답 시간에 이의를 제기하겠다고 했다. 나는 기꺼이 동의했다.

그러나 약속한 날에 학교에 도착했을 때, 교수는 자리를 비우고 없었다. 다만 그의 조교가 교수에게 급작스런 사정이 생겨 출타중이며 강연도 취소되었다고 말해 주었다. 라비 재커라이어스가 그랬듯, 나도 학생들의 기를 죽이기 위해 잔뜩 벼렀으나, 끝내 그 교수와의 연락은 닿지 않았다.

나는 요즘 철학적 무신론자의 선두주자격인 앤터니 플루로부터도 이와 비슷한 반응을 얻었다. 80년대 후반에, 나는 (흄의 주장과 매우 유사한) 플루의 주장을 포함한, 기적을 부인하는 수많은 논증들을 비판한 나의 책 『기적과 현대 사상(Miracles and Modern Thought)』의 서평을 그에게 부탁한 일이 있었다.[12] 플루는 어느 주요 인문주의 잡지의 다음 호에 서평을 써주기로 했다. 그러나 그 글에서 플루는 나의 논증을 논박하기보다 오히려, 만일 무신론자들이 현대의 유신론자들에게 대응하려면 기적을 부인하는 보다 뛰어난 논증을 제시할 필요가 있다고 주장하면서, 약간은 비꼬는 투의 칭찬을 써놓았다.

흄의 논증이 안고 있는 약점을 직접 다루는 것을 꺼리는 듯한 태도를 보면서 나는 기적을 믿지 않는 것이 십중팔구 지성의 문제라기보다 의지의 문제임을 알게 되었다. 그것은 마치, 단지 신의 존재를 인정하고 싶지 않다는 이유 때문에 흄의 논증에 무비판적으로 매달리는 사람들을 보는 것과 같았다. 그러나 우리는 신이 존재하므로 기적이 가능하다는 것을 알고 있다. 데이비드 흄의 논증을 포함하여, 기적을 반대하는 어떤 주장도 신이 존재한다는 그 한 가지 사실만으로 무너지고 만다. 왜냐하면 만일 행동할 수 있는 신이 존재한다면, 신의 행동(기적) 역시 존재할 수 있기 때문이다.

따라서 결국 믿기 어려운 것은 기적이 아니라, 도리어 데이비드 흄의 논증인 것이다. 그토록 많은 사람들이 지금도 흄의 논증을 믿고 있는 것이야말로 기적이라고 말할 수 있을지도 모른다.

---

12 *Miracles and the Modern Mind*(Grand Rapids, Mich.: Baker, 1992)로 새롭게 개정되어 나왔다.

빛나는 것이 모두 신은 아니다: 어떤 것이 기적인가?

따라서 상자는 열려 있다. 기적은 가능하다. 하지만 우리가 기적을 목격했을 때, 그것이 기적임을 어떻게 분별할 것인가? 이에 답하려면, 어떤 것이 기적이고 어떤 것이 기적이 아닌지 규정하는 것이 중요하며, 그렇게 할 때 우리가 찾고 있는 것을 인지하게 된다.

표 8.2에서 보듯이, 적어도 여섯 가지 유형의 특이한 사건들이 존재하지만, 그 가운데 오직 하나만이 기적이다.

각각의 이 특이한 사건들을 잠깐 살펴보자. 어느 것이 기적인지 안다면, 그 밖의 특이한 사건들이 기적이 아닌 이유를 보다 잘 이해할 수 있으므로, 기적부터 살펴보자.

기적

신의 행위는 신으로부터 나오는 명백한 표적(sign)이므로, 그 행위는 특정 기준—신의 행위와 그 밖의 특이한 사건을 구별하는 기준—으로 충분하다. 왕의 인장처럼, 신의 표적은 특이하고, 쉽게 인지할 수 있으며, 오직 신에 의해서만 가능한 어떤 것이다. 바꾸어 말해, 그것은 자연법칙, 자연력, 또는 물리적 우주 안의 다른 어떤 것으로도 설명되지 않는 특성을 갖추고 있다. 이런 기준으로는 어떤 것이 있을까?

우리가 우주론적, 목적론적, 그리고 도덕적 논증을 통해 보았지만, 오직 신만이 무한한 힘—자연계 내의 모든 힘을 능가하는 힘—과 최고의 설계와 목적, 그리고 도덕적으로 완전한 순결무구함을 갖고 있다. 따라서 신의 행위는 이런 속성을 보유 또는 드러낸다고 보면 맞을 것이다. 참된 기적으로 인정할 만한 기준으로는 다음과 같은 것들이 있다.

	묘사	힘	특징	예
이변	자연의 기형	물리적 힘	일정 형태를 보이는 자연 사건	호박벌
마술	능숙하고 날랜 손재주	인간의 힘	특이하지만 인간이 통제함	모자에서 나온 토끼
심인성 질환	정신이 물질을 지배	정신적 힘	믿음이 필요함: 몇 가지 질병에서는 실패	정신을 통한 신체 치료
사탄의 표지	악의 세력	심령의 힘	약, 거짓, 사술, 제한적임	악마의 영향
섭리	미리 예정된 일	신적 힘	자연스럽게 설명되나, 영적 정황을 반영	노르망디의 안개
기적	신의 행위	초자연적 힘	실패가 없고, 즉각적이며, 지속적이고 신의 영광이 됨	죽은 자의 부활

표 8.2

A. 우주론적 논증에서 보듯이, 강력한 힘이 순간적으로 발휘됨(우주의 시작)

B. 목적론적 논증에서 보듯이, 지적 설계와 목적이 존재함(생명체의 존속을 목적으로 정밀하게 설계된 우주, 그리고 특정화된 복잡성을 따라 설계된 생명체)

C. 도덕적 논증에서 보듯이, 선한 또는 의로운 행동의 증진(우리를 압박하는 도덕법)

기적으로 인정되는 '힘'이라는 요소(A)는, 드러난 표적이 자연적 원인으로는 설명될 수 없음을 의미한다. 만일 자연적 원인으로도 그 표적이 설명될 수 있다면, 그것은 명백히 기적으로 규정될 수 없기 때문이다. 기적은 명백한 초자연적인, 즉 자연을 초월하는 원인을 갖고 있다.

'설계'라는 요소(B)는 (진리를 확증하거나, 진리의 전달자를 확증하거나, 신에게 영광을 돌리는 등의) 뚜렷한 목적 없이 이루어진 어떤 표적도 신으로부터 나온 표적이 아닐 공산이 크다는 걸 의미한다. 달리 말하면, 신은 단순 유희를 목적으로 기적을 베풀지는 않을 것이다. 세상의 왕들이 자신들의 인장을 경솔히 사용하지 않듯이, 이 우주의 왕도 사소한 이유로 자신의 인장을 사용하지는 않을 것이다. 요컨대, 만일 그가 단순 유희를 목적으로 기적을 일으킨다면, 그가 새로운 진리나 그 진리의 전달자를 확증하려고 할 때, 우리가 그의 의도를 인지할 가능성은 훨씬 줄어들게 될 것이다. "늑대가 나타났다"는 외침이 거짓으로 받아들여지지 않도록, 기적은 진리를 확증하고 증진시키는 데 초점이 맞추어져야 하며, 보다 효과적이고자 한다면 비교적 드문 일이 되어야만 한다.

기적으로 인정되는 '도덕'이라는 요소(C)는 잘못이거나 비도덕적인 것으로 비칠 어떤 표적도 신으로부터 나온 것일 수 없음을 의미한다. 신은 진리와 도덕의 변함없는 기준이므로, 오류와 비도덕성은 신의 본질에 어긋난다. 신은 오류 또는 비도덕성을 진리로 확증하는 존재가 결코 아니다.

지금까지 다룬 이와 같은 기준들을 사용함으로써, 우리는 특이한 어떤 사건이 신으로부터 나온 진짜 표적인지를 규명할 수 있다. 우리가 자연세계로부터 학습한 신에 관한 정보로부터, 그리고 자연의 한계에 관해 배운 내용으로부터 이런 기준을 이끌어냈음을 주목하라. 성경도 이러한 기준에 부합하는 사건들을 기적이라고 부름으로써, 우리의 평가에 보조를 맞추고 있다.[13] 나아가 성경과 코란은 모든 기적이 신으로부터 나온 말씀을 확증하기 위해 사용되었다고 가르친다.[14]

따라서 이런 특징들을 갖추었으면서도 신적인 진리와 관련된 주장이 결부된 어떤 사건이 일어났다면, 그것은 기적—신으로부터 나온 말씀을 확증하기 위한 신의 행위—일 것이다. 예를 들어, 만일 (죽은 자 가운데서 다시 살아날 것이라고 예언된) 예수가 실제로 죽은 자 가운데서 살아났다면 기적이 일어난 것이다. 그런 사건은 자연적 힘을 초월하는 순간적 권능, 충만한 지식을 반영하는 의도와 설계, 그리고 어떤 도덕적 목적을 드러냄으로써, 예수가 신으로부터 보냄을 받은 존재임을 확증한다(그러므로 우리는 그의 말을 들어야 한다). 그런 일을 설명할 수 있는 자연력이나 다른 능력의 원천은 전혀 존재하지 않는다.

더욱이 부활 사건이 실제로 일어났다면, '앞뒤 없이 불쑥' 일어난 게 아니라 정황 속에서 일어난 것이다. 바꾸어 말하면, 예수의 부활은 신이 다스리는 우주에서 신으로부터 왔다고 주장하던 이가 미리 예견된 방식을 따라 기적을 행하던 정황 속에서 일어난 사건이다. 그런 정황은 그것이 쉽게 설명되지 않는 자연적 사건을 넘어 기적임을 보여준다. 요컨대, 만일 예수 그리스도의 부활이 실제 일어났다면(우리는 이 문제를 뒤에 살펴볼 예정이다), 그 모든 것에 신의 '자취'가 찍혀 있는 것이다.

---

13 상세한 토론 내용은, Norman Geisler, *Signs and Wonders*(Wheaton, Ill.: Tyndale, 1988), chapter 8을 보라. 또 Norman Geisler, *Baker Encyclopedia of Christian Apologetics*(Grand Rapids, Mich.: Baker, 1999)를 보라.
14 출애굽기 4:1-5; 민수기 16:5 이하; 열왕기상 18:21-22; 마태복음 12:38-39; 누가복음 7:20-22; 요한복음 3:1-2; 사도행전 2:22; 히브리서 2:3-4; 고린도후서 12:12. 코란은 수라 3:184, 17:102; 그리고 수라 23:45를 참조하라.

섭리

종교인, 특히 기독교인은 '기적'이라는 말을 아무 곳에나 쉽게 갖다 붙인다. 보다 정확히 말하면, 어떤 일이 섭리로 표현될 수 있는 때에도, 기독교인들은 너무나 빈번하게 그것을 기적이라고 규정한다.

섭리를 좇아 일어난 사건들은 신으로부터 직접 연유한 것이 아니라, 간접적으로 연유한 것이다. 즉 신은 자연 법칙을 통해 그 일을 이룬다. 기도의 응답을 받는 경우와 의외의 것들이 우리에게 유익을 주는 경우가 그런 예가 될 수 있다. 이런 일들은 매우 놀랄 만한 것일 수도 있고, 신앙을 키울 수도 있지만, 초자연적인 사건은 아니다. 예를 들어, 2차대전 중 노르망디 해안에 짙게 낀 안개는, 악한 나치에 맞선 연합군의 공격을 은폐하는 데 도움을 주었다는 점에서 섭리에 따른 사건이었다. 그 안개는 자연 법칙에 의해 설명될 수 있다는 점에서 기적은 아니었으나, 그 배후에는 신이 자리하고 있었을 수도 있다. 그와 달리, 기적이라면 그 해안에 상륙하던 젊은 병사의 가슴에서 총탄이 튕겨져 나오는 것과 같은 사건을 가리킬 것이다.

사탄의 표지

특이한 사건을 일으킬 수 있는 또 하나의 원인은 또 다른 영적 존재들이다. 신이 존재하므로, 다른 영적 존재도 있을 수 있다. 그러나 사탄과 귀신이 존재한다고 해도, 그들은 제한된 능력만을 갖는다. 왜 그런가? 이번 장의 앞부분에서 언급했지만, 무한한 존재가 둘이나 존재한다는 것은 불가능하기 때문이다. 신이 무한하다면, 다른 존재는 결코 무한할 수가 없다.

더욱이, 무한한 선의 힘과 무한한 악의 힘이라는 이중구조는 성립할 수 없다. 순수한 악이라는 개념도 존재하지 않는다. 악은 선의 결핍이거나 선 안에 내재한 기생충과 같다. 그것은 스스로는 존립할 수 없다. 악은 자동차에 있는 녹과 같다. 만일 녹을 다 제거할 수 있다면, 우리의 자동차는 더 좋아질 것이다. 그러나 자동차를 아예 없애버리면, 모든 게 사라진다. 따라서 사탄은 신에 필적하는 악이 될 수 없다. 사탄도 힘과 자유의지와 합리적 사고 같은 좋은 속성들을 가지고 있지만, 그는 그것들을 나쁜 목적을 위해 사용할 뿐이다.

결국, 신에게는 자기에게 필적할 어떤 존재도 없다. 그는 모든 피조물을 다스리는 단 하나의 무한 존재다. 그 결과, 다른 영적 존재가 있다 하더라도, 그것은 창조된 존재이며, 따라서 한정된 존재여서 오직 신만이 가능한 초자연적 행위는 불가능하다.

따라서 (특별 계시의 도움 없이) 단지 자연 계시만으로 우리가 알 수 있는 내용은, 만일 다른 영적 존재들이 존재한다면 그들은 제한된 능력을 갖고 있을 것이란 점이다. 우연히도 이것은 성경이 가르치는 내용과 정확히 일치한다.

그런데 이들 다른 영적 존재들은 얼마나 제한적인가? 이를 알기 위해 이제 우리는 특별 계시가 필요하다. 우리는 합리적 의심을 넘어 성경이 진리라는 것을 입증하는 데까지는 아직 이르지 못했지만, 그런 존재들이 실제로 있으며 성경이 가르치는 대로 자연계와 상호 작용할 수 있다고 가정해 보자.

성경에 따르면, 오직 하나님만이 생명을 창조하고 죽은 자들을 다시 살릴 수 있다(창 1:21, 신 32:39). 처음 두 개의 재앙들을 따라했던 바로의 술객들도 (이[lice]처럼 생긴) 생명체를 만들어내는 세 번째 재앙은 따라하지 못했다. 이 술객들은 세 번째 재앙이 '하나님의 손'이 행한 일임을 시인했다(출 8:19).

사탄은 가장 훌륭한 술객들보다 뛰어난 술수를 부릴 수 있지만(성경에 이를 보여주는 많은 사례가 있다),[15] 그런 술수는 참된 기적의 속성을 충족시키지 못한다. 우리가 보았듯이, 참된 기적은 사람들로 하여금 신의 엄위를 상고하게 하고, 진리를 말하게 하며, 도덕을 좇아 행동하도록 고무한다. 사탄으로부터 나온 거짓 표적은 이런 일을 하지 않는다. 그런 표적은 그 표적을 행하는 것으로 간주되는 사람에게 영광을 돌리는 경향이 있으며, 나아가 종종 잘못된 비도덕적 행위과 연결되어 있다. 또한 그런 표적은 일시적이어서 지속성을 띠는 것도 아니다.

요컨대, 오직 신만이 진짜 기적을 행한다. 사탄은 거짓 기적을 행할 뿐이다. 이것이 바로 성경에서 바울이 "악한 자의 임함은 사탄의 역사를 따라 모든 능력과 표적과 '거짓' 기적"(살후 2:9)이라고 지적한 내용이기도 하다. 그러므로 사람들이 분별하지 않는다면, 그런 표적은 사람들을 속일 수 있으며, 기적으로 오인될 수도 있다(마 24:24).

표 8.3은 신의 기적과 사탄의 표적이 어떻게 다른지 요약해 놓았다.[16]

심인성 질환

여러 해 전에, 나(노먼 가이슬러)는 꽃가루 알레르기로 생각되는 질환에 걸린 적이 있었다. 그래서 그해 봄부터 증세를 완화하는 제법 효과가 센 약을 복용하기 시작했다. 그러던 어느 주일 아침, 지역 교회 설교자로 초

---

15 상세한 토론 내용은 Norman Geisler, *Signs and Wonders*(Wheaton, Ill.: Tyndale, 1988), chapter 7/8을 보라. 107-108쪽에 실린 목록을 보라(현재 절판된 상태).
16 이 주제에 대하여 더 많은 내용은 Norman Geisler, *Baker Encyclopedia of Christian Apologetics*(Grand Rapids, Mich.: Baker, 1999)에 실린 논문 "Miracles, False"를 보라.

하나님이 행하시는 기적	사탄의 표적
• 실제 초자연적 행위임 • 창조자의 통제 아래 있음 • 사술과 관련 없음 • 참된 신과 연결됨 • 진리와 결부됨 • 선과 결부됨 • 참된 예언을 포함함 • 창조자를 높임	• 통상적이지 않은 행위임 • 피조물의 통제 아래 있음 • 사술과 관련 있음 • 범신론자나 다신론자와 종종 연결됨 • 오류와 결부됨 • 악과 결부됨 • 거짓 예언을 포함함 • 피조물을 높임

표 8.3

빙을 받고 교회 장로들을 만나기 위해 조금 일찍 도착했다. 강단에 가까이 다가가면서 위에 놓인 꽃을 보자마자 재채기가 나고 눈물이 흐르기 시작했다. 나는 장로 한 분에게 이렇게 말했다. "제가 알레르기가 심해서 여기 꽃이 있으면 설교하기가 힘듭니다. 좀 치워주실 수 있나요?"

그가 나를 보면서 말했다. "그 꽃은 조화입니다."

나는 속으로 생각했다. "가이슬러, 너는 겨우 플라스틱으로 만든 꽃을 보고 재채기를 해댄 셈이구나. 알레르기는 네 머릿속에 있었던 거야." 그날 이후로 나는 처방전을 던져버렸고 지금까지 그 문제로 고생한 적이 없다.

모든 알레르기가 순수하게 마음에서 비롯된 질병은 아니다. 그러나 마음에서 비롯된 질환과 처방이 확실히 존재하며, 이것은 기록으로 잘 입증되고 있다. 노먼 커즌스(Norman Cousins)는 자신의 책 『질병의 해부(Anatomy of an Illness)』에서, 그가 어떻게 말 그대로 웃음을 통해 자신에게서 암을 털어내 버렸는지 상세하게 서술하고 있다. 사실 정신적 압박감은 우리의 신체 건강에 부정적 영향을 미칠 수 있는 반면, 긍정적 정신 자세, 신앙 또는 행복감은 병을 치료하는 효과를 가질 수 있다(잠 17:22을 보라).

그러나 물질을 지배하는 마음으로도 치료할 수 없는, 예를 들면 끊어진 척추 신경이나 절단된 사지 같은 의학적 상태도 있는데, 이는 마음이 몸에 불러온 질병이 아니기 때문이다. 진정한 기적이라면 그런 상태에서도 치유가 이루어져야만 할 것이다.

요컨대, 심인성 질환의 치료는 그 본질상 심리의 치료이지, 초자연적인 치료는 아니다. 그것은 마음이 제한적이나마 몸에 중대한 영향을 끼칠 수도 있다는 증거다. 그러나 기적과 혼동되어서는 안 된다.

마술

아마도 가장 친숙한 종류의 진기한 사건은 마술일 것이다. 마술은 교묘하고 날랜 손재주나 마음을 현혹케 하는 것에 기초하고 있다. 훌륭한 마술사는 우리로 하여금 마술사가 여인을 두 동강내고, 모자에서 토끼를 끄집어내며, 코끼리를 사라지게 한 것으로 생각하게 만들 수 있다. 그러나 그것은 단지 착각이며 교묘한 속임수이다. 일단 그 마술의 비밀을 알고 나면 "이제야 알겠네. 왜 그걸 생각하지 못했을까?" 하고 반응하게 될 것이다. 인간의 통제 아래 있는 교묘한 속임수로서의 마술은 기적이 아니다. 오직 신만이 기적을 행할 수 있다.

이변

이변(anomalies)은 설명되지 않는 자연의 기형이다. 예를 들어, 한때 과학자들은 호박벌이 어떻게 날 수 있는지 알지 못했다. 호박벌의 날개는 너무 작아서 과학적으로는 도저히 날 수 없는 구조를 가졌기 때문이다. 과학자들은 호박벌에게서 작은 날개를 보상하기 위해 만들어진 일종의 '파워팩(power pack)'을 발견하기 전까지, 호박벌의 비행을 하나의 이변으로 간주했다. 그들은 한결같은 관찰을 통해, 즉 모든 호박벌이 날 수 있다는 사실 때문에 그것이 기적이 아님을 알게 되었다. 그리하여 그들은 계속해서 자연적 원인을 찾았으며, 마침내 그 한 가지 원인을 발견한 것이다.

회의론자들은 이렇게 물을 수도 있다. "그렇다면 예수의 부활은 왜 하나의 이변으로 간주될 수 없었을까?" 예수의 부활은 예언되었기 때문이다. 예수의 부활은 그 배후에 지적 설계가 있었다. 그 모든 것 위에 신의 자취가 묻어 있는 것이다. 이변은 지적인 진리 주장과 무관하며, 도덕적, 신학적 차원하고도 거리가 멀다. 만일 그리스도의 부활이 실제로 일어났다면, 그것은 이변이 아니다.

왜 오늘날에는 성경에서와 같은 기적이 없는가?

오늘날 많은 사람들은 역사와 인간의 경험에 대해 매우 편협한 견해를 갖고 있다. 그들은 "만일 내가 어떤 일이 요즘에 일어나는 걸 보지 못한다면, 그 일은 과거에도 일어나지 않았을 공산이 크다"고 생각한다. 이런 생각을 기적과 연결 지으면 다음과 같은 말이 될 것이다. "만일 요즘에도 성경의 기적이 공개적으로 일어나지 않는다면(그래서 저녁 9시 뉴스 시간에 중계되지 않는다면), 그런 기적이 과거에는 일어났었다고 생각할 이유가 무엇인가?" 타당한 질문이다.

그러나 이 질문에는 우리가 흔히 갖기 쉬운 오해가 자리잡고 있다. 그것은 곧 성경이 역사적으로 끊임없이 일어나는 기적으로 가득 차 있다는 믿음이다. 그것은 단지 부분적으로만 사실이다. 성경이 기적으로 가득하다는 것은 250여 차례의 경우에만 맞는 얘기다.[17] 그러나 그 기적들 가운데 대부분은 역사의 매우 좁은 시기, 즉 모세, 엘리야 및 엘리사, 그리고 예수와 사도들이 살았던 특정한 세 기간 동안에 집중돼 있다. 왜 그럴까? 그 시대는 하나님이 새로운 진리(계시)와 그 진리를 맡은 새로운 메신저들의 진정성을 확증해야만 하는 시기였기 때문이다.[18]

만일 대부분의 기적이 그 시기에 집중되고 있다면, 성경이 다루고 있는 다른 시기에 기적처럼 일어난 일들은 무엇인가? 아무것도 아니다. 하나님이 행한 기적들이 전혀 기록되지 않은 큰 시간의 간격(심지어 수백 년)이 성경 안에 존재한다. 왜 이런 일이 생겼을까? 그것은 하나님으로부터 새로운 말씀이 전혀 주어지지 않았을 뿐 아니라, 대부분의 기적들은 하나님이 이미 허락한 새로운 말씀을 확증하고 있었기 때문이다.

그렇다면 우리는 왜 오늘날은 성경에서와 같은 기적들을 보지 못하는가? 만일 성경이 진리이고 완전하다면, 하나님은 더 이상 어떤 새로운 계시도 확증할 필요가 없으며, 그러면 기적을 행할 이유도 없기 때문이다. 하나님이 확증해야 할 새로운 말씀도 오늘날에는 존재하지 않는다.

---

17 이 가운데 몇몇의 경우, 다수의 기적이 일어났다. 예를 들면, 예수는 여러 고을을 다니며 사람들을 몰려들 때마다, 여러 차례에 걸쳐 한번에 '많은' 사람들을 고친 것으로 기록되어 있다(막 1:34; 3:10; 6:56; 눅 5:15; 6:18; 9:11). 사도들도 마찬가지로 한번에 여러 기적을 행했다(행 5:16; 8:7; 19:11-12).

18 신학의 눈으로 볼 때, 기적이 일어났던 세 번의 특별한 시기는 공통점이 있다. 모세는 이스라엘 백성들을 구하고 광야에서 그 많은 사람들을 부양하기 위해 기적이 필요했고(출 4:8), 엘리야와 엘리사는 이스라엘을 우상 숭배로부터 구하기 위해 기적이 필요했다(왕상 18장을 보라). 예수와 사도들은 새 언약이 수립된 것과 그 언약을 통해 죄로부터 구원이 주어짐을 확증하기 위해 기적을 보여주었다(히 2:3-4).

오해하지 말라. 우리는 신이 요즘에는 기적을 행할 수 없다거나 기적을 결코 행하지 않는다고 말하는 것이 아니다. 유일한 주권자이자 창조자요 이 우주의 운행자로서, 신은 원하기만 하면 언제라도 기적을 행할 수 있다. 그는 자신이 계시하고자 했던 모든 진리가 이미 계시되고 확증되었기 때문에, 예전 성경 시대처럼 공개적인 방식으로 자신의 권능을 드러낼 아무런 이유가 없다. 예를 들어, 집을 지을 때 기초는 단 한 번만 놓으면 된다. 성경의 기적은 인류에게 영원한 계시를 주기 위한 기초를 다지기 위해 허락된 신의 특별한 행위인 것이다.

요약과 결론

1. 성경이 진술하는 신의 본질적 속성은 성경이 없더라도 자연 계시라는 방도—우주론적, 목적론적, 그리고 도덕적 논증에서 천명된 것처럼—를 통해 발견될 수 있다. 매우 강력한 증거들을 통해 뒷받침되고 있는 그런 논증들은 우리에게 이곳이 신이 존재하는 우주임을 보여주고 있다. 이곳이 신이 존재하는 우주이므로, 신의 존재를 인정한다는 점에서 유대교, 기독교 그리고 이슬람교는 진리에 다다르는 '지름길'을 제공한다고 볼 수 있다. 유신론적 신의 존재를 부인하는 모든 종교는, 신의 존재와 본질에 대한 오류를 범하고 있다는 점에서, 거짓 기초 위에 세워져 있다.

2. 신이 존재하므로 기적도 가능하다. 사실 가장 위대한 기적인, 무로부터의 우주 창조 사건은 이미 일어났으며, 그것은 곧 창세기 첫 부분과 성경의 다른 부분에 기록된 모든 기적들을 우리가 신뢰할 수 있음을 의미한다. 기적을 부인하는 논증들은, 관찰을 통해 얻은 증

거보다는 잘못된 철학 가설에 기초를 두고 있는 탓에 오류를 저지르고 있다. 그 결과, 그 논증들은 기적이 거짓임을 입증하지 못한다. 데이비드 흄의 주장에도 불구하고, 신은 자신이 창조한 이 우주에 간섭할 수 있다.

3. 참된 기적은 오직 신만이 행할 수 있는 행위이다. 그 말은 곧, 참된 기적이란 초자연적 힘, 충만한 지적 설계, 그리고 도덕적 행위를 증진시키는 등의 신적 속성을 포함하고 있음을 의미한다. 이런 특징들을 살펴보면, 섭리, 사탄의 표적, 심인성 질환, 마술, 그리고 이변 등과 같은 다른 유형의 특이한 사건들과 기적을 구별할 수 있다.

4. 신은 그의 도덕적 본질상 자신의 특별한 목적을 보다 구체적으로 우리에게 전달할 수 있다(즉 자연 계시 이상의 특별 계시). 신은 자신의 특별 계시를 우리에게 확증하는 표적으로서 기적을 사용할 수 있다. 이런 방식으로 사용된 기적은 신으로부터의 메시지를 확증하기 위한 신의 행위인 것이다.

이제 우리의 유일한 질문은 이것이다. "신은 유대교, 기독교, 그리고 이슬람교 가운데 어느 것을 확증하기 위해 기적을 행했는가?" 그것이 바로 다음 장에서 우리가 다룰 내용이다.

9-12장에서는 다음 사항을 다룰 예정이다.

1. 실체(reality)에 관한 진리는 우리가 알 수 있다.
2. 참(true)의 반대말은 거짓(false)이다.
3. 유신론에서 말하는 유일신이 존재한다는 것은 참이다. 이를 입증하는 증거로서,
    a. 우주의 시작(우주론에 따른 논증)
    b. 우주의 설계(목적론에 따른 논증/인간 원리)
    c. 생명의 설계(목적론에 따른 논증)
    d. 도덕법(도덕에 따른 논증)이 있다.
4. 신이 존재한다면, 기적은 가능하다.
5. 기적은 신의 말씀을 확증하기 위해 사용될 수 있다(가령, 신이 자신의 말씀을 확증하기 위해 직접 행한 것들처럼).
6. 신약성경은 역사에 비추어 신뢰할 수 있는 책이다. 그 증거로서,
    a. 고대의 증언
    b. 목격자의 증언
    c. 인간이 만들어낸 것이 아닌 (진정한) 증언
    d. 거짓 사실들에 속은 것이 아닌 목격자들
7. 신약성경은, 예수가 자신을 하나님으로 주장했다고 말한다.
8. 자신이 하나님이라고 주장한 예수의 말씀이 진실임을 확증하는 증거로서,
    a. 자신에 대한 많은 예언을 친히 이루었다는 것
    b. 죄 없는 그의 삶과 그가 행한 이적들
    c. 자신이 예언한 그대로 부활함
9. 따라서 예수는 곧 하나님이다.
10. (그가 곧 하나님이므로) 예수가 가르친 그 어떤 것도 참이다.
11. 예수는 성경이 하나님의 말씀이라고 가르쳤다.
12. 그러므로 성경이 하나님의 말씀이라는 것은 참이다(또 이에 반대되는 어떤 주장도 거짓이다).

9장 ___ 예수에 대한 초기의 증거가 있는가?

> 역사적인 증거는 우리의 믿음을 입증해야 하는
> 머나먼 길에서 우리를 인도해 간다. 그 결과, 여지껏
> 남아 있던 틈새를 메우는 데 필요한 신앙은 합리성을 갖춘다.
> 크레이그 블롬버그

비기독교인들이 전한 복음

주후 66년, 팔레스타인의 유대인들이 (로마인조차 탐탁지 않게 여기던) 로마의 지배에 맞서 반란을 일으켰다. 황제는 반란 진압과 지역 통제권의 회복을 위해 베스파시아누스 장군이 이끄는 군대를 파병했다. 67년, 베스파시아누스는 반란의 본거지인 갈릴리의 요타파타를 포위했다. 포위 47일째 되던 날, 한 젊은 유대인 혁명가가 자결보다 로마군에게 항복하는 길을 택한다. 그의 다른 많은 동족들이 선택한 운명이기도 했다. 그는 베스파시아누스의 총애를 얻었고, 이후 70년에 베스파시아누스의 아들 티투스에 의해 예루살렘과 성전이 파괴된 뒤, 티투스와 함께 로마로 향한다.

그 젊은이가 당대의 가장 위대한 유대인 역사가 플라비우스 요세푸스(Flavius Josephus, 주후 37년경-100년경)다. 요세푸스는 로마 황제 도미티

아누스의 사관(史官)으로 종사하는 동안, 로마에서 역사적 기록을 남기기 시작했다. 그는 로마에 머물면서 자신의 자서전 및 두 권의 주요 역사 저작물을 남겼다. 그 가운데 하나가 주후 93년에 완성한, 지금도 유명한 『유대인의 고대 생활(Antiquities of the Jews)』이다. 그 책의 18권, 3장, 3부에서, 기독교인이 아니었던 요세푸스는 이런 글을 남기고 있다.

> 이 당시(빌라도 시절)에 예수라는 이름의 현자가 있었다. 그의 행실은 선했으며 매우 덕망 있는 인물로 알려졌다. 유대인뿐만 아니라 다른 민족 출신의 많은 사람들이 찾아와 제자가 되었다. 빌라도는 그에게 십자가형을 선고했다. 그러나 그의 제자가 되었던 사람들은 여전히 제자로 남기를 고집했다. 그들은 예수가 십자가에 못 박힌 뒤 사흘 만에 자신들에게 나타났으며, 그가 살아 있었다고 보고했다. 그렇다면 아마도 그는 예전에 선지자들이 자세히 언급했던 메시아였을지도 모르겠다.[1]

이것이 예수에 대한 요세푸스의 유일한 언급은 아니다.[2] 『유대인의

---

[1] 예수가 고대하던 메시아였음을 요세푸스가 확인한 인용구를 담고 있는 판본이 존재하지만, 대부분의 학자들은 기독교인들이 그 본문을 변조했다고 믿고 있다. 2세기 말엽에 태어났던 교부 오리게네스에 따르면, 요세푸스는 기독교인이 아니었다. 따라서, 예수가 메시아였다는 주장을 폈을 가능성이 매우 낮다. 여기서 우리가 인용한 판본은 중간에 본문이 훼손되지 않은 것으로 보이는 아랍어 본문에서 나왔다.

[2] 왜 요세푸스는 예수를 더 이상 언급하지 않았을까? 황제를 위해 일하던 역사가로서, 요세푸스는 자신이 다룰 주제와 용어 사용에 신중을 기해야만 했을 것이다. 특별히 로마 황제 도미티아누스는 소요 사태와 관련될 수도 있는 그 어떤 것도 우려했다. 기독교라고 하는 새로운 종교 세력은, 그들이 이상한 신앙 체계뿐만 아니라 카이사르와 로마의 신 숭배를 거부하는 것으로 알려졌던 까닭에, 로마의 안녕을 해칠 수 있는 무리로 간주되었을 수 있다. 그 때문에 요세푸스는 기독교에 대해 지나친 호의를 보임으로 황제를 불쾌하게 만들려고 하지 않았을 것이다. 그럼에도 불구하고, 이 두 개의 언급은 예수와 야고보의 존재를 확증하며 신약성경의 기록의 진정성을 입증해 준다.

『고대 생활』의 다른 곳에서 그는 유대인의 새로운 대제사장 안나스가 로마 통치의 공백기를 이용해 예수의 동생 야고보를 어떻게 죽였는지 밝히고 있다. 때는 주후 62년, 로마 총독 베스도가 재위 중 사망하고, 그의 후임자 알비누스가 임지로 부임하기까지 석 달의 공백기가 있었으므로, 안나스가 그의 비열한 행위를 저지르기에는 충분했다. 요세푸스는 그 사건을 이렇게 묘사하고 있다.

> 베스도는 이제 죽고 없었고, 알비누스는 아직 부임길에 있었다. 그때 대제사장 안나스가 산헤드린 공회를 소집해 그들 앞에 그리스도라 불렸던 예수의 동생 야고보라 하는 자와 다른 몇 사람을 세워놓고는 율법을 어겼다는 이유로 고소하여, 결국 돌로 쳐서 죽이고 말았다.[3]

여기서 우리는 1세기에 예수에 대해 언급하는 다른 내용을 발견할 뿐만 아니라 예수라는 이에게는 분명 유대 당국이 달가워하지 않았던 야고보라는 이름의 동생이 있었음을 확인할 수 있다. 야고보는, 신약성경에서 짐작되는 것처럼, 예루살렘 교회의 지도자였기 때문에 순교한 것일까?[4]

과연 비기독교인들의 저작물 가운데 얼마나 많은 것들이 예수를 언급하고 있는가? 요세푸스를 포함해, 예수가 이 땅에 살았던 때로부터 150년 사이에 예수를 언급한 비기독교인 저술가만 10명에 달한다.[5] 그

---

3   Josephus, *Antiquities*, 20;9.1.
4   사도행전 21:17-18을 보라; 15:13을 참조하라.
5   비기독교인들의 자료 열 가지는 이러하다: 로마의 역사가 타키투스(Tacitus), 로마의 정치가 소(小)플리니우스(Plinyus), 역사를 썼던 해방 노예인 플레곤(Phlegon), 1세기의 역사가 탈루스(Thallus), 로마의 역사가 수에토니우스(Suetonius), 그리스의 풍자 시인 루키아

와 달리, 동일한 150년 내에, 예수 당시 로마 황제였던 디베료 가이사를 언급하고 있는 비기독교인의 자료는 9개가 있다.[6] 따라서 기독교인들의 모든 자료를 참고하지 않더라도, 예수는 실제로 로마 황제보다 하나 더 많은 자료에서 언급되고 있는 셈이다. 여기에 기독교인들의 저술 자료까지 합하면, 예수를 언급한 자료는 디베료를 언급한 자료에 비해 43대 10으로 월등하다.[7]

비기독교인들의 자료 가운데 일부―켈수스, 타키투스, 탈무드 같은 자료―는 반기독교적인 자료라고 할 수 있다. 이 저작들은 신약이 기록한 사건들과 모순되는 어떤 목격담도 수록하지 않으면서도, 그 어조만큼은 명백히 반기독교적 성향을 띠는 저자들의 것이다. 그 저작들과 보다 중립성을 띠는 비기독교인 저자들의 자료로부터 우리는 무엇을 알 수 있는가? 우리는 그 자료들의 초기 기독교 관련 특정 사실들이 신약성경과 놀라울 정도로 일치하고 있음을 알게 된다. 열 가지에 이르는 비기독교인들의 자료를 종합해 보면, 다음의 사실들을 알 수 있다.

누스[Luciano(u)s], 로마의 철학자 켈수스(Celsus), 그의 아들에게 글을 썼던 평범한 시민 세라피온의 아들 마라(Mara Bar-Serapion), 그리고 유대인의 탈무드. 이 자료들이 그리스도를 언급하고 있는 경우를 열거한 목록 전체는 Norman Geisler, *Baker Encyclopedia of Christian Apologetics*(Grand Rapids, Mich.: Baker, 1999), 381-385를 보라. 또, Gary Habermas, *The Historical Jesus*(Joplin, Mo.: College Press, 1996), chapter 9를 보라.

6 Gary Habermas and Michael Licona, *The Case for the Resurrection of Jesus*(Grand Rapids, Mich.: Kregel).

7 누가가 디베료를 언급하고 있으므로, 디베료를 언급하고 있는 저자는 모두 열 명이다. Gary Habermas and Michael Licona, *The Case for the Resurrection of Jesus*(Grand Rapids, Mich.: Kregel)을 보라. 우리는 유대인의 탈무드를 Habermas와 Licona가 만든 목록에 추가했는데, 그 이유는 그것이 2세기 초, 그러니까 예수의 죽음 이후 150년이 지난 뒤에야 쓰였을 가능성이 높기 때문이다. 따라서 우리는 Habermas와 Licona가 제시한 42 대 9 대신 43 대 10을 제시했다.

1. 예수는 디베료 가이사 시대에 살았다.
2. 그는 덕망 높은 삶을 살았다.
3. 그는 이적을 일으키는 사람이었다.
4. 그는 야고보라는 이름의 동생이 있었다.
5. 그는 메시아로 추앙받았다.
6. 그는 본디오 빌라도 통치 아래서 십자가형을 당했다.
7. 그는 유월절 전날에 십자가형을 당했다.
8. 그가 죽던 날 어둠과 지진이 일어났다.
9. 그의 제자들은 그가 죽었다가 다시 살아났다고 믿었다.
10. 그의 제자들은 믿음을 위해 기꺼이 죽을 각오가 돼있었다.
11. 기독교는 로마까지 급속히 확산되었다.
12. 그의 제자들은 로마의 신들을 부인하고 예수를 신으로 섬겼다.

이런 비기독교인들의 언급에 비추어, 예수가 실존하지 않았다는 이론은 명백히 비합리적이다. 만일 예수가 실존하지 않았다면, 어떻게 비기독교인 저술가들이 이구동성으로 신약성경과 일치하는 내용들을 제시할 수 있었을까?

그러나 그것이 암시하는 바는 그보다 훨씬 깊다. 이는 신약성경에 대해 무엇을 말하는가? 겉으로 보기에도, 비기독교인들의 자료는 신약성경의 내용을 확인해 주고 있다. 기독교 신앙인이 아니었던 저자들은 그리스도의 부활을 믿는다고 말하지 않으면서도, 제자들이 그의 부활을 믿었다는 점을 보고하고 있다.

우리가 보았듯이, 신의 존재와 기적이 일어날 가능성이 자연 계시를 통해 굳게 입증되며, 나아가 그리스도와 초대 교회에 대한 기사들이 비기독교인 저술가들의 자료를 통해 확증되고 있다면, 그리스도가 행했다는 기적들은 제자들의 주장대로 실제 일어났을까? 신약성경의 기록은 실제 역사에 대한 기록일까? 그것은 현대 세계의 많은 사람들이 추정하는 것처럼 신화와 우화들로 가득한 편향된 종교 기록이 아니라, 도리어 약 2천 년 전에 실제로 일어났던 사건들의 기록일까? 만일 그렇다면, 우리는 신의 존재를 인정하는 종교들 가운데 어느 것이 진리인지 발견하는 노정에 바로 나설 수 있다.

신약성경이 실제 역사의 기록인지 알려면, 우리는 신약성경을 구성하는 기록들과 관련해 제기되는 두 가지 의문에 답해야만 한다.

1. 우리는 1세기에 쓰인 원본 기록물의 정확한 사본을 갖고 있는가?
2. 그 기록들은 진실을 말하고 있는가?

신약성경의 메시지를 믿으려면, 이 두 가지 질문에 긍정적인 답변을 제시할 수 있어야만 한다. 1세기에 쓰인 원본 기록들이 거짓을 말할 수도 있기 때문에, 단지 그 원본 기록들의 정확한 사본을 갖고 있다는 증거를 제시하는 것만으로는 충분하지 않다(질문 1). 우리는 그 기록들의 정확한 사본을 가지고 있어야 할 뿐만 아니라, 그 기록들이 거의 2천 년 전에 실제로 일어났던 일의 서술(질문 2)이라고 믿는 근거도 제시해야만 한다. 질문 1부터 살펴보자.

질문 1: 우리는 정확한 사본을 갖고 있는가?

아이들의 '전화 놀이'라는 게 있다. 맨 처음 한 아이가 옆 아이에게 전달할 말을 받아 전달하면, 다음 아이는 자기가 들은 말을 다시 옆 아이에게 전달하는 식으로 이루어진다. 한 바퀴를 돌아 마지막 순서의 아이에게 이를 때면, 그 말은 원래의 것과 필시 달라지고 만다. 관찰자가 보기에, 그것은 2천 년 넘게 세대에서 세대로 전해진 기록에도 동일한 왜곡이 일어날 수 있음을 예상할 수 있다.

다행히, 신약성경은 그런 방식으로 전달되지 않았다. 한 사람이 말을 전해 듣고 그 말을 다시 다른 사람에게 전하는 방식으로 이루어지지 않았기 때문에, 전화 놀이에서 생기는 문제는 적용되지 않는다. 수많은 사람들이 각기 따로 신약성경의 사건들을 목격하고, 그 가운데 많은 사람들이 목격한 것을 기억해 두었으며, 그 목격자들/그들과 동시대 사람들 가운데 아홉 사람이 자신의 관찰 내용을 글로 옮겼다.

이 시점에서 우리는 사람들이 보통 신약성경에 대해 갖고 있는 오해를 제거해야 할 필요가 있다. 우리가 신약성경의 기록이라고 말할 때 그것은 한 권의 책이 아닌 27권의 책을 이야기한다. 신약성경은 27개의 서로 다른 두루마리 위에 9명의 각기 다른 저자들이 20년에서 50년에 이르는 기간에 걸쳐 기록한 27개의 서로 다른 저작물이다. 이 개개의 기록들은 이후에 우리가 지금 성경이라고 부르는 하나의 책으로 모아졌다. 따라서 신약성경은 그저 하나의 자료가 아니라 여러 자료들의 집합체다.

단지 하나의 문제가 있다. 신약성경의 원본 기록이 지금까지 하나도 발견되지 않았다는 것이다. 우리는 다만 필사본으로 불리는 원본 기록들의 사본만을 갖고 있을 뿐이다. 이 사실은 우리가 원본의 내용을 알 수 없도록 방해하는가?

전혀 그렇지 않다. 고대 세계로부터 내려온 모든 중요한 문헌들은 남아 있는 여러 필사본들을 비교해 그 책의 원래 형태를 재구성한 것이다.

원래 내용을 재구성하려면 원본으로부터 그리 오래 떨어져 있지 않은 시기에 쓰인 많은 필사본을 확보하는 것이 도움이 된다. 더 많은 필사본과 더 초기의 필사본이 보통 더 신빙성 있는 증언을 제공하고, 더 정확한 재구성을 가능하게 한다.

신약성경의 기록들은 이 점과 관련해 어떤 형편에 있는가? 지극히 희망적일 뿐만 아니라, 고대로부터 내려온 다른 어떤 것들보다 훨씬 나은 형편에 있다. 사실, 신약성경의 기록들은 가장 훌륭한 열 개의 고전 문헌들을 합친 것보다 더 많은 필사본과 더 초기의 필사본, 그리고 더 풍성한 지지를 받고 있는 필사본들을 갖고 있다. 여기에 우리가 말하는 내용이 있다.

- **더 많은 필사본**: 모두 세어 보면, 손으로 쓴 신약성경 그리스어 필사본만 하더라도 거의 5,700개나 존재한다. 게다가 다른 언어(예를 들어, 시리아어, 콥트어, 라틴어, 아랍어)로 쓰인 필사본도 9,000개가 넘는다. 거의 15,000개에 달하는 이 필사본 가운데 몇몇은 완전한 성경이지만, 다른 것들은 신약성경 안에 있는 책 몇 권 내지는 몇 쪽에 불과하며, 그나마 어떤 것들은 조각에 불과하다. 그림 9.1에서 보듯이, 필사본이라는 증거로만 따진다면, 고대 세계의 그 어떤 기록물도 이에 필적하지 못한다. 가장 근접한 작품이 호메로스(호머)의 『일리아드(Iliad)』로, 643개의 필사본이 있을 뿐이다. 대부분의 다른 고대 작품들은 12개도 되지 않는 사본들을 통해 그 명맥을 이어 오고 있지만,[8] 그럼에도 불구하고 그 작품들

---

8 Norman Geisler, *Baker Encyclopedia of Christian Apologetics* (Grand Rapids, Mich.: Baker, 1999), 531-537.

다른 고대 기록들과 비교한 신약성경의 신뢰성

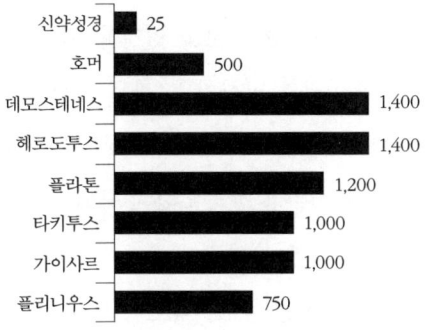

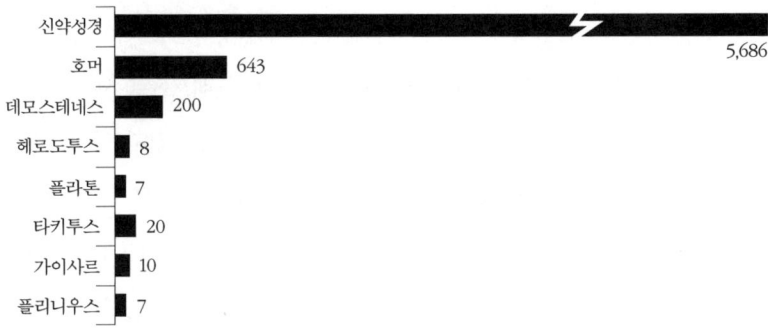

그림 9.1

이 서술하고 있는 사건들의 역사성에 대해 의문을 제기하는 역사가들은 거의 없다.

• **더 초기의 필사본**: 신약성경은 풍성한 필사본들의 지지를 받고 있을 뿐만 아니라, 원본이 기록된 직후에 쓰인 필사본도 있다. 이론의 여

지가 없는 것으로 확인된, 가장 먼저 쓰인 필사본은 존 라일랜드 단편(John Rylands fragment, 잉글랜드 맨체스터의 존 라일랜드 도서관에 소장되어 있다)으로 알려진 조각으로, 요한복음 18장 31-33, 37-38절의 내용을 담고 있다. 학자들은 그 연대를 주후 117-138년으로 보고 있지만, 몇몇 학자들은 보다 이른 시기에 쓰인 필사본이라고 말한다. 그것은 이집트에서 발견되었는데, 아마도 소아시아 내의 어느 지역에서 필사된 뒤에 지중해를 건너 이집트까지 전해진 듯하다. 이는 요한복음이 필사되어 2세기 초 쯤에는 상당히 먼 곳까지 퍼져나갔음을 보여준다.

존 라일랜드 단편보다 더 이른 시기에 쓰였는지를 놓고 논란이 이는 아홉 개의 단편들이 있는데, 주후 50년부터 70년까지 그 연대가 올라가며, 사해 사본(Dead Sea Scrolls)과 함께 발견되었다.[9] 일부 학자들은 이 단편들이 마가복음, 사도행전, 로마서, 디모데전서, 베드로후서, 야고보서를 포함하는 신약성경의 여섯 책들의 일부일 것으로 믿고 있다. 다른 학자들은 이런 결론을 수긍하지 않으면서도(그 이유는 어쩌면, 만일 이런 결론을 수긍할 경우, 신약성경이 더 후대에 기록되었다는 자신들의 자유주의적 경향이 기초부터 무너질 수 있기 때문이다), 이 단편들이 속할 수도 있는 신약성경 이외의 다른 어떤 본문을 발견하지 못했다.[10]

그 단편들은 예전에 주전 50년부터 주후 50년 사이의 자료들을 발굴했던 한 동굴 안에서 발견되었다. 이 초기 단편들이 신약성경의 일부임을 최초로 판독해낸 학자는 스페인 출신의 고문서학자 호세 오카야안

---

9 Ibid., 531-537, 547.
10 일부 비평학자들은 제법 그럴 듯한 신약성경 이외의 대안들을 제시했다. 그러기 위해 그들은, 20-60년 사이에 나온 고대 본문의 한 줄에 있는 글자의 개수를 바꾸어야만 했다. Norman Geisler, *Baker Encyclopedia of Christian Apologetics*(Grand Rapids, Mich.: Baker, 1999), 547을 보라.

(Jose O'Callahan)이었다. 〈뉴욕타임즈〉는 만일 오카야안의 이론이 진실이라면, "그것은 적어도 하나의 복음서(마가복음)가 예수 사망 이후 채 몇 년이 지나지 않아 쓰였음을 증명하는 것"임을 인정함으로써, 오카야안의 이론에 힘을 실어 주었다.[11]

그러나 그것이 진실이 아니라 하더라도 신약성경의 단편들과 존 라일랜드 단편은 사실상 최초의 것이며, 원본과 현존하는 최초 사본 사이의 시간 간격이 고대의 다른 어떤 문헌보다 현저히 짧다는 사실을 보여 준다.[12] 그 다음으로 원본과 현존 사본 사이의 시간 간격이 짧은 문헌이 일리아드인데, 거의 500년이나 된다. 신약성경의 시간 간격은 25년이며 어쩌면 그보다 더 짧을 수도 있다. 이것은 원본과 최초 사본 사이에 다른 필사본들이 전혀 없었다는 뜻은 아니다. 다른 사본들이 그 사이에 있었을 것이란 점은 거의 확실하다. 다만 그 필사본들이 (양피지나 파피루스 재질이었던 탓에) 썩어져 없어졌거나, 파괴되었거나, 아니면 아직도 발견되지 않은 채 어딘가에 남아 있을 것이란 점을 의미한다.

신약성경의 각 책들이 각각 온전한 형태로 보존된 것 가운데 현존하는 가장 오래된 필사본은 그 시점이 대략 언제부터인가? 그것은 주후 200년경부터 존재하기 시작한다. 그리고 신약성경 전체가 한꺼번에 온전하게 남아 있는 필사본은 그 시점이 대략 언제부터인가? 복음서를 포함한 거의 모든 신약성경은 250년경부터 존재해 왔으며, (그리스어로 쓰인 구약성경을 포함해) 신약성경 전체의 필사본으로서 바티칸 사본(Codex

---

11 David Estrada and William White, Jr., *The First New Testament*(Nashville: Nelson, 1978), 137에서 인용.
12 이것이 사건들과 원본 기록들 사이의 간격이 아님을 유념하라. 그 간격은, 이번 장의 뒷부분에서 보겠지만, 훨씬 짧다.

Vaticanus)으로 불리는 것은 325년 무렵부터 존재해 왔다. 다른 몇몇 완전한 사본들도 그 세기부터 존속하고 있다. 나아가 그런 사본들은 한 계통에 속한 필사본이면서 주후 100년에서 150년까지 거슬러 올라갈 수 있는 것들임을 보여주는 철자와 구두점의 특징을 갖추고 있다.

만일 이 수많은 초기의 필사본들을 모든 학자들이 갖고 있다면, 원래의 신약성경을 대단히 정확하게 재구성할 수 있을 것이다. 그것 외에도 신약성경의 재구성을 보다 확실히 담보하는 것으로서 고대 세계로부터 내려오는 수많은 증거자료들이 있다. 다음 사항을 살펴보자.

- **더 풍성한 지지를 받고 있는 필사본**: 주후 303년 2월에 로마 황제 디오클레티아누스는 기독교를 박해하는 세 개의 칙령을 공포했는데, 그는 기독교가 존재하면서 로마와 로마의 신들 사이에 맺은 언약 관계가 깨지고 있다는 믿음을 갖고 있었다. 그 칙령에 따르면 교회와 성경 필사본과 기독교 서적들을 파괴하고 기독교인들을 처형할 것을 명하고 있다.[13]

수천 개는 아닐지라도 수백 개에 이르는 필사본들이 로마 제국 전역에서 주후 311년까지 계속된 박해 기간 동안 파괴되었다. 그러나 설령 디오클레티아누스의 시도가 성경 필사본을 지구상에서 쓸어버리는 데 성공했다 하더라도, 신약성경을 재구성할 수 있는 우리의 능력만큼은 파괴하지 못했을 것이다. 왜 그런가? 초대 교회의 교부들—순교자 유스티누스, 이레니우스, 알렉산드리아의 클레멘트, 오리게네스, 터툴리안,

---

13 Williston Walker, Richard Norris, David Lotz, and Robert Handy, *A History of the Christian Church*, 4th ed.(New York: Scribner, 1985), 123-124를 보라.

그리고 그 밖의 2세기 및 3세기 사람들—이 신약성경을 너무나 많이 인용한 덕분에(정확히 36,289번을 인용했다), 신약성경에서 11구절을 제외한 모든 구절이 오로지 그들의 인용구만으로 재구성될 수 있기 때문이다.[14] 다시 말해, 지역 공공도서관에서 초대 교부들의 책을 대출받으면, 그들의 인용글만으로도 신약성경 거의 전체를 읽을 수 있다는 말이다. 결국 우리는 수천 개의 필사본을 갖고 있을 뿐만 아니라 그 필사본으로부터 유래한 수천 개의 인용문도 있다. 이로 말미암아 원문의 재구성이 사실상 확실히 이루어지게 되었다.

그런데 어느 정도나 확실한가? 어떻게 원문이 재구성되며, 이렇게 재구성된 신약성경은 얼마나 정확한가?

어떻게 원문이 재구성되는가?

이 세 가지 사실—필사본의 수가 많고, 그것들이 초기에 쓰였으며, 풍성한 지지를 받고 있다는 사실—덕택에 학자들은 원래의 신약성경을 더욱 쉽게 재구성하게 되었다. 그 많은 사본과 인용문을 비교하는 과정을 거치면, 비록 필사 과정에 실수가 있었다 하더라도, 지극히 정확한 원문의 재구성이 가능하게 되었다. 이 일은 어떻게 이루어지는가? 아래의 예를 살펴보자. 이를테면 빌립보서 4장 13절(내게 능력 주시는 자 안에서 내가 모든 것을 할 수 있느니라)처럼, 같은 구절 안에 네 개의 서로 다른 실수를 갖고 있는 네 개의 서로 다른 필사본이 있다고 가정하자.

---

14 이 인용구들에 대한 분석 내역은 Norman Geisler and William Nix, *General Introduction to the Bible*(Chicago: Moody, 1986), 431.

1. 내게 능역 주시는 자 안에서 내가 모든 것을 할 수 있느니라.
2. 내게 능력 주시는 자 안에서 내가 모든 것을 할 수 있느니라.
3. 내게 능련 주시는 자 안에서 내가 모든 것을 할 수 있느니라.
4. 내게 능몌 주시는 자 안에서 내가 모든 것을 할 수 있느니라.

원래의 본문이 무엇이었는지 알 수 없겠는가? 문제가 될 게 없다. 비교와 대조 과정을 통해, 원래의 신약 본문이 아주 정확히 재구성될 수 있다. 또한 신약성경 전체의 재구성은 이 가상 본문의 재구성보다도 쉬운데, 그 이유는 실제 신약성경의 필사본들은 위의 예가 보여주는 것보다 훨씬 적은 오류를 갖고 있기 때문이다.

여기서 잠시 신약성경이 정말로 신의 말씀이라고 가정해 보자. 회의론자들은 이렇게 물을 것이다. "신약성경이 진짜로 신의 말씀이라면, 신은 왜 원본을 보존시키지 않았는가?" 여기서 우리는 다만 추측할 뿐이지만, 한 가지 가능성은 신의 말씀이 원본의 기록보다 사본들을 통해 더 잘 보존될 수 있었기 때문일 것이라는 점이다. 어떻게 그런 대답이 가능한가? 만일 원본이 누군가의 수중에 들어 있다면, 그 사람은 그것을 변개할 수도 있기 때문이다. 그러나 고대 세계 전체에 걸쳐 사본들이 두루 퍼져 있다면, 일개 서기관이나 제사장이 신의 말씀을 변조할 방도는 전혀 없다. 우리가 보았지만, 사본들 사이에 서로 다른 부분과 바뀐 부분은 재구성 과정을 통해 판별하고 보다 쉽게 바로잡을 수 있었다. 그런 점에서, 역설적이지만, 원본을 갖고 있지 않은 것이 원본을 갖고 있는 것보다 신의 말씀을 더 잘 보존할지도 모른다.

재구성은 얼마나 정확한가?

정확성의 문제를 다루려면, 많은 비평가들이 성경의 필사본 안에 있는 '오류들'에 대해 갖고 있는 오해를 말끔히 정리할 필요가 있다. 어떤 이들은 약 200,000개의 오류가 신약성경의 필사본들 안에 존재한다고 추산한다. 가장 먼저, 이것들은 '오류'가 아니다. 다양하게 변형된 본문들이며, 그 대다수는 엄격하게 문법을 지키고 있다(예를 들면, 구두점과 철자). 둘째, 이런 본문들은 거의 5,700개에 이르는 필사본들을 통해 전파되었으며, 그 결과 2,000개의 필사본에서 한 구절 안에 있는 한 단어의 한 철자에 변형이 있더라도 2,000개의 '오류'로 계산된다.

본문 비평학자 웨스트콧(Westcott)과 호트(Hort)는 이런 변형이 일어난 60곳 가운데 단 한 곳만이 중요할 뿐이라고 평가했다. 이것은 한 본문의 98.33퍼센트가 아무런 흠이 없다는 말이 될 것이다.[15] 필립 샤프 (Philip Schaff)도 그런 계산을 했는데, 그의 당대에 알려진 150,000개의 변형들 가운데, 단지 400곳만이 그 구절의 의미가 달라졌으며, 겨우 50 곳만이 실질적 중요성을 갖고 있었고, 그 이외의 단 한 곳도 성경 가르침의 전체적인 흐름에 영향을 미치지 않았다.[16]

다른 어떤 고대의 책도 그만큼 철저히 진정성을 인증 받은 경우는 없다. 위대한 신약학자이자 프린스턴대의 브루스 메츠거(Bruce Metzger) 교수는 힌두교의 마하바라타(Mahabharata, 인도판 그리스-로마 신화로 불리는 대서사시)도 겨우 90퍼센트 정도의 정확도만을 가진 채 필사되었으며, 호

---

15 더 상세한 내용들과 자료들은 Norman Geisler, *Baker Encyclopedia of Christian Apologetics*(Grand Rapids, Mich.: Baker, 1999), 532를 보라.
16 Philip Schaff, *A Companion to the Greek Testament and the English Version*, 3rd ed.(New York: Harper, 1883), 177.

메로스의 일리아드도 약 95퍼센트의 정확도만을 가질 뿐이라고 했다. 그와 달리, 신약성경은 약 99.5퍼센트의 정확성을 갖는다고 평가했다.[17] 다시 말하지만, 문제의 0.5퍼센트는 기독교 신앙이 갖고 있는 단 하나의 교리에도 영향을 미치지 않는다.

고대 필사본 연구의 권위자인 프레드릭 케니언(Fredric Kenyon)은 다음과 같은 글로 신약성경의 위치를 잘 요약하고 있다.

> 사실상 성경 본문이 확실하다는 것을 이보다 더 강력하게 단언할 수 없다. 특별히 신약성경의 경우에 더욱 그렇다. 신약성경 필사본의 숫자, 그 필사본의 초기 번역본의 숫자, 그리고 교회의 가장 오랜 저술가들이 인용한 문구의 숫자는 너무나 방대해서, 성경의 의심스러운 모든 문구들은 고대의 이 권위 있는 문서들 가운데 어느 하나 또는 다른 것을 통해 본래 문구를 확인할 수 있다는 점은 확실하다. 세상의 다른 고대 문헌의 경우에는 이런 말을 할 수 없다.[18]

따라서 우리는 약 2천 년 전에 쓰인 것과 동일한 신약성경을 갖고 있다고 자신 있게 말할 수 있다. 그러나 그 다음 질문은 보다 중요하다. 우리는 유일한 진실을 말하는 정확한 사본을 갖고 있는가, 아니면 거짓을 말하는 정확한 사본을 갖고 있는가? 달리 말하면, 신약성경은 역사에 비추어 믿을 만한가?

---

17 더 상세한 내용들과 자료들은 Norman Geisler, *Baker Encyclopedia of Christian Apologetics*(Grand Rapids, Mich.: Baker, 1999), 532를 보라.
18 Fredric Kenyon, *Our Bible and the Ancient Manuscripts*, 4th ed., rev. A. W. Adams(New York: Harper, 1958), 23.

질문 2: 신약성경은 역사적으로 신뢰할 만한가?

우리가 "역사에 비추어 볼 때 신약성경은 믿을 만한가?"라는 질문을 던진다는 것은 신약성경의 자료들이 실제로 일어난 것들의 기록인지 알아내려 한다는 의미이다. 특별히, 약 2천 년 전에 심오한 진리를 가르치고, 기적들을 행하고, 자신이 하나님임을 주장했다는 이유로 로마와 유대 당국에 의해 십자가에 달렸던, 나아가 사흘 만에 죽은 자 가운데서 부활한 다음 많은 목격자들에게 나타났던, 예수라는 이름을 가진 한 유대인 남자가 실제로 존재했는가를 묻는 것이다.

여기서 우리가 신약성경이 오류가 없다거나 '신의 말씀'인지 알아내려 하는 것이 아니라는 점을 명심해야 한다. 우리는 단순히 이야기의 기본 줄거리가 허구(fiction)가 아니라 사실(fact)이라는 점을 밝히려고 할 뿐이다. 이것을 알아내려면, 우리는 어떤 종류의 기록들이 신약성경을 구성하고 있는지 확인할 필요가 있다. 그것은 사건 발생 직후 목격자들(또는 목격자들의 목격담을 전해들은 사람들)의 기록을 담은 자료인가, 아니면 편견에 사로잡힌 추종자들이 역사적 실존 인물에 대한 허구의 내용을 적어 놓은 자료에 불과한가?

이를 위해 우리는 다음 몇 장에서 역사가들이 특정 역사 자료의 신뢰성을 판단할 때 자주 사용하는 기준들에 비추어 신약 자료들을 검증해 볼 예정이다. 우리는 이 기준들을 '역사적 잣대'로 부를 것이다. 이 기준들에는 아래 질문들이 포함된다.

1. 초기의 증언이 있는가? 보통은 자료들이 초기의 것일수록, 그 증언이 더 정확하다.

2. 목격자의 증언이 있는가? 목격자의 증언은 보통 실제로 일어났던 일을 입증하는 데 가장 좋은 수단이다.
3. 서로 독립된 복수의 목격자의 증언이 있는가? 서로 독립된 여러 목격자들은 그 사건의 실제성—그 사건이 허구가 아니라는 것—을 확증하며, 단 하나의 자료만으로는 놓칠 수도 있는 세부 사항들을 추가로 제공한다. 진정 서로 독립된 자료들은 기본 줄거리가 같으면서도 세부 사항에는 차이가 있는 것이 보통이다. 역사가들은 종종 이것을 '비유사성을 지닌 통일성'이라고 부른다.
4. 증인들은 믿을 만한가? 우리는 그들을 당연히 믿어야 하는가? 증인이 누구인지가 중요하다.
5. 고고학이나 다른 저술가들로부터 나온 보강 증거가 있는가? 이런 증거가 있다면 확신을 더해 줄 것이다.
6. 반대자들의 반대 증거가 있는가? 만일 목격자와 반대 입장에 있는 이들이 오히려 목격자의 진실성을 인정한다면, 목격자의 진술은 진실일 개연성이 높다(예를 들어, 나의 어머니가 내가 용감하다고 말하면, 그 말은 참일 수도 있다. 하지만 만일 나를 싫어하는 누군가가 이런 말을 한다면, 그것은 더 신뢰할 수 있다는 말이다.)
7. 저자가 곤란에 처할 수도 있는 사건이나 세부사항이 실려 있는가? 대부분의 사람들은 자신에 대한 부정적인 정보를 기록하려 하지 않기 때문에, 저자를 좋지 않은 인물로 바라보게 만드는 증언은 진실일 공산이 크다.

이런 역사적 잣대를 대부분 또는 모두 만족시키는 자료라면 합리적 의심을 넘어 신뢰할 만한 것으로 본다. 신약 자료들은 어떠한가? 우리는 이번 장과 다음 세 장에 걸쳐 그 질문에 대한 답을 찾아보려 한다. 그러나 역사적 잣대 1번(초기의 증언)부터 살펴보기에 앞서, 많은 회의론자들이 신약성경의 신뢰성을 처음부터 배제시켜 버리는 몇몇 반대 의견들을 우선 제거하는 게 좋겠다.

신뢰성에 대한 일반적인 반대 의견

- **역사는 알려질 수 없다**: 신약 자료의 신뢰성을 고려조차 못하게 하는 논증으로서 최근에 나온 것이 '역사는 알려질 수 없다'는 주장이다. 이 반대 의견이 보통 최초의 생명체가 생명이 없는 화학 물질에서 자연 발생했으며 그 뒤를 이어 나타난 모든 생명체도 지적 존재의 간섭 없이 그 최초의 생명체로부터 진화했다고 말하는 사람들로부터 나오고 있다는 점은 역설적이다. 그런 사건을 보았다는 목격자나 그 사건을 뒷받침하는 보강 증거가 전혀 없는데도, 그들은 그런 역사의 존재를 절대 확신하고 있다. 그런데 그들이 정작 예수 그리스도의 부활은—이 부활 사건의 증인이나 보강 증거가 있음에도—알려질 수 없는 것이라고 단언한다!

'역사는 알려질 수 없다'는 주장은 모든 상식에 어긋난다. 지금 우리는 조지 워싱턴이 미국 초대 대통령이었다는 것을 확신하지 못하는가? 링컨이 미국의 16대 대통령이었다는 것을 지금 확신하지 못하는가? 일본이 1941년 12월 7일, 진주만을 공격했다는 것을 지금 확신하지 못하는가? 뉴욕 메츠가 1969년 월드 시리즈 챔피언이라는 것을 지금 확신하지 못하는가? 물론 우리는 확신할 수 있다. 회의론자들의 주장은 그릇된 것이다. 우리는 역사를 알 수 있을 뿐만 아니라 역사를 알고 있다. 역사를 알 수 없다면, 알려질 수 있는 객관적 역사를 상정하는 역사 수정주의(historical revisionism, 기존 역사 기록이 당시 기득권 세력의 관점에서 기록된 것으로 보고 이를 다르게 해석하는 방식)나 역사 선전(historical propaganda)도 결코 없었을 것이다.

우리가 과거 사건에 대해 알 수 없는 이유는 무엇인가? 회의론자들은 이렇게 말한다. "우리는 모든 사실에 접근할 수 있는 게 아니기 때문이다!" 그 말에 대해 우리는 이렇게 답변할 수 있다. "그렇다면 과학자들 역시 아무것도 알지 못할 것이다. 그들도 모든 사실에 접근할 수 있는 것은 아니기 때문이다." 이것은 분명 불합리한 주장이다. 우리는 모든 사실에 접근할 수 없어도 무슨 일이 일어났다고 확신하는 것이 합리적일 정도의 사실은 충분히 수집할 수 있다.

그런 혼동이 일어난 데에는 '안다는 것'의 의미를 정확히 규정하지 못한 이유도 있다. 우리는 시간을 거슬러 역사 속에서 일어난 사건을 다시 목격할 수 없다. 그렇기 때문에 우리의 역사 지식은 개연성에 근거를 두고 있다. 달리 말하면, 우리는 배심원이 피고의 유죄를 판결할 때 사용하는 것과 같은 기준, 곧 합리적 의심을 넘어 확신이 설 때 유죄 평결을 내리는 것과 같은 기준을 사용한다. 만일 역사가 알려질 수 없는 것이라면, 어떤 배심원도 평결을 내리지 못할 것이다. 결국 배심원은 과거에 일어난 사건에 대한 지식에 기초해 피고의 유무죄를 평결하기 때문이다. 역사가들도 경찰이나 법의학자들과 똑같은 방식으로—증거들을 조합하고 목격자의 진술을 수집함으로써—과거의 사건들을 밝혀내야만 한다. 또 그럴 경우에, 그들도 우리가 위에서 방금 제시했던 일곱 가지 역사적 잣대를 자주 사용한다.

마지막으로, 우리가 역사를 알 수 없다면, 회의론자들은 기독교가 진리가 아님을 주장할 수 없다. 기독교가 진리가 아님을 말하려면, 회의론자들은 역사를 알아야만 한다. 왜 그런가? 모든 부정은 하나의 긍정을 암시하기 때문이다. 예수가 죽은 자들 가운데에서 부활하지 않았다고 말하려면(부정), 회의론자들은 실제로 그에게 무슨 일이 일어났는지 알고 있어야만 한다(긍정).

결국, 회의론자들은 이러지도 저러지도 못하는 난제에 사로 잡혀 있는 셈이다. 만일 그들이 역사는 알려질 수 없는 것이라고 말한다면, 그들은 진화가 참이며 기독교는 거짓이라고 말할 수가 없다. 만일 그들이 역사는 알려질 수 있다고 시인한다면, 그들은 창조와 기독교를 지지하는 여러 계통의 역사적 증거들을 다루어야만 한다.

- **신약성경의 자료는 기적을 포함하고 있다**: 회의론자들은 늘 이렇게 비판한다. "신약성경은 기적들을 담고 있기 때문에, 성경의 많은 부분은 신화일 수밖에 없다!" 우리는 이미 이런 반대 의견에 답을 제시했다. 신이 존재하므로 기적은 일어날 수 있다. 13장에서 살펴보겠지만, 신약성경이 기적 사건들을 기록해 놓은 문맥을 살펴보면, 기적이 가능할 뿐만 아니라 그 기적이 이미 예언되었다는 것을 알 수 있다. 따라서 기적을 포함하고 있다 하여, 신약성경의 기록들이 갖는 역사성을 부인할 수 없을 뿐만 아니라, 오히려 그 사건들이 갖는 역사성을 실제로 강화시킬 수도 있다(왜냐하면 그것은 예언된 사건들을 기록하고 있기 때문이다).

- **신약성경의 저자들은 편향되어 있다**: 위대한 회의론자 데이비드 흄은 만일 우리가 증인들을 신뢰하려면 그들이 한쪽으로 치우쳐서는 안 된다고 주장했다. 따라서 회의론자들은 신약성경의 기록을 볼 때마다 자주 이렇게 묻곤 한다. "그 기록을 특정 종교로 회심한 사람들이 썼다면, 어떻게 그 기록을 신뢰할 수 있겠는가? 이것은 한쪽으로 치우친

사람들이 쓴 한쪽으로 치우친 기록일 뿐이다."

신약성경의 저자들이 한쪽으로 편향되어 있었으며, 회심한 사람들이었다는 말은 진실이다. 그러나 그것이 곧 그들이 거짓말을 하거나 과장하고 있다는 말은 아니다. 오히려 그들은 회심했고 편향되었기 때문에 사실은 더 정확한 서술을 했을 수도 있다. 왜 그런지 살펴보자.

수년 전에, 한 케이블 TV 방송에서 소위 예수를 다룬 다큐멘터리를 방영했다. 다큐멘터리는 해설자의 이런 해설과 함께 시작됐다. "우리가 예수에 대해 알고 있다고 생각하는 대부분의 내용은 신약성경의 복음서로부터 나왔다. 곧 마태복음, 마가복음, 누가복음, 그리고 요한복음이 그것이다. 그러나 그 복음서들이 우리에게 정확한 정보를 제공해 주고 있다고 믿는 것은 곤란하다. 특정 신앙으로 회심한 사람들이 그 책들을 썼기 때문이다."

자, 이 논리에는 어떤 오류가 있을까? 이 논지의 잘못은 가장 중요한 질문, 곧 그들이 회심한 이유가 무엇인가를 묻지 않았다는 점이다. 무엇보다 중요한 질문은 "신약의 저자들이 무엇을 믿었는가?"가 아니다. 오히려 "그들은 왜 회심하여 새로운 신앙을 갖게 되었는가?"이다. 바꾸어 말해, 신약의 저자들이 자신들의 생계와 소중한 종교적 전통을 내던지고 이 새로운 신앙을 받아들인 이유가 무엇인지가 가장 중요한 것이다.

나(프랭크 튜렉)는 얼마 전에 한 라디오 토론 프로그램에서 흑인 이슬람교 신자 부부에게 이 질문을 던졌다. 전통적 이슬람교 신자들과 마찬가지로, 이 흑인 이슬람교 신자들 역시 예수가 십자가에 못 박힌 적이 없으며, 따라서 당연히 그는 부활할 수도 없다고 믿고 있었다. 나는 이 점을 염두에 두고, 그들에게 물었다. "신약성경의 저자들이 갑자기 유대교로부터 죽음에서 부활한 예수를 믿는 쪽으로 회심한 이유가 뭘까요?"

한 사람이 대답했다. "세상을 다스리는 권세를 얻으려고 했겠죠!" 내가 물었다. "예수가 죽음에서 부활했다고 주장함으로써 신약성경의 저자들이 무슨 권세를 얻었나요? 대답은 '전혀 없다'입니다. 사실, 권세를 얻기는커녕, 정확히 그 반대 것들을 얻었죠. 이를테면 굴종, 노예 신세, 핍박, 고문, 그리고 죽음 등이죠." 그들은 아무런 대답을 하지 않았다.

그래서 나는 질문을 달리해 다시 물었다. "만일 예수의 부활이 사실이 아니라면, 그들은 어떤 동기로 그 이야기를 꾸며냈다고 보십니까?"

또 다시, 그들은 답이 없었다. 왜 그랬을까? 그들은 신약의 저자들이 세속적 동기만 놓고 보면 예수의 부활을 선포하기보다 도리어 그 부활을 부인할 수밖에 없음을 깨닫기 시작했기 때문이다. 그들에게는 신약성경의 이야기를 꾸며낼 아무런 동기나 유인 요소도 존재하지 않았다. 곧 앞으로 굴종, 노예 신세, 핍박, 고문, 그리고 죽음 밖에는 기대할 게 없는데, 그런 상황에서 누가 굳이 없는 이야기를 만들어내 사실이라고 주장하려 하겠는가?

신약성경의 저자들에겐 확실히 새로운 종교를 만들 이유가 없었다. 우리는 그들 모두가—누가는 예외일 가능성이 있다—자신들이 이미 유일한 참 종교를 갖고 있다고 굳게 믿던 유대인들이었음을 기억해야 한다. 더욱이 거의 2천 년이나 이어져 온 그들의 종교에 따르면 자신들만이 하나님의 택한 백성임을 단언할 수 있었다. 기독교로 회심한 유대인들은 대체 왜 핍박, 죽음, 그리고 어쩌면 영원한 저주까지 감내해야 할지도 모르는데, 당시 유대인에겐 진리도 아닌 종교를 시작하려 했을까? 그리고 오직 유대인만이 우주의 창조자와 맺고 있던 배타적 관계에 이방인들을 끌어들이려 했을까? 또한 예수의 부활이 실제로 일어나지 않았다면, 그들은 왜, 거의 동시에, 안식일, 할례, 모세의 율법, 오직 예루살렘 성전에서만 제사를 지내야 했던 성전의 중심성, 제사장 제도, 그리고 다른 구약성경의 가르침을 따르는 것을 그만두었을까? 신약성경의 저자들은 거의 2천 년 동안 자신들과 자신들의 조상이 누구인지 규정해 왔던 그 고대의 신앙과 행위를 버리고 그로부터 돌아설 정도로 매우 강력한 몇 가지 증거들을 목격한 게 틀림없다.

• **회심한 사람들은 객관성이 없다**: 이 시점에서 회의론자라면 이렇게 항변할 수도 있다. "그렇지만 신약의 저자들은 회심한 사람들이었으므로 객관적이지 못합니다." 이건 말이 되지 않는다. 사람들은 중립적이지 않을 때조차도 객관적일 수 있다. 의사는 환자에게 강한 연민을 느낄 때에도 객관적 진단을 내릴 수 있다. 말하자면, 중립적이지 않더라도 객관적일 수 있는 것이다. 실제로 환자를 향한 뜨거운 열정은 오히려 보다 객관적인 자세로 병의 진단과 처치에 임할 수 있게 한다.

이 책을 쓰는 우리는 분명 중립적이지는 않지만, 그래도 객관적 사실들을 제시하고 있다. 동일하게 무신론자 역시 중립적이지 않지만, 하려고만 한다면 객관적 사실을 제시할 수 있다. 신약성경의 저자들도 마찬가지다.

정말 중요한 진리는 모든 책들이 하나의 이유 때문에 기록되었으며, 대다수 저자들이 자신이 기록한 내용을 믿고 있다는 점이다. 그러나 그것이 곧 그들의 자료가 잘못이라거나 전혀 객관적이지 않다는 말은 아니다. 우리가 서문에서 언급했듯, 홀로코스트에서 살아남은 생존자들은 결코 중립적 입장에서 글을 쓰지 않았다. 그들은 자신들의 기록이 전 세계가 그 대학살을 결코 잊지 않도록 해줄 것이며, 나아가 다시는 그런 일이 되풀이되지 않게 하리라는 소망을 품고 있었다. '열정'은 어떤 이들에게는 과장하게 만드는 요인이 될 수 있지만, 다른 이들에겐 자신들이 전하고 싶은 메시지를 사람들이 받아들일 수 있도록 메시지의 신뢰성을 유지하는 일에 신중하고 정확한 태도를 견지하게 만드는 요인이 될 수 있다.

신약성경 저자들의 경우에 중립성과 객관성을 구별하는 것은 지극히 중요한 문제이다. 신약성경을 구성하는 자료들은 당연히 편향되고 믿을 만한 가치가 없는 것들로 여겨지는 경우가 허다하다. 그러나 이것은 아이러니다. 이런 견해를 주장하는 사람들이야말로 편향성을 보이는 경우가 잦기 때문이다. 그들이 한쪽으로 치우치게 된 것은 먼저 신약성경의 기록과 그 기록 정황을 조사해 보지도 않은 채, 유식한 티를 내며 그 기록과 기록 정황의 신뢰성을 문제 삼았기 때문이다.

우리가 곧 보겠지만, 신약성경의 기록은 '교회 선전'을 위한 자료도 아니요, 교회의 신학을 장려하기 위해 의도된, 한결같은 내용의 저작물 덩어리도 아니다. 그렇다면 무엇인가? 그것이 바로 우리가 이번 장의 나머지 부분과 다음 세 장에서 다룰 내용이다.

그렇다면 이제 그 문제를 다뤄보자. 우리는 우리가 신약성경의 저자들이 남긴 기록의 정확한 사본을 갖고 있음을 알고 있다. 그런데 그 기록들은 믿을 만한가? 우리의 첫 번째 질문은 역사적 잣대 1번, 곧 '신약성경의 자료는 초기의 것인가?'를 다루고 있다.

신약성경의 자료는 초기의 것인가?

그렇다. 얼마나 일찍 기록된 것인가?

- **신약성경의 모든 책(마태복음부터 요한계시록까지)은 주후 100년 이전**

에(예수 죽음 이후 약 70년 동안에) 기록되었다: 표 9.1이 보여주고 있듯이, 초대 교회의 세 교부인 클레멘트, 이그나티우스, 그리고 폴리캅은 주후 95년부터 110년 사이에 기록된 서신들에서 신약성경에 있는 27권의 책 가운데 25권의 문구를 인용하고 있다.[19] 짧은 책인 유다서와 요한2서만은 참조되지 않았지만, 그 책들도 틀림없이 그 이전에 기록되었다. (유다가 자신의 짧은 서신을 기록한 때도 이 무렵이 틀림없다. 그 이유는 예수의 배다른 형제였던 그가 주후 100년경에 죽은 것이 거의 확실하기 때문이다. 또 요한2서 역시, 위의 세 교부들이 인용하고 있는 25권의 책들 가운데 하나인 요한3서 이전에 나왔다는 점에서, 그 이전에 이미 기록된 책이다.)

클레멘트는 로마에 있었고 이그나티우스와 폴리캅은 수백 마일이나 떨어진 서머나에 있었다. 때문에 신약성경 자료의 원본은 그보다 훨씬 이전에 기록된 것이 틀림없다. 그렇지 않았다면, 그 무렵에 그 자료들이 이미 고대 세계 전역에 널리 퍼져 있을 수가 없기 때문이다. 따라서 신약성경은 주후 100년 이전에 모두 기록되었으며, 적어도 표 9.1의 왼쪽 칸에 있는 책들은 95년보다 여러 해 전에 기록되었다고 보아도 무방하다.

연대를 아무리 늦게 잡아도 주후 100년에는 이미 다 기록되었을 것이다. 아마도 대다수 책들은 훨씬 더 이전에 기록되었을 것이다. 얼마나 더 일찍 기록되었을까? 전부는 아니어도 대다수는 70년 이전에 기록되었을 것이다.

---

19 Paul Barnett, *Is the New Testament Reliable?*(Downers Grove, Ill.: InterVarsity Press, 1986), 38-40.

인용된 신약성경의 책들

클레멘트가 로마에서 쓴 책의 경우 (주후 95년경)	이그나티우스가 소아시아의 서머나에서 쓴 책의 경우 (107년경)	폴리캅이 소아시아의 서머나에서 쓴 책의 경우 (110년경)
마태복음	마태복음	마태복음
마가복음	마가복음	마가복음
누가복음	누가복음	누가복음
로마서	요한복음	요한복음
고린도전서	사도행전	사도행전
에베소서	로마서	로마서
디모데전서	고린도전서	고린도전서
디도서	고린도후서	고린도후서
히브리서	갈라디아서	갈라디아서
야고보서	에베소서	에베소서
베드로전서	빌립보서	빌립보서
	골로새서	골로새서
	데살로니가전서	데살로니가후서
	디모데전서	디모데전서
	디모데후서	디모데후서
	디도서	히브리서
	빌레몬서	베드로전서
	히브리서	요한1서
	야고보서	
	베드로전서	
	베드로후서	
	요한1서	
	요한3서	
	요한계시록	

표 9.1

• **전부는 아니어도 대다수 책들은 주후 70년 이전에(예수 죽음 이후 약 40년 이내에) 기록되었다:** 우리가 1세기에 살고 있는 경건한 유대인이라고 상상해 보자. 우리의 민족, 경제, 그리고 종교 생활의 중심은 예루살렘, 그 안에서도 특히 예루살렘 성전이다. 솔로몬 왕이 첫 번째 성전을 건축한 이래 천 년 동안, 우리의 민족, 우리의 가정, 그리고 거의 모든 유대인 가정에서는 그런 생활 방식이 유지되었다. 헤롯왕이 최근에 세운 성전은 대부분 우리가 아이였을 때 완성되었지만, 그 성전의 일부는 주전 19년부터 여전히 건설 중이었다. 우리는 하나님 말씀을 거슬러 저지른 죄를 속하고자 성전 제사에 참여하고 희생 제물을 성전에 가져오는 일을 평생 해왔다. 왜 그런가? 우리와 우리 동족은 이 성전이야말로 천지를 만든 우주의 하나님, 곧 그 이름조차 너무 거룩해 차마 입에 올릴 수도 없는 바로 그 신이 지상에서 머물고 계시는 곳이라고 여기기 때문이다.

청년이 되면서, 우리는 성경이 예언했던 그 메시아, 우리와 우리 동족이 오랫동안 고대했던 그 메시아가 자신이라 주장하는 한 유대인을 따르기 시작한다. 그의 이름은 예수이다. 그는 기적을 행하고, 심오한 진리를 가르치며, 성전의 제사장들을 비판하고 당황하게 만든다. 믿을 수 없지만, 그는 자신의 죽음과 부활까지 예언한다. 뿐만 아니라, 그는 예루살렘 성전 자체가 우리 세대가 다 지나가기 전에 무너질 것이라고 예언한다(막 13:2, 30).

이 얼마나 불경한 일인가! 성전 제사장들은 예수를 신성 모독죄로 기소하고 우리가 가장 거룩히 여기는 절기 가운데 하나인 유월절 전날 십자가에 못 박아 죽인다. 그는 한 유대인의 무덤에 장사되지만, 그의 예언대로 우리와 다른 그의 제자들은 사흘 만에 살아 있는 그를 보게 된다.

우리는 그를 만지고 그와 함께 먹는다. 그는 계속하여 기적을 행하다가 마침내 하늘로 올라간다. 40년 뒤, 우리의 성전은 예수가 예언한 대로 파괴되고, 더불어 예루살렘 전체와 수천 명에 이르는 우리의 동족들도 최후를 맞는다.

여기서 질문을 던져 보자. 만일 우리와 우리의 동료인 예수의 제자들이 주후 70년 예루살렘 성전과 예루살렘 성이 파괴당한 이후에 예수에 대한 기사를 쓴다면, 특별히 이 부활한 예수가 그것을 예언한 점을 생각해서라도, 전례 없는 민족과 인간과 경제와 종교의 비극(예루살렘 멸망과 성전 파괴 사건)을 적어도 우리가 쓴 기사들 가운데 어떤 곳에서는 언급하지 않겠는가? 당연히 언급할 것이다! 그런데 바로 여기에 신약성경이 주후 70년 이후에 기록되었다고 말하는 사람들이 안고 있는 문제가 있다. 즉 신약성경은 그 어디에서도 이 비극에 대한 예언이 성취되었음을 결코 언급하지 않는다. 이것은, 비록 전부는 아니어도, 그 기록들 대부분이 주후 70년 이전에 이미 기록된 게 틀림없다는 의미이다.

어떤 이들은 이렇게 반론을 제기할 수도 있다. "그건 침묵을 근거로 한 논증이다. 그런 논증으로는 아무것도 입증하지 못한다." 그러나 사실 이것은 침묵을 근거로 한 논증이 아니다. 신약성경의 기록들이 예루살렘 성과 예루살렘 성전, 또는 그것들과 결부된 사건들을 언급할 때, 그 성과 성전이 여전히 손상되지 않은 채 남아 있는 것으로 말하고 있기 때문이다.[20] 그러나 이것이 침묵을 근거로 한 논증이더라도, 이 논증이 잘못임을 의미하지는 않는다. 이와 비교할 만한 현대의 사례들을 살펴보

---

20 요한복음 5:2; 데살로니가후서 2:4; 히브리서 5:1-3; 7:23, 27; 8:3-5; 9:25; 10:1, 3-4,11; 13:10-11; 요한계시록 11:1-2을 보라.

자. 만일 이전에 미 해군 전함 애리조나호에서 근무했던 승무원 한 사람이 그 전함의 역사와 관련된 책을 하나 쓴다고 하자. 나아가 그 전함이 일본군의 공격으로 진주만에서 침몰하면서 1,177명의 수병들이 전사했다는 사실을 전혀 언급하지 않은 채 그 책을 끝냈다고 하자. 이런 경우, 그 책이 틀림없이 1941년 12월 7일 이전에 기록되었을 것이라는 점을 의심할 수 있을까? 또는, 이전에 세계무역센터에서 일했던 사람이 그 건물 역사와 관련된 책을 하나 쓰면서, 이슬람 테러리스트들이 그 건물을 파괴하여 거의 3,000명에 이르는 사람들을 살해한 사건을 전혀 언급하지 않은 채, 그 고층 건물이 여전히 우뚝 서 있다고 서술하며 그 책을 마쳤다 하자. 틀림없이 그 책은 2001년 9월 11일 이전에 기록되었을 것이라는 점을 의심할 수 있을까? 절대 없다.

그런데 생명, 재산, 그리고 민족이라는 범주를 놓고 보면, 주후 70년에 벌어진 그 재앙(예루살렘 멸망과 성전 파괴 사건)은 진주만 폭격과 9.11보다 엄청나게 더 큰 사건이다. 그것은 요세푸스가 모든 시대를 통틀어 '가장 큰' 전쟁이라고 불렀던 한 잔인한 전쟁의 종언을 알리는 것이었다.[21] 유대인들은 단지 전함 1척이나 유명한 한 쌍의 건물을 잃어버린 게 아니었다. 그들은 지난 천 년 동안 그들의 종교, 정치, 그리고 경제생활의 중심지였던 자신들의 조국 전체, 수도, 그리고 성전을 잃어버렸다. 뿐만 아니라, 수만 명의 동포들이 죽임을 당하고 수백 개 마을들이 불타 없어졌다.

따라서 만일 오늘날 관련 기록들이 진주만 사건이나 9.11과 같은 비

---

21 Paul Barnett, *Is the New Testament Reliable?* (Downers Grove, Ill.: InterVarsity Press, 1986), 65를 보라.

극들을 언급하는 게 당연하다면, 신약성경은 어디에서라도 주후 70년의 사건을 인용했어야 한다(특별히 그 사건들은 예수가 예언했기 때문이다). 그러나 신약성경은 그 어느 곳에서도 이 사건을 언급하지 않을 뿐 아니라, 도리어 예루살렘과 예루살렘 성전이 전혀 손상되지 않은 채 여전히 존속하고 있다고 말한다. 때문에 우리는, 전부는 아니어도, 신약성경 기록이 대부분 70년 이전에 기록된 것이 틀림없다는 합리적 결론을 이끌어낼 수 있다.

그러면 이 성경은 얼마나 이른 시기에 기록되었을까?

• **신약성경의 많은 책들이 주후 62년 이전에(예수 죽음 이후 약 30년 이내에) 저작되었다:** 우리가 초대 교회의 사건들을 기록하는 연구 계획에 착수한 1세기 의사라고 상상해 보자. 이 연구를 진행하려면, 초대 교회의 목격자들을 면담해야 하고, 바울 사도가 고대 세계 전역에 걸쳐 새로 세운 교회들을 방문할 때마다 그와 동행해야 한다. 우리는 스데반, 그리고 요한과 형제지간인 야고보의 순교뿐만 아니라, 요한과 베드로의 초기 사역처럼 초대 교회의 삶에서 중요한 사건들을 기록한다. 바울의 삶을 기록할 때에는 설교, 채찍으로 맞음, 그리고 재판으로부터 파선과 투옥에 이르기까지 모든 것을 기록한다. 또한 바울 사도가 베드로 그리고 예수의 동생이요 예루살렘 교회의 지도자인 야고보와 회동해 신학 문제를 논의한 일도 기록한다.

우리가 이 사건들과 관련해 많은 내용을 기록하면서, 우리의 이야기는 상세한 기사들로 가득차게 되었다. 그 결과 박식한 독자들은 우리가 틀림없이 목격자의 증언을 청취했거나 아니면 우리 자신이 목격자라는 점을 알게 될 것이다. 예를 들어, 우리는 바울의 여행을 따라 가면서 우리가 쓰는 대명사를 '그들'로부터 '우리'로 바꾸고, 그 지역 정치가의 이름, 그 지역의 속어, 날씨의 흐름, 지세, 상항위 습관들을 정확히 기록한다. 심지어 우리가 탄 배가 폭풍을 만나 암초에 걸리려 할 즈음, 몰타 섬으로부터 약 1킬로 떨어진 곳의 수심이 정확히 얼마였는지까지 기록하게 된다! 실제로 우리는 적어도 84개나 되는 상세한 기사들을 우리의 이야기 후반부에서 기록한다.

다시 질문을 하나 해보자. 우리는 이 소소한 세부 기사들조차 빠뜨리지 않고 기록하는 것이 중요함을 분명히 발견했다. 그렇다면 우리의 주인공인 바울 사도가 로마 황제 네로의 손에 죽임을 당했다고 할 때, 우리는 그것을 기록하지 않았겠는가? 또는 만일 예루살렘 교회의 지도자인 예수의 동생이, 예수에게 사형을 선고했던 바로 그 유대인 조직체 산헤드린의 손에 죽임을 당했다면, 우리는 그것을 기록하지 않았겠는가? 당연히 기록했을 것이다. 우리가 그런 중요한 사건들을 기록하지 않았다면, 당연히 우리의 증언이 그들의 죽음 이전에 기록되었으리라고 추정하는 게 맞는다고 본다.

이것이 우리가 신약성경에서 발견하는 상황이다. 의사인 누가는 초대 교회에서 일어난 일들을 연대순으로 기록한 사도행전에 온갖 상세한 기사들을 꼼꼼하게 기록해 놓았다(역사를 통해 확증된 84개의 상세한 기사들 목록은 다음 장에 있다). 누가는 두 기독교 순교자(스데반, 그리고 요한의 형제 야고보)의 죽음을 기록하고 있지만, 그의 기록은 두 명의 주요 기독교 지도자(바울, 그리고 예수의 동생 야고보)가 여전히 살아 있는 것으로 보고하며 끝을 맺는다. 사도행전은 로마에서 가택에 연금당한 바울의 이야기로 갑자기 끝을 맺지만, 야고보가 죽임을 당한 것은 전혀 언급하고 있지 않다. 우리는 1세기 후반에 기록된 로마의 클레멘트의 기록과 다른 초대 교회 교부들의 기록을 통해 바울이 주후 68년에 막을 내린 네로의 통치 기간 중 어떤 시기에 죽임을 당했다는 것을 알고 있다.²² 또한 요세푸스의 글을 통해 야고보가 주후 62년에 죽임을 당했다는 것도 알고 있다. 따라서 우리는 어떤 합리적 의심도 없이 사도행전이 62년 이전에 기록되었다는 결론에 이르게 된다.

만일 그래도 확신을 갖지 못한다면, 이와 비교할 수 있는 현대의 사례를 살펴보라. 누군가가 1960년대에 벌어진 민권운동의 주요 인물들을 둘러싼 사건들을 기록한 책을 하나 썼다고 가정해 보자. 그 책에는 케네디 대통령의 암살 사건으로부터 시작해, 1964년의 민권 관련 법률 제정, 마틴 루터 킹 2세 목사의 행진과 저항, 그의 체포와 투옥, 그리고 그가 워싱턴에서 행했던 유명한 연설인 "나에게는 꿈이 있습니다(I have a dream)"가 들어간다. 여기서 질문을 하나 해보자. 만일 그 책이 민권 운동 지도자인 마틴 루터 킹 2세가 여전히 살아 있다고 말하며 끝을 맺는다면, 우리는 그 책이 언제 기록되었다고 결론지을 것인가? 분명히 그가 암살당하기 전인 1968년 4월 이전에 기록되었다고 말할 것이다. 이것이 바로 우리가 누가복음의 이야기에서 똑같이 경험하고 있는 상황이다. 그의 책은 주인공이 여전히 살아 있다고 말하며 끝을 맺고 있는데, 이것은 곧 그 책이 62년 이전에 기록되었음을 의미한다. (고전학자요 역사가인 콜린 헤머[Colin Hemer]는 사도행전이 늦어도 62년까지는 기록되었음을 보여주는 열세 가지 이유를 추가로 제시한다.)²³

---

22 Paul Barnett, *Jesus and the Rise of Early Christianity*(Downers Grove, Ill.: InterVarsity Press, 1999), 343을 보라.
23 Colin J. Hemer, *The Book of Acts in the Setting of Hellenistic History*(Winona Lake, Ind.: Eisenbrauns, 1990), 376-382. Hemer가 제시한 이유들을 요약해 놓은 것은 *Baker Encyclopedia of Christian Apologetics*(Grand Rapids, Mich.: Baker, 1999), 528을 보라.

만일 사도행전이 62년까지 기록되었다면, 누가복음은 그 이전에 기록된 것이다. 그것을 어떻게 알 수 있는가? 누가가 사도행전의 최초 수신자인 데오빌로(그는 아마도 로마의 중요 인물이었던 것 같다)에게 자신이 이전에 그에게 쓴 내용을 되새겨주고 있기 때문이다. 사도행전 첫 구절은 이렇게 시작한다. "데오빌로여 내가 먼저 쓴 글에는 무릇 예수께서 행하시며 가르치시기를 시작하심부터…" 여기서 먼저 쓴 글이란 누가복음임이 틀림없다. 누가가 그 복음서 역시 데오빌로에게 보내고 있기 때문이다(눅 1:1-4, 아래 인용을 보라).

누가복음은 얼마나 더 일찍 기록되었을까? 누가복음은 주후 60년경 또는 그 이전에 기록된 것으로 보는 것이 타당할 듯하다. 62년이 사도행전이 끝을 맺은 시점이며, 누가가 데오빌로에게 보낸 첫 번째 글과 두 번째 글 사이에 분명 어느 정도 시간 간격이 있었을 것이기 때문이다. 만일 사도행전이 62년 이전에 기록되었다면(그보다 더 이전에 기록되었을 가능성도 충분하다), 누가복음은 실제로 60년 또는 그 이전에 기록된 것이다.

이 연대 설정은 바울이 누가복음을 인용하고 있는 점을 보더라도 타당성이 있다. 62년-65년 사이 어느 때에 디모데전서를 쓰고 있던 바울은 누가복음 10장 7절을 인용하면서 그것을 '성경'으로 지칭한다. 따라서 누가복음은 바울과 디모데 두 사람이 모두 그 내용을 알고 그 책을 성경으로 여길 정도로 62-65년 이전에 이미 오랫동안 회람되고 있었을 게 틀림없다.(그런데 이것은 바울에게 결코 별 의미 없는 주장이 아니다. 이런 주장은 사실 그가 누가복음이 거룩한 유대인의 성경, 곧 그가 너무나 소중하게 여기는 구약성경만큼이나 영감되었다는 것을 대담하게 단언하는 것이기 때문이다!)

만일 누가복음이 주후 60년 이전에 기록되었다면, 마가복음은, 더 이르지는 않더라도, 분명 50년대 중반에서 후반에 이르는 시기에 기록되었을 것이다. 왜 그런가? 누가가 자신이 기록하고 있는 사실들을 목격자들이 전한 자료들을 검토함으로써 얻었다고 말하기 때문이다.

> 우리 중에 이루어진 사실에 대하여 처음부터 목격자와 말씀의 일꾼 된 자들이 전하여 준 그대로 내력을 저술하려고 붓을 든 사람이 많은지라 그 모든 일을 근원부터 자세히 미루어 살핀 나도 데오빌로 각하에게 차례대로 써 보내는 것이 좋은 줄 알았노니 이는 각하가 알고 있는 바를 더 확실하게 하려 함이로라(눅 1:1-4).

대다수 학자들은 마가복음이 그런 목격자들이 전해 준 자료들 가운데 하나라고 믿고 있다. 또 만일 우리가 위에서 언급했던 사해 사본 조각들이 실제로 주후 50년에서 70년 사이의 것이라면, 마가복음은 더 이른 시기의 것임이 틀림없다. 그러나 설사 마가복음이 누가복음보다 더 이른 시기에 기록된 것이 아니라 하더라도, 우리는 누가복음이 62년 이전, 아니 어쩌면 60년 이전의 것임을 합리적 의심을 넘어 확신하며 알고 있다. 바로 그 사실은 우리가 갖고 있는 책이 예수의 죽음, 장사, 그리고 부활 이후 25년 내지 30년 이내에 꼼꼼하게 기록된 목격자들의 증언임을 의미하는 것이다. 이처럼 너무나 이른 시기에 기록되었기에, 성경은 믿을 수 없는 신화로 치부할 수가 없다. 뿐만 아니라, 이 성경이 이렇게 이른 시기에 기록되었다는 것은 목격자들이 전해 준 자료들이 그보다 더 이른 시기까지 거슬러 올라간다는 것을 의미한다. 얼마나 더 이른 시기까지 올라갈까?

- 신약성경의 몇몇 책들은 30년대(예수의 죽음 이후 불과 수년이 지났

을 때)로부터 나온 자료를 사용해 주후 40년대와 50년대에 기록한 것들이다: 우리가 누가의 기록 연대를 확신하는 것과 마찬가지로, 학자들 가운데 가장 자유주의 성향을 띠는 이들까지 포함해 어느 누구도 의심하지 않는 사실은 바울이 고린도(오늘날 그리스에 있는 곳) 교회에 보내는 자신의 첫 번째 편지를 55년부터 56년 사이의 어느 시기에 썼다는 점이다. 이 편지에서 바울은 고린도 교회의 도덕적 문제들을 이야기하면서, 방언, 예언, 그리고 성찬에 관한 논쟁까지 다룬다. 물론, 이것은 고린도 교회가 어떤 유형의 기적 행위를 체험하고 있었으며 부활 이후 25년도 지나지 않아 이미 성찬을 시행하고 있었음을 실증해 주는 것이다.

그러나 이 서신이 갖고 있는 가장 중요한 측면은 부활 그 자체에 대해 가장 이른, 그리고 진정성이 가장 잘 확증된 증언을 담고 있다는 것이다. 바울은 고린도전서 15장에서 그가 다른 사람들로부터 들은 증언과 그리스도가 자신에게 나타났을 때 그 진정성이 확증된 증언을 기록하고 있다.

> 내가 받은 것을 먼저 너희에게 전하였노니 이는 성경대로 그리스도께서 우리 죄를 위하여 죽으시고 장사 지낸 바 되셨다가 성경대로 사흘 만에 다시 살아나사 게바에게 보이시고 후에 열두 제자에게와 그 후에 오백여 형제에게 일시에 보이셨나니 그중에 지금까지 대다수는 살아 있고 어떤 사람은 잠들었으며 그 후에 야고보에게 보이셨으며 그 후에 모든 사도에게와 맨 나중에 만삭되지 못하여 난 자 같은 내게도 보이셨느니라(고전 15:3-8).

바울은 그가 '받은' 것을 어디에서 얻었을까? 아마도 그는 회심 이후 3년 만에 예루살렘으로 베드로와 야고보를 방문했을 때 그들에게 그것을 받았을 것이다(갈 1:18). 왜 이것이 중요한가? 게리 하버마스(Gary Habermas)의 지적처럼, 심지어 자유주의 성향의 학자들까지 포함하는 대다수 학자들은 이 증언이 부활 사건까지 곧바로 거슬러 올라가는 초기 신앙고백(creed)의 일부라고 믿고 있기 때문이다. 예수의 부활 이후 18개월부터 8년 이내에 만들어진, 또는 학자에 따라서는 보다 일찍 만들어진 것으로 보고 있다.[24] 그런 증언이 신화를 묘사할 수도 있다는 주장은 전혀 불가능하다. 증언이 해당 사건이 일어난 시간과 장소까지 거슬러 올라가고 있기 때문이다.[25] 부활이라는 신화가 생겨날 수 없었던 장소가 하나 있었다면, 그곳은 바로 예루살렘일 것이다. 기독교를 짓밟는 데 혈안이 되어 있던 유대인들과 로마인들이 예수의 시신을 갖고 성읍 전체를 돌아다님으로써 기독교를 쉽게 능멸할 수 있었기 때문이다.

더구나 바울이 그 이름이 알려져 있는 14명의 증인들—곧 열두 사도, 야고보, 그리고 바울 자신이 이에 해당하는데, '게바'는 베드로를 가리키는 아람어다—을 인용하고 있으며, 500명 이상의 사람들이 동시에 목격했다는 말을 참조하고 있는 점에 주목하라. 그 무리에는 회의론자인 야고보와 예수를 철저히 대적했던 바울 자신이 포함되어 있다. 바울은 그가 말하는 내용을 확증해줄 사람들의 이름을 아주 많이 열거함으로써,

---

[24] 전부는 아닐지라도, 대부분의 학자들은 이 자료의 기원을 주전 40년 이전으로 본다. Gary Habermas, *The Historical Jesus*(Joplin,Mo.: College Press, 1996), 152-157을 보라. 또, Gary Habermas and Michael Licona, *The Case for the Resurrection of Jesus*(Grand Rapids, Mich.: Kregel), 7장을 보라.
[25] 덧붙여, "내가 너희에게 보내었노라"라고 씀으로써, 바울은 그들에게 그가 그 증언을 이미 한 적이 있다는 사실을 상기시키고 있다. 따라서, 그가 그것들을 56년에 기록했지만, 이전에 고린도를 방문했을 때, 그러니까 아마 51년경에 그들에게 틀림없이 말로 증거했을 것이다. 이것은 바울이 그 기록 내용을 51년 이전에 받은 것이 틀림없음을 의미하며, 그것은 곧 이 기록 내용을 알려 주는 말이 그 이전에 이미 존재했음을 의미한다.

사실은 그를 떠나려고 하는 고린도 독자들에게 항변하고 있는 것이다. 성경학자 윌리엄 릴리(William Lillie)는 이렇게 말한다.

> 역사적 증거인 명단에 특별한 권위가 있는 이유는 5백 명의 형제들 가운데 대다수가 여전히 살아 있기 때문이다. 바울은 사실 이렇게 말하고 있는 셈이다. "나를 믿지 못하겠거든, 그들에게 물어보라." 그 사건이 있은 지 30년도 채 지나지 않아 기록된, 명백히 진실한 편지에 실려 있는 이 단언이야말로 사람들이 거의 2천 년 전에 일어났던 어떤 사건을 증명하고자 할 때 얻고 싶어 하는 강력한 증거일 것이다.[26]

만일 그리스도의 부활이 일어나지 않았다면, 바울이 왜 증인임을 자처하는 사람들의 명단을 제시했겠는가? 그가 말도 되지 않는 거짓말을 했다면, 그 즉시 고린도 독자들은 그를 향한 모든 신뢰를 버렸을 것이다.

고린도전서 이외에도, 50년대 또는 그 이전에 기록된 다른 수많은 신약성경 기록들이 있다. 갈라디아서(주후 48년), 데살로니가전서(50-54년), 그리고 로마서(57-58년)가 모두 이 범주에 들어간다. 사실 (여기서 우리가 몹시 위태로운 입장이 될 수도 있다는 것을 알지만) 바울의 모든 저작들은 틀림없이 60년대 중반의 어느 때 쯤에 있었을 그의 사망 이전에 기록되었을 것이다

그러나 이렇게 이른 저작 연대를 믿고 있는 사람들은 단지 보수 성향을 지닌 학자들만이 아니다. 무신론자인 존 로빈슨(John A. T. Robinson)

---

26 William Lillie, "The Empty Tomb and the Resurrection," in D. E. Nineham, et al., *Historicity and Chronology in the New Testament*(London: SPCK, 1965), 125.

같은 몇몇 급진 성향의 비평가들도 신약성경의 자료들이 이른 시기에 기록되었다고 인정한다. 〈신의 죽음(Death of God)〉 운동의 심지에 불을 붙였다 하여 유명해진 로빈슨은 『신약 기록연대의 재정립(Redating the New Testament)』이라는 획기적 저서를 썼는데, 그 책에서 그는 네 개의 복음서 전부를 포함하여 신약성경의 대다수 책들이 주후 40년부터 65년 사이의 어느 시기에 기록되었다고 주장했다.

위대한 고고학자로서 한때는 자유주의자였던 윌리엄 올브라이트(William F. Albright)는 신약성경이 고고학 및 역사 자료들과 아주 잘 들어맞는다는 것을 알고 나서, "우리는 신약성경의 어떤 책도 80년대 이후에 기록된 것으로 봐야 할 어떤 견고한 근거도 더 이상 존재하지 않는다고 힘주어 말할 수 있다"고 쓴 바 있다.[27] 다른 곳에서 올브라이트는 이렇게 말했다. "내가 보기에, 신약성경에 들어 있는 모든 책은 1세기의 40년대부터 80년 사이에(주후 50년부터 75년 사이의 어떤 시기일 개연성이 매우 높다) 세례 받은 유대인이 쓴 것들이다."[28]

따라서 우리는, 비록 전부는 아니어도, 신약성경의 자료 대부분이 이른 시기의 것이라는 점을 어떤 합리적 의심도 배제할 정도로 알 수 있다. 그러나 회의론자들은 여전히 몇 가지 반대 의견을 개진하고 있다.

---

27 William F. Albright, *Recent Discoveries in Bible Lands*(New York :Fink&Wagnalls, 1956), 136.
28 William F. Albright, "William Albright: Toward a More Conservative View," *Christianity today*, 1963년 1월 18일자, 3.

회의론자의 주장

그 기록은 그렇게 이른 시기의 것이 아니다

몇몇 회의론자들은 예수의 생애와 그에 대한 기록 사이에 존재하는 15년에서 40년에 이르는 간극은 그 증언의 신뢰도를 확보하는 데는 너무 넓다는 생각을 품고 있는 것 같다. 그러나 그들은 실수를 범하고 있다.

15년에서 40년 전에 일어난 사건들을 생각해 보라. 역사가들이 그런 사건들에 대해 기록해 놓을 경우, 우리는 이렇게 말하지 않는다. "불가능한 일이다. 그렇게 오래전에 있었던 일은 아무도 기억할 수 없다!" 그런 회의론은 명백히 정당한 근거가 없다. 오늘날 역사가들은 자신들의 기억, 다른 목격자들의 기억, 그리고 그 시대에 기록된 자료를 참조함으로써, 1970년대, 1980년대, 그리고 1990년대에 있었던 사건들을 정확히 기록한다.

이런 과정은 신약성경의 저자들이 자신들의 책을 기록할 때 따랐던 것과 똑같은 과정이다. 누가는 훌륭한 기자처럼 목격자들을 만나 그들의 이야기를 청취했다.[29] 나아가 다음 장에서 보겠지만, 신약성경의 몇몇 저자들은 스스로가 증인으로 나섰다. 우리도 그렇지만, 그들은 15년에서 40년이 지난 사건들을 아주 쉽게 기억할 수 있었다. 우리가 15년 내지 40년 전에 벌어진 어떤 사건, 또한 (만일 우리가 나이가 더 많을 경우) 훨씬 이전에 벌어진 사건들을 생생하게 기억할 수 있다면, 무엇 때문

---

29 누가가 실제로 자신의 주장대로 목격자들을 만나 증언을 청취했다면, 그의 복음서는, 마치 누가 자신이 직접 본 것처럼, 신빙성이 있는 것으로 간주되는 것이 마땅한 이른 시기의 목격자들의 증언을 포함하고 있는 것이다. 비록 후대에 다른 사람이 기록했다 하더라도, 목격자들의 증언은 일차 자료로서 기사의 재료가 되는 것이다.

일까? 우리는 그 사건들로부터 큰 인상을 받았기 때문에 충분히 기억할 수 있다. (사실 우리처럼 '죽음이 코앞에 있는' 사람들은 불과 30분 전에 일어난 일보다 오히려 30년 전에 일어난 몇몇 사건들을 더 잘 기억한다!)

케네디 대통령이 암살당할 때, 우리는 어디서 무얼 하고 있었는가? 챌린저호가 폭발할 때, 우리는 어디서 무얼 하고 있었는가? 두 번째 비행기가 세계무역센터에 충돌할 때, 우리는 어디서 무얼 하고 있었는가? 우리가 그 사건들을 그토록 잘 기억할 수 있는 이유는 무엇인가? 그 사건들이 우리 마음에 깊은 인상을 남겼기 때문이다. 그리스도의 부활과 같은 사건은 틀림없이 신약성경의 저자들과 그 저자들이 참조했을 수 있는 다른 목격자들의 마음에 깊은 영향을 미쳤을 것이다. 바로 그런 이유 때문에, 예수에 관한 역사가 많은 햇수가 흘러갔어도 특별히 구술 증언에 확실한 신뢰를 부여하고 있던 한 문화권에서(이에 대한 자세한 내용은 다음에 다루겠다) 어렵지 않게 재생될 수 있었던 이유를 쉽게 알 수가 있다.

더욱이 신약성경의 주요 책들이 그 사건들로부터 두 세대 이내에 기록된 목격자들의 설명이라면, 그 책들은 신화일 리가 만무하다. 왜 그런가? 역사를 연구한 결과에 따르면, 증인들이 여전히 살아있는 동안에는 신화가 역사의 실제 사건을 밀어낼 수 없다는 것을 알기 때문이다. 이런 이유로, 로마사가인 셔윈-화이트(A. N. Sherwin-White)는 신약성경을 신화로 보는 견해를 '믿지 못할 것'이라고 말한다.[30] 윌리엄 레인 크레이그는 이렇게 쓰고 있다. "역사적 잣대로 보면 역사에 실재했던 사실들을 신화로 여겨 그 핵심 사실들을 말끔하게 없애버리기에는 두 세대라는

---

30 A. N. Sherwin-White, *Roman Society and Roman Law in the New Testament*(Oxford: Clarendon, 1963), 189.

시간은 너무 짧다."³¹ 두 세대라면, 역사 수정론자가 비집고 들어오기에는 목격자들의 영향력이 여전히 크다.

우리는 이런 경향을 바로 지금 유대인 대학살과 관련해 목도하고 있다. 21세기 초에, 우리는 몇몇 사람들이 유대인 대학살은 일어난 적이 없다고 주장하는 것을 목격하기 시작했다. 왜 수정론자들은 지금 이런 일을 시도하고 있는가? 대다수 목격자들이 이제 고인이 되었기 때문이다. 다행히, 우리는 그 대학살의 목격자들이 글로 남긴 증언을 갖고 있다. 때문에 수정론자들은 자신들의 거짓말을 진리인 것처럼 유포하는 데 성공하지 못하고 있다. 신약성경의 경우에도 마찬가지다. 만일 신약성경이 그 자체가 기록하고 있는 사건들로부터 60년 이내에 기록되었다면, 그 사건들이 신화일 가능성은 너무너무 희박하다. 우리가 보았듯이, 신약성경의 모든 자료는 사건들이 일어난 때로부터 60년도 지나지 않아 기록되었으며, 그 가운데 많은 책들은 보다 이른 시기에 기록되었다.

왜 보다 일찍 기록되지 않았는가?

이 시점에서, 회의론자라면 이렇게 말할 수도 있다. "좋다. 신약성경은 일찍 기록된 책이라고 하자. 하지만 생각만큼 그리 일찍 기록된 건 아니다. 그들은 왜 좀 더 이른 시기에 자신들의 증언을 기록으로 남기지 않았을까? 만일 내가 그들의 목격담을 들었다면, 굳이 15년이나 20년씩 기다리기보다는 바로 글로 옮겨놓았을 것이다."

거기에는 여러 가지 이유를 생각해볼 수 있다.

첫째, 신약성경의 저자들은 엄청나게 많은 사람들이 문맹인 문화 속

---

31 William Lane Craig, *The Son Rises*(Eugene, Ore.: Wipf & Stock, 2001), 101

에서 살고 있었다. 그 때문에 자신들이 목격한 것을 글로 옮겨야 할 절박한 필요나 효용이 없었다. 이런 이유로, 1세기 팔레스타인 사람들은 정보를 기억하고 전달하기 위해 어쩔 수 없이 뛰어난 기억력을 발전시킬 수밖에 없었다. 크레이그는 이렇게 말한다.

> 1세기 팔레스타인 같은 구전 문화권에서는 엄청난 구전을 기억하고 보존하는 능력이야말로 매우 높은 평가를 받는 것이었고 매우 발전된 기능이었다. 어린이들은 아주 어렸을 때부터 가정에서, 학교에서, 그리고 회당에서 거룩한 전승을 암송하도록 교육받았다. 제자들은 예수의 가르침에 대해서도 비슷한 방식을 취했을 것이다.[32]

그런 구전 문화권에서는, 예수에 대한 사실들을 기억할 수 있는 어떤 형태로 옮겼을 것이다. 이를 증명해 주는 좋은 증거가 있다. 게리 하버마스는 신약성경에서 신앙고백(신경, creed)처럼 보이는 41개의 단편―쉽게 기억될 수 있으며, 나아가 그것들이 글로 옮겨지기 전에 입에서 입으로 전해 내려져 왔을 공산이 큰 간결한 문구(이 가운데 하나가 우리가 이미 언급했던 고린도전서 15:3-8이다)―을 판별해 냈다.[33]

둘째, 신약성경의 몇몇 저자들은 그들이 살아 있는 동안에 예수가 다시 올 것이라는 간절한 소망을 갖고 있었을 수도 있다. 따라서 자신들이 목격한 것을 글로 옮겨야 할 필요성을 절감하지 못했다. 그러나 나이가 들어가면서, 그들은 자신들의 목격담을 파피루스에 옮기는 것이 좋겠다

---

32 William Lane Craig, "The Evidence for Jesus." 온라인 주소는 http://www.leaderu.com/offices/billcraig/docs/rediscover2.html.
33 Gary Habermas, *The Historical Jesus* (Joplin, Mo.: College Press, 1996), 7장.

고 생각하게 되었을 것이다.

셋째, 기독교가 고대 세계 전역에 걸쳐 확장되면서, 기록은 급속도로 팽창하는 교회들과 의사를 주고받을 수 있는 가장 유효한 수단이 되었다. 바꾸어 말하면, 신약성경의 저자들은 시간과 거리라는 요소 때문에 자신들이 목격한 것을 기록하지 않을 수 없는 처지가 되었다.

반면에, 적어도 한 복음서만큼은 문서로 기록되기까지 간격이 존재하지 않았을 수도 있다. 만일 사해 사본에서 나온 단편들이 정말로 마가복음을 기록한 것이라면(그럴 가능성이 매우 높다), 마가복음은 30년대에 기록되었을 수도 있다. 왜 그런가? 그것들은 사본들의 단편이지, 원본들의 단편은 아니기 때문이다. 만일 우리가 50년대에 기록된 사본을 갖고 있다면, 원본은 틀림없이 그 이전에 기록되었을 것이다.[34]

더욱이 많은 학자들은 복음서들보다 앞서 글로 기록된 자료들이 있었다고 믿고 있다. 사실, 누가는 그의 복음서 첫 네 구절에서 다른 자료들을 참조했다고 말한다. 이들 가운데 몇몇은 더 일찍 기록된 복음서들(예를 들면, 마태복음과 마가복음)이었을 수도 있다.[35] 누가가 참조한 자료들

---

[34] 몇몇 학자들은 마가복음이 30년대에 기록되었다는 다른 정황 증거가 있다고 생각한다. 마가는 대제사장을 다섯 번 언급하지만, 정작 그 대제사장의 이름은 말하지 않는다. 다른 세 복음서는 그 대제사장이 가야바라고 밝히고 있다. 왜 마가는 그의 이름을 밝히지 않았을까? 아마 마가복음이 기록될 당시 가야바가 여전히 대제사장으로 있었기 때문에, 그의 이름을 댈 필요가 없었을 것이다. 만일 이것이 사실이라면, 가야바가 37년에 대제사장직에서 물러났다는 점에서(Josephus, *Antiquities*, 18:4.3), 마가복음은 늦어도 37년까지는 기록된 책이라는 말이 된다.

[35] 일부 학자들은 신약성경의 저자들이 복음서보다 이전 시기로 거슬러 올라가는 기록 자료들을 사용했다고 믿고 있다. 누가복음 1장 1절은 이를 확증하는 것처럼 보인다. 그러나, 많은 자유주의 학자들은 복음서가 목격자들이 기록한 기사가 아니라, "Q"로 알려진 아직 발견되지 않은 특정 자료에서 연유한 것이라고 주장한다. 다음 장에서, 왜 신약성경의 저자들이 목격자였는지 그 이유를 제시할 것이다. 성경 비평학과 신약성경의 저자들이 재료를 끌어낸 "Q" 자료가 존재했다는 주장에 대한 탁월한 비판은, 한

가운데 하나가 마가복음이었을까? 우리는 확실히 알지 못한다. 그러나 누가는 확실히 글로 기록된 몇몇 다른 자료들을 말하고 있는 것 같다. 그 이유는 그가 "우리 중에 이루어진 사실에 대하여 처음부터 목격자와 말씀의 일꾼 된 자들이 전하여 준 그대로 내력을 저술하려고 붓을 든 사람이 많은지라"(눅 1:1-2)라고 말하고 있기 때문이다. 누가는 마가복음과 예수의 공회 재판 기록들을 포함해 글로 기록된 다른 증언들을 참조했을 가능성이 있다.

결국, 신약성경보다 그 연대가 앞서는 기록 자료들이 존재하느냐의 여부는 실제로 문제가 되지 않는다. 마가복음이 주후 30년대에 기록되었는가도 중요하지 않다. 왜 그런가? 우리가 알고 있는 그 기록들은 초기의 자료들을 담고 있을 만큼 이른 시기의 것이기 때문이다. 다음 장에서 살펴보겠지만, 전부는 아니어도, 신약성경의 기록들 가운데 많은 수가 예수의 죽음 이후 15년에서 40년 이내에 목격자들 및 그들과 동시대 사람들을 통해 기록되었으며, 그 기록 가운데 몇몇은 부활 사건까지 거슬러 올라가는 구술 증언 또는 다른 기록 증언을 담고 있다. 바꾸어 말하면, 실제 문제가 되는 것은 성경의 기록 연대가 아니라, 그 기록에 사용된 자료들의 연대인 것이다.

왜 더 많지 않은가?

회의론자라면 이런 질문을 할 수도 있다. "만일 예수가 실제로 부활했다면, 그에 대해 기록한 내용이 지금 자료보다 더 많아야 하는 건 아닌가

때 "Q" 가설의 옹호자였던 Eta Linnemann, *Biblical Criticism on Tria*(Grand Rapids, Mich.: Kregel, 2001)을 보라. 또한 Norman Geisler, *Baker Encyclopedia of Christian Apologetics*(Grand Rapids, Mich.: Baker, 1999), 618-621을 보라.

요?" 대답하자면, 우리는 실제로 우리가 예상할 수 있는 것보다 더 많은 증언을 확보하고 있으며, 나아가 합리적 의심을 넘어 사건의 실제를 입증하는 데 충분한 것 이상의 양을 확보하고 있다. 우리가 보았듯이, 예수는 당대 로마 황제보다 더 많은 저술가들에 의해 언급되고 있다. 예수와 당시 로마 황제가 살았던 시기로부터 채 150년이 흐르지도 않았지만, 이미 43명의 저술가들이 예수를 언급한 반면, 로마 황제 디베료는 10명의 저술가만이 언급하고 있을 뿐이다. 그 가운데 아홉은 예수의 부활 사건을 목격한 자들이거나 그 사건과 동시대인이다. 이들은 27개의 기록을 남겼는데, 그 가운데 대다수가 예수의 부활을 언급하거나 암시하고 있다. 그것은 그 사건의 역사성을 입증하기에 충분함을 넘어 넘치는 양이다.

신약 학자 크레이그 블룸버그는 여전히 예수에 관한 더 많은 기록이 있었어야 한다고 생각하는 사람들에게 그런 기대가 불합리한 이유를 네 가지로 제시한다. 첫째, 기독교의 미미한 시작, 둘째, 로마 제국의 변방에 위치한 팔레스타인의 지리적 특성, 셋째, 고대 그리스-로마 역사가들의 남은 자료들이 극히 적다는 점(이는 분실, 부패, 파괴 때문일 수도 있고, 이들 원인 전부에 기인할 수도 있다), 그리고 넷째, 남아 있는 역사 기록들이 유대의 인물들에게 보통 관심을 기울이지 않는다는 점이다.[36]

그럼에도 불구하고, 여전히 몇몇 회의론자들은 부활한 그리스도를 보았다고 주장하는 500명 가운데 몇몇은 증언을 남겼어야 한다고 주장한다. 회의론자인 패럴 틸(Farrell Till)도 그런 이들 가운데 하나이다. 1994

---

36 Craig Blomberg, *The Historical Reliability of the Gospels*(Downers Grove, Ill.: InterVarsity Press, 1987), 197.

년, 틸은 내가 그와 부활이라는 주제를 놓고 벌인 한 토론에서 이렇게 요구했다. "그 500명의 목격자들 가운데 누가 쓴 것이어도 좋으니 자료를 내놓으시죠. 그러면 그것을 신뢰할 만한 증언 또는 물증으로 받아들이겠습니다."[37]

이것은 여러 가지 이유 때문에 불합리한 기대에 불과하다. 첫째, 우리가 이미 지적했지만, 1세기 팔레스타인은 구전 문화권이었다. 대다수 사람들이 문맹이었고, 구전으로 정보를 기억하고 전달했다.

둘째, 그들 목격자 대다수가 문맹인데, 그런 그들 중에 설령 글을 쓸 수 있는 사람이 있다 해도, 얼마나 많은 기록이 가능했겠는가? 문맹률이 아주 낮고 현대의 최첨단 기록 도구 및 연구 관련 모든 이기들이 갖추어진 오늘날에도, 우리가 아는 이들 가운데 어떤 주제에 대해 책을 썼거나 아니면 단 한 편의 논문이라도 쓴 사람들이 많이 있는가? 우리가 아는 이들 가운데 이 시대에 일어난 역사 사건, 심지어 9.11과 같은 중요한 사건들에 대해 책이나 한 편의 글이라도 쓴 사람이 몇이나 되는가? 그리 많지 않을 것이다. 비율로 따지면, 틀림없이 500명 가운데 한 명도 되지 않을 것이다.(패럴 틸은 그가 목격한 어떤 중요한 역사적 사건에 대해 한 편의 글이라도 쓴 적이 있던가?)

셋째, 그 500명의 평범한 사람들 가운데 몇 사람이 스스로 목격한 것을 글로 옮겼다 하더라도, 그들의 증언이 2천 년 동안 남아 있어야 한다는 회의론자들의 기대가 말이 되는가? 신약성경은 세기를 거듭하면서 성장해 가는 교회를 고려해 필사자들이 베껴놓은 수천 개 필사본 때문에 손상되지 않고 살아남았다. 요세푸스, 타키투스, 그리고 플리니우스

---

[37] 오디오테이프에 수록된 토론 내용은, www.impactapologetics.com을 보라.

와 같은 고대의 주요 역사가들의 저작들도 겨우 한 움큼 밖에 안 되는 사본 형태로 살아남았으며, 그조차도 원본의 저작 시기로부터 수백 년이 지나 만들어진 것들이다. 낫 놓고 기역자도 모르는 갈릴리 지역 출신의 사람들에게 과연 기록물을 요구하고 그 기록물이 현재까지 남아 있어야 한다고 생각하는 회의론자들의 기대가 과연 타당한 것인가?[38]

마지막으로, 우리는 그 500명 가운데 많은 이들의 이름을 알고 있으며, 그들의 증언이 신약성경에 기록되어 있다. 그 가운데에는—사도로서 다른 곳에서 거명되고 있는 아홉 명 이외에도(마태복음 10장과 사도행전 1장)—마태, 마가, 누가, 요한, 베드로, 바울, 그리고 야고보가 포함된다.

따라서 우리는 우리가 현재 확보하고 있는 예수 관련 증언보다 더 많은 자료를 기대해서는 안 된다. 우리가 갖고 있는 것만으로도 역사성을 입증하는 데 충분할 뿐 아니라, 오히려 남는다.

요약과 결론

우리는 신약성경의 역사성에 관해 더 많은 것을 조사해야 한다. 그러나 우리는 여기서 두 가지 결론을 이끌어 낼 수 있다.

1. 우리는 신약성경 원본의 정확한 사본을 갖고 있다.

   a. 신약성경 자료는 그 원본이 남아 있지 않거나 아직까지 발견되

---

[38] 우연히도, 우리가 그 500명으로부터 나온 기록들을 가지고 있지 않을 수도 있지만, 이름이 밝혀진 열네 명의 목격자들이 그들 중에 포함되어 있다는 것은 그들이 목격한 부활한 그리스도가 바울의 창작이 아닐 개연성을 더 높게 만들어 준다. 이 점을 10장에서 더 논의해 보겠다.

지 않았다. 그러나 우리는 신약성경 원본의 정확한 사본들을 풍부하게 갖고 있다. 고대 문헌의 최고 걸작으로 꼽히는 열 개의 작품을 합친 것보다도 더 많다. 더욱이, 남아 있는 수천 개 필사본들을 비교함으로써, 원본을 거의 완벽에 가깝게 재구성할 수 있다. 우리는 2세기 초 나아가 어쩌면 1세기 중엽 때 만들어진 필사본들의 단편들을 발견했다. 얼마나 많은 필사본들의 지지를 받고 있는가를 기준으로 놓고 볼 때, 신약성경만큼 신뢰할 만한 고대 저작물은 결코 없다.

  b. 재구성된 원본의 진정성은 초대 교회 교부들이 수천 군데에서 인용하고 있는 문구들을 볼 때 보다 확실해진다. 단 열한 구절만 제외하면, 신약성경 전체를 오직 교부들의 인용 문구만으로도 재구성할 수 있다.

2. 신약성경의 자료는 이른 시기의 것이며 더 이른 시기의 자료를 포함하고 있다.

  a. 신약성경의 자료는 주후 100년경의 다른 저술가들에 의해 언급되고 있다. 이를 봐도, 그 기록은 틀림없이 그 이전에 기록되었을 것이다.

  b. 신약성경의 자료는 예루살렘 성과 성전이 저자들의 기록 당시에 여전히 존속하고 있는 것처럼 말한다. 또한 유대 전쟁의 시작 또는 예루살렘 성과 성전의 파괴를 언급하지 않는다. 그런 점에서, 신약성경은 대부분 주후 70년 이전에 기록되었을 가능성이 높다.

  c. 우리는 사도행전이 62년 이전에 기록되었다는 매우 강력한 증거를 갖고 있다. 그것은 곧 누가복음이 그보다 더 이른 시기에 기록되었음을 의미하는 것이다.

d. 우리는 30년대까지 거슬러 올라가는 자료들을 갖고 있다. 거의 모든 학자들이 고린도전서 15장에서 발견되는 예수의 죽음, 장사, 그리고 부활에 대한 증언들이 그 사건들이 일어난 때 또는 그때로부터 수년도 지나지 않아서 등장한다는 점에 동의하고 있다. 더욱이, 매우 이른 시기에 나온 것으로 보이는 다른 신앙고백들이 적어도 40개나 신약성경 안에 존재하고 있다.

따라서 신약성경의 자료는 이른 시기의 것이며 어쩌면 그보다 더 이른 시기의 것이다. 그러나 그것만으로는 합리적 의심을 넘어 그 역사성을 입증하는 데 충분치 않다. 역사성을 입증하려면, 우리는 이 자료가 실제로 목격자들의 증언을 담고 있다는 확신을 얻을 필요가 있다. 이 자료는 실제로 목격자들의 증언을 담고 있는가? 그것이 바로 우리가 다음 장에서 다룰 내용이다.

10장 ___ 예수에 대한 목격자들의 증언이 있는가?

> 우리 주 예수 그리스도의 능력과 강림하심을
> 너희에게 알게 한 것이 교묘히 만든 이야기를 따른 것이
> 아니요 우리는 그의 크신 위엄을 친히 본 자라.
>
> 시몬 베드로

우리는 신약성경의 자료가 이른 시기의 것이며, 따라서 그 자료가 (특정 역사 자료의 신뢰성을 판단하는) 역사적 잣대 1번을 만족시키는 좋은 증거임을 살펴보았다. 그러면 역사적 잣대 2번은 어떤가? 신약성경의 자료는 목격자들의 증언을 담고 있는가? 신약성경의 저자들이 주장하는 목격자들을 살펴보는 것으로 논의를 시작해 보자.

만일 우리가 본문을 있는 그대로 받아들인다면, 신약성경은 확실히 목격자의 증언을 담고 있다. 여러 사도들이 자신들이 목격자임을 얼마나 자주 주장하고 있는지 주목하라.

이 예수를 하나님이 살리신지라 우리가 다 이 일에 증인이로다(행 2:32).

생명의 주를 죽였도다 그러나 하나님이 죽은 자 가운데서 그를 살리셨으

니 우리가 이 일에 증인이라(행 3:15).

그들을 불러 경고하여 도무지 예수의 이름으로 말하지도 말고 가르치지도 말라 하니 베드로와 요한이 대답하여 이르되 하나님 앞에서 너희의 말을 듣는 것이 하나님의 말씀을 듣는 것보다 옳은가 판단하라 우리는 보고 들은 것을 말하지 아니할 수 없다 하니(행 4:18-20).

너희가 나무에 달아 죽인 예수를 우리 조상의 하나님이 살리시고 이스라엘에게 회개함과 죄 사함을 주시려고 그를 오른손으로 높이사 임금과 구주로 삼으셨느니라 우리는 이 일에 증인이요 하나님이 자기에게 순종하는 사람들에게 주신 성령도 그러하니라 하더라(행 5:30-32).

우리는 유대인의 땅과 예루살렘에서 그가 행하신 모든 일에 증인이라 그를 그들이 나무에 달아 죽였으나 하나님이 사흘 만에 다시 살리사 나타내시되(행 10:39-40).

내가 받은 것을 먼저 너희에게 전하였노니 이는 성경대로 그리스도께서 우리 죄를 위하여 죽으시고 장사 지낸 바 되셨다가 성경대로 사흘 만에 다시 살아나사 게바에게 보이시고 후에 열두 제자에게와 그 후에 오백여 형제에게 일시에 보이셨나니 그중에 지금까지 대다수는 살아 있고 어떤 사람은 잠들었으며 그 후에 야고보에게 보이셨으며 그 후에 모든 사도에게와 맨 나중에 만삭되지 못하여 난 자 같은 내게도 보이셨느니라(고전 15:3-8).

너희 중 장로들에게 권하노니 나는 함께 장로 된 자요 그리스도의 고난의 증인이요 나타날 영광에 참여할 자니라(벧전 5:1).

우리 주 예수 그리스도의 능력과 강림하심을 너희에게 알게 한 것이 교묘히 만든 이야기를 따른 것이 아니요 우리는 그의 크신 위엄을 친히 본 자라(벧후 1:16).

예수께 이르러서는 이미 죽으신 것을 보고 다리를 꺾지 아니하고 그중 한 군인이 창으로 옆구리를 찌르니 곧 피와 물이 나오더라 이를 본 자가 증언하였으니 그 증언이 참이라 그가 자기의 말하는 것이 참인 줄 알고 너희로 믿게 하려 함이니라(요 19:33-35).

열두 제자 중의 하나로서 디두모라 불리는 도마는 예수께서 오셨을 때에 함께 있지 아니한지라 다른 제자들이 그에게 이르되 우리가 주를 보았노라 하니 도마가 이르되 내가 그의 손의 못 자국을 보며 내 손가락을 그 못 자국에 넣으며 내 손을 그 옆구리에 넣어 보지 않고는 믿지 아니하겠노라 하니라 여드레를 지나서 제자들이 다시 집 안에 있을 때에 도마도 함께 있고 문들이 닫혔는데 예수께서 오사 가운데 서서 이르시되 너희에게 평강이 있을지어다 하시고 도마에게 이르시되 네 손가락을 이리 내밀어 내 손을 보고 네 손을 내밀어 내 옆구리에 넣어 보라 그리하여 믿음 없는 자가 되지 말고 믿는 자가 되라 도마가 대답하여 이르되 나의 주님이시요 나의 하나님이시니이다 예수께서 이르시되 너는 나를 본 고로 믿느냐 보지 못하고 믿는 자들은 복되도다 하시니라 예수께서 제자들 앞에서 이 책에 기록되지 아니한 다른 표적도 많이 행하셨으나 (요 20:24-30).

태초부터 있는 생명의 말씀에 관하여는 우리가 들은 바요 눈으로 본 바요 자세히 보고 우리의 손으로 만진 바라 이 생명이 나타내신 바 된지라 이 영원한 생명을 우리가 보았고 증언하여 너희에게 전하노니 이는 아버지와 함께 계시다가 우리에게 나타내신 바 된 이시니라(요일 1:1-2).

우리는 이들이 자신들이 실제로 목격한 것을 모든 사람들이 알기 원했다는 인상을 받는다. 그렇지 않은가? 더욱이 누가와 히브리서의 저자는 자신들이 목격자들로부터 전해 들었다고 주장한다.

우리 중에 이루어진 사실에 대하여 처음부터 목격자와 말씀의 일꾼 된 자들이 전하여 준 그대로 내력을 저술하려고 붓을 든 사람이 많은지라(눅 1:1-2).

우리가 이같이 큰 구원을 등한히 여기면 어찌 그 보응을 피하리요 이 구원은 처음에 주로 말씀하신 바요 들은 자들이 우리에게 확증한 바니 하나님도 표적들과 기사들과 여러 가지 능력과 및 자기의 뜻을 따라 성령이 나누어 주신 것으로써 그들과 함께 증언하셨느니라(히 2:3-4).

요컨대, 베드로, 바울, 그리고 요한은 모두 자신들이 목격자임을 주장하고 있으며, 누가와 히브리서의 저자는 자신들이 목격자로부터 전해들은 자라고 주장한다. 게다가 신약성경의 저자들은 그리스도의 부활을 본 사람들의 이름을 열거하고 있다. 특별히 바울은 그 이름이 알려진 (열두 사도와 야고보, 그리고 바울 자신을 포함하는) 14명의 사람들을 그리스도의 부활을 목격한 자로 열거하고 있으며 500명이 넘는 다른 목격자들이 더 있다고 주장한다. 마태와 누가는 예수가 부활 뒤에 제자들에게 나타났다는 점을 확인해 주고 있다. 네 복음서 모두 여인들을 증인으로 언급하고 있는데, 특히 마가는 막달라 마리아, 야고보의 어머니 마리아, 그리고 살로메라고 그들의 이름을 밝히고 있다(막 16:1). 누가는 이에 요안나를 더하고 있다(눅 24:10). 이로써 네 명이 더 많아진 셈이다. 뿐만 아니라, 사도행전 1장은 바사바라고도 불리는 요셉이 또 한 사람의 증인임을 밝히고 있다(행 1:23).

사도들은 자신들이 목격자임을 주장할 뿐 아니라, 몇몇 경우에는 그들의 청중에게 자신들이 말하고 있는 내용이 진실임을 모든 사람이 알고 있다고 말한다. 이것은 즉흥적으로 내뱉은 말이 아니라 권력자들을 향해 던지는 대담한 선포였다.

그중에서도 어쩌면 가장 대담한 증언은 아그립바 왕과 베스도 총독 앞에서 재판을 받던 바울이 전한 내용일 것이다. 바울이 아그립바와 베스도에게 자신이 왜 기독교로 회심하게 되었으며 그리스도가 어떻게 구약의 예언대로 죽은 자들 가운데에서 살아났는지 말하기 시작하자, 베스도가 갑자기 끼어들며 바울이 미쳤다고 소리친다. 누가는 사도행전 26장 24-28절에서 이 드라마 같은 변화를 기록하고 있다.

바울이 이같이 변명하매 베스도가 크게 소리 내어 이르되 바울아 네가 미쳤도다 네 많은 학문이 너를 미치게 한다 하니 바울이 이르되 베스도 각하여 내가 미친 것이 아니요 참되고 온전한 말을 하나이다 왕께서는 이 일을 아시기로 내가 왕께 담대히 말하노니 이 일에 하나라도 아시지 못함이 없는 줄 믿나이다 이 일은 한쪽 구석에서 행한 것이 아니니이다 아그립바 왕이여 선지자를 믿으시나이까 믿으시는 줄 아나이다 아그립바가 바울에게 이르되 네가 적은 말로 나를 권하여 그리스도인이 되게 하려 하는도다.

여기서 바울은 정말이지 무모하다 싶을 정도의 대담한 모습을 보여 주고 있다. 바울은 아그립바 왕과 베스도 총독에게 대담하게 증언할 뿐만 아니라, 왕의 면전에서 자신이 진리를 말하고 있음을 왕이 이미 알고 있다고 말할 정도로 용감무쌍하다! 무슨 이유로 바울은 이것을 이토록 확신하고 있는가? 그 이유는 기독교가 선포하는 사건들이 '은밀하게 이루어진 일이 아니기' 때문이다. 그것은 널리 알려진 사건이며, 따라서 틀림없이 '아그립바 왕이 몰랐을 리가 없었다.' 어떤 관원 또는 재판관에게 그런 식으로 도전하는 피고를 상상해 보라. 그런 증인이라면 자신의 진술 내용이 이미 널리 알려진 사실임을 틀림없이 인지하고 있는 것이다.

이런 도발적 접근법을 신약성경에 등장하는 몇몇 인물들이 취하고 있는데, 그들은 자신들의 증언이 진실인지 시험하는 청중들에게 당당히 맞서면서 결코 부끄러워하지 않는다. 예를 들어, 베드로가 이끌던 다른 사도들은 성난 유대 관원들로부터 심문을 받을 때도 말 그대로 대담무쌍하며 확신에 차 있다. 누가는 그 사건을 사도행전 5장 27-32절에서 이렇게 기록하고 있다.

그들을 끌어다가 공회 앞에 세우니 대제사장이 물어 이르되 우리가 이 이름으로 사람을 가르치지 말라고 엄금하였으되 너희가 너희 가르침을 예루살렘에 가득하게 하니 이 사람의 피를 우리에게로 돌리고자 함이로다 베드로와 사도들이 대답하여 이르되 사람보다 하나님께 순종하는 것이 마땅하니라 너희가 나무에 달아 죽인 예수를 우리 조상의 하나님이 살리시고 이스라엘에게 회개함과 죄 사함을 주시려고 그를 오른손으로 높이사 임금과 구주로 삼으셨느니라 우리는 이 일에 증인이요 하나님이 자기에게 순종하는 사람들에게 주신 성령도 그러하니라 하더라.

뒤에 이어진 이 장면은 유대 관원들이 크게 분노해 사도들을 해치려 했지만, 가말리엘이라는 존경받는 바리새인의 만류 덕분에 무사히 지나갈 수 있었다고 전한다.

바울, 베드로, 그리고 다른 사도들이 목격자들의 증언이라고 주장하면서 위험을 감수했다는 점은 그들이 진실을 말하고 있었음을 보여준다. 만일 이 기사들이 참이라면, 사도들의 요동치 않는 증언과 도발적 도전은 자신들이야말로 예수가 죽은 자들 가운데에서 부활했음을 실제로 믿고 있는 목격자들이라는 사실을 잘 보여주고 있다.

그런데 이 기사들은 참인가? 요컨대 누가가 이 사건들에 대해 진실을 말하고 있음을 우리가 믿어야 할 이유가 대체 무엇인가? 우리가 목격자이고 다른 목격자의 증언도 확보하고 있음을 주장하는 것과 그 증언의 진실성을 입증하는 것은 별개 문제이다. 신약성경의 저자들이 실제 목격자들이거나 목격자들의 증언을 청취했다는 어떤 증거를 우리는 갖고 있는가? 우리가 생각하는 것보다 훨씬 더 많은 증거가 존재한다.

그들은 정말 목격자들인가?

목격자의 증거: 누가

어떤 사람이 1980년에 우리가 살던 고장을 그 당시 모습 그대로 묘사하는 책을 썼다고 가정해 보자. 그 책에서 저자는 우리가 살던 고장의 정치인, 독특한 법률과 형법, 그 지역의 산업, 독특한 날씨 흐름, 그 지역의 속어, 도로와 지리, 독특한 지세, 예배당, 호텔, 그 고장에 있는 동상과 조각, 그 고장 항구의 수심, 그리고 바로 그해 우리가 살던 고장에서 일어난 다른 수많은 특별한 일들을 정확히 묘사한다. 여기서 질문을 하나 해 보자. 만일 그 저자가 우리가 살던 고장을 그해에 직접 방문했다고 주장한다면—또는 그 고장을 다녀온 사람들로부터 유익한 정보를 얻었다고 말한다면—우리는 그 저자가 진실을 말하고 있다고 생각할까? 물론이다. 그 이유는 그가 오직 현장을 목격한 자만이 제공할 수 있는 세부 사항들을 전하고 있기 때문이다. 그것이 바로 신약성경의 많은 부분에서 우리가 확보하고 있는 증언 유형이다.

누가는 가장 많은 목격자들의 상세한 증언을 담고 있다. (누가는 부활 그 자체를 목격한 자가 아닐 수도 있지만, 그는 신약성경에 기록된 많은 사건들의 틀림없는 목격자였다.) 예를 들면, 누가는 사도행전 후반부에서 어떤 고장의 위치, 명칭, 환경 조건, 관습, 그리고 상황에 관해 놀라울 정도로 많은 지식을 제공하고 있다. 이것은 오직 그 시대에 살면서 그 사건들을 목격한 사람들이나 증언할 수 있는 내용이다.

고전학자이자 역사가인 콜린 헤머(Colin Hemer)는 사도행전을 구절구절 살펴보며 누가의 기록이 갖고 있는 정확성을 연대순으로 기록했다. 그는 세부 사항마다 정성을 들여, 사도행전 후반부 16개 장(13-28장)에서 역사와 고고학 연구를 통해 확증된 84개 사실들을 판별해 냈다.[1] 아래 목록을 읽을 때, 누가가 오늘날과 같은 지도나 해도를 본 적이 없었다는 점을 기억하기 바란다. 누가는 다음 사실들을 정확히 기록하고 있다.

---

[1] Colin J. Hemer, *The Book of Acts in the Setting of Hellenistic History*(Winona Lake, Ind.: Eisenbrauns, 1990)을 보라.

1. 바른 명칭으로 지칭된 항구들을 통상적으로 왕래함(행 13:4-5)
2. 구브로에서 출항한 배의 직선 항로에서 마주치는 항구(버가)의 위치(13:13)
3. 루가오니아의 위치(14:6)
4. 특이하게 변형된 루스드라라는 지명을 제대로 표기함(14:6)
5. 루스드라에서 사용하던 언어, 루가오니아 방언을 정확하게 언급함(14:11)
6. 아주 긴밀한 연관성이 있다고 알려진 두 신—쓰스와 허메—을 언급함(14:12)
7. 돌아오는 여행객들이 이용하곤 했던 항구 앗달리아를 올바로 적시함(14:25)
8. 길리기아 성문으로부터 더베와 루스드라로 나아가는 순서를 올바르게 기록함(16:1, 15:41 참조)
9. 드로아라는 명칭이 올바른 형태로 나타남(16:8)
10. 뱃사람들의 두드러진 이정표였던 사모드라게의 위치를 언급함(16:11)
11. 빌립보를 로마의 식민지로 올바르게 묘사함(16:12)
12. 빌립보 근처에 간기테스(Gangites) 강이 있음을 올바르게 기록함(16:13)
13. 두아디라가 염색업의 중심지였음을 바르게 적시함(16:14)
14. 식민지의 행정관들이 하는 일을 제대로 기록함(16:22)
15. 여행자들이 묵곤 했던 장소인 암비볼리와 아볼로니아를 제대로 기록함(17:1)
16. 데살로니가에 유대인의 회당이 있음을 언급함(17:1)

17. 그 지역 행정관들을 지칭하는 용어(읍장들)가 올바름(17:6)
18. 여름 항해의 경우 동풍의 도움을 받으면 아덴에 도착하기 쉽다는 점을 올바르게 적시함(17:14-15)
19. 아덴에 우상이 많이 있음을 언급함(17:16)
20. 아덴에 있던 유대인의 회당을 언급함(17:17)
21. 장터(Agora)에서 철학 토론을 즐기는 아덴 사람들의 생활을 묘사함(17:17)
22. 법정(Areios Pagos)을 가리키는 아덴 사람들의 속칭뿐만 아니라(17:19), 바울을 지칭하는 아덴 사람들의 속어, 말쟁이가 올바로 적시됨(17:18)
23. 아덴 사람들의 기질을 바르게 묘사함(17:21)
24. '알지 못하는 신'을 위한 제단이 있음을 언급함(17:23)
25. 육체의 부활을 부인하는 그리스 철학자들의 반응을 바르게 묘사함(17:32)
26. 법정 관원을 가리키는 아레오바고 관원이라는 명칭을 올바로 사용함(17:34)
27. 고린도에 유대인의 회당이 있음을 언급함(18:4)
28. 갈리오가 고린도에 거주하는 자로서 총독이라는 직함을 갖고 있음을 바르게 적시함(18:12)
29. 고린도 광장이 내려다보이는 재판석의 모습을 기록함(18:16이하)
30. 1세기 명문(銘文)들의 에베소 관련 내용에서 확인된 두란노라는 이름을 언급함(19:9)
31. 유명한 아데미의 은감실(shrines, 은으로 만든 아데미 여신 신전 모형)과 신상을 언급함(19:24)

32. '큰 여신 아데미'의 존재를 잘 드러냄(19:27)
33. 에베소 연극장이 그 시민들의 집회 장소였다는 점을 언급함(19:29)
34. 에베소 최고 행정관의 호칭인 서기장을 바르게 기록함(19:35)
35. 로마가 인정하는 신전지기의 경칭인 네오코로스를 올바르게 적시함(19:35)
36. 여신을 가리키는 이름을 올바르게 표기함(19:37)
37. 법정을 주재하는 자들을 가리키는 용어를 적절하게 적시함(19:38)
38. '총독들'이라는 복수 명사를 사용하고 있는데, 이는 당시에 총독직을 두 사람이 함께 수행하던 사실을 정확히 언급하는 것으로 보임(19:38)
39. 다른 곳에도 '정식' 민회가 있었음을 언급함(19:39)
40. 베뢰아 사람이라는 정확한 종족 명칭을 사용함(20:4)
41. 종족을 가리키는 용어인 아시아 사람을 사용함(20:4)
42. 드로아라는 도시의 전략적 중요성을 언급함(20:7 이하)
43. 이 지역에서 해안을 따라가는 여행의 위험성을 지적함(20:13)
44. 여러 지명이 순서에 따라 바르게 나열됨(20:14-15)
45. 중성 복수 형태의 도시 명칭(바다라)을 정확히 표기함(21:1)
46. 북서풍을 따라 구브로 남쪽 바다를 가로지르는 항로를 제대로 기록함(21:3)
47. 이들 도시 사이의 거리가 하룻길임을 바로 적시함(21:8)
48. 독특한 유대인의 결례를 보여줌(21:24)
49. 이방인의 성전 출입에 관련된 유대인의 율법을 적시함(21:28). 고고학적 연구와 요세푸스의 기록에 의하면, 이방인은 성전 경내에 들어갔다는 것만으로도 처형될 수 있었다. 한 명문은 이렇게 적고

있다. "어떤 이방인도 성소를 둘러싸고 있는 난간과 울타리 안에 들어가지 못하게 할지어다. 이를 어겨 사로잡힌 자는 누구든지 자신의 행위에 대한 책임을 죽음으로 져야 할 것이다."[2]

50. 절기 중 발생하는 소요 진압을 위해 로마 보병 부대가 안토니아에 주둔한 사실을 언급함(21:31)
51. 경비병 전용 계단으로 도망치는 모습을 기록함(21:31,35)
52. 당시에 로마 시민권을 획득하던 보통 방법을 적시함(22:28)
53. 다소 시민권보다 로마 시민권에 더 깊은 인상을 받은 로마 군단 지휘관의 모습을 묘사함(22:29)
54. 당시 대제사장은 아나니아였음을 기록함(23:2)
55. 당시 총독은 벨릭스였음을 기록함(23:34)
56. 가이사랴로 가는 길에 통상 쉬던 곳이 있었음을 언급함(23:31)
57. 길리기아가 당시 누구의 사법 관할권에 속했는지 묘사함(23:34)
58. 당시 그 지역의 형사 절차가 기록되어 있음(24:1-9)
59. 요세푸스가 기록하고 있는 이름과 정확히 일치하는 보르기오 베스도라는 이름이 언급됨(24:27)
60. 로마 시민에게는 가이사에게 상소할 권리가 있었음을 언급함(25:11)
61. 당시의 재판 방식이 올바르게 기록되어 있음(25:18)
62. 당시 로마 황제를 지칭하던 특별한 호칭이 기록됨(한글 성경에는 나와 있지 않으나, 그리스어 성경에는 kurios라는 호칭이 나타남)(25:26)

---

[2] 죽음의 위협은 로마인들에게도 확산되었다. Paul Maier, *In the Fullness of Time*(Grand Rapids, Mich.: Kregel, 1991), 305를 보라.

63. 당시의 가장 좋은 항해 경로를 언급함(27:5)
64. 길리기아와 밤빌리아를 한꺼번에 묶어 부르던 당시의 통례가 나타남(27:5)
65. 이달리야로 가는 배를 발견할 수 있는 주요 항구를 기록함(27:5-6)
66. 전형적 북서풍을 만나 니도행이 지체된 사실을 말함(27:7)
67. 바람을 만났을 때 바르게 항해하는 경로를 적시함(27:7)
68. 미항의 위치가 라새아에 가까운 사실을 언급함(27:8)
69. 미항이 빈약한 정박 시설을 갖추고 있음을 잘 보여줌(27:12)
70. 유라굴로, 즉 남풍이 느닷없이 맹렬한 북동풍으로 바뀌는 이 지역 특유의 현상을 기록함(27:13-14)
71. 사각형 돛배는 광풍에 속수무책인 특성이 있음을 적시함(27:15)
72. 작은 섬(가우다)의 정확한 위치와 이름을 기록함(27:16)
73. 급박한 곤경에 처한 배의 안전 조치를 언급함(27:16)
74. 열나흘 째 되던 날 밤—불가피하게 측정과 어림짐작에 기초하지만, 노련한 지중해 항해자의 판단을 통한 독특한 계산법을 보여줌(27:27)
75. 아드리아 바다에서 시간을 가리키는 용어를 기록함(27:27)
76. 수심을 잴 때 사용하는 정확한 용어(Bolisantes: 납 덩어리를 바다에 늘어뜨려 수심을 잼)와 몰타 연안의 정확한 수심을 기록함(27:28)
77. 동풍을 만나 항로를 벗어난 배가 접근할 수 있는 해안의 적합한 위치를 알고 있음(27:39)
78. 죄수가 도망칠 경우 경비병들에게 혹독한 책임이 돌아온다는 점을 기록함(27:42)
79. 당시 그 지역민의 우상 숭배 모습을 묘사함(28:4-6)

80. 그 섬의 우두머리라는 고유 칭호를 적시함(28:7)
81. 그들이 그 해협을 빠져 나가게 할 남풍을 기다리는 피난처로 레기온을 적시함(28:13)
82. 아피아 가도에 설치된 역참인 압비오 저자와 삼관을 적시하고 있음(28:15)
83. 로마 군인들의 계호(戒護) 수단을 올바로 묘사함(28:16)
84. '자비를 들여' 수감 생활하는 모습을 기록함(28:30-31)

이런 사항들을 보면서 누가가 이 사건들의 목격자였거나 적어도 신뢰할 만한 목격자들의 증언을 청취했다는 점을 의심할 수 있을까? 한 사람의 역사가로서 자신의 진정성을 입증하기 위해 이 이상 무엇을 더 할 수 있을까?

셔원-화이트는 이렇게 말하고 있다. "사도행전의 경우, 그 역사성은 두 말할 나위 없이 확실하다… 사도행전의 역사성을 부인하려는 어떤 시도도 이제는 분명 터무니없어 보인다. 로마사가들은 오랫동안 그것을 당연하게 여겨왔다."[3] 고전학자요 고고학자인 윌리엄 램지(William M. Ramsay)는 심각한 회의론자의 위치에서 사도행전 연구를 시작했지만, 그가 거기서 발견한 내용 때문에 마음을 돌리게 되었다. 그는 이렇게 써놓았다.

나는 그것(사도행전 연구)을 달갑지 않은 마음으로 시작했다… 당시에 그 주제를 꼼꼼하게 탐구한다는 것은 내 삶의 계획에 들어 있지도 않았다. 하

---

3 A. N. Sherwin-White, *Roman Society and Roman Law in the New Testament* (Oxford: Clarendon, 1963), 189.

지만 요즘 들어 나는 소아시아의 지세, 고대 생활 모습, 그리고 사회상을 보여주는 하나의 권위서로서 사도행전을 자주 접하고 있는 내 자신을 발견했다. 나는 이 역사 기록이 여러 세부 사항에서 놀라운 진실성을 보여주고 있음을 점점 확신하게 되었다.[4]

사실, 누가가 사도행전에서 보여주는 정확성은 정말 놀랍다.

바로 여기에서 회의론자들의 심기가 대단히 불편해진다. 누가는 역사를 통해 확증된 84개의 세부 기록과 함께 35개나 되는 기적을 동일한 책에 싣고 있다.[5] 바울이 행한 몇 가지 기적은 사도행전 후반부가 기록하고 있다. 예를 들면, 누가는 바울이 행한 기적으로서 박수의 눈을 잠시 멀게 한 일(13:11), 날 때부터 앉은뱅이였던 사람을 고친 일(14:8), 귀신들린 여종으로부터 악령을 몰아낸 일, "많은 기적을 행하여" 에베소에 사는 사람들에게 확신을 심어줌으로써 마술을 섬기는 데서 떠나 예수를 높이게 한 일(19:11-20), 바울 자신이 오랜 시간 강론할 동안에 창밖으로 떨어져 죽은 한 청년을 살려낸 일(20:9-10), 보블리오의 아버지를 열병과 이질로부터 고쳤을 뿐만 아니라, 몰타 섬에 있던 많은 병자들을 치유한 일(28:8-9)을 열거하고 있다. 이 모든 기적들은 84개 항목의 진정성이 확인된 바로 그 역사 기록 안에 포함되어 있다. 또한 그 기적 기사들은 허풍이나 과장의 흔적을 전혀 보여주지 않는다—저자는 그 기사들을 나머지 역사 기록들과 똑같은 분별력을 갖고서 말하고 있다.

4　William Ramsay, *St. Paul the Traveller and the Roman Citizen*(New York: Putnam, 1896), 8.
5　기적들이 모두 수록된 목록은, Norman Geisler, *Baker Encyclopedia of Christian Apologetics*(Grand Rapids, Mich.: Baker, 1999), 485를 보라.

그렇다면 누가는 왜 바람의 방향, 수심, 그리고 사소한 고장의 이름 같은 시시콜콜한 세부 사항에는 그토록 정확성을 기하였으면서도, 정작 기적 같은 중요 사건들의 경우에는 오히려 정확성에 신경을 쓰지 않을까? 누가가 그토록 많은 세부 사실들을 정확하게 입증하고 있다는 사실에 비추어 본다면, 그가 기적들에 대해서는 거짓을 말하고 있다고 판단하는 것은 순전히 초자연성을 부정하는 편향성에 지나지 않아 보인다. 앞서도 보았지만, 그런 편향성은 온당치 않다. 이곳은 신이 존재하는 세계로서 얼마든지 기적이 일어날 수 있는 곳이다. 따라서 누가의 기적 기사들을 배척하는 것보다 오히려 믿는 것이 보다 사리에 맞는 일이 될 것이다. 바꾸어 말하면, 역사가로서 누가의 자격은 많은 부분에서 입증되고 있으므로, 그가 기록하는 기적을 믿지 않는 것이 오히려 아주 큰 신앙이 필요할 것이란 점이다.

누가복음은 '복음서'인가?

누가복음은 무슨 책인가? 첫째, 우리는 사도행전과 누가복음이 서로 밀접하게 연관된 책들이라는 점을 인식해야 한다. 그런데 우리는 그 연관성을 어떻게 아는가? 첫째, 사도행전과 누가복음에는 똑같은 그리스어 단어와 문체가 실려 있다. 그러나 더 중요한 것은 누가가 두 책을 모두 '데오빌로 각하'에게 보내고 있다는 점이다. '각하'는 바울이 로마 총독 벨릭스와 베스도를 부를 때 사용했던 호칭이라는 점에서, 어쩌면 데오빌로도 로마의 고위 관직에 있었을 공산이 크다.[6]

---

6 누가가 사도행전을 기록한 이유 가운데 하나는 로마 제국의 관원들에게 바울의 결백을 증명하기 위한 것이었을 수도 있다. 그는 확실히 그가 진실을 말하고 있음을 보여 주기에 충분한 역사 기록들을 참고하도록 제시하고 있다. 물론, 누가가 로마의 관원들에게 거짓말을

데오빌로가 누구인가는 문제될 게 없다. 정작 중요한 것은 누가가 사도행전을 자기가 쓴 복음서의 속편으로 밝히고 있다는 점이다. 사도행전 서두는 이렇게 말하고 있다. "데오빌로여 내가 먼저 쓴 글에는 무릇 예수께서 행하시며 가르치시기를 시작하심부터 그가 택하신 사도들에게 성령으로 명하시고 승천하신 날까지의 일을 기록하였노라"(행 1:1). 누가는 사도행전의 나머지 부분을 할애하여 그리스도의 승천 이후에 일어난 일을 데오빌로에게 설명하고 있다. 더욱이 우리가 이미 보았지만, 그는 놀라울 정도로 정확하게 설명한다.

우리는 같은 정도의 정확성을 누가복음에서도 기대할 수 있을까? 기대하지 못할 이유가 없지 않은가? 사실 누가는 "그 모든 일을 근원부터 자세히 미루어 살핀 나도 데오빌로 각하에게 차례대로 써 보내는 것이 좋은 줄 알았노니"라고 쓰면서, 같은 말을 하고 있다. 사도행전에 나타난 그의 신중하고 꼼꼼한 저술 태도로 보아, 누가는 당연히 신뢰를 받아야 할 주도면밀한 역사가임에 틀림없다. 신약 학자 크레이그 블롬버그의 표현처럼, "검증 가능한 곳에서 신뢰할 만하다고 인정받은 역사가라면 검증이 전혀 불가능한 곳에서는 굳이 의심을 받을 필요가 없다."[7] 누가가 84개 항목에 관해 검증을 받으면서 완벽한 점수를 얻었으므로, 그의 복음서 역시 '복음서'라고 믿을 만한 여러 가지 이유가 있다.

그러나 우리는 누가복음의 진정성을 확증하기 위해 오로지 사도행전에 그가 써놓은 내용에만 의존할 필요는 없다. 누가복음 안에도 그 진정성을 입증할 만한 몇 가지 세부 사실들이 존재한다. 예를 들면, 그의 복

한다는 것은 지혜로운 일이 아니었을 것이다.
7 Craig L. Blomberg, *The Historical Reliability of John's Gospel*(Downers Grove, Ill.: InterVarsity Press, 2001), 63.

음서 첫 세 장(1-3장)은 역사를 통해 확인된 11명의 지도자들 이름을 열거하고 있다(만일 예수를 포함시킨다면 12명이 될 것이다). 이들 가운데에는 헤롯 왕(1:5), 가이사 아구스도(2:1), 구레뇨(2:2)가 포함된다. 그런 다음, 그는 3장 서두에서 이렇게 쓰고 있다.

> 디베료 황제가 통치한 지 열다섯 해 곧 본디오 빌라도가 유대의 총독으로, 헤롯이 갈릴리의 분봉 왕으로, 그 동생 빌립이 이두래와 드라고닛 지방의 분봉 왕으로, 루사니아가 아빌레네의 분봉 왕으로, 안나스와 가야바가 대제사장으로 있을 때에 하나님의 말씀이 빈 들에서 사가랴의 아들 요한에게 임한지라 요한이 요단 강 부근 각처에 와서 죄 사함을 받게 하는 회개의 세례를 전파하니(눅 3:1-3).

이 구절을 읽으면, 누가 없는 이야기를 지어내고 있는 것 같은가? 물론 아니다. 만일 그가 이야기를 꾸며내는 것이라면, 자신이 설명하려는 사건들을 역사적 인물들과 그들의 시대에 굳이 끼워놓을 이유는 없을 것이다. 성경학자 프레데릭 브루스(Frederick F. Bruce)의 말처럼, "자신이 쓴 이야기를 그런 식으로 세계사라는 더 넓은 정황에 연관시키는 저자는 주도면밀하지 못할 경우 곤란을 자초할 것이다. 비판의 잣대를 쥐고 있는 독자들에게 그의 이야기의 정확성을 검증할 좋은 기회를 너무 많이 제공하는 것이기 때문이다. 누가는 이런 위험을 감수하면서, 그 기준을 훌륭하게 통과하고 있는 셈이다."[8] 사실, 누가가 그의 복음서 첫 세

---

8 F. F. Bruce, *The New Testaments Documents: Are They Reliable?*(Downers Grove, Ill.: InterVarsity Press, 1981), 82.

장에서 거론하고 있는 11명의 역사적 인물들—사가랴의 아들 세례 요한을 포함해—은 기독교를 믿지 않는 저술가들과 고고학이 확증한 사람들이다. 예를 들면, 세례 요한은 요세푸스가 언급하고 있으며(유대인의 고대 생활, 18:5.2), 주후 14년부터 29년까지 거슬러 올라가는 한 명문은 루사니아(Lysanias)라는 이름을 담고 있다.

누가복음 22장 44절에서도 역사적으로 정확한 또 하나의 사실을 찾아볼 수 있다. 그곳에서 누가는 예수가 십자가에 못 박히기 전날 밤 고뇌하며 핏방울을 땀처럼 흘렸다고 기록한다. 예수는 극심한 정신적 압박감 때문에 우리가 오늘날 혈액땀분비증으로 알고 있는, 좀처럼 보기 드문 증상을 경험하고 있었던 게 분명하다. 그것은 극심한 정신적 압박감으로 말미암아 모세 혈관이 터지면서 혈액이 땀과 뒤섞일 때 나타나는 증상이다. 누가는 2천 년 전에 이 의학 증상을 몰랐을 것이므로, 만일 그가 그 장면을 목격한 사람으로부터 전해 듣지 않았다면, 그것을 기록할 수 없었을 것이다.

이와 같은 세부 묘사 때문에, 위에서 언급했던 윌리엄 램지는 "누가의 역사성은 그 신뢰성을 놓고 볼 때 타의 추종을 불허한다"고 말할 뿐만 아니라 이렇게 첨언했다. "누가는 역사가로서 첫 번째 반열에 올라 있는 인물이다… 그는 당연히 가장 위대한 역사가들과 같은 자리에 앉아야 할 사람이다."[9] 요컨대 누가는 신뢰할 수 있는 인물이다. 그는 검증이 가능한 아주 많은 사항들에 대해 따로따로 확증을 받았다. 따라서 그가 다른 곳에서도 진실을 말하고 있음을 얼마든지 믿을 수 있다.

여기에 바로 핵심이 있다. 누가가 진실을 말하고 있으므로, 마가와 마

---

9 Ibid., 90-91에서 인용.

태 역시 진실을 말하고 있다는 것이다. 이 두 사람도 자신들의 복음서에서 누가와 똑같은 기본 줄거리를 말하고 있기 때문이다. 이것은 회의론자들에겐 참을 수 없는 이야기이겠지만, 이 논리 귀결은 피할 도리가 없다. 그것을 무시하려면, 우리에게는 엄청난 신앙이 필요할 것이다.

목격자의 증거: 요한

누가복음의 신뢰성은 입증되었지만—나아가 비록 간접적이기는 하지만, 마태복음과 마가복음도 신뢰할 만하다—요한복음은 어떤가? 비평가들은 요한복음이 그리스도를 신으로 만든 이른바 가공 신학을 표현한 것으로서 훨씬 후대의 작품이므로 정확한 역사 정보를 담고 있는 것으로 볼 수 없다고 주장한다. 그러나 만일 비평가들이 틀렸고 요한복음이 정확하다면, 우리는 신약성경의 기본 줄거리가 진실이라고 결론지을 수 있는 또 하나의 독립 증거를 확보하게 되는 셈이다. 그렇다면 요한복음은 얼마나 정확한가? 그 증거는 무엇을 말하고 있는가?

언뜻 보면, 요한은 목격자처럼 보인다. 요한복음이 예수가 행한 수많은 개인적인 발언을 상세히 전하고 있기 때문이다(요한복음 3, 4, 8-10, 13-17장을 보라). 그러나 사실 요한이 목격자임을 입증하는 더 강력한 증거—사도행전에 등장했던 거의 동일한 인물들의 증거—가 존재한다.

콜린 헤머가 사도행전을 연구했던 것처럼, 크레이그 블롬버그도 요한복음을 세밀히 연구했다. 블롬버그의 『요한복음의 역사적 신빙성(The Historical Reliability of John's Gospel)』은 요한복음의 한 구절 한 구절을 검토하면서 역사에 실재했던 수많은 세부 사실들을 밝혀내고 있다.[10]

---

10 Craig L. Blomberg, *The Historical Reliability of John's Gospel*(Downers Grove, Ill.:

요한이 거룩한 땅(유대 땅)에 국한된 사건들만을 묘사하고 있는 탓에, 그의 복음서는 사도행전만큼 많은 지리, 지세, 정치 관련 사항들을 담고 있지 않다. 그럼에도, 우리가 곧 살펴보게 될 내용처럼, 역사를 통해 확인된 또는 역사 속에서 그 존재 개연성이 밝혀진 아주 많은 세부 사실들이 요한복음 안에 들어 있다. 그 가운데 많은 수가 고고학 또는 비그리스도인 저술가들에 의해 역사적 사실로 확인되었으며, 그 가운데 또 일부는 그리스도인 저술가의 창작일 가능성이 희박하다는 점에서 사실일 개연성이 높다. 이런 세부 사실들은 요한복음 2장에서 시작되며, 아래 목록들로 이루어져 있다.

1. 고고학은 신약 시대에 돌로 만든 물 항아리가 사용되었다는 점을 확인해 준다(요 2:6).
2. 초기 기독교인들에게 금욕주의 경향이 있었다면, 포도주 기적은 창작일 가능성이 희박하다(2:8).
3. 고고학은 야곱의 우물이 있던 자리를 확인해 주고 있다(4:6)
4. 요세푸스(유대 전쟁 2.232)는 예수 시대에 유대인과 사마리아인 사이에 심각한 적대감이 존재했음을 확인해 주고 있다.
5. "내려오소서"라는 말은 갈릴리 서부의 지세를 정확히 묘사하고 있다(가나에서 가버나움까지 해발 고도가 현격히 낮아진다, 4:46, 49, 51).[11]

InterVarsity Press, 2001), 69-281을 보라. 요한복음의 역사성에 관한 다른 좋은 논의로는 Paul Barnett, *Is the New Testament Reliable?*(Downers Grove, Ill.: InterVarsity Press, 1986), 56-80을 보라. 그리고 Norman Geisler, *Baker Encyclopedia of Christian Apologetics*(Grand Rapids, Mich.: Baker, 1999), 388-395를 보라.
11 Paul Barnett, *Is the New Testament Reliable?*(Downers Grove, Ill.: InterVarsity Press, 1986), 62.

6. "올라가셨다"는 말은 예루살렘으로 갈수록 해발 고도가 높아짐을 정확히 묘사한 것이다(5:1).

7. 고고학은 베데스다 연못에 있던 다섯 개 행각의 위치와 성경의 묘사 내용이 정확함을 확인해 주고 있다(5:2) (그 연못은 1914년부터 1938년 사이의 발굴 작업을 통해 발견되었는데, 요한이 묘사한 내용과 일치했다. 주후 70년에 로마에 의해 도시가 파괴된 뒤로, 실제 구조물을 목격한 적이 없는 후대 사람이 그것을 그토록 자세하게 묘사하기란 거의 불가능하다. 더욱이 요한은 이 구조물이 "예루살렘에 있다"고 말하는데, 이는 그가 복음서를 주후 70년 이전에 썼음을 암시한다.)

8. 아버지가 계시지 아니하시면 예수 자신의 증거가 아무 효력이 없다는 말은 그리스도인의 창작일 가능성이 희박하다(5:31). 이것이 후대 편집자의 창작물이라면, 그는 예수의 신성을 강조하고픈 의도가 컸을 것이므로, 오히려 예수의 발언을 다르게 바꿔 신으로서의 정체성을 입증하려 했을 것이다.

9. 예수를 왕으로 추대하려는 군중의 모습은 1세기 초 이스라엘에서 이름 높았던 민족주의자들의 열정을 반영한다(6:15).

10. 갑자기 일어나는 맹렬한 바람은 갈릴리 바다에서 보통 있는 일이다(6:18).

11. 자신의 살을 먹고 피를 마시라는 그리스도의 명령은 꾸며냈을 가능성이 희박하다(6:53).

12. 예수의 많은 제자들이 그를 거부했다는 것 역시 창작일 가능성이 희박하다(6:66).

13. 예수에 대한 두 가지 주요 견해, 곧 예수가 '좋은 사람'이라는 견해와 '무리를 미혹하게 한다'는 견해는 요한의 창작일 수 없다(7:12).

후대의 그리스도인이라면, 예수는 하나님이라는 견해를 끼워 넣었을 것이다.

14. 예수가 귀신이 들렸다는 비난은 창작일 가능성이 희박하다(7:20).
15. 예수가 '사마리아 사람'이라는 비난은 유대인과 사마리아인 사이에 적대감이 존재했었다는 사실과 부합한다(8:48).
16. 유대교 신자들이 예수를 돌로 치려 했다는 것은 창작일 가능성이 낮다(8:31, 59).
17. 고고학은 실로암 못의 존재와 그 위치를 확인해 주고 있다(9:7).
18. 회당으로부터 출교당하는 것은 유대인들이 당연히 두려워한 일이었다. 고침을 받은 사람이 회당으로부터 쫓겨난 뒤에야 비로소 예수에 대한 믿음을 고백한 점, 그때 그는 모든 걸 잃어버린 시점이었음을 주목하라(9:13-39). 이것이야말로 진정성을 소리 높여 증언하고 있는 대목일 것이다.
19. 고침을 받은 사람이 예수를 다른 높은 칭호보다 '선지자'라고 부르는 대목은 그 사건이 꾸며낸 이야기가 아닌 실제 역사임을 말해 주는 것이다(9:17).
20. 수전절 기간 동안 예수는 솔로몬 행각 안에서 다녔는데, 그곳은 성전 경내에서 차가운 겨울 동풍을 유일하게 피할 수 있는 곳이었다(10:22-23). 이 지역은 요세푸스가 몇 차례나 언급하고 있는 곳이다.
21. 15스타디온(2마일이 채 못 되는 거리)은 베다니에서 예루살렘까지의 정확한 거리다(11:18).
22. 이후에 그리스도인과 유대인 사이에 증오심이 존재했다면, 유대인들이 마르다와 마리아를 위로하는 장면을 긍정적으로 묘사하는

대목은 창작일 가능성이 낮다(11:19).
23. 나사로 매장 때 베로 동여맨 것은 1세기 유대인의 장례에서 널리 행해진 일이었다(11:44). 거짓 이야기를 꾸며내는 작가가 신학과 전혀 관련성 없는 이 세부 기사를 포함시켰을 가능성은 매우 낮다.
24. 산헤드린의 구성원을 정확히 서술하고 있다(11:47). 예수의 공생애 기간 동안에는 주로 대제사장들(거의 사두개인)과 바리새인들이 그 구성원이었다.
25. 가야바는 실제로 그해에 대제사장이었다(11:49). 가야바가 주후 18년부터 37년까지 대제사장직에 있었다는 점을 요세푸스가 기록하고 있다.
26. 세상에 잘 알려지지 않은 작은 촌락 에브라임이 예루살렘 근처에 있었다(11:54)는 점을 요세푸스가 언급하고 있다.
27. 유월절을 준비하고자 성결례를 갖는 것이 당시의 통례였다(11:55).
28. 당시 유대 문화에서는 손님의 발을 향수나 기름으로 씻는 것이 때때로 특별한 손님을 맞는 행위였다(12:3). 마리아가 예수의 발을 자신의 머리카락으로 씻었다는 말은 창작일 가능성이 낮다(그것은 자칫하면 성적 유혹으로 인식될 수도 있었기 때문이다).
29. 종려나무(야자나무) 가지를 흔드는 것은 당시 유대인들이 승전을 축하하거나 국가 지도자를 환영할 때 관습처럼 한 행동이었다(12:13).
30. 1세기 팔레스타인에서는 발을 씻어야 했는데, 흙길인데다 신발이 대개 샌들 형태였기 때문이다. 예수가 이런 일을 몸소 행했다는 기록은 창작일 가능성이 낮다(그런 일은 심지어 종들도 하지 않았다, 13:4). 자신의 온몸을 씻겨 달라고 베드로가 고집부린 일 역시 그의 충동적인 성격과 잘 들어맞는다(베드로의 이런 에피소드를 굳이

창작할 이유가 없다).

31. 베드로가 "예수에게 질문을 하라"고 요한을 다그치고 있다(13:24). 만일 이것이 꾸며낸 이야기라면 이런 것까지 끼워 넣을 이유가 없다. 베드로는 자신이 직접 예수에게 물어볼 수 있었기 때문이다.

32. "아버지는 나보다 크심이라"는 (비평학자들이 주장하는 것처럼) 특별히 요한이 그리스도의 신성을 꾸며낼 의사가 있었다 하더라도, 창작일 가능성이 희박하다(14:28).

33. 포도나무 비유는 예루살렘에서 상당한 의미가 있다(15:1). 포도원이 성전 근방에 있었다. 또한 요세푸스는 성전 문에 황금 포도나무가 조각되어 있었다고 말한다.

34. 해산의 비유를 사용한 것(16:21)은 철저하게 유대인다운 것이다. 그 비유는 사해 사본에서도 발견된다(1QH 11:9-10).

35. "하늘을 우러러" 기도하는 것은 유대인의 표준 기도 자세였다(17:1).

36. 예수가 자신이 아버지로부터 말씀을 받았다고 한 것(17:7-8)은, 요한이 그리스도가 하나님이라는 개념을 가공하려 했다면, 결코 포함되지 않았을 내용이다.

37. 예언되었던 유다의 배신에 대해 성경의 말씀이 성취되었다는 특별한 언급이 없다. 허구의 이야기를 쓴 작가이거나 후대의 기독교인 편집자라면 아마도 예수가 언급하던 구약성경 구절을 밝혔을 것이다(17:12).

38. 귀가 잘려 나갔던 대제사장의 종의 이름(말고)은 창작일 가능성이 희박하다(18:10).

39. 주후 6년부터 15년까지 대제사장을 지냈으며 예수가 체포될 당시 대제사장이었던 가야바의 장인 안나스의 신원을 올바르게 밝히

고 있다(18:13). 가족간의 복잡한 관계와 전임 대제사장들의 막강한 영향력을 고려해볼 때, 먼저 안나스에게 예수를 끌고 간 것은 신뢰할 만한 장면이다.

40. 대제사장이 자신(요한)을 알고 있었다는 요한의 주장(18:15)은 역사적 사실인 것으로 보인다. 이런 주장을 구태여 창작해낼 이유가 없으며, 요한이 유대인 관원들로부터 불신을 받고 있었음을 드러내는 것이 될 수 있다.

41. 예수의 가르침과 제자들에 대해 안나스가 던진 질문은 역사적 정황에 매우 잘 들어맞는다. 안나스는 민중의 소요가 일어날 수 있으며 그로 말미암아 유대교의 종교적 권위가 뿌리째 흔들릴 것을 염려했을 것이다(18:19).

42. 말고(귀가 잘렸던 대제사장의 종)의 친척 가운데 한 사람의 신원을 밝힌 것은 요한이 만들어 냈을 가능성이 거의 없는 세부 사실이다(18:26). 그것은 신학적으로 의미도 없을뿐더러, 만일 요한이 허구를 진실인 것처럼 가장하려 했다면, 오히려 그의 신뢰성에 상처만을 안겨줄 내용이다.

43. 빌라도가 예수를 심문하려 하지 않았다는 점을 믿을 만한 역사적 근거들이 존재한다(18:28 이하). 빌라도는 유대인의 안녕과 로마인의 안녕 사이에서 힘겨운 줄타기를 해야 했다. 따라서 어떤 민중 소요도 그는 결코 원하지 않았을 것이다. 유대인들은 빌라도를 "이 사람을 놓으면 가이사의 충신이 아니니이다 무릇 자기를 왕이라 하는 자는 가이사를 반역하는 것이니이다"(19:12)라는 말로 힐난했다. 이는 그들이 그의 관심사를 알고 있었다는 증거다. 유대인 철학자 필로(Philo)는 유대인들이 자신들의 요구 사항을 관철하

고자 비슷한 방법으로 빌라도에게 압력을 넣어 결국 성공을 거두었다고 기록하고 있다(가이우스에게, 38.301-302).

44. 석재 포장도로와 비슷한 지표면이 안토니아 요새 인근에서 확인되었는데(19:13), 군인들이 그곳에서 놀이를 즐겼음을 암시하는 표지들이 나왔다(19:24에 나오는 대로 예수의 옷을 걸고 도박한 것처럼).

45. 유대인들이 "가이사 이외에는 우리에게 왕이 없나이다"(19:15)라고 외친 것은, 특별히 요한이 이 복음서를 주후 70년 이후에 기록했다 하더라도, 유대인들이 로마인에 대해 적개심을 품고 있었다는 점에서 만들어 낸 이야기가 아닐 것이다(이것은 마치 오늘날 뉴욕 시민들이 "오사마 빈 라덴 이외에는 우리에게 왕이 없나이다"라고 외치는 것과 같을 것이다).

46. 예수가 십자가에 못 박힌 것(19:17-30)은 요세푸스, 타키투스, 루키아누스, 그리고 유대인의 탈무드와 같은 비기독교인의 저술들이 증언하고 있다.

47. 십자가형을 선고 받은 사람은 보통 자신이 직접 십자가를 메고 간다(19:17).

48. 요세푸스는 십자가형이 로마인들이 쓰던 처형 기술이었음을 확인해 주고 있다(유대 전쟁 1.97; 2.305; 7.203). 더욱이 십자가형으로 말미암아 발목뼈에 못이 박힌 사람의 유골이 1968년 예루살렘에서 발견되었다(이에 대해 더 자세한 것은 12장에서 다룬다).

49. 사형 장소는, 요한의 말대로(19:17), 고대 예루살렘 외곽에 위치했을 가능성이 있다. 이것은 거룩한 유대인의 성읍이 시신에 의해 더럽혀지지 않게 하기 위한 방안이었다(신 21:23).

50. 병사의 창이 예수의 옆구리를 찌르자, 피와 물로 보이는 것들이

쏟아져 나왔다(19:34). 오늘날 우리는 십자가에 어떤 사람이 못 박혔다면 심낭이라고 불리는 심장을 둘러싸고 있는 주머니 안에 물과 같은 액체가 모일 수 있음을 알고 있다.[12] 요한은 이런 의학 현상을 알지 못했을 것이며, 따라서 만일 그 자신이 그 장면을 목격했거나 아니면 그 장면을 목격한 사람의 증언을 청취하지 못했다면, 이런 현상을 기록할 수 없었을 것이다.[13]

51. 산헤드린 회원으로서 예수를 장사지냈던 아리마대 요셉(19:38)은 꾸며낸 인물일 가능성이 낮다(다음 장에서 이를 더 상세하게 다룬다).

52. 요세푸스(유대인의 고대 생활 17.199)는 왕의 장사에 향료(19:39)가 사용되었다는 점을 확인해 주고 있다. 이런 세부 사실은 니고데모가 예수의 부활을 기대하지 않았다는 것을 보여주며, 나아가 다른 한편으로는 요한이 후대의 기독교 신앙을 그 본문에 끼워 넣은 것이 아님을 보여주는 것이다.

53. 이전에 귀신에 사로 잡혔던(누가복음 8:2) 막달라 마리아(20:1)가 빈 무덤을 처음 목격했다는 대목은 날조한 이야기가 아닐 것이다. 꾸며낸 이야기라면 여성을 증인으로 제시하지 않는 게 보통이다 (이 점 역시 뒤에 상세히 논한다).

54. 마리아가 예수를 동산지기로 오해했다는 대목(20:15)은 후대 어

---

12 William D. Edwards, Wesley J. Gabel, Floyd E. Hosmer, "On the Physical Death of Jesus Christ," *Journal of the American Medical Association* 255, no.11(1986년 3월 21일자):1455-1463.

13 회의론자들은 이렇게 말할 수도 있다. "글쎄요, 어쩌면 그는 다른 누군가가 십자가에 달려 창으로 찔리는 것을 보았을 수도 있죠." 만일 이것이 요한이 우리에게 제시하는 유일한 목격담이라면 그 설명이 통할 수도 있다. 하지만, 우리가 보았듯이, 요한은 다른 증거를 몇 가지 더 제시하고 있으며, 그 증거들은 그가 십자가에 못박히신 예수를 실제로 목격한 인물임을 강력하게 말해주고 있다.

떤 저자가 꾸며냈을 세부 사실이 아니다(특별히 예수를 높이려고 시도하는 저자라면 더더욱 이런 말을 넣지 않았을 것이다).

55. '선생님'에 해당하는 아람어 "랍오니"(20:16)는 진실인 것으로 보이는데, 그 이유는 부활한 예수를 높이려고 시도하는 저자가 만들어 낸 것으로 보기에 어울리지 않는 또 하나의 예이기 때문이다.

56. 예수가 "내 하나님 곧 너희 하나님"께 올라간다고 말한 것(20:17)은 예수가 곧 하나님이라는 사상을 만들어 내려는 경향을 가지고 있었을 후대의 저자에게 어울리지 않는 표현이다.

57. 153마리의 물고기(27:11)는 신학 문제와 전혀 관련이 없는 사실 기록이지만, 잡은 물고기 수를 기록하여 많은 어획량을 자랑하려는 어부의 경향과 완벽하게 일치한다.

58. 제자들이 예수에게 감히 예수가 누구시냐고 묻는 것을 두려워했다는 것(21:12)은 날조일 가능성이 희박하다. 그것은 부활한 그리스도를 보고 사람들이 놀란 것이 자연스러운 반응임을 보여주는 것이며, 어쩌면 부활한 몸에 무언가 다른 점이 있었다는 사실을 보여주는 대목이다.

59. 베드로의 운명에 대한 예수의 신비적인 언급은 거기서 신학적 결론을 도출하기에는 부족하다(21:18). 그런데 요한이 굳이 그런 이야기를 만들어 낼 이유가 뭘까? 그렇게 보면, 이 이야기는 만들어 낸 이야기일 가능성이 낮은 또 하나의 예이다.

요한이 알고 있는 예수와의 개인적인 대화 내용을, 60개에 가까운 위의 역사적 신뢰도가 높은 세부 사실들과 연결 지을 경우, 요한 자신이 목격자거나 적어도 다른 목격자들의 증언을 들은 사람이라는 점을 의심할 수 있을까? 우리가 보기에는 확실히 요한복음을 믿는 것보다 믿지 않는 것에 더 많은 신앙이 필요하다.

역사라는 조준경의 십자선

우리가 지금까지 발견한 것을 검토해 보자. 우리는 단지 몇 개의 신약성경 기록들(요한복음, 누가복음, 그리고 사도행전 후반부)만 살펴보고도 진정한 것으로 보이는 140개 이상의 세부 사실들을 발견했다. 그 가운데 대다수는 역사가 확증해 주었으며 그중 몇몇은 역사 속에 실재했을 개연성이 높다. 우리가 신약성경의 다른 기록들을 조사한다면, 더 많은 역사적 사실들을 발견할 공산이 크다. 그러나 시간과 공간의 한계 때문에 우리는 그런 조사에 착수할 수가 없다. 하지만 단지 요한복음, 누가복음, 그리고 사도행전에서 발견한 것만으로도 신약성경의 기본 줄거리(예수의 생애와 교회의 초기 역사)가 가진 역사성을 입증하는 데 충분하다는 점은 두말할 나위가 없다.

그러나 역사성을 입증하는 증거들은 더 많이 존재한다. 신약성경 저자들은 역사의 실존 인물들과 그들의 행적을 언급함으로써 역사라는 조준경의 십자선을 자신들의 기사에 맞추고 있다. 신약성경 안에는 고고학 또는 비그리스도인의 저술 자료를 통해 역사의 실존 인물로 확인된 사람들이 최소 30명은 존재하고 있다(표 10.1을 보라).[14]

예를 들면, 마태는 헤롯 왕(2:3)과 그의 세 아들, 곧 헤롯 아켈라오

---

14 우리가 확인한 것보다 실제로 더 많은 것들이 존재할 수도 있다. 왜냐하면, 우리가 신약성경에 나타나는 모든 이름에 대하여 철저한 연구하지 않았기 때문이다.

(2:22), 헤롯 빌립(14:3), 그리고 헤롯 안디바(14:1-11)를 포함해 역사상 실존 인물들을 따로따로 언급하고 있다. 뿐만 아니라 마태는 헤롯 안디바가 살해한 사람, 곧 세례 요한(14장, 그는 3장에서 처음 소개되고 있다)과 이 요한을 죽이도록 사주한 두 여자 헤로디아 및 헤로디아의 딸을 함께 서술하고 있다. 마가도 헤롯 안디바와 세례 요한에 얽힌 이 이야기를 서술하고 있다(6:14 이하). 또한 누가는 헤롯왕의 손자로서 야고보를 죽인 아그립파(아그립바) 1세, 요한의 형제(행 12장), 그리고 헤롯왕의 증손자로서 바울이 그 앞에서 변론했던 아그립바 2세(행 25:13-26:32)를 언급함으로써, 헤롯의 혈육을 더욱 광범위하게 인용하고 있다.

빌라도는 네 개의 복음서 전부에서 등장하는 유명 인물이며 바울도 인용한다.[15] 이 빌라도는 요세푸스의 저작(《유대인의 고대 생활》 그리고 《유대전쟁사》)에서 몇 군데 등장하고 있으며, 고대의 한 명문은 그가 유대 총독이었음을 확인해 준다. 이를 확인해 주는 고고학 유물이 이스라엘의 해안 도시 가이사랴에서 1961년에 발굴되었다.

마태, 누가, 요한은 빌라도 이외에도 특별히 예수의 죽음 당시 두드러진 인물이었던 또 한 사람의 지도자를 거명한다. 그가 바로 예수에게 사형을 선고했던 대제사장 가야바다.[16] 가야바는 요세푸스가 언급할 뿐만

---

15 빌라도는 신약성경 안에서 자주 등장한다: 유대를 관할하는 로마 총독, 마태복음 27:2; 어떤 갈릴리인들을 죽게 한 인물, 누가복음 13:1; 예수를 재판하고 그에게 십자가형을 선고한 인물, 마태복음 27장; 마가복음 15장; 누가복음 23장; 요한복음 18:28-40; 19장; 사도행전 3:13; 4:27; 13:28; 디모데전서 6:13; 아리마대 요셉에게 예수의 시신을 수습하도록 허락한 인물, 마태복음 27:57-58; 마가복음 15:43-45; 누가복음 23:52; 요한복음 19:38.
16 마가는 대제사장을 언급하지만 그의 이름을 적시하지는 않는다(14:53). 재차, 이런 점은, 37년에 가야바의 시대가 끝난다는 점에서, 몇몇 학자들이 마가의 기록이 주후 37년 이전에 이루어졌다고 믿게 된 단서가 되었다. 여기서 그 이론은 마가가 그 대제사장이 누구인지 이미 알고 있는 동시대의 독자들에게 그 복음서를 썼음을 주장하는 것이다.

비그리스도인 저술가들이 인용하거나
고고학을 통해 확인된 신약성경의 인물

사람	신약성경에서 등장하는 곳	비그리스도인 자료 제공자
예수	많은 곳에서 등장	요세푸스, 타키투스, 소(小) 플리니우스, 플레곤, 탈루스, 수에토니우스, 루키아누스, 켈수스, 세라피온의 아들 마라, 유대인의 탈무드
아그립바 1세	행 12:1-24	필로, 요세푸스
아그립바 2세	행 26:13-26:32	동전들, 요세푸스
아나니아	행 23:2; 24:1	요세푸스
안나스	눅 3:2; 요 18:13, 24; 행 4:6	요세푸스
아레다 왕	고후 11:32	요세푸스
버니게(아그립바 2세 부인)	행 25:13	요세푸스
가이사 아구스도	눅 2:1	요세푸스와 다른 사람들
가야바	몇 군데에서 인용	유골함, 요세푸스
로마 황제 글라우디오	행 11:28; 18:2	요세푸스
드루실라 (총독 벨릭스의 아내)	행 24:24	요세푸스
애굽인 거짓 선지자	행 21:38	요세푸스
에라스도	행 19:22	명문
벨릭스	행 23:24-25:14	타키투스, 요세푸스
길리오	행 18:12-17	명문
가말리엘	행 5:34; 22:3	요세푸스
헤롯 안디바	마 14:1-12; 막 6:14-29; 눅 3:1; 23:7-12	요세푸스
헤롯 아켈라오	마 2:22	요세푸스
헤롯 왕	마 2:1-19, 눅 1:5	타키투스, 요세푸스
헤롯 빌립 1세	마 14:3; 막 6:17	요세푸스
헤롯 빌립 2세	눅 3:1	요세푸스
헤로디아	마 14:3; 막 6:17	요세푸스
헤로디아의 딸(살로메)	마 14:1-12; 막 6:14-29	요세푸스

사람	신약성경에서 등장하는 곳	비그리스도인 자료 제공자
야고보	몇 군데에서 인용	요세푸스
세례 요한	몇 군데에서 인용	요세푸스
갈릴리 사람 유다	행 5:37	요세푸스
루사니아	눅 3:1	명문, 요세푸스
빌라도	몇 군데에서 인용	명문, 동전들, 요세푸스, 필로, 타키투스
구레뇨	눅 2:2	요세푸스
보르기오 베스도	행 24:27-26:32	요세푸스
서기오 바울	행 13:6-12	명문
디베료 가이사	눅 3:1	타키투스, 수에토니우스, 파테르쿨루스, 디오 카시우스, 요세푸스

* 주의: 이것은 비그리스도인의 자료 전부를 언급한 게 아니다. 여기에 적시한 비그리스도인 저술가와 (또는) 다른 비그리스도인 저술가의 자료에도 신약성경의 인물들을 인용하는 곳이 더 있을 수 있다.

표 10.1

아니라, 실제 그의 유골이 1990년에 고고학 발굴을 통해 발견되었다. 이 발견이 가능했던 이유는 고대 유대인의 장례 풍습 때문이었다.

주전 20년부터 주후 70년에 이르는 시기 동안에 유대인들은 중요 인물의 시신을 매장 약 1년 뒤에 유골만 따로 추려 조그만 석회석 상자에 안치하는 풍습이 있었다. 예루살렘 남쪽의 한 무덤에서 이런 유골함이 몇 개 발견되었는데, 그중 하나에 '가야바의 아들 요셉(Yehosef bar Kayafa)'이라는 아람어 명문이 적혀 있었다. 그 여러 개의 함에는 일가족 전체(네 사람의 젊은이와 성인 여성 하나 그리고 60세 가량의 남성)의 유골이 들어 있었다. 노년의 남성은 전직 대제사장이었던 요셉 가야바—요세푸스가 대제사장이라고 확인해 주었던 인물이자[17] 신약성경이 예수에게 사형을 선고한 인물로 지목하고 있는 바로 그 사람[18]—일 가능성이 매우 높다. 따라서 이제 우리는 예수 재판에 관여했던 대제사장을 언급한 비그리스도인의 저작들을 갖고 있을 뿐 아니라, 그 대제사장의 유골까지 확보하고 있는 셈이다![19]

표 10.1이 보여주듯이, 신약성경 바깥에서 확인된 신약성경 인물들이 또 몇 사람 있다. 이들 가운데에는 구레뇨, 서기오 바울, 갈리오, 벨릭스, 베스도, 아구스도 가이사, 디베료 가이사, 그리고 글라우디오가 포함된다.[20] 신약성경의 저자들은 자신들이 허구의 이야기를 하고 있는 게 아니며 역사적 사실의 목격자임을 입증하기 위해 무엇을 더 할 수 있었겠는가?

신약성경: 역사 소설 아니면 소설 같은 역사?

이처럼 140개가 넘는 목격 사실들이 있고 실존 인물을 언급한 사례만도 30개가 넘지만, 강경한 회의론자라면 이렇게 말할 수도 있을 것이다. "하지만 그것이 꼭 신약성경이 진실이라는 걸 확증하지는 않는다. 어쩌면 역사 소설 같은 것일 수도 있다고 생각해 보자. 역사의 실제 상황을 배경으로 삼은 허구의 이야기말이다. 말하자면 톰 클랜시(Tom Clancy)의

---

17 Josephus, *Antiquities*, 18:2.2.
18 마태복음 26:3, 57; 누가복음 3:2; 요한복음 11:49; 18:13-14, 24, 28; 사도행전 4:6.
19 "The Short List: The New Testament Figures Known to History," *Biblical Archaeological Review* 26, no.6(2002년 11월/12월호):34-37을 보라.
20 "The Short List: The New Testament Figures Known to History," *Biblical Archaeological Review* 26, no.6(2002년 11월/12월호):34-37을 보라.

소설 같은 것 아니겠는가?"

이런 이론에는 많은 문제점이 도사리고 있다. 첫째, 이 이론은 각기 독립된 비그리스도인 저자들이 이구동성으로 신약성경과 유사한 이야기 줄거리를 제시하고 있는 연유가 무엇인지 설명하지 못한다. 만일 신약성경의 사건들이 허구라면, 왜 비그리스도인인 저자들은 그 사건들 가운데 몇몇을 실제 일어난 사건으로 기록했을까?

둘째, 이 이론에 따르면, 신약성경 저자들이 핍박, 고문, 그리고 죽음을 감내한 이유를 설명할 수가 없다. 그들이 한낱 허구에 지나지 않은 이야기 때문에 그렇게까지 해야 할 이유가 있었을까?(이 점은 다음 장에서 더 다루기로 한다.)

셋째, 역사 소설가들은 보통 그들 소설의 주인공들로 실존 인물의 이름을 사용하지 않는다. 만일 그렇게 사용한다면, 그 실존 인물들—특별히 정부의 권력자들과 성직자들—은 그 이야기를 부인하거나, 작가의 신뢰성을 문제 삼거나, 아니면 심지어 작가에게 법적 소송을 제기할 수도 있다. 우리가 보았듯이, 신약성경은 비그리스도인의 저작을 통해 확인된 역사상 실존 인물을 적어도 30명이나 포함하고 있으며, 이 가운데 많은 수가 저명인사이자 권력자들이었다.

마지막으로, 신약성경은 이 사건들에 대해 아홉 명의 각기 다른 저자들이 기록한 독립된 기사들을 다수 함유하고 있다. 때문에, 역사 소설 이론이 성립하려면, 고대 세계 전역에 걸쳐 살았던 그들 아홉 명의 저자 사이에 20년에서 50년에 걸친 하나의 거대한 음모가 존재해야 한다. 이 역시 가능성이 희박하다. 사실, 신약성경에 기록된 사건들이 어떤 거대한 음모의 일부라는 주장은 소설에서나 존재할 법한 이야기이다. 실제 세계에서 그런 주장은 엄청난 무게의 증거들 때문에 으스러지고 만다.

신약성경: 하나의 자료 아니면 많은 자료?

그렇다면 회의론자는 이렇게 항변할 수도 있을 것이다. "잠시만 기다리라. 목격자의 주장을 확보했을지 모르나, 비록 여러 권의 책으로 이루어진 신약성경은 본래 한 자료에서 나왔으므로 신뢰성이 떨어진다. 그것은 '여러 개의 독립적인 이야기'가 아니다." 이것은 회의론자들이 하나의 '종교 서적'으로서의 성경과 그 성경을 구성하고 있는 역사 기록을 구분하지 못해서 보통 저지르는 실수이다.

신약성경의 역사성을 고려할 때, 신약성경이 각기 다른 아홉 명의 저자가 대부분 서로 독립적으로 기록해 놓은 내용을 한데 모은 것이라는 점을 항상 유념해야 한다. 신약성경은 한 사람이 쓰거나 편집한 것이 아니며 교회가 쓰거나 편집한 것도 아니다. 신약성경의 저자들은 같은 사건을 많이 기록하고 있다. 또한 그들의 기록보다 더 이른 시기에 존재했던 똑같은 자료들로부터 소재를 끌어왔을 수도 있다. 그렇다 해도 지금까지 발견된 증거에 따르면 신약성경의 자료는 서로 독립된 목격자들의 증언이 몇 개의 스토리라인으로 구성된 것이라는 점을 알 수 있다.

우리가 서로 독립된 목격자들의 증언을 확보하고 있다는 것을 어떻게 아는가? 그 이유는 첫째, 개개의 주요 저자들이 기록해 놓은 이른 시기의 독특한 내용들이 단지 목격자들만이 알 법한 내용이라는 것, 그리고 둘째로는 그들의 기사가 기본 줄거리는 같지만 세부적으로는 차이가 난다는 점 때문이다. 왜 세부적으로 차이가 나는 사항들이 중요한가? 만일 그 기사들이 모두 하나의 자료나 단 한 사람의 편집자로부터 유래한 것이라면, 세부 내용에 차이가 존재하는 것이 아니라 그 반대의 경우가 일어날 것이다. 초기의 기사들이 같은 기본 줄거리를 말하면서도 세부에서는 다른 내용을 담고 있다면, 역사가들은 그 초기의 기사들이 실제 역사 속에서 일어났던 사건들에 대해 각기 독립된 목격자들의 설명을 기록한 것이라는 타당한 결론에 이르게 된다(9장에 있는 역사적 잣대 3번). 그 이야기는 틀림없이 만들어진 이야기일 수가 없다. 각기 독립된 자료들은 결코 똑같은 허구의 이야기를 만들어낼 수 없기 때문이다.

이런 판단 기준에 비추어 볼 때, 우리는 요한복음과 마가복음이 서로 독립되어 있음을 알게 된다. 나아가 누가복음과 마태복음 역시 서로 독립된 증거의 소산이라 할 정도로 마가복음 및 각자의 상대방과—즉 누가는 마태와, 마태는 누가와—다르다는 점을 알게 된다. 따라서 신약성경의 기본 줄거리를 놓고 본다면, 적어도 서로 독립된 자료가 네 개 있는 셈이며, 바울(고전 15:8)과 베드로(벧전 1:21)를 그 넷에 더할 경우, 각기 독립하여 예수 그리스도의 부활을 전하는 자료들이 적어도 여섯 개 존재하는 셈이다. 자신들의 증언을 심지어 죽음의 위협 앞에서도 취소하기를 거부했던, 분별력 있고 냉정한 여섯 증인들이 (신약성경의 이야기를 뒷받침하는 추가적인 보강 증거가 없다 해도) 법정에서 누가 유죄이고 누가 무죄인지 충분히 가려줄 것이다. 그런 목격자들의 증언이 합리적 의심을 넘어 확신을 갖게 된 배심원들의 평결을 이끌어낼 것이다. 비록 그 사건을 직접 보지는 못했다 하더라도, 우리는 그것이 역사적으로 실재했던 사건임을 이보다 더 확신할 수 없을 것이다.

요약과 결론

1. 우리는 9장에서 다음 사항들을 알게 되었다.

    a. 신약성경의 자료는 이른 시기의 것이며 심지어 더 이른 시기의

자료에서 나온 소재들을 담고 있다.
   b. 예수 그리스도가 지상에 머물던 기간으로부터 150년 내에, 고대의 비그리스도인 저술가 가운데 적어도 10명이 예수에 대한 정보를 제공하고 있으며, 그들이 이구동성으로 언급하는 내용 역시 신약성경의 내용과 일치하는 이야기 줄거리를 제공하고 있다.
2. 이 장(10장)으로부터 우리는 이런 결론을 내리게 된다.
   a. 신약성경은 이른 시기에 서로 독립해 있던 목격자들이 글로 남긴, 적어도 네 개에서 여섯 개 계통을 거쳐 취합된 증언을 담고 있다. 이런 결론을 내리게 된 것은 다음과 같은 이유 때문이다.
      i. 신약성경의 주요 저자들은 똑같은 기본 사건들을 기록하면서도 세부적으로는 차이가 있으며 몇 가지 독특한 내용을 보여 주기도 한다.
      ii. 신약성경의 주요 저자들은, 고대의 비그리스도인 저술가와 고고학의 다양한 발견을 통해 인정된, 역사상 실존 인물을 적어도 30명 언급하고 있다.
      iii. 누가는 사도행전 후반부에서, 역사적 실존 인물로 확인된 목격자들의 세부 증언 사실을 적어도 84개나 기록해 놓고 있으며 그 밖의 몇 가지 사실도 그의 복음서 안에 기록하고 있다.
      iv. 신약성경의 저자로서 누가의 신뢰성이 입증되었다는 것은 마태와 마가 역시 신뢰할 만하다는 사실을 적시한다. 마태와 마가도 누가와 그 기본 줄거리가 같은 이야기를 기록하고 있기 때문이다.
      v. 요한은 그의 복음서 안에 역사를 통해 확인되거나 실재할 개연성이 밝혀진 목격자들의 세부 증언을 적어도 59개나 기록

해 놓았다.
  vi. 바울과 베드로는 예수 그리스도의 부활을 입증하는 다섯 번째와 여섯 번째 문서 자료를 제시하고 있다.
 b. 이처럼 초기의 서로 독립된 목격자들의 증언이 사건 발생 한 세대 이내에 이루어졌으므로, 신약성경의 사건들은 허구의 것으로 간주될 수 없다.

따라서 실제로 역사 속에서 일어났던 사건들이 신약성경의 핵심에 자리 잡고 있다는 점은 의문의 여지가 없다. 요컨대, 어떤 회의론자가 신약성경이 거짓 기록임을 믿으려고 한다면, 그는 대단한 신앙을 가져야만 한다.

그러나 신약성경이 역사에 비추어 명확히 신뢰할 만하다는 결론을 내리기 전에 조사해야 할 쟁점들이 더 있다. 예를 들면, 그 목격자들의 증언이 과장되거나 꾸며낸 것이 아님을 어떻게 알 수 있을까? 그것이 바로 우리가 다음 장에서 다룰 문제이다.

11장 ___ 신약 저자들의 진정성을 확신하는 열 가지 이유

> 사도들이 거짓말을 할 이유가 무엇인가?…그들이 거짓말을 했다면 그 동기는 무엇이며, 그들이 그 거짓말로 얻은 것은 무엇인가? 그들이 그로부터 얻었던 것은 오해, 배척, 핍박, 고문, 그리고 순교뿐이었다. 이득 될 것은 아무것도 없었다!
>
> 피터 크리프트

우리는 신약성경의 주요 기록들이 예수의 죽음 이후 15년에서 40년 사이에 여러 목격자들과 목격자들의 동시대인들을 통해 기록되었다는 매우 강력한 증거들을 살펴보았다. 거기에 비기독교인들의 저작 자료들과 고고학에서 나온 확증들이 추가되면서, 신약성경이 역사적 사실에 기초하고 있음을 확인했다. 그러나 그 저자들이 목격한 바를 과장하지 않았거나 꾸며내지 않았다는 것을 어떻게 확신할 수 있는가? 신약성경 저자들이 진실한 목격자들이었다는 것을 확신할 수 있는 이유가 적어도 열 가지가 존재한다.

1. 그들은 스스로를 곤란하게 만들 수 있는 사실까지 기록했다

역사가가 문서의 진정성을 판단하는 방법 가운데 하나는 '난처함의 원리'(9장에 있는 역사적 잣대 7번)로 평가하는 것이다. 이 원리는 저자 자신을 난처하게 만들 만한 사실에 대한 묘사는 개연성이 높다고 추정한다. 왜 그런가? 대부분의 저자는 자신의 체면을 구길 수 있는 내용은 빼버리려 하기 때문이다.

신약성경은 난처함의 원리에 얼마나 들어맞는가? 한번 생각해 보자. 우리가 친구들과 함께 어떤 이야기를 만들어내 진짜인 것처럼 퍼뜨리려 한다면, 우리 자신을 우둔하고 무신경하고 질책만 받고 의심 많은 겁쟁이처럼 묘사할 수 있는가? 물론 그렇지 않다. 그런데 신약성경 저자들이 그렇게 했다. 신약성경의 많은 부분을 기록했던 저자들은 그 기사의 주인공 내지는 주인공의 친구들로 등장하고 있으며, 그들 자신을 무능한 인물로 자주 묘사하고 있다.

- 그들은 우둔하다. 그들이 예수의 말을 이해하지 못하는 경우는 셀 수 없을 정도이다(막 9:32; 눅 18:34; 요 12:16).
- 그들은 무신경하다. 그들은 예수가 두 번이나 기도하라고 말했을 때, 잠들고 말았다(막 14:32-41). 신약성경 저자들은 예수가 참 하나님이며 참 사람이라고 고백하지만, 정작 예수가 가장 위급한 처지에 있었던 때 두 번이나 잠들었다는 것을 시인하고 있다! 더구나 자신들의 친구를 제대로 장사지내려고 노력도 하지 않았으며, 도리어 예수에게 사형을 선고했던 바로 그 산헤드린 회원인 아리마대 요셉이 예수를 장사지냈다고 기록하고 있다.
- 그들은 질책을 받는다. 베드로는 예수로부터 '사탄'이라고 불리는가 하면(막 8:33), 바울은 베드로가 신학적인 문제에서 잘못을 범했다고 질책한다. 바울은 이렇게 쓰고 있다. "게바가 안디옥에 이르

렀을 때에 책망 받을 일이 있기로 내가 그를 대면하여 책망하였노라"(갈 2:11). 베드로가 초대 교회의 기둥 가운데 하나였음에도 불구하고, 베드로가 잘못을 범했다는 내용을 바울이 성경에 포함시키고 있다는 점을 유념하라.

- 그들은 겁쟁이다. 단 한 사람을 제외한 모든 제자들이 예수가 십자가에 못 박힐 때 몸을 숨기고 있다. 심지어 베드로는 "내가 주를 부인하지 않겠나이다"(마 26:33-35)라고 천명한 뒤, 세 번이나 예수를 부인하고 있다. 그런가 하면 남자들은 유대인들을 두려워하여 몸을 숨기느라 바빴지만, 용감한 여성들은 예수 곁을 떠나지 않았으며 빈 무덤을 발견한 최초의 사람들도 여성들이었다.
- 그들은 의심 많은 사람들이다. 예수가 죽은 자 가운데서 부활할 것임을 몇 번이나 배웠음에도 불구하고(요 2:18-22; 3:14-18; 마 12:39-41; 17:9, 22-23), 제자들은 예수의 부활 소식을 듣고서 그 말이 진실인지 의심하고 있다. 심지어 몇몇은 부활한 예수를 본 뒤에도 의심한다(마 28:17).

한번 생각해 보자. 우리가 신약성경의 저자라면, 어떤 이야기를 가공해 낼 때 이처럼 우리를 곤란하게 만드는 사실들을 포함시키려 하겠는가? 우리의 지도자급 인물이 예수에 의해 "사탄"으로 불렸으며, 주를 세 번이나 부인했고, 예수가 십자가에 못 박힐 때 몸을 숨겼으며, 그리고 훗날 신학적인 문제로 잘못을 범해 다른 사도로부터 질책을 받았다는 내용을 기록하겠는가? 우리 같으면 우리 자신은 무신경하고 실수투성이인 겁쟁이로 묘사하면서, 정작 1세기 유대 사회에서 법정 증인 능력조차 인정되지 않았던 여성들은 예수의 곁을 지켰을 뿐 아니라 빈 무덤을 처음으로 발견했던 용감한 사람들이라고 묘사하겠는가? 또한 예수가 부활 후 자신의 모습을 나타낸 뒤에도 우리 중 몇 사람은 그의 정체를 여전히 의심했다고 서슴없이 인정할 수 있는가? 그렇지 않을 것이다.

신약성경의 저자들이 이야기를 꾸며 내고 있었다면, 그들은 과연 어떻게 했을까? 그들은 자신들의 우둔함, 비겁함, 자신들이 질책을 받은 일, 세 번이나 부인한 일, 그리고 자신들의 신학에 문제가 있었다는 점은 쏙 빼놓은 채, 도리어 예수 곁을 잠시도 떠나지 않고 지켰을 뿐 아니라 주일 아침에 로마군의 정예 경비병들 사이를 뚫고 당당하게 무덤으로 행진해 내려가, 마침내 부활하여 자신들의 위대한 믿음을 칭찬하기 위해 기다리던 예수를 만난 용감무쌍한 신자였다고 묘사했을 것이다! 가공의 이야기를 쓰려는 사람들이라면, 유대인들을 피해 숨어 있던 여인들에게 찾아가 예수의 부활을 알린 이들이 바로 자신들이라고 말했을 것이다. 게다가 꾸며낸 이야기에서는 어떤 제자도 예수의 부활에 결코 의심을 품은 적이 없노라고 확언할 것이다.

정리하자면, 신약성경의 저자들이 이야기를 꾸며내면서 스스로를 난처하게 만드는 이 모든 사실들을 포함시켰다고 믿기란 어렵다. 그들은 모든 것을 있는 그대로 말하고 있을 뿐이다.

2. 그들은 예수를 난처하게 만드는 사실과 그에 대한 거북한 내용까지 기록했다

신약성경의 저자들은 예수에 대해서도 있는 그대로 기록하고 있다. 그들은 자신들에게 불리한 내용을 기록하고 있을 뿐 아니라, 지도자인 예수 역시 불리한 처지에 놓이게 할 만한 곤혹스러운 내용을 기록하고 있다.

- 예수는 자신을 집으로 데려 가려고 찾아온 어머니와 동생들(즉 자신의 가족들)로부터 "미친 사람"으로 여겨지고 있다(막 3:21, 31)
- 친동생들조차 예수를 믿지 않는다(요 7:5)
- 예수는 사기꾼 같은 인물로 여겨지고 있다(요 7:12)
- 예수는 그를 따르던 많은 사람들로부터 버림을 받는다(요 6:66)
- 예수는 "자기를 믿은 유대인들을" 쫓아 버리고 난 후(요 8:30-31), 오히려 그들로부터 돌에 맞아 죽을 위기에 처하고 만다(59절)
- 예수는 술주정뱅이, 즉 포도주를 즐기는 사람으로 여겨진다(마 11:19)
- 예수는 귀신 들린 사람으로 여겨진다(막 3:22, 요 7:20, 8:48)
- 예수는 미친 사람으로 여겨진다(요 10:20)
- 한 창녀가 머리카락으로 예수의 발을 씻겼다(성적 유혹으로 인식될 가능성이 있는 사건이다, 눅 7:36-39).
- "나무에 달린 자는 하나님께 저주를 받았다"(신 21:23; 갈 3:13 참조)는 사실에도 불구하고, 예수는 유대인들과 로마인들에 의해 십자가에 못 박혔다.

그들이 예수를 완전하고 죄 없는 신인(神人)으로 묘사하려 했다면, 이 같은 사건이나 내용들은 뺐어야 옳다. 더욱이 이런 내용들은 장차 오실 메시아가 자신들을 정치적 예속 상태에서 해방시켜 줄 것이라 믿었던 유대인들의 기대에 부합하지도 않는다. 당시 유대인의 구약성경에 따르면, 예수는 나무에 달린 사람이므로 하나님께 저주받은 사람이었다. 난처하기 짝이 없는 이 내용들로부터 유추할 수 있는 사실은 그 일들이 실제로 일어났으며, 신약성경의 저자들은 있는 그대로를 기록했을 것이라는 점이다.

이뿐 아니라 신약성경에는 예수가 전한 이해하기 어려운 가르침이 여럿 등장한다. 신약성경 저자들이 예수에 대한 이야기를 만들어내고 있었다면 굳이 기록할 이유가 없는 내용이다. 예를 들어 예수는 이렇게 말하고 있다.

- "아버지는 나보다 크시다"고 선언한다(요 14:28).
- 한 세대가 지나가기 전에 이 땅에 다시 올 것이라는 잘못된 예언을 하고 있는 것처럼 보인다(마 24:34).
- 자신의 재림에 대해 이야기하면서, 아무도 그 때를 모르며 심지어 "하늘의 천사들도, 아들도 모른다"고 말한다(마 24:36).
- 젊은 부자 관원에게 "네가 어찌하여 나를 선하다 일컫느냐? 하나님 한 분 외에는 선한 이가 없느니라"(눅 18:19)고 말해, 자신의 신성을 부인하는 것처럼 보인다.
- 무화과 열매가 열릴 철이 아닌데도 무화과 열매를 얻지 못했다는 이유로 무화과나무를 저주하고 있는 것처럼 보인다(마 21:18 이하).
- 몇몇 병자를 고치신 일 이외에, 자신의 고향에서는 전혀 기적을 행할 수 없는 것처럼 보인다(막 6:5).

신약성경의 저자들이 모든 사람에게 예수의 하나님 되심을 증명하길 원했다면, 그의 신성에 대한 논란을 일으킬 게 뻔한 이 거북한 사실들을 그대로 기록한 이유가 뭘까?

더욱이, 예수는 병적이다 싶은 주장을 하기도 했다. "내가 진실로 진실로 너희에게 이르노니 인자의 살을 먹지 아니하고 인자의 피를 마시지 아니하면 너희 속에 생명이 없느니라"(요 6:53)가 그것이다. 이 어려운 가르침이 있고 난 다음, 요한은 이렇게 말하고 있다. "그때부터 그의 제자 중에서 많은 사람이 떠나가고 다시 그와 함께 다니지 아니하더라"(요 6:66). 신약성경의 저자들이 이 이상한 발언이나 호의적이지 않은 반응을 창작해 내지는 않을 것이므로, 그 기록은 진정한 것임이 틀림없다.

설사 이 같은 난해한 발언들에 대한 합리적인 설명이 가능하다 하더라도,[1] 신약성경 저자들이 어떤 거짓말을 진실인 것처럼 꾸며 유포시키려 했다면 그 듣기 거북한 발언들을 그대로 남겨 두었을 리 없다(그들이 예수라는 인물을 창조해 냈다는 말 자체가 얼토당토않다. 연약하게 죽임 당한 구세주, 희생 제물이 된 어린 양 등은 사람들이 만들어 내는 영웅과는 반대 개념이다.) 다시 말해, 신약성경 저자들은 속이려 하지 않았을 뿐 아니라, 도리어 예수가 말하고 행했던 그대로를 기록하면서 지나칠 정도로 정확성을 유지했다는 것이 가장 적절한 설명이다.

3. 그들은 예수가 지나친 요구를 할 때에도 그대로 기록한다

신약성경 저자들이 정말 이야기를 꾸며 낸 것이라면, 왜 보다 좋고 편한 쪽으로 꾸며내지 않았는지 의문이 든다. 실제로 예수는 때로는 매우 강경한 삶의 기준을 요구했다. 예를 들어, 산상 설교는 도저히 인간의 창작물로 보이지 않는다.

- "나는 너희에게 이르노니 음욕을 품고 여자를 보는 자마다 마음

---

[1] 이것들과 800개가 넘는 다른 구절들에 대한 설명으로서 비평가들이 제시한 것을 보려면, Norman Geisler and Thomas Howe, *When Critics Ask*(Grand Rapids, Mich.: Baker, 1992)를 보라.

에 이미 간음하였느니라"(마 5:28).

- "나는 너희에게 이르노니 누구든지 음행한 이유 없이 아내를 버리면 이는 그로 간음하게 함이요 또 누구든지 버림받은 여자에게 장가드는 자도 간음함이니라"(마 5:32).

- "나는 너희에게 이르노니 악한 자를 대적하지 말라. 누구든지 네 오른편 뺨을 치거든 왼편도 돌려 대며, 또 너를 고발하여 속옷을 가지고자 하는 자에게 겉옷까지도 가지게 하며, 또 누구든지 너로 억지로 오 리를 가게 하거든 그 사람과 십 리를 동행하고, 네게 구하는 자에게 주며, 네게 꾸고자 하는 자에게 거절하지 말라"(마 5:39-42).

- "나는 너희에게 이르노니, 너희 원수를 사랑하며 너희를 박해하는 자를 위하여 기도하라. 이같이 한즉 하늘에 계신 너희 아버지의 아들이 되리니, 이는 하나님이 그 해를 악인과 선인에게 비추시며, 비를 의로운 자와 불의한 자에게 내려주심이라"(마 5:44-45).

- "그러므로 하늘에 계신 너희 아버지의 온전하심과 같이 너희도 온전하라"(마 5:48).

- "너희를 위하여 보물을 땅에 쌓아 두지 말라. 거기는 좀과 동록이 해하며 도둑이 구멍을 뚫고 도적질하느니라. 오직 너희를 위하여 보물을 하늘에 쌓아 두라 거기는 좀이나 동록이 해하지 못하며 도적이 구멍을 뚫지도 못하고 도둑질도 못하느니라. 네 보물 있는 그곳에는 네 마음도 있느니라"(마 6:19-21).

- "비판을 받지 아니하려거든 비판하지 말라. 너희의 비판하는 그 비판으로 너희가 비판을 받을 것이요 너희의 헤아리는 그 헤아림으로 너희가 헤아림을 받을 것이니라"(마 7:1-2).

이 모든 명령들은 인간이 지키기에 버겁거나 불가능한 것들이며, 기록으로 남긴 사람들에게도 그리 득이 될 것 같아 보이지 않는다. 그뿐 아니라 어떤 도덕적 요구도 하지 않는 영성의 종교만을 바라는 오늘날 많은 사람들의 욕구와도 어긋난다. 이 명령들은 대단히 철저할 뿐 아니라 내키지 않는다. 얼마나 철저하고, 함축하는 바가 얼마나 내키지 않는지 한번 생각해 보자.

- 어떤 죄에 대해 생각하는 것만으로 죄가 된다면, 신약성경 저자들을 포함해 모든 사람은 죄인이다.
- 이혼과 재혼에서 그토록 엄정한 기준을 설정하는 것은, 이 발언을 기록한 사람들에게도 득 될 것이 없어 보인다.
- 악한 사람이 모욕을 주는데도 맞서지 않는 것은 인간의 본능에 어긋나는 것이다. 뿐만 아니라 이 가르침이 기록될 당시 핍박당하고 있던 사도들에겐 불편하기 짝이 없는 행동 기준이 될 것이다.
- 우리를 대적하는 자들을 위해 기도하라는 것은 이전에 천명되었던 어떤 윤리도 능가하는 것이며, 증오가 당연한 곳에 호의를 명령하는 것이다.
- 부를 축적하지 말라는 것은 현세의 안녕에 대한 우리 마음속 가장 깊은 욕구와 모순된다.
- 온전하라는 명령은 잘못을 범하기 쉬운 인간들이 달성할 수 없는 요구이다.
- 자신의 삶이 바르지 못하면 남을 판단하지 말라는 명령은, 타인의 허물을 쉽게 지적하는 우리의 자연스러운 경향과 어긋난다.

이런 명령들을 스스로에게 짐 지우고 싶어 하는 사람이 어디 있겠는가? 누가 그런 기준에 맞춰 살 수 있겠는가? 오직 완전한 사람만이 그렇게 할 수 있을 것이다. 그리고 이것이야말로 정확한 핵심일 것이다.

4. 그들은 예수의 발언과 자신들의 말을 신중하게 구별하고 있다

1세기의 그리스어에 인용 부호가 없었음에도 불구하고 신약성경 저자들은 예수의 발언을 아주 분명하게 구별했다. 예수의 발언이 붉은 글씨로 편집된 성경을 보면 알 수 있듯, 신약성경 저자들은 예수가 말한 것과 말하지 않은 것을 쉽게 구별하도록 하기 위해 애썼다.

저자들의 진정성을 입증하는 증거로, 이 부분을 제시하는 이유는 무엇인가? 그들이 예수의 발언을 가공해 낼 위치에 있었다면 1세기에 논란이 되었던 신학 문제를 손쉽게 해결하기 위해 그런 기회를 기꺼이 활용했을 것이기 때문이다. 우리가 '기독교라는 이야기'를 만들어 진리인 것처럼 유포하려 했다면, 완고한 사람들에게 우리의 시각을 심어 주기 위해 예수가 말한 내용을 좀 더 많이 만들어 내지 않았을까? 단지 예수가 말한 것처럼 꾸며 냄으로써, 할례, 모세의 율법을 따르는 문제, 방언, 교회 내에서 여성의 위치와 같은 여러 쟁점들에 대한 모든 논란을 종식시킨다면 얼마나 편리한 일이었을지 생각해 보라!

초기의 몇몇 신자들로 말미암아 끊임없이 혼란이 일어났음에도 불구하고, 신약성경 저자들은 그런 일을 하지 않았다. 이런 식으로 자신들의 위치를 이용하기보다, 예수가 말한 것과 말하지 않은 것에 대해 진실을 고수한 것처럼 보인다. 신약성경의 거의 절반을 썼으며(적어도 27권 가운데 13권을 썼다) 교회 안에서 쟁점이 되었던 문제 대부분을 다루었던 바울조차 자신이 가진 사도의 지위를 이용하지 않았다. 그는 단지 몇 차례만 예수의 발언을 인용했을 뿐이다. 또한 그 가운데 한 번은 자신의 말과 예수의 말을 명확히 구분하기 위해 색다른 방식으로 기록하고 있다(고전 7:10-12).

그가 진리를 말하는 것이 아니었다면 왜 그토록 신중한 태도를 취했을까? 다시 말하지만, 신약성경 저자들이 정확성을 기하고자 애쓴 이유에 대한 최적의 설명은 그들이 실제로 진리를 말하고 있었다는 것이다.

5. 그들은 가공해 냈을 것 같지 않은 부활 관련 사건들을 기록했다

자신들과 예수에 대해 곤혹스런 사실들을 기록하는 것 외에, 신약성경의 저자들은 자신들이 그 이야기를 만들었다면 끼워 넣지 않았을, 예수 그리스도의 부활에 관한 사건들을 기록하고 있다.

예수를 장사지내다

신약성경의 저자들은 여호와 하나님의 이름을 더럽혔다는 이유로 예수에게 사형을 선고했던 유대인의 통치 협의체인 산헤드린의 일원 아리마대 요셉이 예수를 장사지냈다고 기록하고 있다. 이것은 그들이 꾸며 냈을 만한 사건이 아니다. 예수의 죽음으로 인해 유대 관원들에게 품고 있던 원한을 고려할 때, 신약성경 저자들이 산헤드린의 한 구성원에게 그런 우호적 평가를 베풀 이유가 무엇일까? 나아가 예수가 한 유대 관원의 무덤에 묻혔다고 기록할 이유가 무엇일까? 요셉이 정말로 예수를 장사지내지 않았다면, 그 이야기는 기독교를 대적하던 유대인들을 통해 허위임이 쉽게 들통 났을 것이다. 그러나 유대인들은 그 이야기를 결코 부인하지 않았을 뿐만 아니라, 그밖에 다른 장사 이야기가 발견된 적도 없다.

첫 번째 목격자들

네 개의 복음서는 여인들이 빈 무덤을 처음으로 목격했으며 그리스도의 부활을 처음으로 알았다고 한 목소리로 말한다. 그 여인들 가운데 한 사람은 누가가 귀신에 사로잡혔던 여인이라고 기록한(눅 8:2) 막달라 마리아였다. 꾸며 낸 이야기라면 과연 이 같은 내용을 넣었겠는가? 일찍이 귀신에 사로잡혔던 사람이라면 그의 증언이래야 의혹만을 자아냈을 것이며, 1세기의 문화권에서 여인들은 보통 믿을 만한 증인으로 간주되지도 않았다. 실제로 여인의 증언은 법정에서 아무런 증거 능력도 갖지 못했다. 따라서 만일 우리가 1세기에 어떤 부활 이야기를 꾸며내려 했다면, 여인들을 증인에서 제외하고 용감한 남성들을 빈 무덤과 부활한 예수를 발견한 첫 번째 인물로 만들었을 것이다. 여인들의 증언을 인용한다는 것, 그것도 귀신에 사로잡힌 적이 있던 여인의 증언을 인용한다는 것은 자신의 거짓말을 진리인 것처럼 유포하려는 의도에 훼방거리밖에 되지 않을 것이다.[2]

제사장들의 회심

회의론자들은 자주 다음과 같은 질문을 던진다. "부활한 예수는 왜 바리새인들에게 나타나지 않았는가?" 그들 앞에 나타날 필요가 없었다는

---

[2] 고린도전서 15장에 기록된 신앙 고백이 여성들을 목격자로 포함시키지 않고 있다는 점을 언급하는 것은 흥미로운 일이다. 어쩌면 그것은 여인들을 언급하는 것이 거기서 특별히 거명되고 있는 열네 명의 남성 목격자들에게 더 신뢰성을 부여하지 못하게 될 것이라는 점을 인정했기 때문일 것이다.

게 답이 될 수 있겠다. 자주 간과되는 사실이 하나 있는데, 바로 예루살렘에 있던 많은 제사장들이 예수를 믿게 되었다는 사실이다. 누가는 이렇게 기록하고 있다. "하나님의 말씀이 점점 왕성하여 예루살렘에 있는 제자의 수가 더 심히 많아지고 허다한 제사장의 무리도 이 도에 복종하니라"(행 6:7). 결국 이 제사장들이 훗날 예루살렘 교회에서 벌어진 논쟁의 시발점이 된다. 베드로, 바울, 야고보, 그리고 다른 장로들 사이에 공회가 열리는 동안, "바리새파 중에 어떤 믿는 사람들이 일어나 말하되, '이방인에게 할례를 행하고 모세의 율법을 지키라 명하는 것이 마땅하다"고 주장했다(행 15:5).

물론 예루살렘 공회는 그 문제를 해결했다. 여기서 우리에게 중요한 점은, 만일 그 이야기가 허구였다면 누가는 이런 사실들을 자신의 기록에 포함시키지 않았을 것이라는 점이다. 왜 그런가? 만일 바리새인들의 무리 가운데 허다한 수의 회심자가 없었다면 누가가 거짓말쟁이라는 것을 모든 이들이 알았을 것이기 때문이다. 그런 회심자들이 존재했다면, 테오필루스(데오빌로)와 1세기의 다른 독자들도 알고 있었거나 아니면 쉽게 알아낼 수 있었을 것이다. 분명히 바리새인들도 알았을 것이다. 누가가 그들에게 자신이 거짓말쟁이임을 손쉽게 폭로할 빌미를 줄 이유가 대체 무엇이었겠는가? 요컨대, 우리가 거짓말을 진실인 것처럼 퍼뜨리려 하고 있다면, 우리의 적대자들이 우리가 만들어 낸 이야기의 실체를 쉽게 밝혀내도록 하지는 않을 것이다. 바리새인들의 회심과 아리마대 요셉은 둘 다, 만일 그것이 진실이 아니라면, 누가의 허구를 완전히 날려 버렸을 불필요한 이야기였다. 나아가 아리마대 요셉의 이야기는 비단 누가뿐만 아니라 다른 모든 신약성경 저자들도 똑같은 이야기를 기록하고 있다는 점에서, 이들의 가면마저 벗겨 버렸을 것이다.

유대인들의 설명

빈 무덤에 대한 유대인들의 설명이 마태복음의 마지막 장에 기록되어 있다.

> 여자들이 갈 때 경비병 중 몇이 성에 들어가 그 모든 된 일을 대제사장들에게 알리니, 그들이 장로들과 함께 모여 의논하고 군인들에게 돈을 많이 주며 이르되, "너희는 말하기를 그의 제자들이 밤에 와서 우리가 잘 때에 그를 도적질하여 갔다 하라. 만일 이 말이 총독에게 들리면 우리가 권하여 너희로 근심하지 않게 하리라" 하니, 군병들이 돈을 받고 가르친 대로 하였으니, 이 말이 오늘날까지 유대인 가운데 두루 퍼지니라(마 28:11-15).

여기서 마태는, "이 말이 오늘날까지 유대인 가운데 두루 퍼진" 탓에 자신의 독자들이 빈 무덤에 대한 유대인들의 설명을 이미 알고 있음을 명확히 하고 있다. 그것은 곧, 마태의 독자들이(나아가 유대인들 역시) 마태가 진실을 말하는 건지 아닌지 알고 있다는 점을 의미한다. 만일 빈 무덤 이야기가 가공된 것이라면, 왜 마태는 독자들이 자신의 거짓말을 폭로할 손쉬운 방도를 제공했겠는가? 이에 대한 합리적인 유일한 설명은 그 무덤이 실제로 비어 있었으며, 나아가 기독교를 대적하던 유대인들이 실제로 빈 무덤을 해명하는 소문을 항간에 유포시켰다는 것이다. (실제로 각각 주후 150년과 200년에 책을 썼던 순교자 유스티누스와 터툴리아누스는 유대인 관원들이 2세기에도 이 절취 이론을 끊임없이 제기했다고 주장한다. 우리는 다음 장에서 이 이론의 문제점을 다룰 예정이다.)[3]

---

3 Gary Habermas, *The Historical Jesus*(Joplin,Mo.: College Press, 1996), 205를 보라.

6. 그들은 역사를 통해 확인된 30명 이상의 실존 인물들을 기록에 포함시키고 있다

이것은 재차 강조할 만큼 중요하다. 신약성경의 기록은, 역사를 통해 확인된 많은 실존 인물들을 포함하고 있다는 점에서 꾸며낸 기록일 수가 없다(10장에 있는 표 10.1을 보라). 신약성경의 저자들이 실존 인물, 특히 악명을 떨친 권력자들을 허구의 이야기 속에 끼워넣었다면, 동시대 청중들로부터 단번에 신뢰를 잃어버렸을 것이다. 신약성경의 저자들이 빌라도, 가야바, 베스도, 벨릭스와 헤롯의 혈통 등에 대해 뻔한 거짓말을 아무 탈 없이 해내는 것은 불가능한 일이다. 누구라도 그 저자들이 이 인물들을 전혀 일어나지도 않은 사건에 연루시켰다고 폭로했을 것이다. 신약성경의 저자들도 이를 알았을 것이며, 따라서 속일 의도로 쓰인 허구의 이야기 속에 그토록 많은 저명한 실존 인물들을 포함시키지는 않았을 것이다. 다시 말해, 신약성경의 저자들은 자신들이 본 것을 정확하게 기록했다고 믿는 게 가장 합리적이다.

7. 그들은 세부 묘사에서 차이가 나는 기사들을 기록에 남기고 있다

비평가들은 사복음서가 정확한 정보를 제공한다고 믿을 수 없는 증거로 서로 앞뒤가 맞지 않는 복음서 기사들을 재빠르게 인용한다. 예를 들면, 마태는 예수의 무덤에 천사 하나가 있었다고 말하는데 반해 요한은 두 천사를 언급하고 있다. 이것이 이 기사의 신뢰성을 무너뜨릴 모순점인가? 아니다. 정확히 그 반대가 진실이다. 세부 묘사에서 차이가 나는 내용들은 사실 이것이 목격자들의 설명이라는 주장에 힘을 실어 준다. 어째서 그런가?

첫째, 천사에 대한 설명이 서로 모순되지 않았다는 점을 짚어보자. 마태는 무덤에 있던 천사가 오로지 하나였다고 말하지 않는다. 마태의 기사가 요한의 기사와 모순된 것처럼 보이게 하려고 비평가들이 내용을 비튼 것이 틀림없다.[4]

그러나 만일 두 천사가 실제로 무덤에 있었다면, 마태는 왜 하나만을 언급했을까? 같은 사건을 다루고 있는 서로 다른 두 명의 신문 기자들이 자기 기사에서 서로 다른 세부 내용을 포함시키려 하는 것과 똑같은 이유 때문이다. 독립된 두 목격자가 한 사건을 구체적인 부분까지 똑같이 목격하고 그 사건을 똑같은 말로 묘사하는 경우는 거의 없다. 그들은 큰 줄거리에서는 같은 사건을 목격하지만(곧, '예수께서 부활하셨다'처럼), 세부 묘사에서는 차이를 보일 수 있다(곧, '얼마나 많은 천사들이 예수의 무덤에 있었는가'처럼). 사실 어느 판사가 두 증인으로부터 토씨 하나도 다르지 않은 내용의 증언을 듣게 된다면, 그는 어떤 추정을 하게 될까? 증인 사이에 공모, 곧 증인들이 입을 맞추려고 사전에 만났을 가능성을 떠올리게 될 것이다.

따라서 마태복음과 요한복음이 세부적으로 서로 차이가 있는 것은 이상할 게 없다. 그 둘 모두 목격자들의 증언을 기록하고 있는 것이다. 어쩌면 마태는 말을 전한 천사만을 언급한 반면(마 28:5), 요한은 마리아가 천사 몇 명을 보았는지 묘사한 것일 수도 있다(요 20:12). 아니면 한 천사가 다른 천사보다 더 두드러졌을 수도 있다. 우리는 확실히 알지 못한다. 우리가 아는 것이라곤 목격자들 사이에선 그런 차이가 늘 존재한

---

4 Norman Geisler and Thomas Howe, *When Critics Ask*(Grand Rapids, Mich.: Baker, 1992), 21을 보라.

다는 점이다.

세부 묘사에서 차이가 나는 기사들이 신약성경 안에 많이 존재한다는 점에 비추어 볼 때, 신약성경의 저자들이 자신들의 증언을 매끄럽게 다듬기 위해 서로 협조한 일이 없다는 점은 분명하다. 이것은 곧, 그들이 어떤 거짓말을 마치 진실인 것처럼 호도하려 하지 않았음을 의미한다. 만일 그들이 신약성경의 이야기를 날조하고 있는 것이라면, 모든 세부 묘사에서 일관되도록 서로 협조했을 것이다. 그런 협조는 일어나지 않았으며, 나아가 이를 통해 신약성경이 순수하게 목격자의 증언에 기초하고 있으며, 각 저자가 독립성을 갖고 있음이 확인되는 것이다.

정작 모순을 빚고 있는 것은 신약성경이 아니라, 바로 그 비평가들이다. 한편에서 그들은 공관복음(마태/마가/누가복음)이 너무나 통일성이 있어서 서로 독립된 자료가 아니라고 주장한다. 그와 동시에 다른 한편에서는, 복음서에 다른 점이 너무 많아 신빙성이 없다고 주장한다. 그렇다면 결론은 무엇인가? 지나치게 통일성을 갖추었는가, 아니면 차이점이 너무 많은가?

사실, 복음서들은 그 두 가지 사이에서 완벽한 조화를 이루고 있지 않은가? 즉 충분히 통일성을 갖추었으면서도 충분히 차이점이 존재한다(하지만 아주 많지는 않다). 같은 사건에 대한 서로 독립된 목격자들의 증언이기에 그런 특징이 나타나는 것이다. 세 개의 서로 다른 신문사에서 똑같은 사건에 대해 기사를 게재한다면, 주요 사실은 같으나 세부 묘사에서는 다르지 않겠는가.

썩 와닿지 않는다면, 당장 인터넷에 접속해 특정 사건에 대한 세 개의 각각 다른 기사를 읽어보라. 하나는 AP 통신이 쓴 기사를, 다른 하나는 로이터 통신이 쓴 기사를, 그리고 다른 하나는 UPI 통신, 또는 다른 기자가 보도한 것을 골라 보라. 각 기사들이 몇 가지 주요 사실에서는 일치할 것이나, 소소한 세부 내용에서는 다른 점을 갖고 있을 것이다. 대부분의 경우, 그 기사들은 서로 모순되기보다 서로 보충하는 역할을 한다.

예를 들어, 세 개의 서로 다른 뉴스원에서 대통령의 외국 방문 기사를 게재했다고 하자. 그 기사들은 모두 순방국이 어디인지 밝히겠지만, 강조점에서는 서로 다를 수 있다. 한 기사는 대통령이 영국 총리를 방문했다고 하고, 다른 기사는 대통령이 대리석 기둥이 있는 방에서 총리를 방문했다고 한다면, 두 기사는 서로 보충하고 있는 것인가 아니면 서로 모순되는 것인가? 두 기사는 서로 보충하고 있다. 두 번째 기사는 첫 번째 기사와 모순되는 것이 아니라, 단지 첫 번째 기사에 내용을 덧붙이고 있을 뿐이다.

마찬가지로, 사복음서는 모두 하나의 주요 사실, 즉 예수가 죽은 자들 가운데 부활했다는 사실을 기록하고 있다. 그들은 다만 각자 다른 소소한 면에서 서로 보충해 주고 있을 따름이다. 나아가 비록 복음서 사이에 명백히 모순된 세부 사실들이 발견된다 하더라도, 그것이 곧 그리스도의 부활이 허구임을 입증하는 것은 아니다. 그로 인해 성경은 어떤 사소한 오류도 없다는 교의(教義)에는 문제가 야기될 수도 있겠으나, 주요 사건 자체가 일어나지 않았다고 주장할 수는 없다.

어떤 주장이 법정 증거 능력이 있는가에 대한 탁월한 논문을 쓴 바 있는 하버드 대학 법학 교수 사이먼 그린리프(Simon Greenleaf)는 자신이 회심하게 된 이유가 복음서의 증언들을 신중하게 검토했기 때문이라고 했다. 진정한 목격자에게서 나온 증언을 가려내는 일에 있어서 그린리프만한 전문가가 없다. 그는 사복음서가 "어느 법정에서라도 주저 없이 증

거로 받아들여졌을 것"이라고 결론 내렸다.⁵

핵심은 이것이다. 핵심 내용에서는 일치하면서도 세부 묘사에서는 차이가 존재하는 것이 목격자들의 증언이 갖는 본질이며, 이는 신약성경이 갖는 본질 그 자체이기도 하다.

8. 그들은 독자들에게 검증 가능한 사실들, 심지어 기적에 대해서조차 철저하게 검토해 보라고 도전하고 있다

앞서 우리는 신약성경 기록의 정확성에 대한 저자들의 주장에 대해 살펴보았다. 누가가 데오빌로에게 정확성을 천명하는 부분(눅 1:1-4), 베드로가 자신들이 교묘히 만든 이야기를 좇은 것이 아니라 그리스도의 크신 위엄을 친히 보았음을 주장하는 부분(벧후 1:16), 바울이 베스도와 아그립바 왕 앞에서 부활한 그리스도를 담대하게 선포하는 부분(행 26장), 부활한 그리스도의 목격자가 500명 이상이나 된다는 것을 확인한 초기의 신앙 고백을 바울이 재진술하는 부분(고전 15장) 등이 포함된다.

그뿐 아니라 바울은 고린도 사람들에게, 진실이 아니라면 굳이 말하지 않았을 또 다른 주장을 펴고 있다. 고린도 사람들에게 보내는 두 번째 편지에서 바울은 자신이 이전에 행했던 기적들이 고린도 사람들을 위한 것이었다고 천명한다. 자신의 사도권을 변론하면서 그는 고린도 성도들에게 다음의 사실을 상기시킨다. "사도의 표가 된 것은 내가 너희 가운데서 모든 참음과 표적과 기사와 능력을 행한 것이라"(고후 12:12).

5　Simon Greenleaf, *The Testimony of the Evangelists*(1874; reprint, Grand Rapids, Mich.: Baker, 1984), 9-10.

바울이 고린도에서 실제로 기적을 행하지 않았다면, 무슨 이유로 이런 글을 썼겠는가? 고린도 사람들에게 자신이 전혀 행하지 않은 기적을 기억하라고 요구했다면, 그는 신뢰성을 완전히 잃어버렸을 것이다. 여기서 내릴 수 있는 유일한 결론은 첫째, 바울이 실제로 하나님의 사도였으며, 둘째, 그는 기적을 행함으로써 자신의 사도권을 확증할 능력이 있었으며, 셋째, 이 능력을 고린도 사람들 앞에서 펼쳐 보였다는 것이다.

9. 그들은 기적을 다른 역사적 사건들처럼 단순하고 꾸밈없이 서술하고 있다

신화적 요소를 갖고 있는 역사적 기사들은 대개 지나친 세부 묘사를 그 특징으로 한다. 예를 들어, 그리스도의 부활 사건에 대한 신화적 기사가 하나 있는데, 부활 사건으로부터 100년이나 지난 뒤에 쓰인 것이다. 베드로복음(Gospel of Peter)으로 알려진 외경이며 그 내용은 다음과 같다.

안식일이 밝아 오는 아침 일찍, 봉인된 무덤을 보려고 예루살렘과 주변 지역에서 큰 무리가 나아온지라. 주일 동이 트기 전 야심한 때에 병사들이 각 초소마다 둘씩 수직하여 섰는데, 하늘로부터 커다란 소리가 들린지라. 이에 저들이 하늘을 보니, 하늘이 열리고 휘황한 광채를 내며 두 남자가 내려와, 이윽고 무덤 가까이 왔더라. 입구를 막아 놓은 돌이 저절로 굴러 한쪽으로 물러가니, 무덤이 열리고 그 두 젊은 남자가 무덤 안으로 들어가더라.
보초를 서던 병사들이 그 광경을 보고, 백부장과 장로들을 깨운지라(이는 저들 역시 거기서 수직하고 있었기 때문이라). 병사들이 아직 그 백부장과 장로들에게 자기들이 본 것을 고하는 동안, 저들이 그 무덤에서 나오는 세 남자들을 목도한지라. 그중 둘이 다른 한 사람을 부축했고, 한 십자가가 그들 뒤에 따라 나오더라. 저들이 보았던 두 남자의 머리가 하늘에 다다랐는데, 그 둘이 부축했던 이의 머리는 하늘 너머에까지 미쳤더라. 그러자 저들이 하늘로부터 한 음성을 들으니, 곧 "너는 저들에게 그 잠을 일러 가르쳤느뇨?" 하거늘, 홀연 그 십자가로부터 대답이 들리니, "그리했나이다!" 하니라.[6]

이야! 만일 내가 부활 이야기를 창작해 내거나 묘사해 낸다면, 바로 이렇게 썼으리라! 많은 군중, 저절로 굴러가는 돌, 하늘 너머까지 닿은 사람들의 머리. 심지어 십자가가 걷기도 하고 움직이기까지 한다. 얼마나 흥미진진한가! 얼마나 미화되었는가!

신약성경의 부활 기사들은 전혀 이렇게 묘사되어 있지 않다. 복음서들은 부활 사건에 대해 그저 사실만을 무덤덤하게 묘사하고 있다.

마가는 여인들이 보았던 것을 이렇게 묘사하고 있다.

눈을 들어본즉 돌이 벌써 굴려졌으니, 그 돌이 심히 크더라. 무덤에 들어가서 흰 옷을 입은 한 청년이 우편에 앉은 것을 보고 놀라매 청년이 이르되, "놀라지 말라. 너희가 십자가에 못 박히신 나사렛 예수를 찾는구나. 그가 살아나셨고 여기 계시지 아니하니라. 보라! 그를 두었던 곳이니라. 가서 그의 제자들과 베드로에게 이르기를, 예수께서 너희보다 먼저 갈릴리로 가시나니 전에 너희에게 말씀하신대로 너희가 거기서 뵈오리라 하라" 하는지라. 여자들이 몹시 놀라 떨며 나와 무덤에서 도망하고 무서워하여 아무에

---

6 The Gospel of Peter. Ron Cameron, *The Other Gospels*(Philadelphia: Westminster, 1982), 80-81을 보라.

게 아무 말도 하지 못하더라(막 16:4-8).

누가의 묘사는 딱딱하기 그지없다.

돌이 무덤에서 굴려 옮겨진 것을 보고 들어가니 주 예수의 시체가 보이지 아니하더라. 이를 인하여 근심할 때에 문득 찬란한 옷을 입은 두 사람이 곁에 섰는지라. 여자들이 두려워 얼굴을 땅에 대니 두 사람이 이르되, "어찌하여 살아 있는 자를 죽은 자 가운데서 찾느냐? 여기 계시지 않고 살아 나셨느니라. 갈릴리에 계실 때에 너희에게 어떻게 말씀하셨는지를 기억하라. 이르시기를, '인자가 죄인의 손에 넘겨져 십자가에 못 박히고 제 삼일에 다시 살아나야 하리라' 하셨느니라" 한대 그들이 예수의 말씀을 기억하고(눅 24:2-8).

요한복음은 빈 무덤을 발견한 막달라 마리아를 간단히 언급한 다음 베드로와 요한이 겪은 일을 덧붙이고 나서, 무덤 밖에 있던 마리아에게 시선을 돌리고 있다. 다시 한 번 말하지만, 이 기사에는 미사여구나 과장된 어구가 전혀 등장하지 않는다.

안식 후 첫날 일찍이 아직 어두울 때에 막달라 마리아가 무덤에 와서 돌이 무덤에서 옮겨진 것을 보고, 시몬 베드로와 예수께서 사랑하시던 그 다른 제자에게 달려가서 말하되, "사람들이 주님을 무덤에서 가져다가 어디 두었는지 우리가 알지 못하겠다" 하니 베드로와 그 다른 제자가 나가서 무덤으로 갈새 둘이 같이 달음질하더니 그 다른 제자가 베드로보다 더 빨리 달려가서 먼저 무덤에 이르러 구부려 세마포 놓인 것을 보았으나 들어가지는 아니하였더니 시몬 베드로는 따라와서 무덤에 들어가 보니 세마포가 놓였고 또 머리를 쌌던 수건은 세마포와 함께 놓이지 않고 딴 곳에 쌌던 대로 놓여 있더라. 그때에야 무덤에 먼저 갔던 그 다른 제자도 들어가 보고 믿더라. (그들은 성경에 '그가 죽은 자 가운데서 다시 살아나야 하리라' 하신 말씀을 아직 알지 못하더라.) 이에 두 제자가 자기 집으로 돌아가니라. 마리아는 무덤 밖에 서서 울고 있더니 울면서 구부려 무덤 안을 들여다보니 흰 옷 입은 두 천사가 예수의 시체 뉘었던 곳에 하나는 머리 편에, 하나는 발 편에 앉았더라(요 20:1-12).

그런 다음 요한의 기사는 예수가 마리아에게 나타났음을 묘사하고 있다. 여인들의 체험에 대한 마태의 묘사는 보다 극적이다. 그러나 베드로복음의 신화 같은 기사에 등장하는 하늘에 닿을 정도의 긴 머리나 걸으며 말하는 십자가 같은 기괴한 것들은 전혀 나타나지 않는다.[7]

큰 지진이 나며 주의 천사가 하늘로부터 내려와 돌을 굴려 내고 그 위에 앉았는데 그 형상이 번개 같고 그 옷은 눈 같이 희거늘 지키던 자들이 그를 무서워하여 떨며 죽은 사람과 같이 되었더라. 천사가 여자들에게 말하여 이르되, "너희는 무서워하지 말라. 십자가에 못 박히신 예수를 너희가 찾는 줄을 내가 아노라. 그가 여기 계시지 않고 그가 말씀하시던 대로 살아나셨느니라. 와서 그의 누우셨던 곳을 보라. 또 빨리 가서 그의 제자들에게 이르되, '그가 죽은 자 가운데서 살아나셨고 너희보다 먼저 갈릴리로 가

---

[7] 만일 어떤 사람이 마태가 본 천사가 마태의 거짓말임을 논증한다 할지라도, 그것이 곧 그리스도의 부활의 역사성이 허위라는 점을 증명하는 것은 아닐 것이다. 사실 꾸며낸 베드로복음조차도 그리스도의 부활이라는 역사 사실에 의존하고 있다.

시나니 거기서 너희가 뵈오리라' 하라. 보라! 내가 너희에게 일렀느니라" 하거늘(마 28:2-7).

그리스도의 부활은 기독교의 중심 사건이다. 바울은 이렇게 말했다. "그리스도께서 다시 살아나신 일이 없으면, 너희의 믿음도 헛되고 너희가 여전히 죄 가운데 있을 것이요"(고전 15:17). 그리스도의 부활이 회의론자들에게 확신을 심어주려고 꾸며낸 허구의 이야기라면, 신약성경 저자들은 틀림없이 더 많은 세부 내용을 첨가해 더 길게 기록했을 것이다. 더욱이 어쩌면 예수의 부활 장면을 목격했다고 말할 수도 있었다. 그 대신, 그들은 예수가 부활한 뒤에야 무덤에 도착했다고 진술한다. 또한 자신들이 본 것을 장황한 묘사나 말하는 십자가 같은 것들로 치장하는 시도를 일체 하지 않고 있다. 마태, 마가, 그리고 누가는 부활에 담긴 극적인 신학적 의미에 대해 일언반구도 꺼내지 않고 있으며, 요한은 그저 단 한 문장으로 보고하고 있을 뿐이다(요 20:31).

복음서 저자들이 신학적인 표현을 자제하는 부분에 대해서는 좀 더 살펴볼 가치가 있다. 그것은 곧 복음서 저자들이 역사를 바로잡는 데 관심이 있었지, 새로운 종류의 신학을 만들어 내는 데는 관심이 없었음을 말해 준다. 신약 학자인 라이트(N. T. Wright)는 이러한 사실을 놓치지 않았다. "'우리는 죽으면 천국에 간다', '죽음 뒤의 삶', '영생'이나 심지어 '그리스도의 모든 백성이 부활한다'와 같은 말은 네 개의 정경(즉 네 개의 복음서)에 나타난 부활 기사에서 전혀 언급되고 있지 않다. 만일 마태, 마가, 누가, 그리고 요한이 '예수께서 부활하셨으므로, 우리도 그와 같이 부활할 것'이라는 취지의 이야기를 하고자 했다면, 그들은 너무나 형편

없이 일을 해치운 셈이다."[8]

이 사실은 가히 충격적이다. 오늘날 대부분의 복음주의 교회 예배에서 줄곧 강조하는 것은 "예수께 돌아와 구원을 얻으라"는 것이다. 물론 그것은 신약성경 전체에서 가르치고 있는 주제이지만, 정작 복음서 안에서는 거의 언급되고 있지 않다. 왜 그런가? 복음서 저자들은 단순한 신학이 아닌 역사를 기록하고 있기 때문이다. 물론 신약성경의 역사 또한 극적인 신학적 의미를 담고 있다. 그러나 이렇게 함축된 의미가 구체적으로 드러나는 것은 다른 신약성경, 즉 서신서를 통해서이다. 복음서 저자들은 각 역사적 사건에 담긴 신학적 의미를 함께 제시하는 것이 편했을 테지만, 그렇게 하지 않았다. 그들은 역사를 기록하는 증인들일 뿐, 소설가나 신학자가 아니었다.

이렇듯 온건한 태도는 그들이 기록한 다른 기적 기사에도 잘 드러난다. 복음서에서 예수의 행적으로 기록돼 있는 35개의 다른 기적 기사들도 눈에 핏발을 세운 설교자들이 아닌, 신문 기자들이 기록한 것 같은 느낌을 준다. 복음서 저자들은 현란한 묘사나 정신이 번쩍 들게 할 만한 주석을 다는 대신, 단지 사실만을 말하고 있을 뿐이다.

10. 그들은 오랫동안 고수해온 종교적 신념과 행위를 버리고 새로운 것을 받아들였으며, 핍박이나 죽음의 위협에도 자신들의 증언을 부인하지 않았다

신약성경 저자들은 단지 예수가 기적을 행하고 죽은 자 가운데서 부활했다는 것만을 말하지 않는다. 그들은 실제로 극적인 행동으로 자신들

---

[8] N. T. Wright, *The Ressurection of the Son of God*(Minneapolis: Fortress, 2003), 603.

의 증언을 뒷받침한다. 첫째, 사실상 하룻밤 사이에 그들은 자신들이 오랫동안 고수해온 종교적 신념과 행위 가운데 많은 것을 포기한다. 그들은 1,500년 넘게 지속되어 온 제도 가운데 다음의 것을 포기하기에 이른다.

- 동물을 희생 제물로 바치는 제도: 그들은 유일하고 완전한 희생 제물이신 그리스도로 그 제도를 영원히 대신하게 된다.
- 모세의 율법이 가진 우월한 구속력: 죄 없으신 그리스도의 생명으로 말미암아 그 율법이 힘을 잃었다고 말한다.
- 엄격한 단일신론: 첫째, 그들이 가장 소중하게 여기던 믿음이 "이스라엘아 들으라. 우리 하나님 여호와는 오직 유일한 여호와이시니"(신 6:4)였으며, 둘째, 사람을 경배하는 것은 신성모독 죄로 죽임을 당해야 한다는 사실에도 불구하고, 그들은 이제 참 하나님이요 참 사람이신 예수를 경배하게 되었다.
- 안식일: 안식일을 범하면 죽음에 이를 수 있음을 믿어왔지만, 이제는 더 이상 안식일을 지키지 않게 되었다.
- 정복자 메시아에 대한 믿음: 예수는 정복자 메시아와는 정반대 모습이다. 그는 희생 제물인 어린 양이다(적어도 초림의 경우에 그렇다).

비단 신약성경 저자들만 이렇게 극적인 변화를 겪은 것은 아니었다. 바리새인 제사장들을 비롯해 수천에 이르는 예루살렘의 유대인들이 그리스도를 믿게 되었으며, 이들은 보배처럼 소중히 여겨왔던 종교적 신념과 행위를 버리는 데 신약성경 저자들과 함께했다. 모어랜드(J. P. Moreland)는 이 경건한 유대인들이 사실상 하룻밤 사이에 기존의 제도를 버리는 게 얼마나 중대한 일이었는지 알기 쉽게 설명해 준다.

> (유대인들은) 이 제도들이 하나님께서 자신들에게 맡기신 것이라고 믿었다. 이 제도를 포기하는 것은 곧, 자신들의 영혼이 저주를 받아 지옥에 가게 될 위험을 감수하는 것이라고 믿었다.
> 그런데 예수라는 이름의 한 랍비가 비천한 계층민 지역에 나타난다. 그는 삼 년을 가르치면서 하류 계층과 중간 계층의 사람들로 이루어진 추종자들을 모으고, 관원들과 껄끄러운 관계에 빠지더니, 끝내 이 시기 동안 처형된 3만의 다른 유대인들과 더불어 십자가에 달리고 만다.
> 그러나 그가 십자가에 달린 후 다섯 주가 지나자 일만 명이 넘는 유대인들이 그를 따르면서, 그가 한 새로운 종교의 창시자가 되다시피 한다. 그들은 어린 시절부터 사회적으로나 신학적으로나 너무나 중요하다고 배워왔던 다섯 가지 사회 제도를 기꺼이 포기하거나 바꿔버리려고 하고 있다. … 무언가 엄청나게 큰 일이 벌어지고 있었다.[9]

신약성경 저자들이 그럴 듯한 이야기를 꾸며낸 것에 불과하다면, 이 역사적인 변화들을 어떻게 설명할 것인가? 그리스도의 부활이 거짓이라면, 이 현상들을 어떻게 설명할 수 있을까?

둘째, 이 새로운 신자들은 오랫동안 고수해온 신념과 행위들을 버릴 뿐만 아니라 완전히 새로운 것을 받아들였다. 예를 들면 다음과 같은 것들이다.

---

9 J. P. Moreland, interview by Lee Strobel, *The Case for Faith* (Grand Rapids, Mich.: Zondervan, 2000), 250.

- 주일: 일하는 날이자 예배를 위한 새로운 날
- 세례: (옛 언약의 표지가 할례였다면) 새 언약에 참예한 이가 되었다는 새로운 표지가 된 세례
- 성찬: 자신들의 죄를 위해 그리스도가 희생하셨음을 기억하는 행위[10]

그리스도의 부활이 실제로 일어난 사건이 아니라면 특히 성찬에 대해 설명할 방법이 없다. 유대인들이 예수의 몸을 먹고 피를 마시는 상징성을 가진 행위를 무엇 때문에 만들어 냈겠는가?

표 11.1에는 예수의 부활로 말미암아 일어난 극적인 변화들이 요약되어 있다.

마지막으로 신약성경 저자들은 오랫동안 고수해온 신념과 행위를 포기하고 새로운 것을 받아들였을 뿐만 아니라, 핍박과 죽음 앞에서도 자신들의 증언을 부인하지 않았다. 그들이 정말 부활 사건을 꾸며낸 것이었다면, 십자가에 달려 죽임을 당하기 전에(베드로), 돌에 맞아 죽임을 당하기 전에(야고보), 참수 당하기 전에 그 사실을 털어놓았을 것이다. 그러나 그 누구도 부인하지 않았다. 열두 제자 중 열한 명이 자신의 신앙을 지키다가 순교했다(유일한 생존자 요한은 그리스의 밧모 섬으로 유배를 당했다). 어차피 들통 날 거짓말을 위해 죽을 이유가 무엇이 있겠는가?

닉슨 대통령의 보좌관이었으며 교도소 선교회의 창설자인 척 콜슨

---

10 바울은 50년대 중반에 쓴 고린도전서에서 성찬의 문제를 마치 거기서 꽤 상당한 기간 동안 행해지고 있던 것처럼 다루고 있다. 바울은 주께서 자신에게 주셨던 것을 고린도 사람들에게 이미 전했다고 말한다(고전 11:23). 바울의 첫 번째 고린도 방문은 대략 주후 51년쯤이었으며, 아마 이 때 성찬을 행하도록 그들에게 가르쳤을 것이다. 물론, 이것은 바울이 그것을 그 이전에 받았음이 분명함을 의미하는 것이다.

부활 이전의 믿음	부활 이후의 믿음
동물을 잡아 제사를 드림	그리스도라는 희생 제물 덕분에 불필요해짐
모세의 율법이 구속력을 가짐	그리스도의 생명으로 말미암아 율법이 성취되었으므로 이제 구속력이 없음
엄격한 단일신론	삼위일체 하나님(한 본질에 세 인격)
안식일	주일 예배로 대체됨
정복자 메시아	희생하신 메시아(재림 때는 정복주로 올 것임)
할례	세례와 성찬으로 대체됨

표 11.1

(Chuck Colson)은 워터게이트 사건으로 옥살이를 했다. 자신의 경험을 사도들의 경험과 비교하면서 콜슨은 이렇게 쓰고 있다.

워터게이트 사건은 미국 대통령 최측근 보좌관들을 통해 이뤄진 하나의 음모였다. 이들은 그야말로 미국에서 가장 영향력 있는 인물들로서 대통령에게 대단한 충성심을 갖고 있었다. 그러나 그 보좌관들 중 한 사람인 존 딘(John Dean)은, 스스로 표현하기를 "어떻게든 살 궁리를 찾고자" 닉슨 대통령에게 불리한 증언을 하고 말았다. 대통령에게 사건의 진행 상황을 보고한 뒤 불과 두 주 만에 말이다. 두 주 만에!
두 주 동안은 은폐 공작이 잘 이뤄지는 듯했으나, 그 뒤로 사람들은 모두 각자 살 길을 찾기 위해 배에서 뛰어 내렸다. 사실 대통령 주변 사람들이 겪어야 할 어려움은 감옥에 갇히는 것 정도였다. 어느 누구도 생명이 위태로운 지경은 아니었다. 그러나 그리스도의 제자들은 어떠했는가? 아무 권력 없는 시골뜨기 열두 사람이 겪어야 할 운명은 정치적 불명예를 겪는 것 정도가 아니라 매를 맞고 돌로 맞으며 생명까지 내놓는 것이었다. 그러나 열두 제자 모두 마지막 숨이 끊어지는 순간까지 죽은 자 가운데서 부활하신 예수 그리스도를 두 눈으로 분명히 보았음을 주장했다. 그 사도들 가운데 한 사람 정도는 목 베이거나 돌에 맞아 숨을 거두기 전에 굴복했을 거라 생각해 본 적 없는가? 한 사람쯤은 타협을 벌였을 거라 생각하지 않는가? 단 한 사람도 그런 일을 하지 않았다.[11]

콜슨의 말이 옳다. 사도들은 자신들의 목숨을 구하기 위해 굴복하려면 했을 것이다. 베드로는 이미 그리스도의 부활 전에 "자기 살 길을 찾기 위해" 세 번이나 예수를 부인한 전력이 있었다. 부활 이야기가 속임수에 불과했다면, 베드로는 그리스도의 부활 이후에도 당연히 그리스도를 부인했을 것이다.

미국 연방 대법원의 대법관 안토닌 스칼리아(Antonin Scalia)는 신약성경의 역사성을 의심하는 이들이 얼마나 불합리한지 지적했다. 스칼리아는 현대 지성인들을 비꼬면서, 이 장에서 우리가 신약성경 저자들의 동기에 대해 살펴보았던 내용을 정확히 피력했다. 즉 신약성경 저자들은 얻을 것은 아무것도 없는 반면 온통 잃어버릴 것 밖에 없었기에, 우리는 그들의 부활에 대한 증언을 믿어야 마땅하다. 스칼리아는 이렇게 천명했다. "아무것도 얻을 게 없는 목격자들의 증언을 받아들이는 것은 비합

---

11 Charles Colson, "An Holy Hoax?" *Breakpoint Commentary*, 2002년 3월 29일(No. 020329). 온라인 주소는 http://www.epm.org/Unholy Hoax.htm.

리적인 선택이 아니다… 세상에 속한 지혜를 가진 자들은 죽은 자의 부활을 믿지 않는다. 부활절 아침부터 그리스도의 승천에 이르기까지 일어났던 모든 일은 비굴한 열성분자들이 스스로를 순교자의 반열에 올려놓을 계획의 일부로 만들어 낸 것에 불과하다고 여길 뿐이다."[12]

스칼리아와 콜슨의 말은 너무나 옳다. 신약성경의 기사들은 의심할 이유가 전혀 없으며, 오히려 믿을 수밖에 없는 이유들만 존재한다. 자신이 진리라고 생각하는 거짓말을 위해 죽으려는 사람들은 많이 있을지 몰라도, 제 정신이 있는 사람이라면 거짓말임을 알고 있는 것을 위해 죽으려 하지 않을 것이다. 신약성경의 저자들과 다른 사도들은 예수의 부활을 확신했으며, 자신의 피를 흘림으로써 증명해 보였다. 자기가 진리를 말하고 있음을 입증하기 위해 목격자들이 더 이상 무엇을 할 수 있었겠는가?

이슬람 순교자들은 어떠한가?

"잠깐만!" 회의론자들은 이런 반론을 제기할 수도 있겠다. "우리는 자기 신앙을 위해 기꺼이 죽는 사람들을 매일 볼 수 있다. 중동에서는 거의 매주 자살 폭탄 사고가 일어난다. 또한 9.11 사건은 어떤가? 여객기 납치범들은 알라를 위해 그런 일을 저질렀다. 그들의 순교는 무얼 증명하는가? 그것도 역시 이슬람교가 진리임을 입증하는 것 아닌가?"

결코 아니다. 물론 몇 가지 유사점이 있긴 하지만, 신약성경에 나오는

---

12 Mississippi College School of Law에서 한 연설. 그 내용은 여기에 실려 있다. http://tmatt.gospelcom.net/column/1996/04/24/.

순교자들과 오늘날의 순교자들 사이에는 한 가지 결정적 차이점이 존재한다. 모든 순교자들에게 공통적으로 나타나는 한 가지 특징은, 바로 진실성이다. 기독교인이든, 이슬람교 신자이든, 가미카제 조종사이든, 자살의식 추종자이든 관계없이 순교자라면 누구나 자신이 내건 명분을 진실한 마음으로 믿는다. 그러나 중요한 것은, 신약성경에 나오는 기독교 순교자들은 진실성 이상의 무엇을 갖고 있었다는 점이다. 곧 그들은 그리스도의 부활이 참이라는 증거를 갖고 있었다. 왜 그런가? 신약성경의 순교자들은 부활한 그리스도를 직접 만났기 때문이다. 그들은 자신의 감각을 통해 인식한 결과 부활이 참이며 거짓이 아님을 알고 있었다. 그들은 부활한 그리스도를 보았고, 만졌으며, 몇 차례나 그와 함께 음식을 먹었다. 또한 그가 서른 번 넘게 기적을 행하는 것을 목도했다. 그런 강력한 경험적 증거를 갖고 있었으므로, 그들이 그리스도의 부활을 믿는 데에는 신앙이 거의 필요하지 않았다. 상식이라는 관찰 기준에 따르면, 그들은 그리스도의 부활에 대한 증거를 갖고 있었다. 때문에 그들은 스스로 확인한 진리를 위해 핍박과 죽음 앞에 기꺼이 자신을 내놓았던 것이다.

반면, 이슬람교(나아가 순교를 조장하는 다른 어떤 신앙 체계)에서는 이러한 점을 찾아볼 수 없다. 자신이 신으로부터 왔음을 증명하기 위해 기적을 행해 보이라는 도전을 받았을 때, 마호메트는 그 도전을 받아들이지 않는다(수라 3:181-184; 4:153; 6:8-9; 17:88-96). 그 대신, 그는 자신이 그저 사람일 뿐이며(17:93) 코란에서 자신을 진정한 선지자로 인정하고 있음을 암시할 뿐이다(17:88). 그러나 코란에는 명백히 마호메트가 일으킨 기적이라 할 만한 내용이 전혀 기록되어 있지 않다.[13] 마호메트가 죽은 뒤

---

13 일부 이슬람교 신자들이 기적에 대해여 말하는 것으로 믿고 있는 몇 개의 코란 구절들

100-200년이 지나서야 비로소 무슬림을 통해 마호메트가 일으킨 여러 기적에 대한 이야기가 나왔는데, 그것은 기독교인들이 줄기차게 마호메트가 선지자 중 하나라는 증거를 요구했기 때문이었다. 이런 기적에 대한 주장은 목격자들의 증언에 근거를 두고 있지도 않으며, 신화에 불과하다는 느낌을 줄 뿐이다. 마호메트가 지나갈 때 나무들이 그에게 다가가 경의를 표했다고 말하는 사람들도 있다. 산들과 늑대들도 마호메트에게 경배했다고 주장하기도 한다. 그런가 하면, 예수가 행한 기적들을 변형한 것처럼 보이는 이야기도 있다(예를 들면, 물을 우유로 바꾼 것, 조그만 음식을 늘려서 일천 명의 사람들을 먹인 것 등). 이런 기적 이야기들은 후대에 마호메트의 언행을 모아 만든 책, 〈하디스(Hadith)〉에서 찾을 수 있다.

〈하디스〉의 저자 중 가장 저명한 인물인 알 부하리(Al Bukhari)와 대다수의 무슬림 학자들은 마호메트가 행한 기적으로 주장되고 있는 이야기 대부분이 진정한 것이 아님을 시인하고 있다.[14] 마호메트 자신이 기적을 행한다고 주장한 적이 없기 때문에, 또 이런 기적 이야기들이 마호메트와 동시대인들이 죽고 난 다음의 자료에서 나온 것이기 때문에, 마호메트가 행했다고 하는 그 어떤 기적도 믿을 이유가 전혀 없는 셈이다.

만일 마호메트가 기적을 통해 확증되지 않는다면, 사람들은 왜 그를 추종하는 걸까? 처음에 사람들은 마호메트를 추종하지 않았다. 마호메트와 그를 따르던 극소수의 추종자들은 주후 622년, 그러니까 그가 첫 번째 계시를 얻었을 것으로 보이는 때로부터 12년이 흐른 뒤에 메카에서 축출 당했다. (메카는 여러 신들에게 바치는 헌물들로 가득한 다신 숭배 도시

에 대한 논의는, Norman Geisler and Abdul Saleeb, *Answering Islam*, 2nd ed.(Grand Rapids, Mich.: Baker, 2002). 163-168을 보라.

14 Ibid., 163-174를 보라.

였기 때문에, 단일신론을 설파하던 마호메트의 메시지는 다신교와 얽혀 있는 상업 활동에 기대 살아가던 그 지역의 상인들에게 먹혀들지 않았다.) 622-630년에 걸쳐 몇 차례의 군사 정복을 성공한 후에 비로소 마호메트는 많은 추종자를 끌어 모으기 시작했다. 그가 메카의 대상(隊商)들을 습격해 노획품을 추종자들과 나누고 나자, 그의 인기는 엄청나게 올라갔다. 그는 많은 아내를 취했는데, 그를 통해 지지 기반을 공고하게 만드는 데 도움을 얻었다. 말하자면 마호메트의 인기는 기적을 통한 확증에서 비롯되었다기보다는, 추종자들과 함께했던 수지맞는 군사 정복, 기민한 정치 수완, 그리고 그가 가진 카리스마에서 비롯된 것이다.

이슬람교가 갖고 있는 군사적 측면은 기독교의 기원과 이슬람교의 기원 사이에 존재하는 또 하나의 중요한 차이점을 드러낸다. 기독교는 평화로운 신앙으로 시작했지만, 처음에는 약 280년 동안 불법으로 간주되었다(이 시기 동안 기독교는 가장 큰 성장을 경험했다). 우리가 311년 이전에 로마에서 기독교인이 되었다면, 단지 그 이유만으로 죽임을 당했을 것이다.

이와 달리 자신의 신앙을 평화적인 방법으로 확산시키려 노력했다가 아무 열매도 거두지 못한 마호메트는 결국 군사력에 의존하게 된다. 630년에 이르러, 그는 메카를 무력으로 정복하고 지금의 사우디아라비아 반도 대부분 지역을 장악한다. 632년에 마호메트가 죽었음에도 불구하고, 그의 추종자들은 이슬람교의 이름으로 군사 작전을 계속한다. 마호메트가 죽은 때로부터 겨우 6년이 지난 638년에, 이슬람교 신자들은 성지 예루살렘을 무력으로 차지한다. 이슬람교의 역사 처음 100년 동안, 무슬림들은 예루살렘을 빼앗은 것 이외에 두 차례나 콘스탄티노플(오늘날 터키의 이스탄불)을 차지하려 시도하며, 북 아프리카를 휩쓸고, 지브롤터 해협을 건너 마침내 유럽으로 쳐들어갔다. 프랑스 투르의 성주 샤를 마르텔(Charles Martel)이 없었다면, 지금쯤 온 유럽은 아마 아랍어로 말하고 있을지 모른다. 마르텔(martel은 프랑스어로 "망치"라는 뜻이다)은 732년에 이슬람교 신자들을 투르 남쪽으로 몰아냈는데, 그해는 마호메트가 죽은 때로부터 정확히 100년이 되는 해였다(무슬림들은 결국 다시 해협을 건너 후퇴하게 되지만, 북아프리카는 오늘에 이르기까지 이슬람교가 우세한 지역으로 남아 있다.)

바로 여기에 차이점이 존재한다. 기독교의 초창기에 사람들은 기독교인이 되었다는 이유만으로 죽임을 당할 수 있었다. 그러나 이슬람교의 초창기에 사람들은 이슬람교 신자가 되지 않았다는 이유만으로 죽임을 당할 수 있었다. 달리 말하면, 유일신의 존재를 주장하는 이 두 거대한 신앙의 전파 과정은 더 이상 다를 수 없을 만큼 달랐다. 이슬람교는 다른 사람들에게 칼을 들이대며 전파되었다. 그러나 기독교는 다른 이들이 기독교의 목에 칼을 들이댈 때 전파되었다.

"십자군 전쟁은 어떻게 설명할 수 있는가?" 회의론자들은 이렇게 불쑥 끼어들지 모른다. 역사 수업을 한 번 받아보자. 십자군은 기독교가 시작된 때로부터 1천 년이 넘는 세월이 흐른 뒤, 1,100년경이 되어서야 시작되었다. 또 십자군 전쟁의 첫 번째 목적은 무슬림이 군사 정복을 통해 기독교인들로부터 빼앗아 갔던 땅을 되찾는 것이었다. 따라서 처음부터 십자군이라는 군사력으로 자신들의 믿음을 전파한 이는 기독교가 아니라 이슬람교였다.

하나의 종교가 군사력을 힘입었을 때 쉽게 확산되는 이유는 이해하기 어렵지 않다. 그러나 어떤 종교가 초창기 280년 동안 추종자들이 핍박 받고 고문당하며 죽임당하는 상황에서도 확산되었다면 그 이유는 과연 무엇일까? (핍박, 고문, 사형 등은 훌륭한 선전 문구도 아니다.) 아마도 그 종교가 진리임을 증명하는 기적 같은 사건들에 대한 매우 신뢰할 만한 증언이 있었기 때문이리라. 겁에 질려 흩어진 채 회의에 빠져 있던 겁쟁이들이 어느 날 갑자기 이 세상이 지금껏 보아왔던 선교사들 가운데 가장 헌신되고 단호하며 자기 희생적이고 평화로운 선교사들이 되어 버린 이유를 어떻게 달리 설명할 수 있겠는가?

요약과 결론

지난 두 장에 걸쳐 우리는 신약 자료에서 발견되는 목격자들의 증언과 초기의 정확한 사본들에 대해 살펴보았다. 이번 장에서 우리가 던졌던 주요 질문에는 창작, 꾸밈, 과장 등의 개념이 포함되어 있었다. 즉 신약성경 저자들이 그 이야기를 창작하거나 꾸며내거나 과장하지는 않았는가 하는 것이었다. 그들은 독자들을 속이려 하지 않았는가?

그렇지 않다. 앞서 살펴본 대로, 그들이 꼼꼼하고 진실하게 자기 경험을 기록했던 정직한 사람들임을 믿게 해주는 적어도 열 가지 이유가 있다.

1. 신약성경의 저자들은 그들 자신을 난처하게 만드는 사실들까지 기록에 포함하고 있다.
2. 신약성경의 저자들은 예수를 난처하게 만드는 사실들과 그에 대한 거북한 내용까지 기록하고 있다.
3. 신약성경 저자들은 예수가 지나친 요구를 할 때에도 그대로 기록한다.
4. 신약성경 저자들은 신중히 예수의 발언과 자신들의 말을 구별하고 있다.

5. 신약성경의 저자들이 기록한 부활 관련 사건들은, 그들 스스로 만들어 냈을 만한 사건들이 아니다.
6. 신약성경의 저자들은 역사를 통해 확인된 30명 이상의 실존 인물들을 기록에 포함시키고 있다.
7. 신약성경의 저자들은 세부 묘사에서 차이가 나는 기사들을 기록에 남기고 있다.
8. 신약성경의 저자들은 독자들에게 검증 가능한 사실들, 심지어 기적에 대해서조차 철저하게 검토해 보라고 도전하고 있다.
9. 신약성경의 저자들은 기적 사건을 다른 역사적 사건들처럼 단순하고 꾸밈없이 서술하고 있다.
10. 신약성경의 저자들은 오랫동안 고수해온 종교적 신념과 행위를 버리고 새로운 것을 받아들였으며, 핍박이나 죽음의 위협 앞에 자신들의 증언을 부인하지 않았다.

이러한 사실들은 신약성경의 저자들이 철두철미하게 진리를 고수했음을 유감없이 보여주고 있다. 그렇다면 그들은 왜 진리를 버리지 않았을까? 그들로 하여금 거짓말을 하고 이야기를 꾸며내고 과장하도록 자극하는 어떤 동기가 있지 않았을까? 과연 그들은 무엇을 얻을 수 있었는가? 자신의 경험을 있는 그대로 증언함으로써, 그들이 유일하게 얻은 소득은 핍박과 죽음이었다. 사실 그들은 새로운 이야기를 꾸며내고 과장해야 할 이유보다는 신약에 등장하는 사건들을 죄다 부인해야 할 이유밖에 없어 보였다. 그들에게는 새로운 종교가 그리 필요해 보이지도 않았다. 예수가 이 땅에 왔을 때, 신약성경의 저자 대부분은 유대교만이 유일한 참 종교이며 자신들만이 하나님의 선민이라고 생각했던 경건한 유대인들이었다. 그런 그들에게 무언가 극적인 일이 일어났고 깊은 미몽에서 깨어나서 새로운 신앙 체계로, 그저 이 땅에서 고난 받을 것만 약속하는 신앙 체계로 들어가도록 한 것이다. 이 모든 것에 비추어 볼 때, 우리는 신약성경에 관해 회의론자가 되기에 충분한 신앙을 갖고 있지 않다.

그러나 회의론자들의 주장이 그릇됨을 보여주는 이 모든 증거에도 불구하고, 회의론자들은 여전히 자신들의 믿음을 놓지 않고 있다. 증거들을 검토한 결과, 예수가 단지 하나의 신화일 뿐이라거나 신약성경의 저자들은 거짓말쟁이라는 결론이 사실상 불가능하게 되자, 몇몇 회의론자들은 자신들에게 유일하게 남아 있는 가능성을 붙들고 있다. 즉 신약성경의 저자들이 속았다는 것이다. 그들은 진정으로 예수가 죽은 자 가운데서 부활했다고 생각했지만, 그들이 오해했다는 것이다. 그것이 바로 우리가 다음 장에서 다루게 될 문제이다.

12장 ___ 예수는 정말 죽은 자 가운데서 부활했는가?

> 회의론자들은 그리스도의 부활에 대한 대체 이론 이상의 것을 제시해야 한다. 그들은 자신들의 이론을 뒷받침할 1세기의 증거를 제시해야 한다.
> 게리 하버마스

그리스도의 부활: 학자들의 견해

게리 하버마스는 학자들이 그리스도의 부활에 대해 무엇을 믿고 있는지 광범위한 조사를 실시한 바 있다. 하버마스는 1975년부터 2003년 사이에 쓰인 것으로 그리스도의 부활에 관련된 1,400권이 넘는 주요 학술 서적들을 수집했다. 『부활하신 예수와 미래의 소망(The Risen Jesus and Future Hope)』에서 하버마스는—극단적 자유주의자로부터 열광적인 보수주의자에 이르기까지—이념적 스펙트럼의 경계를 넘어 사실상 모든 학자들이 예수와 기독교에 대한 아래 사항들이 실제로 일어난 역사적 사실이라는 점에 동의했다고 말한다.[1]

---

1 Gary R. Habermas, *The Risen Jesus and Future Hope*(Lanham, Md.: Rowman &

1. 예수는 로마의 십자가형을 통해 죽임을 당했다.
2. 그는 십중팔구 한 개인 소유의 무덤에 묻혔다.
3. 그 뒤 곧바로 제자들은 용기를 잃고 낙담해 풀이 죽었으며, 희망을 잃어 버렸다.
4. 예수의 무덤은 매장 후 비어 있는 채로 발견되었다.[2]
5. 제자들은 부활한 예수가 실제로 나타났다고 믿게 만드는 경험을 했다.
6. 이런 경험 때문에, 제자들의 삶은 철저하게 바뀌었다. 심지어 그들은 이 믿음을 위해 기꺼이 죽으려 했다.
7. 부활 선포는 매우 일찍부터, 즉 교회사의 태동기부터 이루어졌다.
8. 제자들이 부활 사건에 대해 공중 앞에서 증언하고 설교하는 일이, 얼마 전 예수가 십자가에 달렸다가 무덤에 묻혔던 예루살렘 성내에서 이루어졌다.
9. 복음의 메시지는 예수의 죽음과 부활에 대한 설교에 집중하고 있다.
10. 회중은 주로 주일에 모여 예배드렸다.
11. 예수의 아우였으나 그의 부활 사건이 있기 전에 회의론자였던 야고보도, 자신이 부활한 그리스도를 만났음을 믿고 난 후 회심했다.
12. 불과 몇 년 지나지 않아서, 다소 사람 사울(바울)도 그리스도인이 되었는데, 부활한 그리스도가 나타난 것으로 믿었던 한 경험 때문이었다.[3]

Littlefield, 2003).
2 학자들이 빈 무덤에 대해 모두 동의하는 것은 아니지만, 그들 가운데 대다수(약 75퍼센트)가 그 무덤이 비어 있었다는 것을 믿고 있다. 여기서 언급된 다른 열한 가지의 사실 역시 거의 백 퍼센트에 가까운 학자들의 지지를 받고 있다.
3 Gary R. Habermas, *The Risen Jesus and Future Hope*(Lanham, Md.: Rowman &

지금까지 우리가 살펴본 내용에 비추어 볼 때 위의 사실들을 받아들이는 것은 당연하다. 위의 내용에서 유추해볼 때 다음 사실들을 알게 된다.

신약성경의 기사는 신화가 아니다

신약성경의 기록은 기록된 사건들이 일어난 때로부터 두 세대도 지나지 않아 목격자 또는 그 동시대인들의 손으로 훌륭하게 기록되었으며, 그 줄거리는 비기독교인 저술가들을 통해 확증되고 있다. 게다가 신약성경은 신약성경 바깥에 있는 자료들을 통해 확인된 역사 속 실존 인물들을 적어도 서른 명이나 언급하고 있다. 따라서 신약성경의 이야기는 신화일 수 없다.

신약성경의 기사는 거짓말이 아니다

신약성경의 저자들은 약간의 차이를 보이는 세부 묘사, 자신들을 난처하게 만드는 사실들, 예수의 지나친 요구까지 기록하고 있으며, 예수의 말과 자신들의 말을 신중히 구별하고 있다. 뿐만 아니라 그들은 독자들이 이미 알고 있거나 검증 가능한 사실들과 목격자들을 언급하고 있다. 실제로 신약성경의 저자들은 독자들과 1세기의 적대자들에게 자신들의 증언을 철저하게 검증해 보라고 도전하고 있다. 그것만으로 그들의 진실성을 확인하는 데 충분치 않다면, 그들이 순교했다는 사실까지 고려해 보라. 그러면 어떤 의심도 제거할 만하지 않은가. 그들은 자신들의 증언을 부인함으로써 목숨을 구하고 편하게 살 수 있었지만, 결코 그러지 않

Littlefield, 2003), 9-10.

왔다. 부활한 예수를 직접 만나고 그의 음성을 듣고 그의 몸을 만진 경험을 증거하기 위해 모든 핍박과 죽음까지 감수했다.

신약성경의 기사는 과장하거나 꾸며낸 이야기가 아니다
신약성경의 저자들은, 역사적으로 검증된 140여 개의 사실들이 말해 주듯, 지나치다 싶을 정도로 정확하다. 그들은 역사적으로 검증된 기사들과 함께 기적 사건들을 기록했으며, 그럴 듯하게 꾸민다거나 중요한 신학적 의미를 부여한다거나 하지 않았다.

그러면 신약성경은 진실인가?
신약성경의 기사들이 단지 신화나 거짓말, 꾸며낸 이야기가 아님이 확증된다는 이유로, 대부분 학자들이 위의 열두 가지 사실에 동의한다면, 우리는 신약성경 저자들이 자신이 본 그대로 정확히 기록했다는 데 의심의 여지가 없음을 알게 된다. 그렇다면 신약성경에 기록된 모든 사건들이 진실이라고 결론 내려도 좋은가? 반드시 그렇지는 않다. 회의론자들은 아직도 마지막 변명거리를 찾고 있다.

마지막 변명거리는 바로 신약성경의 저자들이 속았다는 것이다. 그들이 보았다고 생각하는 것이 잘못된 것일지도 모르지 않는가?

우리가 이미 살펴본 신약성경의 특징들을 놓고 볼 때, 저자들이 매일 일어나는 자연스런 사건들에 속았다는 것은 그럴 듯해 보이지 않는다. 매우 많은 역사적 사실들에 대한 그들의 기록의 정확성은 입증되었다. 그러므로 일상적인 사건들에 대한 저자들의 관찰을 의심할 이유는 없다고 본다.

그렇다면 그리스도의 부활과 같은 기적적인 사건들의 경우 저자들이 속았던 것은 아닐까? 그들은 실제로 예수가 죽은 자 가운데서 부활했다고 믿었지만—바로 그 믿음 때문에 자신들의 목숨까지 바쳤지만—어쩌면 잘못 판단했거나 속았을 수도 있다. 어쩌면 그들이 보았다고 생각하는 모든 기적들을 자연과학적으로 설명할 수 있을지 모른다.

비평주의 계열의 학자들은 이 점을 논외로 하려 든다. 거의 모든 학자들이 믿고 있는 열두 가지 사실들 가운데 5번을 보라. "제자들은 부활한 예수가 실제로 나타났다고 '믿게 만드는' 경험을 했다." 바꿔 말하면, (몇몇 사람들은 예수가 실제로 부활했다고 생각하고 있음에도 불구하고) 학자들은 예수가 실제로 죽은 자 가운데서 부활했다고 분명히 말하지 않는다. 거의 모든 학자들이 갖고 있는 최소의 공통분모는 제자들이 예수가 죽은 자들 가운데서 부활했다고 믿었다는 점이다.

그 사건의 목격자들과 이들의 동시대인들이 잘못 판단했다면 신약성경에 기록된 부활 사건과 다른 여러 기적들에 대한 또 다른 설명이 제시되어야 한다. 그리스도의 부활이 기독교의 중심 사건이므로, 거기서 시작해 보자. 회의론자들은 그리스도의 부활에 대해 어떤 식으로 설명하면서 빠져나가고 있는가?

회의론자들의 이론에 회의를 품다

회의론자들은 부활에 대해 대개 아래와 같은 설명을 내놓고 있다.

환상설
제자들이 헛것에 속은 것인가? 어쩌면 그들은 자신들이 부활한 그리스도를 만났다고 진지하게 생각했지만, 정작 그들이 만난 것은 환상이었을

지 모른다. 이 이론은 많은 치명적 약점을 안고 있다. 그 가운데 두 가지를 언급해 보자.

첫째, 헛것(환상)을 보는 것은 집단이 아닌 한 개인의 경험이다. 그런 점에서 보면, 환상은 꿈과 매우 유사하다. 어느 날 아침 친구가 다가와 "와우! 우리 어젯밤에 진짜 끝내주는 꿈을 꿨지, 그치?"라고 말할 때, "맞아, 그 꿈 정말 환상적이었어! 우리 오늘 밤에도 그 꿈 계속 꾸어야지?"라고 맞장구치는 사람은 없을 것이다. 오히려 친구가 장난을 치는 것으로 받아들일 것이다. 꿈이란 것은 집단 체험이 아니므로 그의 말을 진지하게 받아들일 이유가 없다. 헛것을 보는 것도 마찬가지다. 이는 매우 드문 일이며, 특정한 심리적 조건에서 발생 가능한 일이다. 게다가 한 사람이 헛것을 보았더라도 다른 친구들은 그럴 수 없다. 설사 그들 모두가 환상을 본다고 해도 동일한 환상을 볼 수는 없다.

더구나 예수는 오직 한 사람에게 단 한 차례만 나타난 게 아니었다. 예수는 40일 동안 각기 다른 열두 차례의 경우에 다양한 배경 속에서 서로 다른 사람들에게 나타났다. 그는 남자들과 여자들에게 모습을 보였다. 그가 걷고, 말하며, 음식을 먹는 모습이 목격되었다. 그는 실내와 실외에서 목격되었다. 많은 사람들이 보았는가 하면, 소수의 사람들이 본 경우도 있었다. 총 500명이 넘는 사람들이 이 부활 예수를 목격했다. 나아가 예수가 사람들에게 나타난 열두 차례 가운데 여섯 차례는 사람들이 예수의 몸을 직접 만졌으며 그가 실제 음식을 먹기도 했다는 점에서(표 12.1을 보라), 그들은 어떤 환상이나 유령을 본 게 아니었다.

예수의 부활 이후 열두 차례 나타난 순서

	사람	보았음	들었음	만졌음	다른 증거
1	막달라 마리아(요 20:10-18)	×	×	×	빈 무덤
2	막달라 마리아와 다른 마리아(마 28:1-10)	×	×	×	빈 무덤(빈 무덤과 수의는 눅 24:1-12에도 나옴)
3	베드로(고전 15:5)와 요한(요 20:1-10)	×	×		빈 무덤과 수의
4	두 제자(눅 24:13-35)	×	×		예수와 함께 음식을 먹음
5	열 사도 (눅 24:36-49; 요 20:19-23)	×	×	×**	예수의 몸에 난 상처를 보고, 음식을 먹음
6	열한 사도(요 20:24-31)	×	×	×**	예수의 몸에 난 상처를 봄
7	일곱 사도(요 21장)	×	×		음식을 먹음
8	모든 사도 (마 28:16-20; 막 16:14-18)	×	×		
9	500명의 형제들(고전 15:6)	×	×*		
10	야고보(고전 15:7)	×	×*		
11	모든 사도(행 1:4-8)	×	×		예수와 더불어 먹음
12	바울(행 9:1-9; 고전 15:8)	×	×		

⟨*⟩ 본문에 암시되어 있음 ⟨**⟩ 예수가 만져보게 함

표 12.1

빈 무덤 역시 환상설(Hallucination Theory)이 안고 있는 치명적 약점이다. 500명이 넘는 사람들이 각기 다른 열두 차례에 걸쳐 똑같은 환상을 보는, 일찍이 유례가 없는 체험을 했다면, 왜 유대인 관원들이나 로마 당국자들은 예수의 시신을 앞세우고 예루살렘 성을 돌며 시가행진을 벌이

지 않았을까? 그렇게 했다면 일거에 기독교를 영원히 끝장냈을 것이다. 그들도 그런 일을 간절히 바랐을 터이지만, 그들이 그렇게 할 수 없었던 이유는 예수의 무덤이 실제로 비어 있었기 때문이다.

무덤을 잘못 찾아갔다는 설

어쩌면 제자들은 엉뚱한 무덤에 갔다가 예수가 부활했다고 추측했을 수 있다. 하지만 이 이론 역시 두 가지 치명적 흠을 안고 있다.

첫째, 제자들이 엉뚱한 무덤을 찾아갔다면 유대인 또는 로마인 관원들은 예수의 무덤에 가서 예수의 시신을 꺼내, 그 시신을 앞세우고 온 예루살렘 성내에서 행진을 벌였을 것이다. 예수의 시신이 안치된 무덤은 유대인들의 소유지였으므로(그 무덤은 산헤드린의 구성원 아리마대 요셉의 소유였다), 누구보다 유대인들에게 잘 알려져 있었다. 뿐만 아니라 로마인들도 그 무덤을 잘 알고 있었는데, 그들이 파수병을 배치한 사실로 짐작할 수 있다. 윌리엄 레인 크레이그의 지적처럼, 엉뚱한 무덤을 찾아갔을 거라는 이론은 모든 유대인(과 로마인들)이 예수에게 무슨 일을 자행했는지 스스로 새카맣게 잊어버리는 일종의 '집단 기억 상실증'을 앓고 있었다고 추정하는 것이나 마찬가지다.[4]

둘째, 제자들이 설령 엉뚱한 무덤을 찾아갔다고 해도, 이 이론은 부활한 예수가 어떻게 열두 번이나 나타났는지 설명하지 않는다. 단지 무덤이 비어 있었다는 것뿐만 아니라 그 나타난 바가 설명되어야 한다.

무덤이 비어 있었다고 해서 제자들 대부분이(어쩌면 요한은 예외일 수 있

---

4 William Lane Craig, in Paul Copan and Ronald Tacelli, eds., *Jesus' Resurrection: Fact or Figment? A Debate Between William Lane Craig and Gerd Lüdemann*(Downers Grove, Ill.: InterVarsity Press, 2000), 56.

지만) 예수가 죽은 자들 가운데서 부활했다고 확신했던 것은 아니었다. 겁에 질린 채 비겁하게 뿔뿔이 흩어졌던 그들을 역사상 가장 위대한 평화의 선교사 부대로 탈바꿈시킨 것은 바로 부활한 예수가 그들 앞에 나타났다는 사실이었다. 이는 특별히 기독교를 대적하는 데 열심이었던 사울(바울)의 경우에도 마찬가지였다. 그는 무덤이 비었다고 해서 회심하지도 않았을 뿐만 아니라 예수의 부활 직후에도 기독교인들을 핍박하고 있었다. 부활한 예수가 자기 앞에 나타나자 바울은 완전히 다른 사람으로 변했다. 예수의 동생이자 회의론자였던 야고보도 예수가 부활한 자신의 몸을 보인 다음에야, 예수에게로 돌아선 것으로 보인다. 우리가 보았듯이 야고보의 회심은 너무나 극적이어서, 그는 이후에 예루살렘 교회의 지도자가 되고 끝내 대제사장에 의해 순교하게 된다.

결론은 이것이다. 설사 누군가가 빈 무덤에 대해 그럴 듯하게 설명할 수 있다 하더라도, 이것만으로 부활 사건이 거짓임을 논증하기에는 불충분하다. 그리스도의 부활을 부정하며 내놓는 다른 이론들 역시, 예수가 부활 후에 출현한 것에 대해 이래저래 해명하며 빠져 나갈 게 틀림없다. 무덤을 잘못 찾아갔다는 설은 그 무엇도 설명하지 못한다.

졸도설

혹시 예수가 십자가 위에서 죽은 게 아닐 수도 있지 않을까? 단순히 기절했을 수도 있지 않은가? 즉 무덤에 묻힐 때에도 여전히 살아 있었으며, 어떻게든 무덤을 빠져나와 제자들에게 자신이 죽은 자 가운데서 부활했다고 확신시킨 건 아닐까? 이 이론 역시 많은 치명적 약점이 있다.

첫째, 예수의 벗들뿐만 아니라 원수들 역시 예수가 죽은 사실을 믿었다. 형벌을 집행하는 데 일가견이 있었던 로마인들은 예수가 쓰러질 때까지 채찍질하며 잔인하게 구타했다. 그런 다음, 묵중한 철제 못을 팔목과 발에 박고, 창으로 옆구리를 찔렀다. 로마인들은 예수가 이미 숨을 거두었음을 알았으므로, 빨리 죽게 하려고 다리를 꺾을 필요가 없었다. (십자가에 달린 자는 스스로 숨을 쉬지 못해 질식사하는 경우가 흔했다. 따라서 발을 꺾어 빨리 죽게 해주는 것이 그나마 마지막 자비를 베풀어 주는 셈이었다.) 더욱이 빌라도는 예수의 죽음을 확인했으며, 예수의 죽음을 이유로 제자들도 모든 소망을 잃고 말았다.

잔인하기 이를 데 없는 로마의 십자가 사형 제도는 고고학 자료와 비기독교인 저술가들의 자료를 통해 실증되었다(이 책 15장에는 예수가 십자가형을 당할 때의 광경이 생생하게 묘사되어 있다). 1968년, 1세기에 십자가형을 당했던 한 사람의 유골이 예루살렘의 동굴에서 발견되었다. 이 사람의 발뒤꿈치 뼈에 18센티미터나 되는 못이 관통하고 있었고, 손목 역시 못에 박힌 증거를 보여 주었다.[5] 로마의 십자가형 기술의 하나로 창으로

---

5 1968년, 약 35구의 시신이 예루살렘의 한 고대 매장지에서 발굴되었다. 이 가운데 대부분은 주후 70년에 로마에 맞서 일어난 유대인 봉기 사건을 계기로 죽음을 맞이한 것으로 판명되었다. 이들 가운데 한 사람이 요하난 벤 하갈골(Yohanan Ben Ha'galgol)이라는 이름을 가진 남성이었다. 그는 약 24세에서 28세쯤 되어 보였는데, 갈라진 입천정(cleft palate)을 가진 언청이였으며, 7인치(약 17.8센티미터)나 되는 못이 그의 두 발을 관통하고 있었다. 두 발은 바깥 쪽으로 돌려진 채 사각형의 못이 발뒷꿈치까지 관통하여, 아킬레스건까지 뚫고 들어가 있었다. 이 때문에 양 다리는 바깥쪽으로 구부러졌을 것이며, 그의 두 발 역시 십자가에서 몸을 지탱하는 데 아무 쓸모가 없었을 것이다. 그 못은 아카시아 나무로 만든 쐐기를 지나 발뒷꿈치를 관통했으며, 그 다음에 올리브 나무로 만든 십자가 기둥 안으로 뚫고 들어갔다. 또한 이와 비슷한 길이의 못이 각각 팔 아래쪽 두 개의 뼈 사이에 박혔다는 증거가 존재했다. 이로 인해 십자가형을 당한 희생자가 숨을 쉬기 위해 자신의 몸을 위 아래로 움직일 때마다 상체의 뼈가 조금씩 마모되었을 것이다(팔이 들어올려진 채로 있어서 호흡이 곤란했다). 십자가형의 희생자는 자신의 가슴 근육들을 편하게 하기 위해 몸을 끌어올려야 했으며, 점점 기운이 빠져 더 이상 몸을 끌어 올리지 못하게 되면, 질식사에 이르게 되었다. Norman Geisler, *Baker Encyclopedia of Christian Apologetics*(Grand Rapids, Mich.: Baker, 1999), 48을 보라.

심장을 찔렀다는 사실 역시 로마의 저술가인 퀸틸리아누스(Quintilianus, 주후 35-95년)의 글을 통해 입증되었다.[6] 예수도 그런 일을 당했다면, 목격자들이 예수의 사망을 확신했다는 사실이 전혀 이상할 게 없다.

1세기에 살고 있었던 사람들만이 예수가 숨을 거두었다고 믿었던 것이 아니다. 현대의 의사들도 예수가 실제로 사망했다고 믿는다. 1986년 3월 21일자로 발행된 미국의학협회 저널에 실린 글에서, 메이요 클리닉에서 근무하는 한 병리학자를 포함한 세 명의 의사들은 이런 결론을 내리고 있다.

> 여러 역사적, 의학적 증거를 볼 때 예수는 옆구리가 찔리기 전에 이미 사망한 것이 분명하다. 옆구리를 찔렀던 창은 오른쪽 갈비뼈를 관통해 오른쪽 폐뿐만 아니라 심낭과 심장에 구멍을 냈으며, 이로써 그의 죽음을 확인했다는 전통적 견해 또한 타당한 것으로 보인다. 따라서 예수가 십자가 위에서 죽지 않았다는 추정에 바탕을 두고 있는 해석들은 현대의 의학 지식과 동떨어진 것이라고 하겠다.[7]

우리가 앞 장에서 지적했듯, 창에 찔린 상처에서 피와 물이 흘러 나왔다는 것은 요한이 기록하고 있는 또 하나의 진정한 목격담으로 보인다. 그 사실만으로도 예수의 죽음을 둘러싼 모든 의심은 종식될 것이다. 이 졸도설이 안고 있는 두 번째 커다란 흠은 예수의 시신을 약 34킬

---

[6] Quintilian, *Declarationes maiores* 6:9; Gary Habermas and Michael Licona, *The Case for the Resurrection of Jesus* (Grand Rapids, Mich.: Kregel)에서 참조하고 있는 내용.

[7] William D. Edwards, Wesley J. Gabel, Floyd E. Hosmer, "On the Physical Death of Jesus Christ," *Journal of the American Medical Association* 255, no.11(1986년 3월 21일자):1463.

로그램이나 되는 천 붕대와 향료로 방부 처리했다는 점이다. 아리마대 요셉과 니고데모(요 19:40)가 살아 있는 예수의 몸을 방부 처리하는 실수를 저질렀을 가능성은 너무나 희박하다.

셋째, 설령 예수가 무덤에 안장될 때 살아 있었고, 모든 사람은 그의 죽음을 오인했다 하더라도, 그토록 심각한 부상을 입고 엄청난 양의 피를 흘린 사람이 36시간이 흐른 뒤에도 여전히 살아 있을 수 있었을까? 설령 산 채로 묻혔다 해도, 그는 그 춥고 눅눅하며 어두운 무덤 속에서 계속 피를 흘리다가 끝내 숨을 거두었을 것이다.

넷째, 그가 춥고 눅눅하며 어두운 무덤 속에서 살아 있었다 해도, 어떻게 자신을 동여매고 있는 것들을 풀고, 무덤 안쪽에서 2톤이나 되는 바위를 들어 올려 한쪽으로 옮겨 놓는가 하면, 지키고 있던 로마 병사들(무덤을 잘 지키지 못했다는 이유로 처형당했을 것이다) 틈을 빠져 나가, 자신이 죽음을 이기고 승리했다는 것을 뿔뿔이 흩어진 채 실의에 빠져 있던 겁쟁이들에게 확신시킬 수 있었을까? 설령 그가 무덤에서 나와 로마 병사들 사이로 빠져 나갔다 하더라도, 예수는 흠씬 두들겨 맞고 엄청난 피를 흘려 녹초가 되어 버린 탓에 제자들이 불쌍하게 여길 사람에 불과했으면 했지, 경배할 사람은 아니었을 것이다. 제자들은 이렇게 말했을 것이다. "목숨은 겨우 건진 것 같지만, 부활한 것은 분명 아니네요. 의사에게 가야겠어요."

다섯째, 예수가 단지 기절했을 뿐이라는 이론은 다메섹을 향해 가던 바울에게 찬란한 광채의 모습으로 나타난 예수에 대해 설명할 수 없다. 대체 무슨 일이 있었기에, 기독교의 대적자임을 공언하던 이 사람이 십자가 사건이 있은 지 얼마 되지 않아 완전히 변화되었단 말인가? 십자가형으로 인해 온몸에 난 상처를 겨우 추스르고 일어선 한 평범한 인간을 만난 일 때문은 아니었을 것이다.

바울의 회심에 대한 기록은, 역사적으로 진정성이 입증된 사도행전 안에 두 차례나 남겨져 있다. 22장에서 바울은 적개심이 가득한 유대인 군중 앞에서 자신에게 나타난 그리스도에 대해 증거하고 있다.

> 가는 중 다메섹에 가까이 갔을 때에 오정쯤 되어 홀연히 하늘로부터 큰 빛이 나를 둘러 비치매, 내가 땅에 엎드러져 들으니 소리 있어 가로되, '사울아, 사울아, 네가 왜 나를 박해하느냐?' 하시거늘, 내가 대답하되 '주님, 누구시니이까?' 하니 이르시되 '나는 네가 박해하는 나사렛 예수라' 하시더라(6-8절).

이때 바울은 사흘 동안 눈이 멀었다가 180도 변화를 겪는다. 그는 기독교의 가장 지독한 원수에서 가장 열렬한 옹호자로 변하게 된다.

바울의 회심 경험은 혼절했던 예수가 숲 속에 숨어 있다가 횃불을 비추면서 "하나님의 음성"을 흉내 낸 것이라고는 설명할 수 없다. 이것은 대낮에 신의 능력이 마치 드라마처럼 한 남자를, 나아가 온 세계를 영원히 바꾸어 버리는 장면을 생생하게 보여주는 것이었다.[8]

여섯째, 몇몇 비기독교인 저술가들도 예수가 십자가에 달려 죽었다는 것을 확인했다. 이 가운데 요세푸스, 타키투스, 탈루스, 그리고 유대인들의 탈무드가 포함되어 있다. 예를 들면, 유대인들의 탈무드는 여슈아

---

[8] 회의론자들은, 바울의 동행자들 중 아무도 그 광경을 보거나(행 9장) 음성을 알아듣지 못했다는 점(행 22장)을 이유로, 이것이 단지 바울이 마음으로 느낀 주관적 경험이라고 주장한다. 그러나 바울의 동행자들도 객관적 현상, 곧 1)그들이 실제로 찬란한 빛을 보았으며, 단지 사람 형체를 보지 못했다는 점, 2)그들은 실제로 어떤 음성을 들었지만 단지 그 음성이 말하는 것을 이해하지 못했다는 점에서, 이 결론은 잘못된 것이다.

(Yeshua), 곧 예수가 유월절 전날에 나무 위에 달렸다고 말한다.[9] 이 책이 기독교에 대해 우호적인 자료가 아니기에, 그 기사의 진정성을 의심할 아무런 이유가 없다.

이뿐만 아니라 다른 여러 근거들을 통해, 졸도설을 믿는 학자들은 거의 없다. 솔직히 말해, 그 이론이 옳지 않다는 것을 입증하는 증거가 너무나 많다.

제자들이 예수의 시신을 훔쳤다는 설

제자들이 예수의 시신을 훔쳤다는 설은 회의론자들이 제시한 마지막 대안, 곧 신약성경의 저자들이 모두 속았다는 주장을 뒷받침하지 못한다. 왜 그런가? 이 이론에 따르면 신약성경의 저자들은 속은 게 아니라 속인 것이기 때문이다. 물론 이것은 우리가 이제까지 살펴본 모든 증거에 정면으로 배치된다. 그 이론은 신약성경의 저자들이 모두 거짓말쟁이라는 주장을 펴고 있는데, 이는 수긍할 수 없는 주장이다. 제자들이 두들겨 맞고 고문당하며 순교하기 위해 예수의 시신을 훔칠 이유가 무엇인가? 이 이론을 고수하는 이들은 제자들이 무슨 이유로 그런 일을 했는지 설명하지 못한다. 그들이 스스로를 무너뜨리는 모순된 음모에 가담한 이유가 무엇이었을까? 나아가 그들 모두 부활에 대한 증언을 부인함으로써 목숨을 구할 수 있었음에도 예수가 죽은 자 가운데서 살아났다고 계속해서 외친 이유는 뭘까?

제자들의 이익에 철저히 어긋난다는 점은 차치하고라도, 이 이론을 고수하는 이들은 자신들의 이론에 뒤따르는 여러 모순점들을 설명하지

---

9 Gary Habermas, *The Historical Jesus*(Joplin,Mo.: College Press, 1996), 202-205를 보라.

못한다. 예를 들면, 목숨을 걸고 그 무덤을 지키고 있던 정예 로마 병사들 사이를 제자들이 어떻게 통과했을까? 예수가 죽은 자 가운데서 부활한 게 아니라면, 대체 어떤 인물이 바울, 야고보, 그리고 다른 목격자들에게 나타났던 것일까? 신약성경의 저자들 역시 자신의 회심에 대해 거짓말을 한 것일까? 바울은 고린도전서에서 발견되는 부활의 증거들을 정말 조작한 것일까? 로마의 저술가 플레곤(Phlegon, 주후 80년경 출생)이 자신의 연대기에서 "예수는, 살아 있는 동안에는 스스로를 구해내지 못했으나, 죽음에서 부활하여 온몸의 상처와 못 박힌 손자국을 보여 주었다"고 말했을 때,[10] 그것은 거짓말이었을까? 예수의 부활을 부인하는 이 모든 일이 일어나려면, 예수가 죽은 자 가운데에서 살아난 것보다 더 큰 '기적'이 필요할 것이다. 우리는 그 모든 주장들을 믿을 만한 신앙을 갖고 있지 않다.

앞서 살펴보았지만, 제자들이 시신을 훔쳐갔다는 생각은 유대인들이 빈 무덤을 설명하기 위해 제시했던 바로 그 주장이다. 하지만 제자들에겐 시신을 훔쳐갈 어떤 이유나 능력도 없었다는 사실 외에도, 옛적부터 내려온 유대인들의 주장은 다른 두 가지 이유에서 그럴 듯한 거짓말조차 되지 못했다. 그 이유를 보면, 첫째, 병사들이 잠들었다면, 어떻게 제

---

10 오리게네스(주후 185년경-254년경)에 의해 언급되고 있다. Gary Habermas, *The Historical Jesus*(Joplin,Mo.: College Press, 1996), 218을 보라. 플레곤(Phlegon)의 저작은 남아 있지 않지만 오리게네스와 율리우스 아프리카누스(Iulius Africanus)에 의해 언급되고 있다. 회의론자들은 오리게네스 같은 기독교인들에 의해 언급된 인용구를 사용하는 것에 반대할 수도 있다. 하지만 이러한 반대는 합리적이지 않다. 오리게네스가 정확하게 플레곤을 인용하고 있는지 알기 위해 우리가 플레곤의 자료를 살펴볼 수는 없지만, 우리는, 오리게네스와 동시대 독자들이 어쩌면 플레곤의 원본 자료에 쉽게 접근할 수 있었을 것이라는 점에서, 오리게네스의 인용에 오류가 없다고 추정할 수 있다. 만일 인용의 정확성 여부가 당시에 쉽게 검토될 수 있었다면, 오리게네스가 플레곤으로부터 인용한 구절을 허위로 만들어 내거나 변조했으리라는 주장은 사리에 맞지 않을 것이다.

자들이 시신을 훔쳐갔다는 것을 알았을까? 그리고 둘째, 어떤 로마 경비병도 근무 중에 잠을 자는 중대 범죄를 저질렀다고 스스로 인정하지 않았을 것이다. (마태가 기록한 대로, 어쩌면 바로 이런 이유 때문에, 유대 관원들이 그 병사들에게 돈을 지불하고, 총독으로부터 어떠한 처벌도 받지 않게 해 주겠노라고 약속할 수밖에 없었을 것이다.)

1878년, 흥미로운 고고학 자료 하나가 발견되었는데, 이는 유대인들이 절도설을 널리 퍼뜨렸다는 성경의 주장을 확증하고 있다. 나사렛에서 발견된 대리석 석판으로, 가로 38센티미터, 세로 61센티미터 크기의 석판에 다음과 같은 명문이 기록되어 있었다.

> 가이사의 포고령: 모든 묘혈과 분묘가 파손되지 않고 보존되어 조상이나 자녀, 가족을 숭모하기 위해 그 무덤을 만든 이들을 괴롭게 하지 않음은 짐의 기쁨이로다. 그러나 만일 무덤을 훼손하거나 시신을 발굴하거나 악의로 시신을 옮겨 훼손한 죄로 누군가 고소를 당한다면, 사자에 대한 숭모의 마음을 고려해 그 피고인에 대한 재판을 열 것을 짐은 명하노라. 사자를 공경하는 것이야말로 더욱 지켜야 할 의무이기 때문이니라. 누구라도 무덤과 시신을 훼손하는 것을 엄금하노라. 이를 어기는 자는 마땅히 극형에 처할 것이다.[11]

학자들은 이 포고령을 내린 사람이 주후 14-37년(예수의 생애 대부분에 해당한다)까지 로마 황제로 있었던 디베료이거나, 41-54년까지 로마 황제

---

11 Paul Maier, *In the Fullness of Time*(Grand Rapids, Mich.: Kregel, 1991), 202를 보라. 아울러 Gary Habermas, *The Historical Jesus*(Joplin, Mo.: College Press, 1996), 176을 보라.

로 있었던 글라우디오였다고 믿고 있다. 이 포고령의 놀랄 만한 특징은 분묘 절취에 대한 형벌을 단순한 벌금형에서 사형으로 상향 조정하고 있다는 점이다.

하필 이 시기에 자신의 제국에서도 멀리 떨어진 변방에 그토록 엄격한 포고령을 내리면서까지 위대한 로마의 황제가 고민했던 것은 무엇일까? 포고령을 내린 정확한 이유는 알 수 없으나, 몇 가지 가능성을 유추해볼 수 있는데 그 가운데 둘은 결국 예수에게 귀결되고 있다.

그 포고령이 디베료로부터 나온 것이라면, 디베료는 빌라도가 자신에게 올린 연례 보고서를 통해 예수에 대해 알았을 공산이 크다. 순교자 저스틴은 이 견해에 동의하고 있다.[12] 그 보고서에는 빈 무덤에 대한 유대인들의 설명(즉 제자들이 예수의 시신을 훔쳐갔다는 것)이 포함되었을 가능성이 있으며, 디베료의 포고령은 앞으로 이와 유사한 '부활들'이 생기지 않도록 막는 예방조치였을 것이다.

그 명문이 글라우디오로부터 나왔다면, 주후 49년에 로마에서 일어난 폭동에 대한 반응이었을 수 있다. 사도행전 18장 2절에서, 누가는 글라우디오가 유대인들을 로마에서 추방했다는 사실을 언급하고 있다. 이 추방은 로마의 역사가 수에토니우스(Suetonius)를 통해 재차 확인되는데, 그는 이런 글을 남겼다. "로마의 유대인들이 크레스투스(Chrestus)의 선동으로 계속 소요를 일으키므로, 그(글라우디오)가 유대인들을 로마로부터 추방했다."[13] (Chrestus는 Christ의 철자가 변형된 것이다.)

대체 그리스도가 로마에서 일어난 유대인 폭동과 무슨 관계가 있을

---

12 Maier, ibid.
13 Suetonius, Claudius, 25; Gary Habermas, *The Historical Jesus*(Joplin, Mo.: College Press, 1996), 191이 인용하고 있다.

까? 아마도 로마에서는 거의 비슷한 시기에 데살로니가에서 일어났던 것과 비슷한 사건이 진행되고 있었던 것으로 보인다. 사도행전 17장에서 누가는, 바울이 예수가 죽은 자 가운데서 살아났다고 설교하자 유대인들이 "시기하여" "소동"을 일으켰다고 기록하고 있다. 이 유대인들은 성읍의 관원들에게 이렇게 불평했다. "천하를 어지럽게 하던 이 사람들이 여기도 이르매… 이 사람들이 다 가이사의 명을 거역하여 말하되, '다른 임금 곧 예수라 하는 이가 있다 하더이다' 하니"(6-7절).

로마에서 실제로 이와 같은 일이 일어났다면, 글라우디오는 자신의 영슈을 어기고 다른 왕을 좇는 무리를 달가워하지 않았을 것이다. 자신들의 지도자가 부활했다고 믿는 유대인들에 의해 소요가 일어난 것임을 알게 된 이상, 모든 유대인을 로마로부터 추방하고 시신 절취를 극형에 처할 중대 범죄로 규정했을 수 있다.

두 가지 가능성 모두 그 포고령이 발포된 연유, 시기, 장소, 그리고 엄혹한 형벌에 대해 그럴 듯한 근거를 제시해 주고 있다. 그러나 그 포고령이 그리스도의 빈 무덤과 아무 연관이 없다 하더라도, 유대인들이 절도설을 퍼뜨렸음을 보여주는 여러 증거가 있다(앞 장을 보라). 중요한 점은, 이 절도설이 암암리에 그 무덤이 실제로 비어 있었다는 점에 동의하고 있다는 점이다. 요컨대 예수의 시신이 여전히 무덤 안에 있었다면, 유대인들이 그 빈 무덤을 설명할 거리를 꾸며 낼 이유가 어디 있겠는가?

누군가 예수 대신 십자가에 달렸다는 설

오늘날 많은 이슬람교도들이 이 이론을 제시하고 있다. 즉 예수가 십자가에 못 박힌 것이 아니라, 예를 들어 유다 같은 인물이 예수를 대신해 죽었다는 것이다.[14] 코란에서는 예수에 대해 이렇게 말한다.

> 저들은 그를 죽이지도, 십자가에 못 박지도 않았으며 단지 그렇게 보였을 뿐이다. 저들 가운데 의견을 달리하는 이들은 확실한 지식도 없이 의심만 가득하지만, 단지 추측에 따른 것일 뿐이니, 저들이 그를 죽이지 않았다는 것이 확실한 연고라. 알라가 그를 알라 자신에게로 들어 올리셨다. 그런즉 알라만이 권능과 지혜에서 높이 찬양받으신다(수라 4:157-158).

따라서 코란에 따르면, 예수가 십자가에 달린 것으로 보였을 뿐, 알라가 그를 하늘로 곧장 끌어올린 셈이다.

하지만 이 이론을 뒷받침할 증거가 전혀 없다는 것이 가장 큰 문제이다. 코란이 내세우는 이 주장은 예수가 지상에 머물던 때로부터 600년이 지난 뒤에 나온 것이다. 그런데 어떻게 이 주장이 목격자들이 쓴 기사보다 예수에 대한 더 권위 있는 자료로 간주될 수 있겠는가? 이 이론은 모든 목격자들의 주장뿐만 아니라, 비기독교인 저술가들의 증언과도 어긋난다.

더욱이 이 이론은 답을 내놓기보다 오히려 더 많은 문제를 야기하고 있다. 예수의 죽음을 여러 각도에서 목격한 많은 사람들—제자, 로마 경비병, 빌라도, 유대인, 예수의 가족과 친구들—이 모두 죽은 사람의 신원에 대해 착오를 일으켰다는 말을 과연 믿을 수 있을까? 과연 그토록 많은 사람들이 간단한 신원 확인에 실수를 범할 수 있을까? 이것은 마

---

14 이슬람교 신자들은 때때로 바나바복음을 증거로 제시하지만, 이것은 허위임이 판명되었다. Norman Geisler and Abdul Saleeb, *Answering Islam*, 2nd ed.(Grand Rapids, Mich.: Baker, 2002). 부록 3을 보라.

치 1865년 4월 어느 날 밤, 포드 극장에서 아내 옆에 앉아 있다가 암살당한 인물이 에이브러햄 링컨이 아니었다고 말하는 것과 같다. 그의 아내인 메리 링컨이 자기 옆에 앉아 있는 남성이 남편이라고 착각했던 거란 말인가? 링컨의 경호원들은 자기가 경호하고 있는 사람을 몰라봤던 걸까? 주위의 모든 사람들도 대통령을 잘못 알아본 거란 말인가? 이것은 도저히 믿을 수 없다.

이 이론은 그밖에도 많은 문제가 있다. 만일 예수가 죽임을 당한 게 아니라면, 실제로 죽임을 당한 예수의 대리자가 묻힌 무덤이 빈 채로 발견된 이유는 무엇인가? 그 대리자가 죽은 자 가운데서 살아났다고 믿어야 하는가? 만일 그렇다면, 그는 어떻게 다시 살아났는가? 예수의 죽음에 대해 서술하고 있는 모든 비기독교인 역사가들이 실수한 거라고 받아들여야 하는가? 또한 예수의 죽음을 유대인들이 인정한 것은 어떻게 설명해야 하는가? 예수가 유월절 전날에 나무에 달렸다고 하는 유대인들의 탈무드는 잘못된 기록인가? 거두절미하고 그 모든 것에 대해 1세기의 모든 사람들이 착각한 거라고 받아들여야 하는가?

사건이 벌어진 때로부터 600년이 지나서야 등장했으면서도, 1세기에 등장한 모든 증거가 잘못된 것임을 믿으라고 요구하는 한 이론에 대해 의문을 제기하는 것은 너무나 당연하다. 실제로 이 이론은 사실상 모든 학자들이 믿고 있는 열두 가지 사실의 대부분과 모순을 빚고 있다(이 장의 앞부분을 보라). 대안으로 내세우는 다른 이론들처럼, 이 이론 역시 그것을 뒷받침하는 증거는 눈곱만큼도 제시하지 못한 채, 단지 억측 위에 세워져 있을 뿐이다.

제자들이 신앙 때문에 부활을 믿게 되었다는 설

존 도미닉 크로산(John Dominic Crossan)은 스스로를 〈예수 세미나(The Jesus Seminar)〉라고 부르는 학자들과 비평가들이 모인 극좌 그룹의 공동 창시자이다. 그들은 복음서에서 예수의 발언으로 기록된 내용 가운데 단 18퍼센트만이 진정한 것이라고 결정했다(자세한 내용은 부록 3을 보라). 그들은 이 회의론을 뒷받침하기 위해 실체가 있는 증거를 제시하고 있지 않으며, 제자들이 부활을 실제 일어난 사건으로 믿고, 신약성경에 기록된 다른 모든 것 역시 진실한 것으로 믿게 된 데 신앙이 어떤 역할을 했는지, 그저 사변에 근거한 이론만을 제시하고 있을 뿐이다.

이 이론은 크로산이 윌리엄 레인 크레이그와 부활에 대해 토론하는 동안 잘 드러났다. 크로산은, 예수의 죽음 이후에 제자들이 "성경을 찾아보고는" "죽임당하는 것까진 아니더라도 핍박당하는 것은 하나님께 택함 받은 자의 직분이라"는 점을 발견했기에 그리스도의 부활 이야기를 만들어 낸 것이라는 이론을 제시했다.[15]

두 시간에 걸친 토론 끝에 크레이그는 이렇게 대답했다. "맞습니다. 하지만 당신이 주장하는 그런 일은 제자들이 부활 사건을 경험한 후에 일어났습니다… 제자들의 신앙으로 말미암아 부활하신 예수께서 그들에게 나타나신 것이 아니라, 부활하신 후에 예수께서 몸을 보이셨다는 바로 그 사실이 그들에게 신앙을 갖도록 만들었습니다. 그런 뒤에 그들이 성경을 찾았던 거죠."[16]

겁에 질린 채 뿔뿔이 흩어져 실의에 빠져 있던 제자들에게는 부활 이

---

15 Paul Copan, ed., *Will the Real Jesus Please Stand Up? A Debate Between William Lane Craig and John Dominic Crossan*(Grand Rapids, Mich.: Baker, 1998), 65.
16 Ibid.

야기를 꾸며내고 사람들에게 그 이야기를 전파하다가 죽을 마음은 추호도 없었다. 그들은 유대인들이 두려워 숨을 곳을 찾아 들어갈 마음밖에 없었다. 그들에게 대담한 신앙을 심어 준 것은 부활한 예수가 그들 앞에 나타났다는 사실이었으며, 그 이외에 다른 어떤 것도 아니었다. 그런 점에서 크로산은 본말을 거꾸로 뒤집어 말했다.

그 이론을 뒷받침하는 증거가 전혀 없다는 사실 외에도, 크로산은 부활한 예수가 500명 넘는 사람들 앞에 나타난 사실을 설명하지 못한다. 그는 빈 무덤 또는 그 빈 무덤을 설명하려고 유대인들이 펼치는 주장도 해명하지 못한다. 유대인들은 예수의 부활이 역사적으로 실제 일어났으며 단지 신앙에 의한 창작물이 아니라고 제자들이 주장한다는 사실을 잘 알고 있었다. 크로산의 주장처럼 부활이 실제로 일어나지 않았다면, 유대인 관원들이 2세기에도 줄곧 제자들이 예수의 시신을 훔쳐갔다고 고집을 피운 이유는 무엇인가? 그의 이론이 잘못되었기 때문에, 크로산은 아무 대답도 하지 못했다. 우리도 크로산의 논리를 믿으려면 대단한 신앙을 가져야 할 뿐만 아니라 그 많은 증거들을 못 본 척해야 한다.

신약성경의 저자들이 이교도의 부활 신화를 표절했다는 설

이 이론은, 신약성경의 저자들이 이교도의 부활 신화를 베꼈다는 점에서, 신약성경은 역사성이 없다고 단언한다. 회의론자들은 마르두크, 아도니스, 오시리스와 같은 신화 속 인물들의 부활 이야기들을 근거로 든다. 신약성경은 단지 또 하나의 신화일 뿐인가? 이 이론은 참일까? 여러 근거들을 놓고 볼 때 그럴 것 같지는 않다.

첫째, 앞서 살펴보았듯 신약성경은 결코 신화가 아니다. 이교도의 신화와 달리 신약성경은 목격자들의 증거와 역사의 실존 인물들로 채워져 있으며, 여러 외부 증거들을 통해 확증되고 있다. 신화를 직접 쓰기도 했던 C. S. 루이스는 신약성경에서는 신화로서의 특징을 전혀 찾아볼 수 없다고 말했다. "나는 문학 비평가요 역사가로 평생 살아왔으며 그것이 곧 내 직업이다"라고 C. S. 루이스는 말했다. 이어서 그는 이렇게 말한다. "누군가 복음서를 신화 또는 소설 정도로 생각하고 있다면, 나는 그가 문학 비평가로서 부적격자라고 감히 단언할 수 있다. 나는 대단히 많은 소설들을 읽었으며 신화에 대해서도 상당한 지식을 갖고 있다. 복음서가 그런 종류의 이야기가 아님을 나는 완벽하게 알고 있다."[17]

둘째, 이교도 신화설은 그 무덤이 비어 있는 이유, 목격자들의 순교, 또는 비기독교인 저술가들의 증언 등을 설명할 수 없다. 뿐만 아니라, 이 이론은 거의 모든 학자들로 하여금 이번 장의 앞부분에 열거된 역사적 사실들을 인정하게 했던 증거들도 설명하지 못한다.

셋째, 고대의 비기독교인 저술가들이 남긴 자료도 신약성경 저자들이 신화를 기록한 게 아님을 뒷받침하고 있다. 크레이그 블롬버그의 말처럼, "그리스도의 부활을 비판한 가장 초기의 유대인과 이교도 비평가들은, 복음서 저자들이 신화나 전설을 기록한 것이 아니라 역사적 사실을 주장하고 있다고 이해했다. 그들은 단지 그 저자들의 주장이 합리적이냐의 문제만을 놓고 씨름했을 뿐이다."[18]

넷째, 유일신인 하나님이 문자 그대로 성육신하여 인간의 형체를 입되(요 1:1-3, 14), 문자 그대로 동정녀에게서 나고(마 1:18-25), 후에 죽었다

---

17 C. S. Lewis, *Christian Reflections*, Walter Hooper, ed.(Grand Rapids, Mich.: Eerdmans, 1967), 209.
18 Craig L. Blomberg, *The Historical Reliability of John's Gospel*(Downers Grove, Ill.: InterVarsity Press, 2001), 259.

가 부활했다는 내용은 그리스 로마 신화에서 도저히 찾을 수 없다. 그리스인들은 다신교 숭배자들이었으며, 신약성경의 그리스도인들처럼 유일신을 믿지 않았다. 더욱이 그리스인들은 죽을 수밖에 없는 또 다른 몸으로 환생한다고 믿었을 뿐이다. 그러나 신약성경의 그리스도인들은 똑같은 육체를 가지되 영원히 죽지 않는 몸으로 부활할 것임을 믿었다(눅 24:37; 요 9:2; 히 9:27).

다섯째, 죽었다가 다시 살아난 신의 이야기에 상응하는 신화는, 기독교가 시작된 때로부터 100년도 더 지난 주후 150년이 될 때까지 등장하지 않는다.[19] 따라서 만일 하나가 다른 하나에 영향을 미쳤다면, 신약성경의 역사 사건들이 신화에 영향을 미친 것이지 그 반대는 아닌 것이다. 죽음에서 살아난 신에 대해 기독교 이전의 것으로서 유일하게 알려진 주인공은 이집트인들이 숭배하던 오시리스다. 이 신화에서 오시리스는 열네 부분으로 잘라져 이집트 전역에 흩뿌려졌다가, 이시스 여신을 통해 다시 결합되어 생명을 되찾는다. 그러나 오시리스는 실제로 육체를 가진 생명으로 되살아난 것이 아니라, 오히려 음산한 지하세계의 일원—員이 된다. 하버마스와 리코나가 말했듯, "이것은 영광스럽게 부활한 생명의 왕이 승천하기 전 지상에서 사람들에게 나타난 것을 기록하고 있는 예수의 부활 기사와 너무 다르다."[20]

마지막으로 기독교 이전 시대에 부활 신 관련 신화들이 존재했다 하더라도, 그것이 곧 신약성경의 저자들이 그 신화를 베꼈음을 의미하는

---

19 Edwin Yamauchi, "Easter-Myth, Hallucination or History?" *Christianity Today*(1974년 3월 15일; 1974년 3월 29일).
20 Gary Habermas and Michael Licona, *The Case for the Resurrection of Jesus*(Grand Rapids, Mich.: Kregel).

것은 아니다. 공상과학 TV 드라마 〈스타트렉(Star Trek)〉은 미국의 우주 왕복선 계획보다 앞서 나왔지만, 그렇다고 우주 왕복선의 임무와 관련한 신문 기사들이 〈스타트렉〉의 영향을 받았다고 볼 수는 없다. 어떤 기사가 역사의 기록인지, 신화에 불과한지 알아내려면 각 기사의 증거를 살펴야 한다. 오시리스를 비롯한 이교도 신의 부활이 역사적 사실임을 목격한 사람이나 확인해 주는 증거는 존재하지 않는다. 아무도 그들이 역사의 실존 인물이라고 믿지 않는다. 그러나 우리가 본 것처럼, 예수의 죽음과 부활을 뒷받침하는 강력한 목격자들과 확인 증거들은 엄존한다.

그것을 입증할 증거가 있는가?

기독교인들은 부활에 반대하는 여러 이론들을 향해 '카운터펀치'를 날리는 데 익숙해 있다. 각 이론에 존재하는 수많은 결함들을 지적해 '카운터펀치'를 날려온 게 사실이다. 그러나 그것만으로는 충분하지 않다. 회의론자들이 그리스도의 부활이 진실임을 입증할 책임을 그리스도인들에게 지우는 것이 타당한 것과 마찬가지로(또한, 앞서 살펴보았듯, 기독교인들은 우수한 증거로 그 책임을 다할 수 있다), 회의론자들에게 그들이 내세우는 대안 이론이 진실임을 입증할 책임을 지우는 것이 당연하다. 부활 사건을 지지하는 여러 확증에 비추어, 회의론자들 역시 대안 이론을 지지하는 1세기의 확증을 제시해야만 한다.

그리스도의 부활을 부정하며 대안 이론을 만들어내는 것과 그 이론의 진정성을 입증하는 1세기의 증거를 실제로 찾아내는 것은 전혀 별개의 문제이다. 이론은 증거가 아니다. 이성적인 사람이라면 증거를 함께 요구하지 이론만을 요구하지 않는다. 역사적 사건을 설명하기 위해 이론을 꾸며내는 거라면 누구나 할 수 있다. 예를 들어, 누군가 나치의 유대인 대학살 당시 여러 집단 수용소에서 찍은 기록 필름들이 모두 유대 국가에 대한 동정심과 지지를 유발하기 위해 유대인들이 꾸며낸 것에 불과하다고 주장한다면 우리는 그 이론을 믿을 것인가? 당연히 아니다. 그런 주장은 알려져 있는 모든 증거에 정면으로 어긋나기 때문이다. 그 이론을 진지하게 받아들일 수 있으려면, 유대인 대학살이 실제로 나치가 자행한 것임을 밝히는 수많은 보고들에 맞서기 위해, 믿을 만하고 각기 독립된 목격자들의 보고와 여러 확증들을 제시해야 한다. 그러나 그런 증거는 존재하지 않는다.

이것은 부활 사건의 경우에도 마찬가지다. 회의론자들은 수많은 대안 이론을 만들어 그리스도의 부활의 진실성을 교묘하게 부인하려 하지만, 1세기의 어떤 자료도 그 이론들을 지지하지 않고 있다.[21] 그나마 1세기의 자료에서 언급하고 있는 유일한 대안 이론(제자들이 예수의 시신을 훔쳤다는 설)은 마태복음에 실려 있는데, 그것은 명백히 거짓말로 판명되었다. 고대 세계에 살던 어느 누구도—심지어 기독교를 대적하던 이들조차—그리스도의 부활을 부인하는 그럴 듯한 대안 논리를 제시하지 못했다. 지난 200년에 걸쳐 형성된 많은 대안 이론들은 사실상 초자연주의에 반대하는 사상(anti-supernaturalism)에 뿌리를 두고 있다. 현대 학자들은 철학적으로 기적을 미리 제외해 버리기 때문에, 그리스도의 부활이 진실이 아닌 것으로 교묘히 둘러 대기 위해 임시방편으로 여러 설명들을 만들어 내고 있다. 앞서 살펴보았지만, 그들이 임시방편으로 제

---

21 이것들과 부활을 부인하며 제시하고 있는 다른 대안 이론들을 폭넓게 다루고 있는 것으로서 Ibid.를 보라.

시한 설명들은 다수의 불합리한 점들과 개연성이 희박한 사항들을 포함하고 있다.

그리스도의 부활을 부인하며 대안 이론을 주장하는 이들에게는 이런 질문을 해보아야 한다. "그 이론을 지지하는 어떤 증거를 갖고 있는가? 그 이론을 뒷받침하는 서너 가지의 1세기 자료들을 제시할 수 있는가?" 정직한 회의론자가 이런 질문을 받는다면, 그들은 보통 침묵으로 대답을 대신하거나, 증거가 전혀 존재하지 않으므로 그럴 수 없노라고 더듬거리며 시인할 것이다.[22]

그런데 회의론자들이 설명해야 하는 것은 단지 그리스도의 부활만이 아니다. 그들은 목격자들이 예수와 결부시키고 있는 다른 35개의 기적들도 설명해야 한다. 우리는 네 복음서의 저자들이 부활뿐만 아니라 그런 모든 기적들에 대해서도 속았다고 믿어야 하는가?

이 집단 기만설 역시 증거를 필요로 한다. 예수가 행한 일들을 다른 방식으로 설명하는 1세기 자료들이 있는가? 유일하게 발견된 것(그것도 사실은 2세기의 자료일 개연성이 높다)이 유대인의 탈무드인데, 이 책은 예수가 "마술을 행했다"고 말함으로써 사실상 예수가 진기한 일을 행했다고 시인한다. 그러나 이 설명은 그리스도의 부활에 대한 유대인들의 설명—제자들이 예수의 시신을 훔쳐갔다—만큼이나 취약하기 이를 데 없다. 어쩌면 마술이라는 말로 예수의 기적 가운데 몇 가지는 설명할 수 있을지 모르지만, 서른다섯 가지 모두를 어떻게 설명한다는 말인가? 술객들과 마술사들은 예수가 행한 것으로 기록된 여러 행위들—죽은 자를 살려 낸 것, 눈먼 자의 눈을 뜨게 한 것, 물 위를 걸은 것 등—을 따

---

22   이 점에 대하여 Gary Habermas에게 고마움을 표하는 바이다(2003년 7월 29일의 대화).

라할 수가 없다.

그렇다면 기만설을 지지하는 고대의 증거가 전혀 존재하지 않는다면, 신약성경의 기적을 액면 그대로 받아들이면 될까? 물론이다. 우리는 신이 존재하며 기적이 가능한 우주 속에 살고 있다. 나아가 신약성경의 모든 기적을 뒷받침하는 독립된 증거들을 갖고 있지 않다고 인정한다 하더라도(몇 가지 기적은 단지 한 저자만 언급하고 있기 때문이다), 그 기적들 가운데 많은 경우(그리스도의 부활을 포함해) 그것을 입증하는 다수의 증거들이 존재한다는 사실은 틀림없다. 예수가 행한 기적이 독립된 자료들을 통해 인용된 숫자만 보더라도 너무나 많아서 단순히 하나의 기만극이라는 말로 얼버무릴 수 없다. 한 사람이 한 번은 속을 수 있을 테지만, 수많은 목격자들이 거듭거듭 속을 수는 없을 것이다.

독일 학자 볼프강 트릴링(Wolfgang Trilling)은 이렇게 쓰고 있다. "예수가 실제로 여러 기적을 행했다는 것을 확신하며 역사적 사건으로 받아들인다… 기적을 언급하는 기사들은 복음서 안에서 너무나 많은 공간을 차지하고 있는 탓에, 그 모든 기사가 잇달아 창작되었거나 예수의 행적으로 가공되었을 가능성은 매우 희박하다."[23] 윌리엄 레인 크레이그 역시 이런 결론을 내리고 있다. "역사적 인물 예수가 기적을 행했다는 사실에는 논란의 여지가 없다."[24] 즉 역사적인 견지에서 예수의 기적들은 논란의 여지가 없다. 다만 철학적 견지에서 논란이 될 뿐이다(이 점은 잠시 뒤에 더 상세히 살펴보자).

---

[23] Paul Copan and Ronald Tacelli, eds., *Jesus' Resurrection: Fact or Figment? A Debate Between William Lane Craig and Gerd Lüdemann*(Downers Grove, Ill.: InterVarsity Press, 2000), 181에서 인용.
[24] Ibid.

결국 너무나 많은 기적들과 너무나 많은 증언들이 있기에, 모든 목격자들이 매번 잘못 판단했을 거라고 믿을 수는 없다. 그리스도의 부활의 경우에도 모든 대안 이론들은 치명적 결점들을 안고 있지만, 우리는 예수가 실제로 죽은 자 가운데서 부활했음을 말하고 있는 강력한 목격자들과 정황 증거들을 가지고 있다. 달리 말하면, 우리는 예수의 빈 무덤에 대한 그럴 듯한 설명뿐만 아니라, 예수의 부활을 지지하는 확증을 갖고 있다. 사실상, 예수가 실제로 기적들을 행했으며 자신이 예언한 대로 실제로 죽은 자 가운데서 살아 났다는 설명을 받아들이는 데는 믿음이 거의 필요치 않을 정도이다. 따라서 우리는 신약성경의 저자들이 모두 속은 것이라고 믿을 만한 신앙을 갖고 있지 않다.

믿지 않는 학자들이 여전히 존재하는 이유는 무언인가?

만일 우리가 초기 증언들의 정확한 사본을 갖고 있다면(9장), 그 증언이 이른 시기의 것일 뿐만 아니라 목격자들로부터 직접 나온 것이라면(10장), 그 목격자들이 자신들이 본 그대로 정확하게 기록한 것이라면(11장), 또한 그 목격자들이 자신들이 기록한 것에 대해 속은 바가 전혀 없다면(이번 장, 곧 12장), 대체 신약성경을 액면 그대로 받아들이지 않는 학자가 아직도 존재하는 이유가 무엇인가? 다원주의자들이 자신들의 견해를 무너뜨리는 증거를 인정하려 하지 않는 이유 역시 그와 동일할 것이다. 즉 그들은 기적을 부인하고자 하는 철학적 편견을 갖고 있다는 것이다.

이러한 편견은 크레이그와 크로산의 토론 과정에서 드러났다. 크레이그는 예수의 부활 기사의 역사성을 입증하는 증거가 강력하다는 것을 믿고 있다. 반면에 크로산은 예수가 말 그대로 죽은 자 가운데서 살아났다는 것을 믿지 않는다. 두 사람 사이에 치열하게 벌어졌던 공방을 옮겨 본다.

크레이그: 크로산 박사님, 예수의 부활이 역사적 사실임을 납득하실 만한 증거가 있겠습니까?

크로산: 지금 우리가 무엇에 관해 얘기하는지 확실히 했으면 합니다. 가령 부활절 아침에 우리가 빈 무덤 밖에 서 있다고 할 때, 만일 비디오 카메라가 있었다면, 우리가 무언가가 무덤 밖으로 나오는 것을 찍었겠느냐? 뭐 이런 걸 물으시는 거죠?

크레이그: 저나 사회자인 버클리 씨가 묻는 것은, 어떤 증거가 있어야 박사께서 확신을 갖게 될 것 같으냐는 겁니다. 박사님은 어쩌면 애초부터 기적이란 존재할 수 없다는 선입견 때문에, 예수의 부활 사건이 일어났을 가능성조차 고려하지 않고 계신 건 아닌가요?

크로산: 천만에요… 루흐드(Lourdes, 1925년에 가톨릭 신앙에 기초해 미국 뉴욕 주 빙햄튼에 자리한 병원을 가리킨다)의 의사라면, "부활 사건을 의학적으로 설명할 방법이 도무지 없군요"라고 말했을 겁니다. 그로서는 당연한 말입니다. 그리고 이렇게 덧붙일 수도 있겠죠. "따라서 나는 신께서 이 일에 개입하셨다고 믿습니다." 하지만 저의 신학적 전제에 근거해 말씀드리자면, 신이 그런 식으로 일하지는 않는다는 겁니다… 그러니까 여쭤 보시는 것이, 저에게 부활 사건을 증명해 보이려면 무엇이 필요한가 하는 것이지요? 나는 모릅니다. 만일 내일 아침, 집 밖의 나무들이 5피트씩 옮겨져 있다고 가정해 봅시다. 그것에 대해 몇 가지 설명이 필요할 수 있겠지만, 전 어떻게 설명해야 할지 모릅니다. 다만 그걸 보고 기적이 일어난 거라고 곧

바로 받아들이고 싶지는 않습니다.²⁵

크로산이 기적을 인정하지 않는 자신의 신학적 전제를 분명히 한 것은 그의 편에서 보면 정직한 시인이다. 물론 크로산이 회의론을 주창하는 모든 학자들을 대표하는 것은 아니다. 하지만 확실한 것은 그 학자들 대다수가, 기적을 부인하는 크로산의 철학적 편견을 공유하고 있으며, 결과적으로 신약성경이 분명하게 기록하고 있는 내용들을 부인하고 있다는 점이다. 그것은 신약성경을 지지하는 역사적 증거들이 박약하기 때문이 아니다(사실 그 증거들은 너무나 강력하다). 도리어 그들이 기적이란 것을 사전에 배제시켜 놓고 있기 때문이다. 그들의 편견이 그들로 하여금 바른 결론에 도달하지 못하도록 막고 있어서, 잘못된 결론에 이를 수밖에 없는 것이다.

정황! 정황! 정황!

크로산이 마지막에 자기 집 정원 나무들이 밤새 5피트씩 옮겨 가는 걸 가정했던 부분을 살펴보자. 그는 "일어난 상황을 보고 기적이 일어난 것이라고 곧바로 받아들이진" 않을 거라고 말했다. 좋다. 우리도 그렇게 하지 않을 것이다. 대부분의 사건이 자연 법칙에 의해 설명되기 때문이다(말이 나온 김에 하는 말이지만, 바로 그렇기에 기적이 두드러져 보이는 것이다). 우선 자연 법칙으로 설명 가능한지 찾는 것이 사리에 합당하다.

---

25 Paul Copan, ed., *Will the Real Jesus Please Stand Up? A Debate Between William Lane Craig and John Dominic Crossan*(Grand Rapids, Mich.: Baker, 1998), 61-62, 강조는 저자가 추가.

하지만 그렇다고 해서 어떤 사건에 대해서도 그것이 기적이라는 결론을 내려서는 결코 안 되는가? 크로산은 신이 "그런 식으로 일하지" 않는다는 신학적 전제를 갖고 있다는 점에서, 그런 결론을 내리지는 않을 것이다. 그러나 (신이 존재하기 때문에) 그 전제가 정당한 것이 될 수 없다면 과연 무엇이 옳은 결론일까? 그것은 그 사건의 정황에 달려 있다. 모름지기 증거는 그것이 발견된 정황에 비추어 해석되어야 한다고 말했던 5장을 되새겨 보라.[26]

크로산이 말한 나무 이동 사건이 다음과 같은 정황에서 일어났다고 추정해 보자. 이미 200년 전에 하나님의 선지자라고 주장하는 이가 예루살렘 특정 지역의 모든 나무들이 특정한 해의 특정한 날 밤에 5피트씩 움직일 것이라는 예언을 기록했다고 가정해 보자. 200년이 지났을 때, 누군가가 찾아와 그 지역민들에게 나무가 움직이는 기적이 조만간 일어날 것이라고 말한다. 이 사람은 자신이 하나님임을 주장하면서, 심오한 진리를 가르치고, 기적으로 간주되는 다른 많은 진기한 일들을 행한다.

그러던 어느 날 아침, 그 신인(神人)의 예언대로 (뿌리가 깊이 박히고 높이가 30미터에 달하는 상수리나무를 포함해) 크로산의 예루살렘 집 뜰의 나무들이 간밤에 5피트씩 옮겨진 걸 보았다는 수많은 목격자들이 나타난다. 뿐만 아니라, 이 목격자들은 그 신인이 30가지 이상의 기적을 행했으며, 나무 관련 기적은 그중 하나일 뿐이라고 주장한다. 그들은 이러한 기

---

[26] 정황을 필요로 하는 증거에 관하여 우리가 5장에서 제시했던 사례를 기억하라: 여인의 배를 칼로 가르고 있는 남자는 그 사건 정황에 따라 범죄자이거나 영웅이다. 만일 그 일이 으슥한 밤거리 일어나고 그 남성이 그 여성을 해칠 의도를 갖고 있다면 그는 범죄자이다. 그러나 그 일이 병원 분만실에서 일어난 것이라면 그는 영웅이다.

적들을 사람들에게 전하기 시작했고, 증언을 취소하라는 요구를 거절했다는 이유로 핍박당하고 순교하게 된다. 그 신인의 대적들은 나무들이 움직인 기적과 다른 기적들 관련 증거를 부인하지 않으면서도, 자연 법칙에 비추어 그것들이 일어난 경위를 여러 가지로 설명하는데, 이런 설명들은 다수의 치명적 결함이 있다. 여러 해 뒤에 마침내 목격자들이 세상을 뜨자, 회의론자들은 자연 법칙을 좇은 것들로서 역시 치명적 흠을 갖고 있음이 입증된 여러 설명들을 추가로 제시한다. 실제로, 그 다음 1,900년 동안 회의론자들은 그 사건을 자연 법칙에 비추어 설명하려고 노력했지만, 어느 누구도 성공하지 못했다.

여기서 질문을 하나 내겠다. 지금까지 언급한 정황을 전제한다면, 그 나무들이 움직인 것은 초자연적인 힘으로 말미암은 것이라고 추정하는 게 합리적이지 않을까? 물론이다. 정황에 따라 모든 것이 달라진다.

이것은 그리스도의 부활 사건에도 적용된다. 단순히 자연 법칙에 비추어 그 빈 무덤을 설명할 방법이 없기 때문이 아니다. 부활이라는 기적을 지지하는 목격자들뿐만 아니라 정황 증거 또한 갖고 있기 때문이다. 아래와 같은 정황 속에서 우리는 그 증거를 평가해야 한다.

I. 하나님이 우주를 만드셨으므로 기적은 가능하다: 우리는 유일신이신 하나님이 만드신 우주, 그래서 기적이 일어날 수 있는 우주 안에 살고 있다. (사실, 무엇보다 위대한 기적, 곧 무로부터의 우주 창조 사건은 이미 일어났다.) 따라서 하나님은 선지자들을 사용해 메시지를 전하고 기적들을 행하게 하실 수 있다. 즉 기적은 하나님의 말씀을 확증하기 위해 하나님의 사람을 통해 하나님의 백성에게 사용될 수 있다.

II. 고대의 기록들은 기적이 일어날 것을 예견하고 있다: 우리는 이미 몇백 년 전에 쓰인 것으로, 메시아, 곧 하나님이신 인간이 오셔서 죄인인 인간을 위해 희생 제물로 죽으신 다음, 다시 살아나실 것을 예언하는 구약성경의 기록들을 갖고 있다(이 점에 대해 다음 장에서 더 상세하게 살펴볼 예정이다).

III. 역사를 통해 검증된 목격자들의 기록은 기적이 실제로 일어났다고 말한다: 9명의 목격자들과 동시대인들이 쓴 것으로, 수많은 기적을 언급하는 27권의 자료가 존재하고 있다. 이 가운데 많은 수가 역사를 통해 검증된 목격자들의 증언을 담고 있으며, 이런 증거에 따르면 그 기록들이 창작되었거나 꾸며냈거나 거짓이 아님을 알 수 있다.

신약성경의 기록들이 9장에서 다룬 역사적 잣대 일곱 가지를 잘 충족시키고 있기에, 우리는 이 사실을 알고 있다. 신약성경의 기록들은

1. 초기의 것이다(대부분의 사건들이 일어난 때로부터 15-40년 내에 기록되었으며, 늦어도 두 세대가 지나기 전에 기록되었다).
2. 목격자들의 증언을 담고 있다.
3. 서로 독립된 다수의 목격자들의 증언을 담고 있다.
4. 가장 높은 수준의 윤리를 가르치고 그에 따라 살았으며, 나아가 증언한 것을 위해 목숨을 바쳤던 믿을 만한 사람들이 쓴 책이다.
5. 고고학과 다른 저술가들을 통해 확인된 사건, 장소, 그리고 개인들을 묘사하고 있다.
6. 반대자들도 암묵적으로 진실임을 동의하는 몇몇 사건들을 기록하고 있다(반대자들의 증명).

7. 저자뿐만 아니라 심지어 예수까지 난처하게 할 만한 사건들과 세부사항까지 묘사하고 있다.

이렇듯 역사를 통해 확증된 목격자들의 기록은 다음 이야기를 말해 주고 있다.

1. 구약성경이 예언한 시간과 장소, 그리고 방식대로 예수는 예루살렘에 이르러 자신이 메시아임을 주장했다. 그는 심오한 진리를 가르쳤을 뿐만 아니라, 나아가 각기 독립된 수많은 증인들에 따르면, 서른다섯 가지의 기적들을 행했으며(몇 가지 기적은 무리를 이룬 사람들에게 행했다), 죽은 자 가운데서 부활했다.
2. 한때는 비겁한 데다 믿음이 없었던 목격자들이 갑자기 핍박과 죽음을 겁내지 않고 예수의 부활 소식을 담대하게 전하기 시작했다. (미혹된 사람들이라면 자신들이 참이라고 생각한 거짓말을 위해 죽을 수도 있을 것이다. 그러나 이들은 스스로 거짓말임을 알고 있는 거짓말을 위해 목숨을 던질 사람들이 결코 아니었다. 신약성경의 저자들은 그리스도의 부활에 대한 실체적 진실을 알 수 있는 위치에 있었다.)
3. 예수가 죽고 무덤이 있던 바로 그 성에서, 새로운 운동(교회)이 태동하여 예수가 죽은 자 가운데서 부활했다는 믿음 위에 평화로운 수단을 통해 급속도로 확산되었다. (이것은 그리스도의 부활이 실제로 일어나지 않았다면 설명하기 힘든 현상이다. 예수의 시신이 여전히 그 무덤 안에 있었다면, 어떻게 예루살렘 같이 적개심 가득한 성내에서 기독교가 시작될 수 있었을까? 살기등등한 유대교 성직자들과 정부 관원들은 그 시신을 만인 앞에 공개함으로써 기독교가 기만의 종교임을 폭로하지 않았겠는가?)

4. 바리새인 제사장들을 포함해 예루살렘에 있던 수천의 유대인들은 기독교를 믿게 된 뒤에 자신들이 소중하게 여기던 다섯 가지 신념과 전례를 포기하고 완전히 새로운 것을 선택했다.
5. 새로운 교회를 열렬히 대적하던 사울이 갑자기 회심하여 가장 열심 있는 옹호자가 된다. 그는 고대 세계를 다니며 그리스도의 부활을 선포하다가, 온갖 핍박을 당하고 끝내 순교한다. (만일 그리스도의 부활이 없었다면, 기독교의 열렬한 대적자가 느닷없이 기독교의 가장 위대한 지도자가 된 이유가 무엇이겠는가? 그가 기꺼이 핍박과 죽음을 감내한 이유가 어디 있겠는가?)
6. 회의론자였던 예수의 동생 야고보도 자신의 형이 하나님의 아들임을 어느 순간부터 확신하게 되며, 이후 예루살렘 교회의 지도자가 되기에 이른다. 훗날 그는 대제사장의 손에 순교한다. (사실 가족이야말로 우리의 종교적 견해를 확신시키기 가장 어려운 사람들이지 않은가? 야고보도 처음에는 확신이 없는 예수의 동생일 뿐이었다[요 7:5]. 만일 그리스도의 부활이 없었다면, [2세기의 역사가 클레멘트와 헤게시푸스[Hegesippus]가 "의로운 자"라고 불렀던 인물] 야고보가 갑자기 그의 형이 진정한 메시아임을 믿게 된 연유가 무엇일까?[27] 부활한 예수를 만나지 못했다면, 야고보가 예루살렘 교회의 지도자가 되고 끝내 순교자로서 숨을 거둘 이유가 무엇이란 말인가?)
7. 기독교를 대적한 유대인들도 그 증거를 부인하지 않았으며, 다만 그것을 설명하기 위해 자연 법칙을 좇아 잘못된 가설들을 내놓고 있을 뿐이다.

---

27 Paul Maier, *Eusebius: The Church History*(Grand Rapids, Mich.: Kregel, 1999), 57, 81.

IV. 추가 확증: 다른 고대 역사가와 저술가들이 언급하고 있는 내용 또한 신약성경의 이런 기본 줄거리를 확증해 주고 있으며, 나아가 여러 고고학적 발견들 역시 신약성경의 기록이 묘사하고 있는 세부사항들을 확인해 주고 있다.

그 증거들을 당시 정황에 놓고 볼 때, 왜 우리가 부활에 대해 회의론을 품을 만한 믿음을 가질 수 없는지 알 수 있을 것이다. 회의론에 대해 회의를 품는 것이야말로 보다 합리적인 태도일 것이다.

위에 언급한 II-IV를 살펴본 회의론자라도 예수가 죽은 자 가운데서 부활하지 않았다고 결론을 내릴 수 있다. 그러나 만일 그렇게 한다면, 그들은 위에 언급한 사항을 모두 설명할 수 있는 대안 이론과 그것을 지지하는 증거를 제시해야 한다. 우리가 본 것처럼, 그들은 실패했으며 그것도 단순한 실패가 아니라, 비참하게 실패했다. 그리스도가 부활했다는 사실이야말로 그 모든 증거를 가장 잘 설명하고 있다.

행동하는 하나님이 존재한다면, 하나님의 행위 역시 존재할 수 있다. 하나님의 의도가 미리 알려져 있고, 이어서 그 의도와 관련한 사건이 실제로 일어났다는 목격자들의 훌륭한 증언과 보강 증거를 얻는다면, 그 사건들을 믿는 것보다 부인하는 데 오히려 더 큰 믿음이 필요하게 된다.

특별한 주장과 빈약한 증거

그리스도의 부활과 기적에 반대해 회의론자들이 자주 제기하는 반대 의견이 두 가지 더 있다. 그 첫 번째가 특별한 증거(extraordinary evidence)를 요구하는 것이다.

특별한 증거

어떤 회의론자는 그리스도 부활의 가능성을 인정할 수는 있지만 그러려면 특별한 증거가 필요하다고 말한다. 즉 신약성경이 기적과 같은 특별한(비범한) 주장을 제시하고 있으므로, 그것을 믿으려면 특별한 증거가 필요하다는 것이다. 그럴 듯한 주장이지만, 이렇게 한번 물어보자. "그 '특별한'이라는 게 무엇을 뜻하는 건가?"

만일 그것이 자연 법칙을 넘어서는 것을 의미한다면, 회의론자들은 그리스도의 부활을 또 하나의 기적을 통해 입증하도록 요구하고 있는 셈이다. 과연 또 하나의 기적을 제시한다고 결과가 달라질까? 회의론자들은 첫 번째 기적(부활)을 믿기 위해 그 기적을 지지하는 두 번째 기적을 요구한다. 이어서 그는 두 번째 기적을 지지하는 세 번째 기적을 요구할 것이며, 이는 끝없이 되풀이될 것이다. 따라서 이 기준에 따르면, 설령 그리스도의 부활이 실제로 일어났다고 해도, 회의론자들은 결코 그것을 믿지 못할 것이다. 실제로 일어난 일조차 믿지 못하게 만드는 증명 기준은 뭔가 잘못된 것이다.

만일 '특별한'이란 말이 실험실 안에서처럼 반복될 수 있는 것을 의미한다면, 역사 내의 어떤 사건도 반복될 수 없다는 점에서 믿을 사건이 없게 된다. 역사적 사건들의 가신성(可信性)은 오직 목격자들이 제시하는 증거의 질과 법의학적 증거의 특성을 통일성과 인과율의 원리(5장에서 살펴보았다)에 비추어 살펴보아 확인할 수 있다. 그 외에도, 성경이 기록한 기적들이 반복될 수 있어야 한다고 요구하는 무신론자들은, 자신들이 믿고 있는 역사의 '기적들'—빅뱅, 최초 생명체의 자연 발생, 그리고 뒤이은 생물종의 대진화—의 경우에는 이 원칙을 요구하지 않음으로써 일관성을 잃고 있다.

만일 '특별한'이란 말이 평범한 수준 이상의 것을 의미한다면, 그것이야말로 부활을 지지해야 하는 이유가 된다. 우리가 확보한 부활 목격자들의 기록은, 고대의 다른 어떤 자료보다 더 이른 시기의 것일 뿐만 아니라 양에 있어서도 월등히 많다. 더욱이 이 기록들은 고대의 다른 어떤 자료보다 더 많은 외부 자료들을 통해 확증되었으며, 역사적 사건과 인물들이 더 많이 관련돼 있다. 또한 방금 살펴본 것처럼, 우리는 그리스도의 부활을 뒷받침하는, 평범한 수준 이상의 정황 증거를 갖고 있다.

마지막으로, 회의론자들의 전제 자체에 이의를 제기해 보자. 우리는 어떤 것을 믿기 위해 '특별한' 증거를 요구하지 않는다. 무신론자들도 자신들의 세계관에 비추어 그 점을 확인하고 있다. 그들이 빅뱅을 믿는 것은 '특별한' 증거가 있기 때문이 아니라 이 우주가 무로부터 폭발을 일으켜 존재하게 되었음을 보여주는 훌륭한 증거가 존재하기 때문이다. 훌륭한 증거야말로 어떤 것을 믿는 데 필요한 모든 것이다. 그러나 무신론자들은 자신들이 소중히 여기는 몇 가지 믿음을 입증할 증거조차 갖고 있지 않다. 예를 들면, 무신론자들은 오직 신앙에 근거해 자연 발생과 대진화를 믿고 있다. 우리가 단지 신앙이라고 말하는 것은, 5장과 6장에서 본 것처럼, 자연 발생과 대진화를 뒷받침하는 증거가 거의, 아니 전혀 존재하지 않을 뿐만 아니라, 도리어 자연 발생과 대진화가 일어났을 가능성을 부인하는 강력한 증거가 존재하기 때문이다.

게다가 회의론자들은 정작 역사에서 일어났던 다른 '특별한' 사건들의 경우에는 특별한 증거를 요구하지 않는다. 예를 들어, 고대사의 사건 가운데 알렉산더 대왕(주전 356-323년)의 업적보다 더 '특별한' 일은 거의 없다. 겨우 33년을 살았음에도, 알렉산더는 누구도 견줄 수 없는 성공을 거두었다. 그는 당대의 문명 세계 가운데 많은 지역을 정복해, 그 지경이 그리스로부터 동쪽으로는 인도, 그리고 남쪽으로는 이집트에 이르렀다. 그런데 알렉산더에 대한 이 같은 사실을 어떻게 알았는가? 우리는 그의 생존 당시나 그의 사망 직후에 나온 자료를 하나도 갖고 있지 않다. 단지 그가 죽은 때로부터 약 100년이 지나 출현한 두 책에 실린 단편들만을 갖고 있을 뿐이다. 사실상 우리가 알렉산더 대왕의 '특별한' 생애에 대해 알고 있는 모든 지식은, 그가 죽고 나서 300년 내지 500년이 지나서야 글을 쓴 역사가들에게서 얻은 것들이다! 그리스도의 생애를 뒷받침하는 탄탄한 증거에 비추어 볼 때, 그리스도의 역사성을 의심하는 사람이라면 역시 알렉산더 대왕의 역사성도 의심해야만 하는 것이 마땅하다. 일관성을 유지한다면, 회의론자는 그리스도의 부활뿐만 아니라 고대사의 모든 사건들을 의심해야 할 것이다.[28]

회의론자들이 알렉산더 대왕의 생애를 말할 때는 '특별한' 증거를 요구하지 않으면서, 그리스도의 생애를 이야기할 때면 '특별한' 증거를 요구하는 이유는 무엇인가? 그 이유는 그들이 기적에 지나치게 신경 쓰기 때문이다. 하나님이 존재하므로 기적이 일어날 수 있음에도 불구하고, 나아가 기적이 예언되고 이후에 목격되었다는 사실에도 불구하고 회의론자들은 기적이 실제로 일어났음을 인정하지 못하는 것이다. 따라서 그들은 가신성의 기준을 아주 엄격하게 설정한다. 그건 마치 몇몇 회의론자들이 이렇게 말하는 것과 같다. "나는 기적을 목격한 적이 없으므로 기적을 결코 믿지 않겠다. 부활한 예수가 나에게 나타난다면, 그땐 믿겠다." 그게 바로 그들이 요구하는 특별한 증거인 셈이다.

---

28 비슷한 논증이 Historical Doubts Relative to Napoleon Bonaparte라는 제목이 붙은 Richard Whately의 풍자시 속의 나폴레옹의 비범한 공적으로부터 나왔다. H. Morely, ed., *Famous Pamphlets*(New York: Routledge, 1890).

그렇다면 그 증거가 반드시 필요한가? 예수가 자신의 주장에 신뢰성을 두기 위해 이 세상 모든 이들에게 나타나야 하는가? 왜 그래야 하는가? 우리는 언제나 두 눈으로 직접 목격해야만 어떤 사건이 실제로 일어났다고 믿는 건 아니다. 사실, 그렇게 하는 것은 물리적 한계에 비추어 불가능하다. 믿을 만한 사람들의 증언이 있고, 그들의 증언이 여러 보강 자료들을 통해 확증된다면, 우리는 그들의 증언을 믿는다. 이것은 신약성경 저자들의 증언인 경우에도 똑같이 적용된다.

게다가, 8장에서도 지적했듯이, 하나님이 너무 자주 기적을 보인다면 어떤 의미에서 우리의 자유의지는 침해당할 수도 있다. 현세의 삶의 목적이 우리의 자유 의지로 영원을 선택하고 준비하도록 하는 데 있다면, 하나님은 자신의 존재와 의도에 대해 설득력 있는 증거를 제공하되 강제적인 수준까지는 허락하지 않을 것이다. 따라서 하나님 따르기를 원하는 사람들은 확신을 갖고 그를 따를 수 있으며, 하나님 따르기를 원하지 않는 사람들은 그 증거를 은폐하거나 무시할 수 있으며 나아가 하나님이 존재하지 않는 것처럼 살아갈 수도 있다.

스스로를 무효화하는 기적

위대한 회의론자 데이비드 흄은, 기적으로 종교를 확증할 수 없다고 주장했다. 기적은 빈약한 증거에 근거하고 있으며 모든 종교에는 그런 기적이 존재하기 때문이라는 것이다. 달리 말해, 기적을 주장하는 것은 스스로를 무효화하는(self-canceling) 것밖에 안 된다는 것이다. 흄에게는 불행한 일이지만, 그의 반대 논증은 실상을 제대로 알지 못한 데서 비롯된다.

첫째, 흄은 모든 종교에서 내세우는 기적은 모두 같다고 말함으로써 성급한 일반화를 저지르고 있다. 우리가 9장부터 계속 살펴 왔지만, 기독교와 연관된 기적들은 결코 빈약한 증거에 토대를 두고 있지 않다. 그 기적들은 세상의 다른 어떤 종교도 감히 견줄 수 없는 증언이자, 초기에 다수의 목격자에게서 나온 증언에 토대를 두고 있다. 즉 세상의 다른 어떤 종교도, 신약성경에서와 같이, 확증된 기적을 갖고 있지 않다.

둘째, 흄의 반대 논증은 현대 과학적 발견을 통해 이 우주가 하나님의 창조물이라는 사실이 확증되기 전에 나온 것이다(3-6장을 보라). 이 우주가 신에 의한 창조물이므로, 기독교를 제외한 세계 주요 종교 가운데 진리일 가능성이 있는 종교는 유대교와 이슬람교뿐이다. 유대교의 구약성경을 확증하는 기적들은 마찬가지로 기독교도 확증한다. 따라서 기독교의 기적을 '무효화할 수 있는' 유일한 대안은 이슬람교뿐이다. 그러나 10장에서 보았듯이, 이슬람교를 확증한다는 기적 중에 진실성이 입증된 것은 하나도 없다. 마호메트가 행했다고 주장되는 모든 기적도 그가 죽은 뒤 오랜 세월이 흐르고 나서야 제기된 것이며 목격자들의 증언에 기초하고 있지도 않다.

마지막으로, 신약성경에 기록된 기적들의 독특함, 횟수, 그리고 속성은 초자연적 원인 말고 다른 것으로는 설명할 수 없다. 예수가 행했던 서른 번 넘는 기적은 즉석에서 시도되어 늘 성공했으며 매우 독특했다. 심지어 몇 가지는 예언되기까지 했다. 이른바 기적을 행하는 자들이 주장하는 자신들의 기적이란 단지 심인성 질환을 치료하거나, 속임수를 사용하거나, 사탄의 표적을 행하거나, 아니면 자연 법칙으로 설명할 수 있는 사건들에 의존했다. 오늘날의 어떤 치료자도 불치병을 포함한 모든 질환을 말 한 마디로 즉시 완벽하게 고칠 수 있다고 주장하지 않는다. 그러나 예수와 그의 사도들은 그렇게 했다. 이런 점에서 신약성경의 기적들은 다른 모든 종교에서 내세우는 초자연적 주장보다 독특하며, 하나님이 친히 그 진정성을 증명해 주고 있음을 보여준다. 요컨대, 그 어느 것도 신약성경의 기적들을 '무효화하지 못한다.'

결론: 어느 고독한 인생

9장의 서두에서 만일 신약성경이 진정 역사성을 갖고 있는지 알려면, 두 가지 질문에 답해야 한다고 말한 바 있다.

1. 우리는 1세기에 쓰인 원본 기록물의 정확한 사본을 갖고 있는가?
2. 그 기록들은 진실을 말하고 있는가?

지난 네 장에 걸쳐 살펴보았지만, 이 두 질문에 대해 '그렇다'고 답할 수 있는 증거는 강력하다. 달리 말해, 우리는 신약성경이 역사적 신뢰성을 갖고 있음을 확신할 수 있다.

이 시점에서, 우리는 신약성경에 오류가 없다고 말하려는 게 아니다. 그 문제는 나중에 다룰 계획이다. 지금 우리는 신약성경에 기록된 주요 사건들이 약 2천 년 전에 실제로 일어났다는 결론만을 내릴 수 있을 뿐이다. 예수는 실제로 이 땅에서 생존했고, 가르쳤으며, 기적을 행했고, 십자가에 달려 죽었으며, 죽은 자 가운데서 부활했다.

아직도 확신이 서지 않는다면, 보강 증거를 하나 더 살펴보라. "어느 고독한 인생(One Solitary Life)"이라는 제목으로 불리는 설교 발췌문으로서, 그리스도의 생애가 안겨다 준 믿을 수 없는 충격을 기록하고 있다.

그는 외딴 동네에서 한 필부의 아들로 태어났습니다. 그는 다른 동네에서 성장했고, 거기서 서른 살이 될 때까지 목수로 일했습니다. 그런 다음, 삼 년 동안 그는 순회 설교자로 살았습니다.

그는 책 한 권 쓰지 않았습니다. 사무실도 없었습니다. 그에겐 마음 편한 가정도, 변변한 집 한 채도 없었습니다. 그는 대학에도 가지 않았고 대도시에 살아본 적도 없었습니다. 그는 고향으로부터 300킬로미터 이상 여행해 본 적이 없었습니다. 그는 대단하다고 할 만한 일을 해본 적이 없었습니다. 그가 내세울 것은 자기 자신 외엔 없었습니다.

불과 서른세 살이 되었을 때, 세론(世論)의 흐름은 그에게 등을 돌렸습니다. 그의 친구들도 달아났습니다. 그 친구들 중 하나는 그를 부인했습니다. 그는 대적들에게 넘겨져 재판이라는 수욕을 감내해야 했습니다. 그는 두 강도 사이에서 십자가에 못 박혔습니다. 그가 죽어 가는 동안, 집행자들은 그가 이 땅에서 소유했던 유일한 재산인 옷을 걸고 도박을 즐겼습니다. 죽고 난 뒤 그는 한 친구의 동정으로, 남의 무덤에 묻혔습니다.

(스무) 세기가 흐르고 이제 그는 인류의 중심 인물이 되었습니다. 지상을 행진하던 모든 육군, 바다를 항해하던 모든 해군, 의회의 좌석을 메웠던 모든 의원, 이 땅을 통치했던 모든 왕들을 합친다 해도 저 고독한 인생만큼 이 땅의 사람들에게 영향을 미치지 못했다고 한다면, 그리 틀린 말은 아닐 겁니다.[29]

부활이 없다면, 이 고독한 인생이 어떻게 모든 시대를 통틀어 가장 영향력 있는 인생이 될 수 있을까? 그리스도의 부활이 진실이 아니라면,

---

[29] James Allan Francis의 설교인 "Arise, Sir Knight" in *The Read Jesus and Other Sermons*(Philadelphia:Judson, 1926), 123-124에서 발췌.

우리는 머나 먼 고대의 어느 동네에서 살다간 이 고독한 인생이 모든 시대를 통틀어 가장 영향력 있는 인생이었음을 믿을 만한 신앙을 갖지 못할 것이다.

13-14장에서는 다음 사항을 다룰 예정이다.

1. 실체(reality)에 관한 진리는 우리가 알 수 있다.
2. 참(true)의 반대말은 거짓(false)이다.
3. 유신론에서 말하는 유일신이 존재한다는 것은 참이다. 이를 입증하는 증거로서,
   a. 우주의 시작(우주론에 따른 논증)
   b. 우주의 설계(목적론에 따른 논증/인간 원리)
   c. 생명의 설계(목적론에 따른 논증)
   d. 도덕법(도덕에 따른 논증)이 있다.
4. 신이 존재한다면, 기적은 가능하다.
5. 기적은 신의 말씀을 확증하기 위해 사용될 수 있다(가령, 신이 자신의 말씀을 확증하기 위해 직접 행한 것들처럼)
6. 신약성경은 역사에 비추어 신뢰할 수 있는 책이다. 그 증거로서,
   a. 고대의 증언
   b. 목격자의 증언
   c. 인간이 만들어낸 것이 아닌 (진정한) 증언
   d. 거짓 사실들에 속은 것이 아닌 목격자들
7. 신약성경은, 예수가 자신을 하나님으로 주장했다고 말한다.
8. 자신이 하나님이라고 주장한 예수의 말씀이 진실임을 확증하는 증거로서,
   a. 자신에 대한 많은 예언을 친히 이루었다는 것
   b. 죄 없는 그의 삶과 그가 행한 이적들
   c. 자신이 예언한 그대로 부활함
9. 따라서 예수는 곧 하나님이다.
10. (그가 곧 하나님이므로) 예수가 가르친 그 어떤 것도 참이다.
11. 예수는 성경이 하나님의 말씀이라고 가르쳤다.
12. 그러므로 성경이 하나님의 말씀이라는 것은 참이다(또 이에 반대되는 어떤 주장도 거짓이다).

13장 ___ 예수는 누구인가: 하나님인가 위대한 스승일 뿐인가?

> 들으려고 하지 않는 사람만큼 귀가 먼 사람은 없다.
> 배리 레벤탈

우리는 신약성경의 기록들이 역사에 비추어 신뢰할 만한 것임을 입증한 바 있다. 즉 우리는 부활 사건을 비롯해 예수의 발언과 행적으로 기록된 것을 보고 예수가 어떤 말을 하시고 어떤 행동을 했는지 알 수 있게 되었다. 그렇다면 이 예수는 누구인가? 그는 자신에 대해 뭐라고 말했는가? 그는 기독교인들이 주장하는 것처럼 정말 하나님인가?

예수의 주장을 살펴보기 전에, 앞서 몇 장에서 언급한 바 있는 메시아 강림에 대한 예언들을 살펴보자. 이는 예수의 참된 정체를 발견하는 데, 나아가 신약성경의 진정성과 관련된 증거들을 얻는 데 도움을 줄 것이다. 1960년대 중반 UCLA에서 있었던 한 일화를 가지고 시작해 보자.

메시아와 가짜 성경

1966년 초, 배리 레벤탈(Barry Leventhal)은 세상의 정점에 선 유대인 청년이었다. UCLA 미식축구팀의 쿼터백으로서, 그해에 꼴찌를 차지할 것이라는 모두의 예상을 깨고 UCLA 미식축구팀을 사상 첫 로즈볼 챔피언의 자리에 올려놓았다.

"정말 대단했습니다!" 그는 이렇게 기억한다. "저는 영웅이었죠. 사람들도 저를 사랑했고요. 제 유대인 형제들은 저를 그해에 미국을 빛낸 선수로 선정했을 정도였습니다. 저는 그야말로 최고의 영광의 순간에 서 있었던 겁니다."[1]

로즈볼 우승 이후 얼마 지나지 않아, 배리는 친한 친구인 켄트에게서 자신이 예수 그리스도를 인격적으로 알게 되었다는 얘기를 들었다.

배리가 말했다. "저는 켄트가 무슨 말을 하는 건지 알 수 없었습니다. 그 친구가 원래 기독교인이라고 생각해 왔거든요. 제가 유대인 가정에서 태어났듯 그 친구는 기독교 가정에 태어났으니까 말입니다. 사람들은 보통 그런 식으로 종교를 갖게 되잖아요? 부모로부터 종교를 물려받는 것 말입니다."

하지만 배리는 켄트의 삶에 일어난 변화에 흥미를 갖게 되었다. 그런 와중에 켄트가 배리에게 말했다. "배리, 내가 유대인들 때문에 매일 하나님께 감사하고 있다는 것을 자네가 알아 주었으면 해."

---

[1] Barry의 증언은 Norman Geisler and Paul Hoffman, eds., *Why I Am a Christian: Leading Thinkers Explain Why They Believe*(Grand Rapids, Mich.: Baker, 2001), 205-221에 실린 자신의 글에서 나왔다. 아울러 우리와 그가 나눈 대화에서 그가 말한 내용이기도 하다.

"왜 그런 소리를 하는 거지?"

배리는 켄트의 대답에 깜짝 놀라고 말았다. "나는 두 가지 이유로 유대인들 때문에 감사하고 있어. 첫째, 하나님께서 나에게 이 성경을 주시기 위해 유대인들을 사용하셨어. 그리고 둘째, 이게 제일 중요한 건데, 하나님께서는 당신의 메시아, 그러니까 온 세상의 죄를 위해 죽으셨고 특히 내 모든 죄를 위해 죽으신 분을 이 세상에 보내시는 데 유대인들을 사용하셨지."

배리는 그때를 이렇게 회상했다. "간단하지만 진실이 담긴 그 말이 제게 얼마나 큰 충격을 주었는지 모릅니다. 진짜 기독교인이라면 유대인들을 증오하지 않아요. 사실, 그들은 진정으로 우리 같은 유대인들을 사랑하고, 하나님께서 믿음으로 자신들을 영원한 가족 안에 불러 주신 것을 감사하며 영광 돌리죠."

몇 주가 지나, 배리는 켄트를 통해 CCC의 UCLA 캠퍼스 간사인 할(Hal)을 소개받았다. 그리고 어느 날, 배리와 할이 학생들로 북적이는 휴게실에 앉아 있을 때, 둘 사이에 긴장감이 흐르고 있었다. 할이 구약성경의 메시아 예언들이 예수로 말미암아 성취되었다는 점을 보여주자, 배리가 언성을 높였다. "어떻게 이런 일을 할 수 있죠?"

할이 물었다. "뭘 말인가?"

"어떻게 이런 가짜 성경을 사용할 수 있는 겁니까?" 배리는 이렇게 따졌다. "지금 간사님은 가짜 성경으로 유대인들을 농락하고 있잖아요?"

"가짜 성경이라니, 대체 무슨 뜻이지?" 할이 물었다.

배리가 대답했다. "신약성경에서 메시아 예언인가 뭔가 하는 것들을 끄집어내어 원래의 구약성경에 넣은 다음 새로운 버전의 구약성경을 만든 거잖아요. 유대인들을 농락할 속셈이겠죠. 하지만, 내가 장담하건대,

그런 메시아 강림 예언 따위는 우리 유대인 성경에는 없단 말입니다!"

"아닐세, 배리. 그렇지 않아." 할이 말했다.

"천만에요. 그건 가짜 성경이에요!" 배리는 벌떡 일어서며 소리쳤다.

"아니, 그렇지 않아!" 배리의 반응에 놀란 할은 재차 말했다. "이렇게 얘기하는 사람은 처음인걸. 자, 자, 진정하고 앉게."

사람들이 그 둘을 쳐다보기 시작했다.

"아닙니다, 간사님. 앞으로 다시는 연락하지 마세요!"

"잠시만, 배리. 혹시 타낙(Tanach, 유대교 성경)을 갖고 있나?"

"물론이죠, 바르 미츠바(Bar Mitzvah, 유대인이 만 13세 하루가 지났을 때 치르는 유대교 입교 의식) 때 하나 받았죠. 근데 왜요?"

"이 구절들을 적어 두었다가 집에 가서 타낙에서 찾아보게나."

"시간 낭비입니다. 타낙엔 그런 구절들이 없다니까요!" 배리는 버럭 소리를 질렀다.

할은 계속해서 권유했다. "그러지 말고 자네가 직접 확인해 봐."

두 사람은 이 문제로 계속 설전을 벌였다. 할에게서 벗어나고 싶었던 배리는 결국 마지못해 직접 찾아보는 데 동의했다. 배리는 할이 언급한 구절들을 휘갈겨 적은 다음, 이렇게 말했다. "좋아요. 까짓것 한 번 보죠. 그렇지만 저에게 전화는 하지 마세요. 전화를 해도 제가 할 거니까요!"

배리는 할을 다시는 만나지 않으리라 생각하며 자리를 떴다. 그 뒤 며칠 동안 그는 그 구절들을 전혀 찾아보지 않았다. 그랬더니 이상하게도 죄책감이 들기 시작했다. 배리는 며칠 전의 기억을 되새겼다. "할에게 이 구절들을 확인해 보겠다고 했는데… 그럼 최소한 찾아보고 나서 기독교 따위는 완전히 잊어버리는 게 낫겠지."

그날 밤 배리는 책장 한구석에 묵혀 두고만 있던 타낙—열세 살 이후로 한 번도 펴본 적이 없었다—을 끄집어내 뒤적이기 시작했다. 잠시 후 배리는 충격을 받았다. 할이 언급했던 모든 예언들이 실제로 타낙 안에 있었던 것이다!

배리의 첫 번째 반응은 이랬다. "아, 큰일이다! 예수가 진짜로 메시아였어!"

그러나 이 무렵에 배리는 단지 지적으로만 이 사실을 받아들였을 뿐이었다. 그는 곧 이 사실을 공개적으로 이야기할 경우 어떤 일이 벌어질지에 대해 걱정하기 시작했다. "내가 만일 예수를 메시아로 인정한다고 하면, 부모님은 어떻게 생각하실까? 유대인 친구들은 어떤 반응을 보일까? 랍비는 또 뭐라고 하실지?"

배리가 사람들 앞에 나설 준비를 갖추기까지는 많은 공부가 필요했다. 특히 할이 여러 차례 언급했던 이사야 53장에 대해 공부해야 할 필요가 있었다. 배리의 연구 결과를 함께 보기에 앞서, 그가 찾아봤던 이사야 53장을 포함해 여러 메시아 강림 예언들을 살펴보자.

고난 받는 종

1947년 3월, 나이 어린 한 아랍 목동(무함마드 아드-딥)이 여리고 남쪽 12킬로미터 지점, 사해 서쪽 1.6킬로미터 지점에서 자신의 양을 찾고 있었다. 그러던 중 길 잃은 염소 한 마리에게 장난 삼아 돌을 하나 던졌는데, 도자기 깨지는 듯한 소리가 들렸다. 전 시대를 통틀어 가장 위대한 고고학적 발견 가운데 하나인, 사해 사본과 만나는 순간이었다.

1956년까지 그 지역의 여러 동굴들이 발굴되면서, 수많은 두루마리와 필사본 조각들이 발견되었다. 약 2천 년 전 에세네파로 알려진 유대교 분파가 그곳에 남긴 항아리 속에서 오랫동안 잠자고 있던 것들이다. 에세네파는 주전 167년부터 주후 68년까지 존재했던 분파이다. 그들은 성전의 권위를 벗어나 자신들만의 은둔 공동체를 쿰란 근처 유대 광야에 건설했다.

쿰란에서 발견된 그들의 두루마리 가운데 하나는 대 이사야서 두루마리(Greast Isaiah Scroll)로 알려져 있다. 주전 100년까지 거슬러 올라가는 약 7미터짜리 두루마리는 이사야서 전체를 담고 있으며(66장 전부를 담고 있다), 현존하는 두루마리 가운데 가장 오래된 성경 두루마리다.[2] 이 두루마리는 현재 예루살렘 어딘가에 있는 지하 보관소에 소장되어 있으며, 그 사본이 예루살렘 성경 박물관의 성물실)에서 전시되고 있다.

이 발견이 갖는 중요성은 단지 그 두루마리가 그리스도 이전의 것이면서 상태가 양호한 데 있지 않다. 그 두루마리에는 무엇보다 오실 메시아에 대한 가장 분명하고도 완전한 예언이 담겨 있다. 이사야는 오실 메시아를 "주의 종"이라고 부르며, 첫 번째 "종의 노래"라고 알려져 있는 42장에서 그 종을 언급하기 시작한다. 그러나 그 종은 "고난 받는 종"으로 가장 많이 언급되는데, 그 이유는 이사야 53장에서 그가 희생 제물로 죽음을 당하게 될 것을 생생하게 묘사하고 있기 때문이다.

그 본문(52:13-53:12)을 읽으면서, 스스로에게 이렇게 물어보라. "이것

---

[2] 그 다음으로 가장 오래된 이사야서의 현존 사본—주후 1000년경의 맛소라 사본—과 비교해 볼 때, 그 본문은 95퍼센트가 동일하며, 나머지 5퍼센트도 거개가 펜이 미끄러지는 바람에 생긴 차이이거나 아니면 철자에 차이가 있을 뿐이다(이런 변형은 교리에 관한 어떤 문제에도 영향을 미치지 않는다). 이것이야말로 유대인 서기관들이 수 세기에 걸쳐 성경을 필사하면서 기울인 섬세한 주의를 잘 보여주고 있는 예이다. 구약 필사본에 대한 더 많은 내용은, Norman Geisler and William Nix, *General Introduction to the Bible*(Chicago: Moody, 1986), 357-382를 보라.

은 누구를 가리켜 말하고 있는 것일까?"

(52:13) 보라, 내 종이 형통하리니, 받들어 높이 들려서 지극히 존귀하게 되리라. (14) 전에는 그의 모양이 타인보다 상하였고 그의 모습이 사람들보다 상하였으므로 많은 사람이 그에 대하여 놀랐거니와, (15) 그가 나라들을 놀라게 할 것이며 왕들은 그로 말미암아 그들의 입을 봉하리니 이는 그들이 아직 그들에게 전파되지 아니한 것을 볼 것이요 아직 듣지 못한 것을 깨달을 것임이라.

(53:1) 우리가 전한 것을 누가 믿었느냐? 여호와의 팔이 누구에게 나타났느냐? (2) 그는 주 앞에서 자라나기를 연한 순 같고 마른 땅에서 나온 뿌리 같아서 고운 모양도 없고 풍채도 없은즉 우리가 보기에 흠모할 만한 아름다운 것이 없도다. (3) 그는 멸시를 받아 사람들에게 버림 받았으며 간고를 많이 겪었으며 질고를 아는 자라 마치 사람들이 그에게서 얼굴을 가리는 것 같이 멸시를 당하였고 우리도 그를 귀히 여기지 아니하였도다. (4) 그는 실로 우리의 질고를 지고 우리의 슬픔을 당하였거늘 우리는 생각하기를 '그는 징벌을 받아 하나님께 맞으며 고난을 당한다' 하였노라. (5) 그가 찔림은 우리의 허물 때문이요 그가 상함은 우리의 죄악 때문이라. 그가 징계를 받으므로 우리는 평화를 누리고 그가 채찍에 맞으므로 우리는 나음을 받았도다. (6) 우리는 다 양 같아서 그릇 행하여 각기 제 길로 갔거늘 여호와께서는 우리 모두의 죄악을 그에게 담당시키셨도다. (7) 그가 곤욕을 당하여 괴로울 때에도 그의 입을 열지 아니하였음이여 마치 도수장으로 끌려가는 어린 양과 털 깎는 자 앞에서 잠잠한 양 같이 그

의 입을 열지 아니하였도다.

⁽⁸⁾ 그는 곤욕과 심문을 당하고 끌려갔으나 그 세대 중에 누가 생각하기를 '그가 살아 있는 자들의 땅에서 끊어짐은 마땅히 형벌 받을 내 백성의 허물 때문이라' 하였으리요?

⁽⁹⁾ 그는 강포를 행하지 아니하였고 그의 입에 거짓이 없었으나 그의 무덤이 악인들과 함께 있었으며 그가 죽은 후에 부자와 함께 있었도다.

⁽¹⁰⁾ 여호와께서 그에게 상함을 받게 하시기를 원하사 질고를 당하게 하셨은즉 그의 영혼을 속건제물로 드리기에 이르면 그가 씨를 보게 되며 그의 날은 길 것이요 또 그의 손으로 여호와께서 기뻐하시는 뜻을 성취하리로다.

⁽¹¹⁾ 그가 자기 영혼의 수고한 것을 보고 만족하게 여길 것이라 나의 의로운 종이 자기 지식으로 많은 사람을 의롭게 하며 또 그들의 죄악을 친히 담당하리로다.

⁽¹²⁾ 그러므로 내가 그에게 존귀한 자와 함께 몫을 받게 하며 강한 자와 함께 탈취한 것을 나누게 하리니 이는 그가 자기 영혼을 버려 사망에 이르게 하며 범죄자 중 하나로 헤아림을 받았음이니라 그러나 그가 많은 사람의 죄를 담당하며 범죄자를 위하여 기도하였느니라.

이것은 누구를 가리키는가? 배리는 누구를 가리키는지 잘 알고 있었다. 자신에게 있는 타낙을 읽으면서, 예수를 가리키는 구절들에 놀랐지만, 그는 여전히 혼란스러웠다. 그는 랍비에게 그 구절을 설명할 기회를 주려고 했다.

"제가 이사야 53장을 처음으로 진지하게 대면하던 그때, 아니 오히려 이사야 53장이 처음으로 진지하게 저와 대면하던 날이라는 표현이 더 나을 것 같지만, 아무튼 그 처음 시간을 생생하게 기억하고 있습니다. 이사야 53장 1절이 말하는 그 종이 누구인지에 대해 혼란을 느껴서, 제가 사는 곳에 있는 랍비에게 가서 이렇게 물었습니다. '랍비님, 제가 이사야 53장이 가리키는 그 종이 다름 아닌 나사렛 예수라고 주장하는 몇 사람을 학교에서 만났습니다. 하지만 저는 이사야 53장에 나오는 이 종이 누구인지 랍비님을 통해 알고 싶습니다."

배리는 그의 대답을 듣고 놀랐다. 랍비는 이렇게 말했다. "배리, 이사야 53장을 읽었을 때 그것이 예수에 대해 말하는 것처럼 보인다는 것을 나도 인정할 수밖에 없네. 하지만 우리 유대인들은 예수를 믿지 않으니, 예수에 대한 구절이라 할 수 없겠지."

배리는 그 당시 형식 논리에 대해 많이 알지는 못했지만, 이 말이 전혀 타당하지 않다는 점은 알 수 있었다. '말도 안 돼! 랍비는 그저 순환론을 사용해 둘러대고 있어. 그는 심지어 뭔가 두려워하고 있어." 오늘 배리는 이렇게 말한다. "들으려고 하지 않는 사람만큼 귀가 먼 사람은 없다."

하지만 듣기 원하는 사람들을 위해 래리 헬라이어(Larry Helyer)는 이사야서가 말하는 종에게 어떤 특징이 있으며 어떻게 예언을 성취했는지 다음과 같이 요약했다. 이사야 42장에 나오는 첫 번째 종의 노래로부터 시작해, 헬라이어는 그 종에 관해 다음과 같이 관찰했다.

1. 그는 주께 부름 받아 성령으로 기름부음을 받았으며, 나아가 그의 노력이 열매를 거둘 것임을 약속받았다(42:1, 4).
2. 공의는 그의 사역에서 제일의 관심사다(42:1, 4).
3. 그의 사역은 민족의 경계를 뛰어 넘어 이방에까지 미친다(42:1, 6).
4. 하나님이 미리 그를 택하고 불렀다(49:1).

5. 그는 타고난 교사이다(49:2).
6. 그는 사역에서 낙담을 경험한다(49:4).
7. 그의 사역은 이방인들에게까지 미친다(49:6).
8. 그 종은 자신의 가르침에 맞서는 강력한 반대와 저항에 부닥치게 되며, 심지어 육체적인 폭력을 경험하기도 한다(50:4-6).
9. 그는 하나님이 그를 불러 맡긴 일을 결연한 마음으로 완수한다 (50:7).
10. 그 종은 비천한 집안 출신으로, 출세와 거리가 멀어 보인다(53:1-2).
11. 그는 고난과 고통을 경험한다(53:3).
12. 그 종은 자기 백성들을 위해 대속의 고통을 감내한다(53:4-6, 12).
13. 그는 재판받고 죽임을 당한다(53:7-9).
14. 그는, 믿을 수 없게도, 다시 살아나서 어느 왕보다 높은 자리에 오른다(53:10-12;52:13-15).[3]

헬라이어가 관찰한 것에 덧붙여, 그 종은 죄가 없었다(53:9)는 점을 밝혀둔다.

이 본문을 얼핏 읽어 보기만 해도 그 고난 받는 종이 예수라는 점에 의심의 여지가 거의 없음을 알 수 있다. 사실, 전통적인 유대교에서는 이 구절들이 오실 메시아를 예언하고 있다고 해석해 왔다.[4] 그러다 약 천 년

---

[3] Larry R. Heyler, Yesterday, *Today and Forever: The Continuing Relevance of the Old Testament*(Salem, Wis.: Sheffield, 1996), 318.
[4] 많은 유대교 랍비들은 수 세기가 지나는 동안, 심지어 그리스도 이전 시기에도, 이사야 53장을 오실 메시아를 가리키는 곳으로 간주했다. S. R. Driver and A. D. Neubauer, *The Fifty-third Chapter of Isaiah According to Jewish Interpreters*(Oxford and London: Parker, 1877)을 보라. 예를 들면, 이 책은 다음 구절들이 메시아를 말하고 있다는 랍비

전, 유대인들이 기독교 변증가들과 많은 접촉을 갖기 시작하면서부터, 그들은 그 고난 받는 종을 이스라엘 민족으로 재해석했다. 고난 받는 종이 메시아라기보다 이스라엘을 가리키는 것이라고 주장한 첫 번째 유대인은 라쉬(Rashi)라는 이름으로 더 잘 알려진 슐로모 이츠하키(Shlomo Yitzchaki, 1040-1105년)였다. 오늘날은 라쉬의 견해가 유대교와 랍비의 신학을 지배하고 있다.

라쉬와 현대의 많은 유대교 신학자들에게는 불행한 일이지만, 이스라엘이 고난 받는 종이라는 주장은 적어도 세 가지의 치명적 약점을 안고 있다. 첫째, 이스라엘과 달리 그 종은 죄가 없다(53:9). 이스라엘이 죄가 없다고 말하는 것은 사실상 구약 전체와 배치되는 것이며 구약의 가르침을 부인하는 것이다. 구약성경에서 되풀이되고 있는 주제는 이스라엘이 하나님이 허락한 계명을 버리고 오직 한 분이신 참 하나님 대신 다른 신들을 좇음으로써 죄를 지었다는 것이다. 이스라엘에게 죄가 없다면, 하나님이 유대인들에게 제사 제도를 허락한 이유는 무엇이란 말인가? 그들이 속죄일을 지켜야만 했던 이유가 무엇일까? 죄짓는 것을 그만두고 하나님께로 돌아올 것을 끊임없이 경고한 선지자들이 그들에게 필요했던 이유가 무엇이었을까?

둘째, 이스라엘과 달리 고난 받는 종은 어떤 저항도 하지 않은 채 순종하는 어린 양이다(53:7). 역사는 이스라엘이 결코 어린 양이 아님을 우리에게 보여주고 있다. 그들은 결코 그 누구에게도 굴복하지 않는다.

셋째, 이스라엘과 달리 고난 받는 종은 다른 이들의 죄를 위해 대속

들의 견해를 인용하고 있다: 2절의 "연한 순"(22쪽); 3절의 "슬픔의 사람"(11쪽); 4절의 "그는 우리의 질고를 짊어지셨도다"(23쪽); 5절의 "우리의 허물로 말미암아 찔림을 당하였도다"(24쪽).

제물로 죽는다(53:4-6, 8, 10-12). 그러나 이스라엘은 죽지 않았을 뿐만 아니라, 다른 이들의 죄를 대신해 희생하지도 않는다. 이스라엘 민족이 행한 일로 말미암아 그 누구도 구원받지 않는다. 민족, 그리고 그 민족을 구성하는 개인들이 그들의 죄로 말미암아 형벌을 받는다.

이사야 53장에 대한 이 서투른 해석은, 예수야말로 실은 수백 년 전에 이미 예언되었던 메시아라는 결론을 회피할 의도에서 나온 것으로 보인다. 그러나 분명한 것을 피할 합당한 방법은 전혀 없다. 기억하라. 대이사야 두루마리는 그리스도가 오기 약 100년 전에 기록되었으며, 그 두루마리가 담고 있는 내용은 그보다 더 오래된 것임을 우리는 알고 있다. (이사야서를 포함해) 히브리어로 된 구약성경을 그리스어로 번역한 70인경(The Septuagint)은 주전 약 250년경까지 거슬러 올라간다. 그렇다면 히브리어로 된 원본은 당연히 그보다 더 오래 되었을 것이다. 더욱이, 에스더서를 제외한 구약성경 내의 모든 책들의 필사본이나 필사본 단편들이 사해 사본과 함께 발견되었다. 그런 점에서, 고난 받는 종을 언급하는 구절들을 포함해, 구약성경이 그리스도보다 몇백 년은 앞선 것이라는 점에 전혀 의심의 여지가 없다.

과녁을 맞추다

구약성경에서 메시아 예언 구절이 이사야 53장뿐이었다면, 그것은 이사야서의 신적 특성을 보여주기에 충분했을 것이다. 그러나 구약성경에는 예수 그리스도의 도래를 예언하거나 예수 그리스도로 말미암아 성취될 내용을 말하고 있는 다른 구절들이 있다. 거기에는 아래의 구절들이 포함된다(표 13.1).

메시아 강림을 예언한 구절	메시아를 예언하는 표현
창 3:15 - (하나님께서 사탄에게 말씀하시다) "내가 너로 여자와 원수가 되게 하고 네 후손도 여자의 후손과 원수가 되게 하리니 여자의 후손은 네 머리를 상하게 할 것이요 너는 그의 발꿈치를 상하게 할 것이니라."	한 여인의 씨-하와의 자손(문자 그대로 해석하면, 하와의 "씨")이 결국 사탄을 쳐부술 것이다. 그러나 이 사람은, 다른 사람과 달리, 한 남자의 씨가 아닌 한 여인의 씨에서 나올 것이다(마 1:23 참조)
창 12:3, 7 - (하나님께서 아브라함에게 말씀하시다) "너를 축복하는 자에게는 내가 복을 내리고 너를 저주하는 자에게는 내가 저주하리니 땅의 모든 족속이 너로 말미암아 복을 얻을 것이라."; 여호와께서 아브람에게 나타나 이르시되 "내가 이 땅을 네 자손에게 주리라."	아브라함의 씨-여기서 아브라함의 자손은, 문자 그대로, "씨들"이 아니라 "씨"이다. 그것은 결국 이 땅 위에 있는 모든 사람에게 복을 베풀고 온 땅을 다스릴 오직 한 사람-한 메시아-을 가리킨다(갈 3:16 참조)
창 49:10 - "규가 유다를 떠나지 아니하며 통치자의 지팡이가 그 발 사이에서 떠나지 아니하기를 실로가 오시기까지 이르리니 그에게 모든 백성이 복종하리로다."	유다 족속-(왕의 의식용 지팡이인) 홀이 최고의 왕 메시아가 올 때까지 유다를 떠나지 않을 것이다. 즉 메시아는 유다 지파(이스라엘 열두 지파 가운데 하나)로부터 나올 것이다.
렘 23:5-6 - 여호와의 말씀이니라. "보라 때가 이르리니 내가 다윗에게 한 의로운 가지를 일으킬 것이라 그가 왕이 되어 지혜롭게 다스리며 세상에서 정의와 공의를 행할 것이며 그의 날에 유다는 구원을 받겠고 이스라엘은 평안히 살 것이며 그의 이름은 여호와 우리의 공의라 일컬음을 받으리라.	다윗의 아들-메시아는 다윗의 아들이라 일컬을 것이며, 하나님으로 불릴 것이다.
사 9:6-7 - "이는 한 아기가 우리에게 났고 한 아들을 우리에게 주신 바 되었는데 그의 어깨에는 정사를 메었고 그의 이름은 기묘자라, 모사라, 전능하신 하나님이라, 영존하시는 아버지라, 평강의 왕이라 할 것임이라. 그 정사와 평강의 더함이 무궁하며 또 다윗의 왕좌와 그의 나라에 군림하여 그 나라를 굳게 세우고 지금 이후로 영원히 정의와 공의로 그것을 보존하실 것이라. 만군의 여호와의 열심이 이를 이루시리라.	그는 하나님이다-메시아는 한 아기로 태어날 것이나, 그는 하나님이다. 그는 다윗의 위에 앉아 다스릴 것이다.

메시아 강림을 예언한 구절	메시아를 예언하는 표현
미 5:2 – 베들레헴 에브라다야 너는 유다 족속 중에 작을지라도 이스라엘을 다스릴 자가 네게서 내게로 나올 것이라 그의 근본은 상고에, 영원에 있느니라.	베들레헴에서 태어나다 – 영존하는 메시아가 베들레헴에서 태어날 것이다.
말 3:1 – 만군의 여호와가 이르노라. "보라, 내가 내 사자를 보내리니 그가 내 앞에서 길을 준비할 것이요 또 너희가 구하는 바 주가 갑자기 그의 성전에 임하시리니 곧 너희가 사모하는 바 언약의 사자가 임하실 것이라.	그가 성전에 갈 것이다 – 그보다 앞서 한 사자를 보낸 메시아가 갑자기 성전을 방문할 것이다.
단 9:25-26 – "그러므로 너는 깨달아 알지니라. 예루살렘을 중건하라는 영이 날 때부터 기름부음을 받은 자 곧 왕이 일어나기까지 일곱 이레와 예순두 이레가 지날 것이요, 그 곤란한 동안에 성이 중건되어 광장과 거리가 세워질 것이며 예순두 이레 후에 기름부음을 받은 자가 끊어져 없어질 것이며 장차 한 왕의 백성이 와서 그 성읍과 성소를 무너뜨리려니와 그의 마지막은 홍수에 휩쓸림 같을 것이며 또 끝까지 전쟁이 있으리니 황폐할 것이 작정되었느니라."	그는 주후 33년에 죽을 것이다 – 메시아는 예루살렘을 중건하라는 영이 발포된 때로부터 483(69×7)년이 흐른 뒤에 죽을 것이다(계산하면 주후 33년이다).[5] 그 다음, 그 성읍과 성전은 파괴될 것이다(이 일은 주후 70년에 일어났다).

표 13.1

질문: 세계의 모든 역사 속에서, 누가

   1. 한 여인의 씨에서 났으며,

   2. 아브라함의 씨에서 났으며,

   3. 유다 지파에서 났으며,

   4. 다윗의 혈통에서 났으며,

---

5 이 예언에 대한 상세한 설명은, Harold Hoehner, *Chronological Aspects of Life of Christ* (Grand Rapids, Mich.: Zondervan, 1978), 115-138을 보라.

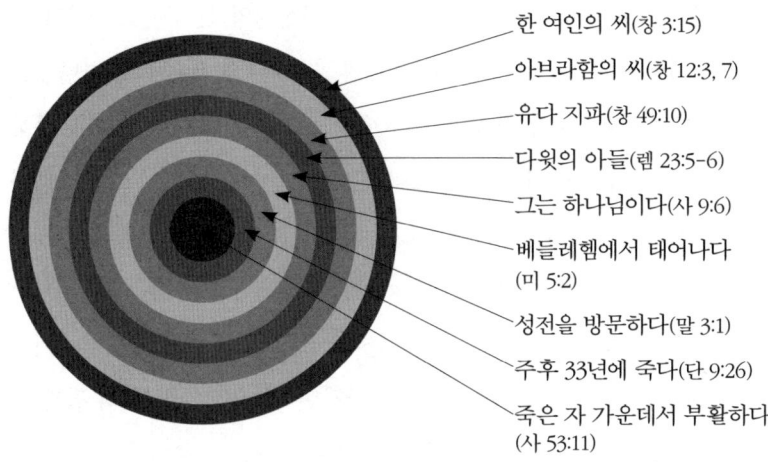

그림 13.1

5. 참 하나님이자 참 사람이었으며,

6. 베들레헴에서 났으며,

7. 한 사자를 미리 보냈고, 주후 70년 예루살렘 성전이 파괴되기 전에 그 성전을 방문했으며,

8. 주후 33년에 죽었으며,

9. 그리고 죽은 자 가운데서 살아났는가(사 53:11)?

나사렛 사람 예수 그리스도만이 유일한 후보이다. 오직 그만이 과녁을 명중시켰다. 물론 이 주장은, 우리가 이사야 53장의 다른 내용을 살펴볼 때 보다 설득력을 얻는다. 예수만이 그 모든 기준을 충족시킨다.

그리스도에 대한 선지자들의 예언은, 예수가 십자가에 달릴 때 실현된 바대로, 하나님 자신이 못 박힐 것을 구약성경이 예언하고 있음을 우리가 깨달을 때에 더욱 힘을 얻게 된다. 구약성경의 선지자 스가랴가 기록한 것처럼(역시 그리스도가 태어나기 훨씬 전에 기록된 내용이다), 하나님은 이렇게 예언했다. "내가 다윗의 집과 예루살렘 주민에게 은총과 간구하는 심령을 부어 주리니 그들이 그 찌른 바 그를 바라보고 그를 위하여 애통하기를 독자를 위하여 애통하듯 하며 그를 위하여 통곡하기를 장자를 위하여 통곡하듯 하리로다"(슥 12:10). 뒤이어, 스가랴는 그날에 주의 발이 "예루살렘 앞 곧 동편 감람산에 서실 것"(슥 14:4)이라고 예언한다. 이 예언들은 그리스도의 재림을 언급하는 것이지만, "다윗의 집과 예루살렘 주민에게" 하나님이 "찔림을 당할 것"(곧, 십자가에 못 박히게 될 것)을 언급하는 대목은 명백히 그의 초림을 가리킨다. 실제로, 사도 요한은 스가랴서 12장 10절을 그리스도가 십자가에 못 박혀 죽을 것을 예언한 구절로 인용하고 있다(요 19:37).

이쯤 되면 배리가 왜 "큰일났다"고 인식했는지 공감할 수 있을 것이다. 이런 메시아 강림 예언은 우연의 일치로 나온 게 아니다. 이것은 신들린 사람에게서 나올 수 있는 예언의 차원을 넘어선다.[6] 진정 초자연적

---

6 이른바 황홀경에 빠져 예언하는 것은 성경의 예언에 비교될 수 없다. 예를 들어, People's Almanac은 소위 잘 나간다는 25명의 심령 연구자 내지 무당들의 예언을 연구한 책이다. 거기에 실린 72개 가운데 66개(92퍼센트)가 완전히 빗나갔다. 어느 정도 들어맞는다 싶은 것들도 모호한 내용을 담고 있거나 우연이라는 이름으로 또는 일반인들에게 널리 알려진 세계 정세에 비추어 설명될 수 있는 것들이었다.
예를 들어, 한 예언은 미국과 러시아가 세계를 이끄는 강대국으로 남아 있을 것이며, 더 이상 세계대전은 일어나지 않을 것이라는 내용을 담고 있었다. 그것은 신뢰할 수 없는 것이 아닌가? 이와 달리, 성경의 예언들 가운데 몇 가지는 하나님의 도움이 없으면 도저히 내다볼 수 없는 미래의 상황이 수백 년 전에 선포된 것이며, 성경의 모든 예언들은 100퍼센트 정확한 것임이 입증되었다. Norman Geisler, *Baker Encyclopedia of Christian*

인 일이 여기서 계속 이루어지고 있었지만, 그 시대의 유대인들은 그것을 보지 못했다. 배리는 유대인들이 정치적 메시아를 기다리느라, 그 메시아가 처음에는 온 세상의 죄를 위해 죽임 당할 어린 양으로 와야 한다는 것(사 53:7, 12; 요 1:29)을 미처 깨닫지 못했음을 알게 되었다.

배리는 마치 음모를 꾸미는 심정으로 할을 한 번 더 만났다. 이번에 두 사람은 메시아 강림 예언 가운데 이사야 53장을 주의 깊게 검토했다. 그런 다음, 할이 배리에게 작은 책자 하나를 건넸다.

"이것은 예수를 알고 따랐던 한 젊은이가 쓴 예수의 삶에 대한 기록이지. 한번 읽어 보고 무슨 생각을 하게 되었는지 나한테 말해 주겠나?"

책을 읽기 시작하면서, 배리는 도무지 손에서 내려놓을 수 없었다. 그 이야기는 제사장과 유월절에 이르기까지 많은 유대적 요소들을 언급하고 있었다. 또한 예수라는 인물은 (깊은 통찰력과 놀라운 이적을 통해) 비범함을 드러냈을 뿐만 아니라 입을 열 때마다 위엄과 자비가 흘러나왔다.

당시에는 몰랐으나, 배리는 사실 요한복음을 읽고 있었다. 그는 특별히 예수를 영접하는 자는 누구든지 영원한 구원이라는 선물을 값없이 받는다는 사실에 충격을 받았다. 배리는 회상한다. "지금까지 저는 원하는 것이 있을 때마다 직접 애쓰고 수고해서 그것을 얻어야 했습니다. 그러나 예수님은 자신을 내어주셨을 뿐만 아니라 그의 사랑으로 유한한 시간과 영원을 위해 최고의 선물들을 값없이 허락하셨습니다. 어느 누가 그런 선물을 마다하겠습니까?"

그때가 4월, 그러니까 영광스러운 로즈볼 우승컵을 거머쥐고 석 달이

Apologetics(Grand Rapids, Mich.: Baker, 1999), 475-478을 보라. 노스트라다무스의 예언이라고 주장되는 것들에 얽힌 문제는 544-546을 보라.

지난 시점이었다. 배리는 이렇게 회상한다. "그러면서 갑자기 깨달은 게 있습니다. 영원이라는 것은 접어두고서라도, 유한한 시간 앞에서조차 가치 있는 어떤 것도 제가 소유한 적이 없다는 사실을 말입니다. 로즈볼 우승으로 저는 가장 화려한 인생을 살고 있노라고 자부했었는데, 고작 몇 개월도 지나지 않아 제 삶 전체에서 가장 뚜렷했던 그 모든 영광이 기억 속에서 아스라이 사라져가고 있었습니다. 정말 제 삶 속에서는 오래토록 남을 무언가가 없었습니다."

"그러면 내 삶에는 무엇이 더 있을까?" 배리는 이렇게 생각했다. 그러고 나서, 그는 메시아 예수가 '영생'이란 것을 선물로 허락했음을 기억해 냈다. 몇 주 전 그는 메시아 강림 예언을 담은 타낙을 들춰보면서 예수가 메시아임을 지적인 차원에서 알게 되었다. 그러나 머리로 믿는 것만으로는 충분치 않았다. (귀신들도 예수가 메시아임을 알고 있지 않는가—약 2:19). 배리에게 필요한 것은 메시아인 예수를 마음으로 받아들이는 것이었다. 자신이 받아 마땅한 형벌 대신 영원한 구원이라는 선물을 값없이 받으려면, 머리로만이 아닌 의지의 한 걸음을 내디뎌야 했다. 배리의 의지와 상관없이 그를 천국에 강제로 밀어 넣는 것은 하나님의 사랑이 아니지 않은가?

1966년 4월 24일 오후, 배리는 지금까지 살펴본 증거가 진실이라는 점을 인정하며 의지에 따른 행동을 개시했다. 그는 침대 옆에 무릎을 꿇었다. 그리고 이렇게 기도했다. "예수님, 저는 당신이 유대인과 온 세계를 위해, 또한 저를 위해 예비된 메시아이심을 믿습니다. 그리고 당신이 저의 죄를 위해 죽으시고 부활하셔서 영원히 살아계시는 분이심을 믿습니다. 그러므로 이제 당신을 저의 주님이요 구세주로 모시기 원합니다. 저를 대신해 죽으신 주님께 감사드립니다." 배리는 당시를 이렇게 회상한다. "번개나 천둥 같은 건 없었습니다. 다만 그분이 약속하신 대로 제게 임하셔서 평안을 주셨고 그날 이후로 지금까지 절 떠나지 않으셨습니다."

이렇듯 놀라운 발견 이후에, 배리는 메시아가 이미 강림했다는 진리를 들고 유대인들에게 나아가고 있다. 이 진리(메시아의 강림)를 지지하는 증거가 유대인의 성경 곳곳에 있음을 기회가 닿는 대로 알리고 있다. 그 증거를 철저히 고찰하는 것이 북캐롤라이나 주, 샬롯에 위치한 남부 복음주의신학교(Southern Evangelical Seminary)의 설립 목표이며, 배리는 지금 그곳의 학장이자 교수로 봉사하고 있다.

예언을 푸는 상자 뚜껑

우리는 메시아 예언을 담고 있는 구약성경 구절들을 살펴보았다. 이 구절들은 오직 예수 그리스도를 통해 성취되었다. 그러나 회의론자들은 메시아를 가리키는 것으로 인용된 다른 몇몇 예언들이 다른 상황에서 나온 것이거나 실제로 미래를 예언하고 있지 않다고 성급하게 지적한다. 예를 들면, 시편 22편은 "악한 무리가 나를 둘러 내 수족을 찔렀나이다"라고 말한다(22:16). 많은 기독교인들은 이 구절이 그리스도가 십자가에 못 박힐 것을 가리키는 것이며, 다윗(이 시의 저자) 시대에는 십자가에 의한 처형 방식조차 존재하지 않았다고 주장한다. 하지만 회의론자들은 다윗이 그리스도가 아니라 자신에 대해 말하고 있으므로, 이 시를 메시아 강림 예언으로 적용하려는 주장은 타당하지 않다고 반박한다. 여기에 세 가지 가능성이 존재한다.

첫째, 일부 기독교 학자들은 이와 같은 구절들에 대한 회의론자들의 견해에 동의한다. 그들은 시편 22편이 예언을 의도하지는 않았다고 말한다. (물론 그들이 맞는다고 해도 명백히 예언을 목적으로 기록된 다른 내용은 많다.)

둘째, 다른 기독교 학자들은 성경에 등장하는 일부 예언들이 각기 다른 시대에 존재한 서로 다른 두 인물에 적용될 수도 있음을 지적한다. 다윗과 예수 둘 다, 시편 22편에서 표현된 대로, 각자의 인생에서 대적과 고난을 만났다. 그렇다면 시편 22편이 다윗과 예수 두 인물 모두에 적용되지 못할 이유가 어디 있을까?

우리에게 가장 그럴듯해 보이는 세 번째 가능성은, 시편 22편이 오직 예수에 대한 예언을 담고 있다는 것이다. 요컨대, 22편은 예수가 십자가에 못 박힐 것을 직접적으로 가리키는 몇 개 구절을 담고 있다. 22편은 그가 십자가에서 외치는 소리로 시작하며―"내 하나님이여, 내 하나님이여, 어찌 나를 버리셨나이까?"(시 22:1, 마 27:46 참조)―이어서 그를 고소한 자들의 멸시, 조롱, 그리고 모욕(6-7절), 갈증(15절), 그의 손과 발의 찔림(16절), 그의 뼈가 부러지지 아니함(17절), 그의 겉옷을 찢어 나눔(18절), 그의 옷을 걸고 대적들이 제비뽑기를 함(18절), 마침내 하나님이 그를 구함(19절), 하나님이 그를 구한 뒤에 그가 이스라엘 백성 앞에서 하나님을 찬양함(22절)을 포함해 십자가에 못 박히는 것과 연관된 여러 사건들을 묘사하고 있다. 이것은 결코 우연의 일치가 아니며, 우리로 하여금 그리스도가 실제로 그 시 전체에서 가리키고 있는 인물임을 믿도록 이끈다. 달리 말해, 다윗이 그 시를 썼을지라도, 실제로 말하고 있는 이는 그리스도이다. 이러한 예는 다른 본문에서도 찾을 수 있다. 시편 110편에서 성부 하나님은 성자 하나님과 대화를 나눈다.

회의론자는 이렇게 말할 수 있다. "지금 우리는 그리스도에게 무슨 일이 일어났는지 알고 있으니까 시편 22편을 그렇게 해석하는 것일 뿐이다. 구약 시대의 사람들은 시편 22편이 그리스도에 관한 시라는 것을 분명히 알지 못했을 것이다."

이에 대한 우리의 대답은 이렇다. 설령 그렇다 하더라도, 그래서 뭐가 달라진단 말인가? 구약의 몇몇 메시아 강림 예언은 오직 그리스도의 삶에 비추어 볼 때에만 분명해진다는 점은 진실이다. 그러나 그렇다고 해서 그 예언들이 별로 놀랍지 않은 게 돼버린다는 의미는 아니다. 이렇게 생각해 보자. 퍼즐 조각을 맞춰야 하는데 완성본 그림이 실린 퍼즐 상자 뚜껑이 없어 퍼즐을 맞출 수 없다면, 그 퍼즐을 만든 사람이 없음을 의미하는가? 아니다. 그 퍼즐의 설계가 없음을 의미하는가? 그렇지 않다. 상자 뚜껑을 찾아 확인하고 나면, 모든 조각이 어떻게 들어맞는지, 또한 이런 식으로 고안하기 위해 얼마나 심사숙고를 했는지도 알 수 있을 것이다. 마찬가지로, 예수의 생애는 구약성경 전체에 흩어져 있는 여러 예언 조각들을 짜맞출 수 있게 도와주는 퍼즐 상자의 큰그림 역할을 한다. 실제로 어느 성경학자는 구약성경에 실려 있는 메시아 강림 예언 가운데 그리스도를 통해 성취된 71개의 예언을 확인했는데, 그 가운데 몇몇은 그리스도의 생애에 비추어 보아 확인된 것들이다.[7]

어떤 이들은 그것을 이렇게 요약한다: 구약성경에서 그리스도는 감추어져 있다. 반면, 신약성경에서는 그가 드러난다. 미리 밝혀진 예언들도 많지만, 어떤 예언들은 그리스도의 삶에 비춰 보아야 분명히 보인다. 그리스도 이후에 그 의미가 밝혀진 예언들도, 그리스도 이전에 명료하게 밝혀진 예언들과 마찬가지로 초자연적 설계의 산물이다.

---

7 J. Barton Payne, *Encyclopedia of Biblical Prophecy*(Grand Rapids, Mich.: Baker, 1973), 665-670. Payne은 또 그리스도의 재림을 가리키는 메시아 예언 95가지를 확인했다(42개는 구약성경에서, 53개는 신약성경에서).

예수는 하나님인가?

우리가 보았듯이, 구약성경은 사람으로 태어날 것이면서도 또한 하나님인 한 메시아의 강림을 예언했다(사 9:6). 예수는 메시아에 대해 예언된 조건을 충족시키는 유일한 인물이다. 그러나 그는 자신이 하나님임을 주장하고 있는가?

신약성경의 저자들은 곳곳에서 예수가 하나님이라고 주장하고 있다. 예를 들면, 자신의 복음서 첫 장에서 요한은 "이 말씀은 곧 하나님이시니라 … 말씀이 육신이 되어"라고 말하고 있다(요 1:1, 14). 바울은 그리스도를 가리켜 "만물 위에 계신 하나님"이라고 하며(롬 9:5), "그 안에는 신성의 모든 충만이 육체로 거하시고"라고 말한다(골 2:9). 베드로는 신자들이 "우리 하나님과 구주 예수 그리스도"로부터 의를 힘입었다고 선언한다(벧후 1:1). 마태는 이사야 7장 14절을 인용하면서, 신성을 예수께 적용한다. 곧, 이 구절이다. "보라, 처녀가 잉태하여 아들을 낳을 것이요, 그의 이름은 임마누엘이라 하리라' 하셨으니, 이를 번역한즉, '하나님이 우리와 함께 계시다' 함이라"(마 1:23). 히브리서 저자는 "이는 하나님의 영광의 광채시요, 그 본체의 형상이시라. 그의 능력의 말씀으로 만물을 붙드시며"(히 1:3)라고 말한다. 그는 또 하나님께서 당신의 아들에 대해 말씀하셨다고 주장하면서, 시편 45편 6절을 인용하는데, 곧 "하나님이여, 주의 보좌는 영영하며"(히 1:8)가 그것이다. 이 구절들이 그리스도의 신성에 관해 사도들이 주장한 것들이다. 심지어 귀신들조차 예수가 하나님임을 인정한다(마 8:29; 눅 4:34, 41). 그런데 예수는 스스로 하나님임을 주장했는가?

자신이 하나님임을 직접적으로 주장한 예

대제사장 가야바의 노골적인 질문에 대한 예수의 답변만큼 직설적인 주장도 없을 것이다.

> 침묵하고 아무 대답도 아니하시거늘 대제사장이 다시 물어 가로되, "네가 찬송 받을 이의 아들 그리스도냐?" 예수께서 이르시되, "내가 그니라. 인자가 권능자의 우편에 앉은 것과 하늘 구름을 타고 오는 것을 너희가 보리라" 하시니 대제사장이 자기 옷을 찢으며 이로되, "우리가 어찌 더 증인을 요구하리요? 그 신성 모독하는 말을 너희가 들었도다. 너희는 어떻게 생각하느냐?" 하니, 그들이 다 예수를 사형에 해당한 자로 정죄하고(막 14:61-64).

예수가 직설적 질문에 직설적 대답으로 응대한 것을 주목하라. "내가 그니라." 그런 다음 자신을 가리켜 "인자"라고 부르면서 하늘 구름을 타고 올 것이라고 말한다. 가야바와 구경꾼들은 그 말이 암시하는 바를 알았다. 이는 구약성경의 선지자 다니엘이 보았던 종말의 때에 관한 환상을 언급한 것이다. 곧, 메시아—인자—가 성부 하나님("옛적부터 항상 계신 이")이 그에게 허락한 권위로 온 세상을 심판하기 위해 이 땅에 올 것이며, 온 세상이 그에게 경배할 것이다(단 7:13-14). 물론, 하나님 자신 외에는 어느 누구도 경배를 받아서는 안 된다. 그러나 여기 자신이 세상을 심판할 자가 되어 만방의 백성으로부터 경배 받을 것이라고 주장하는 그리스도가 있다. 그는 자신이 하나님임을 주장했으며, 모든 사람이 그것을 알고 있었다.

마태, 마가, 그리고 누가는 모두 가야바의 질문에 "내가 그니라"는 대답을 기록하고 있는 반면, 요한은 예수께서 "내가 그니라"는 답변으로 자신의 신성을 주장한 다른 경우에 대해 전해 준다. 이 일은 유대인들과 벌인 긴박감 넘치는 대화 장면에서 등장한다. 예수의 참 정체에 대해 몇 차례 질문과 답변이 오고간 끝에, 대화는 예수가 바리새인들에게 선포하는 장면으로 정점에 이른다.

"너희 조상 아브라함은 나의 때 볼 것을 즐거워하다가 보고 기뻐하였느니라." 유대인들이 이르되, "네가 아직 오십 세도 못 되었는데, 아브라함을 보았느냐?" 예수께서 이르시되, "진실로 진실로 너희에게 이르노니, 아브라함이 나기 전부터 내가 있느니라" 하시니 그들이 돌을 들어 치려 하거늘 예수께서 숨어 성전에서 나가시니라(요 8:56-59).

회의론자들은 이렇게 말할 수도 있다. "아브라함이 나기 전부터 내가 있느니라(Before Abraham was born, I am)'는 말은 썩 좋은 표현이 아니다. 시제도 엉망이다." 맞는 말이다. 불타는 덤불 앞에서 하나님이 모세에게 들려준 바로 그 이름을 인용했으므로, 예수는 문법에 대해 신경쓰지 않았다.

영화 〈십계〉를 기억하는가? 찰턴 헤스턴(Charlton Heston)이 연기했던 모세는 불타는 덤불 앞에서 어떻게 했는가? 그는 하나님께 물었다. "내가 이스라엘 자손에게 가서 이르기를, '너희 조상의 하나님이 나를 너희에게 보내셨다' 하면, 그들이 내게 묻기를, '그의 이름이 무엇이냐?' 하리니, 내가 무엇이라고 그들에게 말하리이까?" 그러자, 하나님이 그에게 말씀하신다. "나는 스스로 있는 자이니라(I am who I am)… 너는 이스라엘 자손에게 이같이 이르기를, '스스로 있는 자가 나를 너희에게 보내셨다'

하라"(출 3:13-14).

그는 스스로 존재한다. 그는 영원하기 때문에 과거도 미래도 없다. 그는 시간에 매이지 않는다. 예수는 자신이 영원한 자존자自存者임을 주장하고 있으며, 그것이 바로 유대인들이 그를 돌로 치려 했던 이유이기도 하다.

"예수는 자신이 하나님임을 주장하고 있지 않다"라고 말하는 이들에게, 한 가지 묻겠다. 예수가 자신이 하나님임을 주장하지 않았다면, 유대인들은 예수를 왜 죽였을까? 그가 자신이 하나님임을 주장하지 않았다면, 어쩌면 모든 고대사 가운데 가장 제대로 입증된 사건, 곧 예수가 십자가에 달린 사건은 설명하기가 곤란해진다.

믿지 않는 유대인들도 예수가 자신이 하나님이라고 주장하는 것을 알았다. 어떤 때에는 그가 여호와의 이름을 더럽힌다는 이유로 돌을 들어 치려 했다. 예수가 자신이 하나님이라고 주장했다는 사실이 1세기 사람에게는 명백한데, 현대의 회의론자에게는 명백하지 않은 이유가 대체 뭐란 말인가?

자신이 하나님임을 간접적으로 주장한 예

자신이 하나님이라고 직접적으로 주장한 것과 더불어, 예수는 자신이 하나님임을 간접적으로 암시하기도 했다.

- 예수는 "아버지여, 창세 전에 내가 아버지와 함께 가졌던 영화로써 지금도 아버지와 함께 나를 영화롭게 하옵소서"(요 17:5)라고 기도했다. 그러나 구약성경은 하나님이 오직 한 분이라고 말하고 있으며(신 6:4;사 45:5 이하), 또한 하나님은 "나는 내 영광을 다른 자에

게 … 주지 아니하리라"(사 42:8)고 말한다.

- 그는 "나는 처음이요 마지막이니"(계 1:17)라고 선포한다. 이 말은 정확히 이사야 44장 6절에서 하나님이 스스로를 일컬어 했던 말이다.
- 그는 "나는 선한 목자라"(요 10:11)고 말한다. 그러나 구약성경은 "여호와는 나의 목자시니"(시 23:1)라고 한다. 더욱이 하나님은 이렇게 말한다. "목자가 양 가운데에 있는 날에 양이 흩어졌으면 그 떼를 찾는 것 같이 내가 내 양을 찾아서"(겔 34:12).
- 예수는 자신이 모든 백성의 심판자라고 주장한다(마 25:31 이하; 요 5:27). 그러나 요엘은 하나님의 말씀을 다음과 같이 인용한다. "내가 거기에 앉아서 사면의 민족들을 다 심판하리로다"(욜 3:12).
- 예수는 이렇게 말했다. "나는 세상의 빛이니 나를 따르는 자는 어둠에 다니지 아니하고 생명의 빛을 얻으리라"(요 8:12). 그러나 시편 기자는 "여호와는 나의 빛이요"(27:1)라고 말한다.
- 예수는 이렇게 선포했다. "아버지께서 죽은 자들을 일으켜 살리심 같이 아들도 자기가 원하는 자들을 살리느니라"(요 5:21). 그러나 구약성경은 오직 하나님만이 생명을 주는 분(신 32:39; 삼상 2:6), 죽은 자를 살리는 분(사 16:19; 단 12:2; 욥 19:25), 유일한 심판자(신 32:35; 욜 3:12)라고 말한다.
- 예수는 "나로 말미암지 않고는 아버지께로 올 자가 없느니라"(요 14:6)고 단언한다.

또한 예수는 비유를 통해 자신의 신성을 암시적으로 선포했다. 몇몇 비유에서 예수는 자신을 하나님 역할을 하는 이로 묘사한다. 예를 들어 보자.

구약성경의 하나님	주장	신약성경의 예수
시 23:1	목자	요 10:11
사 44:6	처음이요 나중	계 1:17
욜 3:12	심판자	마 25:31 이하
사 62:5	신랑	마 25:1
시 27:1	빛	요 8:12
사 43:11	구원자	요 4:42
사 42:8	하나님의 영광	요 17:5
삼상 2:6	생명을 주는 자	요 5:21

표 13.2

- 예수가 죄인을 영접하며 그들과 음식을 같이 먹는다고 바리새인들이 불평하자(눅 15:2), 예수는 세 가지 비유로 대답한다. 잃어버린 양, 잃어버린 드라크마, 그리고 방탕한 아들(눅 15:4-32) 비유가 그것이다. 이 세 비유가 암시하는 바는, 구약성경이 하나님의 행동으로 언급하고 있는 일을 예수가 하고 있다는 것이었다. 곧 그분은 잃어버린 양을 찾는 목자이며, 회개하는 죄인들을 집으로 기꺼이 맞아들이는 자비로운 아버지이다(겔 34:11; 시 103:8-13). (덧붙여 말하자면, 바리새인들은 탕자의 비유에서 불평하는 형에 비유되고 있다. 바리새인들은, 형처럼, 자신이 선을 행했기 때문에 마땅히 아버지가 주는 선물을 받을 자격이 있다고 오해했다. 그런 점에서 이 비유는 그리스도의 신성을 강조할 뿐만 아니라 구원이 힘써서 얻는 것이 아니라, 값없이 주어지는 선물이라는 것도 가르치고 있다.)
- 마태복음 19장 28-30절에서 예수는 자신이—"인자"가—만물이

새롭게 될 때에 이스라엘의 영광스러운 보좌 위에 앉아 다스릴 것이며, 그를 따르던 이들도 그와 더불어 다스릴 것이라고 선언한다. 그런 다음, 그는 곧바로 일꾼들과 포도원의 비유를 가르친다(마 20:1-16). 하나님 나라는 고용주가 소유하고 있는 포도원으로 비유된다. 그 고용주는 모든 일꾼에게 일한 시간에 관계없이 똑같은 품삯을 지불하며, 그로써 하나님의 은혜가 봉사 시간을 비롯해 어떤 공로에 근거해 주어지는 것이 아님을 알리고 있다("나중 된 자로서 먼저 되고 먼저 된 자로서 나중 되리라"). 예수는 그 포도원을 소유하고 값없이 은혜를 베푸는 고용주로 대변된다. 구약성경에서 하나님은 포도원을 주인으로 기록되었다는 점에서(사 5:1-7), 이 비유는 자신을 하나님과 동일시한 것이다. (우리가 보았듯, 그가 '인자'라는 명칭을 사용한 것도 자신의 신성을 주장한 것이다.)

- 예수는 열 처녀의 비유(마 25:1-13)를 포함해 몇몇 경우에 자신을 '신랑'이라고 지칭한다(막 2:19; 마 9:15; 25:1; 눅 5:34). 구약성경이 하나님을 신랑과 동일시하고 있다는 점에서(사 62:5; 호 2:16), 예수는 자신을 하나님과 동일하게 여기고 있는 것이다.

그밖에도 예수가 비유를 통해 자신이 하나님임을 암암리에 주장하는 예들이 있다. 모든 구절을 여기서 다룰 수 없지만, 필립 페인(Philip Payne)은 다음과 같이 결론내리고 있다. "기록된 예수의 비유 52개 가운데, 20개는 구약성경에서 하나님을 가리키는 전형적인 이미지로 자신을 묘사하고 있다."[8]

---

8 Philip B. Payne, "Jesus' Implicit Claim to Deity in His Parables," *Trinity Journal*,

신적 행위

신성을 확인하는 발언 외에, 예수는 마치 자신이 하나님인 것처럼 행동했다.

- 그는 한 중풍병자에게 "작은 자야, 네 죄 사함을 받았느니라"고 말했다(막 2:5-11). 이에 대한 서기관들의 반응은 옳았다. "오직 하나님 한 분 외에는 누가 능히 죄를 사하겠느냐?"
- 예수는 이렇게 선언한다. "하늘과 땅의 모든 권세를 내게 주셨으니." 그런 다음 그는 곧바로 새로운 계명을 가르친다. "그러므로 너희는 가서 모든 족속을 제자로 삼아"(마 28:18-19).
- 하나님은 모세에게 십계명을 주셨지만, 예수는 새 계명을 허락했다. "새 계명을 너희에게 주노니 서로 사랑하라"(요 13:34).
- 예수는 자신의 이름으로 기도할 것을 요구한다. "너희가 내 이름으로 무엇을 구하든지 내가 행하리니 … 내 이름으로 무엇이든지 내게 구하면 내가 행하리라"(요 14:13-14); "너희가 내 안에 거하고 내 말이 너희 안에 거하면 무엇이든지 원하는 대로 구하라. 그리하면 이루리라"(요 15:7).
- 구약성경과 신약성경 둘 다 하나님 외에 다른 것에게 경배하는 것을 금하고 있음에도 불구하고(출 20:1-4; 신 5:6-9; 행 14:15; 계 22:8-9), 예수는 적어도 아홉 차례 자신에 대한 경배를 받았다. 바로 다음과 같은 사람들에게서였다.

2NS(1981), 17.

1. 고침을 받은 한 문둥병자(마 8:2)
2. 딸을 고침 받은 한 관리(마 9:18)
3. 폭풍을 겪고 난 제자들(마 14:33)
4. 한 가나안 여인(마 15:25)
5. 야고보와 요한의 어머니(마 20:20)
6. 귀신들린 거라사인(막 5:6)
7. 고침을 받은 장님(요 9:38)
8. 모든 제자들(마 28:17)
9. "나의 주님이시요 나의 하나님"이라고 말했던 도마(요 20:28)

이들이 예수에게 경배했을 때 그들은 단 한 마디의 질책도 받지 않았다. 예수는 경배를 받았을 뿐만 아니라, 자신의 신성을 인정한 이들을 심지어 칭찬하기까지 했다(요 20:29; 마 16:17). 이는 오직 자신이 하나님이라고 진지하게 여기는 사람만이 할 수 있는 것이었다.

이제 이 모든 것을 종합해 보자. C. S. 루이스는 이에 대해 다음과 같은 탁월한 글을 남겼다.

이 유대인 가운데 한 남자가 갑자기 나타나 하나님으로 자처하며 다니기 시작한 것입니다. 그는 자신에게 사람들의 죄를 용서해 줄 권한이 있다고 주장했습니다. 그리고 자기가 전부터 항상 존재해 왔다고 했습니다. 또 마지막 날 다시 와서 세상을 심판하겠다고 했습니다.

여기에서 우리가 분명히 짚고 넘어가야 할 점이 하나 있습니다. 인도인 같은 범신론자라면 얼마든지 자기가 하나님의 일부라고 말하거나 하나님과 하나라고 말할 수 있습니다. 그러니까 그런 사람들한테는 이 말이 하등 이

상하게 들리지 않을 수 있지요. 그러나 이 사람은 유대인이었고, 따라서 그가 말하는 하나님은 그런 범신론적인 하나님이 아니었습니다. 유대인의 하나님은 세상 밖에 계시며 세상을 만드신 존재, 세상 모든 것과 완전히 구별되는 존재입니다. 이 점을 생각한다면, 이 사람의 말이야말로 인간의 입에서 나올 수 있는 가장 충격적인 말임을 알 수 있을 것입니다."[9]

우리의 이웃이 이런 말을 한다고 상상해 보라. "나는 처음이요 나중이다. 나는 스스로 있는 자이다. 네 죄를 용서받길 원하는가? 내게 용서해 줄 권한이 있다. 어떻게 살아야 하는지 알고 싶은가? 내가 곧 세상의 빛이다. 누구든지 나를 따르는 자는 어두움에 다니지 않을 것이며, 생명의 빛을 얻을 것이다. 누구를 믿어야 할지 알고 싶은가? 하늘과 땅에 있는 모든 권세가 내게 주어졌다. 어떤 근심이나 부족한 것이 있는가? 내 이름으로 구하라. 만일 네가 내 안에 거하고 내 말이 네 안에 있으면, 원하는 대로 구하라. 그러면 네게 주어질 것이다. 아버지 하나님께 나아가길 원하는가? 어느 누구도 나를 통하지 않으면 아버지께로 올 자가 없다. 아버지와 나는 곧 하나이다."

그가 진지하게 이런 말을 한다면, 우리는 어떻게 생각하겠는가? "이야, 정말 대단한 스승이구나"라고 생각할 리는 없다. 오히려 "자신이 하나님이라고 주장하다니 완전히 미쳤구먼"이라고 말할 것이다. 이 점에 대해 C. S. 루이스만큼 명쾌하게 설명한 이가 없기에, 재차 그의 글 한 토막을 보자.

---

9   C. S. Lewis, *Mere Christianity* (New York: Macmillan, 1952), 54-55.

제가 이런 말을 하는 것은 "나는 예수를 위대한 도덕적 스승으로는 기꺼이 받아들이지만, 자신이 하나님이라는 주장만큼은 받아들일 수 없다"는 어리석기 짝이 없는 말을 그 누구도 못 하게 하기 위해서입니다. 우리는 이런 말을 할 수 없습니다. 인간에 불과한 사람이 예수와 같은 주장을 했다면, 그는 결코 위대한 도덕적 스승이 될 수 없습니다. 그는 (자신이 계란이라고 말하는 사람과 수준이 똑같은) 정신병자거나 아니면 지옥의 악마일 것입니다. 이제 우리는 선택을 해야 합니다. 이 사람은 하나님의 아들이었고, 지금도 하나님의 아들입니다. 그게 아니라면 미치광이거나 그보다 못한 인간입니다. 우리는 그를 바보로 여겨 입을 틀어막을 수도 있고, 악마로 여겨 침을 뱉고 죽일 수도 있습니다. 아니면 그의 발 앞에 엎드려 하나님이자 주님으로 부를 수도 있습니다. 그러나 위대한 인류의 스승이니 어쩌니 하는 선심성 헛소리에는 편승하지 맙시다. 그는 우리에게 그럴 여지를 주지 않았습니다. 그에게는 그럴 여지를 줄 생각이 처음부터 없었습니다.[10]

C. S. 루이스의 말은 단연코 옳다. 예수가 분명히 자신이 하나님이라고 주장했으므로, 그는 단지 위대한 스승이 될 수 없다. 위대한 스승은 자기가 하나님이라는 거짓 주장으로 사람들을 기롱(欺弄)하지 않는다. 예수는 자신이 하나님이라고 주장했으므로 오직 세 가지 가능성만이 존재한다. 즉 그는 거짓말쟁이거나, 미치광이거나, 아니면 정말 하나님이다.

그가 거짓말쟁이였다는 것은 앞뒤가 맞지 않는다. 예수는 가장 높은 수준의 도덕을 따라 살았고 그 도덕을 가르쳤다. 또한 스스로 진리를 말하고 있다고 생각하지 않았는데도 목숨을 내던졌을 공산은 거의 없다.

---

10 Ibid., 55-56.

예수가 자신이 하나님이라고 생각했음에도 불구하고 실제로는 하나님이 아니었다면, 그는 미치광이였을 것이다. 그러나 미치광이였다는 것도 앞뒤가 맞지 않는다. 그는 이 세상 어떤 책에서도 찾을 수 없는 심오한 진리의 말씀을 남겼다. 심지어 그의 대적들을 포함해 모든 사람이 예수야말로 진리를 가르치는 신실한 사람이라고 입을 모았다(막 12:14).

그렇다면 그가 하나님이라는 가능성만이 남는다. 피터 크리프트(Peter Kreeft)는 너무나 간단하게 그 논증을 펼치고 있다.

오직 두 가지 가능성이 존재한다. 예수는 하나님이거나, 하나님이 아니다. 가장 간단한 형태의 논증은 이와 같다. 첫째, 자신에 대한 그의 주장이 참이라면 예수는 하나님이었으며, 둘째, 자신에 대한 그의 주장이 참이 아니라면, 그는 나쁜 사람이다. 선량한 사람이라면 자신이 하나님이라고 주장하지 않기 때문이다. 그러나 그는 나쁜 사람이 아니었다. (역사상 나쁘지 않았던 사람이 하나라도 존재한다면, 그는 바로 예수일 것이다.) 따라서 그는 하나님이었(고 지금도 하나님이)다.[11]

이것은 타당한 논리처럼 보인다. 그러나 그가 하나님이라고 결론 내리는 것이 과연 옳은 것일까? 요컨대, 자신이 하나님이라고 주장하는 것—이런 일은 누구라도 할 수 있다—과 그것이 진실임을 증명하는 일은 별개이다.

---

11 Peter Kreeft, "Why I Believe Jesus Is the Son of God," Norman Geisler and Paul Hoffman, eds., *Why I Am a Christian: Leading Thinkers Explain Why They Believe*(Grand Rapids, Mich.: Baker, 2001), 228-229.

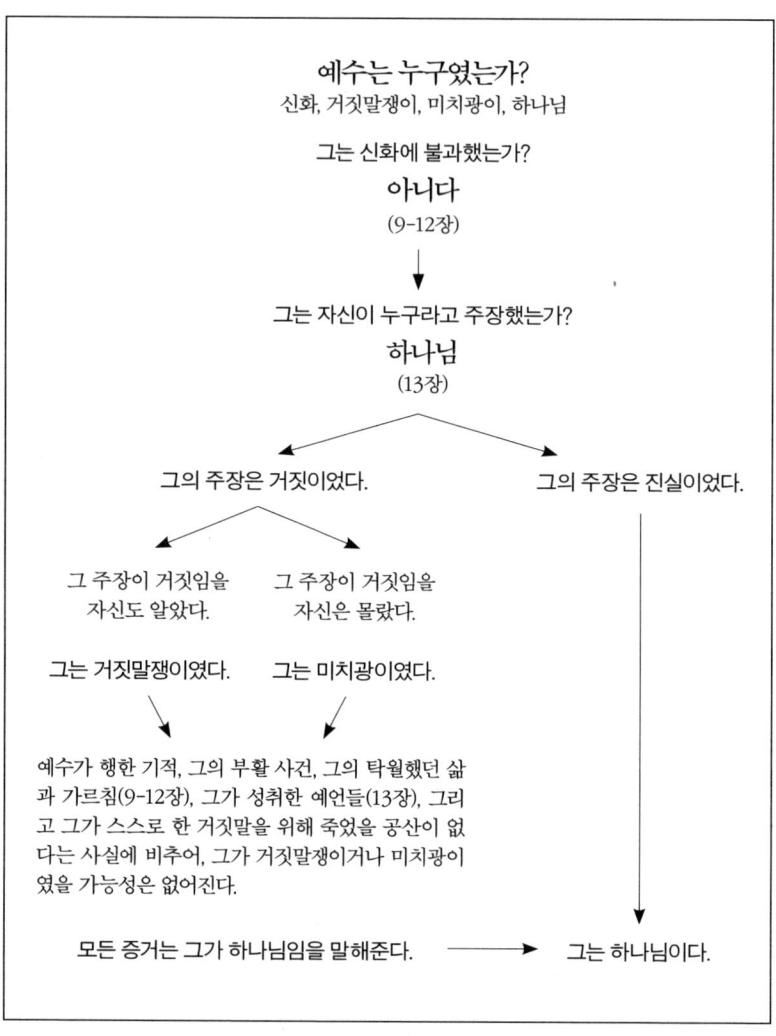

그림 13.2

예수가 하나님이라는 증거

우리가 보았듯이 예수는 자신이 하나님이라고 분명히 주장했고, 종종 하나님처럼 행동했다. 그는 거기에서 그치지 않고 자신이 하나님임을 입증했다. 그는 비견할 수 없는 세 가지 증거를 통해 입증하고 있다.

1. 그는 몇백 년 전에 쓰인 수많은 메시아 강림 예언들을 성취했다.
2. 그는 죄 없는 삶을 살았으며 기적을 행했다.
3. 그는 자신이 죽은 자 가운데서 부활할 것임을 예언했고 그대로 이루어졌다.

우리는 이미 메시아 강림 예언, 예수가 행한 기적, 그리고 그의 부활 증거를 제시했다. 그러나 예수가 죄 없는 자라는 견해에 대해서는 어떠한가? 예수는 이렇게 말했다. "너희 중에 누가 나를 죄로 책잡겠느냐(요 8:46)?" 더욱이 그와 더불어 3년 동안 밤낮을 함께한 제자들도 예수가 죄 없으신 분이라고 주장했다.

- 베드로는 예수를 "죄를 범하지 아니하시고 그 입에 거짓도 없으시며"(벧전 2:22) "흠 없고 점 없는" 어린 양(벧전 1:19)으로 묘사한다.
- 요한은 그리스도에 대해서 "그에게는 죄가 없느니라"(요일 3:5)고 말한다.
- 바울은 예수가 "죄를 알지도 못하신 이"(고후 5:21)라고 썼다.
- 히브리서 기자는 예수가 "죄는 없으시니라"(히 4:15)고 주장한다.

누군가와 3년은 고사하고 3일만 함께 지내면, 그의 흠을 발견하게 된다. 신약성경의 저자들은 예수에게 그런 흠이 하나도 없었다고 말한다.

그가 지고의 인격을 가진 분이었다고 확증한 이들은 단지 그의 친구들만이 아니었다. 그리스도의 대적들도 그로부터 아무런 흠을 찾을 수 없었다. 예수에게 있는 흠집을 찾으려 혈안이 되어 있던 바리새인들조차 아무것도 찾지 못했다(막 14:55). 바리새인들조차 예수가 "진리로써 하나님의 도를 가르친다"는 것을 인정했다(막 12:14). 예수를 고소하기 위해 바리새인들이 온갖 노력을 다했음에도 불구하고, 빌라도는 그가 아무 잘못 없는 무죄한 사람임을 깨달았다(눅 23:22).

그러나 그리스도의 신성에 관한 증거는 그가 죄 없다는 사실에 의존하지 않는다. 성취된 예언, 기적, 그리고 그의 부활이야말로 예수가 곧 하나님이었음을 입증하고도 남는다. 그러나 예수가 유일한 하나님이었고 지금도 역시 그렇다고 결론 내리기 전에, 짚고 넘어가야 할 반대 의견들이 있다.

그리스도의 신성에 대한 반대 의견

왜 예수는 보다 분명히 드러내지 않았는가?

물론 자신이 하나님이라고 몇 차례 분명히 주장하긴 했으나, 예수가 실제로 하나님이었다면 더 자주 명백하게 드러낼 수도 있지 않았느냐고 회의론자들은 지적한다. 맞는 말이다. 그게 필요하다고 생각했다면, 그는 좀 더 자주 직접적으로 주장했을 것이다. 그러나 그가 그렇게 하지 않은 데에는 몇 가지 이유가 있다.

첫째, 예수는 메시아가 오셔서 자신들을 로마의 압제로부터 해방시켜 줄 것이라고 오해하고 있었던 유대인들로부터 간섭받기를 원하지 않았다. 예수의 신중한 접근에도 불구하고 이것은 실로 문젯거리였다. 어느 땐가 기적을 행한 다음, 예수는 자신을 왕으로 추대하려는 유대인들로부터 도망까지 쳐야 했다(요 6:15).

둘째, 예수가 이 땅에서 부딪히는 모든 문제들마다 자신의 권세를 사용했다면, 그는 우리에게 가장 위대한 본보기가 될 수 없었을 것이다. 그의 삶은 우리에게 겸양과 섬김의 완벽한 본을 보여주고 있으며, 나아가 우리가 어떻게 우리 자신보다 아버지를 영화롭게 해드려야 하는지 보여주고 있다.

셋째, 예수는 대속 제물로서의 사명을 완수하기 위해, 언제 어디서 자신의 신성을 드러내야 할지 매우 신중해야 했다. 그가 지나치게 드러내 놓고 자신의 신성을 주장하거나 기적을 행했더라면, 사람들은 그를 죽이지 않았을지 모른다. 그러나 너무 드러내지 않았다면 그가 하나님이라는 증거는 거의 없었을 것이며, 나아가 그의 메시지를 전하기에 충분한 추종자들을 모을 수 없었을지도 모른다.

마지막으로, 우리는 예수 당시의 종교적 정황을 이해해야 한다. 그는 자신이 구약의 율법—이 율법은 여러 세기 동안 경외와 복종의 대상이었으며 유대인들의 모든 종교와 정치 행위의 기초였다—을 성취했다는 개념을 제시했다(마 5:17). N. T. 라이트(N. T. Wright)는 이렇게 말했다. "(이것은) 마치 이슬람교 국가에서 어떤 사람이 알라의 뜻을 성취하는 거라고 주장하면서 마호메트를 욕보이고 코란을 불태우는 것과 마찬가지다."[12] 그러므로 예수가 비유를 통해 가르치고, 자신의 신성을 간접적으로 드러냈다는 점이 이상할 것은 전혀 없다. 그는 마음이 열린 사람들을 확신시키기엔 충분하나, 자기 전통을 고집하기 원하던 이들의 자유 의지를 꺾지 않을 정도의 증거를 허락한 셈이다.

이렇듯 예수가 자신의 신성을 보다 자주 천명하지 않은 데에는 그

---

12 Jeffrey L. Sheler, *Is Bible True?*(San Francisco: HarperSanFrancisco, 1999), 208.

럴 만한 이유가 있었다. 그러나 그가 이미 충분한 정도로는 드러냈다는 사실 또한 간과해서는 안 된다. 유대인들 앞에서(요 8:58), 그리고 대속 제물로서의 사명이 곧 이루어질 것을 알았을 때 대제사장 앞에서(마 26:64; 막 14:62; 눅 22:70), 예수는 분명히 자신이 하나님임을 주장했다.

신성을 간접적으로 부인한 사례

비평가들은 종종 신약성경에서 그리스도의 신성에 의문을 제기할 만한 세 가지 사례를 인용하곤 한다. 그 첫 번째가 마태복음 19장 17절에 나오는데, 거기서 젊은 부자 관원이 예수를 "선한 선생"으로 부르고 있다. 이에 예수는 "선한 이는 오직 한 분이시니라"라고 대답해, 자신의 신성을 부인하고 있는 것처럼 보인다.

그러나 이런 의구심은 비평가들의 실수에 불과하다. 여기서 예수는 자신의 신성을 부인하고 있지 않다. 오히려 예수는 관원으로 하여금 자신의 답변을 깊이 헤아려 예수의 신성을 깨닫게 하려는 의도가 있는 것으로 보인다. 그러니까 실제로 예수는 이렇게 묻고 있는 것이다. "네가 나를 가리켜 선하다고 하는데, 그 말이 무슨 의미인지 아느냐? 너는 내가 하나님이라고 말하는 것이냐?" 이러한 의도는 정황 속에서 분명히 드러나는데, 불과 몇 구절 뒤에서 예수는 자신을 가리켜 "영광스러운 보좌 위에 앉아" 제자들과 함께 통치하게 될 "인자"로 지칭하고 있기 때문이다(마 19:28).

그리스도의 신성에 대한 두 번째와 세 번째 반대 의견은 예수가 성부 하나님보다 크지 않으며 한정된 지식을 갖고 있었다는 것과 관련이 있다. 요한복음 14장 28절에서 예수는 "아버지는 나보다 크심이라"고 인정함으로 자신을 하나님보다 못한 존재로 규정했다. 또한 마태복음 24장

36절에서도 "그날과 그때는 아무도 모르나니, 하늘의 천사들도 아들도 모르고, 오직 아버지만 아시느니라"고 말하면서 예수 자신도 재림의 때를 알지 못한다고 선언했다. 그가 성부 하나님보다 아래에 있으며 지식이 한정되어 있다면, 어떻게 그가 하나님일 수 있겠는가?

삼위일체에 대해 올바로 이해하기만 한다면, 두 가지 반대 의견에 충분히 대답할 수 있다. 우선 삼위일체에 대해 오해하기 쉬운 부분부터 짚어보자. 삼위일체는 세 분의 하나님이 있다거나, 한 하나님이 세 가지 모습을 갖고 있다거나, 하나님의 본질이 세 가지라는 의미가 아니다. 삼위일체는 하나의 신성을 가진 세 인격을 의미한다(three persons in one divine essence). 바꾸어 말하면, 하나의 신성을 공유하는 세 인격—성부, 성자, 그리고 성령—이 존재한다는 것이다. 삼위일체는 하나의 삼각형과 같다. 하나의 삼각형은 세 개의 꼭짓점이 있지만, 여전히 하나의 삼각형이다(그림 13.3a와 13.3b).

예수는 하나님과 신성을 공유하면서 독특하게도 인성을 갖고 있다. 예수는 두 개의 '무엇'(하나님의 '무엇'과 인간의 '무엇')을 가진 하나의 '누구'이다. 하나님은 하나의 '무엇'인 세 '누구'이다(아버지인 '누구', 아들인 '누구', 그리고 성령인 '누구'). 곧 하나의 본질에 세 인격이다. 초대 교회 교부 아타나시우스는 하나님의 성육신이 신성의 차감이 아니라, 도리어 인성의 부가라고 말했다. 사실 예수가 잉태되었을 때에도 그는 하나님이기를 그치지 않았다. 단지 인성을 더했을 뿐이다.

그러면 두 번째, 세 번째 반대 의견에 어떻게 대처해야 하는가? 예수는 두 본성을 가지고 있으므로, 그에 대해 사실상 두 가지 방향의 질문을 던져야 한다. 가령, 예수는 자신의 재림 시기를 알았는가? 하나님으로서는 '그렇다'지만, 인간으로서는 '아니요'이다. 예수는 모든 것을 알았

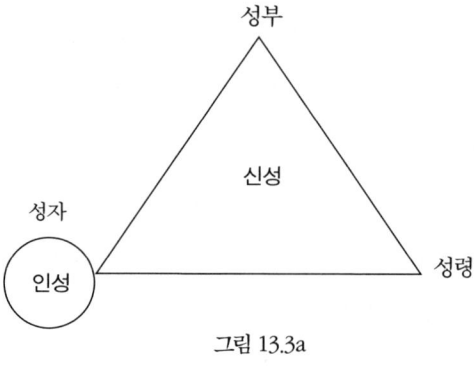

그림 13.3a

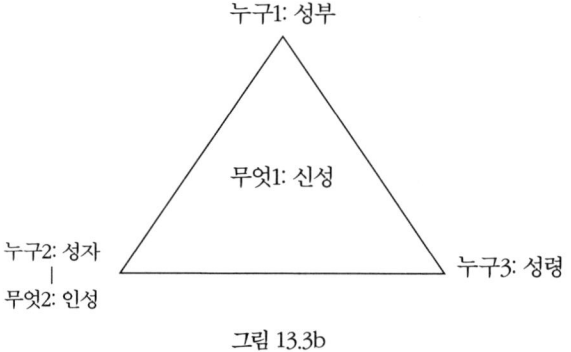

그림 13.3b

는가? 하나님으로서는 '그렇다'지만, 인간으로서는 '아니요'이다. (실제로 누가복음 2장 52절은 예수의 지혜가 자랐다고 인정한다.) 예수는 배가 고팠을까? 하나님으로서는 '아니요'지만, 인간으로서는 '그렇다'이다. 예수는 피곤함을 느꼈을까? 역시 하나님으로서는 '아니요'지만, 인간으로서는 '그렇다'이다.

또한 삼위일체는 예수의 "아버지는 나보다 크심이라"는 선언의 의미를 이해할 수 있게 도와준다. 아버지와 아들은 본질에서는 같으나, 직무에서는 다르다. 이는 인간관계에 견주어 알 수 있다. 예를 들어 지상에서 아버지는 아들과 같은 인간이지만, 더 높은 자리를 차지한다. 마찬가지로, 예수와 성부 하나님은 서로 직무는 다르지만, 동일한 하나님이다(요 1:1; 8:58; 10:30). 예수에게 인성이 부가되었을 때, 그는 자원하여 스스로를 하나님 아래 두었으며 나아가 인성의 고유한 한계를 인정했다(이는 바울이 빌립보서에서 설명한 내용과 동일하다(2:5-11)). 그러나 예수는 자신의 신성을 잃거나 하나님이기를 그만두지 않았다. 표 13.3은 예수와 아버지의 차이를 요약한 것이다.

하나님인 예수와 아버지

예수와 아버지는 동등하다	예수는 하나님 아래 있다
신성을 가졌다는 점에서	인성을 가졌다는 점에서
하나님의 본질을 가졌다는 점에서	인간의 역할을 가졌다는 점에서
하나님의 속성을 가졌다는 점에서	인간의 직무를 가졌다는 점에서
하나님의 성품을 가졌다는 점에서	인간의 위치를 가졌다는 점에서

표 13.3

삼위일체에 대한 반대 주장

물론 회의론자들은 인정하지 않겠지만, 삼위일체는 불합리하지도, 이성에 어긋나지도 않는다. 하나님은 한 분이면서 또한 세 분이라고 말한다면 비논리적일 것이다. 하지만 한 하나님이 세 인격을 가졌다고 말하는 것은 논리에 어긋나지 않는다. 이성의 한계를 뛰어넘을 수는 있겠으나, 이성에 반反하는 것은 아니다.

그렇다고 해서 우리가 삼위일체를 완벽하게 파악할 수 있는 것은 아니다. 유한한 존재가 어떻게 무한한 하나님을 완전히 파악할 수 있겠는가? 그러나 대양의 신비에 대해 어렴풋이나마 이해하는 것처럼, 우리는 삼위일체를 어렴풋이 이해할 수는 있다. 바닷가에 서면, 우리 앞에 대양이 있다는 것을 알 수는 있지 않은가? 비록 그 광활함을 다 헤아리지는 못하더라도 말이다.

어떤 이슬람교 신자들은 삼위일체 교리가 너무 복잡하다고 논박한다. 그러나 진리가 항상 단순해야 할 이유라도 있는가? C. S. 루이스는 이 점에 대해 적절한 대답을 주고 있다. "기독교가 우리가 만들어 낸 것이라면 지금보다 훨씬 단순했을 것입니다. 그러나 기독교는 만들어 낸 것이 아닙니다. 우리는 단순성이라는 점에서는 새로이 종교를 창안해 내는 사람들과 경쟁할 수 없습니다. 어떻게 경쟁이 가능하겠습니까? 우리는 '사실'을 다루는 데 말입니다. 물론 신경 써야 할 '사실'이 없는 사람들은 얼마든지 단순해질 수 있겠지만 말입니다."[13]

비평가와 이교도 지도자 중에는 교회가 후대에 와서 삼위일체 교리를 만들어 냈다고 주장하는 이들도 있다. 그러나 그것은 사실이 아니다. 성부, 성자, 그리고 성령은 모두 성경 속에서 하나님으로 언급되고 있

---

13 C. S. Lewis, *Mere Christianity*(New York: Macmillan, 1952), 145.

다.[14] 뿐만 아니라, 비록 초기 교회의 모든 교부들이 삼위일체 교리를 받아들이지 않았다 할지라도, 그것이 곧 삼위일체 교리가 잘못되었음을 의미하진 않는다. 삼위일체 교리는 다수결로 결정된 것이 아니다. 삼위일체 교리는 철학적으로나 성경적으로나 건전하다.

사실, 삼위일체 교리는 신학적 문제들을 만들어 내기보다는, 여러 신학적 문제들을 해결해 주었다. 예를 들어, 삼위일체 교리는 사랑이 어떻게 영원부터 존재하게 되었는지 이해할 수 있게 도와준다. 신약성경은 하나님이 사랑이라고 말한다(요일 4:16).

그러나 유일신 종교의 경직된 존재 안에 어떻게 사랑이 있을 수 있겠는가? 사랑할 대상이 아무도 없지 않은가! 한 본질에 세 인격인 하나님이 그 문제를 풀어준다. 요컨대 사랑이 있으려면, 사랑하는 자(성부), 사랑받는 자(성자), 그리고 사랑의 영(성령)이 있어야 한다. 이 삼위일체적 본질 때문에, 하나님은 완전한 사랑의 교제 속에 영원히 존재한다. 그는 사랑은 말할 것도 없고, 흠이 전혀 없는 완전한 존재이다. 흠이 없으므로, 하나님은 그 어떤 이유로도 인간을 만들 필요가 없었다(그러므로 그

---

14 Norman Geisler, *Baker Encyclopedia of Christian Apologetics*(Grand Rapids, Mich.: Baker, 1999)를 보라. 다음 사항은 730쪽에 실려 있는 것들이다.:성령이 "하나님"으로 불리운다(행 5:3-4). 성령은 무소부재(시 139:7-12 참조), 전지(고전 2:10-11)와 같은 하나님의 속성을 갖고 있다. 성령은 창조시에 성부 하나님과 함께하셨다(창 1:2). 성령은 구속 사역에서 성부, 성자와 더불어 함께 일하신다(요 3:5-6; 롬 8:9-17, 23-27; 딛 3:5-7). 성령은 "하나님"이라는 이름 아래 삼위일체를 이루시는 다른 인격과 더불어 계신다(마 28:18-20). 마지막으로, 성령은, 성부 그리고 성자와 더불어, 신약성경의 축도에 나타난다(고후 13:14). 성령은 신성을 갖고 있을 뿐만 아니라, 구별된 인격을 갖고 계신다. 그가 구별된 인격이라는 점은 성경이 "그"라는 인칭대명사로 성령을 부르고 있다(요 14:26; 16:13)는 점에서 분명히 드러난다. 둘째로 그는 가르치는 일(요 14:26; 요일 2:27), 죄를 책망하시는 일(요 16:7-8), 그리고 죄로 말미암아 근심하시는 일(엡 4:30)처럼, 인격체만이 할 수 있는 일을 하신다. 마지막으로, 성령은 지(고전 2:10-11), 정(엡 4:30), 의(고전 12:11)를 갖고 계신다.

는 외롭지 않았다). 그는 단순히 사랑의 본성을 좇아, 우리를 창조하기로 작정했고 우리를 사랑했다. 자신의 아들—삼위일체의 제2인격—을 보내 우리 죄를 위해 형벌을 감당하도록 한 것도 그의 사랑 때문이었다. 그의 무한한 공의는 우리를 정죄하지만, 그의 무한한 사랑은 구원받기를 원하는 이들을 구원한다.

요약과 결론

나사렛 사람 예수 그리스도는 자신이 구약성경의 예언에 따른 메시아이자 하나님이라고 주장하고 입증했다. 그의 주장은 다양한 방식으로 표출되었다. 즉 "내가 그니라"고 직접적으로 주장하기도 했고, 자신의 신성을 간접적으로 암시하기도 했다. 죄를 용서하고, 하나님의 권위로 계명을 주고, 하나님께만 돌려져야 할 경배를 받는 등 그의 여러 행위 또한 자신이 하나님이라는 사실을 믿고 있었음을 보여준다. 그리고 그는 다음과 같은 방법으로 자신이 하나님임을 입증했다.

1. 수백 년 전에 쓰인 많은 메시아 예언들을 성취했다(예수는 역사에서 유일하게 이 모든 예언을 성취한 사람이다).
2. 죄 없는 삶을 살았을 뿐만 아니라 여러 기적을 행했다.
3. 자신이 죽은 자 가운데서 부활할 것임을 예언하고 그것을 성취했다.

우리는 이 사실들이 의심의 여지없이 확실히 입증되었음을 믿는다. 따라서 우리는 예수가 하나님이라고 결론짓는다.

앞에서 하나님은 도덕적인 면에서 완전한 존재임을 입증했으므로(7장의 도덕적 논증을 보라), 예수(그는 하나님이시다)가 가르친 것은 무엇이나 참이라 할 수 있다. 예수는 무엇을 가르쳤는가? 특별히 그는 성경에 대해 무엇이라고 가르쳤는가? 그것이 다음 장의 주제이다.

14장 ___ 예수는 성경에 대해 무엇이라고 가르쳤는가?

> 언젠가 고등학교 과학 교사가 나에게 창세기의
> 많은 부분이 거짓이라고 말한 적이 있다. 그러나 그는
> 죽은 자 가운데서 부활함으로써 자신이 하나님임을
> 입증하지 못했으므로, 나는 대신 예수를 믿을 것이다.
> 앤디 스탠리

위선자에게 화 있을진저!

미국 의회에서는 상하 양원 합동 회의가 자주 열리지 않는다. 그런데 이날은 435명의 하원 의원과 100명의 상원 의원 전원이 출석했고, C-SPAN-TV로 생중계되고 있었다. 의원들은 조지 워싱턴의 어느 후손의 연설을 듣기 위해 한 자리에 모였다. 그러나 애국심을 고취시킬 역사적 순간을 기대했던 연설 장면은 텔레비전으로 중계되는 말장난 정도로 순식간에 바뀌고 말았다. 워싱턴의 7대손이라는 사람은 손가락을 좌우로 흔들며 굳은 표정으로 이렇게 말했다.

이기적인 위선자들이여, 그대들에게 화 있을진저! 여러분은 탐욕과 방종으로 가득차 있습니다. 여러분의 모든 것은 겉으로 보여주기 위한 쇼에 불과

합니다. 여러분은 이곳의 TV 카메라 앞에서 목에 힘을 준 채 연설을 하고 인기를 얻기 위해 허풍을 떱니다. 연회마다 특별석에 앉기 원하며 가는 곳마다 귀빈 대우를 받기 원합니다. 지역구에서는 환대를 받기 원하고 사람들마다 '의원님'이라든지 아니면 '의원 어르신'으로 불러주기를 고대합니다. 겉으로는 의로운 사람처럼 보이지만 내면은 위선과 악독으로 가득합니다. 여러분은 이 워싱턴의 더러움을 깨끗이 씻어버리고 싶다고 말하지만, 여러분이 이곳에 발을 딛는 순간 선거를 통해 쫓겨난 전임자보다 두 배나 더러운 지옥의 자식이 되고 맙니다.

법을 만드는 위선자들이여, 그대들에게 화 있을진저! 여러분이 훈계로 가르치는 것을 정작 여러분은 실천하지 않습니다. 서민의 등에 무거운 짐을 지우지만, 정작 여러분은 자신이 만든 법으로부터 빠져나갑니다.

나라의 각 지역을 대표하는 멍청이들이여, 진정으로 그대들에게 화 있을진저! 여러분은 헌법을 지지하고 수호하겠노라고 선서합니다만, 정작 판사들이 법을 함부로 다루도록 내버려두어 헌법을 휴지 조각으로 만들어 버립니다.

눈 먼 위선자들이여, 여러분에게 화 있을진저! 여러분은 만일 건국의 아버지들과 동시대에 살았더라면, 그들처럼 노예 제도를 옹호하지 않았을 것이라고 말합니다. 노예들이 주인의 소유 재산이라는 데 결코 동의하지 않았을 것이며, 그들이 결코 누구에게도 양도할 수 없는 고귀한 인권의 소유자들임을 단호하게 외쳤을 것이라고 말합니다. 그러나 지금 여러분은 아직 세상 빛을 못 본 태아들이 그 모친의 재산이며 아무 권리도 갖고 있지 않다고 떠들어댑니다. 여러분의 말과 행동이 완전히 다르지 않습니까? 이 땅에서 흘린 무고한 태아들의 피가 여러분의 머리 위로 쏟아질 것입니다. 여러분은 사악한 뱀입니다. 독사의 자식입니다. 여러분은 이 숭고한 의원들의 자리를 황무지로 만들어버렸습니다. 저주를 받고 지옥에 빠져버릴 운명을 어떻게 모면할 겁니까?

물론 이와 같은 연설은 실제로 이루어진 적이 없다. 어떤 인물이 대체 얼마나 생각 없고 무례하면 나라의 지도자들 앞에서 감히 그런 연설을 할 수 있겠는가? 게다가 스스로를 기독교인으로 자처하는 사람이라면 더더욱 엄두도 내지 못할 일이다.

오늘날의 정치 지도자들 앞에서 예수가 감히 그런 얘기를 했을 것이라는 생각을 할 수 없을 테지만, 그는 이스라엘 종교 지도자들 앞에서 실제로 이와 비슷한 연설을 행했다. 그토록 고결하고 점잖을 것 같은 예수가 어떻게 그럴 수 있을까? 하지만 절대 사실이다. 마태복음 23장을 읽어보면, 앞에서 소개한 가상의 연설문 가운데 상당한 내용이 예수가 바리새인과 군중 앞에서 행한 연설로부터 차용된 것임을 알 수 있다. 부드러운 예수를 원하는 사람들에 의해 부드러운 자로만 알려진 것과 다르게, 실제 예수는 권위가 있었고 잘못을 그냥 넘어가지 않았다. 잘못을 교정하는 일에 하나님인 자신보다 더 좋은 이가 누가 있겠는가? 예수는 하나님이었기에, 그가 가르친 모든 것은 참되다.

역사적으로 신뢰할 만한 복음서는 많은 주제들에 관한 예수의 가르침을 기록하고 있다. 그러나 예수가 성경에 대해 가르친 내용이야말로 가장 광범위한 영향을 미쳤다. 만일 예수가 성경을 가리키며 그것이 하나님의 말씀이라고 가르쳤다면, 성경은 우리가 하나님의 진리를 알 수 있는 최우선 자료가 되는 것이다. 그렇다면 예수는 성경에 대해 무엇을 가르쳤는가?

예수는 구약성경에 대해 무엇이라고 가르쳤는가?

예수는 구약성경이 하나님의 말씀임을 일곱 가지 방식으로 가르쳤다. 그는 그것을 이렇게 말했다.

1. 신적 권위가 있다

예수는 사탄에게 시험 당할 때 구약성경을 인용해 대적의 잘못을 지적했다. 그는 "기록되었으되 사람이 떡으로만 살 것이 아니요 하나님의 입으로부터 나오는 모든 말씀으로 살 것이라 하였느니라… 또 기록되었으되 주 너의 하나님을 시험하지 말라 하였느니라… 사탄아 물러가라 기록되었으되 주 너의 하나님께 경배하고 다만 그를 섬기라 하였느니라"고 말했다(마 4:4, 7, 10). 만일 구약성경에 신적 권위가 없다면, 왜 예수는 그토록 확신에 찬 어조로 구약성경을 인용했겠는가? 그는 자신의 가장 강력한 적을 물리치기 위해 구약성경을 진리의 원천으로 간주했던 것이 틀림없다.

실제로 예수와 그의 사도들은 92차례에 걸쳐, "기록되었으되"(또는 그와 같은 말)라고 말한 다음 구약성경을 인용함으로써, 자신들의 주장을 뒷받침한다. 왜 그랬을까? 예수와 그의 사도들은 구약성경이 하나님의 기록된 말씀이며, 그러기에 삶에서 최고의 권위를 갖는다고 여겼기 때문이다.

2. 결코 소멸하지 않는다

산상 설교 내용 중에서 보수주의자들과 자유주의자들이 공통적으로 좋아하는 구절이 있는데, 예수가 성경의 가장 작은 선이나 점 하나라도 결코 없어지지 않을 것이라고 주장한 대목이다. 그는 "내가 율법이나 선지자를 폐하러 온 줄로 생각하지 말라 폐하러 온 것이 아니요 완전하게 하려 함이라 진실로 너희에게 이르노니 천지가 없어지기 전에는 율법의 일점 일획도 결코 없어지지 아니하고 다 이루리라"(마 5:17-18)고 말했다. 성경의 불멸성에 대해 이보다 더 강하게 표현한 예수의 발언이 또 있겠는가?

3. 절대 흠이 없다(infallible)

요한복음 10장에서, 예수는 하나님을 참칭했다는 이유로 돌에 맞을 뻔한다. 이 상황에서 그는 구약성경을 인용하며 "성경은 폐하지 못한다"(요 10:35)고 선언한다. 자신의 생명이 경각에 있을 때조차, 예수는 폐할 수 없는 성경의 틀림없는 권위를 언급한 것이다. 나아가 그는 나중에 제자들을 위해 기도하면서 성경의 진리를 확인하고 있다. 즉 "그들을 진리로 거룩하게 하옵소서 아버지의 말씀은 진리니이다"(요 17:17)라고 말한다.

4. 오류가 없다(inerrant)

사두개인들이 예수를 함정에 빠뜨리기 위해 교묘한 질문을 던졌을 때, 그는 이렇게 말한다. "너희가 성경도, 하나님의 능력도 알지 못하는 고로 오해하였도다(you are in error)"(마 22:29). 물론 그것이 암시하는 바는 성경에 오류가 없다는 뜻이다. 우리는 예수가 다음과 같이 말하는 장면을 결코 상상할 수 없다. "너희가 '오류가 있는' 성경을 알지 못하는 고로 오해하였도다."

5. 역사적으로 신뢰할 수 있다

구약성경이 하나님의 말씀으로서 권위가 있으며, 불멸성을 갖고 있고, 틀림이 없으며, 오류가 없음을 선언한 것에 덧붙여, 예수는 역사적으로 가장 논란이 많은 구약성경의 두 이야기, 곧 노아(마 24:37-38)와 요나(마 12:40)의 이야기가 진실임을 확인했다. 예수는 그 이야기들이 역사적으로 진실이라고 말했다. 그것이 진실이 아닐 이유가 무엇이 있겠는가? 우주의 창조자인 전능한 하나님에게 노아나 요나와 관련된 기적은 손쉬운 일일 것이다. 한정된 지식을 갖춘 우리도 거대한 배를 건조하고 사람들이 몇 개월 씩 수중에서 생존하도록 할 수 있는데, 하나님이 그와 같은 일을 못하실 이유가 없다.

예수는 비평가들이 부인하고 있는 구약성경의 다른 장면들도 확증한다. 예수는 다니엘이 선지자였다고 가르치는 반면(마 24:15), 많은 비평가들은 다니엘이 단순히 역사가일 뿐이라고 말한다. 비평가들이 다니엘을 후대의 사람으로 보는 이유는, 그가 그 모든 예언을 했을 리가 없다고 확신하기 때문이다. 초자연주의에 반대하는 그들의 편향성이 다시 한 번 드러나고 있다. 게다가 예수는 특별히 이사야서의 각기 다른 부분들을 인용하고 있으며(마 7:6-7; 13:14-15; 눅 4:17-19), 단 한 번도, 비평가들의 주장대로, 둘 혹은 세 가지의 이사야서가 존재한다고 말하지 않았다.

6. 과학에 비추어 보아도 정확하다

예수는 오늘날의 비평가들과 상반되는 다른 주장도 펼쳤다. 이혼의 허용 여부와 관련한 질문을 받았을 때, 예수는 창세기에서 빌려온 과학적인 사실을 인용한다. 그는 이렇게 말했다. "사람을 지으신 이가 본래 그들을 남자와 여자로 지으시고 말씀하시기를 그러므로 사람이 그 부모를 떠나서 아내에게 합하여 그 둘이 한 몸이 될지니라 하신 것을 읽지 못하였느냐 그런즉 이제 둘이 아니요 한 몸이니 그러므로 하나님이 짝 지어 주신 것을 사람이 나누지 못할지니라"(마 19:4-6). 달리 말하면, 혼인의 본질은 아담과 하와가 하나의 목적을 위해 창조되었다는 과학적 사실과 연관되어 있는 것이다.

더구나 예수는 성경이 '천국에 어떻게 가는지' 말해줄 뿐 '천국이 어떤 곳인지'는 말해 주지 않는다는 잘못된 생각을 받아들이지 않았다. 그는 니고데모에게 이렇게 말했다. "내가 땅의 일을 말하여도 너희가 믿지 아니하거든 하물며 하늘의 일을 말하면 어떻게 믿겠느냐?"(요 3:12) 바꾸어 말해, 예수는 성경이 가시적인 물리적 세계에 관해서조차 진실되게 말하지 않는다면, 성경이 눈에 보이지 않는 영적 세계에 관해 말하는 것은 더더욱 신뢰할 수 없을 것임을 가르친 것이다. 실제로 기독교는 과학과 역사의 탐구를 통해 실증될 수 있는 창조와 그리스도의 부활 같은 역사적 사건 위에 건설되었다. 다른 종교를 믿는 이들은 종교와 과학이 완전 분리될 수 있다고 믿을지 모르겠으나, 기독교인들은 그렇지 않다. 우주에 관한 진리는 결코 모순될 수 없다. 모든 진리는 곧 하나님의 진리이기 때문이다. 따라서 종교적인 믿음은 과학적 사실들과 반드시 일치해야 한다. 만일 그 둘이 일치하지 않는다면, 우리의 과학 이해에 오류가 있거나, 아니면 우리가 종교를 통해 믿고 있는 것들이 잘못되었다는 뜻이다. 우리가 보았듯이, 기독교가 내세우는 많은 주장들이 과학 탐구를 통해 확증된다. 그리스도는 이렇게 될 것을 알고 있었다.

7. 궁극적 우월성이 있다

예수는 구약성경이 하나님의 말씀으로서 권위를 갖고 있으며, 결코 폐할 수 없고, 틀림이 없으며, 오류가 없는 데다가, 역사에 비추어 보아도 신뢰할 수 있으며, 또한 과학에 비추어 보아도 정확하다는 것을 가르쳤다. 따라서 우리는 그가 구약성경이 인간의 어떤 가르침보다 궁극적으로 우월하다는 주장을 펼칠 것을 예상할 수 있다. 이것이 바로 예수가 말했던 내용이다. 예수는 바리새인들과 율법사들이 스스로 만든 인간의 전통 대신에 구약성경에 순종해야만 한다고 주장함으로써 그들을 바로잡고 있다. 그는 이렇게 말한다. "너희는 어찌하여 너희의 전통으로 하나님의 계명을 범하느냐… 그 부모를 공경할 것이 없다 하여 너희의 전통으로 하나님의 말씀을 폐하는도다"(마 15:3, 6). 그런 다음 예수는 구약성경을 인용해 그들이 성경을 따라 살지 않음을 혹독하게 비판한다. "외식하는 자들아 이사야가 너희에 관하여 잘 예언하였도다 일렀으되 이 백성이 입술로는 나를 공경하되 마음은 내게서 멀도다 사람의 계명으로 교훈을 삼아 가르치니 나를 헛되이 경배하는도다 하였느니라 하시고"(마 15:7-9). 만일 구약성경이 그들의 사상보다 더 차원 높은 궁극적 우월성을 갖고 있지 않다면, 예수가 구약성경으로 이스라엘 종교 지도자들의 그릇됨을 바로 잡을 이유가 어디 있겠는가?

예수의 가르침을 고려해볼 때, 그가 구약성경을 오류가 없는, 기록된 하나님의 말씀으로 간주했다는 점은 의심의 여지가 없다. 그는 자신이 '율법과 선지자'(마 5:17; 눅 24:26-27)로 불리는 유대인의 구약성경을 완성하기 위해 왔다고 말한다(마 5:17). 그는 또 유대인들에게 이렇게 말한다. "너희가 성경에서 영생을 얻는 줄 생각하고 성경을 연구하거니와 이 성경이 곧 내게 대하여 증언하는 것이니라 그러나 너희가 영생을 얻기 위하여 내게 오기를 원하지 아니하는도다"(요 5:39-40).

예수는 자신에 대해 증거하는 성경을 성취하려고 왔다. 그런데 그 구약성경은 무엇으로 구성되어 있는가? 예수가 '성경'이라고 언급할 때는 어느 책들을 가리키는 것인가? 마태복음 23장에 기록된 그의 바리새인 질책 기사에서, 예수는 "그러므로 의인 아벨의 피로부터 성전과 제단 사이에서 너희가 죽인 바라갸의 아들 사가랴의 피까지 땅 위에서 흘린 의로운 피가 다 너희에게 돌아가리라"(35절)고 말하면서, 유대인의 구약성경에 들어 있는 모든 책을 처음부터 끝까지 언급한다. 아벨은 유대인의 구약성경 가운데 첫 번째 책(창세기)에서 살해된 인물로 나오며, 사가랴(스가랴, 대하 24:20)는 마지막 책(역대기) 속에서 살해된 인물로 나오고 있다.

실제로 예수와 신약성경의 저자들은 유대인의 구약성경 22권 가운데 18권에 실린 사건들을 언급할 정도로 구약성경의 모든 부분을 권위 있게 인용하고 있다.[1] 표 14.1에 열거된 많은 사건들의 역사성은 비평가들 사이에서 뜨거운 논란이 되고 있다.[2] 그러나 예수와 사도들은 그 사건들이 역사 내의 진실인 것처럼 언급하고 있다. 노아와 요나의 기사 이외에, 예수는 천지 창조(막 13:19), 아담과 하와(마 19:4-5), 소돔과 고모라(눅 10:12), 그리고 모세와 불붙은 가시덤불(눅 20:37)의 역사성을 확인한다. 이것은 구약성경이 역사적 실재라는 점을 예수가 자신의 영적 메시지의

---

[1] 유대인들의 구약성경은 프로테스탄트의 구약성경과 동일한 내용을 담고 있지만, 책의 구분을 달리 하고 있다. 프로테스탄트의 구약성경은 사무엘서, 열왕기서, 역대기서, 그리고 에스라—느헤미야서를 각각 둘로 나누며 열두 개의 소선지서를 열두 개의 각기 독립된 책으로 구분한다. 때문에 유대인들의 구약성경은 모두 22권으로 구분되지만, 프로테스탄트는 똑같은 책을 39권으로 나누고 있다. 로마가톨릭의 구약성경은 외경이라고 불리는 11권(7권은 독립된 책으로 구분되며, 네 권은 다른 책들의 부분으로 삽입되어 있다)의 책을 더 가지고 있다. 이 책들은 1546년에 열린 로마가톨릭 교회의 트렌트 공회의에서 추가되었는데, 대부분 루터가 일으킨 종교 개혁에 대한 반응으로서 추가된 것이다.
[2] 그 제목을 제외하고, 그 도표는 Norman Geisler and William Nix, *General Introduction to the Bible*(Chicago: Moody, 1986), 85에서 가져온 것이다.

구약 성경에 등장하는 사건	신약 성경이 확인한 구절
1. 우주의 창조(창 1장)	요한복음 1:3; 골로새서 1:16
2. 아담과 하와의 창조(창 1-2장)	디모데전서 2:13, 14
3. 아담과 하와의 혼인(창 1-2장)	마태복음 19:4-5
4. 여자의 유혹(창 3장)	디모데전서 2:14
5. 아담의 불순종과 죄(창 3장)	로마서 5:12; 고린도전서 15:22
6. 아벨과 가인의 제사(창 4장)	히브리서 11:4
7. 가인이 아벨을 죽이다(창 4장)	요한1서 3:12
8. 셋이 태어나다(창 4장)	누가복음 3:38
9. 에녹을 하나님이 데려가시다(창 5장)	히브리서 11:5
10. 노아의 홍수 이전의 혼인(창 6장)	누가복음 17:27
11. 대홍수와 인류의 멸절(창 7장)	마태복음 24:39
12. 노아와 그의 가족을 보존하시다(창 8-9장)	베드로후서 2:5
13. 셈의 족보(창 10장)	누가복음 3:35, 36
14. 아브라함의 출생(창 11장)	누가복음 3:34
15. 아브라함을 부르시다(창 12-13장)	히브리서 11:8
16. 멜기세덱에게 십일조를 바치다(창 14장)	히브리서 7:1-3
17. 아브라함을 의롭게 여기시다(창 15장)	로마서 4:3
18. 이스마엘(창 16장)	갈라디아서 4:21-24
19. 이삭을 주실 것을 약속하시다(창 17장)	히브리서 11:18
20. 롯과 소돔(창 18-19장)	누가복음 17:29
21. 이삭의 출생(창 21장)	사도행전 7:8
22. 이삭을 제물로 바치려 하다(창 22장)	히브리서 11:17
23. 불이 붙은 덤불(출 3:6)	누가복음 20:37
24. 홍해를 거쳐 애굽을 나오다(출 14:22)	고린도전서 10:1, 2
25. 물과 만나를 베푸시다(출 16:4; 17:6)	고린도전서 10:3-5
26. 광야에서 놋뱀을 들다(민 21:9)	요한복음 3:14
27. 여리고를 무너뜨리다(수 6:22-25)	히브리서 11:30
28. 엘리야가 행한 기적들(왕상 17:1; 18:1)	야고보서 5:17
29. 요나와 큰 물고기(욘 2장)	마태복음 12:40
30. 풀무불에 들어간 세 히브리 청년(단 3장)	히브리서 11:34
31. 사자굴에 들어간 다니엘(단 6장)	히브리서 11:33
32. 스가랴를 죽이다(대하 24:20-22)	마태복음 23:35

표 14.1

진실성과 연계시키고 있다는 사실을 보여준다.

그런데 예수도 잘못을 범할 수 있을까?: 예수는 구약성경 전체가 오류가 없는 하나님의 말씀임을 선언하고 있고, 그와 사도들은 많은 비평가들이 부인하고 있는 구약성경의 사건들을 진실한 것으로 확증하고 있다. 그렇다면 예수도 잘못을 범할 수 있을까? 어쩌면 그는 구약성경의 사건들이 실제로 일어나지 않았지만 단지 유대인들이 그 사건들의 실제성을 믿고 있으므로, 그 점을 감안해 말하고 있었는지도 모른다. 즉 그는 유대인들이 믿고 있는 것에 단지 순응한 것일 뿐이며, 그래서 실제로도 "너희가 요나를 믿는 것처럼, 내가 부활할 것도 믿어야 한다"고 말했을 수도 있다.

그러나 이런 순응 이론은 타당하지 않다. 우리가 보았듯이, 예수는 오류를 용납하지 않았다. 그는 몇몇 회의론자들의 주장처럼, 유대인들이 믿고 있는 것에 순응하고 있지 않았다. 그는 공중 앞에서 거짓된 혀를 놀리는 것을 비판하는 것(마 23장)으로부터 그들의 잘못된 구약성경 해석을 바로잡고(마 5:21-43), 성전 환전상의 탁자를 뒤집어엎기까지(마 21장; 막 11장; 요 2장), 그들을 거듭 질책하고 잘못을 바로잡으려 애썼다. 예수는 그 어떤 것도 포기하지 않았으며, 구약성경의 진리에 대해서는 결코 물러섬이 없었다.

회의론자들은 이렇게 말할 수도 있다. "하지만 그도 인간이라는 한계 때문에 오류를 범할 수 있지 않았을까? 요컨대, 그가 자신의 재림 시기를 몰랐다면, 그는 어쩌면 구약성경이 갖고 있는 오류에 대해서도 몰랐을 공산이 있다." 결코 그렇지 않다. 이 한계 이론 역시 타당하지 않다. 이해에 한계가 있다는 것과 오해는 전혀 다르다. 사람으로서, 예수도 몰랐던 것이 있었다. 하지만, 그것이 곧, 그가 알았던 내용에 대해 오류가 있었음을 의미하지 않는다. 그는 오직 아버지가 그에게 가르치도록 명한 것만을 가르쳤으므로 그가 알던 것은 참이었다(요 8:28; 17:8, 14). 따라서 예수를 오류가 있는 인물로 비판하는 것은 아버지 하나님이 오류가 있다고 공박하는 것과 마찬가지다. 하나님은 변할 수 없는 진리의 표준이요 원천이라는 점에서 결코 오류를 범할 수 없다.[3] 더욱이 그는 "천지는 없어질지언정 내 말은 없어지지 아니하리라"(마 24:35)는 말씀이나 "하늘과 땅의 모든 권세를 내게 주셨으니"(마 28:18)와 같은 말씀을 통해 그가 가르친 진리의 진실성을 확증하고 있다.

이런 사실이 우리에게 의미하는 바는 무엇인가? 하나의 질문이 떠오른다. 즉 예수와 비평가들 가운데, 누가 더 구약성경에 대해 많이 알았겠는가? 만일 예수가 하나님이라면, 그가 가르치는 것은 무엇이든 참이다. 만일 그가 구약성경을 신적 권위를 가진 것, 폐할 수 없는 것, 틀림이 없는 것, 오류가 없는 것, 역사적으로 신뢰할 수 있는 것, 과학에 비추어 정확한 것, 그리고 궁극적 우월성을 갖는 것으로 가르치고 있다면, 그 말은 모두 참이다. 구약성경에 대한 그의 견해와 주장은 오류가 있는 어떤 비평가들의 주장보다 우월하다(특별히 그 비평가들은 증거에 기초를 두기보다, 초자연주의에 반대하는, 온당치 못한 편향성에 근거하고 있다).

---

[3] 성경은 불변하는 진리의 표준이 존재한다는 것을 우리가 자연 계시로도 안다고 확인하고 있다. 성경은 이렇게 주장한다: 하나님은 진리이시다(시 31:5; 33:4; 요 14:6; 요일 4:6); 하나님은 거짓말을 하실 수 없다(히 6:18; 딛 1:2); 하나님은 변하실 수 없다(민 23:19; 삼상 15:29; 시 102:26-27; 말 3:6; 히 13:8; 약 1:17). 하나님의 속성에 대하여 더 많은 내용을 보려면, Norman Geisler, *Systematic Theology*, vol. 2(Minneapolis: Bethany, 2003), part 1을 보라.

구약성경을 지지하는 다른 증거: 예수의 주장 외에도, 구약성경 기록의 진실성을 뒷받침하는 다른 근거들이 많이 있다. 예를 들어, 구약성경은 신약성경의 신뢰성을 담보하는 것과 동일한 특질들을 갖고 있다. 이를테면, 필사본의 강력한 뒷받침, 고고학을 통한 확증, 그리고 저자들이 만들어 내지 않았을 이야기 줄거리가 그것이다.

마지막 사항—저자들이 만들어 내지 않았을 이야기 줄거리—을 잠시 살펴보자. 누가 구약성경의 줄거리를 만들어 냈을까? 히브리인들이 가공해낸 이야기라면 아마도 자신들을 대체로 고귀하고 올바른 사람으로 묘사했을 것이다. 그러나 구약성경의 저자들은 그렇게 하지 않는다. 대신 자기 민족을, 하나님의 도우심으로 기적 같은 구원을 거듭 받았음에도 계속해서 배반을 일삼는 완악하고 변덕스러운 종으로 묘사한다. 그들이 기록한 역사는 어리석기 이를 데 없는 불순종, 불신앙, 그리고 이기심으로 가득 차 있다. 이스라엘의 지도자들로 알려진 이들도 가공됐을 것 같지 않은 인물로 묘사되어 있다. 살인자 모세, 과대망상에다 편집증에 사로잡힌 사울, 간통과 거짓말과 살인으로 얼룩진 다윗, 여자들에 둘러싸인 채 날마다 취해 있던 솔로몬 등을 보면 올림픽 대표감이다. 이들이 바로 하나님이 세상의 구세주를 보낼 통로로 택했다는 민족의 지도자들이다. 그러나 구약성경의 저자들은 이 메시아의 조상인 다윗과 솔로몬 등이 얼마나 죄로 얼룩진 인물이었는지를 고스란히 알리고 있으며, 심지어 라합 같은 창기도 포함되어 있음을 인정하고 있다. 이것은 분명 만들어 낸 이야기 줄거리가 아니다!

구약성경이 드러내기 곤혹스러운 과실들을 잇달아 말하고 있는 반면, 대부분의 다른 고대 역사가들은 달갑지 않은 역사 사건들은 언급하는 것조차 피한다. 예를 들면, 이집트의 기록 안에서는 출애굽에 관한 내용이 전혀 발견되지 않으며, 이 때문에 몇몇 비평가들은 출애굽이 실제로 일어나지 않았다고 주장한다. 그렇다면 그 비평가들은 어떤 기록물을 기대했다는 말인가? 비평가들의 주장대로라면, 작가인 피터 파인먼(Peter Fineman)은 파라오가 배포한 언론 보도문에 다음과 같은 내용이 담겼어야 했을 것이라고 추측한다.

> 파라오 중의 파라오, 이집트의 최고 통치자, 태양신 라의 아들, 그 앞에 나아가는 모든 자가 그의 광채에 눈이 멀고 두려움에 사로잡히고 마는 람세스 대왕. 바로 그분의 대변인인 나는 오늘 온 백성에게 공포하노라. 모세라는 자가 나타나 이집트 왕을 한순간에 바보로 만들어 버리고 천년의 역사를 자랑하던 이집트의 문명은 한 마디로 별 것 아닌 것이 돼버렸으며, 이로 말미암아 여호와가 참 하나님임을 입증하고 말았다. 이 사실을 만방에 전하고 대대에 알리도록 하라.[4]

물론 그런 일을 인정할 파라오의 공보 비서관은 전혀 없을 것이다. 출애굽에 대한 이집트인들의 침묵은 충분히 이해할 수 있다. 그와 반대로 이집트의 승전 소식은 십중팔구 요란하게 떠들어댔을 것이다. 성경 바깥에서 이스라엘을 언급한 가장 오래된 기록 안에 그런 내용이 남아 있다. 그것은 테베에 있는 파라오 메르넵타의 무덤 신전에서 발견된 화강암 기념비다. 그 기념비는 파라오가 가나안 고원에서 거둔 전승을 기리면서 "이스라엘은 황무지가 되었고, 그들의 씨는 하나도 남지 않았다"고

---

[4] Jeffrey L. Sheler, *Is Bible True?*(San Francisco:HarperSanFrancisco, 1999), 78에서 인용.

주장한다.[5] 역사가들은 그 전승 연대를 주전 1207년으로 보고 있는데, 당시에 이스라엘이 그 가나안 땅에 거주하고 있었음을 확인해 주는 대목이다.

고고학계가 발굴해 낸 다른 몇 가지도 구약성경을 확증해 준다. 아울러 3장에서 살펴본 대로 창세기를 지지하는 천문학 증거(빅뱅)가 존재함을 상기하라(구약성경을 지지하는 더 많은 증거들을 보려면, 〈기독교 변증을 위한 베이커 백과사전(The Baker Encyclopedia of Christian Apologtics)〉을 보라).[6] 그렇지만 최종적으로 구약성경의 신뢰성을 지지하는 가장 강력한 논증은 예수로부터 나온다. 하나님으로서 그는 우월한 위치를 확보하고 있다. 만일 신약성경의 기록들이 신뢰할 수 있는 것이라면, 예수가 구약성경에 오류가 없다고 신약성경 안에서 말하고 있다는 점에서, 구약성경은 오류가 없다.

앤디 스탠리(Andy Stanley)는 그것을 잘 표현했다. "언젠가 고등학교 과학 교사가 나에게 창세기의 많은 부분이 거짓이라고 말한 적이 있다. 그러나 그는 죽은 자 가운데서 부활함으로써 자신이 하나님임을 입증하지 못했으므로, 나는 대신 예수를 믿겠다."[7] 현명한 선택이다.

신약성경은 어떤가?

구약성경에 오류가 없다고 예수가 가르치지만, 신약성경에 대해서는 뭐

---

5 Ibid., 80.
6 Norman Geisler, *Baker Encyclopedia of Christian Apologetics*(Grand Rapids, Mich.: Baker, 1999).
7 Andy Stanley의 설교테이프를 보려면, www. northpoint.org.를 보라.

라고 이야기할 수 있었을까? 즉 그리스도가 지상에서 보낸 시간이 끝날 때까지도 신약성경은 기록되지 않았다. 예수는 구약성경을 확인해 주었던 반면, 신약성경은 미래의 것으로 약속했다. 그는, 성령이 사도들에게 예수가 말했던 내용을 되새기게 하고 '모든 진리'로 인도할 것이므로, 신약성경이 그의 사도들을 통해 등장하게 될 것이라고 말했다. 예수는 이렇게 선포했다.

> 내가 아직 너희와 함께 있어서 이 말을 너희에게 하였거니와 보혜사 곧 아버지께서 내 이름으로 보내실 성령 그가 너희에게 모든 것을 가르치고 내가 너희에게 말한 모든 것을 생각나게 하리라 (요 14:25-26).

> 내가 아직도 너희에게 이를 것이 많으나 지금은 너희가 감당하지 못하리라 그러나 진리의 성령이 오시면 그가 너희를 모든 진리 가운데로 인도하시리니 그가 스스로 말하지 않고 오직 들은 것을 말하며 장래 일을 너희에게 알리시리라 (요 16:12-13).

달리 말하면, 예수는 성령이 사도들을 인도하여 오늘날 우리가 신약성경으로 알고 있는 것들을 저작하게 할 것임을 약속하고 있는 것이다. 바울은 뒤에 교회를 향해 "너희는 사도들과 선지자들의 터 위에 세우심을 입은 자라 그리스도 예수께서 친히 모퉁잇돌이 되셨느니라"(엡 2:20)고 강조함으로써, 이 예수의 가르침을 되새기고 있다. 초대 교회 역시 이 점을 알고 있었는데, 그 이유는 그들이 사도들의 가르침을 따라 헌신했기(행 2:42) 때문이다.

그렇다면 사도들은 실제로 예수가 약속한 대로 성령으로부터 말씀을 받았는가? 그들은 여러 곳에서 그 점을 분명히 주장하고 있다. 요한은 사도들을 "하나님께 속한 자들"(요일 4:6)이라고 기록하면서, 요한계시록을 "예수 그리스도의 계시라 이는 하나님이 그에게 주사"(계 1:1)라는 말로 시작하고 있다. 바울은 그가 기록한 말을 "성령이 가르치신 것"(고전 2:10, 13; 7:40)이라고 주장하면서, 그가 쓴 내용이 "주의 명령"(고전 14:37)이라고 말한다. 갈라디아서 서두에서, 바울은 이렇게 선언한다. "형제들아 내가 너희에게 알게 하노니 내가 전한 복음은 사람의 뜻을 따라 된 것이 아니니라 이는 내가 사람에게서 받은 것도 아니요 배운 것도 아니요 오직 예수 그리스도의 계시로 말미암은 것이라"(갈 1:11-12). 실제로 데살로니가전서에서, 바울은 자신이 데살로니가 교인들에게 하나님의 말씀으로 공급하고 있음을 강조한다. "이러므로 우리가 하나님께 끊임없이 감사함은 너희가 우리에게 들은 바 하나님의 말씀을 받을 때에 사람의 말로 받지 아니하고 하나님의 말씀으로 받음이니 진실로 그러하도다 이 말씀이 또한 너희 믿는 자 가운데에서 역사하느니라"(살전 2:13). 그가 쓴 책들이 성령의 영감으로 기록된 것임을 확인하는 것에 덧붙여, 바울은 누가복음과 마태복음을 '성경'으로 인용하면서, 그 둘을 신명기와 같은 반열에 둔다(딤전 5:18; 눅 10:7; 마 10:10).

바울의 서신들(신약성경 가운데 13권)을 언급하면서, 베드로는 "우리가 사랑하는 형제 바울도 그 받은 지혜대로 너희에게 이같이 썼고 또 그 모든 편지에도 이런 일에 관하여 말하였으되 그중에 알기 어려운 것이 더러 있으니 무식한 자들과 굳세지 못한 자들이 다른 성경과 같이 그것도 억지로 풀다가 스스로 멸망에 이르느니라"(벧후 3:15-16; 딤후 3:15-16 참조)고 기록하여, 그것들이 영감으로 기록된 책들이라는 점에 동의하고 있다. 또 베드로는 그가 기록한 말씀과 다른 사도들이 기록한 말씀이 모두 하나님으로부터 온 것임을 다음과 같은 말로 강조하고 있다. "우리 주 예수 그리스도의 능력과 강림하심을 너희에게 알게 한 것이 교묘히 만든 이야기를 따른 것이 아니요 우리는 그의 크신 위엄을 친히 본 자라… 또 우리에게는 더 확실한 예언이 있어 어두운 데를 비추는 등불과 같으니… 너희가 이것을 주의하는 것이 옳으니라 먼저 알 것은 성경의 모든 예언은 사사로이 풀 것이 아니니 예언은 언제든지 사람의 뜻으로 낸 것이 아니요 오직 성령의 감동하심을 받은 사람들이 하나님께 받아 말한 것임이라"(벧후 1:16-21).

하지만 사도들은 자신들이 기록한 말씀을 하나님으로부터 받은 것이라고 단지 주장만 하고 있지 않다. 그런 주장은 누구라도 할 수 있다. 그들은 기적이라는 표적을 행함으로써 자신들이 기록한 말씀이 영감된 것이라는 증거를 제시하고 있다. 실제로 사도가 갖추어야 할 두 가지 자격 가운데 하나가 그런 표적을 행하는 능력이었으며, 다른 자격은 그리스도의 부활을 목격한 자여야 한다는 점이었다(행 1:22; 고전 9:1). 바울은 자신이 사도라는 사실을 고린도 사람들에게 이렇게 확증하고 있다. "사도의 표가 된 것은 내가 너희 가운데서 모든 참음과 표적과 기사와 능력을 행한 것이라"(고후 12:12). 바울은 그들과 함께 지내면서 기적을 행했던 장면에 관해 말하고 있는 것이 틀림없으며, 만일 그런 일이 없었다면 그는 그의 독자들로부터 신뢰를 얻지 못했을 것이다.

바울 자신이 기적을 행했다고 주장하는 것 외에도, 누가는 사도행전에서만 35개의 기적을 기록하고 있다. 사도행전은 그 진정성이 잘 입증된 책으로서, 우리는 이미 그 책이 그리스도의 부활로부터 주후 60년에 이르기까지 교회의 탄생과 성장을 연대기 형식으로 기록하고 있음을 살펴본 바 있다. 이 기적들의 대부분은 사도들이 행한 것이다(몇몇은 천사들 아니면 하나님이 행한 것이다)."⁸ 게다가 히브리서 기자는 주께서 천명하신 구원에 대해 말하면서, "이 구원은 처음에 주로 말씀하신 바요 들은 자들이 우리에게 확증한 바니 하나님도 표적들과 기사들과 여러 가지 능력과 및 자기의 뜻을 따라 성령이 나누어 주신 것으로써 그들과 함께 증언하셨느니라"(히 2:3-4)고 말한다.

이것이 곧 하나님이 그의 선지자들의 진정성을 (기적을 통해) 입증한 방식임을 8장을 통해 다시 확인해 보라. 기적은 말씀을 확증해 준다. 표적은 선포한 말씀을 확증한다. 하나님의 행위는 하나님의 말씀을 하나님의 사람들에게 확증해 준다(출 4장; 왕상 18장; 요 3:2; 행 2:22). 그것이 곧, 어떤 말씀이 정말 자신으로부터 나온 것임을 확증하는 하나님의 방식이다. 또한 신약성경의 사도들은, 기적을 행함으로써, 자신들의 메시지가 하나님으로부터 나온 것임을 확증했다.

회의론자들은 이렇게 말할 수 있다. "그들이 기록한 기적 이야기들은 만들어낸 것에 불과하다." 그렇지 않다. 우리는 이미 10장, 11장, 그리고 12장을 통해, 그 사도들이 믿을 수 없을 만큼 정확한 역사가들이며, 기적 이야기를 거짓으로 만들어 낼 아무 동기도 갖고 있지 않음을 살펴본 바 있다. 실제로 그들은 그 이야기의 진정성을 확증하기 위해 고문당하고, 매질을 겪으며, 죽음까지 감수했다는 점에서, 그런 이야기를 가공해 낼 어떤 동기도 갖고 있지 않았다.

더욱이, 기적을 행할 능력은 최종적으로는 그들이 아닌 하나님에게 있었다. 우리는 그것을 어떻게 아는가? 두 가지 이유 때문이다. 첫째, 사

---

8   성경이 증거하고 있는 기적들의 목록은, "Miracles in the Bible," in Norman Geisler, *Baker Encyclopedia of Christian Apologetics*(Grand Rapids, Mich.: Baker, 1999)를 보라.

도들은 주후 60년대 중반 어느 시점부터 기적을 행할 능력을 잃어버린 것으로 보인다. 히브리서 기자는, 60년대 후반에 그 책을 기록하면서, 사도에게 주어진 이 특별한 표적의 은사를 과거 시제로 언급하고 있다(히 2:3-4). 또한 바울은 사역 후반에 들어서면서 자신을 신뢰하던 몇몇 조력자의 질병을 고치지 못하고 있었다(빌 2:26; 딤후 4:20). 만일 그에게 여전히 기적을 행할 능력이 있었다면, 그가 기도할 것을 권유하며 조력자들에게는 약을 쓰도록 권면할 이유가 무엇일까(딤전 5:23)?

둘째, 바울이 기적을 행하던 시기에도, 자신의 질병만은 고치지 못했다(갈 4:13). 사실, 성경을 보면 어느 누구도 사적인 이익이나 즐거움을 위해 기적을 행한 사례가 전혀 없다. 이것은 곧 기적을 행하는 능력이 하나님의 뜻에 따라 제한을 받고 있었음을 보여준다(히 2:4 참조). 기적은 보통 새로운 메신저나 새로운 계시를 확증하는 등의 특별한 목적을 위해서만 일어났다.

이것이 어쩌면 주후 약 62년 이후에 기록된 바울 서신에서는 사도가 기적을 행한 자취가 전혀 없는 이유가 될 수 있다. 아마도 이 62년은 사도행전이 기록된 가장 늦은 추정 연대일 것이다.[9] 이 무렵에 이르러 바울과 다른 사도들은 하나님의 진정한 메신저로 입증되었으며, 그 점에 관해서는 더 이상 확증할 필요가 없었다.

---

9 성경이 사도들의 이 특별한 기적의 본질, 목적, 그리고 기능에 대해 침묵을 지키고 있지 않는다는 점(예를 들어, 고후 12:12; 히 2:3-4)에서, 이것은 침묵으로부터 나온 논증은 아니다. 사도들의 계시를 확증하는 이런 기능은, 그 계시들이 확증된 이후에는 기적이 더 이상 필요하지 않았기 때문에, 그 기적이 중지되었다는 사실과 잘 들어맞는다.

주의 영이 예수 위에 머무르다

예수와 성령이 신약성경을 허락할 것이라는 사실과 관련한 추가적인 증거가 존재한다. 구약성경은 메시아가 오셔서 "좋은 소식을 선포할 것"이라고 예언했다. 예수는 자신이 이 예언을 성취했다고 선언한다. 누가복음 4장에 기록된 것처럼, 예수는 고향 나사렛의 회당에 들어가 그 놀라운 주장을 제시한다. 누가는 이렇게 기록하고 있다.

> 예수께서 그 자라나신 곳 나사렛에 이르사 안식일에 늘 하시던 대로 회당에 들어가사 성경을 읽으려고 서시매 선지자 이사야의 글을 드리거늘 책을 펴서 이렇게 기록된 데를 찾으시니 곧 주의 성령이 내게 임하셨으니 이는 가난한 자에게 복음을 전하게 하시려고 내게 기름을 부으시고 나를 보내사 포로 된 자에게 자유를, 눈 먼 자에게 다시 보게 함을 전파하며 눌린 자를 자유롭게 하고 주의 은혜의 해를 전파하게 하려 하심이라 하였더라 책을 덮어 그 맡은 자에게 주시고 앉으시니 회당에 있는 자들이 다 주목하여 보더라 이에 예수께서 그들에게 말씀하시되 이 글이 오늘 너희 귀에 응하였느니라 하시니(눅 4:16-21).

그날 성취된 것은 무엇인가? 메시아의 초림이다. 이사야 61장 1-2절을 인용하면서, 예수는 자신이 가난한 자에게 복음을 전하고 포로된 자에게 자유를 전파하며 눈 먼 자를 다시 보게 하고 그밖에 다른 일들을 행하기 위해 온 메시아임을 가리키기 위해, 중간에 읽기를 멈췄다. 그는 이사야 61장 2절의 중간에서 멈췄는데, 그 이유는 2절 후반부가 예수 그리스도의 재림을 가리키는 "우리 하나님의 신원(곧 복수)의 날"을 선포하고 있기 때문이다. 예수가 요셉의 아들임을 알고 있던 고향 나사렛의 유대인들은, 그가 자신을 메시아로 주장하고 있다는 것 역시 알고 있었다. 실제로 예수가 자신의 메시아 됨을 한 차례 더 주장한 뒤에 회당의 군중들이 "분이 가득하여" 그를 동네 밖으로 데리고 가서 절벽 아래로 떨어뜨리려고 했다. 그러나 예수는 그들 가운데로 지나서 자리를 피했다(눅 4:22-30).

이사야 61장은 '주의 영'을 통해 메시아가 치유의 기적을 베풀고 "좋은 소식을 전파하며… 눌린 자를 자유케 할 것"이라고 예언한다. 즉 메시아는 예수가 행한 바로 그 일을 행할 것이다. 그는 새로운 계시를 선포하고 그 계시를 기적으로 뒷받침할 것이다. 물론 메시아가 새로운 계시를 선포할 것이므로, 누군가가 그것을 기록해야만 한다. 그것이 바로 예수가 그의 사도들을 향해, 성령이 예수의 행한 모든 말씀을 기억나게 하고 그들을 '모든 진리' 가운데로 인도할 것이라고 약속한 이유이다(요 14:26; 16:13).

정경을 발견하기

이 모든 것은 신약성경과 관련해 어떤 의미가 있는가? 예수에 따르면, 사도들이 기록한 책과(이거나) 사도들이 확증한 책만이 신약성경에 들어가야 한다는 의미이다. 그런 책들은 특별히 어떤 것을 말하는가?

우리는 먼저 '정경'이라고 부르는 것들에 대한 일반적인 오해를 제거해야 한다. 그것은 곧, '교회' 또는 초대 교회 교부들이 신약성경 안에 들어갈 책들을 결정했다고 말하는 것은 잘못이라는 점이다. 그들은 신약성경 안에 들어갈 것들을 결정하지 않았으며, 다만 신약성경 안에 있을 것으로 하나님이 의도한 것들을 발견했을 뿐이다. 프린스턴 대학의 브루스 메츠거는 그 점을 잘 지적하고 있다. 그는 이렇게 말했다. "정경은 책들을 열거한 하나의 권위 있는 목록이라기보다 권위 있는 책들을 열거한 하나의 목록이다. 이 기록들은 누군가에 의해 선택된 결과로 권위를 갖게 된 것이 아니다. 각각의 책은 누군가 그것들을 하나로 모으기 이전부터 권위를 가지고 있었다."[10] 달리 말해, 신약성경에 들어갈 유일한 책이 있다면 하나님이 영감을 주신 책이다. 예수는 사도들이 그런 책들을 만들 것이라고 말했으므로, 우리가 던져야 할 질문은 역사적인 것이 되어야 한다. 즉 '사도들은 누구였으며 그들이 무엇을 썼는가' 하는 것이다.

초대 교회의 교부들은 성경에 기록된 사건들에 우리보다 가까이에 있었으므로, 위의 질문들에 대한 답을 찾는 데 도움이 된다. 사실 그들은 신약성경의 주요 책들이 신적 속성을 갖고 있음을 인정하는 데 전혀 어려움을 겪지 않았다. 몇몇 책들, 이를테면 빌레몬서, 요한3서, 야고보서와 같은 책들에 대해 논란이 있기는 했지만, 초대 교회 교부들은 복음서와 주요 서신서들이 성령의 영감을 받아서 기록된 책임을 즉시 인정했다. 왜 그랬을까? 그들은 그 책들을 사도들이 썼다는 사실(또는 사도들이 확증한 이들이 썼다는 사실)과, 나아가 그 사도들이 기적을 통해 자신들의 사도성을 입증한 자들임을 알고 있었기 때문이다. 그들은 그걸 어떻게 알았을까? 신약성경에 포함된 책들의 저작권과 진정성에 관해 사도들로부터 초대 교회 교부들까지 끊임없이 이어져 온 증언이 존재하기 때문이다.

모든 사도들을 잘 알고 있던 요한은 폴리캅이라는 제자를 두었으며, 폴리캅 역시 이레나이우스라는 제자를 두었다. 폴리캅과 이레나이우스

10　Bruce Metzger, interview by Lee Strobel, *The Case for Faith* (Grand Rapids, Mich.: Zondervan, 1998), 69.

첫 4세기 동안의 신약 정경

	마	막	눅	요	행	롬	고전	고후	갈	엡	빌	골	살전	살후	딤전	딤후	딛	빌	히	약	벧전	벧후	요일	요이	요삼	유	계
개인																											
거짓 바나바(70-130년경)	×	×	×					×							×	×		×	×	×							
로마의 클레멘트(95-97년경)	×		×		×	O		×						×		×		×	×	×	×						
이그나티우스(110년경)							×	×	×	×	×					×											
폴리캅(110-150년경)	×	×	×	×	×	×	×	×	×	×	×	×	×	×	×	×	×				×		×	×			
헤르마스(115-140년경)	×	×			×		×	×			×			×	×	×		×	×	×	×		×				×
디다케(120-150년경)	×		×			×	×					×	×														×
파피아스(130-140년경)				×																							O
이레나이우스(130-202년경)	O	O	O	O	O	O	O	O	O	O	O	O	O	O	×	×	×		×	O		O	×			×	O
디오그네투스(150년경)						×	×		×					×													
순교자 유스티누스(150-155년경)	×	×	×	O	×	×	×	×	×			×	×							×							×
알렉산드리아의 클레멘트(150-215년경)	×	×	×	×	×	O	O	O	O	×	O	O	×	O	×	O	×		O		O		O			O	O
터툴리아누스(150-220년경)	×	×	×	×	×	×	×	×	×	×	×	×	×	×	×	×	×		×		×		×			×	×
오리게네스(185-254년경)	×	×	×	×	×	×	×	×	×	×	×	×	×	×	×	×	×		?		O	?		?	?		O
예루살렘의 퀴릴로스(315-386년경)	O	O	O	O	O	O	O	O	O	O	O	O	O	O	O	O	O		O	O	O	O	O	O	O	O	
유세비우스(325-340년경)	O	O	O	O	O	O	O	O	O	O	O	O	O	O	O	O	O		O	?	O	?	O	?	?	?	O
히에로니무스(제롬, 340-420년경)	O	O	O	O	O	O	O	O	O	O	O	O	O	O	O	O	O		O	O	O	O	O	O	O	O	O
아우구스티누스(400년경)	O	O	O	O	O	O	O	O	O	O	O	O	O	O	O	O	O		O	O	O	O	O	O	O	O	O
정경																											
마르키온(140년경)				O		O	O	O	O	O	O	O	O	O				O									
무라토리아(170년경)	O	O	O	O	O	O	O	O	O	O	O	O	O	O	O	O	O						O	O	O	O	O
속사도(300년경)	O	O	O	O	O	O	O	O	O	O	O	O	O	O	O	O	O		O	O	O		O			O	
첼튼햄(360년경)	O	O	O	O	O	O	O	O	O	O	O	O	O	O	O	O	O				O	?	O	?	?		
아타나시우스(370년경)																											
번역본																											
타티아누스의 디아테사론(170년경)	O	O	O	O																							
구 라틴(200년경)	O	O	O	O	O	O	O	O	O	O	O	O	O	O	O	O	O				O		O	O	O	O	O
구 시리아(400년경)	O	O	O	O	O	O	O	O	O	O	O	O	O	O	O	O	O		O	O	O		O				
공의회																											
니케아(325-340년경)	O	O	O	O	O	O	O	O	O	O	O	O	O	O	O	O	O		O	?	O	?	O	?	?	?	O
히포(393년경)	O	O	O	O	O	O	O	O	O	O	O	O	O	O	O	O	O		O	O	O	O	O	O	O	O	O
카르타고(397년경)	O	O	O	O	O	O	O	O	O	O	O	O	O	O	O	O	O		O	O	O	O	O	O	O	O	O
카르타고(419년경)	O	O	O	O	O	O	O	O	O	O	O	O	O	O	O	O	O		O	O	O	O	O	O	O	O	O

×=인용된 곳이나 언급된 곳   O=진정성이 인정됨   ?=논쟁의 여지가 있음

표 14.2

는 신약성경이 27권 가운데 23권의 진정성을 인정하고 있으며, 몇몇 경우에서는 특별히 그 책이 진실한 책이라고 말하기도 한다.[11] 이레나이우스는 분명하게 네 복음서의 저작권을 확증하고 있다.[12] 더욱이 역사가 유세비우스(Eusebius)를 통해, 우리는 파피아스(Papias, 60-120년)가 마태복음의 마태 저작권과 마가복음의 마가 저작권을 확증하고 있음을 알게 된다. 또한 어느 누구도 바울의 주요 저작들에 대한 바울의 저작권을 의심하지 않는다.

신약성경에 포함된 주요 책들이 초대 교회 교부들에 의해 진정성을 인정받았지만, 신약성경을 구성하는 대부분의 책들은 주후 200년이 가까워서야 받아들여졌으며, 신약성경의 모든 책들이 진정한 것으로서 최종적으로 공식 인정된 것은 393년에 열린 히포 공회의에서였다. 표 14.2를 보라.[13]

회의론자들은 이렇게 물을 수도 있다. "이 책들이 공인을 받는 데 그토록 오랜 시간이 걸린 이유가 무엇인가?" 아마도 기독교가 313년이 될 때까지 로마 제국 안에서 불법이었기 때문일 것이다. 그런 상황에서 초대 교회 교부들이 어느 지역 최고급 호텔 세미나 룸 같은 곳에서 증거 검토와 결론 도출을 위해 성경 회의를 개최할 수는 없었을 것이다. 그들

---

11 오직 빌레몬서, 베드로후서, 야고보서, 그리고 요한3서만이 인용되고 있지 않다. 그러나 로마의 클레멘트(주후 95-97년에 저술)와/또는 이그나티우스(110년)는 이미 폴리캅과 이레나이우스 이전에 빌레몬서, 베드로후서, 그리고 야고보서의 진정성을 확인하고 있다. 따라서 첫 두 세기 동안에 그 어느 저술가도 진정한 것으로 인용하고 있지 않은 유일한 책은 요한3서라고 불리우는 조그만 서신서이다. Norman Geisler and William Nix, *General Introduction to the Bible*(Chicago: Moody, 1986), 294를 보라.
12 Irenaeus, *Adversus haereses*, 3.3.4.
13 Norman Geisler and William Nix, *General Introduction to the Bible*(Chicago: Moody, 1986), 294.

은 자신의 집에 머물 때조차 생명의 위협을 느꼈을 것이다. 중요한 것은 일단 모든 증거가 공개되자, 신약성경 27권의 책 전부가, 그리고 그 27권의 책만이 진정한 것으로 인정되었다는 점이다.

그 27권의 책만이 (우리가 확보하고 있는) 사도들의 가르침을 담은 유일하면서도 진정성이 있는 기록을 구성하고 있다. 앞서도 살펴보았지만, 그 책들은 1세기 목격자들의 기록이거나 아니면 목격자들과 인터뷰했던 사람들의 기록이다. 즉 그 책들은 예수가 제시한 기준—사도가 기록하거나 사도가 확증한 책—을 충족시키고 있다.[14] 사도들이 기록하거나 확증한 다른 진정성 있는 자료들이 더 이상 존재하지 않으므로—또한 하나님이 진정성 있는 저작을 지금까지 이르도록 오랫동안 발견되지 않게 하지 않았을 것이므로—우리는 신약 정경이 완성되었음을 확신할 수 있다.

성경은 어떻게 오류가 없을 수 있는가?

만일 예수가 구약성경이 오류가 없는 하나님의 말씀이라고 확증했다면, 그가 약속한 신약성경도 역시 오류가 없는 하나님 말씀의 일부임이 틀림없다. 그건 확실하다. 그런데 어떻게 오류가 없을 수 있는가? 몇백 개는 아니라 할지라도 몇십 개의 오류는 성경 안에 있지 않을까?

아니다. 성경에는 오류가 없다. 다만 오류 논란이 있는 사항이나 난제

---

14 누가는, 엄격한 의미에서 사도는 아니었다 할지라도, 부활한 그리스도를 목격한 500명 가운데 한 사람이었을 것이다. 하지만 그조차 아니라 해도, 누가는 자신의 기록을 자신의 여행 동반자인 사도 바울을 통해 확증하고 있다(딤전 5:18; 눅 10:7 참조). 따라서 누가의 저작은 사도의 가르침으로 간주된다.

는 존재하고 있다. 나와 함께 남부 복음주의 신학대학원에 재직 중인 토머스 하우(Thomas Howe)는 『비평가들이 질문할 때』라는 책을 하나 썼는데, 그 책에서는 비평가들이 성경 속에서 확인한 난제들을 800개 이상 언급하고 있다(성경의 무오성에 관하여 더 상세한 것은 Systematic Theology, Vol. 1에 실려 있다).[15] 여기서는 그 가운데 보다 가치가 있는 몇 가지를 언급하겠다.

첫째, 왜 성경에 오류가 있을 수 없는지 논리의 법칙을 따라 말해 보겠다.

1. 하나님은 오류가 있을 수 없다.
2. 성경은 하나님의 말씀이다.
3. 따라서 성경은 오류가 있을 수 없다.

이 삼단논법의 전제들이 참이라면, 이는 유효한 삼단논법(추론 형식)이므로, 그 결론 역시 참이다. 성경은 분명히 스스로를 하나님의 말씀으로 선포하고 있으며, 우리 역시 성경이 하나님의 말씀이라는 강력한 증거를 이미 살펴보았다. 뿐만 아니라, 성경은 여러 차례에 걸쳐 하나님에게는 오류가 있을 수 없음을 밝히고 있으며, 나아가 우리는 이 하나님의 무오성을 자연 계시를 통해서도 알고 있다. 따라서 결론은 타당하다. 성경은 오류가 있을 수 없다. 만일 성경이 스스로 확증하는 내용이 오류가 있다면, 하나님의 실수일 것이다. 그러나 하나님은 실수를 할 수 없다.

---

15 Norman Geisler and Thomas Howe, *When Critics Ask*(Grand Rapids, Mich.: Baker, 1992); Norman Geisler, *Systematic Theology*, vol. 1(Minneapolis: Bethany, 2002), 27장을 보라.

그렇다면 성경에서 오류가 발견됐다고 판단될 경우, 무슨 일이 일어나는가? 아우구스티누스가 그에 대한 현명한 답을 제시했다. "만일 우리가 성경에 존재하는 어떤 명백한 모순으로 말미암아 혼란을 겪는다면, 그 경우에 '이 책의 저자가 실수를 범한 것이다'라는 말은 허용될 수 없으며, 다만 그 필사본에 잘못이 있거나, 그 번역에 잘못이 있거나, 아니면 우리가 이해하지 못했기 때문이다."[16] 즉 성경보다 우리가 잘못을 저질렀을 개연성이 훨씬 높다는 것이다. 『비평가들이 질문할 때』에서, 우리는 비평가들이 보통 저지르는 열일곱 가지의 오류들을 확인하고 있다. 그 가운데 단 네 가지를 요약해 보았다.

- 기사에 차이가 있는 것을 모순된 것으로 추정함—우리가 이미 보았듯이, 어느 복음서 저자는 무덤에서 한 천사를 '보았다'고 하고, 다른 복음서 저자는 둘을 '보았다'고 하더라도, 그것이 모순은 아니다. 마태는 그곳에 한 천사만 '있었다'고 말하지 않는다. 또한 둘이 있었다면, 분명 (적어도) 하나는 본 것이다. 따라서 기사 내용에 차이가 있다 하여 그것이 늘 모순이 있음을 의미하지는 않는다. 오히려 그것은 목격자의 진정성 있는 증언임을 보여주는 때가 자주 있다.
- 단락의 정황을 제대로 이해하지 못함—때때로 우리는 성경에서 모순을 찾았다고 생각할 수 있지만, 단순히 그 단락의 정황을 잘못 이해한 경우일 수 있다. 그 명백한 한 가지 예가 "하나님이 없

---

16 Augustine, *Reply to Faustus the Manichaean*, in P. Schaff, ed., *A Select Library of the Nicene and Ante-Nicene Fathers of the Christian Church*, 14 vols,(1st series, 1886-1894; reprint, Grand Rapids, Mich.: Eerdmans, 1952), 11.5.

다"고 말하는 시편 14편 1절일 것이다. 그러나 단락 전체를 읽어보면, 어떤 정황인지 바로 알 수 있다. "어리석은 자는 그의 마음에 이르기를 하나님이 없다 하는도다."

- 성경의 모든 기록을 성경이 승인하는 것으로 추정함—비평가의 입장에서는 솔로몬의 중혼(왕상 11:3)을 일종의 모순을 드러내는 한 예로 주장할 수 있다. 성경은 일부다처제가 아니라 일부일처제를 가르치고 있지 않은가? 물론이다. 하지만 하나님은 분명히 성경에 기록된 모든 행위를 승인하지 않는다. 성경은 사탄의 거짓말들도 기록하고 있지만, 하나님은 그것 역시 인정하지 않는다. 하나님의 표준은 성경이 계시하고 있는 것 안에서 발견되지, 성경이 기록하고 있는 모든 것 안에서 발견되는 것이 아니다. (우리가 보았듯이, 이것은 성경에 오류가 있다는 논증이라기보다, 실제로는 성경의 역사성을 입증하는 논증이다. 성경이 사람들의 죄악과 허물을 모두 기록하고 있다는 사실은 곧 그것이 진실임을 보여주는 것이다. 어느 누구도 그처럼 자기 자신을 정죄하는 이야기를 쓰지 않을 것이기 때문이다.)

- 성경이 인간의 속성을 고스란히 드러내는 인간의 저작이라는 점을 망각함—비평가들이 성경의 완전성 비판할 때 잘못 제기하는 논점은 성경에 대해 통상 인간의 기록물에 요구되는 것보다 더 높은 표현 수준을 요구한다는 점이다. 그러나 대부분의 성경 기록이 (하나님이 그 손으로 친히 쓴 십계명을 제외하고[출 31:18]) 하나님이 불러 준 것을 받아 적은 것이 아니라 인간 저자들이 기록한 것이라는 점에서, 이것은 타당한 비판이 아니다. 성경의 저자들은 나름의 개성과 고유의 문체를 사용했던 인간이다. 그들은 역사적 사실을 기술하거나(사도행전), 시를 쓰기도 하고(아가), 기도문(시편), 예언(이

사야), 편지(디모데전서), 신학 논문(로마서), 그리고 다른 문학 장르별로 성경을 기록했다. 이들은 심지어 태양의 뜨고 짐을 기록할 때에도 인간의 관점에서 기록했다(수 1:15). 또한 인간의 감정(갈 4:14)뿐만 아니라, 기억의 공백(고전 1:14-16)을 포함하는 인간의 여러 가지 사고 유형을 담고 있다. 요컨대, 하나님은 자신의 말씀을 이해시키기 위해 거의 1,500년이 넘는 세월에 걸쳐 다양한 특성의 약 40명에 이르는 저자들을 사용했기 때문에, 다른 인간 기록물보다 더 탁월한 수준의 표현 방식을 기대하는 것은 잘못이다. 그러나 그리스도의 인성을 포함해, 성경만이 독특하게 담고 있는 인간적 특질은 오류가 없다.

무오에 대한 반대 주장

비평가들은 "인간은 오류를 범하므로, 성경도 오류가 있을 수밖에 없다"고 말할 수 있다. 그러나, 다시 말하지만, 오류를 범하는 이는 바로 비평가들이다. 인간이 오류를 범하는 것은 사실이지만, 항상 오류를 범하는 것은 아니다. 틀리기 쉬운 인간들도 오류가 없는 책을 쓴다. 따라서 틀리기 쉬운 인간들이 성령의 인도를 받아 오류가 없는 책을 쓸 수 있다는 것은 확실하다.

그 경우 비평가들은 이렇게 물을 수 있다. "하지만 성경을 입증하기 위해 성경을 사용하는 것은 순환론이 아닌가?" 천만에. 우리는 순환론을 펼치는 것이 아니다. 우리는 성경이 하나님의 영감을 받아 기록된 책임을 가정하고 논의를 시작한 것이 아니기 때문이다. 우리는 역사적으로 신뢰할 수 있음을 합리적 의심을 넘어 확실하게 입증된 몇 가지의 독립된 자료들로부터 논의를 시작하고 있다. 그 자료는 예수가 곧 하나님임을 계시하고 있으므로, 우리는 구약성경에 대한 그의 가르침이 진리임을 아는 것이다. 몇몇 경우에, 예수는 구약성경이 하나님의 말씀이라는 점뿐만 아니라, 오류가 없다는 점도 말했다. 그는 또한 하나님의 남아 있는 진리(모든 진리)가 성령을 통해 사도들에게 주어질 것임을 약속했다. 그런 뒤에 사도들은 신약성경을 기록했고, 자신들의 권위를 기적을 통해 입증했다. 따라서 하나님인 예수의 권위에 기초해, 신약성경 역시 오류가 없다고 할 수 있다. 이것은 순환론이 아니다. 증거를 모으고 그 증거가 인도하는 대로 따라가는 귀납법적 논증인 것이다.

비평가들은 이렇게 비판할 수도 있다. "하지만 무오성에 대한 당신의 입장은 잘못을 입증할 수 있는 사항이 아니다. 성경의 오류를 사전에 배제시키고 있는 상황인데, 추후에 성경에서 오류가 나왔다고 해서 그것을 받아들이겠는가?" 그러나 사실은 우리의 주장이야말로 잘못임이 입증될 수 있는 반면, 비평가들의 주장은 그렇지 않다. 설명해 보자.

첫째, 예수의 권위가 증거를 통해 잘 입증되고 있으므로, 우리는 성경의 본문에서 어떤 난제나 의문에 부딪히게 될 때 다소 미심쩍긴 하지만 일단 믿고 넘어갈 수 있다. 달리 말하면, 잘 설명되지 않는 어떤 사항이 발견되면, 우리는 무한한 하나님이 아니라 우리가 오류를 범하고 있는 것이라고 추정한다. 성경에 오류가 있다기보다 가이슬러와 튜렉이 모르고 있을 공산이 훨씬 더 크다는 얘기다.

그러나 그것이 곧, 성경에 오류가 존재할 가능성은 추호도 없다고 우리가 믿고 있다는 말은 아니다. 즉 성경 무오에 대한 우리의 결론에 잘못이 있을 가능성은 상존한다. 왜냐하면 우리 자신이 무오하지 않다는 점은 틀림없는 사실이기 때문이다. 실제로, 만일 누군가가 두루마리 원본으로 거슬러 올라가 어떤 오류를 찾을 수 있다면, 무오에 대한 우리의 결론은 잘못임이 입증될 것이다.[17] 그러나 이날까지 거의 2천 년에 걸친 탐색이 있었지만, 어느 누구도 그처럼 조화시킬 수 없는 문제를 찾아내지 못했다. (성경이 1,500년이 넘는 세월 동안 약 40명의 저자들에 의해 쓰인 기록의 집합체임을 고려하면, 이는 정말 놀라운 사실이다. 오늘날의 동시대에 생존하는 40명의 저자들이라도 그토록 다양한 주제에서 그와 같은 일치를 보이는 경우는 찾기 힘들다. 더욱이 40명에 이르는 저자들이 1,500년에 걸쳐 쓴 경우라면 어떠하겠는가?)

둘째, 비록 성경 무오가 장차 어느 날인가 거짓임이 입증된다 하더라도, 그것이 곧 기독교 핵심 진리의 거짓됨을 입증하는 것은 아니다. 우리가 보았듯이, 예수가 심오한 진리를 가르치고, 기적을 행했으며, 인류의 죄를 위해 죽었다가 다시 살아났다는 역사적 증거는 실제로 매우 강력하다. 설령 성경에서 잘못된 세부 표현 한두 개가 발견된다 하더라도, 기독교의 역사적 진리는 결코 위축되지 않을 것이다. 우리는 성경 무오가 거짓임이 입증될 것 같지는 않다고 생각하며, 만일 그 반대의 경우라 할지라도, 기독교는 여전히 합리적 의심을 넘어 진리로 남을 것이라고 결론지을 수 있다.

우리가 기독교를 믿지 못할 것으로 여기게 될 만한 발견이 있다면 어떤 것일까? 가령 누군가 예수의 시신을 발견한다면, 기독교는 거짓임이 드러날 것이며 우리는 기독교를 포기하게 될 것이다. 실제로도 우리는

---

[17] 필사자들의 실수는 필사본 안에서 발견되지만, 현존하고 있는 다른 많은 필사본들과 비교함으로써, 원본에 존재하지 않는 것이 쉽게 확인되고 알려진다(9장을 보라). 성경의 원본은 오늘날까지 하나도 발견되지 않은 반면, 다른 저작들의 초기 필사본들은 존속했다. 따라서, 성경의 원본이라는 것이 언젠가 발견될 수도 있다는 말은 가능한 얘기다.

만일 그리스도가 죽은 자 가운데서 부활하지 않았다면 우리의 믿음은 헛된 것이라는 바울의 주장(고전 15:14-18)에 뜻을 같이한다.

이것은 기독교에게 독특한 점이다. 다른 대부분의 종교 세계관과 달리, 기독교는 역사적 사실들 위에 세워졌으며, 따라서 역사적 연구를 통해 그 진실성 여부가 입증될 수 있다. 회의론자들과 비평가들에게 문제가 되는 것은 역사의 모든 증거들이 그리스도의 부활을 가리키고 있다는 점이다. 당시 예루살렘의 거주민들은—그 가운데 일부는 예수의 시신을 찾아내 온 성읍을 돌아다니고 싶었을 것이다—그의 시신을 찾지 못했으며 실제로 그의 무덤이 비어 있음을 인정했다. 그 뒤로도 발견된 것이 전혀 없다. 만일 2천 년에 걸친 탐색 기간 동안 예수의 행적이나 성경에 오류를 발견하지 못했다면, 그 둘 다 오류가 없다는 말이 가능하지 않을까? 언제쯤 모든 의문이 확실히 종결될 수 있을까? 2천 년이 흘렀는데도 종결되지 않았다면 대체 언제쯤 가능할까?

셋째, 오랜 시간에 걸쳐 성경을 주의 깊게 연구한 결과, 우리는 성경에서 '실수'를 발견하는 사람들이 정작 성경에 대해 너무나 아는 게 없는 이들이라는 결론을 내리게 됐다. 그렇다고 우리가 성경의 모든 난제를 어떻게 해결해야 할지 안다는 의미는 아니며, 오히려 그것을 위한 연구를 계속해 가고 있음을 의미한다. 우리는 진정 이 자연계에 존재하는 모든 난제 또는 신비를 해결할 수 없는 과학자들과 다를 바가 없다. 그들은, 단지 그들이 무언가를 설명할 수 없다는 이유만으로, 자연계의 완전성을 부인하지 않는다. 자연계를 연구하는 과학자처럼, 신학을 연구하는 과학자도 계속해서 해답을 궁구한다. 그렇게 하는 과정에서, 난제를 적은 목록은 점점 짧아지고 있다.¹⁸ 그럼에도 성경의 난제를 그냥 넘어갈 수 없다고 생각하는 이들은, 우리를 골치 아프게 하는 것은 우리가 이해하지 못한 성경 내용이 아니라 오히려 이해한 성경 내용이라는 마크 트웨인의 고백을 기억할 필요가 있다.

마지막으로, 잘못을 입증할 수 있는 사항이 아닌 주장을 고집하는 이들은 다름 아닌 비평가들이다. 대체 어떻게 하면 그들이 자신들의 주장이 잘못된 것임을 확신할 수 있을까? 즉 어떻게 해야 그들이 예수가 죽은 자 가운데서 부활했으며 성경 무오가 진실임을 확신시킬 수 있을까? 그러려면 그들은 우리가 이 책에서 제시하는 증거들을 고려해 보아야 한다. 불행하게도 많은 비평가들은 이런 일을 달가워하지 않는다. 그들은 자신들이 쥐고 있는 삶에 대한 통제권을 내놓고 싶어 하지 않는다. 그들이 성경이 참이라는 사실을 인정하게 된다면, 자신들이 더 이상 모든 것을 지배하지 않는다는 사실을 받아들여야만 하기 때문이다. 또한 이 우주에는 자신보다 더 위대한 어떤 권위자가 있을 것이며, 나아가 그 권위자는 비평가들의 삶을 그들이 원하는 방식대로 흘러가도록 용납하지 않을 것이기 때문이다.

---

18 예를 들어, 한때 비평가들은 성경이 헷 족속으로 알려진 사람들에 관하여 오류를 범하고 있는 것으로 생각했다. 성경 바깥에는 헷 족속이 존재했다는 증거가 없었기 때문이다. 하지만 그것은 터키에서 헷 족속의 도서관이 통째로 발견되기 이전까지의 생각이었다. 마찬가지로, 비평가들은 모세 시대에는 기록이 존재하지 않았다고 생각했으며, 따라서 모세가 구약성경의 어떤 부분도 기록할 도리가 없었을 것이라고 생각했다. 즉 모세 시대보다 1천 년이나 앞서는 에블라(Ebla) 점토판이 시리아에서 발견될 때까지는 그랬다. 연구가 진행되어 갈수록, 성경의 진정성은 점점 더 확증되고 있다.

요약과 결론

예수는 유대인의 구약성경이 오류가 없는 하나님의 말씀이라고 가르쳤으며, 하나님 말씀 가운데 남은 부분이 그의 사도들을 통해 주어질 것이라고 약속했다. 이적으로 그 자격과 진정성이 입증된 사도들은 27권의 책을 쓰거나 확증했다. 모든 주요 책들은 그 사도들 및 관련자들에 의해 즉시 하나님의 말씀의 일부로 인정받았다. 또한 27권의 책 모두 추후에 초대 교회 공회의로부터 진정성을 인증받았다. 즉 우리가 오늘날 갖고 있는 성경은 진실되며, 전혀 오류가 없는 하나님의 말씀이다.

성경이 우리에게 증명된 진리의 표준이므로, 성경의 가르침과 모순되는 그 어떤 것도 거짓이다. 그러나, 이것이 곧, 다른 종교에는 진리가 전혀 없다는 말은 아니다. 단지 성경에 있는 가르침에 어긋나는 그 어떤 가르침도 거짓임을 의미할 뿐이다.

이제, 우리가 1장에서 이끌어냈던 결론들을 검토해 보자.

1. 실체(reality)에 관한 진리는 우리가 알 수 있다.
2. 참(true)의 반대말은 거짓(false)이다.
3. 유신론에서 말하는 유일신이 존재한다는 것은 참이다. 이를 입증하는 증거로서,
   a. 우주의 시작(우주론에 따른 논증)
   b. 우주의 설계(목적론에 따른 논증/인간 원리)
   c. 생명의 설계(목적론에 따른 논증)
   d. 도덕법(도덕에 따른 논증)이 있다.
4. 신이 존재한다면, 기적은 가능하다.

5. 기적은 신의 말씀을 확증하기 위해 사용될 수 있다(가령, 신이 자신의 말씀을 확증하기 위해 직접 행한 것들처럼)
6. 신약성경은 역사에 비추어 신뢰할 수 있는 책이다. 그 증거로서,
   a. 고대의 증언
   b. 목격자의 증언
   c. 인간이 만들어낸 것이 아닌 (진정한) 증언
   d. 거짓 사실들에 속은 것이 아닌 목격자들
7. 신약성경은, 예수가 자신을 하나님으로 주장했다고 말한다.
8. 자신이 하나님이라고 주장한 예수의 말씀이 진실임을 확증하는 증거로서,
   a. 자신에 대한 많은 예언을 친히 이루었다는 것
   b. 죄 없는 그의 삶과 그가 행한 이적들
   c. 자신이 예언한 그대로 부활함
9. 따라서 예수는 곧 하나님이다.
10. (그가 곧 하나님이므로) 예수가 가르친 그 어떤 것도 참이다.
11. 예수는 성경이 하나님의 말씀이라고 가르쳤다.
12. 그러므로 성경이 하나님의 말씀이라는 것은 참이다(또 이에 반대되는 어떤 주장도 거짓이다).

이제 8장으로 돌아가 이것이 암시하고 있는 바를 펼쳐 보자. 우리는 8장에 이르는 동안 수집한 증거(위 1-3번)를 토대로 신의 존재를 인정하지 않는 모든 세계관과 종교가 거짓이라는 결론을 내릴 수 있었다. 이 때문에, 신의 존재를 인정하는 세계의 주요 종교, 곧 유대교, 기독교, 그리고 이슬람교를 고려하는 일만 남게 되었다. 이들 가운데 어느 것이 참

인가? 9-14장에 걸쳐 제시된 증거들을 통해 이제 이런 평결에 이르게 된다.

- 유대교의 계시는 참이지만, 그것은 불완전하다. 신약성경이 빠졌기 때문이다.
- 이슬람교의 계시는 몇 가지 진리를 담고 있지만, 그것이 그리스도의 신성과 부활을 부인하고 있다는 점(수라 5:75; 4:157-159)을 포함해, 몇 가지 근본 가르침에서 오류를 범하고 있다.
- 오직 기독교의 계시만 완전하고, 오류가 없는 하나님의 말씀이다.

이 모든 것에 대해 우리가 잘못을 범할 수도 있지 않을까? 가능하다. 그러나 증거에 비추어 볼 때, 비평가와 회의론자 및 그들과 입장을 같이하는 이들이야말로 우리보다 더 큰 믿음을 필요로 할 것이다.

15장 ___ 결론: 재판관, 종이신 왕, 조각 그림 맞추기 상자 뚜껑

> 결국에는 단 두 종류의 사람이 있다. 신에게 '아버지의 뜻이 이루어지이다'라고 말하는 사람들, 그리고 신이, 요컨대, '네 뜻이 이루어지기를'이라고 말씀하는 사람들이다.
> C. S. 루이스

재판관

한 청년이 음주 운전 혐의로 재판관 앞에 서게 되었다. 법정 경위가 그의 이름을 호명했을 때, 법정에 잠시 침묵이 흘렀다. 피고는 재판관의 아들이었다. 재판관은 자신의 아들이 무죄이길 바랐지만, 증거는 논박의 여지가 없었다. 그는 유죄였다.

재판관은 무엇을 할 수 있는가? 그는 정의와 사랑 사이에서 이러지도 저러지도 못하는 고민에 빠졌다. 그의 아들은 유죄였으므로, 처벌이 마땅했다. 그러나 아들에 대한 사랑이 깊었던 재판관은 아들이 처벌 받는 것을 원하지 않았다.

그는 마지못한 음성으로 판결을 선고했다. "아들아, 너는 5천 달러의 벌금을 내든지, 아니면 교도소에 가야만 한다."

아들은 재판관을 올려다보며 이렇게 말한다. "아버지, 지금부터 착하게 살겠다고 약속드릴게요. 무료 급식소에서 자원 봉사도 할게요. 양로원도 방문하겠습니다. 학대받는 어린이들을 돌볼 집도 열겠어요. 잘못된 일은 절대로 다시 안하겠습니다. 제발 이번 한 번만 봐주세요."

그러자 재판관의 표정이 굳어졌다. "아직도 술에 취해 있는 거니? 너는 그럴 수가 없어. 설령 그런 일을 할 수 있다 해도, 그런 선행이 너의 음주 운전으로 인한 유죄 평결 사실을 바꾸지 못한다." 재판관은 '범죄 행위를 선행으로 무효화 할 수 없다'는 사실을 잘 알고 있었다. 완전한 정의가 이루어지려면 아들이 자신의 행위에 따른 처벌을 받아야 했다.

재판관은 이렇게 말을 이어갔다. "미안하구나, 아들아. 내가 너를 풀어 주고 싶은 만큼, 나는 법을 시행해야 한다. 이 죄에 대한 형벌은 벌금 5천 달러를 내든지 아니면 네가 교도소에 가야만 한다는 것이다."

아들은 울면서 아버지에게 애원했다. "하지만 아버지, 저한테 5천 달러가 없다는 것은 아버지도 아시잖아요. 교도소에 가지 않아도 되는 다른 형을 선고해 주세요!"

그때 재판관이 자리에서 일어나, 법복을 벗었다. 그리고 그는 아들이 있는 피고석으로 내려갔다. 아들과 나란히 선 채로 그는 주머니에 손을 넣고는, 5천 달러를 꺼내 아들에게 건넸다. 아들은 깜짝 놀랐지만, 그가 석방될 수 있는 길은 단 하나뿐—그 돈을 받는 것—임을 이해하게 된다. 선택의 여지가 그에겐 없었다. 선행이나 선행의 다짐도 그를 풀어줄 수 없었다. 오직 아버지가 값없이 내미는 선물을 받아들이는 것만이 형벌을 받게 될 아들을 구할 수 있는 유일한 길이었다.

하나님도 그 재판관과 비슷한 처지에 있다. 그도 자신의 정의와 사랑 사이에서 이러지도 저러지도 못하는 진퇴유곡에 빠져 있다. 우리 모두 삶에서 한 번은 죄를 지었기 때문에, 하나님의 무한한 공의는 우리의 처벌을 요구한다. 그러나 그의 무한한 사랑으로 인해, 하나님은 우리의 처벌을 피할 방도를 찾기 원한다.

하나님이 우리 죄로 말미암아 우리를 처벌하지 않으면서도 공의의 하나님으로 남을 수 있는 유일한 길은 무엇일까? 그는 우리를 위해 우리가 받아야 할 형벌을 자원하여 대신 받을 무고한 대리자를 처벌해야만 한다.(그 대리자는 자신의 죄가 아닌 우리 죄 값을 치러야만 한다는 점에서 죄가 없어야 한다. 또한 그는 처벌을 자원해야만 하는데, 자원하지 않는 대리자를 처벌하는 것은 공의에 어긋나기 때문이다). 어디서 하나님은 그런 죄 없는 대리자를 찾을 수 있을까? 죄 있는 인간에게서는 불가능하다. 오직 스스로에게서만 가능하다. 사실, 하나님 자신이 그 대리자이다. 자신의 아들을 구하기 위해 재판관석에서 내려온 재판관처럼, 하나님도 형벌을 받게 될 우리를 구하기 위해 하늘에서 내려왔다. 우리는 모두 형벌을 받아야 마땅하다. 나도 그렇고 여러분도 그렇다.

"하지만 나는 좋은 사람이라고요!"라고 우리는 말한다. 어쩌면 우리는 히틀러 아니면 옆 집 사내와 비교할 때 '좋은 사람'일 수 있다. 그러나 하나님의 표준은 히틀러나 옆 집 사내가 아니다. 그의 표준은 그의 변하지 않는 본질이기도 한, 도덕적 완전함이다.

오늘날 우리가 종교와 관련해 품고 있는 가장 거대한 신화는 '선함(being good)'이 우리를 천국으로 데려다 줄 거라는 믿음이다. 이 견해에 따르면, 우리는 '선한 사람'이며 우리의 선행이 우리의 악행을 능가하는 한, 우리가 무엇을 믿든 그것은 문제가 되지 않는다. 그러나 이는 잘못된 믿음이다. 왜냐하면 완전한 공의인 하나님은 우리가 얼마나 많은 선행을 했느냐에 상관없이 우리의 악행을 처벌해야만 하기 때문이다. 영원한 존재인 그의 뜻을 거슬러 죄를 짓게 되면 영원한 형벌을 받는 것이 마땅하며, 어떤 선행으로도 그 사실을 바꿀 수 없다. 그리고 우리 모두는 죄를 지었다.

예수는 우리에게 그 형벌에서 벗어날 수 있는 길과 영생을 주기 위해 왔다. 창세기 안에서 잃어버린 낙원은 요한계시록 안에서 회복된 낙원이 된다. 그러므로 예수가 "내가 곧 길이요 진리요 생명이니 나로 말미암지 않고는 아버지께로 올 자가 없느니라"(요 14:6)고 말한 것은, 단지 제멋대로 말한 것이 아니라, 이 우주의 실체를 반영한 진리를 전한 것이다. 예수는, 하나님이 그의 무한 공의와 무한 사랑을 조화시킬 수 있는 방도가 단 하나뿐이라는 점에서, 유일한 길이다(롬 3:26). 만일 다른 길이 있다면, 하나님은 그리스도를 쓸데없이 죽게 한 셈이다(갈 2:21).

술 취한 아들을 위해 아버지가 했던 것처럼, 하나님은 우리 죄를 위해 자기 자신을 처벌하고 우리 각자가 치러야 할 죄 값을 대신 지불함으로써 자신의 공의를 충족시킨다. 자유를 얻기 위해 우리가 해야 하는 일은 오직 그 선물을 받아들이는 것이다. 거기에는 단 하나의 문제만이 존재한다. 아버지가 아들에게 자신의 선물을 받아들이도록 강요할 수 없는 것처럼, 하나님도 그의 선물을 받아들이도록 우리를 강요할 수 없다는 점이다. 하나님은 우리를 너무나 사랑하기 때문에 그를 거부하겠다는 우리의 결정조차도 존중하신다.

종이신 왕

그리스도가 우리의 자유 의지를 진정 자유롭게 놓아 두셨기 때문에, 우리는 그리스도를 거부할 수 있다.[1] 필립 얀시(Philip Yancey)는 『하나님, 당신께 실망했습니다(Disappoint with God)』에서 하나님이 우리의 구원을 얼마나 간절히 원하면서도 한편으로는 우리의 자유를 얼마나 존중하는지를 우리가 이해할 수 있게 하기 위해 기독교 철학자 죄렌 키에르케고르가 언급했던 비유를 들려주고 있다. 그것은 비천한 하녀를 사랑한 어느 왕의 이야기이다.

그 왕은 여느 왕들과 다르지 않았다. 모든 신하가 그의 권위 앞에 무릎 꿇었고 누구도 감히 왕 앞에서 함부로 입을 열지 못했다. 그에게는 모든 정적을 숙청할 수 있는 권력이 있었다. 그런데 이 무서운 왕이 비천한 한 여종을 사랑하게 되었다.

어떻게 이 여종에게 사랑한다고 고백할까? 왕의 신분이 그를 꼼짝 못하게 만들었다. 만약 여종을 궁전으로 데려와 화려한 왕관을 씌우고 여왕 옷을 입힌다면, 그녀는 이 제의를 거절하지 않을 것이다. 감히 왕의 요구를 거절할 사람은 없을 테니까. 그러나 이렇게 한다고 해서 그 여종이 진정으로 왕을 사랑할까?

물론 여종은 왕을 사랑한다고 말하겠지만, 정말로 왕을 마음속 깊이 사랑할까? 혹시 왕과 함께 살지만 두려움 속에서 자기가 살아왔던 고향을 그리워하지 않을까? 궁전에서 사는 여종은 과연 행복할까? 이러한 사실을 왕은 어떻게 알 수 있을까?

만일 왕이 여종이 사는 작은 오두막집을 찾아가면서 휘하의 장병들을 데

---

[1] 하나님이 주권을 가지심에도 불구하고 인간의 자유가 유지되는 방도에 대한 토론은, Norman Geisler, *Chosen but Free*, 2nd ed.(Minneapolis: Bethany, 2001)을 보라.

리고 화려한 행차를 한다면, 오히려 여종은 겁먹을 것이다. 왕은 겁에 질린 하인을 원하는 것이 아니다. 그는 사랑하는 여인을 원한다. 종속 관계가 아닌 사랑의 관계 말이다. 왕은 여종이 자신이 왕인 것을 잊어버리고, 또 그녀 자신도 하찮은 여종인 사실을 잊어버리고 오직 사랑하기만을 바란다. "사랑만이 불평등한 관계를 평등한 관계로 만든다." 키에르케고르는 이렇게 결론을 맺었다.[2]

이것은 하나님이 우리를 사랑하면서 안게 되는 문제이기도 하다. 만일 그가 권세로 우리를 압도한다면, 우리는 자유롭게 그를 사랑하지 못하게 될 수도 있다(사랑과 권세는 정반대 관계인 경우가 많다). 또한 설령 자유롭게 결정할 수 있다 하더라도, 우리는 그를 사랑하기보다 그가 줄 수 있는 것만을 사랑할 수도 있다. 그럴 때 하나님은 무엇을 할 수 있을까? 여기 하나님이 하셨던 일이 있다.

여종의 자유를 억압하지 않고 그녀를 왕으로 만들 수 없다는 사실을 잘 알기 때문에 왕은 비천한 신분으로 내려가기로 결정했다. 그래서 왕은 거지처럼 옷을 입고 여종이 사는 오두막집으로 향했다. 그 일은 단순한 변장이 아니었다. 즉 왕의 새로운 신분이었다. 왕은 여종의 사랑을 얻기 위해 왕좌를 포기했다.[3]

이것이 바로 하나님이 우리를 얻기 위해 행하신 일이다. 그는 인간의

---

[2] Philip Yancey, *Disappoint with God* (New York: HarperCollins, 1988), 109-110.
[3] Ibid.

수준으로 내려오셨다. 그것도 가장 낮은 사회 계층이라고 할 수 있는 종의 수준으로 내려오셨다. 바울은 빌립보서에서 그리스도의 희생을 이렇게 묘사하고 있다(빌 2:5-8).

> 너희 안에 이 마음을 품으라 곧 그리스도 예수의 마음이니 그는 근본 하나님의 본체시나 하나님과 동등됨을 취할 것으로 여기지 아니하시고 오히려 자기를 비워 종의 형체를 가지사 사람들과 같이 되셨고 사람의 모양으로 나타나사 자기를 낮추시고 죽기까지 복종하셨으니 곧 십자가에 죽으심이라.

우주를 만드신 창조주가 이 땅에 와서 자신이 창조한 바로 그 피조물을 섬기고, 그들의 손에 고통을 당하며, 끝내 그들의 손에 죽임을 당함으로써 자기 자신을 낮추셨다고 상상해 보라. 그는 왜 이런 일을 했을까? 그는 무한한 사랑이 있었던 터라, 자신의 형상을 따라 창조한 이들에게 구원을 베풀지 않고서는 견딜 수가 없었기 때문이다. 게다가 인간의 형체를 취하는 것이야말로 구원을 거부할 수 있는 우리의 자유의지를 꺾지 않고서 우리에게 구원을 베풀 수 있는 유일한 길이었다.

하지만 그리스도가 우리를 우리의 죄로부터 구원하려고 '종의 형체'를 입었다는 사실을 인정한다 하더라도 그가 당했던 고통의 크기를 헤아리는 것은 전혀 별개의 문제이다. 대부분의 사람들은 그의 고통을 당연하게 여긴다. 의학 박사 트루먼 데이비스(C. Truman Davis)는 예수가 고통당시고 십자가에 못 박힌 것을 글로 생생하게 묘사했는데, 다음 부분

에서 그 설명을 옮겨 본다.[4]

종이 된 왕의 고통

로마 군인들은 유대인들에게 작은 쇳조각과 날카로운 양의 뼛조각이 촘촘히 박힌 채찍을 사용했다. 예수는 옷이 벗겨진 채, 두 손은 수직의 기둥에 묶여 있다. 한두 명의 군인이 그의 등과 엉덩이 그리고 다리 등을 여기저기 가릴 것 없이 채찍으로 내려친다. 군인들은 자신들의 제물을 비웃고 있다. 그들이 예수의 몸을 채찍으로 힘껏 내려칠 때마다, 몸이 패이고 피부와 세포 조직이 사정없이 찢긴다. 채찍질이 계속 되면서, 피하 근육까지 찢어지고 너덜대는 살점을 따라 피가 흥건히 흘러내린다. 계속되는 통증과 출혈로 그는 쇼크 상태에 빠진다.

지휘하던 백부장이 예수가 죽을 지경이 되었다는 판단을 내리자, 마침내 채찍질을 멈춘다. 거의 실신 상태에 있던 예수는 묶였던 기둥에서 풀려나, 포석 위에 내동댕이쳐진 채, 자신의 몸에서 끝없이 흘러내리는 피 때문에 온몸이 젖어가고 있다. 로마 군인들은 스스로를 왕이라 주장하는 이 유대인 사내를 희대의 우스갯거리로 만들고 싶어진다. 그들은 그의 어깨에 긴 관복을 걸쳐 주고, 그의 손에 홀 대신 막대기 하나를 쥐

---

[4] C. Truman Davis, M.D., "A Physician Analyzes the Crucifixion: A Medical Explanation of What Jesus Endured on the Day He Died." 온라인 주소는 다음과 같다. http://www.thecross-photo.com/Dr_C._Truman_Davis_Analyzes_the_Crucifixion.htm. 원래, Arizona Medical Association의 Arizona Medicine, 1965년 3월호에 실린 내용이다. 그리스도의 사망에 대한 추가 정보는, William D. Edwards, Wesley J. Gabel, Floyd E. Hosmer, "On the Physical Death of Jesus Christ," *Journal of the American Medical Association* 255, no.11(1986년 3월 21일자):1463을 보라.

어 준다. 그들의 분장 작업이 끝나려면, 아직 하나 더 왕관이 필요하다. 잘 휘어지는 가시나무의 가지를 가져다가 왕관 모양으로 엮어 예수의 머리 위에 꾹 눌러 씌운다. 그의 머리에서 출혈이 시작된다. 상당한 양의 출혈이다(머리는 인체에서 가장 많은 혈관이 지나고 있다). 그를 조롱하고 그의 얼굴에 주먹질을 한 다음, 병사들은 그의 손에 있던 막대기를 빼앗아 그의 머리를 가격하고, 머리에 있던 가시관을 더 깊숙이 눌러 씌운다.

한동안 계속되던 학대 놀이가 시들해지자, 관복이 그의 등에서 벗겨진다. 그 옷은 피에 젖어 어느 새 등에 엉겨 들러붙어 있었고, 가차 없는 손길에 살점이 함께 떨어져나가면서 무지막지한 고통을 안겨준다. 상처에서 다시 피가 흐르기 시작한다. 유대인의 관습을 따라, 로마인들은 그에게 옷을 돌려준다. 십자가의 무거운 가로 기둥이 그의 어깨 위에 지워지고, 마침내 형을 선고받은 그리스도, 두 명의 강도, 그리고 형 집행자들이 슬픔의 길(Via Dolorosa)을 따라 걷기 시작한다. 그는 똑바로 일어서려고 애써 보지만, 육중한 나무 기둥의 무게는 엄청난 출혈에 따른 쇼크로 인해 기력을 잃은 그에게 너무나 버겁다. 그는 비틀대다가 쓰러진다. 십자가의 거친 표면이 상처 입은 피부를 파고들고, 그의 어깨를 짓누른다. 그는 다시 일어서 보려고 하지만, 인간의 근육으로 지탱할 수 있는 한계를 벗어났다. 십자가형을 신속히 집행시키기 원하는 백부장은 덩치가 있어 보이는 북아프리카 출신의 구경꾼 구레네 사람 시몬을 지목해 십자가를 대신 지게 한다. 예수는 그 뒤를 따라가고, 쇼크로 인한 식은땀을 피와 함께 흘린다.

안토니아 요새로부터 골고다에 이르는 650야드(약 594미터)의 여정이 마침내 끝이 난다. 예수는 유대인에게 허용되는 고의만 남긴 채, 모든 옷이 벗겨진다. 십자가형이 시작된다. 예수에게 몰약이 든 포도주가 건네진다. 죽음의 고통을 조금이나마 덜어 주려는 마지막 자비다. 그는 마시기를 거부한다. 시몬에게 십자가를 땅 위에 내려놓으라는 명령이 떨어지고, 예수는 지체 없이 그 십자가에 던져진다. 로마 병사는 예수의 야위고 상처 입은 손목을 바라보며 왠지 우울해진다. 하지만 병사는 이내 아무렇지 않다는 듯 둔중한 사각 쇠못을 예수의 손목에 박아버린다. 쇠못은 예수의 손목을 꿰뚫고 나무 십자가에 깊이 박힌다. 병사는 숙련된 솜씨로 재빨리 다른 편으로 옮겨가 똑같은 일을 수행한다. 예수의 팔이 못에 의해 지나치게 당겨지지 않도록, 그래서 약간은 움직일 수 있는 여유를 주기 위해 나름 신경을 쓴다. 마침내 십자가가 언덕 위에 세워지고, "유대인의 왕, 나사렛 예수"라고 쓰인 명패가 십자가 위에 달린다.

 희생자 예수는 이제 십자가에 못 박혔다. 손목을 꿰뚫고 박힌 쇠못에 체중이 실리면서 그가 서서히 축 늘어지게 되자, 격렬하고 불이 붙는 것 같은 고통이 손가락을 따라 팔을 타고 그의 뇌 속에서 폭발하고 만다. 손목에 박힌 못이 정중 신경에 엄청난 압력을 가한다. 점점 극심해지는 고통을 식혀 보려고 그가 몸을 끌어 올릴 때마다, 이번에는 모든 무게가 그의 발목에 박힌 못에 가해진다. 다시 한 번, 그의 중족골 사이의 신경을 지나가는 못이 온몸을 마비시키듯 고통을 안겨준다. 이때가 되면 또 다른 현상이 나타난다. 팔에 힘이 빠지고, 격렬한 경련의 파도가 근육을 휩쓸다가 이내 근육들이 마비되기 시작한다. 이로 말미암아 그는 이제 자신의 몸을 지탱하기 위해 끌어 올릴 수조차 없다. 자신의 팔에 매달린 채, 가슴 근육은 마비되고, 늑간 근육도 움직일 수 없게 된다. 허파 안으로 공기가 들어갈 수는 있지만, 밖으로 내뱉을 수는 없다. 예수는 조금이라도 숨을 쉬어보려고 몸을 끌어 올리려다 진저리를 친다. 마침내 이산화탄소가 그의 허파를 채우고 그의 혈관을 타고 흐르면서, 경련은 조금씩 잦아든다. 발작을 일으키듯이, 그는 자신을 위로 끌어올려 숨을 내뱉고 생명에 필요한 산소를 간신히 흡입한다. 믿을 수 없는 일이지만, 바로 이 시간에 성경에 기록된 일곱 마디의 짧은 말을 토해 낸다.

그가 거친 십자가에 등을 밀착한 채 위 아래로 움직이면서 등에 난 상처 부위로부터 피부 세포가 떨어져 나가고, 경련과 발작의 반복, 부분적 질식 상태, 찢어질 듯한 통증이 계속 이어진다. 이어서 또 하나의 고통이 시작된다. 심낭에 서서히 혈장이 고이면서 심장을 압박하기 시작하자, 몸이 부서지는 듯한 극도의 고통이 몸을 파고든다. 이제 거의 끝났다. 세포액의 유실도 생명을 앗아갈 정도에 이르렀다. 압박을 받은 심장은 탁하고 굳었으며 흐름이 느려진 피를 세포 조직으로 보내느라 분투하고 있다. 고문당하는 허파는 조금이라도 숨을 내뱉어 보려고 필사적 몸부림을 친다. 수분이 현격하게 빠져 나가버린 세포 조직에서는 자극받은 혈액을 뇌로 보내고 있다. 그의 대속 사명은 완수되었다. 마침내, 그는 자신의 몸이 숨을 거두도록 허락했다. 마지막 힘을 다해, 다시 한 번 그의 찢겨진 발에 박힌 못에 의지하여, 다리를 곧게 편 다음, 깊은 숨을 내쉬고, 자신의 일곱 번째이자 마지막 외침을 내뱉는다. "아버지 내 영혼을 아버지 손에 부탁하나이다"(눅 23:46).

예수가 이 모든 것을 감내함으로써, 우리는 그와 화해할 수 있게 되었으며, 예수가 "아버지 내 영혼을 아버지 손에 부탁하나이다"라고 확언함으로써, 우리는 우리의 죄로부터 구원을 얻을 수 있게 되었다.

조각 그림 맞추기 상자 뚜껑

이 책의 첫 부분에서 우리는 삶이라는 수수께끼를 푸는 '조각 그림 맞추기 상자 뚜껑'을 찾는 것으로 시작했다. 만일 그 상자 뚜껑을 찾을 수 있다면, 우리는 모든 사람들이 직면하고 있는 다섯 가지의 가장 큰 문제에 답을 제시할 수 있을 것이다. 우리는 이제 그 상자 뚜껑이 성경임을 합리적 의심을 넘어 확신하고 있으므로, 그 다섯 질문에 대한 답을 다음과 같이 말할 수 있다.

1. **기원: 우리는 어디에서 왔는가?** 우리는 하나님의 형상과 모양을 따라 놀랍게 창조된 피조물이다(창 1:27; 시 139:14).
2. **정체: 우리는 누구인가?** 하나님의 형상과 모양을 따라 창조되었으므로, 우리는 최고의 가치를 지닌 피조물이다. 우리는 하나님으로부터 사랑을 받으며 하나님으로부터 특정한 권리와 책임을 부여받았다(요 3:16-18; 1:12; 갈 4:5).
3. **의미: 우리는 왜 여기에 존재하는가?** 아담과 하와는 죄 없는 상태로 창조되었다. 그러나 그들이 불순종을 택한 결과, 인류는 하나님의 무한한 공의에 따른 형벌 아래 놓이고 말았다(창 3:6-19). 그날 이후, 우리도 제각기 불순종하여 아담과 하와의 선택을 뒤따라갔다(롬 3:10-12; 5:12). 타락한 우리는 계속해서 자유로운 선택을 이어갔고 그것은 우리의 영원한 삶에 영향을 미쳤다. 이곳에서의 일시적인 삶은 영원한 삶을 위한 선택의 기반이다. 하나님께 영광을 돌리며(사 43:7; 요 15:8), 영원한 상급을 받을 수 있는 '선택 사항'으로는 다음과 같은 것들이 있다.

    a. 영원한 형벌로부터 구원하여 영원토록 우리와 함께하기 위해 예수가 치른 죄 값을 인정하는 것(막 10:45; 딤전 2:6; 히 9:15; 눅 16:9; 요 14:2)

b. 다른 사람들이 동일한 선택을 내릴 수 있도록 돕는 그리스도의 대사로 섬기는 것(고후 5:17-21; 마 28:19)

c. 우리의 고통을 통해 다른 이들의 고통을 위로하는 법을 배우고 (고후 1:3-4), 나아가 우리의 고통이 영원을 누릴 수 있는 우리의 역량을 키워준다는 것을 깨닫는 것(고후 4:15-5:1; 벧후 1:5-11)

4. 도덕: 우리는 어떻게 살아야 하는가? 하나님이 우리를 먼저 사랑하셨으므로, 우리도 그를 사랑하며 서로 사랑하는 것이 마땅하다(롬 5:8; 요일 4:19-21). 사실, '사람의 본분'은 "하나님을 경외하고 그 명령을 지키는 것"이다(전 12:13-14). 여기에는 모든 족속을 제자로 삼는 것(마 28:19)과 하나님이 주시는 선한 것들을 즐거워하는 것 (딤전 6:17)이 포함된다.

5. 운명: 우리는 어디로 가고 있는가? 하나님의 무한한 공의로는 우리를 처벌해야 마땅하지만, 그의 무한한 사랑은 오히려 그 형벌을 스스로에게 담당시키고 말았다(사 53:4, 10, 12; 롬 3:26; 고후 5:21; 벧전 2:24). 이것이 그가 공의를 실현하면서도 죄인들을 의롭다 하실 수 있는 유일한 방도이다(요 14:6; 롬 3:26). 영원한 형벌로부터 구원을 베푼 그의 선물은 모든 백성에게 값없이 주어졌다(요 3:16; 엡 2:8-9; 계 22:17). 구원은 선행이나 공로를 통해 얻을 수 있는 것이 아니다. 또한 하나님은 우리 모든 사람이 마땅히 받아야 할 형벌로부터 구원받기를 원한다(딤후 2:4; 벧후 3:9). 그러나 또한 하나님은 우리에게 사랑을 강요할 수 없다(강요된 사랑은 모순이다). 따라서 우리 각 사람은 누구를 섬길지 스스로 선택해야만 한다(수 24:15; 요 3:18).

우리의 운명

우리는 누구를 섬길 텐가? 하나님은 선택권을 우리의 손에 두셨다. 하나님은 사랑 때문에 다른 길은 생각도 않으신다. 우리의 자유로운 선택을 존중하기 위해, 하나님은 기독교를 지지하는 증거들에 상당한 무게를 실어 주셨지만, 그 증거를 강요의 매개체로 만들지는 않으셨다. 만일 우리가 (이 책에서 제시한 것들을 포함해) 주변에 있는 모든 증거를 애써 무시하고자 한다면(롬 1:18-20) 자유로이 그렇게 할 수 있다. 그러나 그것은 고집일 뿐이지 합리적인 판단에 따른 행동은 아닐 것이다. 우리는 그리스도를 거부할 수 있겠지만, 그를 믿는 데 증거가 충분치 않다는 말을 할 수는 없다.

C. S. 루이스는 그의 글에서 이 점을 적절하게 표현하고 있다. "결국에는 단 두 종류의 사람이 있다. 신에게 '아버지의 뜻이 이루어지이다'라고 말하는 사람들, 그리고 신이 '네 뜻이 이루어지기를'이라고 말하는 사람들이다. 지옥에 있는 모든 사람들이 후자의 길을 택한다. 사람들이 자신의 뜻을 선택하지 않았다면, 지옥은 존재하지 않았을 것이다. 진지하면서도 끈질기게 기쁨을 바라는 영혼이라면 그것을 깨닫지 못하는 일은 없을 것이다. 찾는 자가 발견한다. 두드리는 자에게 문은 열린다."[5]

그 문은 예수로 말미암아 열려 있다. 우리는 어떻게 그곳을 통과할 수 있을까? 바울은 이렇게 쓰고 있다. "네가 만일 네 입으로 예수를 주로 시인하며 또 하나님께서 그를 죽은 자 가운데서 살리신 것을 네 마음에 믿으면 구원을 받으리라"(롬 10:9).

---

5   C. S. Lewis, *The Great Divorce*(New York: Macmillan, 1946), 72.

누군가는 "나는 예수가 죽은 자 가운데서 다시 사신 것을 믿는다"고 말할 수 있다. 그러나 예수의 부활을 믿는 것만으로는 불충분하다. 그를 신뢰해야 한다. 우리는 누군가가 좋은 배우자가 되리라고 믿을 수는 있지만, 그 믿음만으로 그 사람을 배우자로 삼기엔 불충분하다. 지식의 차원을 넘어 의지의 차원으로 나아가야만 한다. 우리와 하나님 사이의 관계도 마찬가지다. 그를 신뢰하는 것은 단지 머리에서 결정되는 게 아니며, 우리의 중심에서 결정을 내려야 한다. 누군가가 예전에 말했듯이, "천국과 지옥 사이의 거리는 약 50센티미터에 불과하다. 즉 머리와 심장 사이의 거리다."

만일 우리가 우리의 자유 의사에 따라 예수가 활짝 열어 놓은 그 문을 지나지 않기로 선택한다면, 무슨 일이 일어날까? 예수는 우리가 여전히 심판 가운데 있을 것이라고 말했다. 즉 "그를 믿는 자는 심판을 받지 아니하는 것이요 믿지 아니하는 자는 하나님의 독생자의 이름을 믿지 아니하므로 벌써 심판을 받은 것이니라"(요 3:18)는 말씀이 그것이다. 달리 말하면, 우리는 영원한 심판을 받아 하나님으로부터 분리된 상태에 놓여 있게 될 것이다. 하나님은 "네 뜻이 이루어지기를"이라고 말씀하심으로, 우리의 선택을 존중하실 것이다.

누군가는 "하나님은 어느 누구도 지옥에 보내지 않아!"라고 말할 수도 있다. 맞는 말이다. 그러나 우리가 그리스도를 거부한다면, 우리가 우리 자신을 지옥으로 보내는 것이 된다.

누군가는 "하나님은 다만 믿지 않는 자들을 멸절시킬 거야"라고 말할 수 있다. 천만에. 그분은 결코 그렇게 하지 않는다. 지옥은 실재한다. 예수도 천국보다 지옥에 대해 더 많이 말했다. 하나님은 자신의 형상을 따라 창조된 피조물을 파괴하지 않을 것이므로, 불신자를 멸절시키지 않으실 것이다. 그런 일은 그 자신에 대한 공격이 될 것이다(아들이 아버지의 뜻을 따르지 않았다고 죽여버리는 아버지가 있다면, 우리는 그런 아버지를 어떻게 받아들여야 할까?) 하나님은 사랑이 너무 크시므로, 자기와 함께 있기를 원하지 않는 자들을 파괴하지는 않으신다. 그의 유일한 선택은 그들을 자기로부터 격리시키는 것이다. 그것이 바로 지옥의 역할이다. 지옥은 전염성이 강한 악을 격리시킨다.

누군가는 "하나님은 모든 사람을 구원할 것이다"라고 말한다. 어떻게 그런 일이? 그들의 의지에 반하여 모두 구원하신다는 말인가? 몇몇 사람들은 변화되기보다 멸망받기를 원할 것이다. 그들은 돌이키기보다 반역을 고집할 것이다. 그러므로 하나님은 이렇게 말씀하신다. "네 뜻대로 이루어질 것이다. 너는 계속해서 나에게 반기를 들 수 있다. 하지만 너는 격리될 것이며, 그렇게 해서 나의 남은 피조물을 오염시킬 수 없을 것이다." 뿐만 아니라 주일 예배의 한 시간도 하나님 찬양으로 보내기 힘들어하는 사람들을 영원히 하나님을 찬양하는 곳으로 보내는 것은 결코 사랑이 아닐 것이다. 그건 그들에게 말 그대로 지옥일 것이다.

누군가는 "나는 하나님께 가는 길이 유일하다고 믿지 않는다"고 말할 수도 있다. 왜 믿지 않는가? 이곳에서 저쪽의 건물에 도착하는 데 굳이 둘 이상의 길이 필요한가? 우리는 이슬람교가 유일한 길이라고 주장한다는 이유로 그들에게도 이렇게 논박할 수 있다. 힌두교 신자들의 경우에는 어떠한가? 그들은 환생이 곧 구원에 이르는 유일한 길이라고 말한다. 우리는 이미 철학과 성경에 비추어 예수야말로 무한한 공의와 무한한 사랑의 조화를 이룰 수 있는 유일한 길임을 제시했다. 만일 그것이 진리가 아니라면, 하나님은 예수를 잔인한 죽음 가운데 쓸데없이 내몬 것에 불과하다.

누군가는 "이런 얘기들을 듣지 못한 사람들은 어떻게 하는가?"라고 말할 수 있다. 왜 그런 것이 우리의 결정에 영향을 미쳐야만 하는가? 다른 사람은 몰라도 우리만큼은 이런 얘기들을 듣지 않은가?

"단지 예수에 대해 듣지 못했다는 이유로 사람들을 지옥에서 고문하려는 하나님이라면 나는 믿지 못하겠다." 누가 하나님을 이런 분이라고 했는가? 첫째, 하나님은 그 누구도 고문하지 않는다. 지옥은 외부에서 고문을 가하는 장소가 아니라, 자기 스스로 고통을 가하는 장소이다(눅 16:23, 28). 지옥에 있는 자들은 분명 고문을 원하지는 않지만, 자초한다. 지옥은 끔찍한 곳이지만, 자물쇠는 그 문의 안쪽에 있다. 둘째, 사람들은 예수에 대해 들었느냐의 여부에 관계없이 지옥을 택할 수도 있다. 사람들은 수많은 별들로 가득한 하늘과 우리 안의 도덕법으로 말미암아 하나님에 대해 알고 있다(롬 1:18-20; 2:14-15). 자연 계시를 거부하는 사람들은 예수 역시 거부한다. 그러나 진심으로 하나님을 찾는 자는 상을 얻을 것이다(히 11:6). 하나님은 모든 사람이 구원받기를 원하시므로(우리보다도 더 원하신다—벧후 3:9), 그는 자신을 찾는 자들이 필요한 정보를 얻을 수 있도록 확실한 조치를 취하셨다. 또한 하나님은 공의의 하나님이므로(창 18:25; 시 9:8; 롬 3:26), 천국에 가야만 할 자가 지옥으로 가는 법은 결코 없을 것이며, 그 반대의 경우도 없을 것이다. C. S. 루이스의 말을 인용해 보자. "한편으로 생각해 보면 그리스도 밖에 있는 자들의 운명을 걱정하는 사람이 자기는 여전히 그리스도 밖에 머물려고 하는 것이야말로 불합리하기 짝이 없는 일이다. 그리스도인들은 그리스도의 몸이며, 그리스도는 이 유기체를 통해 일하신다. 이 몸의 구성원이 하나씩 더 생길 때마다 그는 더 많은 일을 하실 수 있다. 만일 우리가 그리스도 밖에 있는 자들을 돕고 싶다면, 무엇보다 우리 자신이 한 세포가 됨으로써 그들을 도울 수 있는 유일한 존재인 그리스도의 몸을 불러 나가야 한다. 다른 사람의 손가락을 잘라내 놓고 더 많은 일을 하라고 재촉할 수는 없는 노릇이다."[6]

누군가는 "기독교인들은 지옥이라는 말로 사람들을 겁주는 것 밖에 모른다"고 말할 수 있다. 결코 그렇지 않다. 우리는 다만 사람들이 진리를 알기 원할 뿐이다. 그것이 그들을 겁먹게 만든다면, 그게 당연할지도 모른다. 우리는 성경이 지옥에 대해 말하는 것들을 분명 좋아하지 않는다. 또한 우리는 그것이 사실이 아니기를 바란다. 그러나 하나님이신 예수가 그것을 가르쳤고, 또한 거기에는 나름의 합당한 이유가 있다. 그것은 필요한 것처럼 보인다. 지옥이 없다면, 이 세상의 불의는 결코 시정되지 않을 뿐만 아니라, 사람들의 자유 선택 역시 존중되지 않을 것이며, 나아가 구원이라는 더 위대한 선도 결코 성취되지 못할 것이다. 만일 찾아야 할 천국이 없고 피해야 할 지옥이 없다면, 이 우주 안에 있는 그 어느 것도 궁극적 의미를 갖지 않게 된다. 우리의 선택, 우리의 기쁨, 우리의 고통, 우리의 삶, 그리고 우리가 사랑하는 사람들은 결국 무의미한 것이 된다. 우리는 이 삶이 흘러가는 동안 궁극의 원인이 아닌 것을 위해 분투하는 것이 되며, 그리스도는 쓸데없이 죽은 것이 된다. 천국과 지옥이 없다면, 믿을 수 없을 정도로 공교하게 설계된 이 우주는 올라갈 데도 전혀 없는 계단이 되고 마는 셈이다.

무신론자들은 이렇게 말한다. "그래서 뭐가 어쨌다는 건가? 정말 이 우주는 올라가봐야 아무것도 없는 계단에 불과할 수 있다. 우리가 단지 삶에 어떤 의미가 있기를 바라는 것일 뿐이지, 삶에 진짜 어떤 의미가

---

[6] C. S. Lewis, *Mere Christianity* (New York: Macmillan, 1943), 65.

있는 것은 아니다." 일리가 있다. 그러나 우리는 삶에 어떤 의미가 있기를 바라는 데 그치지 않고, 삶에 분명한 의미가 있다는 증거를 확보하고 있다.[7]

우리는 누구나 들었음직한 가장 위대한 소식으로 끝을 맺으려고 한다. 우리의 선택은 정말 중요하다. 우리의 삶은 진정 궁극의 의미를 갖고 있다. 또한 그리스도 덕분에 어느 누구도 지옥을 경험할 필요가 없게 되었다. 모든 사람은 그가 값없이 베푼 영생이라는 선물을 받을 수 있다. 거기에는 어떤 노력도 필요 없다. 믿음은 필요한가? 그렇다. 하지만 모든 선택은, 심지어 그리스도를 거부할 때조차, 믿음이 필요하다. 이미 많은 증거를 통해, 성경이 합리적 의심을 넘어 참이라는 사실이 입증되었으므로, 그리스도를 영접하는 것은 최소 분량의 믿음이 필요한 선택이 돼 버렸다. 선택은 우리에게 달렸다. 우리는 믿음이 있는가?

누군가는 "그래도 아직은 회의와 의문이 있다"고 말할 수 있다. 그게 뭐 어떻다는 말인가? 우리 역시 회의와 의문이 있다. 우리라고 해서 의심이 없을 이유가 있는가? 우리는 유한한 피조물이다. 무한한 하나님과 그의 방식에 대해 우리는 모든 걸 이해할 수 있으리라는 기대를 품을 수 없다. 바울도 분명 모든 걸 이해하지 못했으며(롬 11:33-36), 많은 구약성경의 저자들도 하나님에게 의심과 의문을 표시했다.[8] 하지만 우리는 개연성에 입각해 결정을 내려야만 하는 유한한 피조물이기에, 증거가 어느 것을 더 지지하느냐에 따라 결정을 내릴 수 있는 지점이 틀림없이 존

---

7 지옥과 지옥을 부인하는 주장들에 관련된 더 많은 내용은, Norman Geisler, *Baker Encyclopedia of Christian Apologetics*(Grand Rapids, Mich.: Baker, 1999). 308-313을 보라.
8 하나님에 대한 의심과 의문이 표현된 성경 책의 예로는, 욥기, 시편의 많은 시들, 전도서, 예레미야애가를 보라.

재한다. 우리는 모든 것의 정답을 알 수 없다. 그러나 이 책 전체에 걸쳐 제시했듯이, 우리의 의심을 거둬들이고 하나님을 믿는 데 충분한 답을 확보하고 있다.

마지막으로, 우리는 자신이 의심하는 것들에 의심을 품어보아야 한다. 스스로에게 물어보라. "모든 증거에 비추어 볼 때 기독교가 진리라는 것을 의심하는 것이 합리적인가?" 그렇지 않을 것이다. 실제로, 증거에 비추어볼 때, 우리는 기독교 이외의 다른 모든 신앙 체계들에 대해 더 많은 의심을 품어야만 한다. 무신론을 포함한 그 모든 것들은 합리적이지 않다. 반면 기독교는 합리적이다. 그러므로 우리가 제기하는 의문들에 대해 의문을 갖기 시작해 보라. 그러면 그리스도를 영접하게 될 것이다. 그리고 그리스도가 아닌 다른 것을 믿는 데는 더욱더 많은 신앙이 필요하다.

부록 1 ___ 신이 있다면, 왜 악이 존재하는가?

무신론자: 만일 선하고 전능한 신이 실제로 존재한다면, 왜 그는 악을 허용하는 겁니까?

그리스도인: 악이라고요? 당신은 무엇이 선인지 모르는데 어떻게 악을 알 수 있나요? 당신이 판단하는 좋고 나쁨을 넘어서는, 초월적인 객관적 표준으로서의 선이 존재하지 않는데 어떻게 무엇이 선인지 알 수 있나요?

무신론자: 내 질문을 피하려고 하지 마세요.

그리스도인: 질문을 피하려는 게 아닙니다. 나는 단지 당신의 그런 질문이 신의 존재를 전제하고 있음을 말하려는 겁니다. 실제로 악이 존재한다고 해서 그것이 신의 존재를 부정하는 증거가 되지 못합니다. 악이 있다면 악마의 존재를 입증할 수는 있겠죠. 하지만 그것이 곧 신이 존재하지 않는다는 걸 입증하지는 않습니다.

무신론자: 흥미로운 논리군요. 하지만 납득이 가진 않습니다.

그리스도인: 납득이 가진 않더라도, 당신이 제기한 질문은 분명 신을 전제하고 있습니다.

무신론자: 토론의 진행을 위해, 신의 존재를 내가 인정한다고 합시다. 그러면 내 질문에 답할 수 있겠습니까?

그리스도인: 물론입니다. 당신이 약간의 진전을 보이는 것 같아서 마음이 가벼워집니다.

무신론자: 기억하세요. 그건 단지 토론의 진행을 위한 것일 뿐입니다. 그런데 당신이 말하는 그 '전능한' 신은 왜 악을 멈추게 하지 않는 건가요?

그리스도인: 진정으로 신이 악을 멈추게 하길 바라는 겁니까?

무신론자: 물론입니다.

그리스도인: 신이 당신부터 건드린다고 해도 마찬가지 생각입니까?

무신론자: 농담하지 마십시오.

그리스도인: 아니요, 진담입니다. 우리는 신이 악을 멈추게 하는 것에 대해 늘 이야기하지만, 정작 잊어버린 게 있습니다. 우리 역시 신이 처리해야 할 대상 중 하나라는 겁니다. 우리도 악을 행하잖아요.

무신론자: 아니죠. 그게 아니죠. 우리는 지금 당신이나 내가 저지르는 사소한 죄를 놓고 이야기하는 게 아니지 않습니까? 우리는 진정한 악, 이를테면 히틀러의 만행과 같은 것에 대해 얘기하고 있는 겁니다.

그리스도인: 나도 지금 악의 크기가 아니라 악의 근원에 대해 말하는 겁니다. 악의 근원이 무엇입니까? 바로 우리의 자유로운 선택에 있습니다. 만일 신이 악을 제거하려 한다면, 그는 인간의 자유로운

선택을 제거해야 할 겁니다. 또 그가 우리의 자유 선택을 제거한다면, 우리는 더 이상 사랑하거나 선을 행할 능력을 갖지 못할 겁니다. 그런 인간이 사는 곳은 더 이상 도덕이 존재하는 세상이 아닐 테니까요.

무신론자: 하지만 모든 악이 자유 선택으로 말미암은 것은 아니죠. 왜 아기들이 죽습니까? 왜 자연 재해가 일어나나요?

그리스도인: 성경은 그 모든 것의 근원을 인간의 타락으로 돌립니다. 우리 모두 아담 안에서 죄를 지었고(롬 5:12) 또한 그 결과로 우리 모두 죽어야 마땅하기 때문에(롬 6:23) 진실로 죄가 없는 사람이 아무도 없죠. 자연 재해와 유아의 죽음도 인간의 타락에 따른 저주의 직접 결과지요(창 3장; 롬 8장). 이 타락한 세계는 그리스도가 재림할 때까지 바로 고쳐지지 않을 겁니다(요 21-22장). 따라서 어느 누구도 고통 없는 삶이나 온전한 수壽를 누리며 살 것이라는 보장을 받지 못하는 거죠.

무신론자: 그것 참 편리한 답변이군요. 성경을 들이대면서 마지막에 신이 이 세상을 바르게 만들 거라고 말하는 게 말이에요. 나는 미래에는 관심이 없습니다. 나는 바로 지금 고뇌와 고통에 종지부를 찍고 싶단 말입니다. 왜 신은 그걸 끝내버리지 않는 거죠?

그리스도인: 그렇게 할 겁니다. 단지 당신의 시간표를 따르진 않겠죠. 그러니까 신이 아직까지 악을 종식시키지 않았다고 해서, 그것이 곧 신이 악을 종식시키지 않을 것임을 의미하지는 않는다는 겁니다.

무신론자: 하지만 왜 그리스도는 지금 당장 재림하여 이 모든 악을 끝내지 않는 거죠? 인간이 겪고 있는 고통을 합치면 정말 너무 끔찍

합니다.

그리스도인: 그건 아닙니다. 만일 맨해튼의 온도가 30도, 브루클린은 29도, 그리고 퀸스가 31도라면 뉴욕 사람들은 90도의 열을 경험하는 건가요?

무신론자: 아니죠.

그리스도인: 그렇습니다. 각 사람은 자기 나름의 고통만 경험할 뿐이죠.

무신론자: 하지만, 신이 왜 모든 악을 당장 끝장내지 않는지 당신은 아직 말해 주지 않았습니다. 도대체 무얼 기다리는 겁니까?

그리스도인: 만일 신이 지금 당장 악을 종식시키기 원한다면, 그렇게 할 수 있을 겁니다. 하지만 악이 존재하는 동안에 그가 이루고자 하는 다른 목표가 있을 수도 있다는 생각을 해보지 않았나요?

무신론자: 이를테면 어떤 목표죠?

그리스도인: 우선 그가 이 세상의 막을 내리기 전에 보다 많은 사람들이 천국을 택하기를 원한다는 거죠. 바울도 '충만한 수'의 사람들이 신자가 된 뒤에야 예수께서 다시 오실 것이라고 말하는 듯 보입니다(롬 11:25).

무신론자: 그러면 신이 '충만한 수'의 사람들이 구원받기를 기다리는 동안에, 정작 다른 사람들은 상처를 받고 있는 셈이군요!

그리스도인: 예, 그런 사람들이 있죠. 그래서 그리스도인들에게 할 일이 있다는 겁니다. 우리는 상처받은 사람들을 도울 특권이 있습니다. 우리는 여기 이 땅에서 그리스도의 대사인 셈이지요.

무신론자: 그거 좋은 일이네요. 그런데 내가 고통을 받고 있다면, 나는 신에게 도움을 청하지 당신에게 도움을 청하지는 않겠습니다.

그리스도인: 만일 우리가 환난을 당할 때마다 신이 고통을 미리 막는다

면, 우리는 이 우주 안에서 가장 분별없고 자기만 아는 피조물이 되었을 겁니다. 또한 그 고통으로부터 배우는 것도 전혀 없겠죠.

무신론자: 고통으로부터 배운다! 도대체 그게 무슨 말입니까?

그리스도인: 아, 당신의 지금 그 말을 들으니까, 신이 왜 당장 악을 끝장내지 않는지 또 하나의 이유가 생각나는군요. 당신이 예전에 쾌락을 통해 배운 것 중에 오래 기억에 남는 것 하나만 말해볼 수 있나요?

무신론자: 잠시만요.

그리스도인: 한 시간도 괜찮습니다. 아마도 그리 많지는 않을 겁니다. 오히려 가치 있는 교훈은 인생에서 고통스러웠던 시절에 배웠다는 걸 깨닫게 될 겁니다. 대부분의 경우에, 불운은 교훈을 주는 반면, 행운은 인생을 속이죠. 고통은 당신에게 교훈을 줄 뿐만 아니라 당신의 성품을 키워주는 사실상 유일한 방도일 겁니다.

무신론자: 그게 무슨 말입니까?

그리스도인: 만일 위험이 존재하지 않는다면 당신은 용기를 함양할 수 없습니다. 만일 당신의 앞길을 가로 막는 방해물이 없다면 당신은 인내를 기르지 못할 겁니다. 만일 당신이 섬길 사람이 없다면 당신은 어떻게 종이 되는지 배우지 못할 겁니다. 만일 고통 또는 빈곤의 처지에 있는 사람이 전혀 존재하지 않는다면, 동정심은 결코 일어나지 않을 겁니다. 옛날 격언도 있죠. "수고가 없으면 수확도 없다."

무신론자: 하지만 신이 당장 악을 격리시켜 준다면 그런 덕목들도 소용없을 테죠.

그리스도인: 그러나 신이 지금 당장 악을 격리시키지 않는 이유가 있기

때문에, 당신은 현세의 삶과 이후의 삶을 위해서도 덕성을 함양할 필요가 있습니다. 이 땅은 안식처가 아닙니다만, 이후의 삶을 위한 거대한 체육관이죠.

무신론자: 당신들 그리스도인들은 툭 하면 내세로 튀더군요. 당신도 그렇게 천국에 마음이 가 있으니 현세는 아무 쓸모가 없겠군요.

그리스도인: 우리의 마음이 비록 천국에 가 있다 하더라도, 우리는 이 땅에서 하는 일이 영원 속에서도 문제가 된다는 것을 알고 있습니다. 신자가 고통을 통하여 함양하는 덕은 영원한 복락을 누릴 그의 능력을 증진시킬 것입니다. 바울도 이렇게 말하죠. "우리가 잠시 받는 환난의 경한 것이 지극히 크고 영원한 영광의 중한 것을 우리에게 이루게 함이니"(고후 4:17; 롬 8:18).

무신론자: 그곳에 가면 고통이 없을 거라면서, 어떻게 여기서의 고통이 그곳에서 더 평안을 누리도록 돕는다는 겁니까?

그리스도인: 미식축구 좋아하시죠?

무신론자: 몇 번 봤습니다.

그리스도인: 슈퍼볼에서 우승한 팀의 선수들은 시합이 끝난 다음에 기분이 어떨까요?

무신론자: 하늘을 나는 기분이겠죠!

그리스도인: MVP 트로피까지 받은 우승팀의 주장은 일 년 내내 터치다운 한 번 못한 후보 쿼터백보다 기쁨이 더 크겠죠?

무신론자: 그러겠죠.

그리스도인: 물론 그럴 겁니다. 후보 쿼터백은 우승팀 소속이라는 것으로도 행복한 반면, MVP 트로피까지 받은 주장에게는 그 승리가 더 달콤합니다. 우승을 위해 모든 걸 바쳤고 정상에 오르기 위해

일 년 내내 땀 흘려 싸웠기 때문이지요. 모든 운동에 따르는 시련과 고통을 견뎌냄으로써, 그는 승리의 감격을 더 크게 맛볼 겁니다. 그 승리의 기쁨이 MVP 트로피로 말미암아 더욱더 달콤해지겠지요.

무신론자: 미식축구와 천국이 무슨 관련이 있습니까?

그리스도인: 천국은 우승한 선수들의 라커 룸(하지만 악취는 없는) 같을 겁니다. 우리 모두 거기서 행복을 누리겠지만, 몇몇 사람들은 더 큰 우승의 환희를 맛보고 더 많은 상급을 얻을 것입니다.

무신론자: 당신은 인생이 슈퍼볼과 같다고 말하는 겁니까?

그리스도인: 어느 정도는요. 슈퍼볼처럼, 삶도 규칙, 심판, 그리고 상급이 있습니다. 그러나 삶의 경우에는 모두가 경기에 임하니까 관중이 없고 또 누가 이길지 우리는 이미 알고 있죠. 그리스도가 승리를 거둘 것이며, 능력에 상관없이, 그리스도의 팀원은 단지 같은 팀이라는 것만으로도 우승을 맛볼 수 있습니다. 모두가 우승 축하 퍼레이드에 참여할 수 있습니다. 우승 팀의 모든 사람이 승리의 퍼레이드를 펼치는 동안에도, 몇몇 사람들은 그 동안의 힘든 경기를 잘 치러낸 보상으로 다른 사람들보다 더 큰 인정을 받게 될 것입니다. 즉 전투가 치열하면 치열할수록 승리의 감격도 더 커집니다.

무신론자: 그러니까 당신은 지금 이곳에 존재하는 악이 영원 속에서도 어떤 존재 목적이 있다고 말하는 것이네요.

그리스도인: 맞습니다.

무신론자: 당신은 모든 걸 영원에 연결시키고 있습니다. 그 이유가 뭐죠?

그리스도인: 그것은 우리가 살아 있을 날보다 죽어 있을 날이 훨씬 길기

때문입니다. 더구나 성경은 우리에게 영원한 것을 찾으라고 가르칠 뿐만 아니라, 삶 자체도 오직 영원에 비추어 볼 때에만 의미가 있습니다. 만일 영원한 것이 없다면, 기쁨이든 고통이든, 그 어떤 것에도 궁극적 목적이 존재하지 않습니다.

무신론자: 영원이란 것이 존재하지 않는다면 어떡할 겁니까? 우리가 태어나서 살고, 그러다가 죽는 것, 그게 전부라면 말입니다.

그리스도인: 그럴 수도 있습니다. 하지만 나는 영원이란 것이 존재하지 않는다고 믿을 만큼 신앙이 깊지 못합니다.

무신론자: 왜 그런 가정이 안 된다는 겁니까?

그리스도인: 이 책을 읽어 보지 않았나요?

무신론자: 아뇨, 그냥 곧장 이 부록으로 달려 왔죠.

그리스도인: 그게 바로 당신의 모습인 거죠, 안 그래요? 당신은 시합을 치르려고 하지 않습니다. 단지 최종 점수만 알기 원하죠.

무신론자: 내 생각에는 아무래도 내가 인스턴트 병에 걸린 것 같네요.

그리스도인: 어쩌면 그것이 당신이 고난의 가치와 "수고가 없으면 수확도 없다!"는 격언을 깨닫는 데 어려움을 겪고 있는 이유일 수도 있죠.

무신론자: 맞습니다. 이 책을 읽는 것도 쉽지 않네요. 책이 너무 두꺼워서.

그리스도인: 당신과 같은 무신론자들의 말도 안 되는 주장들만 없었어도 이렇게 두꺼워질 이유가 없었겠죠.

그리스도인: 게다가 이 책을 읽는 게 고통스러울 수 있다는 걸 압니다. 하지만 이 책의 결론을 거부하는 것이 어쩌면 더 고통스러울 겁니다. 그래도 기독교가 진리임을 주장하는 모든 논증을 알기 원한다면, 이 책을 처음부터 끝까지 읽어야만 합니다. 논리적 순서에

따라 논증이 전개되고 있으니까요. 각 장은 그 앞 장을 기초로 하고 있죠.

무신론자: 좋습니다. 책을 읽어 보죠. 그러나 화제를 바꾸어 악의 문제로 다시 돌아가 봅시다. 만일 영원이라는 것이 존재한다면, 이 현세에서 저질러지는 어떤 악은 영원한 측면에서 목적이 있을 수 있겠죠. 하지만 그런 목적조차 없는 악행들도 이 세상에는 존재한단 말입니다.

그리스도인: 그걸 어떻게 알죠?

무신론자: 뻔한 것 아닌가요? 이를테면 테러분자들이 저지른 9.11에 어떤 선한 목적이 있을 수 있겠냐는 거죠?

그리스도인: 나는 그런 비극이 우리에게 일어나지 말았어야 한다고 소망하면서도, 우리가 그 사건으로부터 몇 가지를 알게 되었다고 생각합니다. 예를 들어, 우리는 한 국가로서 단결된 모습을 보여주었죠. 우리는 위험에 처한 이들을 도왔습니다. 테러리즘이라는 악에 맞서 싸우기로 결정했죠. 뿐만 아니라, 그 사건으로 충격을 받은 우리는 삶에 얽힌 궁극적인 문제들을 깊이 고민하게 되었고, 그 결과 어떤 이들은 그리스도를 믿게 되었죠. C. S. 루이스의 말처럼, 고통이야말로 "귀머거리 세상을 깨우는 하나님의 메가폰"이죠.[1] 9.11은 확실히 우리를 깨웠습니다!

무신론자: 그렇군요. 당신은 그런 일에서조차 희망을 발견하네요. 하지만 그런 희망이 고통과 시련을 능가하지는 못합니다.

그리스도인: 그걸 어떻게 알죠? 당신은 모든 걸 알고 있지도 않고, 영원이

---

1   C. S. Lewis, *The Problem of Pain*(New York: Macmillan, 1959), 81.

라는 것도 믿고 있지 않는데, 9.11과 같은 사건이 결국 합력하여 선을 이루지 않으리라는 걸 어떻게 아느냐는 겁니다. 이런 사건 외에도 사람들은 저마다 숱한 비극적인 일들을 겪고 있는데, 그건 일들로부터도 선한 결과들이 나올 수도 있잖습니까? 또한 그런 결과들이 우리가 아닌 다음 세대에 이르러서야 비로소 나타날 수도 있고요.

무신론자: 그건 누구나 할 수 있는 얘기죠. 일종의 자포자기 아닌가요?

그리스도인: 아닙니다. 우리의 한계를 인정하고 대신 무한한 지식과 보이지 않는 목적을 갖고 있는 신을 인정하는 겁니다(롬 11:33-36). 우리는 이 땅에서 미래를 알 수 없습니다. 더구나 천국에서 이루어질 영생이 어떠할지 알 턱이 없죠.

그런데 9.11 사건에 영원한 선한 결과가 없으리라는 걸 어떻게 말할 수 있답니까? 우리는 이미 9.11로부터 나온 몇몇 선한 열매들을 알고 있습니다. 따라서 단지 우리가 궁극적인 선한 이유와 목적을 알 수 없다는 이유만으로, 무한한 신도 그런 목적이 없을 거라고 단정할 수는 없는 거겠죠.

무신론자: 신이 나에게 그런 것들을 알려주기라도 한다면, 당신의 그 말을 믿을 수는 있겠네요.

그리스도인: 욥이 이미 그런 진술을 시도했죠. 그가 자신이 고난을 당하는 이유에 대해 하나님께 질문을 하자, 하나님은 창조의 경이에 대한 질문으로 욥을 당황하게 하셨죠(욥 38-41장). 마치 하나님은 욥에게 이렇게 말씀하시는 것 같습니다. "욥아, 네가 네 눈으로 볼 수 있는 이 현상계를 내가 어떻게 경영하는지조차 이해할 수 없으면서, 네 눈으로 볼 수 없는 어마어마하게 더 복잡한 도덕 세

계, 곧 인간들이 행한 이루 헤아릴 수 없는 자유 선택의 결과들이 날마다 상호 작용하고 있는 세계를 네가 어떻게 이해할 것이냐?"

사실, 우리가 그런 복잡한 세계를 완전히 이해한다는 것은 불가능할 겁니다. 그런데 당신은 〈멋진 인생(It's a Wonderful Life)〉이라는 영화를 본 적이 있나요?

무신론자: 매번 크리스마… 그러니까 해마다 연말이 되면 상영하는, 지미 스튜어트(Jimmy Stewart)가 나오는 그 영화를 말하는 거죠?

그리스도인: 맞아요, 그 영화입니다. 그 영화에서 지미 스튜어트는 사업은 파산하고 인생마저 엉망이 되어 절망에 빠진 조지 베일리 역을 맡아 연기하죠. 그는 결국 자살을 선택하게 되는데, 마지막 순간에 천사가 나타나서 만일 조지가 없었더라면 그에게 도움을 받은 모든 사람들이 얼마나 비참하게 살아가고 있을지에 대해 보여줍니다. 조지는 그 순간까지 그걸 몰랐죠. 자신의 삶이 다른 사람들에게 얼마나 놀라운 영향을 미치고 있는지를 전혀 알지 못했어요. 그래서 제목이 〈멋진 인생〉인 겁니다.

무신론자: 시시한 이야기네요!

그리스도인: 그러지 마세요. 적어도 내가 무슨 얘기를 하려는지 아시잖아요?

무신론자: 그래요, 압니다. 우리가 내리는 많은 선택들이 복잡하게 얽히고설켜 있어서, 나중에 어떤 결과로 나타날지 지금은 알지 못한다, 뭐 이런 거 아닌가요?

그리스도인: 맞습니다. 심지어 악을 염두에 둔 선택조차도 선이라는 결과로 바뀔 수도 있습니다(창 50:20). 어쩌면 여기 있는 많은 사람들

이나 여러 세대가 흐른 뒤의 사람들은 악한 사건들이 미친 직간접 결과로 인해 예수께 돌아오게 될지도 모릅니다.

무신론자: 그건 아무도 모르니까 그렇게 말할 수 있는 것 아닌가요?

그리스도인: 아니요, 그건 악한 일들이 왜 일어나는지 우리가 모르는 것과는 좀 다릅니다. 우리는 우리가 타락한 세상에 살고 있으며 악한 일들로부터 선한 것이 나올 수 있음을 알고 있습니다. 따라서 우리는 하나님께서 우리에게 일어나는 악한 일에도 선한 목적을 품고 계실 수 있음을 아는 거죠. 비록 우리는 그 이유가 뭔지 모르지만 말입니다. 나아가 우리는 하나님이 악으로부터 선을 이끌어 낼 수 있다는 것도 압니다.

따라서 앞에서 했던 말은 무지에서 비롯된 논증이라기보다 우리가 알고 있는 사실로부터 이끌어 낸 합리적 결론이라고 해야 옳겠죠. 또 우리가 지금 일어나고 있는 모든 악한 일들의 이유를 모른다 해도, 우리는 우리가 왜 모르는지 그 까닭은 알고 있습니다. 우리 인간이 갖고 있는 한계 때문이라는 거죠.

무신론자: 그 질문에 대한 랍비 쿠쉬너(Kushner)의 답변에 대해 어떻게 생각하시죠? 당신도 알다시피, 그는 『선한 사람에게 나쁜 일이 일어날 때(When Bad Things Happen to Good People)』라는 책을 썼잖아요.

그리스도인: 나는 그의 답변이 틀렸다고 생각합니다.

무신론자: 틀렸다고요? 왜요?

그리스도인: 그는 하나님이 이 땅의 악을 멸절시킬 만한 능력이 없다고 말하기 때문입니다. 정말 그렇다면 우리는 악을 허용할 수밖에 없는 하나님을 용서해야겠죠.

무신론자: 그게 뭐가 잘못됐나요?

그리스도인: 하나님은 무한히 전능하다는 증거가 있기 때문이죠. 성경 속에서 하나님은 56번이나 '전능한' 존재로 언급되고 있고, 몇몇 경우에는 범사에 능력이 충만한 분으로 묘사가 되고 있죠. 우리는 또한 과학적 증거를 통해 그가 무로부터 우주를 창조했다는 것을 알고 있습니다(이 책 3장을 보라). 따라서 랍비 쿠쉬너가 말하는 유한한 하나님은 사실에 맞지 않습니다.

무신론자: 당신 얘기처럼 하나님이 무한한 능력의 존재라면, 왜 그는 악한 일들이 선한 사람들에게 일어나도록 허용하는 거죠?

그리스도인: 나는 이미 고통과 고난에 선한 결과가 따른다는 점을 지적했습니다. 게다가 당신이 방금 던진 질문이 참이 아닌 내용을 전제하고 있음을 지적해야겠네요.

무신론자: 그건 무슨 말입니까?

그리스도인: 선한 사람은 아무도 없다는 말입니다.

무신론자: 아니, 선한 사람이 없다니요!?

그리스도인: 예, 실제로 하나도 없습니다. 어떤 사람은 다른 사람보다 좋은 사람이긴 합니다만, 어느 누구도 진정으로 선한 사람은 없습니다. 우리는 모두 천성적으로 이기적입니다. 또한 우리는 모두 날마다 죄를 밥 먹듯이 저지르고 있습니다.

무신론자: 그래도 나는 악한 일보다 착한 일을 더 많이 하는데요.

그리스도인: 누구 기준에서 그렇다는 겁니까?

무신론자: 사회적 기준이죠. 나는 법을 잘 지키는 사람입니다. 적어도 살인자나 절도범이 아니라고요.

그리스도인: 그게 바로 문제입니다. 우리는 단지 악한 사람을 기준 삼아

자신이 선하다고 판단합니다. 우리는 선의 절대 표준에 견주어 판단하기보다는 다른 사람들과 견주어 우리 자신을 판단하죠. 그런데 당신은 다른 사람 물건을 훔친 적이 한 번도 없나요?

무신론자: 저, 있긴 있습니다.

그리스도인: 당신은 이전에 거짓말을 한 적이 있나요?

무신론자: 아니요. 없습니다.

그리스도인: 지금 거짓말을 하고 있네요.

무신론자: 도무지 당신을 속일 수가 없군요.

그리스도인: 그렇다면 당신은 거짓말쟁이에 절도범입니다!

무신론자: 그 말은 내가 온통 악의 덩어리라는 뜻은 아니겠죠?

그리스도인: 예, 아닙니다. 하지만 당신이 온전히 선하다는 뜻도 아닙니다. 생각해 보세요. 선하기보다 악하기가 훨씬 더 쉽습니다. 너그러움을 베풀기보다 이기심을 갖는 게 더 자연스러운 일입니다. 우리는 모두 그처럼 저급한 인간 본성을 타고 났습니다.

아우구스티누스가 이렇게 말했죠. "우리는 모두 죄로 기울어지는 경향과 죽어야 할 당위성을 안고 태어났다"고.[2] 그런 경향은 태어날 때부터 우리에게 있었습니다. 그게 바로 아주 어린 아기들도 물건을 움켜쥐며, 자연스럽게 "내 거야! 손 대지 마!"라고 소리치는 이유죠. 그게 또 제임스 메디슨(James Madison)이 "만일 사람들이 천사라면, 어떤 정부도 필요없을 것이다"라고 말한 이유이기도 하구요.[3]

---

2 Augustine, *The City of God*, 14.1.
3 James Madison, in *The Federalist*, Benjamin F. Wright, ed.(Cambridge, Mass.: Harvard University Press, 1961), 356.

무신론자: 그렇다면 쿠쉬너는 인간의 본질과 하나님의 본질에 대하여 잘못된 전제를 내세운 셈이군요.

그리스도인: 바로 그겁니다. 문제는 "왜 악한 일들이 선한 사람들에게 일어나는가?"가 아니라, "왜 선한 일들이 악한 사람들에게 일어나는가?"이죠.

무신론자: 당신 말대로 만일 하나님이 범사에 능력이 많은 분이라면, 나는 왜 그가 9.11을 멈추게 하지 않았는지 아직도 이해가 되질 않는군요. 만일 당신이 그런 일이 일어날 것을 미리 알고 그 일을 멈추게 할 힘이 있다면, 당연히 그렇게 하지 않았겠어요?

그리스도인: 물론 그랬을 겁니다.

무신론자: 그렇다면, 당신은 하나님보다 훌륭하군요!

그리스도인: 아닙니다. 나라면 당연히 9.11이 일어나지 않도록 악을 막았을 테죠. 하지만 한계가 없고 무한히 앞을 내다보는 하나님은 심지어 악한 선택을 하는 자들까지 구원할 수 있음을 알기 때문에 그들의 악한 선택을 허락하는 겁니다. 우리는 그런 자들의 악한 선택을 선한 것으로 되돌릴 수 없으므로, 모든 걸 처음부터 막으려 하는 거고요.

무신론자: 그래요? 기독교 교리에 따르면, 하나님은 악한 선택을 행한 자들 모두를 구원하는 게 아니잖아요? 그들 중 일부는 지옥에 가는데요?

그리스도인: 맞습니다. 하지만 하나님의 능력이 영원한 선을 받아들이는 자들만 제한적으로 구원할 수 있기 때문은 아닙니다. 어떤 사람은 무시하기도 하고 자멸의 길을 선택합니다. 그런데도 하나님이 그들을 버려두는 이유는 그들이 바른 길을 선택하도록 억지로

강요할 수 없기 때문입니다. 그러니까 최종적으로는 자신의 의지로 바른 길을 선택하는 자들만 구원할 수 있는 거죠.

그래서 바울도 이렇게 말했습니다. "우리가 알거니와 하나님을 사랑하는 자 곧 그의 뜻대로 부르심을 입은 자들에게는 모든 것이 합력하여 선을 이루느니라"(롬 8:28). 그가 "모든 것이 선하다"고 말한 것이 아니란 점을 기억하세요. 모든 것이 하나님을 사랑하는 자의 선을 위하여 합력한다고 말했습니다.

무신론자: 그렇다면 9.11에 죽은 사람들의 경우에는 어떻게 "모든 것이 합력하여 선을 이루었죠?"

그리스도인: 하나님을 사랑하고 값없이 주어진 구원이라는 선물을 받아들인 사람들은 영원히 하나님과 함께 있습니다. 그렇지 않은 사람들은, 영원한 분리를 그들 스스로 자유롭게 선택했다는 점에서 마찬가지로 존중을 받겠죠.

무신론자: 남은 우리들은 어떻게 돼죠?

그리스도인: 여기 남아 있는 사람들은 아직 선택할 시간이 있습니다. 9.11 당시 이미 그리스도인이었던 사람들은 9.11을 경험하면서 자신의 정체성을 새삼 확인했을 수도 있죠.

무신론자: 그러나 만일 하나님이 선 자체이고 모든 것을 알고 있다면, 왜 지옥에 갈 것이 뻔한 사람들을 굳이 만들었을까요?

그리스도인: 좋은 질문입니다. 하나님이 택할 수 있는 방안은 딱 다섯 가지가 있습니다. 그는 첫째, 아무것도 창조하지 않거나, 둘째, 로봇만 있어서 도무지 자유라곤 없는 세상을 만들거나, 셋째, 우리가 죄를 짓지 않게 할 자유로운 세상을 만들거나, 넷째, 죄를 짓지만 모두가 하나님의 구원을 받아들일 자유로운 세상을 만들거나,

다섯째, 지금 우리가 사는 세상, 곧 죄를 짓지만 어떤 이는 구원을 받고 나머지는 버림을 받는 세상 가운데 하나를 만들 수 있었을 겁니다.

무신론자: 그러네요. 하나님은 그중에서도 최악의 선택을 한 것 같습니다. 그런 점에서 하나님이 절대적으로 선하다는 건 맞지 않겠어요.

그리스도인: 그렇지 않습니다. 첫 번째 방안은 다른 네 개와 비교조차 할 수 없습니다. 실체가 존재하는 세계와 아무것도 없는 세계를 비교하는 것은 사과와 오렌지를 비교하는 것하고는 전혀 다릅니다. 사과와 오렌지는 둘 다 과일이거든요. 오히려 사과와 실체가 없는 사과를 비교하면서 후자가 더 맛있다고 주장하는 것과 같습니다.

논리학에서 이것을 범주 오류(category mistake)라고 부릅니다. 그건 마치 "수학은 무슨 색인가?"라고 묻는 것과 매한가지입니다. 수학에는 색깔이 없으니까, 그 질문은 의미가 없죠.

무신론자: 만일 존재와 부(不)존재를 비교하는 것이 범주의 오류에 해당한다면, 예수도 그런 오류를 저지른 셈이네요. 그도 유다가 나지 않았더라면 더 좋았을 것이다(마 26:24)라고 말했지요.

그리스도인: 아닙니다. 예수는 부존재가 존재에 비해 더 낫다고 말한 게 아닙니다. 그는 단지 유다가 저지른 죄의 심각성을 강조했을 뿐입니다.

무신론자: 좋습니다. 그러면 하나님이 두 번째 방안을 선택하지 않은 이유가 뭐죠?

그리스도인: 그는 그렇게 할 능력은 있었습니다. 하지만 그곳은 도덕적인 세상이 아닐 겁니다. 악이 전혀 없을 테지만, 다른 한편 어떤 도

덕적 선도 존재하지 않는 세상이겠죠.

무신론자: 그렇다면 왜 세 번째 세상이나 네 번째 세상을 창조하지 않았죠? 그런 세상이라면 충분히 사랑할 만하고, 따라서 틀림없이 지금보다는 더 나은 세상이 되었을 텐데요.

그리스도인: 그렇죠. 그러나 자유로이 선택할 수 있는 피조물의 경우에는 무엇이든 '생각할 수는' 있지만 실제로 다 '실행하지는' 않죠. 예를 들어, 내가 당신과 대화를 나누는 대신 은행을 터는 것을 생각했을 수도 있었겠죠. 하지만 내가 자유 의지에 따라 당신과 대화하기로 선택했기 때문에 은행강도는 이루어질 수 없습니다. 마찬가지로 하나님은 자유 의지를 가진 피조물이 억지로 죄를 짓지 않게 할 수 없습니다. 강요된 자유는 모순이니까요.

무신론자: 하지만 그렇게 해서라도 살인이나 강간이 조금이라도 줄어든다면 훨씬 더 나은 세상이 될 겁니다. 그런 점에서 하나님은 가능할 수도 있었던 최선의 세상을 만드는 데 실패한 겁니다.

그리스도인: 이 세상이 가능할 수도 있었던 최선의 세상이 아니라는 데에는 동의합니다만 그것이 가능할 수도 있는 최선의 세상으로 가는 최선의 길일 수도 있지 않겠습니까?

무신론자: 유신론자의 말장난 같은데요?

그리스도인: 하나님은 악을 쳐부수기 위해 악을 허용했을 수도 있습니다. 앞서도 말했지만, 만일 악이 허용되지 않았다면 보다 고상한 덕목들은 성취되지 못했을 겁니다. 구원받은 사람들은 시험을 받은 적이 없는 사람들보다 더 강력한 성품을 갖추고 있습니다. 영혼이 성장하려면 고통은 어느 정도 필요합니다.

욥기 42장의 욥은 욥기 1장에 등장하는 욥보다 더 심오하고 더 기쁨에 찬 인물입니다. 따라서 이 세상에 있는 악은 결국 실제로는 선한 목적을 위해 봉사하고 있는 셈입니다. 그것이 곧 가능한 최선의 세상인 영원한 세계를 만듭니다.

무신론자: 하지만 왜 하나님은 사람들이 지옥을 택할 줄 알면서도 창조했을까요?

그리스도인: 댁에 자녀가 있습니까?

무신론자: 그럼요. 게다가 나 역시 예전에는 아이였죠.

그리스도인: 아이들이 당신 말을 듣지 않은 걸 알았으면서도, 왜 그 아이들을 낳았죠?

무신론자: 그게 바로 아내가 나에게 수도 없이 던지는 질문입니다.

그리스도인: 나는 압니다. 그건 위험도 마다않는 사랑 때문이었습니다. 사랑의 기쁨을 맛보기 위해 상실의 위험을 기꺼이 감수하고자 했던 겁니다. 슈퍼볼 경기도 마찬가지입니다. 두 팀 중 한 팀은 지게 될 것을 누구나 알고 있습니다. 하지만 그런 위험을 감수하면서도 두 팀은 승리를 얻기 위해 기꺼이 경기를 치르거든요.

무신론자: 당신의 지적 답변들이 어느 정도는 옳다는 점을 인정해야겠습니다. 하지만 여전히 그 악의 문제가 머리에서 떠나지 않습니다.[4]

그리스도인: 그건 나도 마찬가지입니다. 누구나 그럴 겁니다. 우리는 모두 이 세계가 정말 의롭지 않은 곳임을 압니다. 그래서 천국을 더욱 갈망하죠. 어쩌면 우리가 천국을 갈망하고 있다는 사실이 천국이 실제로 존재한다는 걸 알려주는 또 하나의 단서일 수도 있죠.

---

4 악의 문제에 대하여 더 완전하게 다루고 있는 것은, Norman Geisler, *Baker Encyclopedia of Christian Apologetics*(Grand Rapids, Mich.: Baker, 1999)를 보라. 아울러 Peter Kreeft, *Making Sense Out of Suffering*(Ann Arbor, Mich.: Servant, 1986).

무신론자: 그럴 수도 있죠. 하지만 당신의 지적인 답변이 악으로 고통 받는 사람들을 지탱해줄 것 같지는 않은데요.

그리스도인: 당신 이야기가 맞을 수도 있습니다. 그러나 정답을 찾아서 그것으로 악을 견뎌낼 필요는 없습니다. 오히려 거룩한 위로자이신 성령께 나아가는 게 어떠세요? 그는 고통과 고난뿐인 세상을 지나는 동안 영혼이 자라도록 도울 수 있습니다.

무신론자: 그런 위로자보다는 고통이 전혀 없는 세상이 더 좋습니다.

그리스도인: 당신의 이야기가 어쩌면 하나님이 고통과 고난을 우리 능력 밖의 것으로 허락한 이유가 될 수 있겠네요. 만일 그것들이 우리 통제권 안에 있었다면, 그래서 피할 수 있다면 누가 굳이 고통과 고난을 겪으려 하겠습니까?

무신론자: 아무도 없겠죠.

그리스도인: 글쎄요, 그건 정확히 맞는 말은 아닙니다. 한 사람은 분명히 고난의 길을 선택했습니다. 예수 그리스도는 당신과 내가 하나님과 화해를 이룰 수 있도록 하기 위해 자원하여 고통 받는 길을 택했습니다. 그것이야말로 선한 사람에게 악한 일이 일어나는 유일한 실제 사례가 되겠군요.

따라서 우리는 하나님께 고통과 고난에 대해 불평할 수도 있지만, 또 한편 우리는 그가 그 자신조차 고통과 고난의 길에서 예외로 남겨 두지 않았다는 사실을 받아들여야만 합니다. 당신과 나의 경우를 보더라도, 때때로 하나님은 우리를 악으로부터 구하지만, 때로는 그 악으로 말미암아 고통당하는 우리를 위로하기도 합니다.

어느 경우에나, 우리가 그 이유를 알든 모르든, 신자들은 영원한 계획에 따라 모든 것이 합력하여 선을 이루게 하는 하나님을 신뢰할 수 있는 것입니다.

부록 2 ___ 그건 단지 당신의 해석일 뿐이다

무신론자: 집에서 이 책을 읽어봤지만, 당신이 기독교가 진리라는 타당한 논거를 제시하지 못했다는 생각이 듭니다.

그리스도인: 왜 그렇게 생각하죠?

무신론자: 그건 당신만의 해석일 뿐이라는 겁니다.

그리스도인: 물론 그건 나의 해석입니다. 그렇다고 나의 해석이 무조건 잘못일 수는 없을 텐데요.

무신론자: 당신의 해석이라서가 아니라, 그 해석이 잘못이라는 의미죠.

그리스도인: 그것 역시 당신만의 해석 아닌가요?

무신론자: 나에게 그대로 갚으시네요!

그리스도인: 당신이 내린 결론을 포함해 모든 결론은 사전에 해석 행위가 있어야 합니다. 당신이 나의 (기독교적) 해석이 잘못임을 객관적으로 알려면, 적어도 객관적 관점에서 무엇이 옳은지 알아야만

합니다. 그런데 올바른 해석은 어떤 겁니까?

무신론자: 객관적 해석이란 존재하지 않습니다.

그리스도인: 이런 이야기를 다시 하는 것을 용서하십시오. 그런데 그건 객관적 해석이 아닌가요?

무신론자: 그만둡시다!

그리스도인: 무얼 그만두자는 말씀인가요, 논리적인 논쟁을 그만두자는 건가요? 나는 단지 1장에서 나온 로드러너 전술을 사용하고 있는 겁니다. 당신이 스스로를 무너뜨리는 모순 투성이의 명제를 얘기하는데 그것을 지적하지 않을 수가 없네요. 당신은 객관적 해석이란 결코 존재하지 않는다고 하는데, 그것이야말로 객관적 해석 아닌가요?

무신론자: 좋습니다. 그렇다면 객관적 해석이란 것이 있을 수도 있다고 합시다.

그리스도인: 물론 존재합니다. 당신이 증거를 해석해 기독교가 거짓이라는 결론을 내릴 수도 있는 반면, 나도 증거를 조사해 기독교가 참이라는 결론을 내릴 수 있습니다. 그러나 반대되는 두 가지가 동시에 참일 수 없으므로, 우리 둘 중 하나는 분명 거짓입니다. 그렇다면 누가 옳을까요?

무신론자: 내가 옳습니다.

그리스도인: 왜죠?

무신론자: 그냥 그렇다고 생각해요.

그리스도인: 그건 단지 주장이죠. 주장만 내세울 게 아니라 증거를 제시해야만 합니다. 우리는 이 책에서 기독교가 진리라고 단지 주장만 내세우지 않았습니다. 진리 문제로부터 성경의 영감에 이르기

까지 모든 단계마다 증거를 제시했습니다. 그러면 당신은 무신론이 참이라는 어떤 증거를 제시할 수 있나요?

무신론자: 악의 문제와 과학입니다.

그리스도인: 그건 무신론을 뒷받침하는 적극 증거가 아니라 단지 기독교 신앙을 논박하는 근거 정도로만 여겨지는군요. 우리가 보았듯이, 악이 존재한다고 해서 신의 부존재가 증명되는 것은 아닐 뿐만 아니라(부록 1), 과학적 발견 사실들도 사실은 기독교 세계관을 지지하고 있죠(3-6장).

무신론자: 하지만 만일 기독교가 참이라면, 너무나 많은 사람들이 탈락하게 됩니다. 기독교인이 아닌 사람들의 수가 너무 많잖아요.

그리스도인: 그것이 기독교가 참인지 아니지를 결정하지는 않습니다. 요컨대, 진리란 얼마나 많은 사람이 그걸 믿느냐에 의해 결정되는 것은 아니란 말이죠. 진리는 증거를 고찰함으로써 발견되는 것입니다. 만일 당신의 해석이 수많은 기독교인들을 배제한다면, (기독교가 거짓이라는) 당신의 해석도 당연히 거짓입니까?

무신론자: 아닙니다.

그리스도인: 그렇다면 나의 해석도 거짓은 아닙니다. 게다가 우리가 악에 대해 이야기하면서 보았지만, 기독교는 사람들을 배제하지 않습니다. 오히려 사람들이 기독교를 자신의 삶에서 배제시키고 있지요. 모든 사람은 신이 존재한다는 것을 압니다. 그러나 우리 모두는 자유 의지가 있어서, 몇몇은 그 지식을 억누르는 길을 택하죠. 그 덕분에 그들은 자신의 욕망을 좇아갈 수 있는 것이고요. 그 점에 대해 바울이 로마서 1장에서 말하고 있습니다.

무신론자: 어쩌면 그럴 수도 있죠. 하지만 당신의 그런 결론은 너무나 심

판 같은 냄새가 납니다. 당신도 알다시피, 남을 함부로 판단해서는 안 되잖습니까?

그리스도인: 자꾸 이런 식으로 답변해서 미안합니다만, 우리가 남을 판단하지 말아야 한다면, 왜 당신은 내가 판단한다는 이유로 나를 판단하는 거죠?

무신론자: 당신은 지금 예수가 말한 내용을 믿는 게 아니라 논리의 유희를 즐기고 있군요.

그리스도인: 아닙니다. 논리의 유희가 아니라 관찰에 따른 결론을 말하는 것일 뿐입니다. 당신이 '남을 판단해서는 안 된다'는 자기 모순된 발언을 하고 있으니까요. 당신이 그렇게 말하면서도 판단을 하고 있잖습니까? 더구나 기독교가 참이 아니라고 말하는 것도 판단 아닌가요?

무신론자: 좋습니다. 그것도 판단이라면 그 부분은 더 이상 언급하지 않겠습니다. 하지만 당신은 예수가 말한 내용을 진심으로 믿고 있는 것은 아니죠?

그리스도인: 예수가 말한 내용이라면, 성경의 내용을 가리키는 건데, 지금 성경이 참이라고 믿는 겁니까?

무신론자: 믿지 않습니다. 당신은 믿고 있고요. 그런데 왜 예수가 말한 내용은 안 믿죠?

그리스도인: 당연히 믿습니다. 문제는 당신이 그가 말한 내용을 모르고 있다는 겁니다. 예수는 우리에게 판단하지 말라고 말하지 않았습니다. 그는 단지 위선자들과 같이 판단하지 말라고 했습니다. 이렇게 말입니다. "비판을 받지 아니하려거든 비판하지 말라 너희가 비판하는 그 비판으로 너희가 비판을 받을 것이요 너희가 헤

아리는 그 헤아림으로 너희가 헤아림을 받을 것이니라"(마 7:1-2). 그는 계속해서 이렇게 말씀하죠. "외식하는 자여 먼저 네 눈 속에서 들보를 빼어라 그 후에야 밝히 보고 형제의 눈 속에서 티를 빼리라"(마 7:5). 달리 말하면, 누군가를 판단할 때에는, 위선자처럼 판단하지 말라는 말입니다. 또한 성경은 영을 다 믿지 말고(요일 4:1) 영생을 위해 예수 그리스도를 믿을 뿐만 아니라(요 3:16) 모든 것을 시험해 보고(살전 5:21) 판단하도록 명령하고 있죠.

무신론자: 말씀 다 하셨나요?

그리스도인: 한 가지 더 있습니다. 무언가를 결정할 때 그것은 곧 판단하는 것을 의미합니다. 그런 점에서 우리는 날마다 판단을 하며 살아갑니다. 자신에게 해가 되는지 반대로 유익이 되는지를 판단해야 하는 게 당연하죠. 그렇지 않다면 탈 없이 오래 살기란 불가능하겠죠.

무신론자: 좋습니다. 모든 사람들이 판단을 하며 살아가고 있군요. 게다가 당신도 성경의 명령대로 판단을 하고 있네요. 그런데 당신의 그런 해석이 옳은지 어떻게 압니까?

그리스도인: 객관적 의미를 알려면 해당 구절들의 앞뒤 문맥을 살펴보면 됩니다.

무신론자: 객관적 해석이 가능하다면, 서로 다른 성경 해석들이 그토록 많이 존재하는 이유가 뭐죠?

그리스도인: 이렇게 묻고 싶네요. 그토록 많은 사람들이 수학 계산을 잘 못하는 이유가 뭐죠? 수학 문제에 정답이 없다는 의미인가요?

무신론자: 언어의 경우는 다른 문제입니다. 나는 문구 하나 또는 성경 구절 하나에도 진리일 수 있는 해석이 다양하게 존재한다고 생각합

니다. 그래서 기독교에도 많은 교파가 존재하는 게 아닙니까?

그리스도인: 그러니까 지금 당신은 하나의 문구 또는 성경 구절이 오직 하나의 방식으로 해석될 수 있다고 말씀하시는 거로군요.

무신론자: 아니요! 제 말을 안 들으셨나보네요? 정확히 그 반대로 말했는데요. 유효한 해석들은 많이 존재합니다.

그리스도인: 유효한 해석들이 많이 존재한다면, 방금 당신은 왜 내가 잘못 해석했다는 이유로 바로 잡으셨죠?

무신론자: 내가 그랬나요?

그리스도인: 그랬습니다. 당신은 방금 내가 당신을 오해했다고 말했습니다. 나의 해석이 잘못이라고 말한 것이죠. 당신 말대로 문장 하나에도 유효한 해석이 많이 존재하는데, 그렇게 말한 이유가 뭡니까?

무신론자: 나는 내가 무엇을 말하는지 알고 있었고, 그 점을 당신에게 명확히 알리고자 했을 뿐입니다.

그리스도인: 당신 말이 옳습니다. 당신이 무슨 말을 하든 상대방이 알아주기를 바라는 정확한 의미가 있는 거죠. 그런데 성경에서 하나님이 어떤 메시지를 전하는데도 그 메시지를 하나님의 의도가 아닌 당신의 의도대로 해석해도 무방하다는 건 잘못 아닌가요?

무신론자: 좋아요. 그렇다면 객관적 해석이 존재할 수도 있다고 합시다. 하지만 그런 해석이 존재한다면, 왜 그토록 많은 교파가 존재하는 겁니까?

그리스도인: 많은 비기독교인들이 존재하고 있는 것과 똑같은 이유 때문입니다. 그것은 진리가 인식되지 않기 때문이 아니라, 진리가 수납되지 않았기 때문입니다. 달리 말하면, 우리는 하나님의 말씀

보다 우리 자신의 전통과 욕구를 믿고 있습니다. 예수는 이런 일을 행하는 것에 대해 강력히 비난한 바가 있습니다(마 15장, 23장).

무신론자: 좋습니다. 깨끗이 당신 의견에 승복하죠.

그리스도인: 그럴 때가 되었습니다!

무신론자: 우리가 기독교와 관련하여 갖고 있는 진짜 문제는 기독교가 불관용을 가져온다는 겁니다. 당신네 기독교인들은 모두 당신들만이 진리를 갖고 있다고 생각한단 말입니다!

그리스도인: 자기들이 진리를 갖고 있다고 모든 사람들이 생각한다는 점을 눈치챈 적이 없나요? 기독교가 거짓이라고 말하는 사람들도 자기들은 진리를 갖고 있다고 생각합니다. 심지어 모든 종교가 참이라고 말하는 사람들조차도 그게 참이라고 생각합니다!

무신론자: 좋아요, 좋아, 당신 말이 옳습니다. 나는 무신론이 참이라고 생각합니다. 하지만 나는 대부분의 기독교인들처럼 관용이 없는 사람이 아닙니다!

그리스도인: 비록 그리스도인들이 관용이 없다 할지라도, 그게 곧 기독교가 거짓이라는 의미는 아니지요.

무신론자: 그건 압니다만, 그것은 여전히 실제적 문제입니다.

그리스도인: 어떻게 그렇죠?

무신론자: 진리를 갖고 있다고 생각하는 사람들은 그 진리를 다른 사람들에게 강요하려고 하기 때문이죠.

그리스도인: 정치에 관한 것을 말하는 건가요?

무신론자: 그렇습니다.

그리스도인: 당신에게 전할 소식이 있습니다. 모든 비기독교인을 포함해 정치에 연관된 모든 사람은 자신이 진리라고 생각하는 것을 강요

하려고 시도하고 있습니다. 그렇다면 당신이 말하고자 하는 요점은 뭐죠?

무신론자: 내가 말하고자 하는 것은 기독교인들이 사람들의 권리를 제거하려고 한다는 겁니다!

그리스도인: 사실 기독교는 인권이란 하나님이 우리에게 주셨다는 확신을 갖고 있다는 점에서, 인권의 가치를 정당한 것으로 입증할 수 있는 극소수의 세계관 가운데 하나입니다. 우리 건국의 시조들도 인정했듯, 정부란 인권을 부여하거나 박탈하는 주체가 아닙니다. 정부는 사람들의 인권을 안전하게 지켜주는 데 그 의미가 있습니다. 그것이 바로 독립선언서에서 확인한 내용이죠.

무신론자: 그렇다면 관용은 어떤가요?

그리스도인: 기독교는 종교적 관용을 제공할 뿐만 아니라 그 관용을 옹호하는 극소수의 세계관 가운데 하나입니다. 하나님은 어떤 사람도 믿음을 갖도록 강요하지 않습니다. 따라서 대부분의 기독교인들은 정부 역시 신앙을 강제하려고 해서는 결코 안 된다는 것을 깨닫고 있습니다.

무신론자: 하지만 십자군 같은 일부 기독교인들은 명백히 다른 생각을 갖고 있었죠!

그리스도인: 그들이 스스로를 기독교인이라고 불렀을 수도 있습니다만, 그들은 확실히 그리스도의 가르침을 따르지 않았죠. 예수는 그런 행동을 결코 용납하지 않았습니다.

무신론자: 나는 완전한 세속 정부야말로 가장 관용이 넘치는 존재라고 생각합니다. 유럽의 세속 국가를 보면 종교의 자유가 있잖아요.

그리스도인: 그런 국가들이 틀림없이 존재합니다. 하지만 그 대부분은 앞

선 세대로부터 내려온 기독교 세계관의 한켠에 빌붙어 살아가고 있습니다. 가령 중국처럼 스스로 무신론 국가임을 선언한 나라에 과연 얼마나 많은 종교의 자유가 존재하나요? 예전의 소련에는 얼마나 많은 종교의 자유가 있었나요? 오늘날의 이슬람 국가들은 어떻습니까? 그곳에는 종교의 자유가 거의 없습니다. 사우디아라비아에서는 교회라는 것이 허용조차 되지 않으며, 다른 이슬람교 국가들도 기독교인들을 이류 시민으로 간주하고 있습니다.

무신론자: 종교적 관용이 없다는 건 진실일 수 있겠네요. 하지만 대부분의 기독교인이 특정한 도덕적 문제에 있어 매우 불관용적이라는 건 어떻게 생각하나요?

그리스도인: 당신은 관용이 절대적인 도덕 의무라고 생각합니까?

무신론자: 지금 도덕적 의무와 하나님을 연결 지으려 하는군요. 그렇죠?

그리스도인: 다른 연결은 결코 존재할 수 없습니다. 7장에서 보았듯이, 만일 신이 존재하지 않는다면, 어떤 도덕적 의무나 권리도 존재하지 않습니다. 만일 관용해야 할 도덕적 의무가 없다면, 우리가 관용해야 하는 이유가 뭡니까?

무신론자: 그것이 옳은 일이기 때문입니다.

그리스도인: 그것 역시 단지 또 하나의 주장에 불과합니다. 여느 무신론자처럼, 당신도 왜 사람이 관용의 태도를 가져야만 하는지 그 정당성을 입증할 방도가 없습니다.

무신론자: 그럴지도 모르죠. 하지만, 여느 기독교인처럼, 당신도 그렇군요. 당신은 왜 우리가 관용의 자세를 가져야 한다는 점을 믿지 않는 거죠?

그리스도인: 사실, 최고의 도덕 의무는 사랑입니다. 관용이 아니죠. 관용은 이렇게 말합니다. "네 코를 틀어막고 다른 사람들을 참아라." 하지만 사랑은 이렇게 말합니다. "네 팔을 뻗어 다른 이들을 끌어안으라."

무신론자: 관용과 사랑을 함께 하면 되지 않습니까?당

그리스도인: 당신은 가능할 수 있겠죠. 하지만 때때로 사랑은 관용하지 말 것을 요구할 때도 있습니다. 예를 들어, 살인, 강간, 절도, 또는 인종 차별에 관용을 베푸는 것이 곧 사랑일까요?

무신론자: 나는 그렇다고 생각합니다.

그리스도인: 좋습니다. 그런데 우리가 주제를 조금 벗어나고 있군요. 기독교의 초점은 영혼의 구원이지 사회의 구원은 아닙니다. 기독교인들도 확실히 사회적 의무를 갖고 있긴 하지만, 그리스도는 우리를 우리의 죄에서 해방시키려고 오신 것이지, 우리를 '압제자'의 손에서 해방시키려고 오신 것은 아닙니다.

무신론자: 요즘 일부 기독교인들의 행동을 보면 그런 얘기를 할 수 있겠네요.

그리스도인: 당신은 낙태나 동성연애 같은 도덕적 쟁점들에 대한 성경의 견해를 지적하는 것 같은데요, 그런가요?

무신론자: 맞습니다.

그리스도인: 그래서요?

무신론자: '그래서요'라니요? 그런 쟁점들은 내게는 매우 중요한 문제입니다!

그리스도인: 그 쟁점들이 당신에게 중요하다는 이유로, 그것들을 위해 진리를 기꺼이 포기하겠다는 건가요?

무신론자: 그게 무슨 말입니까?

그리스도인: 정말 중요한 건 진리입니다. 당신이 정치적으로 또는 개인적으로 선호하는가의 문제가 아니란 말입니다. 만일 진리가 있다면, 당신은 그 진리를 믿어야 한다고 생각하나요?

무신론자: 물론입니다. 합리적 인간이라면 누구나 그 질문에 '예'라고 답할 걸요!

그리스도인: 그래요? 기독교가 진리라면, 그것이 정치적으로 그리고 도덕적으로, 아니면 개인적으로 어떤 영향을 미치든 믿어야 하겠군요.

무신론자: 그건 참 힘든 일이로군요.

그리스도인: 어쩌면 그럴 수도 있죠. 그러나 결국은 오류를 믿는 것이 더 고단한 일입니다. 예수는 이렇게 말했습니다. "누구든지 나를 따라오려거든 자기를 부인하고 자기 십자가를 지고 나를 따를 것이니라 누구든지 자기 목숨을 구원하고자 하면 잃을 것이요 누구든지 나와 복음을 위하여 자기 목숨을 잃으면 구원하리라 사람이 만일 온 천하를 얻고도 자기 목숨을 잃으면 무엇이 유익하리요 사람이 무엇을 주고 자기 목숨과 바꾸겠느냐?" 당신은 진정 당신의 영원한 목숨을 잠깐 있다가 지나가는 정치적 지위나 개인적 선호들과 바꾸고 싶습니까?

무신론자: 기독교가 진리라면, 내가 그걸 선택해야만 하겠죠.

그리스도인: 그렇습니다. 또 하나님도 당신이 그런 선택을 내리길 바라십니다. 그러나 그분은 당신을 너무 사랑하시므로 당신이 어떤 선택을 내리든 존중하실 겁니다. 단, 기억하세요. 당신이 어떤 선택을 내리든 현세와 영원에서 그에 상응하는 결과를 얻게 될 것임을 말입니다. 이건 단지 나의 해석이 아닙니다.

부록 3 ___ <예수 세미나>가 예수를 지지하지 않는 이유

많은 기독교인들은 최근 <예수 세미나>라는 한 연구 모임이 신약성경 복음서에 담긴 예수의 발언 82퍼센트에 대해 의심을 제기하는 이상한 주장들을 외치면서 어려움을 겪었다. 해당 모임의 일원인 존 도미닉 크로산(John Dominic Crossan)은 심지어 그리스도의 부활을 부인하면서, 예수가 무덤에 너무 얕게 묻힌 나머지 개들이 그 시신을 파헤쳐 먹어치웠다는 주장까지 폈다. <예수 세미나>는 진짜 예수를 지지하지 않는다. 이런 결론을 내리게 된 이유가 적어도 일곱 가지가 있다.

• **잘못된 구성원**: 1985년에 결성된 <예수 세미나>는 주로 과격하고 급진적인 학자들로 구성되어 있다. 그중 일부는 무신론자이며, 그중에서도 일부는 심지어 학자가 아니다(한 명은 영화 제작자이다). 무신론자이자 그 모임의 결성을 주도한 로버트 펑크(Robert Funk)는 "우리는 수백만의

사람들에게 가장 거룩한 것을 면밀하게 조사하고 있으며, 이후에도 계속해서 신성 모독의 지경까지 나아갈 작정이다"라는 말로 자신들의 작업이 과격한 성향을 띠고 있음을 인정했다. 이는 말 그대로 정직하고도 정확한 고백이다.

• **잘못된 동기:** 그들이 자인하는 것처럼, 그들의 목표는 새로운 '허구의' 예수를 만들어 내는 것인데,[1] 이는 복음서의 고전적 예수상像을 파괴하고 현대인에게 맞는 새로운 예수상을 재건설하는 작업을 말한다. 이 견해에 비추어 볼 때, 진정한 예수상을 찾는 사람들은 그들의 작업에 일말의 기대심도 품지 말아야 한다. 그들은 그들이 생각하는 형상대로 예수를 만들어 내고 있다.

더욱이, 그들의 작업은 그들이 고백하는 '공공성'의 추구로 말미암아 오염되어 있다. 그들은 이렇게 시인한다. "우리는 온전히 공중의 견해를 좇아 우리의 작업을 수행하려고 노력할 것이다. 우리는 정보의 자유를 존중할 뿐만 아니라, 우리의 작업을 대중 앞에 공개하는 것도 아울러 추구할 것이다."[2] 더욱더 어리석은 것은, 〈예수 세미나〉가 처음부터 공공의 이목을 끄는 데 목표를 두고 있었다는 점이다. TV 토론, 수많은 논문, 언론과의 인터뷰, 영상자료, 그리고 심지어 가능하면 영화에 이르기까지, 이 모든 것들은 오로지 홍보를 목표로 하는 그들의 지향점을 잘 드러내 주고 있다.

---

1 *Forum*, vol.1(1985년 3월)을 보라.
2 Ibid., 7, 10.

• **잘못된 절차:** 그들은 선입견에 사로잡힌 나머지, 다수결의 절차를 따라 진리를 결정하려고 한다. 이런 방법을 보면 대부분의 사람들이 지구가 네모 모양이라고 믿었던 때에 비해 오늘날이라고 더 나을 것이 없음을 알 수 있다. 예수의 말씀을 놓고 벌이는 급진적 성향의 학자 70명의 투표 결과는, 자유주의 성향의 의원 100명에게 중세에 대해 투표할 기회를 주는 것과 마찬가지다.

• **잘못된 책:** 〈예수 세미나〉의 투표는 일부 '가상 복음인 Q(원천 내지 자료를 뜻하는 독일어 Quelle의 머릿글자를 딴 것이다)'와 영지주의 이단으로부터 나온 2세기의 도마복음에 그 근거를 두고 있다. 이 외에도 세미나는 실제로 존재하지 않는 마가의 비밀에 의존하고 있다. 그 결과, 2세기에 나온 위경인 도마복음이 훨씬 더 이른 시기의 마가복음이나 요한복음보다 더 진정성 있는 것으로 간주되고 있다.

• **잘못된 가정:** 그들의 결론은 과격한 전제들에 기초하고 있는데, 그 가운데 하나가 그들도 정당성을 입증하지 못하고 있는 '기적의 부인'이다. 만일 신이 존재한다면, 기적은 가능하다. 따라서 기적에 관한 어떤 선험적(a priori) 거부도 신의 존재를 부인하는 것이다. 그들이 암암리에 무신론을 표명하고 있음에 비추어 보면, 그들이 복음서의 예수를 거부한다는 것이 새삼 놀라운 일은 아니다.

게다가 그들의 결론은 기독교가 신비 종교의 영향을 받았다는 근거 없는 가정에 기초하고 있다. 우리가 12장에서 보았듯이, 이것은 정당한 주장이 될 수 없다. 유일신을 믿었던 유대의 성경 저자들이 다신교 성향의 이교 자료를 사용하지 않았을 것이며, 자신들의 시대보다 이후에 기록된 자료들에 의존할 수도 없었을 것이다.

- **잘못된 연대 설정**: 그들은 네 개의 복음서의 기록 연대를 통상보다 늦은 시기로 주장하면서 합리적 근거를 내놓지도 못한다(아마 주후 70년부터 100년에 이르는 시기). 이렇게 함으로써 신약성경이 예수에 관한 신화들로 구성되어 있다는 결론을 이끌어 내는 데 충분한 시간을 확보했다고 믿고 있다. 그러나 이것은, 우리가 9장과 10장에서 보았던 것처럼, 사실에 어긋난다. 신약성경은 이른 시기의 것이며 더 이른 시기의 자료에서 나온 소재들을 담고 있다.

- **잘못된 결론**: 복음서에 나타난 진정한 예수의 기초를 파괴해 나가면서, 그들은 정작 예수가 실제로 누구였는가에 관하여 진정한 합의를 이끌어 내지 못하고 있다. 그들이 주장하는 예수의 모습은 사회의 실상을 비꼬는 인물, 현자賢者, 유대인 개혁자, 여성 운동가, 선지자이자 선생인 인물, 과격한 성향을 가진 사회의 선지자, 종말론을 설파한 예언자에 이르기까지, 그야말로 각양각색이다. 잘못된 그룹이, 잘못된 절차를 사용하여, 잘못된 기초 위에, 잘못된 전제를 깔고, 나아가 잘못된 저작 연대를 설정하여 채택한 어떤 결과가 잘못된 결론에 이르렀다는 점은 그리 놀라운 일이 아니다!